COMO COMBATER A CORRUPÇÃO EM LICITAÇÕES

DETECÇÃO E PREVENÇÃO DE FRAUDES

FRANKLIN BRASIL SANTOS
KLEBERSON ROBERTO DE SOUZA

Prefácio da 3ª edição
Marcus Vinicius de Azevedo Braga

Prefácio da 1ª edição
Mário Vinícius Claussen Spinelli

COMO COMBATER A CORRUPÇÃO EM LICITAÇÕES

DETECÇÃO E PREVENÇÃO DE FRAUDES

4ª edição revista, ampliada e atualizada de acordo com a Nova Lei de Licitações e Contratos Administrativos nº 14.133/2021

Belo Horizonte
FÓRUM
CONHECIMENTO JURÍDICO
2024

© 2016 Editora Fórum Ltda.
2018 2ª edição
2020 3ª edição
2024 4ª edição

É proibida a reprodução total ou parcial desta obra, por qualquer meio eletrônico, inclusive por processos xerográficos, sem autorização expressa do Editor.

Conselho Editorial

Adilson Abreu Dallari
Alécia Paolucci Nogueira Bicalho
Alexandre Coutinho Pagliarini
André Ramos Tavares
Carlos Ayres Britto
Carlos Mário da Silva Velloso
Cármen Lúcia Antunes Rocha
Cesar Augusto Guimarães Pereira
Clovis Beznos
Cristiana Fortini
Dinorá Adelaide Musetti Grotti
Diogo de Figueiredo Moreira Neto (in memoriam)
Egon Bockmann Moreira
Emerson Gabardo
Fabrício Motta
Fernando Rossi
Flávio Henrique Unes Pereira
Floriano de Azevedo Marques Neto
Gustavo Justino de Oliveira
Inês Virgínia Prado Soares
Jorge Ulisses Jacoby Fernandes
Juarez Freitas
Luciano Ferraz
Lúcio Delfino
Marcia Carla Pereira Ribeiro
Márcio Cammarosano
Marcos Ehrhardt Jr.
Maria Sylvia Zanella Di Pietro
Ney José de Freitas
Oswaldo Othon de Pontes Saraiva Filho
Paulo Modesto
Romeu Felipe Bacellar Filho
Sérgio Guerra
Walber de Moura Agra

FÓRUM
CONHECIMENTO JURÍDICO

Luís Cláudio Rodrigues Ferreira
Presidente e Editor

Coordenação editorial: Leonardo Eustáquio Siqueira Araújo
Aline Sobreira de Oliveira

Rua Paulo Ribeiro Bastos, 211 – Jardim Atlântico – CEP 31710-430
Belo Horizonte – Minas Gerais – Tel.: (31) 99412.0131
www.editoraforum.com.br – editoraforum@editoraforum.com.br

Técnica. Empenho. Zelo. Esses foram alguns dos cuidados aplicados na edição desta obra. No entanto, podem ocorrer erros de impressão, digitação ou mesmo restar alguma dúvida conceitual. Caso se constate algo assim, solicitamos a gentileza de nos comunicar através do *e-mail* editorial@editoraforum.com.br para que possamos esclarecer, no que couber. A sua contribuição é muito importante para mantermos a excelência editorial. A Editora Fórum agradece a sua contribuição.

Dados Internacionais de Catalogação na Publicação (CIP) de acordo com ISBD

S237c	Santos, Franklin Brasil
	Como combater a corrupção em licitações: detecção e prevenção de fraudes / Franklin Brasil Santos, Kleberson Roberto de Souza. -- 4. ed.--. Belo Horizonte: Fórum, 2024.
	447p. 14,5x21,5cm
	ISBN 978-65-5518-648-2
	1. Direito administrativo. 2. Direito penal. 3. Processo administrativo. I. Santos, Franklin Brasil. II. Souza, Kleberson Roberto de. III. Título.
	CDD: 342
	CDU: 342

Ficha catalográfica elaborada por Lissandra Ruas Lima – CRB/6 – 2851

Informação bibliográfica deste livro, conforme a NBR 6023:2018 da Associação Brasileira de Normas Técnicas (ABNT):

SANTOS, Franklin Brasil; SOUZA, Kleberson Roberto de. *Como combater a corrupção em licitações*: detecção e prevenção de fraudes. 4. ed. Belo Horizonte: Fórum, 2024. 447p. ISBN 978-65-5518-648-2.

Aos meus amores: Lua, que me ilumina e inspira; Pedro e Bruno, estrelas do meu céu. Juntos, fazemos da vida a aventura mais incrível que existe.

Franklin Brasil Santos

Às minhas filhas, Ana Clara e Angelina, e à minha esposa, Rosalina, pelo amor incondicional, que torna possível todos os sonhos e que são a razão maior para eu querer realizá-los.
Kleberson Roberto de Souza

Este livro nasceu e cresceu em suas várias edições pela experiência profissional proporcionada pela interação dos autores com pessoas extremamente comprometidas com o serviço público, especialmente no mundo das compras governamentais, tanto na execução quanto na supervisão e controle. Foi a convivência e o trabalho em equipe com essas pessoas que proporcionaram o aprendizado e a prática que procuramos sistematizar. Por isso, agradecemos aos colegas com quem atuamos diretamente, principalmente os auditores da CGU, pela oportunidade de trabalhar num ambiente tão estimulante. Agradecemos, também, a todos os servidores públicos com quem compartilhamos práticas, técnicas e ideais aplicáveis às licitações.

SUMÁRIO

PREFÁCIO DA 3ª EDIÇÃO
Marcus Vinicius de Azevedo Braga.. 15

PREFÁCIO DA 1ª EDIÇÃO
Mário Vinícius Claussen Spinelli.. 17

PÚBLICO-ALVO 19

OBJETIVO FUNDAMENTAL.. 21

APRESENTAÇÃO DA 4ª EDIÇÃO... 23

CAPÍTULO 1
CONCEITOS BÁSICOS.. 29
1.1 Licitação 29
1.2 Definição de fraude.. 33
1.3 Condições para ocorrência da fraude 37
1.4 Meios de comprovação da fraude em licitação.. 45
1.5 Responsabilidade da auditoria em fraudes 50

CAPÍTULO 2
TIPOLOGIA DE FRAUDES EM LICITAÇÃO 57
2.1 Projeto Mágico.. 60
2.1.1 Estudo Técnico Preliminar... 61
2.1.2 Projeto da solução e definição do objeto... 68
2.1.3 Padronização injustificada 69
2.1.4 Especificação fajuta 71
2.1.5 Indicação e proibição de marca.. 82
2.1.6 Vínculo entre projetista e licitante 84
2.1.7 Modelagem de agrupamento 90
2.1.8 Estimativa de preço 99
2.1.9 Estimativa de quantidade 106

2.1.10	Carona em SRP	109
2.1.11	Condições de fornecimento	110
2.2	Edital Restritivo	111
2.2.1	Garantia de proposta para controle de interessados	115
2.2.2	Capacidade econômica exagerada	116
2.2.3	"Quitação" em vez de "regularidade" fiscal	124
2.2.4	Certidões, certificações ou comprovantes indevidos	126
2.2.5	Capacidade técnica irregular	127
2.2.5.1	Limitação de atestados	128
2.2.5.2	Proibição de soma de atestados	129
2.2.5.3	Quantitativo exagerado de experiência mínima	131
2.2.5.4	Experiência em parcela irrelevante	134
2.2.5.5	Experiência específica demais	135
2.2.5.6	Experiência genérica demais	137
2.2.5.7	Limitação de tempo e local nos atestados	138
2.2.5.8	Atestado do mesmo grupo econômico	139
2.2.5.9	Reorganização empresarial: fusão, cisão e incorporação	139
2.2.5.10	Transferência de capacidade técnico-profissional para operacional	140
2.2.5.11	Matriz e filial	140
2.2.5.12	Visto do CREA local e quitação no conselho profissional	141
2.2.5.13	Certificação na habilitação	143
2.2.5.14	Tipo de vínculo do corpo técnico com a licitante	144
2.2.5.15	Certidão de Acervo Técnico Operacional	145
2.2.5.16	Capacidade técnica em licitação por itens ou grupos	145
2.2.5.17	Atividade compatível no Contrato Social	146
2.2.6	Visita técnica restritiva	147
2.2.7	Amostras subjetivas, indevidas, onerosas	150
2.2.8	Outros métodos de restrição no edital	153
2.2.9	Elementos inovadores do edital na NLL	157
2.3	Publicidade Precária	160
2.3.1	Digitalização opaca	166
2.3.2	Aviso falso	169
2.3.3	Aviso intempestivo	172
2.3.4	Edital "caça ao tesouro"	176
2.4	Julgamento negligente, conivente ou deficiente	191
2.4.1	Julgamento das propostas	193
2.4.2	Habilitação	201
2.4.3	Homologação e adjudicação	216
2.4.4	Revogação e anulação	217
2.4.5	Propostas fictícias ou de cobertura, competição simulada	220
2.4.6	Documentos emitidos em sequência	229
2.4.7	Datas incoerentes	230
2.4.8	Arquivos incoerentes	231

2.4.9	Proporção linear nos preços	232
2.4.10	Mesma diagramação, erros ortográficos e gramaticais	233
2.4.11	Mesmo endereço IP	237
2.4.12	Empresas fantasmas, de fachada, fictícias	238
2.4.13	Coincidência de pessoas e vínculos impeditivos	263
2.4.14	Documentos falsos: atestados, balanços, garantias, certidões	269
2.4.15	Assinaturas divergentes	281
2.4.16	Fornecedores distantes e desconhecidos	282
2.4.17	Montagem pura e simples	283
2.5	Contratação Direta Indevida	298
2.5.1	Inexigibilidade	302
2.5.1.1	Produtor, empresa ou representante comercial exclusivo	303
2.5.1.2	Artista consagrado	305
2.5.1.3	Serviços intelectuais especializados	307
2.5.1.4	Credenciamento	312
2.5.1.5	Imóvel	313
2.5.2	Dispensa	314
2.5.2.1	Fracionamento exagerado	316
2.5.2.2	Emergência fabricada	326
2.5.2.3	Direcionamento	333
2.6	Cartelização	340

CAPÍTULO 3

TÉCNICAS DE DETECÇÃO DE FRAUDES 353

3.1	Exame documental	356
3.2	Inspeção Física	359
3.3	Confirmação externa ou circularização	360
3.4	Indagação oral (entrevista) ou escrita	361
3.5	Revisão analítica	362
3.6	Cruzamento eletrônico de dados	362
3.7	Listas de Verificação	363

CAPÍTULO 4

ELABORAÇÃO DOS ACHADOS 365

CAPÍTULO 5

RESPONSABILIZAÇÃO 369

5.1	Responsabilidade de agente público	372
5.2	Responsabilidade da Pessoa Jurídica	378
5.3	Desconsideração da Personalidade Jurídica	384
5.4	Infrações à Lei Anticorrupção (LAC)	386

CAPÍTULO 6
PREVENÇÃO DE FRAUDES EM LICITAÇÃO 389
6.1 Ambiente Interno 408
6.2 Gestão de Riscos Antifraude.. 416
6.2.1 Gestão de Riscos Antifraude em Nível de Organização... 419
6.2.2 Gestão de Riscos Antifraude no Macroprocesso da Contratação 422
6.2.3 Gestão de Riscos Antifraude no Objeto da Contratação 431

REFERÊNCIAS 435

Um livro que tem uma nova edição a cada ano, se tratando de um livro técnico, não é comum. Isso indica que esta obra que você tem nas mãos, Caro Leitor, apresenta um toque diferente. Algo além do tecnicismo dos conceitos, que fala fundo aos anseios cotidianos de seus leitores. Creio que isso você encontrará em *Como combater a corrupção em licitações: detecção e prevenção de fraudes*, de Franklin Brasil e Kleberson Souza.

Um título audacioso, é verdade, mas que é honrado nas suas linhas. Esta obra já é um clássico, trazendo dicas e abordagens em uma linguagem clara e acessível que possibilita instrumentalizar auditores e gestores nessa infindável luta pela probidade nas aquisições. Mais do que um manual ou uma cartilha, é um depoimento orientativo, colocando-se ao lado do leitor diante de seus obstáculos cotidianos.

Coleciono histórias desta obra desde o seu lançamento. Testemunhos de minha vida de auditor. Do auditor que o leu tão vorazmente e que, empolgado, o fichou em uma semana com planilhas e tabela. Ou da auditora que estava com dificuldades de fazer uma auditoria em um contrato e, após ler a obra no fim de semana, deslanchou em um relatório de impacto. Vi auditórios cheios de pessoas para ouvir falar sobre ele. Não é um livro mágico, ou santo, mas que certamente inspirou trabalhos e trabalhadores de alto gabarito.

E a fórmula mágica desse sucesso, além do carisma desses jovens Autores, é que eles falam com os pés no chão, de quem vive a prática na vida como Auditor da Controladoria-Geral da União, mas com a cabeça nas nuvens, de quem sabe pesquisar, sonhar e enxergar mais além. Pessoas que fazem diferente, mas que sabem falar para todos de igual forma.

Esses Meninos fazem isso com maestria, dialogando com Acórdãos das Cortes de Contas, com conceitos novos, como riscos e integridade, considerando o uso da Tecnologia da Informação, de forma moderna, mas também se utilizando de métodos simples, aplicáveis ao menor município nesse Brasil de dimensões continentais.

No contexto atual, no qual a corrupção pula dos livros acadêmicos para a mesa de bar, e para o martelo do juiz, é preciso desenrolar essa coisa das aquisições e contratações. É tanta regra, é tanto entendimento, que na ponta ficamos confusos. É preciso desvendar os mitos da corrupção nas contratações, entendendo que é possível ser feliz como gestor, cumprindo a lei e dormindo tranquilo. Franklin e Kleberson enfrentam esse dragão de duas cabeças com a espada da exemplificação e o escudo da empatia, colocando-se no lugar dos gestores e controladores que diuturnamente enfrentam esses desafios.

Não espanta essa obra chegar tão rápido à terceira edição. Para quem conhece esses profissionais, vemos que esse é mais um tijolo de uma obra acadêmica e profissional que enche de orgulho a nós brasileiros, e a mim, em especial, como integrante da Carreira de Finanças e Controle, por ver essa geração de profissionais e estudiosos que ajudou, sem alarde, a fazer uma verdadeira revolução na discussão do controle no Brasil.

Marcus Vinicius de Azevedo Braga
Auditor Federal de Finanças e Controle. Doutor em Políticas Públicas (UFRJ).

A obra que se apresenta configura-se como relevante estudo sobre as estratégias para detectar e prevenir fraudes em licitações e em contratos administrativos.

No Brasil, extensa é a literatura que trata de aspectos relacionados às contratações públicas. A maior parte desses estudos, todavia, limita-se ao enfoque jurídico formal do procedimento licitatório ou dedica-se às rotinas e aos procedimentos necessários para a sua consecução.

No que diz respeito ao controle das licitações e contratos, é quase uma raridade encontrar estudos sobre os métodos que devem ser utilizados com esse intuito. São pouquíssimos os trabalhos que se dedicam a estudar as formas de se identificarem fraudes eventualmente praticadas nesses procedimentos. Não há, da mesma forma, obras que sistematizem os principais problemas usualmente identificados pelos órgãos de controle ou que ofereçam meios para prevenir a prática da corrupção em decorrência de fraudes na realização dos procedimentos de licitação e de contratação pelo poder público.

Nesse sentido, os estudos apresentados neste livro representam relevante contribuição para a comunidade que atua na gestão e no controle da administração pública. Tive a honra de atuar, por longos anos, como instrutor da disciplina "Fraudes em Licitações e Contratos Administrativos", no Programa Nacional de Capacitação para o Combate à Corrupção e à Lavagem de Dinheiro, e posso afirmar que a edição desta obra suprirá uma enorme lacuna até então existente na literatura que trata do tema.

Fruto da longa experiência profissional e dos estudos acadêmicos dos autores, a obra conceitua e estuda as fraudes, detalhando as circunstâncias em que ocorrem e os meios que devem ser utilizados para preveni-las. Posteriormente, apresenta, de forma didática e clara, uma tipologia das principais irregularidades identificadas na realização de licitações e contratos administrativos. Desde a etapa de planejamento das licitações, quando se elaboram projetos e editais que podem ter o intuito de direcionar o objeto a determinada empresa, passando pelas complexas fases de habilitação, notadamente nas etapas de qualificação técnica e econômico-financeira, e chegando até o momento do julgamento e da contratação, a obra enumera diversas situações caracterizadoras da fraude, explicando-as, inclusive, com o importante apoio de exemplos reais de situações que ilustram muito a classificação desenvolvida. Além disso, enumera uma série de técnicas e práticas úteis para a detecção dessas irregularidades. Por fim, oferece importante contribuição ao sugerir medidas que podem ser utilizadas pela Administração Pública para evitar que essas fraudes possam vir a ocorrer.

A linguagem utilizada em todo o texto, de fácil compreensão mesmo aos não especialistas na área, aliada à profusão de casos reais trazidos como exemplo, permitirá que o livro também venha a ser importante ferramenta ao exercício do controle social das licitações e contratos. Nesse sentido, os ensinamentos aqui trazidos também poderão servir como importante instrumento para cidadãos, para a imprensa e para as organizações da sociedade civil que venham a assumir a sempre honrosa tarefa de atuar no combate à corrupção em todo o país.

Por ser pleno conhecedor da capacidade técnica, do profissionalismo e do amor e dedicação ao serviço público que têm os Autores, meus colegas de longa data na Controladoria-Geral da União, muito me honrou o convite para prefaciar este livro. Com esta obra, ambos dão importante contribuição para o aprimoramento da Administração Pública brasileira. Trata-se, portanto, de iniciativa a ser louvada por todos aqueles que se dedicam a combater a corrupção e a zelar pela adequada utilização dos recursos públicos.

Mário Vinícius Claussen Spinelli
Doutor em Administração Pública e Governo pela FGV-EAESP.
Mestre em Administração Pública pela FJP-MG.

O foco do livro nas primeiras edições acabava sendo na auditoria, pela experiência profissional dos Autores, mas nossa intenção sempre foi fornecer **conhecimento prático a todos que atuam, estudam ou se interessam por compras**, como aqueles que lidam com a supervisão do tema: auditores, controladores, assessores jurídicos, promotores, procuradores, delegados, peritos, investigadores e outros que podem utilizá-lo como apoio para adquirir ou aprimorar técnicas de detecção de fraudes, buscando fortalecer sua atuação na defesa do patrimônio público e no combate à corrupção.

O **público prioritário**, entretanto, continua sendo o **comprador público**, gestores e executores da logística governamental, na expectativa de que o conteúdo aqui tratado seja útil para implantar, efetivamente, uma estrutura eficiente de prevenção à fraude, sem descuidar, jamais, do foco mais relevante que é entregar resultados para a sociedade por meio das compras.

Os autores acreditam, sinceramente, e podem testemunhar pela experiência acumulada, que os agentes envolvidos na gestão de suprimentos são, em sua imensa maioria, pessoas comprometidas, responsáveis e diligentes. Falta-lhes, na verdade, a valorização, a capacitação e as condições adequadas ao exercício de sua nobre missão.

Esperamos que o conhecimento prático de detecção e de prevenção dos riscos mais comuns possa ajudar os muitos servidores honestos a combater os poucos corruptos que fazem da licitação um meio para alcançar objetivos inconfessáveis.

É nossa intenção, ainda, contribuir com a atuação da imprensa, dos conselhos de políticas públicas, das organizações não governamentais, de pesquisadores e dos cidadãos interessados em participar ativamente do controle da gestão pública, especialmente quanto aos aspectos relacionados à probidade, à moralidade, à eficiência e à transparência das licitações, fornecendo um importante instrumento para facilitar o exercício do saudável e necessário **controle social**.

OBJETIVO FUNDAMENTAL

Moradora de Pantanal do Norte, interior do Mato Grosso, dona Francisca acorda cedo, prepara o café da família e apronta os filhos, Ramona e Gladstone, em idade escolar. Na cama, ainda fica dormindo o bebê, Luizinho.[1]

O marido, seu Juca, se prepara para pegar no batente. Entra na cozinha, toma um pouco de café, come um pão e chama as crianças. A caminho do trabalho, vai deixá-los na escola.

Dona Francisca vê os filhos se afastando e um vento de ansiedade lhe balança as ideias:

– Será que tem merenda para as crianças na escola?

Ela intui que o café e o pão que ofereceu aos filhos podem não ser suficientes para garantir a nutrição adequada. E ainda tem a diabetes da Ramona, a mais velha. A escola conhece o caso, mas dona Francisca não consegue evitar a preocupação.

Apesar do receio, ela acredita no poder transformador da educação, para proporcionar um futuro melhor aos filhos. E espera que o conjunto de elementos que compõe o ambiente escolar sejam de fato adequados, suficientes, regulares, saudáveis, ajudando as crianças a aprenderem.

Dona Francisca lembra que mais tarde pretende levar o caçula para vacinar. Ela também espera que a equipe de Saúde da Família tenha condições de atendê-la, assim como não falte o remédio da pressão que o marido precisa renovar todo mês.

Pode ser que a dona Francisca não perceba com tanta clareza, mas existe uma estrutura bem complexa para garantir que ela e a família recebam o valor público que merecem. E muita coisa nessa estrutura depende de contratações do governo, para obter do setor privado os bens, as obras e serviços necessários para que as coisas funcionem e criem valor para a cidadã pantanense e seus vizinhos.

Para que a merenda chegue aos alunos, a aula seja ministrada, vacinas e remédios estejam disponíveis e tantos outros serviços e valores sejam oferecidos à população, incontáveis processos ocorrem diariamente, por meio do que, genericamente, chamamos de licitações.

Um dos riscos relevantes desses processos é a fraude, a corrupção.

Na busca por contribuir para o gerenciamento desse risco, convidamos o leitor a trilhar conosco o caminho dos principais tipos de fraudes em licitações, sem perder o foco do que

---

[1] Inspirado no Módulo PNAE, 2. ed., do Programa Nacional de Formação Continuada do FNDE (2008) e adaptado de outro livro dos autores, Auditoria Baseada em Riscos, da Editora Fórum (2022).

é mais relevante nas compras públicas: a capacidade efetiva de proporcionar à sociedade os meios para atingir os objetivos perseguidos pela coletividade.

É para atender aos cidadãos, como dona Francisca, que o governo faz licitação. E a motivação dos Autores deste livro é apresentar informações que contribuam para que as licitações alcancem o seu objetivo fundamental.

Vamos lá?

APRESENTAÇÃO DA 4ª EDIÇÃO

Lá se vão sete anos desde que lançamos a primeira edição desse livro. Na tradição bíblica do Gênesis, conta-se um sonho de vacas magras e gordas, simbolizando períodos de carestia e abundância. Torcemos (e até rezamos, por que não?), sinceramente, para que estejamos diante de um ciclo de abundância nas compras públicas, marcado pelo vigor pleno da Nova Lei de Licitações (NLL), a Lei nº 14.133/2021.

De certa forma, as vacas das compras públicas já estão engordando há um bom tempo, se considerarmos os avanços que testemunhamos desde que começamos a escrever sobre fraudes em licitações. O cenário atual é bem mais promissor, fruto de instituições, regras e sistemas que se modificaram em busca de maior resiliência diante da corrupção em compras governamentais. Temos orgulho e satisfação em fazer parte desse movimento.

Ao longo das edições anteriores, descrevemos as situações mais comuns e recorrentes, as tipologias mais frequentes, entendimentos majoritários, teorias de suporte, ilustrando ricamente o contexto com casos reais, assim como apontamos caminhos possíveis para aperfeiçoar capacidades de detectar e, sobretudo, prevenir as fraudes.

Agora, buscaremos continuar nossa jornada trilhando os mesmos rumos, por novas estradas. Ainda não há jurisprudência ou casos catalogados sob o novo regime legal, então, usaremos o passado, naquilo que for compatível, como referência para intuir o presente e o futuro. A tipologia geral é a mesma, pois os eventos de risco permanecem semelhantes, mas o nível de risco tende a se modificar em alguns tipos de fraudes. Algumas práticas podem até desaparecer e novas possibilidades de condutas irregulares podem se materializar.

Continua sendo **crime** o ato de **frustrar ou fraudar** o **caráter competitivo** do procedimento licitatório. A diferença é que agora isso está disciplinado no Código Penal, num capítulo específico, de crimes em licitações e contratos administrativos, com alterações em alguns dos delitos, incluindo o aumento da pena e a mudança no padrão, de detenção para reclusão, regime mais severo. A punição por fraude em licitação passou a ser mais rigorosa, refletindo a ideia de preocupação maior da sociedade com essa conduta.

Frustrar a licitude de processo licitatório continua sendo ato de Improbidade Administrativa (Lei nº 8.429/1992) e a fraude em compras públicas continua sendo reprimida em instâncias administrativas, por meio, entre outras, da Lei Anticorrupção (Lei nº 12.846/2013), que a define como **ato lesivo** à Administração Pública (art. 5º). A própria NLL prevê a declaração de inidoneidade como penalidade, tratando a fraude em processo licitatório como irregularidade grave.

Resumindo, fraude em licitação continua sendo ruim. Isso é fácil perceber.

Mas por que continuar tratando disso num livro?

Primeiro, porque licitação continua sendo elemento central na atuação governamental, a concretização de muitas políticas, "o principal tema da experiência brasileira de direito administrativo" (SUNDFELD, 2013). É por meio das compras e contratações que o governo realiza boa parte das suas atividades. Neste livro, os termos "licitação", "compras" e "contratações" são tratados como sinônimos, para simplificar. Continuamos defendendo, fervorosamente, a simplificação como princípio administrativo.

Segundo, porque o risco de corrupção em compras continua se materializando por meio de notícias sobre operações policiais, batizadas com nomes criativos como "Lava-Jato", "Ararath", "Sodoma", "Rêmora", "Ratatouille", "Recidiva", "Kamikaze". Muitas dessas investigações envolvem licitações. E muito dinheiro.

De acordo com estimativa da ONU, em 2012, o desvio de recursos públicos no Brasil poderia chegar a R$200 bilhões por ano. Embora seja difícil comprovar esse número, a frequência e recorrência de notícias, auditorias, denúncias e condenações fazem com que a corrupção seja mais percebida no país. Reforçando essa convicção, o Índice de Percepção de Corrupção de 2022, da Transparência Internacional, colocou o Brasil em 94º lugar, num *ranking* de 180 países, refletindo cenário de incômoda e crescente efervescência do tema na vida do brasileiro. Combate à corrupção continua sendo um tema de grande preocupação no país, tomando como referência as pesquisas de opinião durante a última campanha eleitoral.

Apesar de a legislação definir, em detalhes (por meio da NLL e seus diversos regulamentos), os processos de obtenção de bens, obras e serviços, não são raros os casos irregulares mais típicos: montagem, simulação, direcionamento, favorecimento, fracionamento, superfaturamento, conluio, cartel. Temos leis, regras, normas, sistemas e, ainda assim, continuamos vulneráveis a condutas fraudulentas.

Mas não somos só nós, brasileiros. Se é que serve de consolo. Esse é um problema grave no mundo todo. Dados da OCDE em relatório de 2014 (*Foreign Bribery Report*) apontam que mais da metade dos subornos e propinas detectados no planeta ocorrem em contratações públicas.

Nessa área, a fraude afeta, obviamente, quem está comprando, mas, no fim das contas, prejudica toda a sociedade, afinal, compra pública tem que gerar valor para os contribuintes, na forma de escola, asfalto, remédio, merenda escolar, hospital, ponte, limpeza urbana.

Um Delegado da Polícia Federal, citado no Acórdão TCU nº 1744/2018-P, ilustrou com imagem fortíssima os efeitos nefastos da corrupção no Brasil, referenciando um estudo do IPEA: "A relação entre os investimentos em saneamento e óbitos infantis permitiu chegar ao custo de uma vida: a cada 50 mil reais desviados do erário público representam a morte de uma criança".

Sabemos que a corrupção é um fenômeno complexo e de difícil definição. Neste livro, a abordamos de modo simplificado, como o abuso de poder para ganhos ilegítimos, um desvio de finalidade oriundo de uma atuação oportunista, nos moldes da Teoria dos Custos de Transação, para a qual o oportunismo é a "manipulação de informações por uma das partes com a finalidade de se obter vantagens, em função das dificuldades de monitoramento ou definição das regras da outra parte" (BRAGA, 2019). Na linha do que defende Lambsdorff (2007), a corrupção representa um atentado ao interesse público. Para a professora britânica Susan Rose-Ackerman (1978), uma das principais expoentes na área, **corrupção é o abuso do cargo público para ganho privado**.

Com a mesma lógica, vale citar texto de Vito Tanzi e Hamid Davoodi, sobre as consequências econômicas extremamente negativas provocadas pela corrupção, especialmente em compras públicas, em função de escolhas que não levam em conta as necessidades da população, mas os interesses dos envolvidos no esquema.

> **Quando as propinas são calculadas como percentual dos projetos, os gestores públicos envolvidos vão direcionar a licitação e aumentar o escopo, tempo ou volume dos projetos para que eles possam obter propinas maiores.** (p.5) (...)
>
> Com isso, a corrupção distorce a tomada de decisão sobre os investimentos públicos. **No caso extremo de um país completamente corrupto, os projetos são escolhidos exclusivamente pelo potencial de subornos e não pela produtividade.** A real necessidade dos projetos torna-se quase irrelevante. (...)
>
> O resultado desse processo é um orçamento fortemente deturpado, produzindo **"elefantes brancos"** e "catedrais no deserto". Alguns projetos são concluídos, mas nunca utilizados. **Alguns são muito maiores e complexos do que o necessário**. Outros são tão ruins que demandarão reparos constantes e a capacidade de produção será muito inferior ao esperado. Nestas circunstâncias, **não é surpreendente que os investimentos não gerem os resultados em termos de crescimento que os economistas esperam**. (TANZI; DAVOODI, 1997. p. 8-9. Tradução livre e grifada)

Como é fácil perceber, quem frauda uma licitação buscará um lucro ilegítimo. Isso implica, em geral, novas fraudes na execução contratual, como superfaturamento em preços ou quantidades, desvios em especificações, materiais, impostos. No fim das contas, tudo se resume a prejuízos para os contribuintes.

E o problema não apenas é nefasto em seus efeitos, como também é antigo em suas práticas. Matéria do Jornal do Brasil, de 1993, demonstra que a falcatrua nas compras públicas é histórica, descrevendo que, já naquela época, "as licitações eram fraudadas ou previamente acertadas". Parece familiar?

Fonte: Acórdão TCU n° 1744/2018-Plenário

Considerando, então, que a licitação é o antecedente compulsório que materializa políticas públicas, percebemos facilmente que a *fraude* representa a **contramão do interesse público**. Afronta o direito constitucional e administrativo, mas, sobretudo, **conspira contra a sociedade.** Merece, assim, controle eficiente, preventivo e detectivo.

Para coibir essa prática e seus efeitos nefastos, a **atuação integrada** de gestores e controladores é fundamental, envolvendo as diversas áreas que atuam nas compras: planejamento, julgamento, supervisão, auditoria, todos buscando produzir resultados mais efetivos no combate à corrupção.

O enfrentamento da corrupção em licitações pode ser fortemente aperfeiçoado à medida que os servidores diretamente envolvidos no processo (demandante, projetista ou equipe de planejamento, orçamentista, pregoeiro ou agente de contratação ou comissão de contratação, parecerista jurídico, ordenador de despesa, alta administração) se encontrarem adequadamente preparados, como primeira linha de defesa, para *prevenir e detectar* condutas fraudulentas.

Entre outras medidas de fortalecimento da estrutura de governança nas contratações, a NLL trouxe instrumentos de estímulo à **profissionalização dos compradores** *públicos e a implementação da gestão de riscos, além do incentivo ao processamento eletrônico e aumento expressivo da transparência, com a criação do Portal Nacional das Compras Públicas, incorporando, assim, muitas das sugestões de melhoria que este livro vem promovendo desde a sua primeira edição.*

Acreditamos, com fé e esperança, que esse conjunto de novidades ajude a melhorar a capacidade de prevenir e detectar fraudes. E fazer melhores compras para promover valor público, que é o mais importante.

APRESENTAÇÃO DA 4ª EDIÇÃO

Como prevenir e detectar a fraude é o que trataremos aqui, mantendo a tradição que inauguramos desde a edição inicial. A **detecção**, para subsidiar o combate repressivo às condutas irregulares, e a **prevenção**, como mecanismo de redução de casos indesejáveis. Esperamos continuar contribuindo para aumentar a eficiência e melhorar a qualidade dos serviços prestados aos cidadãos, reduzindo o desvio e o desperdício do dinheiro público, provendo um ciclo de vacas gordas para a sociedade.

Assim, esta **quarta edição** representa o maior desafio já enfrentado pelos Autores, na busca por compatibilizar o conteúdo com o ambiente da Nova Lei de Licitações, de forma a proporcionar ao leitor o contato com jurisprudência alinhada às novas regras e, principalmente, **novos casos reais,** reforçando a principal marca desta publicação, centenas de exemplos concretos que descrevem como as fraudes podem acontecer e como podem continuar sendo descobertas e evitadas em nosso novo cenário normativo, procurando tratar do tema de modo didático, leve e menos sisudo do que costuma aparecer na literatura e nos documentos processuais da área, com forte inclinação para o uso de recursos visuais.[2]

Também dedicamos especial esforço para manter uma compilação expressiva e cuidadosa de Acórdãos do TCU ao longo do texto, ainda que referente ao ambiente normativo antigo, desde que a lógica dos julgados continue compatível com o cenário atual, de modo a oferecer referência jurisprudencial relevante para análise, interpretação e aplicação prática do novo arcabouço legal das contratações governamentais.

Atualizamos e modernizamos a forma como apreentamos a gestão de riscos voltada para enfrentar a fraude nas licitações, buscando simplificar e esclarecer como a fraude pode ser objeto de controles internos em variadas camadas de uma organização compradora, mantendo coerência com a ideia geral de que um Programa de Integridade está contido, em grande parte, no esforço da gestão de riscos voltada para a redução da corrupção em licitações, de modo a contribuir especialmente com o cumprimento dos comandos da NLL referentes à governança e ao gerenciamento de riscos nas contratações, em busca da promoção de um ambiente íntegro e confiável, sem perder o foco nos resultados esperados das compras.

---

[2] Ressaltamos que os casos que citamos não representam, necessariamente, condenações – administrativas, civis ou penais – transitadas em julgado, portanto, ao citá-los, nossa intenção é apenas transmitir ao leitor situações reais que podem configurar ilícitos, não implicando prejulgamento de culpa das pessoas eventualmente envolvidas.

Capítulo 1
CONCEITOS BÁSICOS

1.1 Licitação

É conhecimento corrente que as organizações públicas devem promover o bem comum, entendido como o conjunto de todas as condições de vida adequadas ao desenvolvimento humano. Nessa missão, é comum o governo buscar no mercado os bens e serviços essenciais ao desempenho de sua função, mediante contratações planejadas e executadas na forma da lei.

A compra pública, de modo geral, baseia-se na busca essencial por efetividade, competitividade, isonomia, melhor preço, qualidade, transparência, sustentabilidade, além de evitar a corrupção e o desperdício. Governos do mundo todo tentam criar experiências normativas e práticas que levem a esses objetivos de modo eficiente. É um desafio dos mais difíceis.

Dado o enorme poder econômico das licitações, sua complexidade e variados riscos, há constante debate em torno do desenvolvimento de suas regras formais, a fim de que disciplinem as contratações de modo justo, dinâmico, transparente e eficiente.[1]

Muitas dessas regras exigem que o modo de disputa seja aberto, considerado uma das maneiras mais eficazes de garantir o melhor preço. Espera-se honestidade e integridade na seleção de fornecedores, igualdade de oportunidades para interessados e também a criação de requisitos de controles internos, como documentar a tomada de decisões e processos formais de aprovação.

Nesse cenário, tomando por base os objetivos definidos na NLL,[2] Lei nº 14.133/2021 (art. 11), a licitação é um procedimento administrativo, obrigatório para entidades governamentais e similares, no qual se busca assegurar a seleção da proposta apta a gerar o resultado de contratação mais vantajoso para o contratante, observado o tratamento isonômico e a justa competição entre os licitantes, uma vez preenchidos os requisitos mínimos necessários ao bom cumprimento das obrigações. A NLL ainda descreve, como objetivos, o incentivo à inovação e o desenvolvimento nacional sustentável, e se preocupa também com riscos específicos de sobrepreço, preço inexequível e superfaturamento.

Essa obrigação de licitar decorre de cláusula constitucional (art. 37, XXI, CF88), procedimento compulsório para **contratar obras, serviços e bens**, ressalvados os casos especificados na

---

[1] 'Licitação', 'contratação' e 'compra', neste livro, são termos usados de forma intercambiável e se referem à obtenção de bens, obras ou serviços, separados ou em conjunto, com ou sem procedimento licitatório de disputa, com ou sem a formalização de termo de contrato.
[2] A Lei nº 14.133/2021 será referenciada neste livro como NLL ou Nova Lei de Licitações.

legislação. O quadro a seguir sintetiza as normas e princípios gerais, da Administração Pública (AP) ou da Nova Lei de Licitações (NLL) e sua aplicabilidade em cada caso:[3]

Normas Gerais (Lei nº 14.133/21)	Princípios AP + Lei Específica + Regulamento próprio	Princípios AP + Regulamento próprio	Princípios NLL + Regulamento ministerial
Administração Direta, Autarquias e Fundações	Empresas Públicas e Sociedades de Economia Mista	Entidades Paraestatais Sistema S, OS/OSCIP	Repartições sediadas no exterior
NLL (Art. 1º)	CF/88, art. 173, III Lei nº 13.303/16, Arts. 1º e 40	Lei nº 9.637/98, Art. 4, VIII; Lei nº 9.790/00, Art. 14; Ac TCU 1.029/2011-P	NLL (Art. 1º, §2º) Ac TCU 4.993/2019-2C

Existem outras normas relacionadas às contratações públicas, como a Lei nº 11.079/2004, das parcerias público-privadas, a Lei nº 12.232/2010, de serviços de publicidade, e a Lei nº 12.598/2012 para objetos de Defesa.

Embora as entidades de Serviços Sociais Autônomos, conhecidas como Sistema S (Sesi, Senai, Sesc, Senac, Sebrae, Sescoop, Senat) não sigam a Lei Geral de Contratações, seguem seus princípios. Além disso, o Tribunal de Contas da União (TCU) entende que a Lei Geral tem aplicação subsidiária em duas situações: (1) quando não há regra específica em regulamento próprio; ou (2) quando tal regulamento contraria princípio da Administração Pública, geral ou específico de licitações (Acórdãos TCU nº 3.454/2007–1C e 2.790/2013-2C).[4]

Exemplo de aplicação da situação (1) ocorreu no Acórdão nº 459/2023-P, em que o TCU recomendou às entidades do Sistema S adotarem, por analogia, as regras da NLL, nos casos de contratação por credenciamento.

Outras organizações que seguem regras próprias são as Fundações de Apoio, ligadas a Instituições Federais de Ensino Superior e Institutos de Ciência e Tecnologia, criadas conforme a Lei nº 8.958/1994. Elas seguem diretrizes de compras do Decreto nº 8.241/2014, elaborando seus próprios regulamentos, observando os princípios da impessoalidade, da moralidade, da probidade, da publicidade, da transparência, da eficiência, da competitividade, da busca permanente de qualidade e durabilidade, e da vinculação ao instrumento convocatório.

Já os Conselhos de fiscalização profissional, como CFM, CFA, CFC, considerados autarquias especiais ou corporativas, submetem-se à NLL, pelo entendimento do TCU no Acórdão nº 395/2023-P. A exceção, provavelmente, fica com a Ordem dos Advogados do Brasil (OAB), que o Supremo Tribunal Federal definiu, na ADI nº 3.026/DF, não se sujeitar às normas de Direito Administrativo.

---

[3] As tabelas, quadros, figuras e imagens são de produção própria dos autores deste livro, exceto quando explicitamente indicada outra fonte. Aproveitamos para creditar as imagens de qualidade profissional ao competentíssimo amigo Franclim Ankh Santos (www.linkedin.com/in/franclim-ankh). Usando habilidades amadoras, os autores produziram algumas imagens, com apoio dos modelos disponíveis em https://slidesgo.com. Os desenhos no estilo história em quadrinhos foram produzidos pelo criador de imagens com inteligência artificial do Microsoft Bing.

[4] Ao citarmos Acórdãos do TCU, usaremos "1C" para 1ª Câmara, "2C" para 2ª Câmara e "P" para Plenário.

A aplicação das normas gerais de licitação está sujeita à interpretação do Tribunal de Contas da União e deve ser acatada por todos os Poderes e Esferas, desde que envolvida a aplicação de recursos federais, conforme Súmula do TCU nº 222. Não por acaso, a NLL, em boa medida, foi construída a partir de jurisprudência daquele Tribunal. (ZYMLER e ALVES, 2021).

Por se tratar de um dos mecanismos que a Constituição Federal previu para que o Estado faça a melhor gestão possível dos recursos públicos, a atividade de licitação tem **forte relação com a geração de resultados para a sociedade e elevada materialidade de recursos envolvidos**.

Com exceção das transferências diretas ao cidadão, como, por exemplo, Bolsa Família e Seguro Defeso, praticamente toda política pública depende de contratação com o setor privado, desde a construção de hospitais, escolas e estradas, até a obtenção de medicamentos e alimentação escolar, a prestação de serviços de transporte escolar, limpeza e manutenção.

Ilustrando a importância das compras do governo para a produção de resultados à sociedade, 369 organizações federais responderam ao TCU sobre a criticidade das compras para suas três ações mais relevantes. Somente 4% afirmaram que, mesmo sem comprar, continuariam funcionando normalmente, ao passo que em metade das organizações (47%), a falta de compras afetaria imediatamente as ações relevantes (Acórdão TCU nº 2.622/2015-P).

Sobre a materialidade dos recursos envolvidos, a atividade de contratações no Brasil alcançou média de 12,5% do Produto Interno Bruto (PIB) no período de 2006 a 2016, representando valores em torno de R$1 trilhão por ano. (RIBEIRO e INÁCIO JÚNIOR, 2019).

A média brasileira é similar à de outros países membros da Organização para a Cooperação e Desenvolvimento Econômico (OCDE), em torno de 12% do PIB, chegando até 30% em países em desenvolvimento. (OCDE, 2020).

PORQUE ABORDAR RISCOS

Fonte: Elaboração própria a partir de Acórdão TCU nº 2.622/2015-P

TCU consolida fiscalizações em governança e gestão de aquisições de órgãos da Administração Pública (23/09/15)

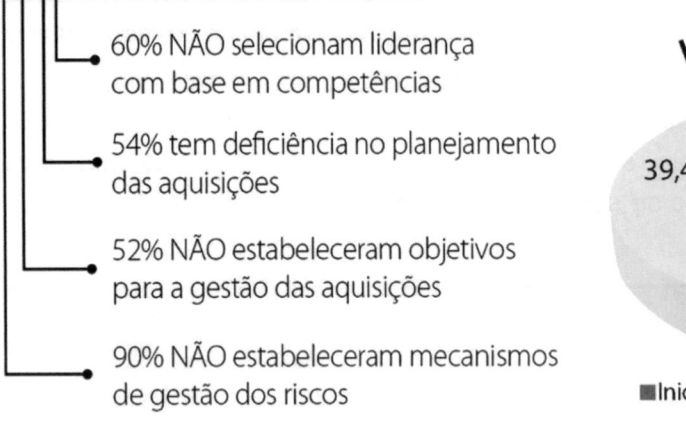

- 60% NÃO selecionam liderança com base em competências
- 54% tem deficiência no planejamento das aquisições
- 52% NÃO estabeleceram objetivos para a gestão das aquisições
- 90% NÃO estabeleceram mecanismos de gestão dos riscos

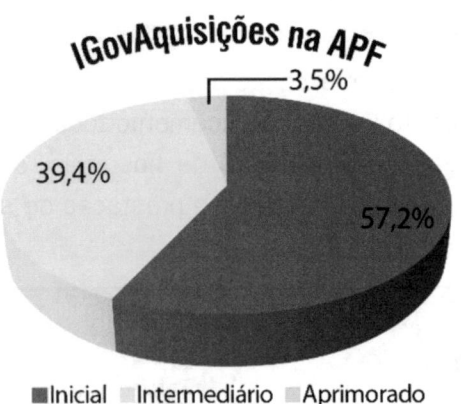

IGovAquisições na APF: 3,5%; 39,4%; 57,2%
■ Inicial ■ Intermediário ■ Aprimorado

Entretanto, mesmo com todo esse volume de recursos e a criticidade paras as políticas públicas, a atividade de contratações padece de graves deficiências nas estruturas e nos processos de governança, gestão de riscos e controles internos.

Tomando por base o estrato federal avaliado pelo TCU no Acórdão nº 2622/2015-P, podemos perceber que, naquela época, os órgãos federais, em sua maioria, ainda estavam no estágio inicial de maturidade em suas capacidades de governança em aquisições. Apenas 10% tinham algum mecanismo de gestão de riscos. Foi nessa época que a primeira edição deste livro foi desenvolvida.

Outro indicador relevante foi publicado pelo TCU no Acórdão nº 2.604/2018-P, que tratou de um mapa de exposição da Administração Pública Federal a fraude e corrupção, revelando que as instituições detentoras dos maiores poderes econômicos e de regulação ainda não tinham adotado sistemática de gestão de riscos relacionada à prevenção de casos de fraude e corrupção, tampouco de controles específicos para conter esses mesmos males.

Em 2021, o TCU atualizou o levantamento dos índices de governança e gestão dos órgãos e entidades da Administração Pública Federal (iGG2021), avaliando 378 organizações. Os números apontam evolução, de modo geral, mas o panorama ainda está longe do ideal. Mais de 1/3 dos respondentes não saiu do estágio inicial de capacidade em governança e menos de 1/4 se consideram no estágio aprimorado na gestão das contratações. Um aspecto especialmente preocupante é a gestão de pessoas na área de compras governamentais, com o pior resultado (Acórdão TCU nº 2.164/2021-P), o que reforça a ideia endossada pelos autores deste livro, de que a profissionalização de compradores é o nosso maior desafio. (SANTOS, 2023).

Felizmente, o cenário parece animador, considerando que a NLL contempla dispositivos que estimulam boas práticas de governança, processos e estruturas para avaliar, direcionar e monitorar licitações e contratos, incluindo o fortalecimento da gestão de riscos, a consolidação de controles internos e a diretriz de profissionalizar a área. Mudanças efetivas, porém, não dependem somente da lei, mas de transformação na cultura das organizações, em especial na alta administração. (SANTOS e PÉRCIO, 2022).

Ainda que haja motivos para otimismo, não se descuida que qualquer estrutura de governança em contratações merece dedicar atenção à fraude, como risco inerente da área. O Instituto de Finanças Públicas e Contabilidade, sediado no Reino Unido, apontou que contratação é a área com maior risco percebido de fraude e corrupção, resultado que repetiu a percepção de anos anteriores. (CIPFA, 2020). Outro levantamento internacional, da OCDE (2014), aponta que mais da metade dos subornos e propinas detectados no planeta ocorrem nas atividades de contratações públicas. Em outras palavras, obter um contrato com o governo é o principal objetivo do suborno transnacional.

No Brasil, iniciativa da CGU analisou penalidades administrativas relativas a ato de corrupção e fraude em Agências Reguladoras. Irregularidades em licitações e contratos foram o segundo maior risco (19%), avaliado como "Alto" (CGU, 2021a). Estudo similar, em órgãos federais da Administração Direta, apontou a área de contratações como a de terceiro maior risco, superada apenas por: (1) atividades de fiscalizações e investigações; e (2) formulação ou execução de políticas públicas. (BRITO e CAPANEMA, 2022).

Alinhado a esse contexto, há tempos a fraude em compras públicas tem sido tema de preocupação do setor acadêmico, em função do alto risco. (RUSTINIARINI, NURKHOLIS e ANDAYANI, 2019).

Reforçando o cenário e comprovando que o problema não é exclusivo do setor público, a Pesquisa Global sobre Fraudes e Crimes Econômicos 2022, da PricewaterhouseCoopers, apontou a "fraude em compras" entre os principais tipos de crime econômico em organizações privadas.

Não é de admirar, portanto, que a OCDE entenda as compras como atividade governamental das mais vulneráveis à corrupção e má gestão, considerando o elevado volume de recursos envolvidos, a complexidade do processo, a interação de agentes públicos e fornecedores e a multiplicidade de atores interessados. (OCDE, 2016). Nos Estados Unidos, em várias agências federais, a função "compras" está na lista de alto risco de fraude, desperdício, abuso e má gestão. (GAO, 2005).

Resumindo, em função da elevada materialidade, importância estratégica e riscos associados, é relevante que os órgãos compradores e unidades de controle adotem medidas para prevenir, detectar e remediar atos de fraudes em licitação.

Este livro é uma contribuição para esse complexo desafio.

1.2 Definição de fraude

A palavra fraude tem origem no latim *fraus, fraudis* (engano, má-fé, logro). O termo, no dicionário, indica ato ardiloso, enganoso, de má-fé, com o intuito de lesar ou ludibriar alguém, ou de não cumprir determinado dever (Dicionário Houaiss). O conceito, em geral, se relaciona com atos ardilosos, como engano, burla, logro, má-fé, contrabando, adulteração e falsificação.

O Conselho Internacional de Padrões de Auditoria e Asseguração (IAASB, em inglês), na norma ISA 240, define a fraude como "ato intencional praticado por um ou mais indivíduos entre gestores, responsáveis pela governança, empregados ou terceiros, envolvendo o uso de falsidade para obter uma vantagem injusta ou ilegal".

Em sentido similar, o Instituto dos Auditores Internos (IIA) trata o termo como "quaisquer atos ilegais caracterizados por desonestidade, dissimulação ou quebra de confiança".

> Fraude é o ato intencional de um ou mais indivíduos da administração, dos responsáveis pela governança, empregados ou terceiros, que envolva dolo para obtenção de vantagem injusta ou ilegal.
> (Resolução do Conselho Federal de Contabilidade nº 1.207/2009)

Nas Normas de Auditoria Governamental aplicáveis ao Controle Externo brasileiro (NAG, 2010), a fraude é "ato voluntário intencional de omissão ou manipulação de transações, adulteração de documentos, informações, registros e demonstrações. Existe dolo, pois há intenção de causar algum tipo de dano".

Há, na literatura especializada, outros conceitos. Donald Fulwider (1999), por exemplo, entende como ato ilegal aquele com o qual se obtém algo de valor, mediante declaração falsa intencional. Para Inaldo Soares (2005), é logro, abuso de confiança, manobra enganosa, obtenção de vantagens de forma ilícita.

Os elementos comuns nessas definições são: **vontade** e **intenção**. Atos fraudulentos envolvem pessoas com intenção de contornar os controles ou explorar fraquezas da organização. O dolo é o elemento subjetivo do tipo penal.

> A fraude em licitações é tratada explicitamente no art. 337-F do Código Penal, que tipifica como crime o ato de "*frustrar* ou de *fraudar*, com intuito de obter para si ou para outrem vantagem decorrente da adjudicação do objeto da licitação, *o caráter competitivo do processo licitatório*". A nova redação **suprimiu a expressão** *"mediante ajuste, combinação ou qualquer outro expediente"*. **Desse modo, a conduta pode ser imputada a um licitante, sem que outros tenham participado.**

Assim, a fraude é caracterizada pela vontade consciente do agente em provocar um resultado ilegítimo. Resulta do planejamento, da organização e da execução de ato ilícito, reprovado pelas leis, pela moral e pela ética. Está acompanhada do objetivo de obter vantagem ilícita. É frequentemente praticada por meio da mentira e da dissimulação.

Em licitações, a fraude está relacionada essencialmente ao caráter competitivo. Qualquer atitude que tenha a intenção de prejudicar a competitividade é uma fraude ao processo licitatório, no conceito genérico e amplo que adotamos neste livro, para fins didáticos e de simplificação textual.

Essa atitude, de modo geral, é crime e também pode ser ato de improbidade administrativa. E se enquadra em ilícito contra a Administração Pública, abarcando, assim, diversas jurisdições punitivas.

A fraude em licitações é uma das principais constatações da Controladoria-Geral da União (CGU) em suas auditorias.

Levantamento de 2015, analisando 349 relatórios de fiscalização da CGU, investigou a interação entre o setor público e o privado nos processos licitatórios ilícitos, sobretudo em pequenos municípios. Foram destacados 40 achados mais comuns, inclusive repetitivos:

1. Indícios de falsificação	2. Simulação de licitação
3. Licitações forjadas	4. Caráter competitivo
5. Licitação forjada	6. Simulados pela Prefeitura
7. Licitação direcionada	8. Falta de assinatura do contratado
9. Irregularidades no processo licitatório	10. Inconsistência dos autos da licitação
11. Fraude em licitação	12. Direcionamento
13. Fraude nos processos licitatórios	14. Ausência de planilha descritiva
15. Favorecimento	16. Favorecimento à empresa
17. Ausência de orçamento estimativo detalhado	18. Ata de julgamento assinada só pelo pregoeiro
19. Valor vencedor exatamente igual ao estimado	20. Ausência de habilitação do licitante
21. Ausência de competitividade	22. Empresas inexistentes ou de servidor municipal
23. Exigências restritivas	24. Impropriedades nas licitações
25. Ausência de comprovante de publicação do Edital	26. Documentos e propostas não rubricados(as)
27. Excesso de detalhamento de produtos	28. Todas as licitantes sempre habilitadas
29. Pessoa não assinou/participou da licitação	30. Certidão com prazo de validade expirado
31. Exigências restritivas	32. Simulado pela Prefeitura
33. Licitação anterior ao contrato de repasse	34. Todos os eventos acontecendo no mesmo dia
35. Certidões falsas	36. Descumprimento de prazos
37. Ausência de habilitação	38. Montagem de processos licitatórios
39. Simulação de processo licitatório	40. Empresa inexistente

Fonte: adaptado de Dourado (2015).

Para o pesquisador que fez esse levantamento, a constatação de fragilidades na formalização do processo licitatório, na maioria dos casos, é um indicador de presença da gestão local na arquitetura da fraude, representada, na pesquisa, pelo Prefeito e/ou agentes que conduzem a licitação. Essa hipótese considera que um ambiente realmente competitivo tende a dificultar a fraude sem conivência dos agentes públicos. (DOURADO, 2015).

Nos processos coniventes, ou seja, em que os agentes públicos atuam em conluio com o privado, se observam as falhas mais críticas: descrição insuficiente do objeto pretendido; empresas habilitadas sem comprovar requisitos; desrespeito ao encadeamento das etapas formais; ausência de assinaturas ou documentos; datas equivocadas; processos iniciados e concluídos no mesmo dia; certidões falsas; ausência de publicidade do edital; coincidência entre valores estipulados e valores propostos; participação de servidor municipal e outros exemplos descritos em relatórios da CGU. (DOURADO, 2015).

Esses e outros elementos das fraudes serão abordados em detalhes neste livro. Assim como esquemas que ocorrem sem agentes públicos, mediante conduta exclusiva de fornecedores.

Além das normas de licitações, outro regramento que trata das fraudes é a **Lei Anticorrupção** (LAC). Dos onze tipos de atos lesivos à Administração Pública elencados na Lei nº 12.846/2013, que disciplina a punição administrativa de empresas, sete estão relacionados com licitações e contratos, demonstrando a importância da atividade no contexto das organizações governamentais. É importante ressaltar que a responsabilização da pessoa jurídica **não exclui** a responsabilidade de eventual pessoa física a ela vinculada e que tenha incorrido em conduta reprovável contra as compras públicas.

Vale acrescentar, ainda, a Lei de Improbidade Administrativa (LIA), Lei nº 8.429/1992, prevendo como ilícito, no art. 10, VIII, ato que "causa lesão ao erário" por "frustrar a licitude de processo licitatório ou de processo seletivo para celebração de parcerias com entidades sem fins lucrativos, ou dispensá-los indevidamente, acarretando perda patrimonial efetiva", conforme redação dada pela Lei nº 14.230, de 2021, a qual também serviu para delimitar que a improbidade pressupõe ato doloso – ou seja, realizado com a vontade livre e consciente de alcançar o resultado ilícito.

Outro dispositivo relevante da LIA é o art. 11, V, prevendo conduta contra os princípios da administração pública a ação ou omissão dolosa caracterizada por "frustrar, em ofensa à imparcialidade, o caráter concorrencial de concurso público, de chamamento ou de procedimento licitatório, com vistas à obtenção de benefício próprio, direto ou indireto, ou de terceiros".

Um detalhe da improbidade é que, embora seja focada em atos de agentes públicos, o art. 3º da LIA amplia sua aplicação a pessoa que "induza ou concorra dolosamente para a prática do ato". Portanto, um fornecedor que participa da fraude pode ser alvo das penalidades previstas na Lei de Improbidade Administrativa.

Vários dos casos citados neste livro se referem a ações judiciais baseadas na LIA.

Cabe destacar que **fraude** é **diferente de erro**. Erro também pode causar prejuízo, mas ocorre **involuntariamente**, por omissão, desatenção, desconhecimento, má interpretação, ignorância, imperícia ou imprudência (NBC T 11 – IT 03 – Fraude e Erro).

Nas normas de auditoria governamental (NAG, 2010), erro é "ato não voluntário, não intencional, resultante de omissão, desconhecimento, imperícia, imprudência, desatenção ou má interpretação de fatos na elaboração de documentos, registros ou demonstrações. Existe apenas culpa, pois não há intenção de causar dano".

Em um certame licitatório, é possível identificar "erros procedimentais" nos quais não está implícito o cálculo estratégico da intencionalidade. Como exemplo, podemos destacar uma estimativa inadequada de quantidades, especificação incorreta do objeto no Termo de Referência, falta de justificativa para exigência de índices contábeis, ausência de vinculação ao plano de contratações anual etc.

Errar em licitação é um risco comum, dada a complexidade, o volume e a frequência das ações requeridas, combinadas com a capacitação precária dos agentes compradores e sua atuação, muitas vezes, em cenário de obrigação, em vez de vocação. (PRESSER, ARAÚJO e GOMES, 2020). Por esse motivo, é importante que os órgãos de controle procurem identificar e separar os atos praticados com fraude daqueles cometidos por erro.

Infelizmente, distinguir uma fraude de incompetência é tarefa das mais difíceis (RUSTIARINI, NURKHOLIS e ANDAYANI, 2019), o que exige, de quem atua na área, o máximo de cuidado e profissionalismo, conjugado com o conhecimento apropriado (MAIA, 2021), desafio para o qual esperamos contribuir nesse livro.

Portanto, a probabilidade de se detectar uma fraude é menor do que encontrar erros, pois as atividades fraudulentas tendem a ser deliberadamente ocultadas por meio da adoção de esquemas complexos e cuidadosamente planejados. (GIRIUNAS e MACKEVICIUS, 2014).

A fraude pode ser decorrente de ação ou omissão. Por exemplo, quando o superior hierárquico percebe atitude fraudulenta em certame e dolosamente permanece inerte, contribuindo para a irregularidade, mesmo que dela não participe diretamente ou se beneficie.

Considerando o cenário complexo das compras públicas e, sobretudo, a multiplicidade de conhecimentos, habilidades e atitudes requeridas para bem desempenhar essa atividade, admitimos que algumas situações descritas neste livro podem ocorrer, de modo isolado, por erro, incluindo, especialmente, o "erro grosseiro", na concepção da Lei de Introdução às Normas do Direito Brasileiro (LINDB), Decreto-Lei nº 4.657/42, sobre a qual falaremos mais adiante.

Não obstante, de modo abrangente, o tema de análise aqui é a atitude consciente, o ato intencional de prejudicar a competividade e os elementos mais comuns que podem ser usados para restringir, sem justa causa, a competição. Falaremos, portanto, da fraude em sua acepção mais ampla, no contexto das compras públicas.

Vamos começar tratando das causas. **Por que uma fraude acontece?**

1.3 Condições para ocorrência da fraude

A relação público-privada traz consigo grandes possibilidades para a ocorrência de desvios éticos. É exatamente nos processos de aquisições governamentais que essa relação se intensifica, sendo campo propício ao cometimento de diversas fraudes (Acórdão TCU nº 2681/2018-P).

Para explicar a ocorrência da fraude, vale citar um dos mais conhecidos e respeitados conceitos teóricos da literatura na área, apresentado por Cressey (1953), denominado **Triângulo da Fraude**, segundo o qual são necessários **três fatores** para concretizar uma atitude fraudulenta: **racionalização**, **pressão** e **oportunidade**.

No primeiro vértice, como indutor fundamental, a causa essencial, está a necessidade ou **pressão (incentivo ou motivação)** do indivíduo, considerando o contexto em que o fraudador está inserido. A pressão que leva à fraude pode ter origem pessoal ou profissional, se reveste de fatores intrínsecos, ego, dinheiro, educação, família, ganho pessoal. Isso inclui, por exemplo, o desejo de melhorar ou de manter o padrão de vida; dívida pessoal; dificuldade financeira, metas corporativas agressivas; bônus significativo ou outra recompensa baseada em desempenho.

Estudo de Rustiarini, Nurkholis e Andayani (2019) avaliou fatores que influenciam as ações oportunistas de compradores públicos, identificando quatro grandes ambientes de pressão potencial: (1) dentro da organização; (2) externa, de políticos ou empresários; (3) econômica; (4) social.

Para esses autores, quando a **pressão vem de dentro** da unidade compradora, a fraude é engendrada pelos líderes e forçada de cima para baixo, usando coerção hierárquica. Nessa situação, o comprador enfrentará um dilema: recusar ou seguir as instruções que levam a ações fraudulentas. Se descumprir a instrução ilegal, pode ser demitido ou perseguido. Involuntariamente, esta condição "normaliza" a corrupção como processo coletivo. Há três etapas neste processo, começando pela decisão do líder, seguida de instruções aos subordinados, envolvendo também a racionalização ou a neutralização do ambiente, para justificar o comportamento, levando eventualmente a tornar a corrupção um comportamento normal na organização. Quanto mais corrupção, menor o custo moral ou estigma negativo, até que as práticas corruptas sejam institucionalizadas, incorporadas à cultura da repartição.

A **pressão externa**, na visão de Rustiarini, Nurkholis e Andayani (2019), viria de políticos ou empresários. Políticos procuram interferir nas alocações orçamentárias ou nos resultados das compras, para benefícios partidários ou pessoais, podendo interferir na carreira de compradores, incluindo promoções e demissão, o que ajudaria a entender as razões pelas quais os burocratas concordam em colaborar nas práticas corruptas. Além da fragilidade moral que vem de cima, o comportamento dos colegas de trabalho também pode influenciar a conduta dos compradores.

A **pressão econômica** também pode contribuir para o comportamento fraudulento, quando compradores aceitam salários menores de olho em compensação por meio de propina, geralmente vista como solução para dificuldades financeiras. (RUSTIARINI, NURKHOLIS e ANDAYANI, 2019).

Há ainda a **pressão social**. Nesse caso, o comportamento fraudulento não é apenas para obter benefícios, mas porque os agentes têm conexões ou interesses comuns com fornecedores, amizades ou laços familiares. Essa conexão pessoal pode ser forte e influenciar compradores. Outras motivações podem envolver a busca por promoção ou reconhecimento, usando o direcionamento de licitação como alavanca profissional. (RUSTIARINI, NURKHOLIS e ANDAYANI, 2019).

O segundo vértice do Triângulo da Fraude trata do discernimento do indivíduo sobre o certo e o errado. É a percepção moral ao se deparar com dilemas éticos que pautarão suas atitudes (**racionalização**). O fraudador precisa racionalizar os seus atos; em outras palavras, ele tenta justificar para si e para os outros, que determinada ação não é errada ou, caso seja, busca amenizar a situação, flexibilizando a ética. A racionalização da fraude pode ocorrer não apenas em benefício próprio, mas também para o benefício de sua organização ou de um indivíduo ou organização externa.

Uma publicação da *Alliance for Integrity* chamada *No excuses!* listou as 10 desculpas mais comuns para um comportamento corrupto. O documento afirma que alguns procuram elementos para diferenciar sua situação das definições comuns de corrupção. Outros adotam o estilo infame "os fins justificam os meios". Entre as desculpas mais recorrentes dos fraudadores estão: *"Eu não sabia que era corrupção"; "Não fiz por mim, fiz pela empresa"; "É assim que se fazem negócios por aqui"; "Se a gente não fizer, alguém fará"*.

Podemos citar outras desculpas esfarrapadas, tais como: *"Estou apenas seguindo ordens"; "Sempre foi feito dessa forma"; "Desconhecia as regras"; "Eu mereço; me pagam muito mal para o que eu faço"*.

Estratégias de racionalização:

Estratégia	Descrição	Exemplos
Negação de responsabilidade	Os atores envolvidos em comportamentos corruptos percebem que não têm outra escolha a não ser participar de tais atividades.	"O que eu posso fazer? *My arm is being twisted*" "Não é da minha conta se a empresa faz suborno no exterior".
Negação de dano	Os atores estão convencidos de que ninguém foi prejudicado por suas ações, portanto, suas ações não são realmente corruptas.	"Ninguém foi realmente prejudicado" "Poderia ter sido pior"
Negação de vítima	Os atores negam qualquer tipo de culpa no ato, alegando que a parte violada mereceu o que tenha ocorrido.	"Eles mereceram isso" "Eles escolheram participar"
Ponderações sociais	Justifica-se o ato através da alegação de que há práticas piores no mesmo âmbito em comparação com a corrupção praticada.	"Você não tem o direito de nos criticar" "Outros são piores do que nós"
Apelo para lealdades elevadas	Os atores argumentam que a violação das normas ocorreu na tentativa de atender os valores de superiores.	"Nós respondemos a uma causa mais importante" "Eu não poderia denunciar isso pela minha lealdade ao meu chefe"
Metáfora do Equilíbrio	Os atores racionalizam o direito de entrar em comportamentos desviantes devido ao tempo e esforço acumulados em seus trabalhos.	"Nós já ganhamos o direito [de fazer isso]" "Está tudo bem para mim usar a Internet para fins pessoais no trabalho. Depois de tudo que eu faço, trabalho de horas extras"

Fonte: Anand, Ashforth e Joshi (2004) citados por Freitas Junior e Medeiros (2018).

Artigo de Luiz Freitas Júnior e Cintia Medeiros (2018) cita estudo de Anand, Ashforth e Joshi (2004) sobre as táticas frequentes de racionalização da corrupção. Para esses autores, as desculpas se dividem em seis tipos: (i) negação de responsabilidade; (ii) negação do dano; (iii) negação da vítima; (iv) ponderações sociais; (v) apelo para lealdades elevadas e (vi) metáfora de equilíbrio.

Aproveitando essa deixa e começando nossa arqueologia de casos reais, encontramos sentença da Justiça estadual no Mato Grosso condenando servidor da secretaria de obras que recebeu propina para agilizar documentos para um empresário. Em juízo, o acusado confirmou que recebeu dinheiro por "serviços extras", sob a justificativa de que ganhava pouco na função pública (Processo nº 4134-39.2015.811.0042).

Na Paraíba, na Operação Famintos, um empresário, após ficar preso por 90 dias, disse que fez "uma profilaxia espiritual e mental" e não queria mais mexer com licitação. Justificou que pagava aos concorrentes para não participarem, porque 'é assim que funciona o mercado' (paraibaonline.com.br, notícia de 31.10.2019).

Essa lógica distorcida parece encontrar terreno fértil em alguns fornecedores e mercados que atuam com o setor público, a julgar, por exemplo, pela reportagem de 2012 do Fantástico (Rede Globo), que exibiu cenas de corrupção explícita em hospital público carioca, no qual, em momento emblemático, a gerente de uma empresa afirmou que a fraude era a "ética do mercado", como se isso justificasse tudo, afinal, "todo mundo faz" ou "sempre foi assim", ilustrando a ideia de racionalização na prática das fraudes em licitações. (SANTOS e BRAGA (2022).

Voltando ao Triângulo da Fraude, seu último vértice é a percepção da **oportunidade** para fraudar. É a ideia que o potencial fraudador faz do quão vulnerável o objeto está, bem como a visualização que tem dos meios e da capacidade para a execução da fraude. Refere-se ao grau de fraqueza na gestão de riscos do ambiente, processo ou sistema. Está relacionado à **ausência ou à ineficiência de controles internos**; ausência de fiscalização, regulamentação ou punição; ausência de segregação de funções e/ou funções incompatíveis com as responsabilidades dos cargos; influência da administração (ex.: direcionar empregados a efetuar operações indevidas).

Com base nessa perspectiva, pode-se concluir que **a *pressão* sobre o transgressor é a causa-raiz da fraude (por que fazer?), o que leva o indivíduo a racionalizar suas ações (por que não?) e buscar ou aproveitar uma oportunidade para fraudar (como?)**.

Em complemento ao modelo teórico clássico, existe ainda o **Diamante da Fraude**, proposto por Wolfe e Hermanson (2004), que acrescenta o vértice da '**capacidade**' do fraudador, como, por exemplo, cargo, função ou atividade desenvolvida, conhecimento e habilidade sobre os procedimentos, autoconfiança, persuasão, dissimulação, sangue frio para lidar com o estresse da situação.

Sobre o tema, Paschoal, Santos e Faroni (2020) analisaram 259 Relatórios de Demanda Externa da CGU, buscando identificar e classificar as evidências de irregularidades encontradas por auditores e as justificativas de gestores. O estudo observou que os vértices 'oportunidade' e 'capacidade' se sobressaíram em comparação a 'pressão' e 'racionalização'.

Principais categorias do Diamante da Fraude observadas em Relatórios da CGU

Constructos	Subcategorias	Frequência	Percentual
Oportunidade	Controle Interno Ineficaz	196	86%
	Monitoramento Interno Ineficaz	175	77%
Racionalização	Justificativa Moral	114	50%
Capacidade	Posição de Autoridade	159	70%
	Capacidade de Reconhecer Oportunidade	152	67%

Fonte: adaptado de Paschoal, Santos e Faroni (2020).

Os autores identificaram as palavras mais frequentes associadas às irregularidades. Em licitações, o resultado é coerente com a tipologia adotada neste livro, apontando para *direcionamento*, *simulação* e *montagem*, envolvendo *cláusulas restritivas* em editais, gerando como consequência sobrepreço, superfaturamento, superestimativa. (PASCHOAL, SANTOS e FARONI, 2020).

É relevante destacar que as falhas nos controles internos representaram 86% de irregularidades e em 77% havia deficiências de monitoramento e controle, destacando a 'oportunidade' como o fator preponderante no ambiente de fraudes. (PASCHOAL, SANTOS e FARONI, 2020).

Em Fortunato, Santos e Faroni (2017), estudo similar analisou 64 Relatórios de Demandas Externas da CGU relativos a municípios de Minas Gerais, para identificar os fatores geralmente presentes quando ocorrem fraudes, evidenciando que a oportunidade provocada por falhas nos controles internos foi a principal causa das irregularidades.

Reforçando esse raciocínio, números da PricewaterhouseCoopers (PwC), em sua Pesquisa Global sobre Fraudes e Crimes Econômicos de 2018, apontam a 'oportunidade' como principal contribuição para a prática criminosa (59% das respostas). A 'pressão' aparece com 21% e a 'racionalização' em último lugar, com 11%. No Brasil, os números são parecidos, com ênfase ainda maior na oportunidade (65%):

FATORES QUE CONTRIBUIRAM PARA O CRIME ECONÔMICO

Pesquisa Global sobre Fraudes e Crimes Econômicos 2018 - Brasil - PwC

Global: Incentivo/pressão por desempenho 21% — Oportunidade 59% — Racionalização 11% — Risco de fraude

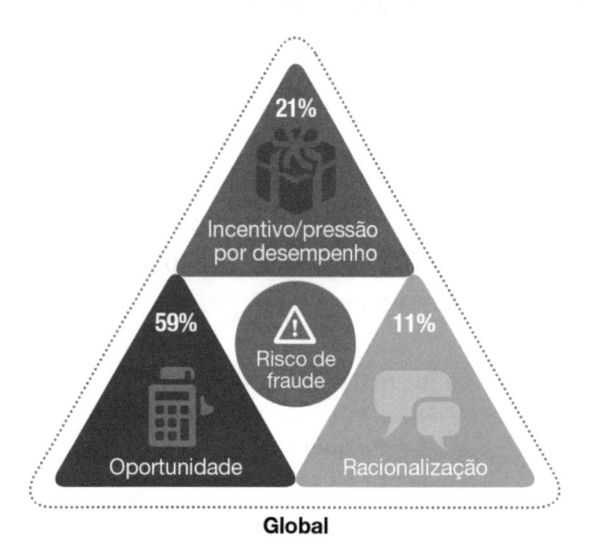

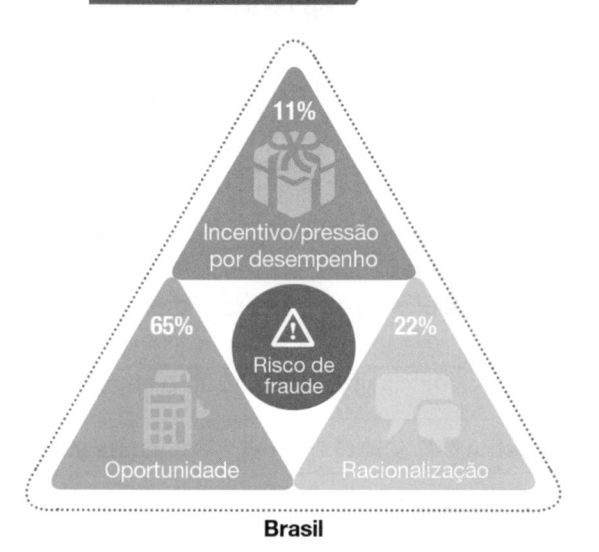

Brasil: Incentivo/pressão por desempenho 11% — Oportunidade 65% — Racionalização 22% — Risco de fraude

Esses resultados mostram que, para combater as fraudes, a forma mais eficaz é a prevenção, por meio da mitigação de riscos em processos e métodos, **com controles internos preventivos e detectivos** (capacitação, estrutura, tecnologia, recursos humanos, sistemas, manuais, normatização, ouvidoria, corregedoria, auditoria). Tanto no Brasil, quanto em qualquer lugar no mundo.

Destaca-se que, dos três fatores teóricos no Triângulo ou dos quatro no Diamante, a 'oportunidade' é a mais visível e mais diretamente gerenciável pela organização. Esse é um fator que pode explicar, em parte, os resultados de estudos e pesquisas na área. Os demais componentes dos modelos teóricos tendem a representar características ou contextos pessoais, naturalmente mais difíceis de se identificar, relacionados com as pressões do cotidiano, a mentalidade para racionalizar atitudes e a capacidade de cometer e esconder fraudes.

Por isso mesmo a 'oportunidade' tende a ser associada a maior potencial de implantação apropriada de controles internos, para impedir ou dificultar a ação fraudulenta, antes que ela aconteça.

Nesse mesmo sentido é o resultado apresentado por pesquisa da KPMG (2009) sobre "A Fraude no Brasil". Perguntados sobre as principais medidas que deveriam ser adotadas para se evitar o problema, executivos de grandes empresas sugeriram ações prioritárias, sendo a mais relevante a melhoria do controle interno (93%), bem à frente da segunda colocada, elaboração de código de ética (57%) e treinamento de funcionários (50%), com investigações especiais ocupando a quarta posição (34%).

MEDIDAS PREVENTIVAS

COMO COMBATER A
CORRUPÇÃO
EM LICITAÇÕES

- 93% | MELHORIA DO CONTROLE INTERNO — 01
- 57% | ELABORAÇÃO DE CÓDIGO DE ÉTICA — 02
- 50% | TREINAMENTO DE FUNCIONÁRIOS — 03
- 34% | INVESTIGAÇÕES ESPECIAIS — 04

Fonte: KPMG, 2009

Esses resultados nos levam a uma conclusão: tanto no setor privado, quanto no setor público, para **combater efetivamente as fraudes** é preciso fortalecer e tornar permanentes as estruturas e processos de **governança, gestão de riscos e controles internos em contratações**, conforme determinação prevista no parágrafo único do art. 11 e no art. 169 da Lei nº 14.133/2021, seguindo Modelo de Três Linhas disseminado pelo Instituto dos Auditores Internos (IIA), entidade internacional de padronização das atividades de auditoria.

Como decorrência das diretrizes da NLL, o TCU tem entendido que reclamações sobre a aplicação da lei respeitem a ordem lógica das linhas de controle. Deve-se buscar atendimento junto ao próprio órgão ou entidade contratante antes de acionar a terceira linha, seja por meio do órgão central de controle interno ou dos tribunais de contas. A intenção é evitar a supressão das linhas de defesa e a duplicação de esforços desnecessários que envolvam pedidos de esclarecimento, impugnação a edital ou recurso administrativo (Acórdãos nº 522/2022-P, 572/2022-P, 1.089/2022-P, 1.061/2022-P, 1.134/2022-P, 10.038/2023-2C).

A implementação do Modelo de Três Linhas no ambiente de compras públicas tende a fortalecer uma cultura profissional e baseada em regras, pesos e contrapesos. Dos agentes envolvidos, em qualquer dos estágios do ciclo de contratação e em qualquer das posições de atuação, espera-se atitudes que visem evitar que práticas irregulares aconteçam, seja atuando preventivamente na implementação de controles internos, seja por meio de denúncias ou representações.

Nessa discussão, há forte influência da teoria da Gestão de Riscos, na busca por equilíbrio entre os objetivos das licitações e os instrumentos de mitigação dos principais riscos. Um dilema entre custos e benefícios do controle.

Esse mesmo dilema vem sendo enfrentado pelos legisladores em todas as normas sobre compras nos últimos tempos. As leis que regulam as licitações e contratos têm buscado atuar sobre grandes riscos, entre eles, a fraude.

> As leis funcionam como instrumento antecipado no controle público. Os diplomas legais precisam antever possíveis falhas (algumas recorrentes) em seus objetos de normatização para que, em viés preventivo, não se repitam essas situações; e para que, em viés punitivo, possa-se melhor gerar a responsabilização.
>
> (BORGES; BRAGA, 2019)

O panorama de grandes riscos mitigados pela legislação atual revela ênfase na corrupção. A preocupação do legislador tem se pautado por criar mecanismos de punição – para pessoas e empresas – por condutas irregulares que podem afetar seriamente os objetivos das compras públicas, seja em termos de restrição à competitividade, seja em sua consequência mais óbvia, os desvios e prejuízos na execução contratual. (BORGES; BRAGA, 2019).

Não ignoramos que existem diversos outros riscos em contratações, para além da fraude, igualmente ou até mais graves. Sobre tais riscos e seus controles, recomendamos a leitura do nosso livro '*Como combater o desperdício no setor público: gestão de riscos na prática*', também publicado pela Editora Fórum. E para uma abordagem de auditoria que atua sobre os riscos, incluindo a área de licitações e contratos, sugerimos nosso livro '*Auditoria Baseada em Riscos*', igualmente editado pela Fórum.

Ainda sobre as medidas de controle das fraudes, vale citar a classificação utilizada pelo Instituto de Auditores Internos, categorizando os tipos **hard e soft controls**. Os controles do tipo *hard* se materializam por elementos formais, facilmente identificáveis: normas, estruturas, manuais, guias, protocolos, tarefas, responsabilidades, autorizações, checagens, supervisão. Buscam influenciar diretamente o comportamento dos agentes. São claramente observáveis e mais fáceis de avaliar. Atuam sobre o vértice da oportunidade do triângulo da fraude.

Já os controles do tipo *soft* atuam sobre aspectos subjetivos, individuais, tais como convicção e personalidade dos agentes, elementos informais e intangíveis, vinculados a aspectos culturais e comportamentais da organização. Influenciam a motivação, a lealdade, a integridade, a inspiração e os padrões e valores dos agentes. Bastante influenciados pelo tom da alta administração. Estão ligados às arestas da pressão e da racionalização no triângulo da fraude. São difíceis de observar e testar. (TCU, 2016).

E se os controles internos detectarem uma fraude, como provar que ela ocorreu?

1.4 Meios de comprovação da fraude em licitação

Provar que uma fraude aconteceu ou está acontecendo não é tarefa fácil. Nesse tipo de crime, normalmente praticado às escondidas, nas sombras, de modo furtivo, não vamos encontrar um recibo, uma declaração, uma autorização ou um documento por escrito atestando que os licitantes combinaram preços, lotearam o objeto da licitação ou se associaram com agentes públicos.

Para comprovar a fraude, será necessário **refinar e treinar a percepção** para encontrar indícios ou elementos que possam levar à convicção de uma licitação simulada, fraudada, direcionada. E convencer os outros de que sua convicção é válida.

Reconhecer e evidenciar a fraude depende, portanto, de competências profissionais para entender como ela pode ocorrer, como pode ser perpetrada, como pode ser ocultada. António João Maia (2021), com quem concordamos, defende que o controle nesse ambiente tem como fator mais relevante a **habilidade de conhecer o fenômeno da fraude**, para detectar e punir atos irregulares, mas, sobretudo, para prevenir que aconteçam.

O conhecimento possibilita e potencializa as ações de controle. Entender como a fraude ocorre, em que circunstâncias pode ser mais frequente, que elementos e fatores de risco tendem a se associar mais diretamente a esse tipo de irregularidade, assim como conhecer os mecanismos potenciais de prevenção, detecção e punição, seus custos, benefícios, eficácia, efetividade, de modo a perceber o que merece ser aperfeiçoado, implantado ou abandonado. (MAIA, 2021).

Sem o conhecimento afinado, os riscos e casos podem passar despercebidos.

Esse é um dos objetivos deste livro. Despertar a atenção do leitor para fatores que normalmente são ignorados, desconsiderados ou até mesmo desprezados pelos agentes que executam ou supervisionam uma licitação, mas que, na verdade, representam pistas, vestígios, incoerências, inconsistências, ou até mesmo "coincidências", que devem ser investigadas para se comprovar uma fraude.

O trabalho da polícia, do ministério público, da auditoria, da área de compras, de empresa ou da pessoa que queira comprovar a ocorrência de uma fraude, seja em investigação, relatório, processo de responsabilização, ação judicial ou denúncia é bem diferente do trabalho executado pela mídia. A imprensa veicula fatos sem a obrigatoriedade de apresentar provas, sendo, inclusive, amparada pelo direito ao sigilo da fonte.

Na Administração Pública é diferente. O auditor, por exemplo, avalia atos e fatos administrativos. Assim, ao finalizar o seu trabalho, emite um relatório sobre a regularidade ou resultado das situações analisadas, dependendo do foco de análise. As recomendações de um relatório de auditoria podem, entre outros aspectos (TCU, 2011):

- afetar agentes, atribuindo-lhes responsabilidade pelas situações encontradas;
- quantificar danos e exigir restituição por quem lhes tenha dado causa;
- modificar a estrutura organizacional auditada;
- alterar planos, normas e procedimentos;
- provocar a revisão de políticas.

Dessa forma, percebe-se que o trabalho da auditoria pode provocar consequências extremamente significativas na vida de cidadãos e de instituições. É principalmente por isso que seu relatório deve estar embasado em elementos que permitam a qualquer usuário da informação chegar às mesmas conclusões.

Além dos requisitos metodológicos que devem ser observados nos trabalhos de auditoria, isso será garantido pela correta documentação dos achados, o que se faz pela obtenção de evidências.

Com efeito, o auditor governamental não só tem que expor a sua conclusão e emitir recomendações, como também tem o dever de demonstrar em que ele se fundamentou. Por isso, sua atuação é pautada por dois elementos: **evidências e indícios**.

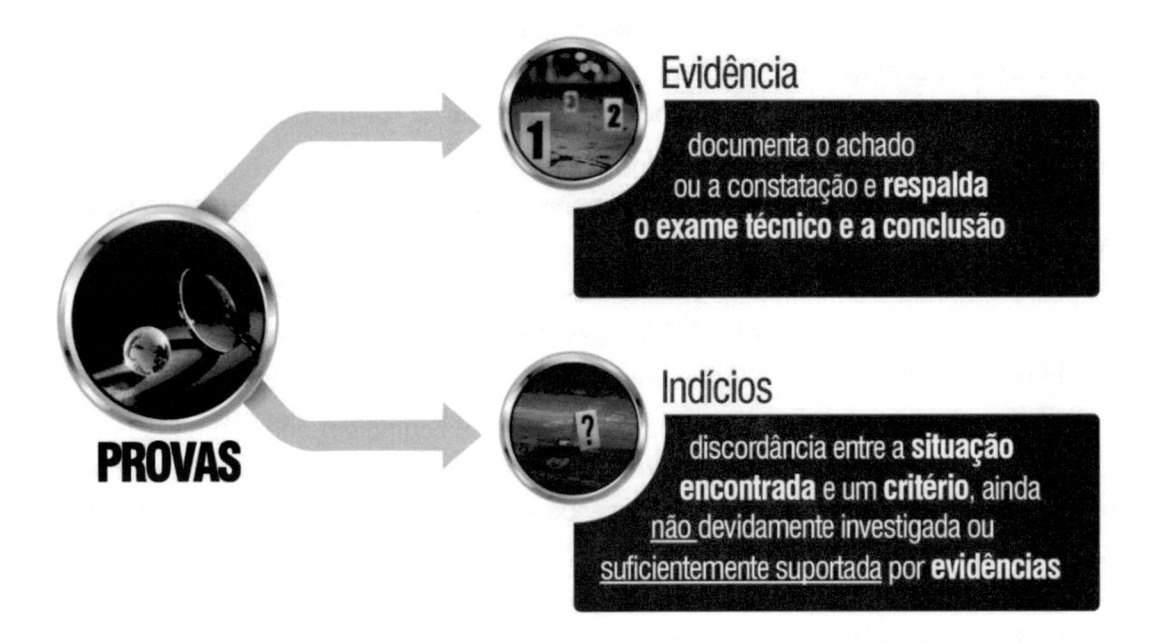

PROVAS

Evidência
documenta o achado ou a constatação e **respalda o exame técnico e a conclusão**

Indícios
discordância entre a **situação encontrada** e um **critério**, ainda não devidamente investigada ou suficientemente suportada por **evidências**

Tanto o indício quanto a evidência dão conta da discrepância entre uma situação encontrada e um critério (lei, jurisprudência, padrões, boas práticas etc.). Entretanto, o indício trata-se de uma situação que ainda não foi devidamente investigada ou suficientemente documentada.

Com base nessa perspectiva, o auditor pode, na tentativa de obter elementos que sustentem uma constatação ou um achado de auditoria, se deparar com vestígios, pistas, incoerências, inconsistências, coincidências. São indícios, provas indiretas, que não podem ser confundidas com mera suspeita.

> Os Tribunais Superiores têm considerado válido, em certas circunstâncias, o uso da "prova indiciária", especialmente nas esferas penal e administrativa. No Tribunal de Contas da União, igualmente, essa tese tem sido acolhida.

Em geral, um indício **isolado** não tem força suficiente para caracterizar um achado de auditoria.

No entanto, ***um conjunto robusto de indícios*** (convergentes, acumulativos e concordantes entre si), que permita a formação de juízo de uma operação analisada, a partir dos elementos de convicção que o integram, tem sido admitido no Direito Administrativo e na jurisprudência dos tribunais superiores como **prova indireta**.

Nos chamados crimes de licitação, que tanto corroem a administração pública e causam prejuízo à sociedade, na modalidade de fraude ou de frustração ao caráter competitivo, salvo confissão direta e explícita dos envolvidos, a prova indiciária é sumamente relevante, sendo suficiente para fundamentar uma responsabilização dos agentes envolvidos.

Nesse mesmo sentido é o art. 239 do Código de Processo Penal, que considera indício a circunstância que induz à conclusão da existência de outra ou outras circunstâncias.

Dessa forma, os Órgãos de Defesa do Estado (CGU, MPF, PF), assim como gestores de compras, podem demonstrar a existência de fraudes em licitações por meio de **provas diretas**, elementos que comprovem a situação observada, como também **provas indiretas**, que resultam da interpretação ativa – inferências lógicas, análises e deduções – acerca de situações que, avaliadas em conjunto, sejam capazes de comprovar o ato fraudulento, apontando para uma única explicação plausível para o caso.

As provas indiretas podem ser de dois tipos: **econômicas** ou de **comunicação**.[5] Os **indícios econômicos** se caracterizam pela escassez de licitantes no certame; fraca disputa; pequeno desconto em relação ao valor de referência etc. Por sua vez, as **provas indiretas de comunicação** são os elementos que indicam a atuação combinada dos concorrentes e devem ser o foco de quem busca comprovar a existência de conluio em licitação. São indícios como: mesma formatação, mesmos erros de ortografia, mesmos preços, mesmas datas, mesmos endereços, mesmos sócios, entre outros.

Até o Superior Tribunal de Justiça (STJ) já decidiu que "uma sucessão de indícios e circunstâncias, coerentes e concatenadas, podem ensejar a certeza fundada que é exigida para a condenação" (Ag nº 1206993/RS, julgado em 05.03.2013).

Esse entendimento também já foi invocado pelo Conselho Administrativo de Defesa Econômica (CADE), em 2013, no julgamento do "Cartel do Pão": "fundamental relevância o recurso a provas indiciárias e circunstanciais... capazes de constituir um conjunto suficientemente robusto para gerar um convencimento... da configuração do ilícito" (Processo nº 08012.004039/2001-68).

---

[5] Vide OCDE. *Prosecuting cartels without direct evidence*, 2006. p. 09-11 (Tradução livre).

> **Acórdão TCU 2596/2012-P:**
> A confluência de indícios robustos que apontem no sentido de ter havido fraude justifica declaração de inidoneidade, **independente da ocorrência de dano ao erário.**
>
> **Acórdão TCU nº 57/2003-P:**
> Prova inequívoca de conluio é extremamente difícil de obter. Se fosse declarar inidoneidade a partir de 'provas inquestionáveis', punição se tornaria 'letra morta'.

INDÍCIO É PROVA?

Ademais, na Teoria Geral das Provas, considera-se que os indícios, quando inseridos no contexto de um conjunto probatório, são tidos como elementos de convicção suficientes para embasar o livre convencimento do julgador.

Assim, por exemplo, descumprir norma, utilizando meio ardiloso, de má-fé, constitui fraude à licitação. Comprovar o elemento subjetivo por meio de documento é praticamente impossível, sendo válidas as provas indiciárias, quando várias, coincidentes e convergentes, conforme manifestação do Supremo Tribunal Federal (STF), no julgamento do RE nº 68.006-MG, citado pelo TCU em diversas ocasiões (Acórdãos nºs 220/1999-P, 331/2002-P, 2.126/2010-P, 1.223/2015-P, 80/2020-P, 2586/2021-P, 2729/2022-P, 1861/2023-P, 2339/2023-P).

> Indícios e presunções, analisados à luz do princípio do livre convencimento, quando fortes, seguros, indutivos e não contrariados por contraindícios ou por prova direta, podem autorizar o juízo de culpa do agente.
>
> (STF. Ação Penal nº 481, 2011)

Ao referir-se à possibilidade em comento, o Tribunal de Contas da União se manifestou por meio do emblemático Acórdão nº 630/2006-P, cujo voto condutor apontou a inviabilidade de existir documento formal, tipo um "recibo", atestando combinação entre licitantes, ou conluio com agentes públicos. Tais pactos são informais, geralmente revelados por quebra do sigilo bancário e telefônico. Por isso, encontrar 'prova inequívoca de conluio' é extremamente improvável, no sentido de um registro escrito ou coisa parecida. Expandida a visão do TCU, **se a declaração de inidoneidade dependesse de "provas inquestionáveis", ela se tornaria praticamente 'letra morta'**.

CAPÍTULO 1 — CONCEITOS BÁSICOS

No cenário internacional, o uso de provas indiciárias pode ser evidenciado em decisão do Departamento de Justiça americano (DOJ) que sugeriu a condenação de cartel em licitações com base em provas indiretas.[6] A autoridade europeia de defesa da concorrência também admite a utilização de provas indiretas para a persecução de cartéis.

Decisão da Corte de Justiça Europeia que condenou cartel no mercado de cimento indicou que esse tipo de conduta "precisa ser inferida de outros indícios e coincidências que, tomados em conjunto, podem, na ausência de outra explicação plausível, constituir prova da infração".[7]

Sintetizando, é possível admitir que um **conjunto consistente e coerente de indícios, vários e convergentes, constitui prova de fraude** (Acórdão TCU nº 1.223/2015-P). Em licitação, alguns exemplos que podem compor um conjunto consistente de indícios de fraude são: empresa fantasma, sócio laranja, relações perigosas, pegadas digitais. Detalharemos esses e outros exemplos na próxima seção.

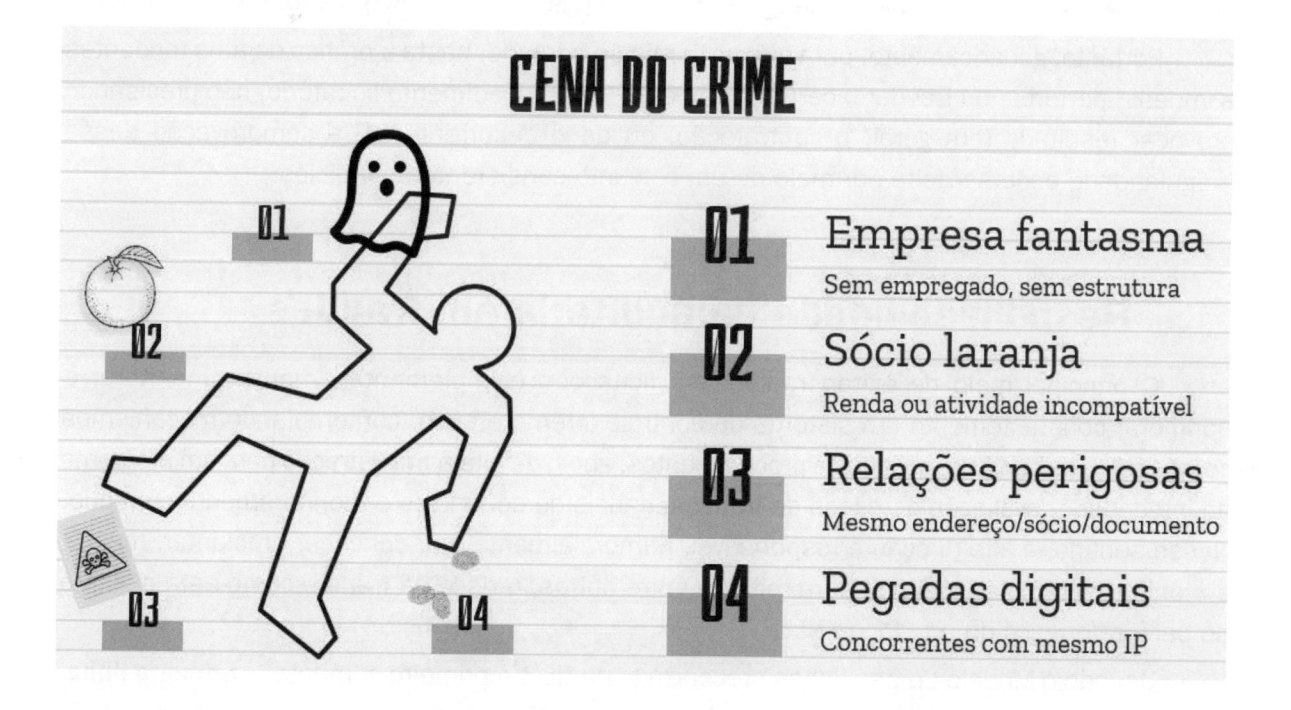

CENA DO CRIME

- **01 Empresa fantasma** — Sem empregado, sem estrutura
- **02 Sócio laranja** — Renda ou atividade incompatível
- **03 Relações perigosas** — Mesmo endereço/sócio/documento
- **04 Pegadas digitais** — Concorrentes com mesmo IP

Nesse mesmo sentido, o Manual Anti-Cartel elaborado pela Rede Internacional de Competição (ICN) orienta que, para demonstrar a ocorrência de um cartel, é necessário observar: i) evidências que indiquem o conhecimento antecipado de informações sobre os preços ou os lances concorrentes; ii) evidências que indiquem que os concorrentes discutiram lances ou que chegaram a um acordo a respeito dos lances; iii) evidências de monitoramento do acordo; e iv) evidências que um cliente em particular ou um contrato é exclusivo para determinada empresa.[8]

---

[6] Caso United States vs. Champion International Corporation, 557 F.2d 1270 (9th Cir. 1977), relativa a cartel em licitações para venda de madeira. Vide: OCDE. *Prosecuting cartels without direct evidence*, 2006. p. 174.

[7] Aalborg Portland A/S and others vs. Commission (Joined Cases C-204/00 P, C-205/00 P, C-211/00 P, C-213/00 P, C-217/00 P and C-219/00 P).

[8] Vide: ICN. *Anti-Cartel Enforcement Manual*. 2008. p. 13 (Tradução livre).

É importante ressaltar que, para o TCU, a **fraude à licitação é ilícito de mera conduta**, não exige o resultado, ou seja, o sucesso no certame para ser configurada (Acórdãos nº 1.334/2012-P, 27/2013-P, 1986/2013-P, 48/2014-P, 2677/2014-P, 2374/2015-P, 2908/2017-P, 1230/2017-P, 414/2018-P, 823/2019-P, 2233/2019-P, 2549/2019-P, 2.166/2022-P).

Esse também é o entendimento do STJ, conforme Súmula 645, de 2021, definindo que a fraude à licitação não depende de prejuízo ou resultado: "O crime de fraude à licitação é formal, e sua consumação prescinde da comprovação do prejuízo ou da obtenção de vantagem".

De modo similar, em 2020, na I Jornada de Direito Administrativo do Conselho da Justiça Federal, foi aprovado o Enunciado nº 21, entendendo que **documento falso ou adulterado em processo licitatório configura ato lesivo da Lei Anticorrupção, independentemente do resultado**.

Reforçando esse contexto, encontramos o Acórdão TCU nº 198/2021-P, consignando que apresentar atestado de capacidade técnica de serviços prestados por outra empresa pode caracterizar fraude e **não depende de dano ao erário ou do resultado do procedimento licitatório**.

Portanto, genericamente, para que se configure a fraude, basta a prática de atos tendentes a impedir, perturbar ou fraudar o caráter competitivo do procedimento licitatório, não precisando provocar resultado (em geral, a contratação) ou dano decorrente.[9] E a comprovação dessa irregularidade pode ser feita por meio de um conjunto consistente de indícios.

1.5 Responsabilidade da auditoria em fraudes

O principal meio de evitar fraudes em licitações é implementar, manter, monitorar e aprimorar constantemente um sistema de controle interno efetivo, contemplando mecanismos como código de conduta, políticas e procedimentos, apoio da alta administração para um programa de integridade, avaliação de riscos de fraudes, canais de denúncias e monitoramento contínuo. Nesse sentido, a alta direção é responsável, primordialmente, por conceber, implantar, manter e monitorar controles internos para mitigar, entre outros, o risco de fraude, como está previsto no parágrafo único do art. 11 da NLL.

Usando o Modelo de três linhas preconizado na NLL, o primeiro combate, a **primeira linha**, a barreira mais ampla de atuação em relação aos riscos é realizada pelos gestores operacionais, que definem, estabelecem e mantêm controles internos incorporados à rotina diária. É o gestor o responsável por implementar, manter e monitorar controles internos para mitigar os riscos. Tem função principal de **execução**.

Controles internos podem ser uma ação, uma atividade, um procedimento (Acórdão TCU nº 1171/2017-P). Uma senha para entrar nos computadores é um controle interno. Uma etiqueta, um inventário e uma norma de registro no patrimônio, também. Um checklist, uma rotina de conferência, um sistema, um crachá, um manual, todos são controles internos instituídos pelos gestores para reduzir riscos, mesmo que eles não saibam disso. (SOUZA e SANTOS, 2022a).

---

[9] Reconhecemos que há tecnicalidades condicionais a essa afirmação. Existem situações específicas em que a comprovação do dano é elemento exigido para configuração de ilícito, como o crime do art. 337-E do Código Penal (contratação direta indevida), conforme decidido pelo STJ em 2021 (AgRg no HC nº 669.347/SP), assim como a improbidade administrativa do art. 10 da LIA também exige prejuízo comprovado, nos termos modificativos da Lei nº 14.230, de 2021.

Nas compras públicas, a alta administração, geralmente correspondendo ao nível decisório estratégico da organização compradora, cuida da governança das contratações, incluindo a edição de regulamentos, a definição de diretrizes, o estabelecimento de papéis, responsabilidades e fluxos. É responsabilidade da alta administração garantir processos e estruturas para avaliar, direcionar e monitorar os processos licitatórios, incluindo nesse ambiente a gestão de riscos e controles internos.[10]

Os controles internos são operados pelos diversos agentes envolvidos nas fases e etapas do ciclo das contratações: demandantes, técnicos, projetistas, orçamentistas, pregoeiros, agentes ou comissão de contratação, ordenadores de despesa. Esses agentes podem identificar falhas na execução das atividades e responder a problemas.

Essa estrutura nem sempre é suficiente. Aí entram em campo mecanismos adicionais, a **segunda linha**, para ajudar a desenvolver e monitorar os controles da primeira linha. Fornecem expertise, apoio e suporte especializado. Seu papel principal é de **supervisão**, por meio de monitoramento contínuo. Aí estão a assessoria jurídica e a unidade de controle interno, conforme art. 169, II da NLL.

Anderson e Eubanks (2015) listam algumas responsabilidades da segunda linha, como auxiliar a gestão na concepção e desenvolvimento de processos e controles para gerir adequadamente os riscos; monitorar a eficácia dos controles internos, escalando questões críticas e riscos emergentes; orientar e capacitar a gestão em matéria de riscos e controles.

É importante ressaltar que a segunda linha integra diretamente a gestão, razão pela qual não tem o mesmo grau de independência que o órgão central de controle interno ou o tribunal de contas, chamados de terceira linha pela NLL (art. 169, III). A terceira linha fornece avaliações abrangentes, independentes e objetivas. (SOUZA e SANTOS, 2022b).

Na esteira desse entendimento, cabe à auditoria de terceira linha avaliar os controles internos, através do exame e da avaliação da existência, adequação e efetividade. Os profissionais da auditoria não são responsáveis pela elaboração e implantação de controles internos, mas sim por sua avaliação.

Desse modo, a auditoria da **terceira linha** exerce principalmente o papel de "controle do controle", em atividade de **avaliação** da eficácia da gestão de riscos. Enquanto os controles internos da gestão atuam sobre os riscos, a auditoria interna avalia a adequação e o efetivo funcionamento dos controles. Além disso, fazem parte dos serviços de terceira linha as atividades de consultoria e apuração. (SOUZA e SANTOS, 2022b).

Importante ressaltar que a NLL usou a expressão **órgão central de controle interno**, mas nem toda estrutura administrativa de unidades compradoras comporta essa figura formal. No Poder Judiciário, por exemplo, a figura existente é de **unidade de auditoria interna**, que atua como a terceira linha de defesa para os efeitos da NLL, podendo, cada tribunal, instituir estruturas administrativas destinadas a exercer a segunda linha de defesa, com vistas a manter a adequada segregação de funções entre os agentes responsáveis pelos controles internos (Enunciado 2 do I Simpósio de Licitações e Contratos da Justiça Federal, 2022). É necessário, portanto, deixar claro em regulamento quem, de fato, exerce esse papel de terceira linha.

---

[10] O TCU já deixou claro que a ausência de providências efetivas para resolver fragilidades recorrentes na governança das contratações atrai para a alta administração a responsabilização pelas irregularidades e eventuais danos ao erário que vierem a ser constatados (Acórdão nº 1270/2023-P).

Exemplo desse tipo de regulamento é a Portaria TJDFT nº 1396/2022, que instituiu o sistema de controles internos do processo de contratações públicas no Tribunal de Justiça do Distrito Federal, prevendo a primeira linha para gerenciamento operacional dos riscos; a segunda linha para gerenciamento de riscos, conformidade e apoio à primeira linha; e a terceira linha como Auditoria Interna. O normativo deixa claro que a classificação em "linhas" não se relaciona com a estrutura organizacional, mas com a efetiva operacionalização de controles do macroprocesso de contratações, com atuação simultânea e integrada, de forma combinada ou separada entre os atores e as unidades, podendo ocorrer a adequação do papel de um mesmo ator, ora na primeira, ora na segunda linha, já que ambas atuam diretamente na gestão dos riscos.

O I Simpósio de Licitações e Contratos da Justiça Federal ainda emitiu o Enunciado nº 19, reforçando que a auditoria interna não exerce atribuições e responsabilidades da segunda linha, unidade de controle interno, assim como a implementação dos controles internos da gestão, ou seja, os mecanismos de tratamento da gestão de ricos, sejam eles preventivos ou corretivos, cabem aos gestores envolvidos na instrução do processo administrativo de contratação e às instâncias de governança na ocasião de elaboração do Plano de Tratamento de Riscos do Macroprocesso de Contratação.

No Poder Executivo Federal, encontramos regulamento na mesma linha, por meio da Portaria Seges nº 8678/2021 (art. 18), alertando para as diferenças conceituais entre controles internos da gestão, ou controles internos administrativos, a cargo dos gestores responsáveis pelos processos que recebem o controle, e auditoria interna, que exerce papel de avaliação e não deve executar atividades de gestão.

Esse alerta se relaciona com a confusão conceitual entre 'controle interno administrativo', também chamado de 'controle interno da gestão' ou 'controle interno primário' e a auditoria interna governamental, que exerce papel de controle interno avaliativo. Tratamos desse tema no livro 'Como combater o desperdício no setor público: gestão de riscos na prática' (SOUZA e SANTOS, 2022b).

Vale ainda comentar que a NLL consignou expressamente a possibilidade de o agente ou a comissão de contratação contarem com o **apoio dos órgãos de assessoramento jurídico e de controle interno** (art. 8º, §3º). Esse auxílio está dentro do espectro de atuação das segunda e terceira linhas de defesa.

No Poder Executivo Federal, o apoio da unidade de controle interno observa a supervisão técnica e as orientações normativas do órgão central de controle interno (CGU) e se manifesta sobre governança, gerenciamento de riscos e controles internos administrativos da gestão de contratações, respondendo a questionamentos em tese abstrata e não no caso concreto (art. 15 do Decreto nº 11.246/2022).

De modo similar, o Enunciado 21 do I Simpósio de Licitações e Contratos da Justiça Federal defendeu que a auditoria interna pode responder a questionamentos como atividade de consultoria, observada a capacidade operacional, desde que não se refiram a casos concretos.

Existe outro auxílio previsto na NLL, no art. 19, IV, prevendo que os órgãos de assessoramento jurídico e de controle interno ajudem a estruturar modelos de minutas de editais, de termos de referência e de outros documentos, admitida a adoção das minutas do Poder Executivo federal por todos os entes federativos. Esse apoio pode ser prestado pela segunda linha, em atuação direta, ou pela terceira linha, por meio de atividade de consultoria. Para mais detalhes sobre essa atividade de consultoria, indicamos nosso livro '*Auditoria Baseada em Riscos*' (SOUZA e SANTOS, 2022a).

Complementando a ideia de avaliação e apoio consultivo que a auditoria interna pode proporcionar, encontramos dois macroprocessos-chave (KPA) do modelo de capacidade das auditorias internas (IA-CM), uma estrutura de avaliação e aprimoramento. O KPA 3.14, 'Supervisão e apoio gerencial' verifica se a auditoria interna trabalha com a administração, defende a implementação e a coordenação de um modelo eficaz de Três Linhas na organização para facilitar a compreensão de sua importância, os respectivos papéis e responsabilidades das diversas funções de controle e de risco, e para minimizar duplicações ou lacunas na cobertura de riscos e de controles. O KPA 5, 'Auditoria Interna reconhecida como agente chave de mudança', verifica se a atividade de auditoria interna contribui para o ambiente de risco e controle da organização, apoiando a gestão na melhoria das funções de primeira e segunda linhas e na mitigação de riscos.

A Auditoria Interna tem, portanto, a missão de apoiar a gestão, de forma a aperfeiçoar as atividades exercidas pela primeira e segunda linhas de defesa na condução de licitações, tanto pelo comando da NLL, quanto pelas demais regras e normas aplicáveis à auditoria governamental.

> Os auditores internos devem possuir conhecimento suficiente para avaliar o risco de fraude e a maneira com o qual é gerenciado pela organização, porém, não se espera que possuam a especialização de uma pessoa cuja principal responsabilidade seja detectar e investigar fraudes (Norma de Implantação 1210.A2 do Instituto dos Auditores Internos – IIA)

De acordo com a Norma de Implantação 1220.A1, os auditores internos devem exercer o zelo profissional pelo fato de considerar, entre outras coisas, a "probabilidade de erros, fraudes ou descumprimentos significativos". Desse modo, o auditor deve considerar a probabilidade de fraude ao desenvolver os objetivos do trabalho (Norma de Implantação 2210.A2). Ao longo do tempo, o conhecimento que a atividade de auditoria adquire durante os trabalhos individuais pode ser compilado na forma de uma avaliação mais robusta e abrangente do risco de fraude em toda a organização.

O Instituto dos Auditores Internos (2017) recomenda a incorporação da avaliação de riscos de fraude no planejamento dos trabalhos de auditoria, incluindo os seguintes passos: i) coletar informações para entender o propósito e o contexto do trabalho, assim como a governança, o gerenciamento de riscos e controles relevantes para a área ou processo sob revisão; ii) fazer um *brainstorming* de cenários de fraude, para identificar possíveis riscos de fraude (melhores ideias de fraudes em potencial auxiliam um melhor programa de auditoria e pode levar a trabalhos com achados mais significativos); e iii) avaliar os riscos de fraudes identificados, para determinar quais riscos demandam atenção adicional durante o trabalho.

Além dessas recomendações, as Normas Brasileiras de Contabilidade (NBC TA 200) definem que o auditor deve manter o ceticismo profissional. A Federação Internacional de Contabilistas (Ifac) define essa postura como uma mente questionadora e alerta para condições que possam indicar possível distorção devido a erro ou fraude e uma avaliação crítica das evidências de auditoria.

Pessoas com alto grau de ceticismo identificam mais contradições nas evidências e geram mais explicações ao revisar os papéis de trabalho de auditoria, reconhece exceções de controle e adotam procedimentos adicionais. (HURTT, EINING e PLUMLEE, 2012).

De acordo com pesquisa de Beasley, Carcello e Hermanson (2001) sobre as dez maiores deficiências decorrentes de auditorias de fraudes nos Estados Unidos entre 1987 e 1997, o topo do ranking ficava com a coleta insuficiente de evidências (80%), falta de cuidado profissional (71%) e inadequado ceticismo profissional (60%).

Embora estejamos citando regras profissionais de auditoria, a adequada preparação no tema das fraudes é atributo que se espera não apenas do auditor, mas também de todos os profissionais que atuam com compras, tais como gestores, agentes de contratação, pregoeiros, fiscais de contrato, componentes de comissão de contratação, assessores jurídicos, assim como aqueles que lidam com a supervisão das licitações, tais como peritos e agentes policiais, controladores, promotores e procuradores do Ministério Púbico, além de jornalistas.

A OCDE (2021) recomendou ao Brasil, a respeito do tema, desenvolver um programa abrangente e de longo prazo de capacitação sobre o combate a cartéis em licitações, tanto para quem faz as compras, quanto para quem as supervisiona e investiga.

Espera-se que esses agentes estejam adequadamente capacitados para detectar e comprovar a fraude durante seus trabalhos, o que inclui, obviamente, o estudo teórico e prático de como as fraudes acontecem e como podem ser identificadas.

Nosso esforço é para que a leitura deste livro seja um passo útil nesse caminho.

Nesse sentido, é motivo de grande orgulho para os autores o fato de que diversas iniciativas brasileiras têm usado este material como referência para aumentar a consciência e a capacidade de prevenção das fraudes nas compras públicas, a exemplo de campanha de mobilização nacional feita pelo Ministério Público Federal, a partir de modelos elaborados em 2018 com base neste livro.[11]

TransparênciaBrasil

OBRA
TRANSPARENTE

material de referência
ESTUDO SOBRE LICITAÇÕES

---

[11] MPF. *5ª Câmara – Combate à corrupção.* Disponível em: <http://www.mpf.mp.br/atuacao-tematica/ccr5/coordenacao/grupos-de-trabalho/gts-encerrados/licitacoes>. Acesso em: 10 mai.2023.

Outro caso digno de nota é o Projeto Obra Transparente, da organização Transparência Brasil, criado para fortalecer a fiscalização de obras públicas pela sociedade civil, em parceria com o Observatório Social do Brasil (OSB), por meio de treinamentos, assessoria técnica e compartilhamento de experiências e boas práticas.

No âmbito desse projeto, foram divulgados materiais e recursos destinados a jornalistas, cidadãos e entidades da sociedade civil. Entre eles, o Manual '*Métodos de detecção de fraude e corrupção em contratações públicas*' e os '*Checklists para Detecção de Fraudes em Licitações*'. Os documentos servem para capacitação de agentes do controle social na identificação de indícios de fraude e corrupção em compras públicas, com ênfase em obras, mas amplo o suficiente para ajudar a análise de qualquer modalidade e objeto licitado.

Os manuais do Projeto Obra Transparente estão disponíveis no Portal da Transparência Brasil: www.transparencia.org.br/projetos/obratransparente.

Vale citar, pela imensa e inestimável honra que representa para os autores, o agradecimento inscrito no manual de detecção de fraudes da Transparência Brasil:

> Os esforços para a elaboração deste manual foram enormemente facilitados pelo fantástico trabalho dos autores Franklin Brasil Santos e Kleberson Roberto de Souza, cujas publicações serviram de base para nossa tentativa de aproximar tópicos técnicos sobre a detecção de fraudes em contratações públicas para a realidade dos agentes do controle social. Agradecemos especialmente aos dois autores por terem autorizado a adaptação do conteúdo já publicado para integrar o material aqui apresentado.
>
> (TRANSPARÊNCIA BRASIL, 2019)

Esperamos, sinceramente, que os materiais do Projeto Obra Transparente possam ajudar os interessados, dos mais diversos setores, a monitorar, acompanhar e fiscalizar compras públicas e exercer o saudável e fundamental controle social que nosso país tanto precisa.

Da mesma forma, esperamos que os treinamentos e palestras que temos ministrado para membros do Ministério Público, Polícia Federal, Controladorias, Tribunais de Contas, Juízes e, sobretudo, para órgãos compradores, contribuam para melhorar os controles preventivos e detectivos e combater as fraudes em compras públicas país afora.

Capítulo 2
TIPOLOGIA DE FRAUDES EM LICITAÇÃO

Para promover o bem comum, a Administração Pública busca no mercado bens e serviços essenciais ao desempenho dessa diretriz, mediante contratações com **três blocos no macroprocesso** (Acórdão TCU nº 1.321/2014-P):

(1) **Planejamento**: do insumo 'necessidade', gera-se o 'edital'
(2) **Seleção** do fornecedor: do insumo 'edital', gera-se o 'contrato'
(3) **Gestão** contratual: do insumo 'contrato', gera-se o 'atendimento da necessidade'

MACROPROCESSO DE CONTRATAÇÃO PÚBLICA

Fonte: adaptado de Riscos e Controles em Aquisições (RCA) do TCU

Todo processo nasce de uma necessidade, cuja demanda deve ser oficializada, de modo a desenhar, se for o caso, solução a ser contratada, formando o planejamento da contratação, que se conclui com o edital, definindo as regras que nortearão o julgamento para seleção do fornecedor, com quem será assinado um contrato, do qual, espera-se, será obtida a solução contratada, para que se produzam os resultados que atendam aquela necessidade que deu origem a tudo, gerando o valor público para a sociedade, essência inescapável desse conjunto de etapas.

Cada etapa se desdobra em atividades: oficializar a demanda; estudar a necessidade; pesquisar o mercado; avaliar soluções; selecionar solução; definir especificações; pesquisar preços; definir condições da disputa; minutar edital; emitir parecer jurídico; publicar aviso; receber propostas; julgar impugnações; responder pedidos de esclarecimento; realizar sessão de abertura; julgar propostas e documentos; receber e julgar recursos; adjudicar; homologar; publicar resultado.

Tudo isso antes de assinar o contrato. Não é difícil perceber que é um processo complexo e difícil que exige gente preparada e valorizada para executá-lo.

Como descrevem Cristiano Heckert e Antônio Soares Netto (2017), toda contratação é um jogo. Eles explicam, a partir de suas experiências na área, que o planejamento de uma contratação exige escolher, tomar decisões, articular pessoas e processos e entregar resultados, no prazo. É uma missão nobre, fundamental e crítica.

> A arte, portanto, está em colocar o sarrafo na altura correta, ou seja, definir especificações que eliminem os fornecedores inaptos (os famosos "xing-ling"), mas, ao mesmo tempo, permitam uma competição justa entre aqueles habilitados a fornecer a solução. Temos que calibrar a altura de tal forma que seja indiferente para a organização (do ponto de vista da qualidade mínima obtida) contratar qualquer fornecedor que se mostrar capaz de atender todas aquelas exigências. A partir desse ponto, a competição passa a ser pelo menor preço.
>
> (HECKERT; SOARES NETTO, 2017)

Esses dois autores alertam para os vários riscos das contratações, fazendo especial menção ao cuidado com o **planejamento reverso**, aquela situação em que se parte da solução, de um objeto já predefinido, ou até mesmo de um fornecedor pré-escolhido, caminhando para trás e forjando os requisitos e os artefatos para tentar justificar as opções já definidas.

Considerando que os objetivos do comprador público são: atender a isonomia, selecionar a proposta mais vantajosa e promover o desenvolvimento nacional sustentável, eventos de fraudes podem dificultar ou impedir o alcance dos objetivos, assumindo diversas formas, em geral, para direcionar a contratação, restringir a competição e simular o processo.

No guia de prevenção à corrupção em licitações, a OCDE (2016), fórum multinacional composto por 37 países, são descritos os principais riscos de integridade no ciclo de compras públicas. Nas fases que antecedem o contrato, do planejamento à seleção do fornecedor, a tipologia apresentada pela entidade envolve diversas situações que podem representar oportunismo fraudulento.

CAPÍTULO 2 — TIPOLOGIA DE FRAUDES EM LICITAÇÃO

FASE INTERNA

- **Necessidade e Mercado**
  - Avaliação precária das necessidades
  - Influência externa nas decisões
  - Acordo informal para direcionamento

- **Planejamento e orçamento**
  - Planejamento deficiente da demanda
  - Compras desalinhadas da estratégia
  - Orçamento descolado da realidade

- **Especificação e Requisito**
  - Especificações direcionadas
  - Critérios de seleção restritivos
  - Exigência de amostras desnecessárias
  - Informação privilegiada

- **Escolha do procedimento**
  - Compra direta injustificada
  - Abuso de exceções legais
  - Fracionamento, emergência, aditivos

FASE EXTERNA

- **Pedido de Proposta**
  - Ausência de publicidade
  - Critérios de seleção ocultos
  - Acesso dificultado a informações

- **Apresentação de propostas**
  - Falta de concorrência
  - Conluio
  - Cartel

- **Avaliação de propostas**
  - Conflito de interesses
  - Avaliação enviesada
  - Favorecimento a parceiros
  - Pedido ou oferta de propina

- **Adjudicação**
  - Propostas superfaturadas
  - Conflito de interesses, corrupção
  - Falta de transparência

Fonte: Adaptado de OCDE (2016)

Nesse contexto, as práticas fraudulentas podem variar de simples acordos verbais e pontuais entre licitantes ou entre estes e a Administração Pública contratante, celebrados pouco antes das sessões públicas de licitação, até a existência de complexos e duradouros mecanismos de partilha de contratos e distribuição dos lucros obtidos ilicitamente. É comum a utilização de mais de uma linha de ação fraudulenta e anticompetitiva.

Considerando o ambiente normativo definido pela NLL, buscamos descrever neste livro as tipologias de fraudes que julgamos mais relevantes, tendo em conta nossa experiência profissional e todo o histórico da legislação e jurisprudência anterior, contemplando os casos reais que coletamos até a terceira edição e novos casos referenciais para a compreensão dos riscos de corrupção em licitações no contexto da Nova Lei, a partir das disposições normativas do mais recente regime legal, com o objetivo de exemplificar e ilustrar as situações caracterizadoras de irregularidades em potencial.

A escassez de jurisprudência e ações de controle sobre licitações conduzidas com base na NLL dificulta a análise perspectiva de como as fraudes tendem a se desenvolver nesse cenário abrangente de recentes normas gerais, regulamentos, governança, linhas de defesa, profissionalização, sistemas, Portal Nacional, automação. Difícil não significa impossível. Especialmente porque a NLL tem muita conexão com elementos já conhecidos.

Sendo assim, trataremos, nesta quarta edição, dos riscos de fraudes e corrupção que, em nossa visão, continuam e continuarão relevantes no ecossistema de compras públicas brasileiro, com a aplicação da Nova Lei de Licitações entrando em campo.

Deixaremos de descrever as situações que julgamos terem sido superadas ou fortemente mitigadas, como fraudes diretamente associadas às antigas modalidades de Convite e Tomadas de Preços, assim como procedimentos de publicidade, habilitação e julgamento que passaram a contar com regras diferentes na NLL.

Aproveitamos os casos antigos que se ajustam ao novo cenário, especialmente em termos de modos de conduta e exploração de fragilidades de controles internos, assim como citaremos entendimentos, literatura e jurisprudência que continua compatível com o regramento mais atual.

O que buscamos são modelos e padrões de comportamento que podem variar e congregar elementos diversos de acordo com a situação fática e as condições enfrentadas.

Assim, para os autores deste livro, continuam sendo os principais tipos de fraudes em licitações:

TIPOLOGIAS — PRÁTICAS FRAUDULENTAS DE OCORRÊNCIAS MAIS COMUNS JÁ DETECTADAS

1. PROJETO MÁGICO
2. EDITAL RESTRITIVO
3. PUBLICIDADE PRECÁRIA
4. JULGAMENTO NEGLIGENTE, CONIVENTE OU DEFICIENTE
5. CONTRATAÇÃO DIRETA INDEVIDA

Além dessas, ainda podemos indicar o **cartel** como um tipo específico de fraude em licitação.

2.1 Projeto Mágico

Uma licitação só pode ser realizada com especificação clara do que se pretende contratar.

Na legislação de compras públicas, essa especificação é materializada, de modo geral, pelo Projeto Básico ou pelo Termo de Referência, conceitos semelhantes aplicados a contextos diferentes.

Para **obras, serviços comuns de engenharia e especiais**, vale o **Projeto Básico (PB)** definido como conjunto de elementos necessários e suficientes para definir e dimensionar o objeto (art. 6, XXV da NLL).

No caso de **bens e serviços comuns**, adota-se o **Termo de Referência (TR)** (art. 6, XXIII da NLL).

Há, ainda, o Anteprojeto, para obras e serviços de engenharia em contratação integrada ou semi-integrada. A especificação é menos rigorosa, pois os detalhamentos serão elaborados pelo próprio contratado.

De modo oposto, existe o Projeto Executivo, com nível extremo de especificação detalhando soluções previstas no Projeto Básico. Aplica-se a obras e serviços de engenharia.

Por simplificação, neste livro, adotaremos **Projeto** como termo comum e genérico para designar o conjunto de elementos que materializam a especificação do objeto da contratação, a menos que haja menção explícita a outro instrumento, o que pode ocorrer para dar maior clareza ao contexto específico do texto.

Para tratar do Projeto, descreveremos os componentes mais críticos da fase de planejamento das contratações e sua relação com riscos de fraude.

2.1.1 Estudo Técnico Preliminar

Antes do **Projeto**, que descreve a **solução** pretendida, existe o **Estudo Técnico Preliminar (ETP)**, que define a **necessidade**. São conceitos que merecem ser bem entendidos, porque não se confundem.

> Necessidade é o problema existente, enquanto... a solução é o objeto (conjunto de bens e serviços) escolhido para resolver aquele problema por meio de uma contratação.
>
> (HECKERT; SOARES NETTO, 2017)

Como bem descrevem Cristiano Heckert e Antônio Soares Netto (2017), a justificativa da contratação envolve a necessidade a ser satisfeita, a tradução disso em uma demanda e, só então, decidir por uma solução que melhor atenda à demanda. Na visão dos autores, com quem concordamos, **o erro mais comum é o demandante apontar a solução e não o problema que ele precisa resolver**.

Justamente por isso, Antonio Costa, Luiz Andrioli e Carlos Braga (2017) afirmaram que o ETP é o "calcanhar de Aquiles" das compras públicas, argumentando que a elaboração adequada do documento depende da formação de equipes multidisciplinares, tempo e condições apropriadas para sua elaboração, alinhamento entre a necessidade e a missão da organização. Os autores explicam que é essencial entender a necessidade e conhecer as soluções potenciais ofertadas pelo mercado, de modo a fazer uma escolha consciente e justificada entre as opções disponíveis.

Para que isso aconteça, precisa existir relacionamento com o mercado, durante a fase de planejamento, assim como são imprescindíveis equipes altamente qualificadas. No Acórdão nº 2328/2015-P, o TCU consolidou auditoria sobre Governança e Gestão das Aquisições em órgãos federais, deixando muito claro que o **ETP envolve o levantamento de mercado** por meio de consulta e análise de diversas fontes de informação, como histórico de contratações similares de outros órgãos, internet, feiras, publicações especializadas, fornecedores, de modo a **avaliar diferentes soluções potenciais**.

Trilhando esse caminho, a I Jornada de Direito Administrativo do CNJ, de 2020, aprovou o Enunciado 29, entendendo que a Administração Pública pode se comunicar formalmente com potenciais fornecedores para subsidiar a fase de planejamento, sendo que esse diálogo não impede o fornecedor de participar de licitação decorrente. Nada mais lógico, afinal, como os compradores públicos podem conhecer o mercado sem conversar com os fornecedores? Desde que a conversa seja transparente e formalmente registrada, não há problema.

Um mecanismo importante de governança das compras públicas é regulamentar, de modo geral, o relacionamento com o mercado privado, especialmente durante o planejamento das contratações. Um exemplo desse tipo de regramento é a Portaria Seges nº 8678/2021, que definiu diretrizes de interação com fornecedores e associações empresariais.

A interação com o mercado é um tema relevante também em outros países. Em 2011, nos Estados Unidos, a agência federal responsável pelas políticas de compras já tentava "quebrar um mito", de que não se pode interagir com o setor privado, por medo de criar conflito de interesses ou ferir regulamentos. Para esclarecer a questão, buscou-se incentivar o diálogo com fornecedores na fase de planejamento, para garantir que o governo compreenda claramente o mercado e possa contratar soluções eficazes a preços razoáveis. (GORDON, 2011).

Consideramos que esse é um grande desafio para o mundo das compras públicas. Superar a nossa tradicional barreira de interagir com o setor privado.

Parte desse desafio foi abordado por Costa e Santos (2022), ao tratarem da situação atual dos ETP elaborados no governo federal, apontando um cenário muito preocupante, de **pouco ou nenhum estudo efetivo sobre a necessidade e alternativas de solução**. Temos, ainda, portanto, um longo caminho a percorrer, especialmente com a exigência da NLL de que sejam elaborados estudos preliminares para todas as contratações. É preciso entender claramente para que serve o artefato, de modo a utilizá-lo corretamente.

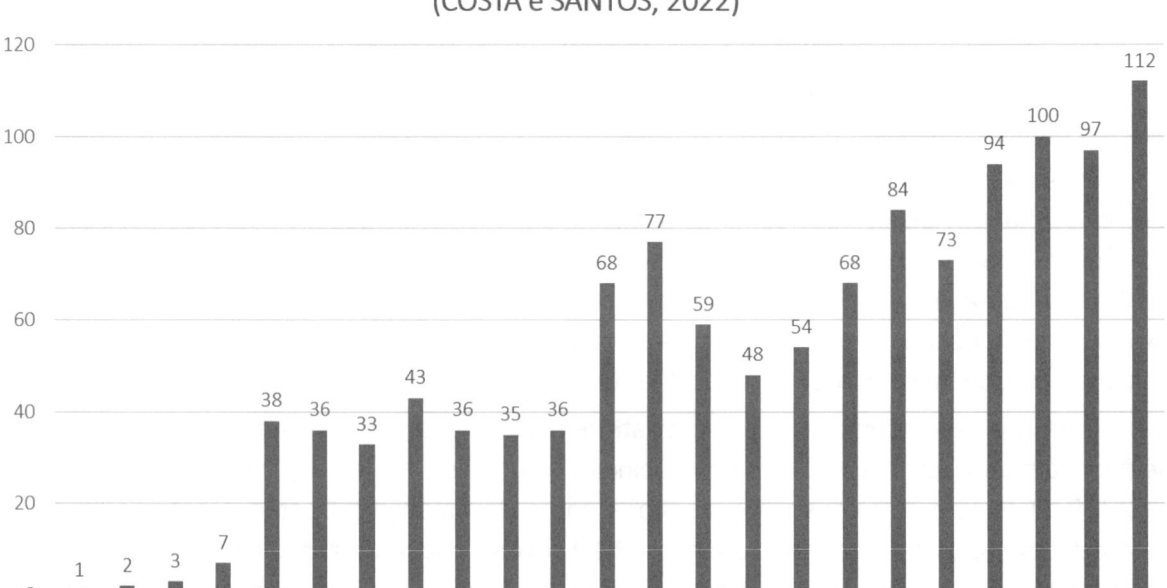

Menção a "estudo técnico preliminar" nos acórdãos do TCU, 1999-2021
(COSTA e SANTOS, 2022)

Ano	Menções
1999	1
2000	2
2001	3
2002	7
2003	38
2004	36
2005	33
2006	43
2007	36
2008	35
2009	36
2010	68
2011	77
2012	59
2013	48
2014	54
2015	68
2016	84
2017	73
2018	94
2019	100
2020	97
2021	112

Costa e Santos (2022) compilaram os julgados do TCU em que a expressão "estudo técnico preliminar" foi mencionada, entre 1999 e 2021, encontrando 1.204 acórdãos, sendo 40% produzidos nos últimos 5 (cinco) anos, demonstrando como é recente a intensificação do debate sobre a etapa inicial do planejamento de compras públicas, de modo a aprofundar o conhecimento sobre o problema a ser enfrentado e a busca por alternativas. Essa intensificação resultou na incorporação do ETP às normas gerais de licitações, nos moldes do que já vinha sendo exigido em regulamentos federais.

Diante desse contexto, compreende-se que o processo de contratação começa com a avaliação da necessidade, o problema, as opções, alternativas, as possibilidades, os custos, os benefícios. E, só depois, escolhida a solução. Caso haja viabilidade, nasce o Projeto, definindo em detalhes o objeto a ser contratado.

Nesse sentido, o art. 6, XX da NLL define que o ETP materializa a primeira etapa do planejamento, caracterizando o interesse público envolvido e a sua melhor solução. É a base do anteprojeto, do TR ou PB a serem elaborados, conforme o caso, se a contratação for julgada viável.

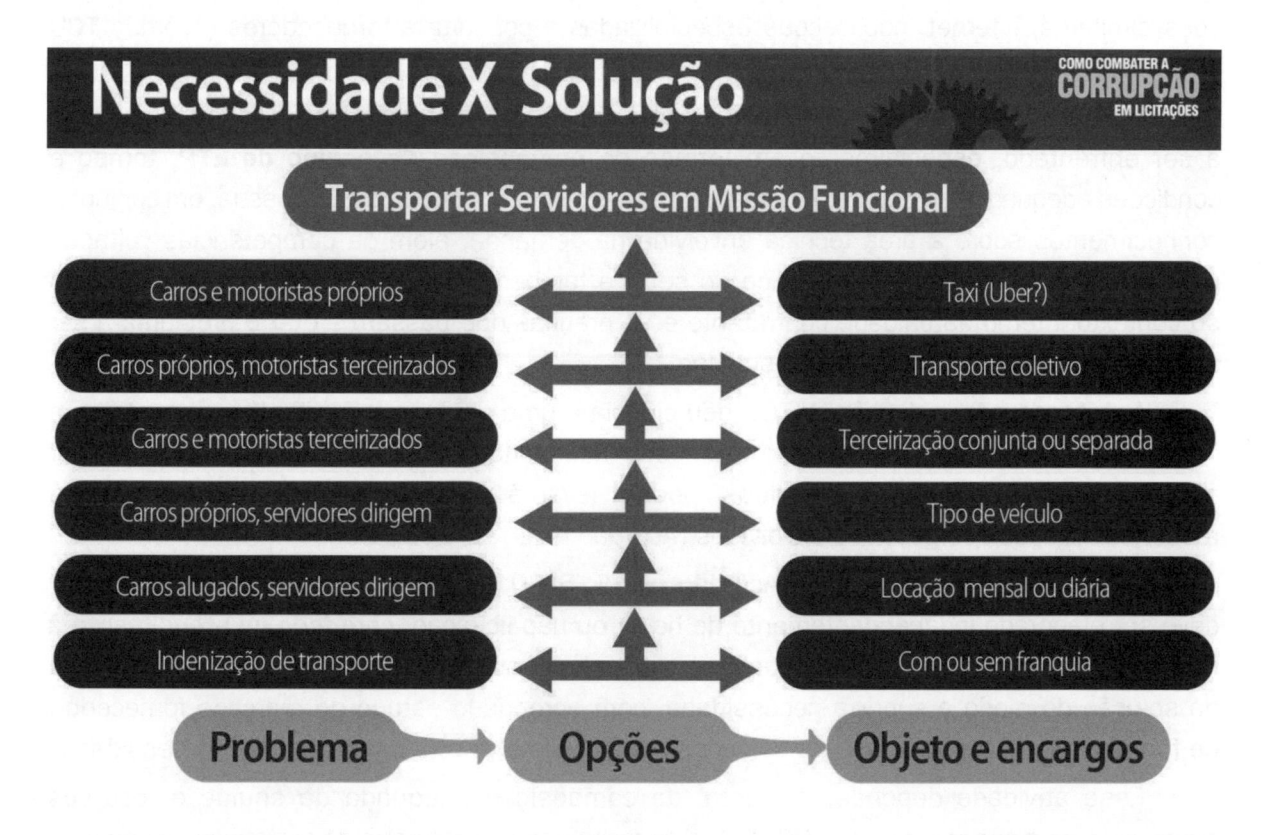

Necessidade X Solução

Transportar Servidores em Missão Funcional

Problema	Opções	Objeto e encargos
Carros e motoristas próprios		Taxi (Uber?)
Carros próprios, motoristas terceirizados		Transporte coletivo
Carros e motoristas terceirizados		Terceirização conjunta ou separada
Carros próprios, servidores dirigem		Tipo de veículo
Carros alugados, servidores dirigem		Locação mensal ou diária
Indenização de transporte		Com ou sem franquia

Para exemplificar, imagine a compra de um veículo para transportar servidores. Essa é provavelmente a solução mais frequente adotada nas repartições públicas. Mas é a única ou a melhor solução? Qual é o problema que se busca solucionar?

Se a necessidade for "transportar servidores em missão", há vários possíveis modos de atender ao problema, várias opções disponíveis, cada qual com seu conjunto de especificações, custos e encargos. Esse é o terreno dos Estudos Técnicos Preliminares.

E nesse terreno são plantadas as sementes dos resultados colhidos na licitação.

É no ETP, sobretudo **no estudo adequado da necessidade**, que serão identificadas e fundamentadas as escolhas que podem atender ao interesse público e aos objetivos da organização compradora, reunindo valores, objetivos, requisitos do problema ou da oportunidade de decisão, a partir da visão dos diversos atores envolvidos, incluindo a coleta de contribuições por amplos meios, conforme o caso, podendo envolver consulta ou audiência pública e diálogo transparente com o mercado. (COSTA e SANTOS, 2022).

É o levantamento da necessidade que dá suporte para a avaliação e a seleção de opções, com base em múltiplos critérios relevantes para a tomada de decisão, levando em conta os aspectos técnicos, econômicos e ambientais.

A especificação no Projeto deve ser consequência dos requisitos que melhor atendem à necessidade, conforme a análise empreendida na etapa de estudos preliminares.

O **ETP fundamenta exigências a serem estabelecidas no Edital**, bem como **indica as soluções disponíveis no mercado que atendam a esses requisitos** (Acórdão TCU nº 811/2021-P). Entre as formas de buscar informação para isso, estão diferentes fontes, como contratações similares, internet, publicações especializadas e consulta a fornecedores (Acórdão TCU nº 2846/2020-P).

Logicamente, essa etapa do planejamento depende de esforços proporcionais ao desafio a ser enfrentado, especialmente em termos de **composição da equipe do ETP**, tempo e condições adequados ao estudo. É fundamental selecionar uma equipe que possua, em conjunto, conhecimentos sobre a área técnica envolvida na demanda, além de competências voltadas para o ambiente normativo, específico do setor e também da área de compras, assim como do contexto interno da unidade contratante e as práticas que possam afetar o problema a ser solucionado e a contratação de sua solução.

Apontando nessa direção, o TCU deu ciência a uma unidade contratante no sentido de que instituir equipe de planejamento e elaborar adequadamente o Estudo Técnico Preliminar são requisitos que, se não atendidos, podem levar à nulidade do processo licitatório e responsabilização dos gestores envolvidos (Acórdão nº 2432/2021-2C).

Para reforçar essa ideia, no Acórdão nº 1915/2010-P, o TCU deixou claro que o ETP deve ser elaborado independentemente de haver ou não licitação, com **foco no atendimento à necessidade**, sob a perspectiva do interesse público a ser atendido, fundamentando os requisitos da solução de modo a suprir a necessidade, com apropriado estudo do mercado fornecedor, de forma a identificar as possíveis soluções disponíveis e viáveis para atender à necessidade.

Essa atividade depende, portanto, de composição adequada da equipe e recursos adequados para sua realização. A OCDE (2021) recomenda, como parte da estratégia de combate a cartéis e fraudes, criar departamentos especializados em pesquisa de mercado dentro das entidades contratantes, ou garantir que os compradores tenham acesso a recursos e apoio suficiente para conduzir as análises, em especial, pessoal com competência técnica sobre os desenvolvimentos e inovações do mercado no setor correspondente.

Reconhecemos que implantar estrutura e práticas adequadas a esse desafio exige grande esforço.

Maria Fabiana Marçal (2018) estudou a implementação de normas de planejamento das contratações numa organização federal e identificou que os compradores públicos reconhecem a importância de planejar, querem melhorar, contudo, também demandam instruções de como agir adequadamente. A autora sugere que uma equipe fixa para o planejamento da contratação, acrescida de atores de acordo com o objeto, ajudaria a disseminar boas práticas e evitar erros.

De modo similar, Lidiane Silva (2022a) avaliou o estudo técnico preliminar em uma instituição de ensino federal e identificou dificuldades de interpretação dos conteúdos pela equipe que elabora o ETP. A pesquisadora constatou ausência de orientação interna e capacitações sobre o tema, voltadas diretamente para a instrução de como elaborar os estudos.

Essa pesquisa ainda apontou outro aspecto muito importante: a **mudança cultural** nas organizações compradoras. Os servidores entrevistados reconheceram que as pessoas se acostumaram a pensar que as compras eram responsabilidade exclusiva dos setores administrativos, que comprar é uma atividade simplista, banal. Mas ao se envolverem com a elaboração do ETP, passaram a compreender que comprar bem é um jogo coletivo, em que vários e diversificados setores contribuem. (SILVA, 2022a).

O risco apontado pela autora é de que a aplicação das normas sobre o ETP seja limitada a cumprir uma exigência formal, sem de fato compreender para que serve essa etapa da logística pública. Nas palavras de um entrevistado: "O grande desafio é você realmente deixar de ter um documento meramente formal". (SILVA, 2022a).

Infelizmente, o estudo efetivo da necessidade parece um ideal ainda longe de ser atingido. E não apenas no Brasil. Um estudo de revisão sobre o campo de pesquisa de compras públicas no mundo todo avaliou 743 artigos publicados entre 2010 e 2018. Nenhum artigo tratou especificamente da avaliação de necessidades. Definitivamente, o ETP ainda não é um tema em evidência no cenário de licitações. Vale comentar que o tema mais frequente nos artigos avaliados (15%) era a corrupção e o conluio. (HUDON, DUMAS e GARZÓN, 2021).

Isso nos leva ao começo da nossa jornada sobre **riscos de fraude** em licitações.

Um ponto de partida, do ponto de vista da sequência lógica do ciclo da contratação, está exatamente na **definição clara da necessidade e na fundamentação dos requisitos indispensáveis** para atingir os resultados pretendidos, alinhados essencialmente ao valor público envolvido.

Ilustrando essa situação, encontramos o Acórdão TCU nº 2917/2009-P, que avaliou contratação de serviços de segurança para salvaguardar veículos. Segundo o TCU, não houve estudo da necessidade, nem análise de opção mais vantajosa, nem motivação para o quantitativo dos postos, para o tipo de vigilância (armada e desarmada) ou para a escala de trabalho dos vigilantes.

De modo semelhante, no Acórdão nº 2355/2020-P, o TCU tratou da omissão, no Estudo Preliminar, de levantamento de mercado e a adequada justificativa da escolha do tipo e solução a contratar. Faltou identificar novas metodologias, tecnologias ou inovações que pudessem atender às necessidades.

Nessa etapa inicial do planejamento, há **riscos de direcionar** a contratação **para uma solução** que pode não atender aos objetivos de proporcionar os melhores resultados para a unidade contratante. Isso pode ocorrer por intenção ou – mais provável – por desconhecimento.

Como alerta Robson Correia (2022), a elaboração adequada do ETP exige reavaliar a estruturação interna de tempos em tempos, de forma a entender eventuais alterações na necessidade, assim como revisitar o mercado a cada nova contratação para avaliar as soluções disponíveis.

É fundamental ter em conta quem **nem todo o ETP resulta em contratação**, porque a solução para o problema pode estar dentro de casa, pela mudança nas práticas, revisão de procedimentos, alteração em demandas e formas de execução de atividades.

Em mais um risco no ETP, pode acontecer o **planejamento reverso**, ou a **elaboração proforma**, para cumprir o protocolo, fingindo que houve estudo, quando na verdade a escolha da solução já estava definida desde o princípio. O TCU encontrou um caso desses no Acórdão nº 122/2020–P, apontando subversão da sequência processual prevista, definindo-se primeiro a forma de contratar para em seguida elaborar os documentos destinados a sustentar tal definição, desrespeitando os princípios do planejamento e do controle previstos nos incisos I e V, do art. 6º, do Decreto-Lei nº 200/1967.

Outro risco nessa etapa do planejamento é a **necessidade falsa, forjada, inexistente ou ilegítima**. Um exemplo foi tratado no Acórdão TCU nº 90/2022-P, sobre uma compra de materiais numa prefeitura durante a pandemia de Covid-19. Compraram-se módulos de "intubação", mas o município não tinha unidade de saúde capaz de realizar os procedimentos relacionados com o produto. Faltou, portanto, fundamentação quanto à necessidade que se pretendia atender.

Durante a Operação Circuito Fechado, a Polícia Federal investigou grupo que cooptava servidores públicos que, por sua vez, criavam uma **demanda falsa por serviços de tecnologia da informação** e direcionavam a contratação com sobrepreço, **forjando a necessidade** de aquisição de valores milionários em licenças, suporte técnico, consultoria e treinamento. Na fase de disputa, comparsas simulavam competição, que era vencida pela empresa previamente designada pelo desenvolvedor da ferramenta, dentro de um circuito fechado (g1.globo.com, notícia de 18.12.2020).

Ainda nesse contexto, encontramos caso peculiar no Norte do país, onde a cobertura de um campeonato de dominó foi paga com dinheiro público, para uma rede de comunicação transmitir a final do torneio. Além de dúvidas sobre a inexigibilidade na contratação, questionou-se a legitimidade da despesa, já que os recursos eram para fomentar esporte de alto rendimento, suscitando dúvidas se o dominó se enquadraria nessa categoria (radioriomarfm.com.br, notícia de 18.11.2022).

Às vezes, pode até existir a necessidade, mas a **solução não tem fundamento**. No Espírito Santo, uma prefeitura contratou serviços de contabilidade, mas, para o Tribunal de Justiça, essa necessidade é de natureza permanente, exigindo, assim, concurso público. Não foram aceitas as alegações de que "administrações passadas sempre assim fizeram" e que faltava pessoal próprio com qualificação técnica. Para a Justiça, "não é porque a administração passada cometeu erros, que a atual deve também seguir tal caminho" (Processo nº 0000935-28.2016.8.08.0019).

Quanto à ausência de efetivo com qualificação técnica, não se mostrou plausível, porque não se buscou qualificar o pessoal próprio, ante eventual deficiência técnica, apenas se buscou contratar assessoria com suposta capacidade técnica. O Secretário de Finanças, demandante dos serviços, foi condenado, porque optou por fazer uma contratação externa sem antes avaliar, no que seriam agora os estudos preliminares, a capacidade interna do município em promover a atividade pretendida, com corpo próprio de servidores. Para a Justiça, a alternativa óbvia seria solicitar o retorno, à pasta de finanças, de servidores especializados em contabilidade e que estavam em desvio de função.

Para evitar situações dessas é fundamental atentar para uma das **mudanças mais críticas** do regime legal de compras públicas: não estamos buscando o 'menor preço', mas o **resultado mais vantajoso para a Administração Pública, inclusive no que se refere ao ciclo de vida do objeto** (Art. 11, I da NLL), o que se materializa pelo "menor dispêndio para a Administração", levando em conta o conceito de **Custo Total de Propriedade**, que envolve "custos indiretos, relacionados com as despesas de manutenção, utilização, reposição, depreciação e impacto ambiental do objeto" (art. 34 da NLL).

Exemplificando essa situação, encontramos o Acórdão nº 2576/2020-P, no qual o TCU reiterou a relevância de avaliar formalmente os **riscos das diversas alternativas de contratação** e analisar a **viabilidade econômica de cenários alternativos do parcelamento do objeto**, incluindo **custos totais de propriedade**. A questão concreta se relacionava com a contratação integrada da gestão de ativos de informática como serviço, servindo de alerta para outros objetos.

Esse é um cenário que exige extrema atenção. Usando o exemplo da necessidade de "transportar servidores", não basta decidir comprar um carro pelo menor preço de venda, nem seria suficiente avaliar os custos associados ao uso e descarte do carro, como depreciação, abastecimento, impostos, documentação, lubrificação, seguros, guarda, condução, estacionamento, manutenção, desfazimento. Isso seria apenas uma parte da avaliação, pois comprar o carro é uma dentre várias soluções possíveis. O que a lei passou a exigir textualmente é que os estudos preliminares considerem os **custos de ciclo de vida** das diversas opções de atendimento à necessidade.

Nesse exemplo, os estudos deveriam avaliar, conforme as peculiaridades da necessidade a ser atendida, os custos de ciclo de vida de alugar veículo, assim como pagar indenização de transporte, ou ter acesso a veículo por meio de serviços de aplicativos, por exemplo.

Nessa linha, avaliando uma compra de veículos, o TCU verificou que não houve estudo que avaliasse as possíveis alternativas, como a locação ou serviços de transporte (Acórdão TCU nº 2223/2019-1C). Em outra licitação, também para transporte de pessoas, o TCU apontou como falha a falta de estudos para apontar a melhor forma de atendimento da demanda (Acórdão TCU nº 6767/2020-1C). Ainda sobre transporte, o TCU recomendou comparar a vantajosidade entre comprar e alugar veículos, assim como considerar variadas metodologias de pagamento e riscos das diferentes modelagens (Acórdão TCU nº 120/2018-P). Deixar de estudar diferentes soluções contraria o princípio constitucional da eficiência (Acórdão TCU nº 1.167/2020-P). Em caso sobre contratação de software, o TCU apontou falta de comparação com produtos similares já realizadas pelo próprio órgão contratante ou por outros, assim como diferentes soluções disponíveis no mercado que atendessem aos requisitos da contratação (Acórdão nº 274/2020-P).

Estudar soluções diferentes foi justamente o comando que a regulamentação federal do ETP trouxe na IN Seges nº 58/2022, ao determinar que sejam avaliados os cenários de compra, locação ou acesso a bens, considerando custos e benefícios e a alternativa mais vantajosa, prospectando arranjos inovadores (art. 9, III, c).

Somente após essa análise minuciosa e abrangente é que o ETP vai apontar para uma ou mais soluções viáveis a serem contratadas, que serão detalhadas no Projeto.

2.1.2 Projeto da solução e definição do objeto

Depois de elaborado o ETP, vem o Projeto propriamente dito, que vai propiciar à Administração o **conhecimento pleno do objeto que se quer licitar**, de forma detalhada, clara e precisa, com especificação completa, quantidade, preço e condições de execução. Deve proporcionar ao licitante as informações necessárias à elaboração de sua proposta.

A caracterização precisa, completa e adequada do objeto é condição essencial para validade do processo licitatório, segundo o §1º do art. 40 da NLL.[12] É nesse sentido a Súmula nº 177 do TCU.

A definição do objeto deve levar em conta elementos fundamentais, cuja ponderação é um ingrediente natural da complexidade nas compras públicas: (i) necessidade administrativa; (ii) equilíbrio entre necessidade e competição; (iii) comprovação de atendimento ao interesse público.

Especificar *bem*, entretanto, não significa especificar *demais*.

LICITAÇÃO CTRL C + CTRL V

Prefeitura comprou jogos e brinquedos para creches. Um lote com 20 itens do edital (bandinha rítmica: conjunto contendo 20 instrumentos musicais acondicionado em caixa de papelão) era cópia fiel do catálogo da empresa que venceu o certame. (www.clickpb.com.br)

Os órgãos de controle frequentemente determinam que se **evite o detalhamento excessivo do objeto**, para não direcionar a licitação ou restringir o seu caráter competitivo. Qualquer especificação ou condição que restrinja o universo de possíveis interessados deve ser justificada e tecnicamente fundamentada.

Isso reforça a importância dos estudos preliminares, de forma a justificar condições da solução pretendida. Uma obra, por exemplo, pode exigir serviços de sondagem, topografia do terreno, estudos que propiciem o nível de precisão adequado para elaboração do Projeto Básico.

Fazer esses estudos é obrigação do contratante, exceto no regime de contratação integrada, entretanto, mesmo nesse caso, elaborando apenas anteprojeto, alguns estudos prévios deverão existir, como levantamento topográfico e cadastral e pareceres de sondagem, assim como outros aspectos críticos para a elaboração futura do Projeto Básico (art. 6, XXIV da NLL).

Também é obrigação fazer constar do Projeto a **autoria** e, quando envolver atividades profissionais regulamentadas, como Engenharia e Arquitetura, deve constar o registro formal da Responsabilidade Técnica (Súmula TCU nº 260), para garantir que os requisitos foram elaborados por profissional habilitado, além de permitir a pronta identificação de autor, aspecto tão relevante que o TCU já considerou passível de condenação a ausência de autoria identificada (Acórdão nº 2.546/2008-P).

---

[12] Exceto nos casos explícitos em que o objeto não pode ser descrito com precisão ou quando a solução pretendida não está disponível no mercado, casos especiais em que serão aplicados procedimentos específicos (contratação integrada, semi-integrada ou diálogo competitivo).

O TCU também tem um conjunto expressivo de julgados relacionados com projetos defeituosos e com potencial de direcionar indevidamente o certame, entre os quais, dos mais recentes, pode-se citar os Acórdãos nº 274/2020-P, 550/2021-P e 258/2023-P. Embora sejam relativos à legislação antiga, a lógica continua a mesma e, portanto, o entendimento continua válido. Projeto deficiente, sem caracterização adequada do objeto, sem elementos e informações suficientes para formulação de proposta, pode resultar em anulação do certame e responsabilização dos agentes envolvidos.

Reforça-se: a definição do objeto na licitação deve ser precisa e suficiente, como pressuposto da igualdade entre os licitantes. E que atenda a necessidade legítima, que gere valor público.

2.1.3 Padronização injustificada

Um aspecto importante na definição do objeto é a **padronização das especificações técnicas** para aquisições mais comuns, a exemplo de gêneros alimentícios, medicamentos e insumos hospitalares, peças e pneus para veículos, combustível, mobiliário, materiais de expediente, suprimentos de informática e serviços de limpeza.

Fazem parte da especificação do objeto, além das suas características fundamentais, as condições de fornecimento, envolvendo aspectos como: local e prazo de entrega, frete, condições de pagamento, periodicidade e volume de pedidos, garantia, treinamento, suporte técnico.

O conceito de padronização está inserido no processo de planejamento e racionalização administrativa e está relacionado com boas práticas para realização de um trabalho, processos formais, normas, ou, ainda, especificações técnicas. Padronizar quer dizer unificar, uniformizar, igualar, ou seja, adotar um modelo na especificação de materiais ou serviços que possa satisfazer às necessidades das organizações públicas que operem em contexto semelhante.

Como regra, aquisições públicas devem seguir padrões, conforme artigos 19, II e IV e 40, V, da NLL, prevendo **catálogo eletrônico de padronização**, modelos de minutas de documentos padronizados e o princípio da padronização no planejamento das contratações. A Nova Lei permite, inclusive, pegar carona na padronização de outra unidade de nível federativo igual ou superior (art. 44, §1º). Por exemplo, uma Secretaria Estadual pode aderir a um padrão federal, ou uma entidade municipal pode adotar o catálogo já padronizado pelo governo estadual ou federal. A ideia é privilegiar o recomendável princípio da racionalidade administrativa.

Um dos pontos de sustentação para priorizar a padronização é o princípio da eficiência, uma vez que a contratação por padrões favorece a constituição de atas de registros de preços para contratações conduzidas por meio de planejamentos conjuntos, o que favorece a racionalização do esforço administrativo nas contratações, além da economia de escala (Acórdão TCU nº 2622/2015-P) e o atendimento ao comando do art. 19, I da NLL, de dar preferência à centralização das compras públicas.

A lógica da padronização, porém, não pode ser usada como **desculpa para direcionar injustamente**. Isso aconteceu numa cidade de São Paulo. O Tribunal de Justiça confirmou sentença condenatória, considerando absolutamente irregular o decreto municipal que estabeleceu as marcas dos veículos a serem adquiridos, a pretexto de padronizar a frota, sob justificativas vagas de facilidade na compra de peças, resistência dos modelos e experiência dos mecânicos. Para a Justiça, ficou evidenciada a indicação irregular de marca (Apelação nº 0002159-62.2002.8.26.0642).

Como bem ressaltado pelo TJSP, a padronização é o resultado de um procedimento administrativo complexo, previsto com o objetivo de obter efeitos econômicos concretos da escolha, assim como eventuais vantagens indiretas, levando-se em conta alternativas disponíveis.

É exatamente o que exige o art. 43 da NLL, determinando um processo específico, fundamentado em justificativas técnicas, baseado em desempenho, histórico, custo, manutenção e garantia, de forma a legitimar decisões sobre especificações técnicas e estéticas dos produtos padronizados.

No caso do interior paulista, a opção de marca não foi acompanhada de justificativa consistente. E assim, com base no argumento da padronização, a prefeitura comprou, com Dispensa de licitação, um veículo importado, de luxo, para uso do Prefeito. Na visão do TJSP, possivelmente com metade do valor, outro veículo poderia servir ao município. Sob a NLL, considerando a avaliação de alternativas, talvez a opção mais vantajosa nem fosse comprar um carro, para começo de conversa.

Outro caso curioso envolvendo preferência sem fundamento ocorreu numa Casa Legislativa do interior do Sudeste, onde o gestor exigiu a substituição do veículo que já existia por outro "com as mesmas características". O Termo de Referência justificou a coisa como padronização, porque o mesmo tipo de veículo era usado há anos, nos diferentes mandatos e a necessidade era de um carro "diferenciado, arrojado, inerente à superioridade do cargo" da pessoa que seria transportada.

> **2 JUSTIFICATIVA**
>
> 2.1 A Presidencia da ███████████████████████████, tem a sua disposição um veiculo SUV, marca TOYOTA, modelo SW4, usado para deslocamento do Presidente da Casa em missões Oficiais, que será leiloado, necessitando, portanto, de reposição imediata de um outro veículo com as mesmas caracteristicas, a fim de que as movimentações previstas durante exercício do Cargo não sejam prejudicadas.
>
> 2.2. As especificações dos veículos definidos neste Termo de Referência são condições necessárias à contratação, logo devem ser totalmente atendidas em virtude da especificidade do fornecimento e das condições de compatibilidade das especificações técnicas e do desempenho, uma vez que o cargo de Presidente, cargo de maior representatividade dentro da ███████████, necessita de um veículo diferenciado, arrojado, inerente à superioridade do cargo e das funções por ele executadas, padrão estabelecido e seguido há anos nos diferentes mandatos, tudo em conformidade com o principio da padronização ███████████████

Alegações dessa natureza, além de frágeis e insuficientes, podem vir a se enquadrar, por equivalência ou analogia, na proibição da NLL de contratar bens de consumo de luxo (art. 20).

Sobre a questão, vale citar entendimento do TCU de que itens de luxo, sem justificativa, seja do item em si, seja da especificidade de suas características, contrariam os princípios constitucionais da economicidade e da moralidade administrativa (Acórdão nº 747/2022-P).

De modo correlato, encontramos o Acórdão TCU nº 1425/2021-2C, tratando da compra de alimentos sem justificativas suficientes, para serem utilizados em festividades e em reuniões com autoridades, em evidente descompasso com a eficiência.

Ainda sobre **padronização e indicação indevida de marca**, podemos citar o Acórdão nº 274/2020-P, no qual o TCU avaliou contratação de software Antifraude. Para o Tribunal, a opção pela padronização deve estar fundamentada em ampla pesquisa e comparação efetiva com alternativas existentes no mercado, não sendo suficiente a mera afirmação de que o órgão já utilizava o hardware e/ou software, assim como não é suficiente apontar a experiência bem-sucedida em outros órgãos como comprovante de que aquela é a solução mais adequada e econômica para a necessidade em análise.

No Rio Grande do Sul, a Justiça anulou a compra de copiadoras porque a escolha do modelo foi feita com base em aquisição anterior. A sentença ressaltou a importância de um procedimento público e transparente para padronização, afirmando que não pode ser substituído por um simples decreto ou memorando interno. Não houve procedimento prévio de padronização. Também não foram apresentados estudos ou cálculos que demonstrassem os benefícios da escolha. O fato de o órgão contratante ter adquirido o mesmo produto antes não é suficiente, sendo necessário apresentar vantagens técnicas, operacionais e financeiras concretas para a decisão (Apelação Cível nº 70078161072).

Mas não é apenas de padronização injustificada que pode padecer um Projeto. Especificações deficientes podem levar à anulação de licitações e responsabilização de envolvidos, se estiverem baseadas em projeto incompleto, defeituoso ou obsoleto (Voto do Acórdão TCU nº 353/2007-P).

2.1.4 Especificação fajuta

Nas fraudes do tipo **Projeto Mágico**, as licitações se baseiam em **especificações genéricas, incompreensíveis, incompletas, defeituosas, direcionadas, restritivas**.

Veja-se um exemplo real: na Bahia, a Justiça Federal apontou fraude na compra de materiais para escolas de uma prefeitura. Um dos elementos de convicção da tramoia foi a especificação genérica dos objetos. O 'papel higiênico' só mencionava fardos, sem quantidade de rolos em cada fardo ou quantos metros em cada rolo ou mesmo se a folha seria simples ou dupla. Do 'saco de lixo' se exigiu apenas pacotes, sem indicação do tamanho do saco ou quantidade em cada pacote. Seria tecnicamente impossível elaborar uma proposta apenas com esses elementos, sem conhecer quaisquer aspectos definidores do que seria fornecido. Não é preciso ser especialista no ramo para saber que existem variações diversas de tipos, cores, tamanhos, resistência, com diferenças consideráveis de preços (Processo nº 0005986-72.2016.4.01.3309).

Em Goiás, houve condenação por improbidade em pregão para reforma e aquisição de brinquedos para um parque municipal, incluindo montanha-russa. Embora fosse um objeto complexo, que envolvia prestação de serviços, obras de construção civil, obras artísticas, aquisição e instalação de equipamentos de grande porte e requisitos técnicos altamente especializados, a descrição no edital foi sucinta, simplória, sem definição, sequer, se era para adquirir equipamentos novos ou usados. Faltavam parâmetros e elementos essenciais para clareza do que se estava licitando. De acordo com a sentença, ainda que a licitação fosse somente para compra de brinquedos, eram necessárias especificações de quais seriam usados e quais seriam novos, além disso, deveria constar idade máxima aceitável, condições de conservação, características mínimas dos equipamentos pretendidos. Não havia nada disso. A Juíza do caso asseverou: "É uma aberração jurídica querer que a Lei se adapte à vontade do Gestor" (TJGO. Processo nº 0051435-14.2012.8.09.0051).

Em outro exemplo real, o Ministério Público do Paraná denunciou fraude na contratação para realizar concurso público de uma prefeitura. Entre as evidências, constava a **definição genérica do objeto**, prevendo elaboração de questões para as provas sem estabelecer a quantidade e nem o tipo, elementos que influenciariam na execução dos serviços e no custo. Quanto mais questões a serem elaboradas, maior o esforço de profissionais para elaborar, organizar, imprimir, aplicar, corrigir, julgar recursos. Estranhamente, apesar dessa lógica bastante óbvia, as licitantes não se preocuparam com isso e todas fizeram propostas sem ter conhecimento do serviço que deveriam executar (ICP nº 0151080000632).

Em outro caso, no Acórdão nº 504/2021-P, o TCU determinou nova licitação por ausência de informações essenciais à caracterização do objeto licitado e à formulação das propostas. A coisa envolvia uma Central de Serviços e o edital não trazia dados mínimos sobre a estrutura em operação, o ambiente de tecnologia da informação a ser suportado pela contratada, o histórico de consumo e a execução dos serviços em anos anteriores.

No Maranhão, a CGU analisou licitação para transporte escolar numa prefeitura, encontrando especificação precária. Por se tratar de locação de veículos, seria de se esperar, no mínimo, quantidade estimada, distância a ser percorrida em cada tipo de pavimento, capacidade de passageiros, itens de segurança e identificação mínimos, condições de conservação, tipo de combustível, exigências em relação à qualificação do motorista. Nada disso constava do edital (Relatório nº 00209.001062/2011-63).

Numa prefeitura do Paraná, o Tribunal de Contas estadual verificou definição imprecisa de objeto, pela ausência de requisitos mínimos para o treinamento pretendido, tais como conteúdo programático mínimo, local, quantidades de turmas, participantes por turma. Desse jeito genérico, os licitantes poderiam acabar estimando serviços com níveis de qualidade diferentes, levando a preços diferentes, sem, necessariamente, conduzir à proposta mais vantajosa. Objeto impreciso pode inibir concorrência e prejudicar a execução do objeto, pelo risco de não atender às necessidades, as quais, dada a omissão no instrumento convocatório, não eram de conhecimento dos licitantes (Acórdão nº 1.265/2020-P).

Em mais dois exemplos, o TCU apontou falhas em contratações, pela ausência de: (1) definição do combustível a ser utilizado na contratação de geradores (Acórdão nº 235/2021-P); (2) quantidades, modelos/marcas, idade e quilometragem de veículos para manutenção (Acórdão nº 4870/2022-1C).

Na Paraíba, o Ministério Público denunciou contratação de elaboração de projetos para implantação de melhorias sanitárias domiciliares, sem definição, sequer, do tipo de melhorias ou a quantidade de domicílios envolvidos (ICP nº 1.24.003.000027/2020-37).

Uma situação ainda mais estranha aconteceu também na Paraíba, onde foi licitado produto com a descrição "flocos de *milho*" prevendo composição à base de "farinha de *trigo*".

Difícil imaginar o processo fabril que promoveria essa quimera (Acórdão TCU nº 1806/2017-P).

Em pregão para alugar equipamentos de pavimentação asfáltica no interior de Mato Grosso, a máquina pretendida foi definida como: "Rolo compactador pé de carneiro". Essa simplicidade poderia gerar muita confusão, pois há dois grandes tipos desse equipamento: (1) "rebocável" por caminhão ou trator; e (2) propulsão autônoma. São bem diferentes e os preços variam de acordo com o tipo. Também não se especificava faixa de idade ou condições de conservação aceitáveis, o que levou a contratar veículo com 33 anos de uso, cuja locação por 12 meses sairia mais caro que comprar um novo. Importante: a locação não incluía operador, combustível, manutenção ou pneus (Processo TCE-MT nº 28490-4/2018).

COMPACTADOR PÉ DE CARNEIRO
Propulsão autônoma | **Rebocável**

Fonte: Processo TCE-MT nº 28.490-4/2018, Relatório Técnico

Esses são todos exemplos de objetos com **descrições incompletas**, genéricas, vagas, confusas, insuficientes, defeituosas, que apenas por 'mágica' poderiam resultar em propostas legítimas. Caracterizam grave irregularidade, por contrariar os princípios fundamentais da licitação.

O outro extremo do problema são as **especificações que direcionam sem justificativa**, limitando o objeto a um produto, marca ou fornecedor. E aqui é muito importante frisar essa última parte. Faz parte do negócio de compras a definição de um conjunto de requisitos mínimos, necessários, suficientes e adequados. Em poucas palavras, "licitar **é** discriminar de forma legítima" (SANTOS, 2008), porque a Administração contratante precisa atingir objetivos e isso envolve mitigar riscos, nesse caso, pela especificação apropriada da solução pretendida, lastreada nos estudos preliminares.

Exemplo do que não pode acontecer foi denunciado pelo Ministério Público de São Paulo, que comprovou direcionamento com um e-mail da empresa fornecedora para quem conduzia o processo licitatório, com a descrição dos móveis (arquivo deslizante) distribuído pela organização criminosa, para que a especificação fosse "simplesmente colocada como anexo", o que, fato, ocorreu (Processo nº 1007030-61.2017.8.26.0297).

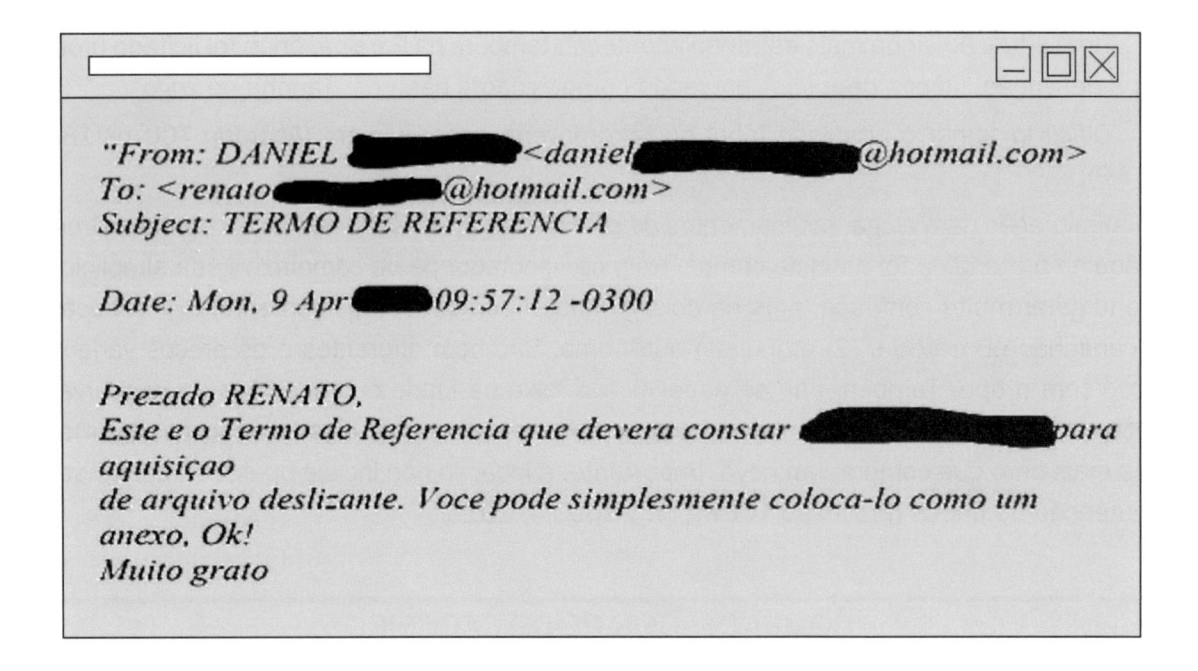

> "From: DANIEL ▇▇▇ <daniel▇▇▇@hotmail.com>
> To: <renato▇▇▇@hotmail.com>
> Subject: TERMO DE REFERENCIA
>
> Date: Mon, 9 Apr ▇▇ 09:57:12 -0300
>
> Prezado RENATO,
> Este e o Termo de Referencia que devera constar ▇▇▇ para aquisiçao
> de arquivo deslizante. Voce pode simplesmente coloca-lo como um anexo. Ok!
> Muito grato

Como apontando pelo TCU no Acórdão nº 1185/2022-1C, somente é possível incluir, na especificação de objeto, condição potencialmente restritiva de competição, se for demonstrada a necessidade, demonstração que deve ser baseada em estudos técnicos, conforme Acórdão TCU nº 1973/2020-P.

O contrário do que aconteceu em pregão municipal para comprar retroescavadeira no Paraná. Exigiu-se motor da mesma marca do fabricante da máquina, sem explicar o motivo (Acórdão TCE-PR nº 3396/2021-P). Caso semelhante, também no Paraná, envolveu escavadeira e motoniveladora. Não havia indício de que a falta de correspondência entre a marca dos equipamentos e de seus motores fosse prejudicial ao desempenho (Acórdão TCE-PR nº 535/2022-P). Exigir "motor da mesma marca do fabricante" foi objeto do Acórdão TCE-PR nº 900/2020-P, igualmente considerado restritivo.

Situação parecida ocorreu em aquisição de pá carregadeira avaliada pelo TCU, na qual era obrigatório o "motor próprio do fabricante", além de "rotação nominal mínima" sem fundamento (Acórdão nº 1914/2020-P). Ainda sobre compra de escavadeira, o Tribunal de Contas do Paraná multou gestor porque o edital exigia, sem justificativa, que a máquina tivesse sete roletas inferiores e duas superiores (Acórdão TCE-PR nº 296/2021).

Por meio do Acórdão nº 214/2020-P, o TCU mandou anular uma licitação para compra de pá carregadeira. O edital exigia "vão livre do solo mínimo de 420mm" e "motor próprio do fabricante". No ano seguinte, o TCU analisou novo edital, elaborado depois que a licitação foi anulada, mas a irregularidade continuou. O novo Termo de Referência modificou o vão livre do solo, de 420mm para 400mm, novamente **sem respaldo em elementos técnicos** ou de desempenho operacional. Sem justificativa, para o TCU, qualquer vão livre de solo mínimo é irregular (Acórdão nº 817/2021-P).

Também faltava motivação numa contratação de gestão de abastecimento de veículos que exigia rede de postos credenciados em todo o território nacional, embora a unidade contratante não precisasse abastecer no país inteiro, tornando a **exigência desproporcional à necessidade** (Acórdãos TCU nº 232/2021-P e 306/2022-P).

CAPÍTULO 2 — TIPOLOGIA DE FRAUDES EM LICITAÇÃO

Em pregão para comprar mobiliário, foi exigido material resistente à névoa salina. Alguns dos órgãos contratantes ficavam no litoral, tornando a regra aceitável. O problema é que era uma compra conjunta, com muitos outros compradores localizados em regiões de baixa ou de nenhuma salinidade. A exigência, nesse caso, só tornaria o produto mais caro para esses órgãos, **violando a lógica** das compras públicas e impondo restrição indevida à competição (Acórdão TCU nº 2912/2021-P).

Outro exemplo de requisito injustificado ocorreu em serviços de impressão, para os quais foi exigido que as impressoras tivessem velocidade (páginas por minuto) superior às recomendações de Boas Práticas, afrontando princípios da economicidade e da eficiência, com potencial de elevar o valor total da contratação, **sem aderência às necessidades** (Acórdão nº 1326/2022-1C).

Um caso que merece destaque é a Operação Patrola, em Santa Catarina. Em decorrência das investigações, a Justiça Estadual condenou envolvidos na venda fraudulenta de retroescavadeira a uma Prefeitura. A licitação teria sido direcionada pelo Secretário de Administração, que conduziu o processo e garantiu que as especificações **espelhassem a máquina revendida pelos fraudadores**. A mesma dinâmica delitiva, segundo a acusação, foi sistematicamente implementada em vários municípios catarinenses (Processo nº 0000618-24.2016.8.24.0071).

Como exemplo, decorrente da mesma Operação Patrola, o TRF4 confirmou condenação de fraude similar. Um empresário teria **negociado especificação direcionada** na licitação de uma retroescavadeira, que repetia, até mesmo na ordem dos requisitos, o equipamento previamente negociado. Um dos requisitos direcionados foi a 'força de desagregação da concha frontal', no mínimo 8.800kgf, coincidente com a marca previamente acordada, enquanto os concorrentes giravam em torno de 5.500kg (TRF4, Apelação nº 5000506-31.2018.4.04.7203).

Outro parâmetro direcionado foi o 'basculamento por meio de UM cilindro hidráulico', característica peculiar da máquina previamente negociada, enquanto as concorrentes contavam com DOIS cilindros, sem qualquer justificativa razoável para a exigência restritiva no edital.

Relatório de um vendedor da empresa evidenciava que a venda já estava fechada antes da licitação, registrando **propina** disfarçada sob **codinomes** como 'Frete 3' e **'Caçamba'**.

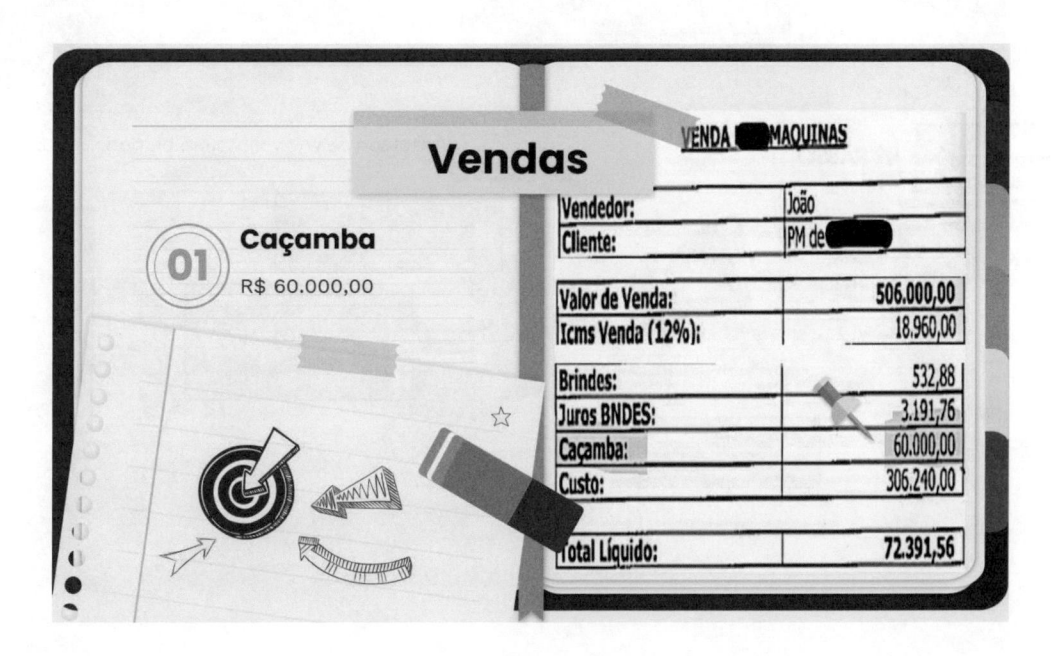

Vendas		
01	Caçamba	R$ 60.000,00

VENDA MÁQUINAS	
Vendedor:	João
Cliente:	PM de
Valor de Venda:	506.000,00
Icms Venda (12%):	18.960,00
Brindes:	532,88
Juros BNDES:	3.191,76
Caçamba:	60.000,00
Custo:	306.240,00
Total Líquido:	72.391,56

Num dos casos, a Justiça se convenceu da 'caçamba' (propina) ao então Prefeito, levando em conta saque de dinheiro na boca do caixa e rastreamento do celular do político, que naquele dia estava na cidade-sede da empresa, sem explicação alternativa plausível (TJSC, Apelação nº 0000626-98.2016.8.24.0071).

Demonstrando que o esquema era praticado por outras empresas do setor, em busca e apreensão foi encontrado e-mail em que o empresário afirmava que não iria participar da licitação de uma Prefeitura porque já estava encaminhada para outra empresa.

O Ministério Público catarinense detalhou **como funcionava o esquema da Operação Patrola**.

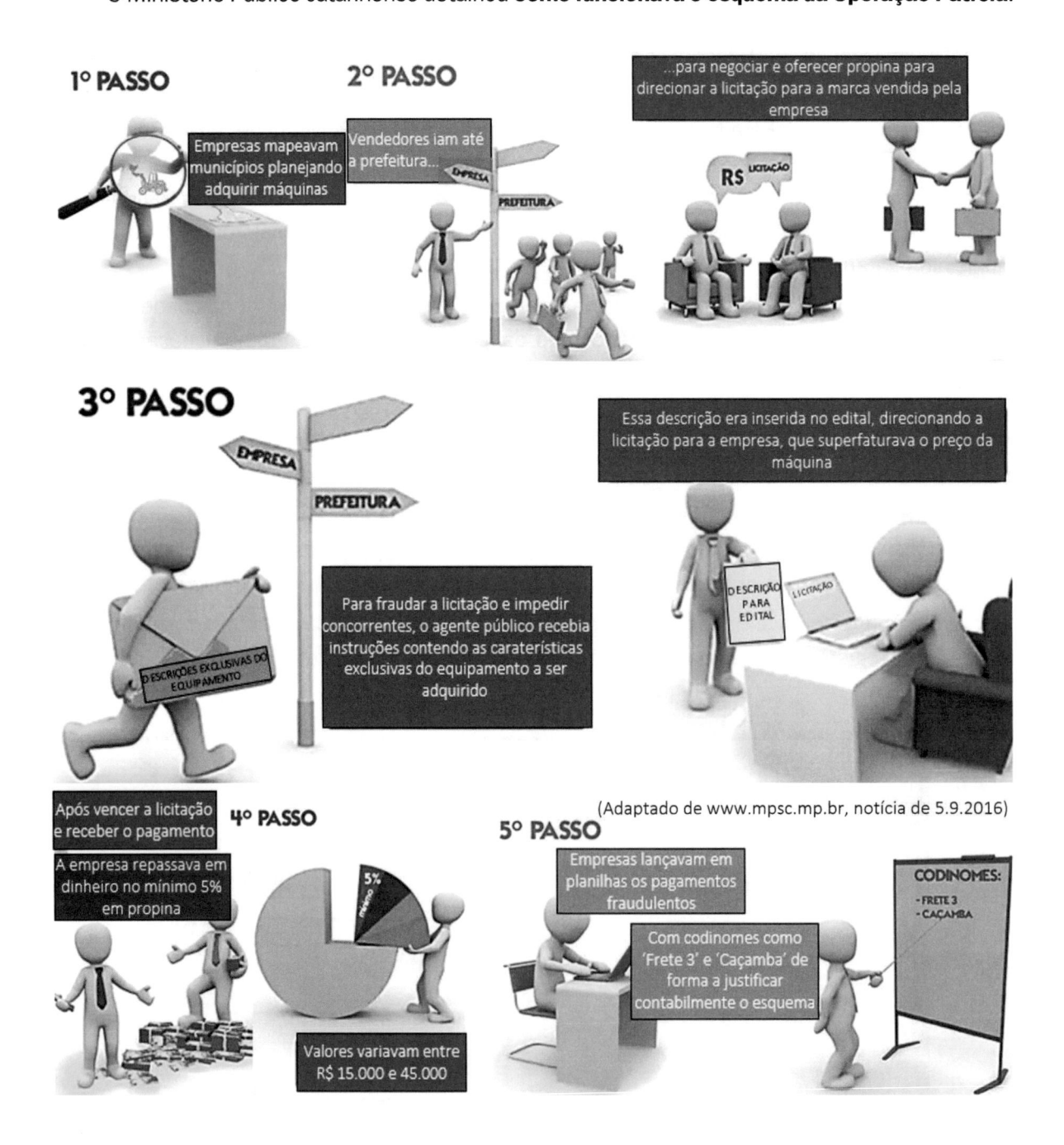

1º PASSO — Empresas mapeavam municípios planejando adquirir máquinas

2º PASSO — Vendedores iam até a prefeitura... para negociar e oferecer propina para direcionar a licitação para a marca vendida pela empresa

3º PASSO — Para fraudar a licitação e impedir concorrentes, o agente público recebia instruções contendo as caraterísticas exclusivas do equipamento a ser adquirido. Essa descrição era inserida no edital, direcionando a licitação para a empresa, que superfaturava o preço da máquina

4º PASSO — Após vencer a licitação e receber o pagamento, a empresa repassava em dinheiro no mínimo 5% em propina. Valores variavam entre R$ 15.000 e 45.000

5º PASSO — Empresas lançavam em planilhas os pagamentos fraudulentos. Com codinomes como 'Frete 3' e 'Caçamba' de forma a justificar contabilmente o esquema

CODINOMES:
- FRETE 3
- CAÇAMBA

(Adaptado de www.mpsc.mp.br, notícia de 5.9.2016)

CAPÍTULO 2 — TIPOLOGIA DE FRAUDES EM LICITAÇÃO

Outro caso em Santa Catarina, desta vez decorrente da Operação Resposta Certa, envolveu fraude na aquisição de veículo para uma prefeitura. Para direcionar, usaram características que somente o veículo do esquema atendia: a) 8 autofalantes; ar-condicionado digital; aerofólio na cor do veículo; rodas de liga leve aro 15; reservatório de combustível com capacidade exata de 50L. O Juiz do caso chegou a cogitar na sentença: "De onde surgiram as características?" e "Para que serviria o aerofólio em um carro da Secretaria de Administração?" (Processo nº 0900013-82.2018.8.24.0071).

Também em Santa Catarina e novamente envolvendo veículo, a Justiça Estadual condenou agentes por especificações direcionadas para favorecer uma revendedora. Para a Justiça, havia pelo menos cinco carros no mesmo segmento, mas nenhum se enquadrava em todos os requisitos. Para piorar, o edital não previa patamares mínimos, mas números exatos de potência, capacidade de combustível e porta-malas, até o tipo de pneu (Processo nº 0900014-67.2018.8.24.0071).

Ainda na Região Sul, o Tribunal de Contas do Paraná suspendeu pregão municipal para comprar retroescavadeira, por exigir motor do mesmo fabricante da máquina, além de pneus dianteiros com dimensões exatas e caçamba com, no mínimo, oito dentes, **sem explicação plausível** (Acórdão TCE-PR nº 1167/2021-P). O edital também impedia fabricantes estrangeiros, mais uma exigência considerada irregular (vide Acórdão TCE-PR nº 228/2018-P).

A Prefeitura argumentou que o uso múltiplo da máquina e um conjunto mais harmônico justificavam as opções. Haveria pelo menos três marcas compatíveis, o que afastaria a restrição à competitividade.

O argumento não foi aceito. Para o TCE-PR, a coisa se assemelhava mais a uma preferência, sem justificar efetivamente a escolha, denotando arbitrariedade. Foi citado que a indústria de maquinário pesado é caracterizada por montadoras, empregando peças de diversos fornecedores, e que não se poderia esquecer que o fornecedor deve honrar com todas as garantias legais e contratuais que incidem sobre o bem.

O Tribunal de Contas do Paraná apontou que a discricionariedade deve se basear em justificativas técnicas das escolhas. Caberia à prefeitura verificar os trabalhos a serem desempenhados e, a partir daí, definir requisitos mínimos absolutamente essenciais para o adequado desempenho da função. Naquele caso, porém, não existia estudo sobre a questão (Acórdão TCE-PR nº 1167/2021-P).

Ainda no Paraná e também sobre maquinário pesado, o Tribunal de Contas mandou uma prefeitura modificar edital para compra de um rolo compactador vibratório de solo. Exigia-se diâmetro mínimo de 1.530mm, sem fundamento (Acórdão TCE-PR nº 1484/2020-P).

Tratando da compra de pneus, o TCU entendeu que limitar o tempo máximo de 6 (seis) meses para a fabricação dos produtos restringia indevidamente a competitividade, ao **impor dificuldade** à oferta de pneus, principalmente importados, que atendessem à descrição do objeto e aos requisitos de qualidade estabelecidos (Acórdão nº 3130/2020-P).

Decorrente da Operação Et Pater Filium, a Justiça de Santa Catarina condenou diversas pessoas e entre os elementos de convencimento estava a exigência de especificações extremamente detalhadas da escavadeira hidráulica a ser contratada: peso de 17 a 18 toneladas, máximo 2 (dois) anos de uso, mínimo 120hp e 85m3. **Não havia critério técnico** que justificasse as características, excluindo máquinas com a mesma qualidade e até de porte superior. As especificações correspondiam à máquina de propriedade dos réus. Os orçamentos estimativos eram do grupo empresarial dos réus (Processo nº 5000070-09.2021.8.24.0015).

Em outro tipo de objeto, faltaram estudos em licitação de "software como serviço". Para o TCU, não ficou comprovada pesquisa de mercado que apresentasse exemplos de ferramentas que atendessem às necessidades, ou ainda, empresas que prestavam os serviços pretendidos, ou seja, não houve demonstração de que a especificação conduziria a um certame competitivo (Acórdão nº 2297/2021-P).

Diante disso, o Tribunal recomendou **listar as possíveis soluções de mercado aptas** a atender os requisitos técnicos, de fabricantes distintos, para contratação de bens, bem como de empresas atuantes no mercado para contratação de serviços, para atender ao princípio da transparência, com o objetivo de apresentar à sociedade evidências de que as licitações possuem concorrentes efetivos que possam atender às especificações.

Recomendação semelhante foi emitida no Acórdão TCU nº 1.384/2019-P para **listar possíveis soluções de mercado compatíveis** com os requisitos exigidos, de fabricantes distintos, com vistas a aperfeiçoar a competitividade do certame, possibilitando a ampliação do número de concorrentes efetivos que possam atender às especificações.

Também sobre o mercado de software, encontramos o Acórdão nº 274/2020-P, no qual o TCU entendeu que a descrição das funcionalidades da solução era **praticamente uma propaganda** da ferramenta pretendida, não uma descrição imparcial do objeto a ser contratado. Houve, ainda, direcionamento para solução inexistente no mercado, uma composição de ferramentas que uma única revendedora oferecia. O irônico é que a solução se chamava "Plataforma Antifraude".

No Acórdão 1973/2020-P, o TCU julgou representação sobre Pregão para compra de equipamentos de proteção individual para policiais. O produto ofertado foi desclassificado porque não atingiu o tom de preto exigido em norma interna do contratante. A proposta rejeitada custaria R$8 milhões a menos.

O contratante afirmou que havia um padrão visual, para preservar a coerência dos signos institucionais e fortalecer a imagem da corporação. O critério adotado na licitação para avaliar a cor do produto foi **exageradamente preciso**, na visão do TCU. A diferença de tonalidade só podia ser observada em laboratório. A olho nu, não seria detectada, desvirtuando a razoabilidade e a proporcionalidade.

Numa capital do Sudeste, um empresário denunciou ao Tribunal de Contas um pregão para compra de livros paradidáticos, que teria direcionado especificações, genéricas no conteúdo e extremamente detalhadas no formato gráfico, com apenas cinco dias para entregar amostras, privilegiando quem já tivesse o material pronto (TCM-RJ. Processo nº 040/100689/2020).

No Espírito Santo, um pregão eletrônico para plataforma de monitoramento de trânsito foi suspenso liminarmente após denúncia de fraude. A especificação teria limitado a oferta a um único fabricante, sem justificativa plausível, porque foram exigidas 20 conexões simultâneas, quando o suficiente para atender a demanda e o usual no mercado seriam 6 (TJES, Processo nº 5006611-50.2021.8.08.0000).

Numa prefeitura do Maranhão, a CGU encontrou pregão para transporte escolar exigindo veículos fabricados há mais de dezessete anos, sem nenhuma justificativa. Segundo a CGU, o tempo recomendado para esse tipo de atividade é de, no máximo, sete anos de uso. O resultado foi a prestação de transporte escolar de forma precária (Relatório nº 00209.001234/2014-41).

Ainda tratando de veículos, o TCU enfrentou falta de justificativa para exigir o tipo *Station Wagon* com "abertura vertical para cima da tampa traseira". Só um modelo atenderia ao edital. A alegação do órgão contratante foi que esperava menor custo de operação, mas não havia estudos técnicos que corroborassem essa afirmação (Acórdão nº 2564/2021-P).

Numa contratação de produção de vídeos jornalísticos, o Edital exigia que todos os equipamentos fossem "novos, de primeiro uso". Não havia estudos que indicassem a essencialidade disso para atender às necessidades do contratante (Acórdão TCU nº 2222/2021-P).

Em linha parecida, tratando de veículo usado, uma compra de conjunto "caminhão e equipamento" limitou a oferta ao máximo de quatro anos de fabricação, parâmetro desacompanhado de fundamentação (Acórdão TCU nº 1491/2021-P).

No Acórdão nº 2240/2020-P, o TCU enfrentou edital que exigia uma certificação específica para pregão de mobiliário de escritório. Para o Tribunal, faltou prospecção de fornecedores potenciais e nível de competitividade possível de ser alcançado.

No Acórdão nº 2599/2021-P, também sobre mobiliário, faltou fundamentar extenso rol de 31 normas técnicas, declarações de qualidade, certificações, laudos e certificados de conformidade. Chegou-se a exigir atendimento a normas já canceladas.

Entre as condições impostas injustificadamente, destacou-se declaração de usual fornecedor de poliamida, em papel timbrado, com firma reconhecida em cartório, declarando composição mínima de 30% de fibra de vidro. Além da ausência de motivação, a declaração trazia, em tese, uma qualificação do fornecedor, e não do produto em si. Ou seja, não serviria para garantir que o objeto seria fornecido com as características especificadas pela administração.

Nesse julgado, o Tribunal reforçou que qualquer exigência deve ser razoável, legítima e justificada, visando garantir qualidade e desempenho sem sacrificar a competitividade do certame e sem prejuízo ao objetivo de alcançar a proposta mais vantajosa para a Administração.

No caso, para o TCU, o projetista apenas reproduziu, isto é, compilou exigências espalhadas em diversos editais, sem preocupação com plausibilidade ou com o impacto no caráter competitivo.

O Tribunal de Contas apontou que a presunção de legitimidade ou fé pública de outros editais não isenta o projetista do dever de demonstrar a legitimidade das exigências em relação ao objeto do próprio certame, considerando as condições e as circunstâncias de uso, manutenção, depreciação, localização e expectativa de vida útil desse objeto.

Lembrando que a NLL prevê expressamente a possibilidade de exigir, como condição de aceitabilidade da proposta, **certificação de qualidade do produto** por instituição credenciada pelo Conselho Nacional de Metrologia, Normalização e Qualidade Industrial (Conmetro) (art. 42, §1º). É uma decisão, portanto, a ser tomada na elaboração do Projeto, conforme as necessidades e condições da solução pretendida e baseada em fundamentação adequada da seleção de requisitos.

A certificação é uma espécie de avaliação da conformidade. Esse mecanismo é utilizado para aferir se uma empresa cumpre os requisitos fixados pela entidade normalizadora. Trata-se de uma ferramenta atualmente bastante utilizada pelo mercado privado com o intuito de averiguar o cumprimento de certas normas pelas empresas. (OLIVEIRA, 2018).

Existem duas espécies de **certificação: voluntária e compulsória**.

A compulsória ocorre quando a legislação impõe o certificado como condição para a circulação do produto ou serviço, como, por exemplo, uma cadeira de alimentação para crianças.

A certificação voluntária é uma espécie de autorregulação do mercado, na medida em que os agentes econômicos se submetem ao processo de avaliação por interesse próprio para agregar valor à sua marca. (OLIVEIRA, 2018).

Um exemplo é o Selo Abic de café, emitido por uma associação e uma das formas de comprovar a qualidade do produto. Nesse caso, o edital não pode restringir a comprovação ao selo Abic, porque somente empresas associadas teriam condições de participar. Em alternativa, pode-se definir a comprovação das características mínimas de qualidade exigidas para o café por meio de laudo de análise emitido por laboratório acreditado (Acórdão TCU nº 1354/2010-1C).

É importante ainda deixar claro que a possibilidade prevista na NLL se refere exclusivamente à certificação emitida por instituição credenciada pelo Conmetro.

Um caso que pode servir de referência envolveu produto de certificação voluntária. Era um pregão para aquisição de telas interativas, que só aceitava certificação por entidade acreditada pelo Inmetro, na linha, em tese, do que a NLL prevê. O TCU, entretanto, entendeu que o requisito poderia ser atendido de outras maneiras, como certificação de entidade com a qual o Inmetro mantém acordo de reconhecimento mútuo (Acórdão nº 337/2021-P).

A decisão a respeito da exigência de certificações como condição de aceitação de propostas deve estar amparada na demonstração da essencialidade para se garantir a qualidade e o desempenho suficientes do objeto a ser contratado. É a posição do TCU no Acórdão nº 2129/2021-P, que serve de referência para a interpretação na aplicação da NLL.

Para o relator do caso no TCU, a certificação de acordo com as normas da ABNT não é a única maneira de o órgão contratante assegurar-se de que o produto licitado possui determinados requisitos de qualidade e de desempenho, havendo outros meios como: (i) pré-qualificação; (ii) amostras; (iii) indicação de uma cesta de marcas e modelos aceitáveis, admitindo-se similares ou de melhor qualidade. O catálogo eletrônico de padronização previsto no art. 19 da NLL também pode ser utilizado como forma de garantir a qualidade almejada (Acórdão TCU nº 2129/2021-P).

O relator do caso ponderou que certificações externas criam custos e entraves, devendo ser avaliado, em cada caso, se as exigências e condições são pertinentes. A diversidade de testes e ensaios, somada aos gastos incorridos com entidades certificadoras, além incrementar os preços dos produtos ofertados à administração, pode inviabilizar a participação de licitantes, notadamente os que não são fabricantes dos produtos (Acórdão TCU nº 2129/2021-P).

Em uma compra de computadores, foi exigida certificação mínima EPEAT Bronze, **sem previsão de meios alternativos** para comprovar requisitos ambientais pretendidos (Acórdão nº 4532/2020-P). Em julgados sobre o tema, o Tribunal de Contas da União explicou que a certificação EPEAT para computadores é justificável pela sustentabilidade ambiental. Entretanto, devem ser permitidos meios alternativos de comprovação (Acórdãos nº 2602/2020-P e 2798/2020-P).

CAPÍTULO 2 — TIPOLOGIA DE FRAUDES EM LICITAÇÃO

Sobre a seleção de requisitos de uma solução pretendida, vale citar a lúcida e didática lição do voto relator no Acórdão TCU nº 5058/2016-1C, no sentido de que **não se busca necessariamente a melhor qualidade disponível**, mas o objeto que atenda de forma satisfatória à demanda.

Em complemento a essa visão, o Acórdão TCU nº 2383/2014-P ensina que o planejamento deve buscar, antes de elaborar especificações e cotar preços, um **conjunto representativo dos modelos** que possam atender às necessidades, de modo a caracterizar ampla pesquisa de mercado e evitar direcionamento.

Em resumo, as especificações devem garantir o mínimo para o alcance do objetivo (Acórdão TCU nº 214/2020-P). Qualquer condição restringe os potenciais licitantes, sendo vedadas aquelas desnecessárias ao interesse público, limitando as opções ao que se revela realmente imprescindível (Acórdão TCU nº 2131/2020-P).

Um exemplo de **restrição com justificativa** foi tratado na Denúncia nº 932347-2C do Tribunal de Contas de Minas Gerais. Ali foi discutida **limitação geográfica** de proponentes para manutenção de veículos, exigindo oficina distante, no máximo, 100km da prefeitura contratante.

O relator concluiu que a restrição era razoável, uma vez que eventuais gastos no deslocamento dos veículos da Prefeitura para a execução de serviços mecânicos, especialmente os mais básicos e comuns, não raro urgentes, em cidades distantes, **comprometeriam a economicidade** dos contratos.

Ilustrando caso ao contrário, de **restrição geográfica injustificada**, encontramos condenação da Justiça de Santa Catarina a dois empresários do ramo de saúde. Eles foram condenados por improbidade e, para continuar atuando, convenceram "laranjas" a assumirem a empresa. O esquema rendeu condenação por fraude à licitação (Processo nº 5005829-49.2020.4.04.7202).

Além do uso de "laranjas", para a Justiça, ficou comprovado direcionamento pela exigência de coleta para exames laboratoriais por "laboratório", proibindo "posto de coleta". Somente um estabelecimento atendia aos requisitos, a empresa dos acusados.

Para a Juíza do caso, não precisava ser especialista no ramo para saber que a alegada urgência na coleta e realização dos exames não se aplicaria a todas as situações. Exames de rotina poderiam ser executados em prazos menos apertados. Havia outros laboratórios em municípios vizinhos que poderiam se interessar pela contratação, caso não houvesse a proibição injustificada no edital.

Havia provas de atrasos nos resultados dos exames contratados e de terceirização dos serviços, o que ajudou a convencer a Justiça de que as restrições impostas na contratação eram descabidas.

É interessante, nesse caso, a modalidade utilizada, o credenciamento, por inexigibilidade, no qual podem participar diversos fornecedores, sendo o prestador escolhido no momento da demanda de cada serviço, o que pode acontecer por seleção direta do usuário. Um número ilimitado de contratações pode ocorrer, pois a escolha de um prestador em uma demanda específica não elimina a possiblidade dos demais participarem em demandas futuras.

Entretanto, no caso julgado em Santa Catarina, houve frustração do caráter competitivo, porque não foi dada publicidade aos editais, nem oportunizada a participação de empresas de fora do município contratante, favorecendo injustamente os empresários proibidos, na visão da Justiça.

Mudando de objeto, na mesma temática, no Paraná, o TCE-PR avaliou pregão para recapagem de pneus, **exclusivo para micro e pequenas empresas da região**. Aquele Tribunal de Contas permite limitação geográfica alinhada aos objetivos da LC nº 123, entretanto, no caso concreto, a carência de justificativa levou à suspensão do certame, anulado pela prefeitura na sequência (Acórdão nº 752/2022).

Em outro caso, o TCE-PR suspendeu pregão de combustíveis exclusivo para fornecedores num raio de 2,5km da sede da prefeitura, por falta de motivação (Processo nº 140151/2023).

No Acórdão nº 305/2023, o TCE-PR suspendeu pregão de materiais de construção que proibia licitantes distantes mais de 25km da sede do município, por falta de almoxarifado para armazenar os produtos. Na visão do TCE-PR, faltava justificativa sólida para a limitação. Empresas mais distantes poderiam ter custos de logística superiores, mas poderiam compensar em outros fatores e oferecer preços competitivos. O preço final e as condições de entrega é que deveriam interessar para a prefeitura compradora.

Diversos outros exemplos de especificações excessivas, injustificadas, direcionadas, estão descritas nas edições anteriores deste livro. Procuramos enfatizar esse tipo de situação porque avaliamos que esse continuará sendo um risco de fraude dos mais relevantes no novo regime legal da NLL, pelo espaço discricionário para decisões sobre o que comprar.

E o **espaço decisório em compras é extremamente necessário** e cada vez mais importante, diante do que Santos e Pércio (2022) chamaram de Compras 4.0, que apresentam dilemas de crescente complexidade, exigindo do comprador a capacidade de equilibrar tensões recorrentes entre eficiência e controle; flexibilidade e *accountability*; fraude e custo de transação; isonomia e políticas de fomento; concorrência e transparência; legalidade e inovação.

Outros estudos apontam nesse mesmo caminho. Artigo de Eduardo Fiúza e colaboradores (2020) compilou literatura sobre experiências de compras públicas em várias partes do mundo e indicou que os estudos sugerem fortes diferenças entre países, conforme a capacidade de seus compradores. Para ambientes de pouca capacidade, a regulação das compras públicas pode ser benéfica, mas pode ser problemática em países com maior capacidade. Dentro de cada país, a capacidade técnica e a integridade também têm influência nos resultados.

A resposta para esses desafios, na visão de Santos e Pércio (2022) e de Fiuza e outros (2020), está na **profissionalização do setor**, garantindo compradores competentes, capazes de tomar decisões sólidas e racionais, a fim de evitar fraudes. Para melhorar as compras, é fundamental ter profissionais qualificados e autônomos, encarregados de estudar, pensar, avaliar, coordenar as atividades, com incentivos adequados e ferramentas necessárias para assegurar compras eficientes, transparentes, ágeis e íntegras, priorizando o resultado, desde que a *accountability* seja preservada ao longo do processo.

2.1.5 Indicação e proibição de marca

Sob a regência da legislação antiga, o TCU fixou entendimento de que a marca pode ser indicada, quando estritamente necessária e justificável para atender padronização (Súmula nº 270).

Consolidando e expandido essa visão, o art. 41 da NLL permite **indicar uma ou mais marcas**, em quatro situações: (1) padronização; (2) manutenção de compatibilidade; (3) atendimento às necessidades, desde que haja mais de um fornecedor; (4) referência, para melhorar a compreensão.

Possibilidades de usar marca

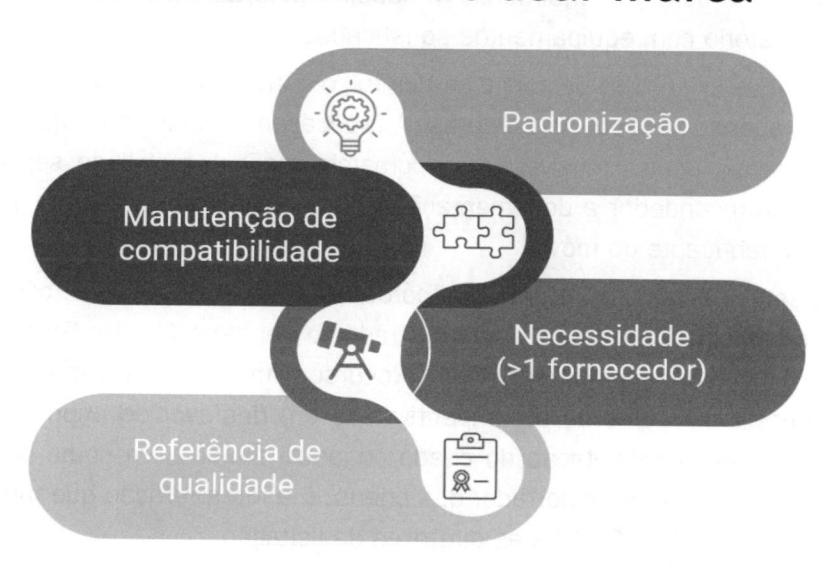

- Padronização
- Manutenção de compatibilidade
- Necessidade (>1 fornecedor)
- Referência de qualidade

É importante distinguir duas condições diferentes nesses quatro cenários. Nos três primeiros, existe a *indicação* propriamente dita da(s) marca(s), de forma que só pode(m) ser oferecida(s) aquela(s) marca(s) na licitação, sem possibilidade de oferta similar (vide Acórdão TCU nº 2.829/2015-P).

Na hipótese de uso da marca para *referência*, ela é sugestiva de qualidade do material pretendido e a descrição do item deve ser acrescida de expressões como "ou similar", "ou equivalente", "ou de melhor qualidade". A **prova de equivalência ou similaridade** é admitida pelos meios previstos no art. 42 da NLL: (I) conformidade com normas da ABNT; (II) declaração de entidade federativa equivalente ou superior; (III) atestado de instituição oficial competente ou entidade credenciada.

Porém, a pretexto de requisitos relevantes, o edital não deve descumprir outros princípios como legalidade, moralidade, igualdade, transparência, motivação, julgamento objetivo, razoabilidade e competitividade. Não é demais repisar que a motivação fundamentada é a regra básica nos autos do processo de planejamento da licitação.

Como referência de situação que merece adequada justificativa, o TCU avaliou fornecimento de mobiliário e decidiu que não se pode exigir do licitante documentos de terceiros que não serão parte da relação jurídica entre o órgão contratante e a futura contratada (Acórdão TCU nº 2129/2021-P).

O relator pontuou que seria muito difícil, talvez impossível, para o revendedor ou para a empresa varejista obter a documentação requerida, em especial o comprovante de que a pintura do móvel seria isenta de materiais pesados, apresentando declaração em papel timbrado do próprio fabricante da tinta. Na prática, o fornecedor do item teria que obter tal informação com o seu fabricante, que, por sua vez, teria que contactar o fabricante da tinta, talvez até empresa estrangeira, com vistas a obter a declaração solicitada. Esse fabricante da tinta poderia simplesmente se negar a fornecer tal documento ou direcioná-lo a apenas um grupo de licitantes, restringindo ilegalmente a ampla competição.

O relator enfatizou que a Administração não dispõe de meios para verificar se o conteúdo da referida declaração seria materialmente verdadeiro, pois tal checagem exigiria a realização de testes de laboratório com equipamentos sofisticados.

Quanto a outras exigências de cunho ambiental, o relator considerou que eram inaplicáveis a empresas que apenas vendem os produtos. A fabricação de móveis requer o licenciamento ambiental, mas isso não seria extensível à mera comercialização do mobiliário, sendo desarrazoado que se requeira do revendedor a documentação do licenciamento ambiental atinente à outra pessoa jurídica, o fabricante do móvel.

Em linha semelhante, encontramos o Acórdão TCU nº 2351/2022-P, com entendimento de que exigir produto cujo fabricante esteja registrado no Cadastro Técnico Federal de Atividades Potencialmente Poluidoras ou Utilizadoras de Recursos Ambientais do Ibama, para pneus e similares, restringe indevidamente a competitividade em desfavor de importadores, uma vez que a possibilidade de apresentação do citado cadastro emitido em nome do fabricante ou, alternativamente, em nome do importador dos pneus, é a interpretação que melhor se amolda à Resolução Conama nº 416/2009 e às diretrizes da licitação.

Acreditamos que essa questão ainda será amplamente discutida nos órgãos de controle, de modo a compatibilizar com as regras da NLL, que permite exigir **carta de solidariedade do fabricante**, que assegure a execução do contrato, no caso de licitante revendedor ou distribuidor (art. 41, IV). Um dos pontos mais relevantes do debate provavelmente será a adequada motivação e viabilidade dessa exigência.

Outra questão que oferece riscos é **proibir marcas na licitação**. A NLL inovou ao permitir, no fornecimento de bens, exclusão de marca ou produto, quando houver histórico de que não atendem à necessidade da unidade compradora (art. 41, III). Deve existir processo administrativo que comprove essa situação.

Vislumbramos risco de que esse dispositivo seja utilizado de modo indevido, para afastar concorrentes injustificadamente, merecendo, portanto, atenção específica. É razoável supor que a jurisprudência ainda se debruçará sobre o tema e, em edições futuras, este livro trará elementos mais detalhados sobre a questão.

Como se pode resumir até aqui, qualquer especificação que restrinja o universo de possíveis interessados deve ser justificada e tecnicamente fundamentada (Acórdão TCU nº 1.547/2008-P).

2.1.6 Vínculo entre projetista e licitante

No contexto do Projeto Mágico existe **a proibição de vínculo entre projetista e licitante**.

A NLL proíbe quem participa da elaboração do anteprojeto, do projeto básico ou do projeto executivo, pessoa física ou jurídica, de participar, direta ou indiretamente, da licitação ou da execução de contrato de obra, serviço ou fornecimento de bens a eles relacionados (art. 14).

Esse impedimento não se aplica quando a execução contratual inclui projetos básico e executivo, em contratações integradas, e projeto executivo, nos outros regimes de execução (§4º).

Defendemos que houve imprecisão terminológica da NLL por deixar de citar textualmente o ETP e o TR entre os documentos cuja elaboração proíbe a disputa do certame decorrente.

Isso porque a proibição de vínculo entre projetista e licitante se baseia na lógica de evitar influência ou conflito de interesses indevidos na fase preparatória, provocando **impedimento amplo e abrangente**, a fim de afastar do certame e da execução do contrato quem seja capaz de influenciar a licitação, preservando isonomia, competitividade, moralidade e impessoalidade (Acórdão TCU nº 2099/2022-P). É razoável, assim, analogia e interpretação extensiva, à luz do conjunto de princípios constitucionais que regem a administração pública.

Corroborando esse entendimento, vemos que a NLL menciona 'serviços e fornecimento de bens' decorrentes dos documentos cuja autoria proíbe participar da licitação, o que, por óbvio, alcança os Estudos Preliminares e o Termo de Referência de tais objetos.

Invocando raciocínio análogo, encontramos o Acórdão nº 4531/2020-P em que o TCU defendeu que o impedimento de autor de projeto se aplicava à aquisição de materiais, mesmo que isso não estivesse textualmente previsto na legislação antiga. No Acórdão nº 1333/2020-P pode-se ler a interpretação do TCU de que a proibição se aplica igualmente ao Projeto Básico e ao Termo de Referência, pela similaridade dos documentos.

Reforçando a visão ampla e abrangente, a NLL impede empresa, isolada ou em consórcio, responsável pelo projeto, assim como empresa da qual o projetista seja dirigente, gerente, controlador, acionista ou detentor de mais de 5% do capital com direito a voto, responsável técnico ou subcontratado (art. 14, II) e equipara ao projetista as empresas integrantes do mesmo grupo econômico (art. 14, §3º).

Embora a Nova Lei não descreva como interpretar o **impedimento indireto do projetista**, pode-se recorrer, por analogia, ao regramento relativo a dirigentes e responsáveis pela licitação (art. 14, IV), para os quais a proibição de disputar a licitação abrange quem mantenha vínculo de natureza técnica, comercial, econômica, financeira, trabalhista ou civil, ou que deles seja cônjuge, companheiro ou parente em linha reta, colateral ou por afinidade, até o terceiro grau, sem necessidade, portanto, de vínculo jurídico formal, mas, tão somente, relação de influência entre licitante e autor do projeto.

Esse contexto de impedimento indireto amplo já vinha sendo defendido pela jurisprudência, como é o caso do voto do Acórdão nº 1924/2013-P, em que o TCU considerou irregular a participação de empresa cujos sócios eram associados ao autor do projeto em duas outras empresas, revelando ligação comercial muito próxima, que poderia influenciar indevidamente o certame.

Em linha com esse cenário, Marçal Justen Filho (2014) ensina que a vedação de vínculo entre projetista e licitante tem interpretação ampla, alcançando, por exemplo, parente do autor do projeto ou qualquer outra situação em que haja possibilidade de influência, atraindo uma espécie de 'suspeição'.

A critério da Administração e exclusivamente a seu serviço, o projetista pode apoiar as atividades de planejamento, seleção do fornecedor ou gestão do contrato, sob supervisão exclusiva de agentes públicos do órgão ou entidade contratante (§2º do art. 14 da NLL). Ou seja, o projetista não pode executar o objeto, mas pode ajudar a unidade contratante no ciclo de vida da contratação.

A vinculação entre projetista e licitante é um fator frequente em fraudes licitatórias. O conhecimento privilegiado representa vantagem ilícita em relação aos demais interessados, ferindo a isonomia da licitação. A situação piora quando o projetista direciona o objeto para o fornecedor ao qual está vinculado.

Em função disso, **identificar a autoria do projeto é elemento imprescindível**. Sem essa identificação não é possível avaliar a potencial relação com licitantes, situação que pode ser verificada, inclusive, pelo cruzamento automatizado de dados e protocolos de inteligência artificial incorporados aos sistemas de processamento e divulgação de compras públicas, como o Portal Nacional.

Na contramão dessa premissa, não é raro encontrar licitações sem menção ao projetista, sujeitando o gestor que aprova o projeto a penalidades (Acórdão TCU nº 1387/2006-P). Também pode ser responsabilizado quem aceita projeto com defeitos graves, mesmo que seja elaborado por terceiro contratado para essa finalidade (Acórdão TCU 1067/2016-P).

No Acórdão nº 1333/2020-P, o TCU explicou que impedir projetista na licitação é importante para evitar duas situações indesejáveis: (1) vantagem indevida pelo conhecimento privilegiado; (2) conflitos de interesse, pois o projetista poderia definir melhores condições para si em vez de atender ao interesse público.

Exemplo de situação indesejada foi denunciada pelo Ministério Público Federal no Rio de Janeiro, apontando direcionamento de especificações de equipamentos hospitalares em uma unidade federal, que teriam sido definidas pelo "autor do projeto" para ajudar as empresas comparsas. A comparação com o modelo de equipamento previamente combinado no esquema aponta diversas coincidências suspeitas, com os parâmetros de resolução, iluminação, tipos de pinos de conexão, quantidade de periféricos, capacidade do zoom, tipos de endoscópios (Denúncia Operação Ressonância, 07.08.2018).

RESOLUÇÃO COM MAIS DE 550 LINHAS DE RESOLUÇÃO ILUMINAÇÃO DE 1.5 LUX SISTEMA DE AUTO SHUTTER ACOPLADOR DE 35MM., ESTERILIZAVEL EM AUTOCLAVE E ETO (OXIDO DE ETILENO), COM PINOS DE CONEXÃO ANTI-CORROSIVOS E COM BOTÃO NO CABEÇOTE DA CÂMERA PARA ACIONAR, NO MÍNIMO, DOIS PERIFÉRICOS 1.5X ZOOM COMPATÍVEL COM ENDOSCÓPIOS RÍGIDOS E FLEXÍVEIS.

A câmera de vídeo para cirurgia xxxxxxxxxxxxxxxxxxxxxxxx é designada para todos os tipos de aplicações de vídeo endoscopia. A xxxxxxx, com acoplador apropriado, pode ser utilizada com a maioria dos endoscópios ou artroscópios. A linha de acopladores de câmera de focagem dat xxxxxxx maximixa a área de visão da tela do cirurgião para diversos tamanhos de endoscópio e aplicações. A sensibilidade à luz e reprodução de cor do sistema XXXXEndoscopy produzem uma excelente qualidade de imagem.

Especificações técnicas	
Sistema de Imagem Digital	1/3" Hyper ... CCD de alta resolução
Resolução	Mais de 550 linhas
Iluminação Mínima	1,5 Lux
Shutter Automático	1/60 – 1/10000
Controle de Ganho	4 níveis (Desligado/Baixo/Médio/Alto)
Zoom	Digital de 1,5x
Compatibilidade	Com endoscópios rígidos e flexíveis
Cabos de conexão	Anti-Corrosivos
Cabeça da Câmera	Dois botões – controle de 4 funções (2 periféricos)

Fonte: Adaptado de www.mpf.mp.br/rj/sala-de-imprensa/docs/pr-rj

CAPÍTULO 2 — TIPOLOGIA DE FRAUDES EM LICITAÇÃO

Um caso emblemático de fraude em projeto foi noticiado em Brasília. A licitação para as linhas de ônibus foi modelada com ajuda de consultoria especializada, que também defendia os grupos de transporte interessados na disputa. Houve denúncias, uma CPI e ações para anular os resultados.

Mais tarde, na Operação Riquixá, esquema similar foi denunciado, com os mesmos "consultores". Segundo as apurações, havia um 'pacote-fraude' nas licitações de ônibus em prefeituras do Paraná, para direcionar contratos a grupos empresariais que aderiam ao esquema.

Decorrente da mesma investigação, a Justiça do Distrito Federal condenou um agente público e seu advogado por improbidade. O advogado atuou, nas palavras do juiz, de maneira multiforme e com poderes durante todo o processo licitatório. Primeiro, na fase interna, nos estudos técnicos, projeto e edital, com informações privilegiadas quanto à tecnologia a ser empregada, à política tarifária, ao gerenciamento e à futura gestão do contrato. Depois, na fase externa, nos pedidos de esclarecimentos, impugnações e recursos administrativos. Tudo isso enquanto, ao mesmo tempo, patrocinava causas de empresas que se tornaram licitantes e, ao final, venceram itens do certame (Processo nº 0011774-79.2015.8.07.0018).

Em caso parecido, a denúncia do MPF na Operação Ressonância descreveu relato de funcionário da empresa que assinou acordo de leniência, apontando um processo que poderíamos chamar de 'teleguiado', começando com descritivos técnicos direcionados, depois a interferência na análise de propostas e documentos de concorrentes, ajudando o pregoeiro a afastar a competição e garantir a vitória da empresa 'parceira'.

Processo teleguiado

Denúncia do MPF. Relato de funcionário da empresa que fez acordo de leniência, explicando como atuava em todas as fases para direcionar os pregões (Operação Ressonância, 07/08/2018)

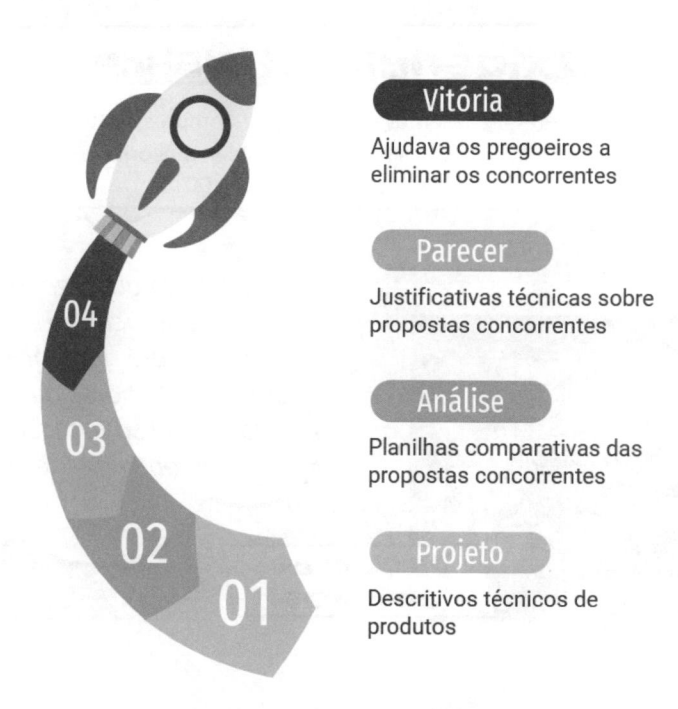

Vitória
Ajudava os pregoeiros a eliminar os concorrentes

Parecer
Justificativas técnicas sobre propostas concorrentes

Análise
Planilhas comparativas das propostas concorrentes

Projeto
Descritivos técnicos de produtos

No Amazonas, a Justiça Federal condenou Fulano por fraudar licitação de obras do Ministério Público. Ele representou a empresa X e também entregou documentos da concorrente Y. Além disso, representou, antes, a empresa Z, que elaborou o projeto das obras. Assim, Fulano era vinculado ao projetista e, para a Justiça, frustrou a competição (JFAM, Processo nº 0004381-59.2018.4.01.3200).

No Rio Grande do Sul, duas pessoas foram condenadas por fraudes em compras de uma Fundação de Apoio da Universidade Federal. Fulana abriu a empresa X em nome do cônjuge, para concorrer em licitações que ela mesma conduzia. Fulana e outro funcionário planejavam o certame e, depois, fraudavam a contratação, pegando orçamentos de outras empresas e submetendo proposta inferior da empresa X ou beneficiando essa firma com informações privilegiadas. O único cliente da empresa X era a Fundação de Apoio, ou seja, foi constituída e se manteve com o exclusivo objetivo de vencer certames da entidade (www2.jfrs.jus.br, notícia de 09.06.2022).

Em Santa Catarina, a Operação Et Pater Filium envolveu Prefeito e seu filho em fraudes. A Justiça estadual condenou ambos, além de dois empresários. O projetista, filho do Prefeito, trabalhava para a empresa vencedora do certame, que já vinha combinando a participação antes de existir processo licitatório. Interceptações de mensagens apontaram que numa aquisição de lixeiras, o filho do Prefeito orientava o diretor de compras, mandando incluir exigência abusiva para desestimular concorrentes (Processo nº 5000066-69.2021.8.24.0015).

A exigência era para entregar as lixeiras em 24 horas após o pedido, conforme a conveniência da Prefeitura, o que exigiria que o contratado produzisse as lixeiras em apenas 24 horas ou mantivesse em estoque um quantitativo indefinido, sob a mera expectativa de aquisição pela Administração. Nesse exemplo, o autor do projeto – filho do Prefeito – só queria afastar concorrentes, sabendo que o prazo na execução não seria efetivamente fiscalizado.

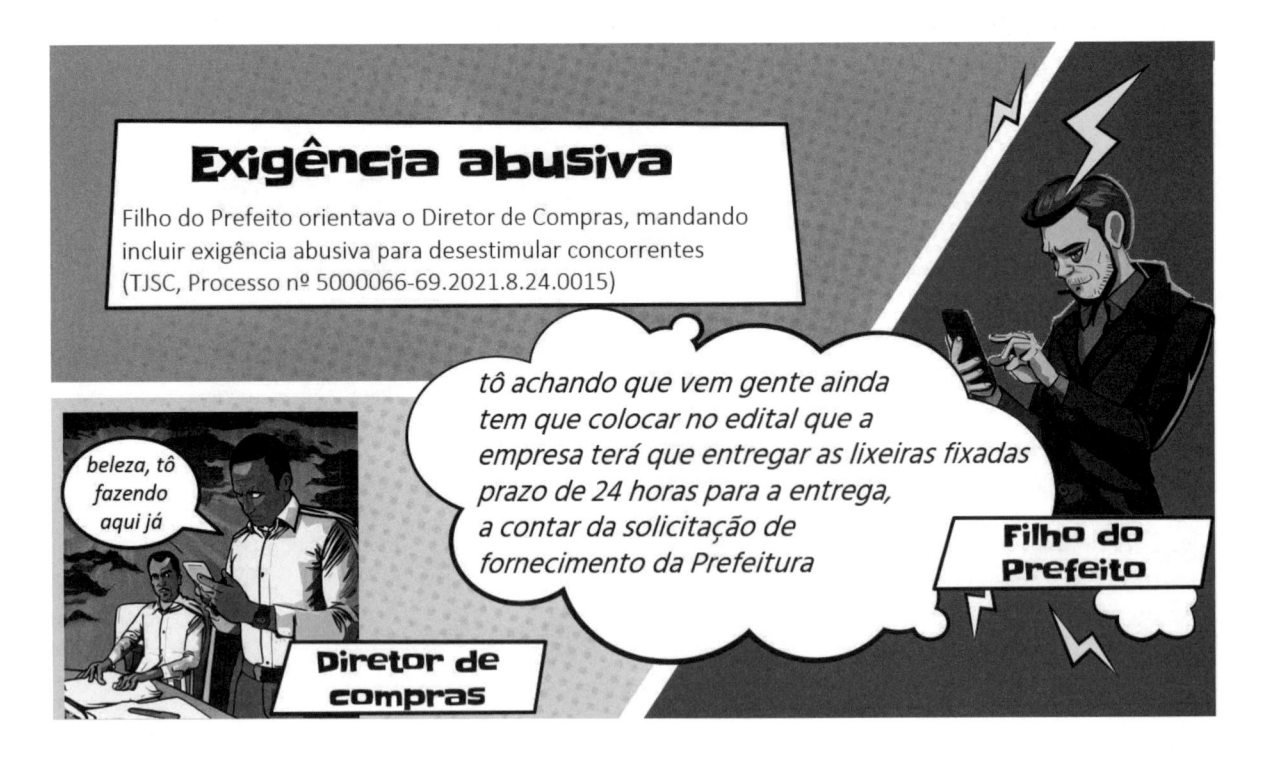

Exigência abusiva

Filho do Prefeito orientava o Diretor de Compras, mandando incluir exigência abusiva para desestimular concorrentes (TJSC, Processo nº 5000066-69.2021.8.24.0015)

Filho do Prefeito: tô achando que vem gente ainda tem que colocar no edital que a empresa terá que entregar as lixeiras fixadas prazo de 24 horas para a entrega, a contar da solicitação de fornecimento da Prefeitura

Diretor de compras: beleza, tô fazendo aqui já

Em outro caso, investigado na Operação Gaveteiro, ficou evidenciado um conjunto de falhas graves no planejamento de um pregão para contratar software que, ironicamente, ajudaria a combater fraudes. Segundo apuração da CGU, Fulano assessorava a unidade contratante e mantinha relacionamento estreito com os sócios da empresa X, atuando direta e decisivamente nos bastidores do pregão para seu desfecho, com o direcionamento para X. Fulano utilizava sua esposa como "laranja" para receber valores da X, em função desse favorecimento. Foram encontradas mensagens trocadas entre Fulano e o sócio da X, demonstrando o propósito de se aproximar diretamente de gestores públicos – incluindo gestores do então contratante – para oferecer os serviços da X. Além disso, o então Coordenador de TI da unidade contratante, juntamente com outros agentes públicos, teria participado ativamente do direcionamento do certame (Processo CGU nº 46012.000645/2017-61).

No Mato Grosso, uma prefeitura contratou uma organização não governamental para elaborar Plano Estratégico de Turismo, numa licitação em que somente essa entidade participou. Só que a mesma entidade tinha elaborado o projeto dessa contratação. Entre outras irregularidades, constaram exigências de qualificação técnica exageradas e desarrazoadas, como a apresentação de currículo de cada profissional da equipe técnica da licitante, com experiência mínima comprovada de três anos, impedimento de substituição da equipe técnica, dentre outros. A entidade licitante apresentou ainda um atestado de capacidade técnica falso. Ela foi declarada inidônea pelo TCU (Acórdão nº 1788/2019-P).

Em Goiás, uma prefeitura contratou empresa que até dois dias antes do aviso da licitação tinha em seu quadro societário o autor dos projetos básicos (Acórdão TCU nº 9917/2016-2C).

Na Paraíba, para construção de açudes, foi contratada empresa do filho do autor do projeto, caracterizando participação indireta, reforçada pela exclusão do pai do quadro social da construtora pouco antes da abertura do certame, um movimento entendido como intencional para escapar à vedação legal e atribuir contornos de regularidade à contratação (Acórdão TCU nº 2079/2013-P).

Um aspecto de autoria de projeto que merece destaque é o **Procedimento de Manifestação de Interesse (PMI)**, um procedimento auxiliar às licitações, para que a iniciativa privada apresente "estudos, investigações, levantamentos e projetos de soluções inovadoras que contribuam com questões de relevância pública" (art. 81 da NLL).

No PMI, diferentemente da regra geral, **quem elabora a ideia pode participar** da licitação para executá-la. É o que se infere do §2º do art. 81, que afasta direito de preferência no processo licitatório a quem realiza estudos e projetos em decorrência da manifestação de interesse. Ora, se não há preferência, então parece não haver proibição, exceto se o PMI definir de modo diverso.

É o que defende Rafael Garofano (2023), com quem concordamos, no sentido de que a palavra 'projeto' usada no §2º do art. 81 não é a mesma coisa que os termos técnicos especificamente conceituados na NLL como Anteprojeto, Projeto Básico e Termo de Referência. Justamente porque é permitido participar da licitação para executar, a Nova Lei só pode estar se referindo genericamente a uma ideia inovadora sem o grau de detalhamento requerido nos outros documentos de planejamento da contratação, nos quais é proibido atuar na execução.

Não obstante, a NLL tipificou crime específico relacionado com a fraude em PMI (art. 337-O do Código Penal) de forma distinta das tipificações de fraude à licitação.

Relacionado a essa temática, encontramos o Acórdão nº 2613/2022-P, no qual o TCU avaliou indícios de fraude em estudos de um PMI que subsidiou a concessão de rodovias federais. A empresa que elaborou os estudos teria manipulado parâmetros para aumentar artificialmente os custos e investimentos estimados, na expectativa de se beneficiar na futura licitação do segmento rodoviário. Elementos probatórios foram obtidos por meio da Operação "Cancela Livre", indicando adulteração de condições de pavimento e volume do tráfego, além de serviços orçados em duplicidade.

Manipulando os estudos, a empresa poderia, na execução do contrato, efetuar intervenções menos robustas ou apresentar proposta mais realista. A intenção de fraudar foi evidenciada por correspondências eletrônicas dos funcionários da empresa, tratando, por exemplo, de piorar artificialmente as condições, o que levaria os concorrentes a superestimarem os gastos e ofertarem lances maiores na licitação, fazendo com que a autora do PMI se beneficiasse por informações que ela mesma havia propositalmente alterado.

Apesar de reconhecer a fraude, o TCU não aplicou penalidade, porque entendeu que o PMI não é procedimento licitatório e não pode ser objeto de declaração de inidoneidade "por analogia".

A questão parece aberta a futura discussão jurisprudencial, considerando o cenário da NLL, não apenas em relação ao PMI, mas também ao Diálogo Competitivo, que também prevê potencial envolvimento do autor da solução na execução do objeto.

2.1.7 Modelagem de agrupamento

A modelagem de agrupamento envolve **parcelamento e agrupamento do objeto**.

Parcelamento é a divisão do objeto em partes menores e independentes. Gêneros alimentícios, por exemplo, divididos em componentes autônomos, tratados como itens, como arroz, feijão, óleo, trigo ou em grupos de itens por afinidade e/ou quantidade, desde que não haja prejuízo para o conjunto a ser licitado. Cada parte, item, etapa ou parcela representa uma disputa isolada ou em separado.

O **parcelamento**, de acordo com a NLL, leva em conta as condições de atendimento às necessidades, expectativa de consumo e premissas de **viabilidade técnica e vantagem econômica** (art. 40, V, b; art. 47, II). Desde o ETP exige-se decisão e justificativa sobre o parcelamento (art. 18, §1º, VIII).

A divisão em parcelas pode ampliar a participação de licitantes com capacidade limitada de atender ao objeto pretendido, aumentando, portanto, em tese, o potencial de competição. Por isso, deixar de parcelar, quando aplicável, sem justificativa, pode ser um mecanismo de direcionamento. Por outro lado, há risco de o parcelamento servir como facilitador de cartel, pela possibilidade de divisão prévia entre os licitantes, especialmente quando o mercado é oligopolizado, ou seja, tem poucas empresas dominantes.

Considerando esse e outros fatores, a decisão de parcelar exige a **ponderação de diversos princípios**, em especial eficiência, eficácia, economicidade, primazia do interesse público, proporcionalidade e razoabilidade – todos positivados no artigo 5º da NLL (Acórdão TCU nº 4506/2022-1C).

Nessa lógica, a NLL afasta expressamente o parcelamento de bens quando a economia de escala, a redução de **custos de gestão de contratos** ou a maior vantagem na contratação recomendar a compra do item do mesmo fornecedor (artigo 40, §3º). Em serviços, deve ser considerado o custo de gerir vários contratos frente à possível economia decorrente da divisão do objeto em itens (art. 47, §1º, II).

Relacionado com esse tema encontramos o Acórdão TCU nº 929/2017-P, que tratou da modelagem de serviços de Facilities, que agregam diversas demandas de operação, manutenção e conservação predial num único contrato.

A propósito, vale mencionar a permissão explícita do art. 7º da Lei nº 14.011/2020, para contratar o serviço de **Gestão da Ocupação**, que corresponde, de modo geral, ao *Facilities Management*, integrando, num mesmo contrato, serviços de suporte como limpeza, segurança, manutenção e outros relacionados com a ocupação predial. Pode-se considerar como um caso especial de agrupamento de objetos, permitindo envolver, na contratação, a elaboração de projetos, execução de obras e fornecimento de equipamentos, em contratos que podem durar até 20 anos. É uma inovação radical na forma como se contratam serviços na Administração Pública brasileira. (SANTOS, 2022).

Nesse contexto, a mera viabilidade técnica de individualizar parcela do objeto não obriga ao parcelamento. É o caso, por exemplo, de elementos de um serviço que podem ser subcontratados, ou serviços com fornecimento de materiais e vice-versa. Há hipóteses em que um único contrato é mais adequado para o interesse público e necessidades da Administração. A decisão, naturalmente, deve ser justificada, seja por agrupar ou dividir o objeto.

Podemos concluir que **parcelar o objeto depende de duas condições**: (1) que não haja prejuízo técnico à separação de elementos e (2) que exista vantagem econômica para a Administração. É muito importante atentar para esse aspecto: é a vertente econômica que condiciona a obrigação de parcelar. Se a divisão de parcelas não promover expectativa de ganho econômico para a unidade compradora, o parcelamento não é imperativo. Pode ser que existam outros fatores a indicar a vantagem de parcelar, requerendo demonstração e fundamento como parte da modelagem da contratação.

Em síntese, o parcelamento do objeto, embora deva ser encarado como diretriz na busca da proposta mais vantajosa para a Administração, deve ser modulado pelo vetor econômico, a partir do exame das peculiaridades do objeto pretendido e do mercado fornecedor (Acórdão TCU nº 4506/2022-1C).

Um caso em que foi questionada a **falta de parcelamento** envolveu vigilância em instalações em dois estados do Nordeste, julgada pelo preço global, em vez de dividir, por exemplo, por unidade da Federação. No Acórdão TCU nº 2529/2021-P, o relator registrou que não há obrigatoriedade de promover disputas distintas, em função do local em que se dará a prestação do serviço. A competitividade do certame não é um fim em si mesmo, devendo ser observado igualmente o princípio constitucional da eficiência administrativa, bem como o ganho de escala nas contratações consolidadas. O que **cabe ao gestor é demonstrar que a modelagem adotada não limita indevidamente a competitividade do certame, bem como promove ganhos para a Administração Pública**.

Esse caso envolvia um único setor de mercado, a vigilância privada.

É muito diferente de **agrupar elementos de ramos comerciais distintos**, como, por exemplo, juntar o fornecimento de gêneros alimentícios com medicamentos. De modo geral, esses produtos não atraem os mesmos fornecedores e seu agrupamento exige fundamentos robustos. O risco de restringir indevidamente a competição, nesse caso, seria potencialmente alto.

Um caso de **agrupamento injustificado** resultou em improbidade. Num pregão para shows artísticos, o edital exigiu carta de exclusividade com as bandas pretendidas, mas envolvia, além do agenciamento dos músicos, os serviços acessórios de sonorização, iluminação, montagem de palco, segurança. Agrupado o objeto, com a carta de exclusividade, o licitante ganharia automaticamente os serviços acessórios, inviabilizando a concorrência. Juntou-se o que seria contratado por inexigibilidade (bandas) com serviços comuns, tudo num pregão (TJRJ. Processo nº 0000472-662.2014.8.19.0080).

Em outro caso envolvendo ramos de negócio distintos, o TCU considerou irregular o agrupamento de material escolar (caderno, lápis) com serviços de impressão digital (apostilas). Para o Tribunal, devia ter parcelado em dois grupos: um para o ramo de material escolar e outro para a indústria gráfica (Acórdão TCU nº 343/2014-P). É claro que, sob o regime da NLL, a decisão de separar ou não teria que considerar aspectos técnicos e econômicos e se basear em justificativas sólidas, tomando por bússola as necessidades específicas da unidade compradora.

No Paraná, um pregão para kits escolares foi disputado em 3 (três) grupos, segundo a lógica da futura utilização, de acordo com a fase do ensino em que os kits seriam utilizados, agrupando estojos e mochilas com outros produtos de papelaria. O TCE-PR suspendeu o certame, porque não estava claro que agrupar era a melhor opção. O órgão de controle ponderou que material de papelaria, vestuário e calçados não deveriam, em regra, compor o mesmo grupo, pois o mercado possui fornecedores diversos para esses itens, sendo necessária a ponderação entre a economicidade da contratação com ampla competitividade e a boa gestão contratual (Acórdão nº 2790/2022-P).

No Acórdão nº 2599/2021-P, o TCU tratou de compra conjunta de mobiliário por vários órgãos e avaliou o agrupamento de itens, um para cada órgão participante. Isso gerou **grupos heterogêneos**, que deveriam ter sido licitados separadamente, por itens, o que permitiu, ainda, a adjudicação de produtos iguais a empresas distintas, com disparidade nos preços unitários, conforme mostra a tabela a seguir:

Produto	Grupo 8 – Forn. X		Grupo 1 – Forn. Y		Diferença
	Item	Valor (X)	Item	Valor (Y)	%
Armário super alto 2 portas	676	950,00	51	2.387,00	151%
Armário alto com 2 portas	675	855,00	50	1.887,00	121%
Mesa de trabalho em L	673	760,00	41	1.638,00	116%
Suporte para colocação de pasta suspensa	680	120,00	84	238,00	98%
Gaveteiro volante 3 gavetas iguais	678	420,00	64	818,00	95%

Fonte: Acórdão TCU nº 2599/2021-P

A situação foi agravada porque havia parecer jurídico alertando para a necessidade de a contratação, naquele formato, estar fundamentada por inviabilidade técnica ou econômica de parcelamento.

O mais esquisito é que o ETP previa agrupar pela similaridade dos produtos, como Grupo 1: longarinas, cadeiras, poltronas e sofás; Grupo 2: mesas, armários, estantes, gaveteiros.

A unidade gerenciadora da compra alegou que os grupos, formados pelo conjunto de móveis para um mesmo demandante, seriam homogêneos, porque comporiam um mesmo ambiente físico. Para o TCU, isso não fazia sentido. Por esse critério, qualquer coisa colocada no mesmo ambiente passaria a ser item homogêneo com os demais naquele ambiente. Uma geladeira na mesma sala que uma cadeira de dentista, por exemplo. Convenhamos, extrapola o bom senso e ignora a natureza e as características, assim como os objetivos das coisas.

Alegou-se também que o parcelamento traria altos custos administrativos, mas o TCU entendeu que, embora pudesse representar mais contratos, com diferentes fornecedores, a quantidade de produtos a serem recebidos seria a mesma. E a modelagem poderia agrupar vários produtos semelhantes, cuja fabricação fosse realizada, normalmente, por um determinado nicho do mercado mobiliário.

No Acórdão nº 214/2023-P, o TCU apontou **parcelamento excessivo**, com perda de economia de escala. Cinco impressoras e cinco máquinas de escrever em braile foram separadas em dez itens, contendo um único equipamento por item. Para o TCU, fazia mais sentido ter só 2 (dois) grupos, um com as impressoras e outro com as máquinas de escrever, de forma a estimular a oferta de melhores preços por parte das licitantes. É um exemplo do tipo de ponderação que deve pautar as decisões.

Como se vê, o planejamento das contratações e a definição de seu projeto exigem dos agentes públicos envolvidos um conjunto expressivo de conhecimentos, habilidades e atitudes, de modo a justificar e a fundamentar, com evidências, as opções adotadas. Não basta criar argumentos genéricos.

A respeito, vale mencionar o Acórdão nº 1.732/2009-P, no qual o TCU deixou claro que cabe trazer aos autos da licitação o conjunto probatório que suporta a decisão. No caso, tratava-se de avaliar qual opção seria mais vantajosa em termos econômicos: a economia de escala pelo agrupamento de itens ou os ganhos decorrentes da ampliação da concorrência, em caso de parcelamento.

Em outro exemplo, o TCU avaliou a aquisição de condicionadores de ar, junto com a instalação dos equipamentos. Para o Tribunal, faltaram estudos que demonstrassem a vantajosidade dessa opção e considerassem o impacto do parcelamento entre a compra e o serviço de instalação (Acórdão TCU nº 1.134/2017-2C).

Considerar o impacto de diferentes opções também é importante em serviços com fornecimento de material. Exemplos clássicos são a limpeza predial e a copeiragem, que podem ser modelados para contratação com ou sem insumos. Na limpeza, por exemplo, além de materiais óbvios para a execução das tarefas, como sabão e detergente, pode-se incluir produtos de higiene pessoal, como papel higiênico e papel toalha. Na copeiragem, o café e o açúcar podem ser incorporados ao serviço, assim como há contratos prevendo fornecimento de copos, utensílios e até equipamentos como fogão e geladeira.

No planejamento desse tipo de serviço, espera-se que sejam levados em conta diversos aspectos, em especial as necessidades conforme os locais a serem atendidos e suas condições de uso. Para decidir entre agrupar ou separar o material, elementos relevantes podem e devem ser ponderados, como os custos administrativos de cada contratação e seus desdobramentos no gerenciamento contratual e também custos logísticos, se a opção for pela aquisição do material em separado, afinal, será necessário alocar recursos na atividade de gestão de material de consumo, em especial na função de almoxarifado, para recebimento, triagem, armazenamento, separação e distribuição. Há, ainda, custos com a área utilizada para armazenamento, o que envolve despesas com a estrutura física do almoxarifado e do estoque, como energia, segurança, seguros e manutenção.

Já os custos associados à gestão do contrato envolvem diversas atividades: contato com fornecedor, assinatura, publicação, designação de responsáveis, controle de garantias, lançamentos em sistemas, empenho, fiscalização, liquidação, pagamento, alterações, reajustes, prorrogações e sanções.

Outro aspecto relevante a considerar são os **riscos de cada opção de modelagem**. O gerenciamento de riscos é processo obrigatório nas contratações públicas, pela exigência explicita do Parágrafo Único do artigo 11 da NLL. Não é demais reforçar que a Nova Lei ainda deixou claro que as decisões devem promover eficiência, efetividade e eficácia nas contratações, levando em conta o ciclo de vida do objeto.

A avaliação e decisão de modelagem deverá considerar, portanto, o **ciclo de vida de cada opção** disponível, incluindo aspectos de obtenção, recebimento, estoque, armazenamento, distribuição, descarte. É para isso que existe o Estudo Técnico Preliminar.

Em termos de gestão de riscos, material separado do serviço pode promover problemas relacionados, por exemplo, com: desabastecimento, estocagem, perdas por roubo, desvio ou dano ao estoque e desvios de consumo.

Se uma licitação para compra do material atrasar, por motivos que incluem: dificuldades de planejamento, impugnações, julgamentos, recursos, pode faltar material. Se a empresa contratada deixar de entregar o material, pode haver desabastecimento. Se o controle de estoque não for adequado e seguro o suficiente, pode haver desvio ou roubo. Se o material armazenado sofrer avarias, pode haver perdas. Se o controle de distribuição não for adequado, pode haver controvérsias e disputas com a prestadora do respectivo serviço. Se o material distribuído não for controlado, empregados da empresa prestadora de serviço podem desviá-lo. Se houver desvio do material por usuários do serviço, o risco será da contratante, que é a responsável por prover o material em separado.

Vale ressaltar que, não sendo responsável por fornecer o material, a prestadora de serviço não tem estímulo para racionalizar o consumo. Pode até se apropriar do material adquirido pelo contratante. Esse modelo de compra separada de materiais exige, portanto, grande esforço de fiscalização e custos com o processo de licitação, contratação, armazenamento, controle e pagamento dos produtos.

Por outro lado, um contrato de serviço COM fornecimento de materiais, também tem riscos, geralmente relacionados à precificação e falhas na execução, como qualidade ou quantidade insuficiente.

Sintetizando, esse conjunto de análises compõe o cenário de estudos preliminares da fase de planejamento da contratação, indo muito além da mera especificação de um objeto pretendido e da estimativa do seu preço.

A Nova Lei de Licitações exige uma **postura extremamente estratégica** de seus operadores. Não estamos mais naquele ultrapassado estereótipo das compras como uma área reativa, cumpridora de procedimentos mecânicos. Estamos na era das compras dinâmicas, flexíveis, que atuam sobre necessidades complexas de forma criativa e inteligente, trafegando com segurança por diferentes áreas do conhecimento, identificando os melhores caminhos. Isso exige profissionais de compras altamente capacitados, com perfil que Santos e Pércio (2022) chamaram de **"compradorioso"**: curioso, zeloso, meticuloso, caprichoso, escrupuloso, rigoroso, estudioso, virtuoso, amistoso, industrioso, engenhoso, valioso.

Esse profissional "compradorioso" estará às voltas com estudos de custos administrativos de licitar e gerenciar diferentes possibilidades de solução, o que inclui o parcelamento do objeto, em seus diferentes arranjos potenciais, levando em consideração riscos e modelos de referência, a preocupação com uma solução mais vantajosa para a Administração Pública, tendo em conta, inclusive, a teoria estratégica de suprimento da Matriz de Kraljic (PAIM TERRA, 2018), o ciclo de vida do objeto, em homenagem e, sobretudo, cumprimento ao comando da racionalidade administrativa emanado do art. 14 do Decreto-Lei nº 200/67 e mirando o princípio constitucional da eficiência.

Tudo isso faz parte da **modelagem da contratação**.

É importante destacar que a modelagem, com decisões sobre parcelamento, agrupamento, subcontratação, passa, primeiro, pela **estratégia de compra**, especialmente a lógica da **centralização**, incentivada pela NLL (art. 19, I), reforçada no âmbito federal pelo Acórdão TCU nº 2831/2021-P, que recomendou o levantamento dos materiais similares – assim entendidos aqueles que se agrupam sob um mesmo Padrão Descritivo de Materiais (PDM) do Catálogo de Materiais (CatMat) – mais comumente adquiridos, com vistas à realização de compras centralizadas.

Aproveitando essa temática, podemos destacar um caso emblemático julgado pelo TCU no Acórdão nº 558/2021-P, que tratou de pregão da Central de Compras Federal, para contratar piloto de centralização do serviço de Apoio Administrativo, semente de inovação em serviços terceirizados.

A modelagem ali buscou padronizar diversos tipos de funções, atribuições, remuneração e introduzir a gestão contratual por meio de solução tecnológica. Um piloto em Brasília, para uma futura expansão, como aconteceu com o TaxiGov e o Almoxarifado Virtual.

O ETP da contratação analisou 127 contratos vigentes e revelou sérias disfunções no mundo do Apoio Administrativo dos órgãos federais. A começar pelos altos custos processuais de realizar as respectivas licitações e gerenciar os contratos, de modo individualizado. Licitar e gerenciar contratos são atividades caras, que exigem muito esforço.

Foram identificados 36 cargos diferentes para funções semelhantes na área de apoio, recepção e secretariado, com divergências expressivas quanto a jornadas, salários e benefícios.

A Central de Compras padronizou 7 (sete) cargos e desenhou 24 grupos para disputa, de modo que cada um fosse formado por grandes e pequenas demandas combinadas, de maneira a equilibrar a atratividade dos grupos.

Houve reclamação no TCU, alegando, grosso modo, restrição à competição. Esse é um ponto recorrente em licitações centralizadas, levando ao inevitável enfrentamento de um debate racional e fundamentado sobre opções de modelagem em contratações de grande vulto como essa.

E com a diretriz de centralização da Nova Lei de Licitações, a tendência é aumentar a intensidade e a frequência dos debates sobre o tema.

Voltando ao pregão centralizado de Apoio Administrativo, o TCU adotou análise lúcida e coerente, considerando válidos e suficientes os argumentos da Central de Compras. O principal fundamento da aglutinação dos contratos em grupos foi a redução dos enormes custos administrativos de licitar, fiscalizar e gerenciar os contratos. Além disso, em termos financeiros, a vantagem da centralização ficou evidente pela redução de 24% nas propostas em relação aos valores anteriormente contratados.

O Relator do caso reconheceu o elevado grau de complexidade numa licitação desse porte, destinada a atender diversos órgãos, com expressivo montante econômico envolvido e a introdução de solução tecnológica para apoiar a gestão e a fiscalização contratual.

Ficaram demonstrados aspectos relevantes de fundamentação: (a) motivação técnica e financeira para a modelagem; (b) suporte à escolha, considerando resultados pretendidos e o mercado fornecedor; (c) benefício para a Administração do prazo contratual superior a doze meses.

O TCU entendeu que o projeto contemplava inovações importantes, o que, naturalmente, atrai riscos.

Esse é um ponto chave. Riscos são inerentes às decisões e merecem ser considerados no processo decisório. Não é o caso de fugir deles, mas de gerenciá-los, fundamentar a decisão, justificar as escolhas. Especialmente em ambientes de inovação e busca de soluções diferentes do padrão já conhecido.

As compras públicas exigem, cada vez mais, decisões inovadoras, ousadas, estratégicas, diferentes do passado, incorporando tecnologias novas, recentes, ainda nem inventadas, métodos, técnicas, modelos que ainda não conhecemos ou dos quais sabemos pouco, mas que serão imprescindíveis para entregar valor para a sociedade.

E para que isso ocorra, é necessário, como esse exemplo ilustra, compradores profissionais, preparados, experimentados, ousados, capazes de estudar o problema, avaliar soluções, defender escolhas. É disso que trata a diretriz de profissionalização da NLL e que os autores deste livro não cansam de defender.

E também precisamos de profissionais de supervisão e controle, na segunda e terceira linhas de defesa, igualmente bem-preparados, capazes de avaliar com clareza os diversos e – em boa parte dos casos – divergentes pontos de vista, para ajudar a gestão a tomar as melhores e mais bem fundamentadas decisões em logística.

Comprar bem está se tornando, se consolidando e exigindo, em velocidade impressionante, mais um processo estratégico do que burocrático. É muito mais do que normas e regulamentos.

Continuando nossa jornada pelas fraudes, temos o **agrupamento de objetos**, como outro mecanismo de potencial direcionamento de uma licitação.

Como exemplo, podemos citar a Operação Riquixá no Paraná, sobre linhas urbanas de ônibus. Na denúncia foi identificado e-mail trocado entre os acusados, tratando da **divisão do objeto e direcionamento** por meio do prazo para início da operação, de 90 dias, que afastaria quem não tivesse os ônibus, especialmente os biarticulados, beneficiando quem já estava operando o sistema, afinal, empresas de fora do esquema não teriam tempo suficiente para adquirir os veículos (Notícia de Fato nº 0059.18.001591-5).

| CAPÍTULO 2 | TIPOLOGIA DE FRAUDES EM LICITAÇÃO |

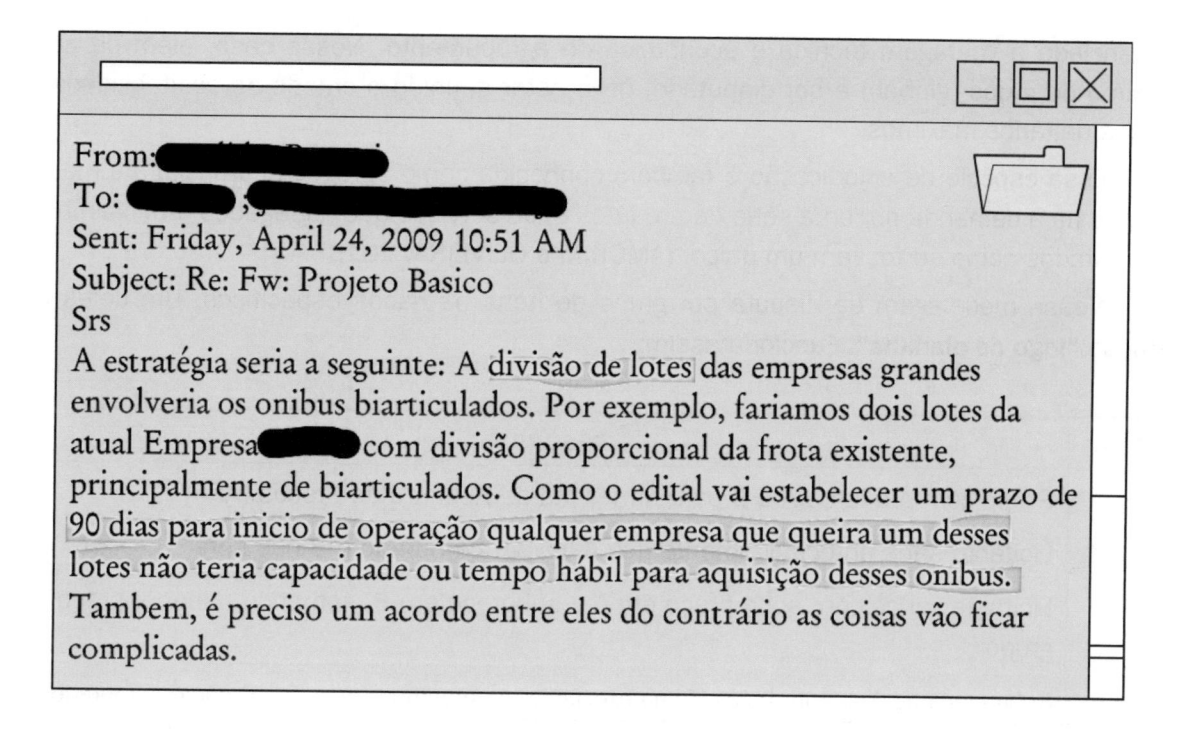

> From: ▇▇▇▇▇▇
> To: ▇▇▇▇ ; ▇▇▇▇▇▇
> Sent: Friday, April 24, 2009 10:51 AM
> Subject: Re: Fw: Projeto Basico
> Srs
> A estratégia seria a seguinte: A divisão de lotes das empresas grandes envolveria os onibus biarticulados. Por exemplo, fariamos dois lotes da atual Empresa ▇▇▇ com divisão proporcional da frota existente, principalmente de biarticulados. Como o edital vai estabelecer um prazo de 90 dias para inicio de operação qualquer empresa que queira um desses lotes não teria capacidade ou tempo hábil para aquisição desses onibus. Tambem, é preciso um acordo entre eles do contrário as coisas vão ficar complicadas.

Imposição similar dizia respeito a multa de R$10 milhões caso a futura contratada não disponibilizasse, em 90 dias, uma garagem fechada para toda a frota. Essa obrigação envolvia obstáculos de ordem negocial, técnica e jurídica para obtenção, construção e operação da garagem. Embora não fosse critério de avaliação da proposta técnica, poderia contribuir fortemente para afastar potenciais interessados, por representar compromisso inviável de cumprir, exceto para as antigas permissionárias do sistema.

Entre os elementos de convencimento da denúncia, constou a formação de três consórcios, cada um participando de apenas um item, embora pudessem concorrer simultaneamente em mais de um. Essa divisão na disputa apontava para a existência de um acordo prévio entre as empresas.

Em outro caso, também no Paraná, o TCE-PR mandou suspender um pregão de uma prefeitura, que pretendia contratar coleta de lixo (Processo nº 640889/2020). O motivo foi o **agrupamento de objetos muito diferentes**, pois era exigido que a empresa vencedora executasse obras de construção civil para adequar espaço a ser disponibilizado pela prefeitura para a operação do sistema. Para o relator do processo, não parecia razoável exigir que firmas especializadas na coleta de lixo tivessem capacidade de realizar projetos de engenharia, podendo resultar também em obra mais cara do que a realização de uma segunda licitação, exclusiva para a execução das obras necessárias, já que a vencedora precisaria terceirizar o serviço.

De forma semelhante, no Processo nº 631715/2020, o TCE-PR suspendeu um pregão eletrônico que pretendia comprar pneus e câmaras de ar. Uma representação denunciou que julgamento adotado no certame, de menor preço por grupo, e não por item, restringiria injustificadamente a competitividade da disputa, pois o objeto seria divisível. O Tribunal entendeu que faltava justificativa para a adoção do critério escolhido pela prefeitura.

Não é o caso, obviamente, de proibir genericamente o agrupamento de itens, até mesmo porque essa possibilidade é expressamente admitida no §1º do art. 82 da NLL, ao prever o julgamento de menor preço por grupo de itens, desde que seja inviável licitar por item e seja evidenciada a vantagem técnica e econômica do agrupamento. Nesse caso, além do preço máximo do grupo (global), a ser disputado, deve estar definido o critério de aceitabilidade de preços unitários máximos.

Essa espécie de adjudicação é também conhecida como *agregação artificial*, na medida em que há a demanda por uma série de produtos e/ou serviços que, agregados artificialmente, são licitados como se fossem um único. (AMORIM e OLIVEIRA, 2019).

Nessa modelagem de disputa por grupo de itens há riscos específicos. Um deles é o famoso **"jogo de planilha"**. Funciona assim:

PASSO	DESCRIÇÃO
1	Grupo com produtos A e B para firmar Ata de Registro de Preços (ARP)
2	Licitante sabe antecipadamente que A vai ser comprado e B não será
3	Licitante vence com sobrepreço em A e subpreço em B, somando o menor preço do grupo
4	Sobrepreço de A se torna prejuízo na execução, ao mesmo tempo que B não é comprado

Exemplo de jogo de planilha. Disputa por grupo (CPU + Monitor). Menor preço global = R$650. O conjunto era vantajoso, mas um dos itens, isolado, não era. Compra isolada do item 'CPU', por R$400, mais caro do que o mesmo item ofertado em proposta derrotada (R$300) porque, nessa proposta, o preço global era R$750.

Defendemos que o medo do jogo de planilha não pode inviabilizar a modelagem racional das compras. O risco de jogo de planilha pode ser mitigado com pesquisa de preços e critérios robustos de aceitabilidade de preços unitários.

Defendemos também que a compra isolada de item disputado em grupo não deve ser proibida. O que deve existir é argumentação apropriada, justificativa e motivação para a compra. No caso concreto.

Justamente o que a NLL passou a exigir expressamente no §2º do art. 82, determinando que a compra isolada de item dentro de grupo seja acompanhada de prévia pesquisa de preços e demonstração de vantagem ao comprador.

2.1.8 Estimativa de preço

Outra espécie do gênero Projeto Mágico é a **fraude na pesquisa de preços**, por meio de simulação ou negligência deliberada.

No planejamento da contratação, deve existir ampla pesquisa de preços, tendo em vista a necessidade de verificar os valores praticados no mercado, avaliar opções de solução e viabilidade do projeto.

A pesquisa de preços fundamenta o julgamento da licitação, definindo o **preço de referência**, parâmetro para suporte ao processo orçamentário da despesa e subsídio às decisões, fundamento aos critérios de aceitabilidade de propostas, avaliação da economicidade, justificativa da aquisição e prorrogação de contrato.

Caso a referência seja incoerente com o mercado, pode representar prejuízo, já que a competição entre fornecedores nem sempre é suficiente para garantir preço justo, sabendo que os licitantes buscam obter lucros maiores em suas transações. (SANTOS, 2016).

A importância crescente da pesquisa de preços pode ser evidenciada por este gráfico, que mostra que o TCU vem usando cada vez mais, em seus julgados, o termo "Preço" e a expressão "Preço Estimado". E podemos acompanhar essa evolução com alguns eventos fundamentais na área. Da cristalização inicial do mito dos "três orçamentos", lá pelo fim dos anos 1990, começamos a evoluir para a noção de "cesta de preços aceitáveis" por volta de 2007. Mais tarde vimos o nascimento da primeira norma federal em 2014 (IN 05) e o Painel de Preços em 2017, com atualização do regulamento federal em 2020 (IN 73) e a NLL em 2021, mesmo ano em que saiu o seu respectivo regulamento federal, a IN nº 65.

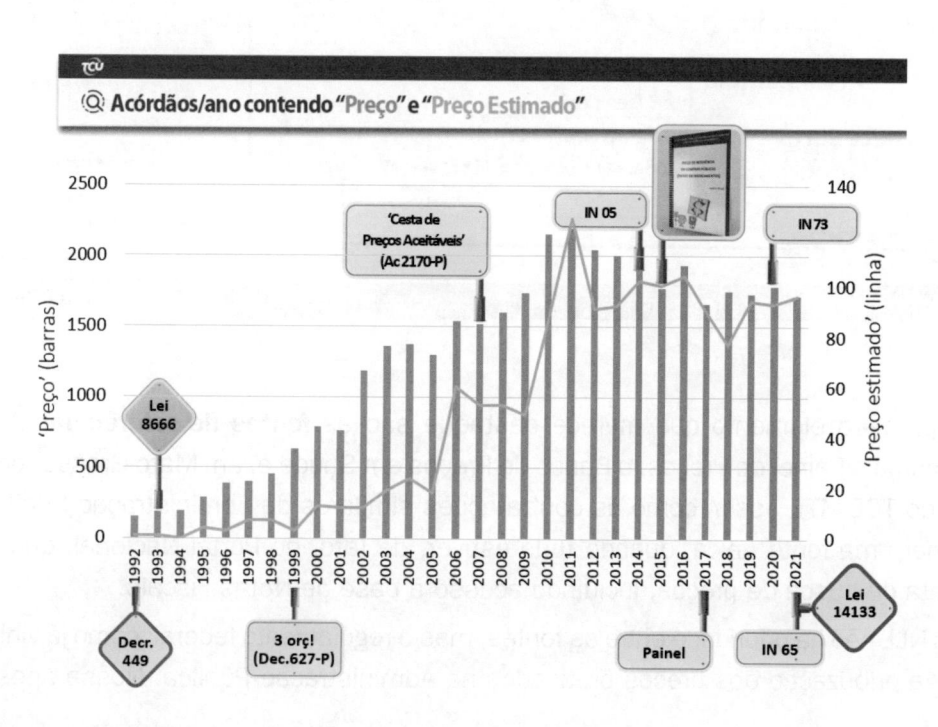

Aproveitamos para destacar a produção de um dos autores deste livro sobre o tema, em 2015, quando compilou o conhecimento até então disponível sobre pesquisa de preços, publicado, no ano seguinte, pelo Tribunal de Contas de Mato Grosso. (SANTOS, 2016).

Desde então, as sucessivas edições deste livro têm acompanhado – e, em certos aspectos, procurado influenciar – a trajetória dos regulamentos, entendimentos, procedimentos, sistemas e metodologias empregadas para promover preços referenciais nas compras públicas.

Esse contexto originou a síntese das diretrizes e parâmetros da pesquisa de preços atual, definida na NLL e no regulamento federal. A maioria dos elementos está prevista na Lei Geral, com alguns detalhes acrescentados pela instrução normativa federal, alinhados com a jurisprudência do TCU.

Cada ente federativo, em cada um dos Poderes, tem competência para definir seu próprio regulamento, o que pode representar certas peculiaridades em situações específicas, mas, de modo abrangente, as regras tendem a ser parecidas entre si, para guardar correspondência com o regramento geral da lei. Além disso, quando for aplicado dinheiro de transferências voluntárias da União, valem as regras federais, por isso, vamos focar aqui no regulamento federal.

Podemos sintetizar em uma imagem os principais destaques do ambiente regulatório de pesquisa de preços que se apresenta com a NLL.

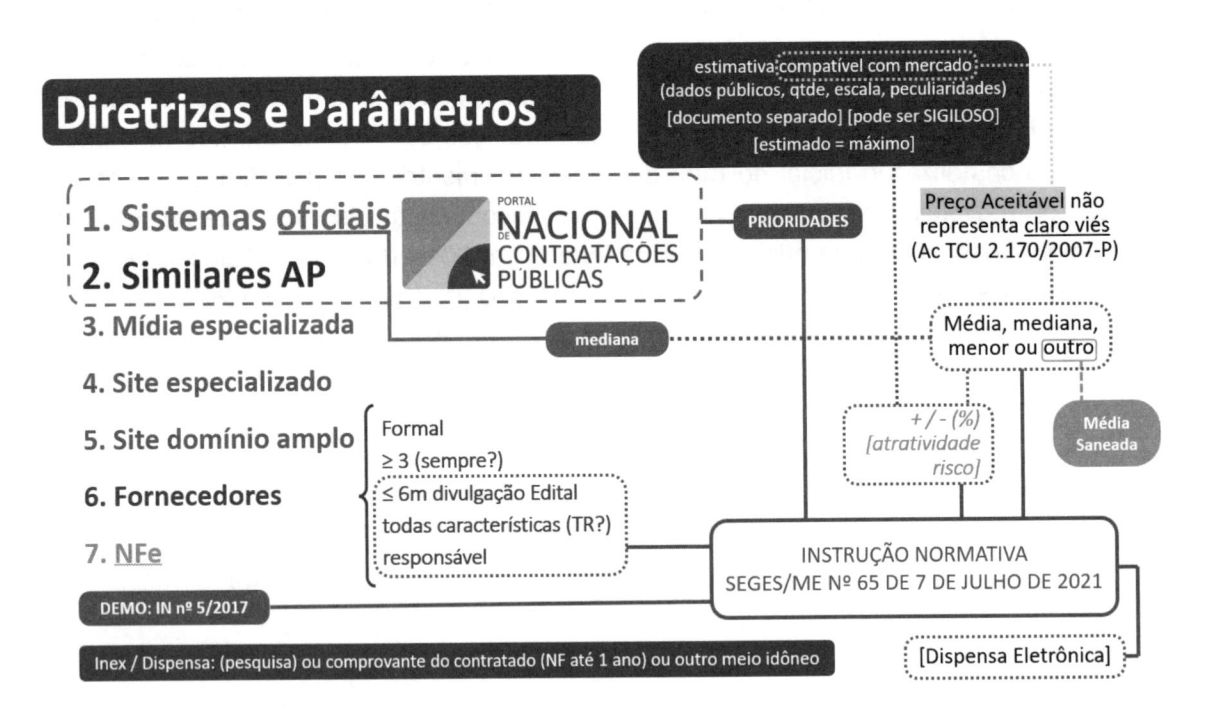

Diretrizes e Parâmetros

1. Sistemas oficiais
2. Similares AP
3. Mídia especializada
4. Site especializado
5. Site domínio amplo
6. Fornecedores
7. NFe

PORTAL NACIONAL DE CONTRATAÇÕES PÚBLICAS

PRIORIDADES

mediana

Formal
≥ 3 (sempre?)
≤ 6m divulgação Edital
todas características (TR?)
responsável

DEMO: IN nº 5/2017

Inex / Dispensa: (pesquisa) ou comprovante do contratado (NF até 1 ano) ou outro meio idôneo

estimativa compatível com mercado
(dados públicos, qtde, escala, peculiaridades)
[documento separado] [pode ser SIGILOSO]
[estimado = máximo]

Preço Aceitável não representa claro viés
(Ac TCU 2.170/2007-P)

Média, mediana, menor ou outro

+/- (%)
[atratividade risco]

Média Saneada

INSTRUÇÃO NORMATIVA
SEGES/ME Nº 65 DE 7 DE JULHO DE 2021

[Dispensa Eletrônica]

O primeiro elemento que merece destaque são as **fontes de referência**. Os sistemas oficiais (como o Painel de Preços, o Banco de Preços em Saúde e, em Mato Grosso, por exemplo, o Radar do TCE-MT), assim como as contratações similares da Administração Pública, tendem a se tornar uma fonte única, quando tudo estiver, de fato, no Portal Nacional, que prevê uma ferramenta de busca de preços, incluindo acesso à base de Notas Fiscais.

Na NLL não há prioridade entre as fontes, mas o regulamento federal, como já vinha fazendo, manteve a priorização dos preços praticados na Administração Pública. Nossa aposta é que a jurisprudência dos órgãos de controle tende a incentivar essa situação em outros entes, ou seja, apontar para prioridade de buscar referências em contratações governamentais semelhantes.

Isso é reforçado pela definição do procedimento de pesquisa de preços no art. 23 da NLL, exigindo balizamento em bancos de dados públicos, levando em conta fatores como quantidade, economia de escala e peculiaridades do local de execução do objeto.

Há tempos essa tem sido a fonte de informação mais relevante para o planejamento referencial das compras públicas: quanto o governo vem pagando pelo mesmo objeto em condições similares. Desde a antiga Lei nº 8666/1993 e a jurisprudência que foi se formando nos últimos anos, a busca por preços praticados em contratos públicos é uma diretriz fundamental.

A cotação com fornecedores continua válida, mas espera-se que o 'mito dos três orçamentos' seja gradualmente desconstruído, em reforço ao movimento que já vinha acontecendo. Não é o caso de menosprezar essa fonte de informação, mas tratá-la com base nos riscos inerentes.

A escolha dos fornecedores consultados deve ser justificada, o que pode envolver contratação anterior, histórico de ocorrências, cadastro por linha de fornecimento, participação em licitações da área, consulta na Internet.

Deve existir formalização própria da memória de cálculo da pesquisa e do valor estimado, bem como os documentos que lhe dão suporte, como, por exemplo, planilhas eletrônicas, mapas comparativos, orçamentos obtidos, consultas realizadas. O **valor estimado pode ser sigiloso**. Há controvérsias sobre os efeitos, riscos e benefícios de ocultar a estimativa. O desafio é fundamentar a decisão no caso concreto. Precisamos de mais estudos na área.

A memória de cálculo pressupõe o tratamento estatístico dos valores coletados. A lei exige que esse tratamento seja a mediana, quando a fonte for o Painel de Preços oficial. A norma federal deixou em aberto a escolha de outros métodos, como a média, o menor valor ou alternativas justificadas. Uma boa prática que os autores deste livro têm defendido é o uso da 'média saneada'. (SANTOS, 2016).

Em contratações diretas por inexigibilidade ou dispensa, quando não for possível estimar pelas regras gerais, o contratado deverá comprovar que seus preços são compatíveis com contratações semelhantes, por meio de notas fiscais emitidas até 1 (um) ano antes ou outros meios idôneos.

Importante mencionar a relação da pesquisa de preços com a **eficácia das compras**, ou seja, a obtenção de pelo menos uma proposta válida e aceita para homologação. No Relatório nº 906185, de 2022, a CGU avaliou a eficácia de pregões eletrônicos do governo federal, considerando como parâmetro a existência de valor homologado válido para cada certame. Foram verificados **15% sem eficácia**.

Os **principais motivos** para não concretizar as aquisições foram: preços ofertados pelos licitantes superiores aos valores de referência da Administração, desinteresse dos licitantes em participar da licitação face aos preços estabelecidos pela administração e deficiência nas especificações do bem/serviço, o que permite deduzir que as principais causas estejam relacionadas **a deficiências na realização da pesquisa de preços e no estudo do mercado fornecedor**. Como consequência, a Administração Pública federal vem desperdiçando esforços com licitações que não alcançam o objetivo pretendido, usando força de trabalho e recursos financeiros com procedimentos administrativos que não retornam resultados efetivos. A CGU sugeriu ações efetivas de capacitação para os agentes públicos envolvidos na pesquisa de preços.

Nesse contexto de regras, métodos, procedimentos, sistemas, existe o **risco de fraude**.

Pesquisas de preços simuladas são um exemplo, especialmente com orçamentos de fornecedores. No Acórdão nº 90/2022-P, o TCU entendeu que houve **montagem da estimativa de preços**. Só foram consultados fornecedores de um único município, sem qualquer justificativa. E os orçamentos ainda estavam com data posterior à contratação ou sem data.

A Justiça mineira condenou, por improbidade, comprador e empresário por fraude em pregão para serviços de saúde. A pesquisa de preços foi **montada com orçamentos de empresas coligadas e um orçamento falso**. A pessoa que supostamente o teria assinado testemunhou que a assinatura não era sua e que a empresa não atua no ramo. O Juiz estimou o prejuízo comparando com contrato similar de outro município próximo, alcançando cerca de 12% (Processo nº 5011765-47.2018.8.13.0701).

Na Paraíba, em decorrência da Operação Famintos, houve condenação por fraudes em licitação de alimentação escolar. O esquema funcionava com **cotações em empresas de fachada**, ancorando a referência da Administração (Processo nº 0802629-06.2019.4.05.8201).

A Prefeitura de Belo Horizonte multou e declarou inidônea uma empresa, pela Lei Anticorrupção, entre outros fatos, por propostas fictícias, sobrepreço e conluio. Em todas as compras, havia **orçamentos das mesmas 5 (cinco) empresas**, nunca assinados, sem pedido de cotação, com a mesma formatação e rodapé contendo dados de concorrente. Em todos, a mesma curiosa expressão "antecipadamente agradecidos, subscrevemo-nos". O ramo de comércio praticado não era compatível com a mercadoria pretendida pelo órgão comprador. Uma revendedora de ração animal teria ofertado parafuso, cabo de rede, pilhas, refrigeradores, jarras de água e até coador para café. Os orçamentos falsos facilitaram a compra superfaturada (Processo nº 01-168.980/18-37).

O MPF no Rio Grande do Norte denunciou irregularidades investigadas na Operação Rebotalho, sobre contratações durante a pandemia de Covid-19. A **pesquisa de preços não serviu para nada**. Para compra de respiradores usados, juntou-se orçamento de equipamento novo, incompatível para comparação, tanto em especificação quanto em condição de conservação. O problema foi apontado pelo jurídico e pelo controle interno, mas os alertas foram ignorados (Processo nº 0807422-02.2021.4.05.8400).

Na Bahia, a CGU identificou sobrepreço em pregão para compra de reservatórios de água. A unidade compradora justificou a consulta a 3 (três) fornecedores como única fonte de pesquisa por causa da alta do dólar e instabilidade dos preços. A CGU rebateu os argumentos, apontando que o câmbio não seria motivo suficiente para justificar a dimensão dos aumentos observados, nem seria motivo para desconsiderar compras governamentais similares e contemporâneas. O dólar subiu 40%, enquanto a estimativa na licitação variou mais de 300% (Relatório CGU nº 877262).

A Justiça Militar aceitou ação contra suposta fraude em pregão para aquisição de gêneros alimentícios (Processo nº 0000151-98.2016.7.07.0007). Segundo a denúncia, a pesquisa de preços foi baseada em três orçamentos dos fornecedores X, Y e Z, todos com sobrepreço. X e Y eram, na verdade, uma empresa só, pertencentes a pai e filhos. Os 3 orçamentos foram entregues no mesmo dia e apresentavam a mesma formatação, variando apenas o tipo da fonte e os valores. X e Y tinham, ainda, o mesmo endereço. A intenção seria gerar estimativa elevada para, depois, aceitar propostas com sobrepreço. O responsável pela área de compras teria manipulado a pesquisa e depois mandou desclassificar propostas mais vantajosas, garantindo, ao final, a vitória das empresas do esquema.

No Acórdão nº 301/2021-P, o TCU encontrou pesquisa com quantitativos substancialmente inferiores ao contratado, **ignorando a economia de escala**, uma das regras impostas pela NLL nos procedimentos de estimativa de preços e, portanto, um risco que merece ser tratado de forma adequada.

A Controladoria Municipal de São Paulo apurou a responsabilização de três empresas, por suspeita de fraude em pregão para serviços gráficos. Somente X recebeu pedido formal para cotar preços, mas Y e Z também apresentaram **orçamentos, todos os três idênticos**. O grupo teria **influenciado a estimativa** com a **intenção de se beneficiar depois na disputa** (Processo nº 201502417932).

Na Operação Circuito Fechado, a Polícia Federal investigou grupo empresarial que cooptava servidores públicos para criar demandas falsas por serviços de tecnologia da informação. Na fase interna da licitação, **pesquisa de preços viciada** acionava empresas do esquema, que forneciam cotações infladas para gerar estimativas com sobrepreço (g1.globo.com, notícia de 18.12.2020).

No Espírito Santo, a Justiça Federal condenou um comprador público que usava a empresa do sobrinho para **inflar estimativas** e depois direcionar pregões para essa mesma empresa (Processo nº 0500148-26.2016.4.02.5003).

A CGU aplicou penalidades administrativas à empresa X por **orçamento de cobertura** em um pregão para contratar – ironicamente – um sistema Antifraude, favorecendo a empresa Y. A defesa alegou que o orçamento falso era iniciativa exclusiva de um ex-funcionário sem poderes para fazê-lo. Entretanto, ficou provado que o orçamento foi assinado pela Diretora Comercial de X, mesmo sabendo que o produto não era vendido por X e que tudo era uma combinação para ajudar o concorrente Y, que, aliás, tinha, ele próprio, elaborado o orçamento mentiroso (Processo nº 00190.106563/2020-72).

Assim, na visão da CGU, a empresa X desprezou mecanismos fundamentais de prevenção e combate a atos lesivos à Administração Pública, apresentando **orçamento fictício** e contribuindo para a elevação arbitrária da estimativa, causando, com isso, superfaturamento nos contratos que viriam a ser firmados.

A CGU apontou que o caso não envolvia, necessariamente, a intenção de X em fraudar a licitação, mas um **comportamento inidôneo**, pela cotação falsa, configurando, no mínimo, culpa incontestável.

Vale comentar outro argumento de defesa refutado pela CGU. A empresa acusada afirmou que não obteve proveito da fraude, porque não participou do pregão, apenas ofereceu orçamento e que, portanto, não poderia ser punida pela Lei Anticorrupção. Para a CGU, ficou comprovado que havia óbvio interesse da empresa em participar do esquema, para manter boas relações com outro fornecedor do setor, potencializando o êxito nos negócios, incluindo a possibilidade de evitar concorrências ferrenhas, uma **troca de favores** presente ou potencial.

Para a CGU, o **ato ilícito da Lei Anticorrupção não depende de benefício direto** em orçamento ou proposta de cobertura, afinal, não seria lógico a firma fazer favor desinteressado a outra. No mínimo, o interesse é se tornar credora de um favor, o que supre o requisito do art. 2º da LAC.

No mesmo caso, o TCU apontou que das **quatro empresas que cotaram preço, apenas uma tinha o produto**, justamente a que venceu o certame. Segundo os autos, simples consulta ao site da fabricante do software teria demonstrado sobrepreço de 50% nos orçamentos fictícios (Acórdão TCU nº 274/2020-P).

Na pandemia, um empresário criou **firmas em nome de laranjas** e se apresentava como representante comercial delas, manipulando orçamentos, **oferecendo facilidades e ludibriando prefeituras**, que estavam desesperadas e acabaram no prejuízo (www.otempo.com.br, notícia de 26.10.2020).

No Acre, a Polícia Federal deflagrou a Operação Brigada de Incêndio, para apurar fraude na venda e manutenção de extintores. Nas empresas investigadas, atendentes falaram que poderiam mandar para o órgão público **três orçamentos para ajudar na licitação**. Para a polícia, os servidores públicos eram, no mínimo, coniventes, ao receberem o pacote de três orçamentos (g1.globo.com/ac/acre, notícia de 11.08.2017).

Ofertas de 'facilidades' em pesquisas de preços podem ser armadilhas. O empresário, de olho na licitação ali na frente, monta orçamentos inflados na expectativa de obter preços mais favoráveis na negociação com o órgão comprador. Por essas e outras razões, o TCU já reconheceu que os fornecedores podem emitir referências de preço tendenciosas, em prejuízo da Administração.

> Os fornecedores têm conhecimento de que o valor informado será usado para a definição do preço máximo que o órgão estará disposto a pagar e os valores obtidos nessas consultas tendem a ser superestimados.
>
> (Acórdão TCU nº 299/2011-P)

Numa estatal vinculada ao Ministério da Agricultura houve pregão eletrônico para limpeza. A estimativa foi baseada em **3 orçamentos de empresas com sócios e endereços em comum**. Para o TCU, os três orçamentos **eram, na verdade, um único, do mesmo grupo empresarial** (Acórdão nº 1820/2020-P).

O TCE-PR encontrou fraude em pregão para assessoria de comunicação, cuja estimativa foi baseada somente em dois orçamentos de filhos de um apoiador da campanha do prefeito (Acórdão TCE-PR nº 2592/2020-P).

Em julgados do TCU, uma **falha recorrente é a pesquisa somente com fornecedores**, sem justificativa, aumentando o risco de sobrepreço. Acórdãos recentes sobre o tema: 2321/2020-P, 7.252/2020-2C, 11.131/2020-2C, 1425/2021-2C, 232/2022-P, 1460/2022-P, 2399/2022-2C, 2446/2022-P, 7161/2022-2C, 7651/2022-1C, 770/2023-P, 1074/2023-P, 3569/2023-2C, 4412/2023-1C.

Para o TCU, a estimativa deve **usar os melhores preços disponíveis** na época da licitação (Acórdãos nº 7252/2020-2C e 132/2023-P). Referências desatualizadas podem levar a distorções (Acórdão nº 7651/2022-1C).

Além disso, deve-se pesquisar objetos similares e compatíveis. O TCU já encontrou estimativa baseada em produto superior ao pretendido, distorcendo a referência (Acórdão nº 2106/2022-P).

Um caso que merece destaque aconteceu na pandemia. O Ministério Público do Pará denunciou, por improbidade, a compra emergencial de mais de 1 milhão de garrafas pet vazias, de polietileno, de 240ml, rotuladas e com tampas perfil baixo, para embalar álcool gel recebido em doação. Pagou-se R$1,50 por cada unidade. Mas esse preço estava muito acima do mercado (www.mppa.mp.br).

Garrafa Pet	Garrafa Squeeze

A **pesquisa de preços era imprestável**, porque comparou garrafa *squeeze* com pet, materiais muito diferentes e com preços também distintos, gerando **estimativa distorcida**.

Para evitar armadilhas desse tipo, sugerimos (SANTOS, 2016):

➢ identificar o responsável pela cotação (Ac TCU 909/2007-1C)
➢ pesquisar no ramo pertinente (Ac TCU 1.782/2010-P)
➢ pesquisar em empresas independentes entre si (Ac TCU 4.561/2010-1C)
➢ descrever as fontes consultadas (Ac TCU 3.889/2009-1C)
➢ detalhar as referências utilizadas (Ac TCU 1.330/2008-P)
➢ descrever metodologia utilizada (NT PGF/UFSC 376/2013)
➢ descrever conclusões obtidas (NT PGF/UFSC 376/2013)
➢ informar data e local de elaboração (Ac TCU 3.889/2009-1C)

Outra referência relevante é o conjunto de elementos recomendados pelo TCU. Nas buscas em sites da Internet, palavras chaves, período, especificações buscadas, imprimindo (pode ser em PDF) a página da web acessada e informando responsável pela pesquisa. Nas buscas em outros órgãos, descrever o órgão consultado, o número da licitação, o fornecedor, o meio de consulta, a data da pesquisa, a quantidade, o valor e especificação do objeto, as condições de pagamento e entrega (Acórdão nº 2401/2022-P).

Detectada uma estimativa inadequada, o TCU orienta revogar a licitação (Acórdão nº 1.819/2018-P).

Como material complementar, sugerimos:

- *Preço de referência em compras públicas 3ª edição* (bit.ly/PRCP3ed)
- Nota Técnica AudTI/TCU nº 8/2023, sobre estimativa em TI
- Licitações & Contratos: Orientações e Jurisprudência do TCU, 5ª Edição
- Tópico do Nelca: Perguntas e Respostas da palestra *"Reflexões sobre a estimativa de preços"* (bit.ly/PRprecosMJSP)
- Palestra *Reflexões sobre a estimativa de preços* (bit.ly/precoscovidmj)
- Palestra *Pesquisa de Preços na Nova Lei de Licitações* (bit.ly/PdPNLLTCE-MT)
- Curso gratuito de Pesquisa de Preços (https://bit.ly/guiapesquisaprecos)

2.1.9 Estimativa de quantidade

Avançando nos elementos do Projeto Mágico, temos **a estimativa de quantidade, a relação entre a demanda prevista e a quantidade a contratar**, acompanhada da documentação de suporte.

É o que determina o art. 18, §1º, IV da NLL, exigindo que o ETP contenha estimativas acompanhadas das memórias de cálculo e documentos correlatos, considerando, ainda, possíveis interdependências com outras contratações, de modo a possibilitar economia de escala.

A estimativa deve se basear no consumo e utilização prováveis, levando em conta os melhores parâmetros e técnicas disponíveis, nos termos do inciso III do artigo 40 da NLL.

Entre os insumos de informação para a estimativa estão relatórios históricos de consumo, estatísticas setoriais, estudos e pesquisas acadêmicas, registros de demandas reprimidas, expectativas de alteração na demanda futura, estoque atual, referência técnica de unidades compradoras similares.

- Premissas de cálculos, quem as elaborou e como se teve ciência delas
- Fórmulas de cálculo para se chegar às quantidades
- Parâmetros usados nos cálculos e respectivas fontes
- Identificação das pessoas que elaboraram a memória de cálculo

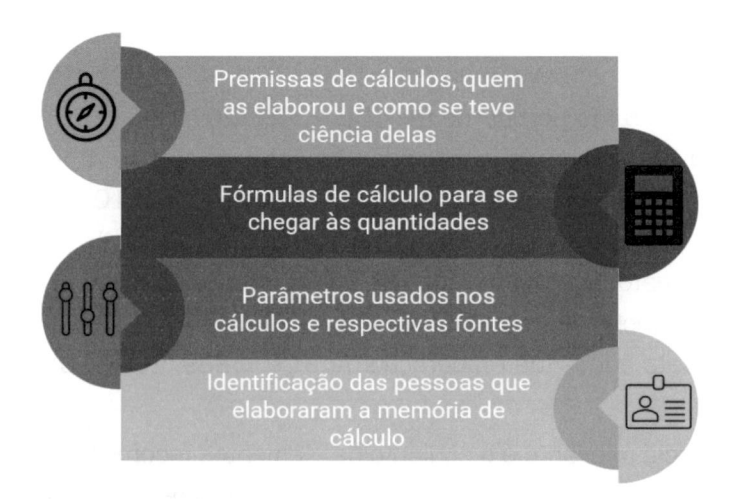

Uma boa referência é o Acórdão TCU nº 980/2023-P, que recomendou elaborar **memória de cálculo** com possibilidade de rastreabilidade contendo, no mínimo, as premissas de cálculo, quem as elaborou e como se teve ciência delas; as fórmulas de cálculo utilizadas para se chegar às quantidades; os parâmetros usados nos cálculos, as respectivas fontes de onde se originaram tais parâmetros; os cálculos efetuados e seus resultados e a identificação de quem elaborou a memória de cálculo.

Ilustrando como esse tipo de atividade ainda precisa melhorar muito, encontramos estudo na área de compras de medicamentos por unidades militares apontando que uma das maiores dificuldades no planejamento das aquisições é a estimativa das quantidades. (BRAGA, 2020b).

Um risco de fraude é a superestimativa de quantidades.

Ao superestimar, pode-se frustrar a competitividade, inibindo a participação de fornecedores capazes de oferecer quantitativos menores, e também são violados os princípios da boa-fé e da confiança, uma vez que pode induzir as empresas interessadas à falsa expectativa de contratação.

Sobre isso, o TCU apontou distorção entre quantidade estimada e consumida. Eram mais de 1.700 itens disputados individualmente, gerando enorme dispêndio de esforço, tanto do comprador quanto dos licitantes, sem adequada mensuração do que se pretendia adquirir (Acórdão nº 13103/2020-1C).

No Acórdão nº 2321/2020-P, o TCU julgou denúncia contra pregão para locação de equipamentos para eventos, apontando **definição inadequada dos quantitativos**, ensejando risco à economicidade e à efetividade do controle na execução contratual. Faltou demonstrar as séries históricas para definir o planejamento, comprometendo a motivação dos atos e ensejando improbidade administrativa.

Avaliando Pregão para aquisição de 50 tratores de esteira, o TCU mandou anular o certame, entre outros fatores, pela **ausência de justificativa para a definição do quantitativo** licitado e localidades a serem atendidas (Acórdão TCU nº 2132/2021-P).

No Acórdão nº 989/2023-P, o TCU cientificou órgão sobre **elevado grau de imprecisão** na estimativa dos quantitativos de serviço, contrariando princípios da isonomia, da competitividade, da transparência e da segurança jurídica. Outros similares: Acórdãos TCU nºs 7897/2022-1C e 3569/2023-2C.

Não serve de argumento **estimar 'com sobra'** como uma forma de margem de segurança para eventuais distorções ou fragilidades no planejamento (Acórdão TCU nº 331/2009-P). Esse é o risco que chamamos de **SRP adiposo, SRP com gordura**. Infelizmente, ainda é uma prática superestimar quantidade para "deixar uma gordura". (FERNANDEZ, MEDEIROS e SHIKIDA, 2018).

Estudo do Banco Mundial (2021) avaliando pregões para compra de materiais por Registro de Preços, de 2013 a 2019, processados no *Comprasnet*, apontou que, na média, são efetivamente adquiridos apenas 65% da quantidade registrada. Essa subutilização pode causar distorções no comportamento das empresas e ineficiências no mercado.

Revelando caso que ilustra a gravidade da situação, Rafael Silva (2013) avaliou registros de preços de mais de 400 itens de materiais para refrigeração, de 2006 a 2010, em uma Fundação ligada ao Ministério da Saúde, identificando média inferior a 25% de efetiva aquisição. A maior parte dos itens teve aquisição efetiva zero, ou seja, a licitação foi completamente inútil. Foi identificada redução significativa na quantidade de licitantes à medida que as taxas de aquisição efetiva foram caindo. Para o autor, a instituição compradora substituiu planejamento de compras pelo SRP gorduroso.

Somente em casos muito específicos a NLL permite o Registro de Preços sem definição do quantitativo total a ser adquirido (art. 82, §3º): primeira licitação para o objeto, sem histórico;

alimento perecível e serviço integrado ao fornecimento de bens. E nesse caso é obrigatória a indicação do valor máximo da despesa e vedada a participação de outro órgão ou entidade na ata.

A superestimativa também pode ser usada para gerar o **esquema 'barriga de aluguel'**.

Na 'barriga de aluguel' há superestimativa em registro de preços, ampliando espaço para caronas, gerando um catálogo de vendas para a empresa fornecedora, que ela oferece aos potenciais compradores como mecanismo de simplificação e facilidade de aquisição (Acórdão TCU nº 80/2022-P).

> Extremamente grave [...] quantitativos muito superiores àqueles que serão demandados. Com isso, o limite para adesão passa a ser gigantesco e artificialmente criado, na prática que se intitula "barriga de aluguel".
>
> (TCU, Acórdão nº 1.668/2021-P)

Caso emblemático envolvendo superestimativa ocorreu no Mato Grosso, para compra de combustível. A **estimativa era muito superior à demanda para afastar competidores** pela experiência prévia. Exigiu-se atestado mínimo de 50% do total de litros solicitado no Edital. Na prática, esse percentual era equivalente a quase toda a demanda histórica (MPE-MT, Denúncia ref. Inquérito Policial nº 129/2013).

A **falta de transparência** também pode afastar interessados. Imagine participar de um certame para registrar 100.000 cadeiras a serem potencialmente fornecidas ao longo de 12 meses, sem ter qualquer segurança se, de fato, alguma unidade será requisitada, ou se todas as unidades serão compradas de uma vez. Não há como se preparar para **"fornecimentos-surpresa"** como esses.

A **incerteza nos quantitativos pode afastar fornecedores sérios**, como adverte Marçal Justen Filho (2014), resultando em **preços elevados**, embutindo o risco de dúvida no fornecimento futuro. Afinal, os custos variam conforme a quantidade e a logística de entrega.

Diante desse cenário é urgente o aperfeiçoamento dos mecanismos de planejamento, transparência e programação de compras dos órgãos públicos, como forma de ampliar a competitividade e a relação de confiança com o mercado fornecedor. O dimensionamento de quantitativos deve levar em conta análise abrangente de série histórica e projeção de necessidades futuras, devidamente documentadas nos autos da licitação (Acórdão TCU nº 1728/2019-P).

As **quantidades anabolizadas** também podem levar a **compras inúteis**. Em Mato Grosso, a Secretaria Estadual de Saúde abriu Processo Administrativo Disciplinar contra cinco servidores que compraram cinco mil unidades de um medicamento cujo consumo não chegava a mil. Foi desconsiderada a demanda histórica, provocando desperdício expressivo (www.hipernoticias.com.br, 19.07.2013).

No Maranhão, a prefeita foi condenada por fraude em pregão para serviços funerários, incluindo caixões do tipo 'popular', 'luxo' e 'superluxo'. Para o juiz, as quantidades estavam muito acima do necessário para o porte populacional a ser atendido. Além disso, caixões classificados em categorias, de acordo com a classe econômica do beneficiado, eram um arranjo que feria a moralidade (Processo TJMA nº 1037-88.2017.8.10.0074).

Em Mato Grosso, ex-servidor estadual confessou fraude em licitação de medicamentos, pela inclusão de produto recém-lançado no mercado, que tinha uma única empresa representante. O uso do remédio era tão raro que o volume comprado só seria utilizado em 20 anos, embora a validade fosse de dois anos (www.vgnoticias.com.br, notícia de 23.05.2018).

No Rio de Janeiro, um delator narrou à força-tarefa da Operação Lava Jato que pelo menos dois contêineres de próteses vencidas foram incinerados numa unidade hospitalar federal. Os pregões seriam feitos **conforme a necessidade de venda do fornecedor** e não da necessidade de compra do hospital público (noticias.uol.com.br, notícia de 04.07.2018).

No mesmo hospital, a CGU constatou grande parte de equipamentos fora de uso. Para o Ministério Público, a **compra era superdimensionada e direcionada** para uma empresa que pagava propina, comprometendo as escolhas dos agentes públicos e impedindo que os recursos fossem destinados de forma a atender aos interesses da sociedade (Denúncia da Operação Ressonância, de 06.08.2018).

Ainda relacionada a estimativas, existe o esquema de **licitação 'guarda-chuva'** ou **'coringa'**, em que o objeto é tão amplo que pode render contratos por anos a fio. Aconteceu numa prefeitura da Bahia. O Ministério Público Federal denunciou fraude em Concorrência que chamou de "coringa", porque o objeto era a execução de "obras de interesse social e ampliação e melhorias da malha viária do município", abrangendo, na prática, qualquer coisa, de construção de hospital a desentupimento de bueiros, tudo em um único processo, toda e qualquer obra ou serviço de engenharia que viesse a ocorrer no município nos anos seguintes (http://www.mpf.mp.br/ba).

No Acórdão nº 3143/2020-P, o TCU encontrou **registro de preços "guarda-chuva"**, para pavimentação. O objeto era incerto e indefinido, sem projeto das intervenções a serem realizadas.

2.1.10 Carona em SRP

No Rio de Janeiro, em hospitais da Polícia Militar, foi comprovado que a maior parte das compras ocorria por meio de **carona a Atas de Registro de Preços**, para facilitar fraude, pela possibilidade de escolher, a partir de licitações já realizadas por outros órgãos, empresas que topassem o esquema. Uma das fraudes mais emblemáticas foi a **aquisição simulada** de 75 mil litros de ácido, somando quantia milionária. A carona foi formalizada, segundo a denúncia, com documentos falsos, incluindo o termo de referência e o atesto do recebimento. O produto nunca foi entregue. A média de consumo por ano não ultrapassava 250 litros. Levaria 300 anos para usar o que foi pago (www.mprj.mp.br, denúncia do Processo nº 2014.01140684).

Em 2022, a PF deflagrou a Operação Free Rider, envolvendo fraudes na compra de medicamentos e insumos hospitalares. Segundo as investigações, uma prefeitura realizava **adesões fraudulentas** a Ata de Registro de Preços de outros municípios, **sem que houvesse vantagem**. Em um dos casos, havia o sobrepreço de 215%. Havia fortes indícios de negociações de propina antecedendo as contratações.

Um caso curioso aconteceu numa prefeitura do interior do Rio de Janeiro. Para comprar novos aparelhos de ar-condicionado, pegaram carona numa prefeitura de Alagoas. O fornecedor registrado era de outro município fluminense. Os preços estavam, segundo a reportagem, muito superiores aos valores ofertados na Internet, sem levar em conta o potencial desconto na compra de várias unidades. A prefeitura compradora alegou que, além dos aparelhos, havia insumos, como tubos de cobre, fios e disjuntores, bem como adaptações da parte elétrica e mão de obra para instalação e que vários outros municípios tinham aderido à mesma Ata, o que comprovaria o negócio como vantajoso para a administração pública (extra.globo.com, noticia de 26.06.2021).

Em auditoria nos hospitais federais do Rio de Janeiro, o TCU encontrou uma compra, por carona, de um equipamento para manipulação de medicamentos oncológicos. Mais de quatro anos depois da compra, o equipamento ainda não tinha sido instalado, permanecia encaixotado, sem uso. A direção admitiu que o melhor seria doar a máquina, porque não havia condições para ser utilizada. Esse tipo de problema pode ser uma grave falha de planejamento, mas também pode indicar potencial de direcionamento de compras inúteis para favorecer acordos com fornecedores (Acórdão nº 999/2017-P).

Na carona, há ainda o risco de **planejamento reverso**, como enfrentado pelo TCU nos Acórdãos nº 609/2020-P e 1264/2019-P. Tratava-se de armazenamento de dados que, na visão do órgão de controle, subverteu a ordem dos procedimentos. Primeiro, foi escolhido o produto, decidiu-se pela carona e só depois houve levantamento de necessidade e documentação do planejamento, sem analisar outras soluções disponíveis, criando um Termo de Referência direcionado. Para o TCU, a carona deve ser precedida de planejamento prévio e criteriosa análise do objeto da ata.

Numa capital do Centro Oeste, a CGU encontrou prejuízo de 130% na compra de móveis escolares. O órgão público tinha uma Ata de Registro de Preços própria, mas **preferiu aderir à Ata de um órgão distante 1.700km, pagando muito mais caro**. As especificações das cadeiras e carteiras eram diferentes, mas a CGU entendeu que não havia justificativa plausível para abandonar os produtos que o próprio órgão comprador havia especificado na sua licitação (auditoria.cgu.gov.br/download/2947.pdf).

2.1.11 Condições de fornecimento

Concluindo o tipo Projeto Mágico, há o risco de direcionamento ou restrição indevida em função das **condições de fornecimento do objeto, inviáveis ou muito onerosas**.

Um exemplo ocorreu no Paraná. A prefeitura pretendia contratar cartões magnéticos para auxílio-alimentação. O edital exigia que o vencedor apresentasse, em apenas três dias, relação com 88 estabelecimentos comerciais credenciados em quatro municípios diferentes. O Tribunal de Contas do Estado entendeu que esse prazo não era razoável e podia prejudicar a competitividade (Processo TCE-PR nº 370091/20).

Em Santa Catarina, na Operação Et Pater Filium, para restringir a competição, foi exigida entrega de lixeiras em 24 horas, a contar da solicitação de fornecimento, para desestimular concorrentes de fora do esquema. O prazo era inviável, exigindo que o contratado produzisse as lixeiras em apenas 24 horas ou mantivesse em estoque um quantitativo indefinido, sob a mera expectativa de aquisição. A empresa do esquema sabia que essa exigência não seria efetivamente fiscalizada na execução contratual (Processo TJSC nº 5000066-69.2021.8.24.0015).

Em outro caso, o TCE-PR verificou edital que estipulava apenas um dia útil para entrega de produtos pela vencedora da disputa. Era um registro de preços para materiais de construção. A prefeitura revogou o processo (www1.tce.pr.gov.br, notícia de 23.06.2020).

2.2 Edital Restritivo

O edital estabelece as regras específicas de uma licitação. Fixa condições de participação dos licitantes, desenvolvimento da disputa, julgamento e futuro contrato. É conhecido como a "lei interna" da licitação, vinculando tanto os compradores quanto os licitantes.

> A administração, bem como os licitantes, está vinculada aos termos do edital (art. 37, XXI, da CF/1988), sendo-lhes vedado ampliar o sentido de suas cláusulas, de modo a exigir mais do que nelas previsto. (STF: RMS nº 24.555, 2006)

A fim de garantir maior competitividade possível, a NLL proíbe qualquer exigência exagerada ou desnecessária. Por isso, não se admite nada além do que nela está previsto.

Pela preponderância de riscos de fraude, **nosso foco será nas regras de habilitação**, mecanismo de restrição de quem pode participar da disputa. Nessa fase, a unidade contratante avalia as condições mínimas do licitante em relação à sua capacidade de cumprir o futuro contrato, em várias dimensões.

É relevante atentar para a **inversão de fases**, definida como regra-padrão na NLL, invertendo a sequência da lei antiga e mantendo a lógica adotada no Pregão. Primeiro ocorre a disputa, seguida da avaliação da melhor proposta e habilitação de quem ofertou essa proposta.

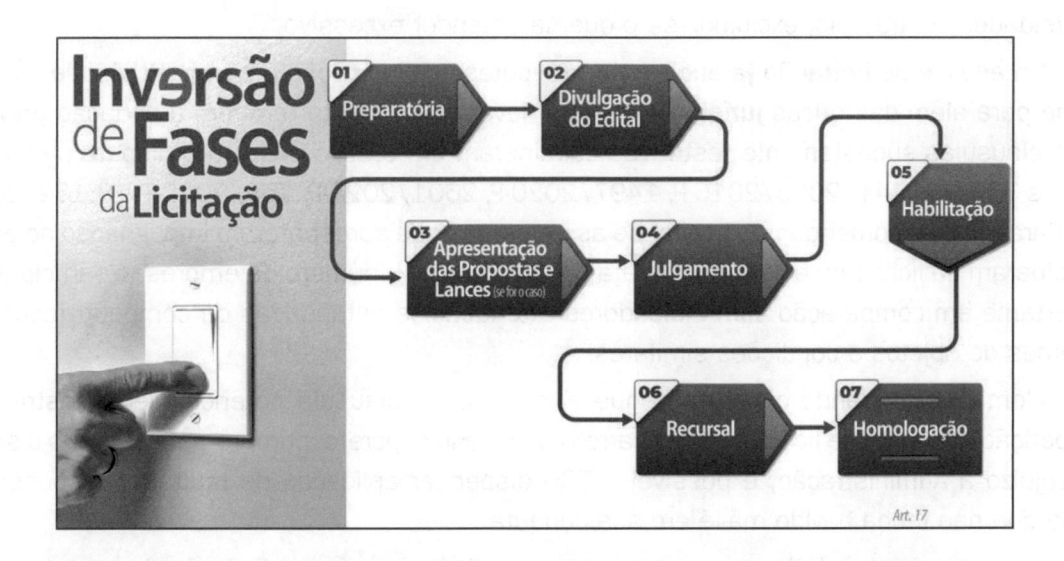

A habilitação divide-se em: jurídica, técnica, fiscal, social e trabalhista e econômico-financeira.

Para Marçal Justen Filho (2021), o elenco dos arts. 63 a 70 da NLL é máximo, não mínimo. Ou seja, não é obrigatório, nem automático, nem absoluto que toda licitação exija tudo. O edital não pode exigir mais do que previsto na lei, mas pode demandar menos, conforme o caso.

Assim, ao elaborar o ato convocatório, a Administração avalia a complexidade da futura contratação e estabelece, como derivação, os requisitos de habilitação e as condições de participação. Essa margem de discricionariedade não se confunde com arbitrariedade.

Depois de elaborado o edital, a discricionariedade se esgota, pois, a partir daí, a unidade compradora se vincula ao instrumento convocatório (STF, REsp 421.946/DF). A interpretação se refere à legislação antiga, mas se aplica à NLL, pela previsão expressa do princípio de vinculação ao edital (art. 5º).

E a discricionariedade deve ser fundamentada. O art. 18 da NLL define que a fase preparatória deve abordar a **motivação circunstanciada das condições do edital**, tais como justificativa de exigências de qualificação técnica, mediante indicação das parcelas de maior relevância técnica ou valor significativo do objeto, e de qualificação econômico-financeira, entre outras.

O que se espera, como em qualquer ato administrativo, é que as escolhas e decisões sejam motivadas, fundamentadas, justificadas. A legitimidade e validade das decisões decorrem, em essência, de comprovar o vínculo com o interesse público e o enquadramento nas normas e na jurisprudência que as acompanha. É discricionário, não arbitrário.

A escolha administrativa está delimitada não apenas pela lei, como também por mandamento constitucional. O art. 37, inc. XXI, da CF/88 somente admite exigências de qualificação técnica e econômica indispensáveis à garantia do cumprimento das obrigações.

É fundamental, portanto, que a Administração gerencie adequadamente o risco de que exigências excessivas prejudiquem a competitividade da contratação e ofendam a Constituição Federal.

Deve-se examinar, diante do caso concreto, se o objeto demanda todos os requisitos de habilitação, levando-se em consideração o vulto, a complexidade, a essencialidade e os riscos decorrentes do desabastecimento em função de eventual incapacidade da contratada em suportar adversidades contratuais, excluindo-se o que se entender excessivo.

Na análise de **licitação já encerrada**, a hipótese de **restrição à competitividade** merece exame para além das óticas **jurídica e teórica**, levando em conta também a situação **prática**, se as cláusulas supostamente restritivas culminaram em efetivo prejuízo à disputa (Acórdãos TCU nºs 3306/2014-P, 2066/2016-P, 1497/2020-P, 2601/2021-P, 756/2022-P e 9.162/2022-1C). Para tanto, recomendamos avaliar se as empresas que apresentaram impugnação ao edital participaram da licitação; e verificar, na ata de julgamento, o número de empresas participantes do certame em comparação com indicadores e tendências estatísticas de competitividade em certames de objetos e condições similares.

Além disso, quando constatado que a inclusão de cláusula potencialmente restritiva à competição em edital de licitação não acarretou, no caso concreto, comprometimento da disputa ou prejuízo à Administração, é possível o TCU dispensar aplicação de multa ao responsável, desde que não tenha havido má-fé em sua conduta.

A existência de efetiva competitividade nas licitações é condição fundamental para a realização de contratações eficientes, garantindo, assim, o uso racional dos recursos públicos e permitindo que a ação governamental possa ter máxima eficácia com o montante de recursos disponíveis.

CAPÍTULO 2 — TIPOLOGIA DE FRAUDES EM LICITAÇÃO

Para Justen Filho (2021), a competitividade significa a adoção de regras editalícias – abrangendo, inclusive, a modelagem contratual – que assegurem a mais ampla participação de possíveis interessados e fomentem a disputa mais intensa possível.

Nesse mesmo sentido, a OCDE (2021) define que o incentivo à participação de um número maior de licitantes aumenta a concorrência e reduz o risco de cartel, aumentando as chances de sucesso, desde que a rivalidade entre licitantes seja genuína, ou seja, que as propostas sejam elaboradas de forma totalmente independente. Esse cenário impulsiona a eficiência, o combate à corrupção, melhora preços e assegura soluções inovadoras e de maior qualidade.

Citando exemplo no México, a OCDE (2018) demonstra que a competição ampla resultou em preços 12% mais baixos do que em compras sem disputa ou de participação restrita. Outros estudos apontam em direção similar, de prejuízo quando a competição é restrita, seja por ações monopolistas ou pela presença de cartéis, com aumento de até 20% no preço. (SMUDA, 2015).

As teorias ligadas à área de compras asseguram que condições favoráveis à entrada de novos participantes aumentam a concorrência entre os licitantes, resultando em maior redução nos preços contratados. (BULOW; KLEMPERER, 1996). Estudos em compras públicas brasileiras também apontam na mesma direção, ou seja, em geral, quanto mais licitantes disputando, menor o preço para o contratante. (FARIA et al, 2010; REIS e CABRAL, 2018; SILVA, 2022b). Auditoria da CGU em Mato Grosso encontrou evidências similares, no sentido de que cada novo licitante em compras de prefeituras reduzia em 2% o preço final em relação ao estimado (Relatório nº 201900852).

Vale anotar que a relação entre a quantidade de licitantes e o preço final não é linear. Não chegaremos a preço zero se formos aumentando indefinidamente os disputantes! A tendência é de um efeito mais parecido com uma função logarítmica, em que os primeiros aumentos no número de disputantes promovem muito mais efeitos do que incrementos complementares, até um ponto em que novos licitantes deixam de afetar o resultado.

Isso foi demonstrado na pesquisa de Gustavo Pereira (2002), na qual se avaliou mais de mil licitações de obras públicas. O autor encontrou curva de tendência que ilustra o efeito do número de licitantes no 'desconto' em relação ao preço estimado. Até cinco participantes, o preço final era superior ao estimado. A partir daí, começava a baixar, com os maiores 'descontos' quando havia até 15 licitantes. Acima disso, os efeitos tendem a ser mais modestos, chegando a se tornar marginais a partir de 25 participantes.

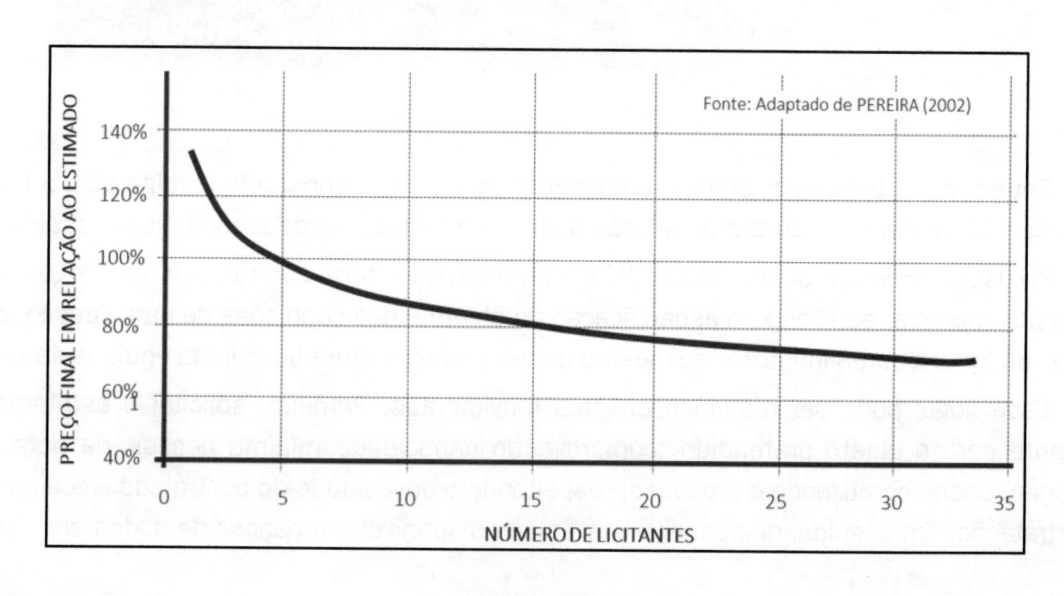

Fonte: Adaptado de PEREIRA (2002)

Outra pesquisa relevadora foi empreendida por Chapela, Labeaga e Medrano (2019), observando 515 contratações de serviços pelas Forças Armadas da Espanha. Os autores encontraram efeitos apontando para uma função quadrática, como uma bacia. Até 16 licitantes, o preço ia caindo à medida que aumentavam os participantes, mas, depois disso, o preço começava a subir. É um efeito que merece mais estudos, seja para corroborar ou refutar, seja para compreender o fenômeno de modo mais claro.

Estudos dessa e de outras naturezas a respeito dos fatores que influenciam os resultados das licitações são muito necessários. Exortamos a comunidade de profissionais de compras e a comunidade acadêmica a se dedicar a esse vasto e inexplorado mundo das compras públicas.

De qualquer forma, considerando a ideia básica de que o aumento na competitividade tende a proporcionar preços melhores para o comprador, o inciso II do artigo 11 da Nova Lei de Licitações define que assegurar tratamento isonômico entre os licitantes, bem como a justa competição, são objetivos de todo processo licitatório, inclusive das contratações diretas. Da mesma forma, o artigo 5º da referida lei eleva a competitividade a princípio que deve ser observado por todos os entes na sua aplicação.

Respeitando essa lógica, mudança impactante da NLL foi a **supressão do Convite e Tomada de Preços**, antigas modalidades de competição restrita. As edições anteriores deste livro estão repletas de exemplos de irregularidades envolvendo essas modalidades. Essa foi uma contribuição extremamente relevante da Nova Lei, em nossa opinião.

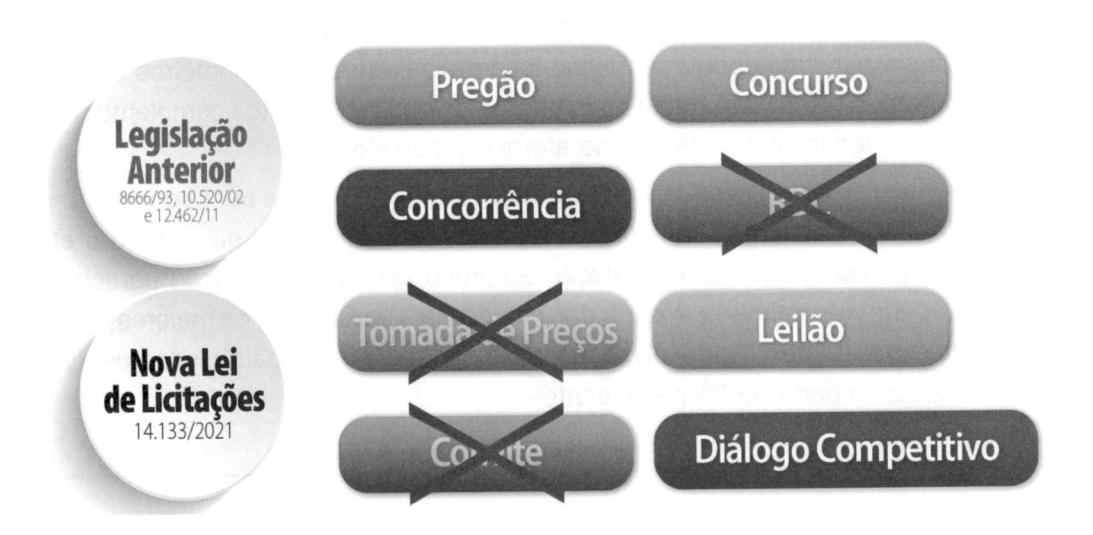

Entretanto, a busca por ampliar a concorrência está em constante conflito com a busca por mitigação de riscos de contratar solução ou fornecedor incapaz de atender às necessidades.

Por isso, Heckert e Soares Netto (2017) afirmam que "toda contratação é um jogo", uma busca por encontrar equilíbrio na especificação do objeto e nas condições de participação, para afastar os fornecedores inaptos e ao mesmo tempo permitir competição justa entre os capazes.

Esse 'jogo' pode ser resumido em três movimentos. Primeiro, solicitar o estritamente relevante para o objeto pretendido, comprovando capacidade mínima necessária para sua execução, desburocratizando o processo, respeitando a privacidade do contratado e acelerando a contratação. Em seguida, dispensar o que estiver disponível em bancos de dados abertos ou acessíveis à unidade contratante, simplificando ao máximo e reduzindo o custo de participação. E, por fim, automatizar sempre que possível os cruzamentos de dados e o aproveitamento de documentos já existentes, em especial, o cadastro unificado de fornecedores previsto pela NLL.

Repetindo, para reforçar a regra de ouro do jogo: "Licitar é discriminar de forma legítima". (SANTOS, 2008). As normas estabelecem os mecanismos legítimos para proteger a Administração, reduzindo os riscos de não cumprir o objetivo de obter a proposta mais vantajosa, seja pelas especificações da solução pretendida, seja pelos critérios de aceitação dos potenciais interessados.

Primando pela lógica da motivação fundamentada, a NLL exige, como elemento da fase preparatória, explicações para as condições do edital, incluindo justificativa para exigências técnicas e econômicas (art. 18, IX). É por meio da fundamentação apropriada que se legitimam as exigências do edital.

Assim, vamos tratar de **cláusulas restritivas ilegítimas**, que comprometem a competição, induzindo, de modo injusto, o resultado, **direcionando a licitação**, um dos mecanismos mais comuns para se devolver "favores" acertados durante campanhas eleitorais, bem como para canalizar recursos públicos a agentes fraudadores.

O gestor mal-intencionado dirige as licitações a determinados fornecedores, por meio da especificação de condições impeditivas da livre concorrência, incluindo exigências que os demais fornecedores em potencial não têm condições de atender ou que possam ser rejeitados por interpretação enviesada.

Essa prática visa excluir indevidamente os concorrentes, favorecendo fornecedor previamente escolhido, por meio de artimanhas como requisitos ou procedimentos injustificados no edital.

Nesse contexto, as principais cláusulas restritivas, baseadas em estudo histórico e compatibilidade com o regramento atual, que julgamos oferecer riscos ao cenário da NLL estão relacionadas a seguir.

Os casos reais e a jurisprudência citada, na maior parte, referem-se à legislação antiga, mas permanecem referenciais para as condutas, decisões e análises do ambiente legal mais recente, diante da semelhança de tratamento adotado na NLL em relação aos entendimentos já consolidados. Os exemplos apresentados refletem situações hipotéticas irregulares, levando em conta possibilidades concretas de aplicação da NLL.

2.2.1 Garantia de proposta para controle de interessados

A NLL permite exigir garantia de proposta como requisito de pré-habilitação (art. 58). A lógica é reduzir o risco dos chamados licitantes "aventureiros". A exigência é uma decisão da fase de planejamento da licitação, baseada em conveniência e oportunidade do requisito, seguindo as regras da NLL.

Um risco de restrição indevida é exigir a garantia de proposta com antecedência em relação à abertura do certame, já que a NLL define o cumprimento do requisito na apresentação da proposta.

A **antecipação de garantia de proposta** permite conhecer interessados e facilita o conluio, comprometendo o caráter competitivo e a lisura da licitação. Assim, contraria a NLL e a jurisprudência consolidada, considerando as similaridades com a legislação anterior (Acórdãos TCU nºs 2552/2017-P, 697/2019-P, 806/2019-P, 2328/2020-P, 7574/2020-1C).

A garantia de proposta (GP) não se confunde com a garantia de contrato (GC). A GP pode alcançar até 1% do valor estimado, como pré-habilitação. A GC é condição contratual, até 5% do valor contratado, podendo chegar a 10%. Em obras e serviços de engenharia de grande vulto, até 30% (art. 99 da NLL).

Os incisos do §1º, do art. 96 da NLL relacionam as modalidades de garantia: dinheiro, títulos da dívida pública, seguro garantia e fiança bancária. É o particular quem decide qual modalidade apresentar (Acórdãos TCU nºs 806/2019-P, 1044/2019-P e 2328/2020-P).

Não se pode exigir percentual igual ao da garantia contratual. São dois conceitos diferentes, com limites distintos. Superar o limite de 1% do valor estimado é irregular.

Quando a licitação é realizada em vários itens ou grupos, a garantia de proposta e os demais requisitos de qualificação econômico-financeira devem ser proporcionais ao(s) objeto(s) para os quais o licitante está concorrendo. Não é raro encontrar exigências que se referem ao valor global, mesmo quando a disputa é por grupo ou por item (Acórdão TCU nº 804/2016-P).

Se a licitação se referir a objeto de natureza continuada, com vigência inicial superior a 12 meses, a garantia de proposta deve ser baseada no valor anual estimado. Detalharemos os argumentos sobre essa situação na seção seguinte.

> **Exemplo hipotético. Garantia de proposta antecipada e somente em dinheiro.**
> Comprovante de Caução de Participação. Depósito na Secretaria X, no valor de 1% do estimado, até três dias antes da data marcada para entrega das Propostas, não sendo aceita a inclusão da garantia nos documentos de proposta e/ou habilitação, somente em moeda corrente do país, não sendo aceitos títulos da dívida pública, fiança bancária ou seguro garantia.

2.2.2 Capacidade econômica exagerada

A NLL deixa claro que a qualificação econômico-financeira deve ser comprovada de forma objetiva, por coeficientes e índices econômicos previstos no edital (art. 69), vedando índices e valores não usualmente adotados (art. 69, §5º).

Distorcendo esse comando, **editais restritivos** especificam **índices atípicos, valores incomuns** para o ramo de atividade ou **patamar injustificado de desempenho**.

Casos clássicos são: **liquidez exagerada** e **endividamento muito baixo**.

Exemplo disso foi tratado no Acórdão nº 2566/2020-P, no qual o TCU alertou que exigir, em serviços terceirizados, endividamento total menor ou igual a 0,6 deve ser justificado, sendo insuficiente a mera menção de precedente judicial ou deliberação.

Em Minas Gerais, julgando licitação para limpeza urbana, o TCE-MG entendeu que os índices exigidos, liquidez maior ou igual a 2 (dois) e endividamento menor ou igual a 0,3 eram impertinentes e não correspondiam aos valores normalmente adotados no setor de serviços públicos. Em outro caso, também de limpeza urbana, a liquidez era maior ou igual a 3 (três) e endividamento menor ou igual a 0,25, novamente, fora do padrão para serviços de igual complexidade. Não constava, por exemplo, pesquisa em empresas do ramo (TCE-MG. Recurso Ordinário nº 808.260).

Em caso semelhante, o TCU verificou **índices destoantes do mercado**. A média das maiores empresas do setor era bem inferior ao exigido no edital, o que resultou no esvaziamento da licitação. Vale destacar que o TCU não estava se referindo às "Melhores e Maiores" empresas do ramo como um referencial de mercado, apenas demonstrou que os índices auditados eram superiores, inclusive, aos números de empresas de ponta do setor. Não se espera que os números das "Melhores e Maiores" sejam adotados como parâmetros em licitações futuras (Acórdão nº 1.593/2010-2C).

Qualquer coeficiente ou índice diferente do usual deve estar fundamentado por parecer técnico que apresente os parâmetros utilizados para se chegar aos critérios determinados, comprovando que são adotados para objetos de igual complexidade ou que a escolha se baseia em pesquisa em empresas do ramo, de modo a resguardar o princípio da competitividade.

Exemplo de indicador indevido é a Disponibilidade Financeira Líquida-DFL, um coeficiente que o TCU considera irregular (Acórdãos nºs 3.097/2016-P, 2729/2018-P, 211/2021-P e 1336/2022-2C), não usual e desnecessário, sem apuro técnico, inconsistente e baseado em mera declaração dos licitantes (Acórdão nº 461/2017-P). Esse indicador foi adotado, no passado, pelo Dnit, para licitação de obras rodoviárias, mas o próprio Dnit abandonou a prática em face de dúvidas acerca de sua real eficácia, conforme explicado no Acórdão TCU nº 3.097/2016-P. Era inviável confirmar os dados apresentados pelas licitantes, se tornando, assim, exigência inócua.

Por esse e outros motivos, o TCU consolidou, ainda sob o regime da lei antiga, entendimento na Súmula nº 289/2016, que, em nossa opinião, se aplica à NLL, pela compatibilidade de regras sobre índices contábeis como requisito de qualificação econômica.

> A exigência de índices contábeis de capacidade financeira, a exemplo dos de liquidez, deve estar justificada no processo da licitação, conter parâmetros atualizados de mercado e atender às características do objeto licitado, sendo vedado o uso de índice cuja fórmula inclua rentabilidade ou lucratividade.
>
> (TCU, Súmula 289)

Nesse contexto, os índices mais comuns em licitação, historicamente, são aqueles previstos na IN MARE 05/1995: Liquidez Corrente, Liquidez Geral e Solvência Geral, acima de 1,0.

É importante atentar para o fato de que esse padrão não se aplica, necessariamente, a todo e qualquer ramo de atividade, reforçando a relevância de estudos adequados do mercado em que se insere a contratação pretendida, de modo a selecionar e dimensionar os critérios e parâmetros do edital.

Outra questão relevante é a escolha explícita entre as **alternativas e o respectivo percentual de capital social ou patrimônio líquido**.

O edital não pode exigir "capital social *ou* patrimônio líquido no mínimo de". Tem que especificar claramente qual dos dois parâmetros será avaliado, escolhendo a alternativa e o respectivo percentual.

E qual é a diferença entre Patrimônio Líquido (PL) e Capital Social (CS)? O PL representa contabilmente os recursos próprios da empresa, que não estão comprometidos com terceiros em um determinado momento. É um indicador da saúde financeira real e atual da empresa. Já o CS representa o aporte de recursos feitos pelos donos, ou gerados pela empresa e formalmente incorporados ao Capital.

O Patrimônio Líquido varia conforme as atividades da empresa. Já o Capital Social só é alterado mediante deliberação dos sócios, isto é, independe do exercício da atividade da empresa.

Contabilmente, são conceitos diferentes, mas numa licitação, atuam da mesma forma: fornecem indícios de capacidade patrimonial própria da licitante.

Resumindo, **o edital pode exigir**:

a. somente índices contábeis mínimos;

b. somente Capital Social mínimo;

c. somente Patrimônio Líquido mínimo;

d. índices contábeis e CS mínimo; ou

e. índices contábeis e PL mínimo.

Se optar pelo Capital Social mínimo, não pode exigir integralizado. Capital integralizado é quando os recursos já entraram na empresa. Capital subscrito é quando os sócios se comprometeram formalmente a investir. Dessa forma, exigir capital social integralizado extrapola a exigência prevista na Lei nº 14.133/2021, que definiu no §4º do art. 69 apenas capital social mínimo.

A decisão sobre o que exigir deve ser justificada e guardar **relação proporcional com os riscos** a serem cobertos, de modo a atender ao comando constitucional de que as exigências para a habilitação sejam as mínimas possíveis (art. 37, inciso XXI da CF88). Os riscos principais costumam ser: (1) inexecução ou falha no contrato; e (2) restrição indevida à competição. Essa ponderação deve considerar, entre outros fatores, o valor estimado do contrato, a essencialidade do objeto, o tempo de duração do contrato, as caraterísticas do mercado fornecedor em potencial. Espera-se justificativa nos autos e estudo de mercado com vistas a verificar o potencial restritivo (Acórdão TCU nº 1321/2020-P).

Veja-se que o comando é tomar a decisão conforme o caso concreto. Parâmetros genéricos, iguais para qualquer montante, objeto ou ramo de atividade, não é a melhor técnica. Compare, por exemplo, os setores de grandes obras, supermercados e serviços terceirizados. Será que seu desempenho contábil é semelhante, especialmente para demonstrar capacidade econômica? Acreditamos que não, exigindo, caso sejam adotados, critérios específicos e justificados.

CAPÍTULO 2 — TIPOLOGIA DE FRAUDES EM LICITAÇÃO

Operação Pororoca: índices absurdos

A partir de constatações da CGU, o Acórdão TCU nº 1.049/2014-P confirmou a condenação de gestor, entre outros motivos, pela previsão de índices contábeis absurdos num edital para construção de Hospital. Foram exigidos Índice de Liquidez Corrente (ILC) e Índice de Liquidez Geral (ILG) acima de 3,90. A mediana de ILC das 34 maiores construtoras do Brasil na época era 3,11. Das 34 maiores empresas de construção civil do país, no mínimo 17 seriam inabilitadas no certame por não atingirem os índices contábeis exigidos

Para avaliação de indices contábeis, recomenda-se a comparação entre os índices exigidos no edital avaliado e outros editais contemporâneos do mesmo órgão ou de editais para objetos similares, assim como um comparativo com os índices apresentados pela empresa vencedora. Se o edital analisado estiver muito diferente do padrão adotado no órgão, muito distinto de patamares usados em outras licitações de objetos semelhantes ou se os índices exigidos são coincidentes com aqueles da vencedora, os indícios de direcionamento se tornam bastante contundentes.

Uma discussão relevante é a **validade efetiva dos índices contábeis na mitigação de riscos** para o contratante. Felipe Boselli (2010b), por exemplo, defende que regimes tributários diferentes podem impactar fortemente os índices, sem, necessariamente, afetar a capacidade da empresa de atender o contrato. O autor alerta, de forma acertada, que o uso isolado dos índices contábeis deve ser acompanhado de análise criteriosa, sob pena de não representar indicador efetivo de solvência da licitante analisada.

Índices contábeis de liquidez e solvência consistem, basicamente, em relações entre o que a empresa possui e o que ela deve. São uma forma de avaliar se existem boas perpsectivas de honrar compromissos e executar atividades no futuro. Por exemplo, uma liquidez geral = 1,0 significa que para cada R$1 que a empresa deve a terceiros (Passivo), ela tem outro R$1 em bens ou direitos a receber (Ativo Circulante + Realizável a Longo Prazo). Não há preocupação com prazos, para pagar ou receber, apenas os totais. Já a liquidez corrente se calcula com transações de curto prazo, do tipo circulante, concretizáveis em até um ano. Um índice de liquidez corrente = 0,5 representa que a empresa tem bens e direitos circulantes que cobrem apenas metade das dívidas circulantes.

Contudo, usar esses cálculos como modo isolado pode não servir para revelar a sustentabilidade de uma empresa. Felipe Boselli (2010b) exemplifica com análise às demonstrações contábeis de cinco anos da Petrobras (2005-2010). Nesse período, a maior empresa do País teve índice de liquidez geral bem inferior ao patamar usualmente adotado em licitação de 1,0 (um).

Ou seja, a Petrobras tinha mais dívidas, no total, do que o seu conjunto de bens e direitos. Isso é comum em empresas alavancadas, que obtêm créditos de longo prazo para concretizar suas operações.

Com esse desempenho contábil isolado, se a Petrobras participasse de licitações, poderia ser impedida de competir.

Além desse problema de efetividade dos índices, há também o risco de desatualização dos dados analisados na licitação. Um edital de março, por exemplo, estará avaliando condições contábeis referentes a dezembro do ano retrasado, ou seja, uma defasagem de 15 meses.

> As informações analisadas para a licitação não são atuais e, na grande maioria dos casos, não representam a realidade da empresa no momento do certame. É fato que os índices contábeis compõem uma ferramenta pericial importante para a construção de uma análise holística da empresa em questão. Não se discute a importância e a relevância desse instrumento contábil. Entretanto, é questionável a sua funcionalidade quando utilizada de forma indiscriminada, como instrumento conclusivo de análise da saúde financeira da empresa.
>
> (BOSELLI, 2010b)

Continuando esse debate, num exercício hipotético, imagine uma empresa que acabou de ser criada. Pode não ter muito dinheiro em caixa, talvez tenha um Ativo de apenas R$2,00. Mas também não tem dívidas, de modo que seu Passivo é zero ou quase. Em nosso exemplo, digamos que seja R$1,00. O índice de Liquidez Corrente dessa empresa será 2. Para cada real que ela deve, tem dois em caixa. Olhando apenas para o índice, sua capacidade econômica poderia ser confundida com uma situação bastante confortável. Mas, convenhamos, você contrataria esse fornecedor para uma obra ou qualquer ajuste que exija condições financeiras para cumprir as obrigações?

O fato é que, considerando que a grande maioria das empresas participantes de licitações não possuem obrigação de publicar suas demonstrações, não há processos de controle, seja interno ou independente, quanto à fidedignidade das informações e, levando em conta, ainda, o método simplista e genérico de avaliação da "boa situação financeira" da empresa, a exigência pode se tornar pouco efetiva, isso se não acabar sendo prejudicial à ampla concorrência.

Ao ignorar peculiaridades de mercado, setores econômicos e outros fatores relevantes para análise das demonstrações contábeis, além de ignorar a ausência de instrumentos de auditoria e acreditação das informações divulgadas por empresas não submetidas a normas contábeis mais rigorosas, o governo pode estar usando critérios tecnicamente frágeis, que não se sustentam ao ser observados à luz dos princípios contábeis.

Fórmulas simplistas e genéricas de índices contábeis, iguais para toda e qualquer empresa, modalidade ou objeto, acreditando que isso demonstra "boa saúde financeira", pode não representar a melhor forma de gerenciar os riscos.

Ainda relacionado à capacidade econômica, o TCU se deparou com edital que exigia **cópia integral do livro diário**, como requisito de habilitação (Acórdão nº 2304/2019-P), exemplo histórico de exigência despropositada e sem fundamento. Esse tipo de situação continua irregular no contexto da NLL, já que a lei prevê somente a possibilidade de exigir balanço patrimonial, demonstração de resultado de exercício e demais demonstrações contábeis dos dois últimos exercícios sociais (art. 69, I).

Aliás, vale aproveitar a deixa para comentar sobre esse aspecto dos dois últimos exercícios sociais.

A NLL trouxe essa diretriz com a intenção, muito provavelmente, de reduzir riscos de fraude, por meio da análise comparativa dos elementos contábeis de um ano para o outro. Comungamos da opinião de Marçal Justen Filho (2021) sobre o tema, no sentido de que os dados dos últimos dois anos fiscais de uma empresa servem de subsídio para avaliar a evolução de sua situação financeira e detectar possíveis práticas enganosas, conhecidas como "maquiagem de balanços". Comparando os registros contábeis dos dois períodos, pode-se verificar a consistência das demonstrações mais recentes em relação às anteriores, ajudando a garantir a fidedignidade dos dados apresentados, mitigando, em parte, os riscos de adulteração de informações relevantes para o cálculo de indicadores e coeficientes.

Relevante destacar a permissão de participar sem histórico contábil, quando a empresa for criada no mesmo ano da licitação. Nesse caso, ela apresentará o balanço de abertura (art. 69, §1º).

Além desses aspectos já abordados, vale mencionar ainda a disciplina adequada para tratamento de avaliação da qualificação econômico-financeira quando for admitida a participação de licitantes em consórcio, lembrando que essa é a regra, com a proibição de consórcios como exceção fundamental. A NLL traz regras específicas para a parte econômico-financeira de consórcios, determinando o somatório de suas capacidades individuais e exigências mais robustas no conjunto, com acréscimo de 10% a 30% sobre o valor exigido de licitante individual. Esse adicional pode ser suprimido, mediante justificativa, e não se aplica aos consórcios exclusivamente compostos de micro e pequenas empresas (art, 15, §§1º e 2º).

A respeito da vedação de consórcios, o TCU entende que deve constar justificativa fundamentada nos Estudos Preliminares (Acórdão nº 185/2023-P).

Ainda sobre qualificação econômica, existe a possibilidade de exigir certidão negativa de feitos sobre falência. **Não há mais previsão de certidão de 'concordata' (recuperação judicial)** da legislação antiga.

Uma implicação direta é que o STJ vem entendendo ser inexigível, pelo menos por enquanto, demonstração de **regularidade fiscal para as empresas em recuperação judicial**, desde que seja demonstrado que ela tem condições de suportar os custos da execução do contrato e também resguardando a função social da empresa (REsp nº 1.940.775/SP, 27.6.2022).

Assim, os editais não podem vedar a participação de empresa em recuperação judicial, se ela estiver amparada em certidão emitida pela instância judicial competente a certificar que estaria apta econômica e financeiramente para participar do procedimento licitatório (Acórdãos TCU nºs 1201/2020-P, 2265/2020-P, 2566/2020-P e 18366/2021-2C).

Outro aspecto relevante é a **capacidade econômica em vigência inicial superior a 12 meses**, no caso de **serviço ou fornecimento continuado**. Há entendimento de que os requisitos devem se pautar pelo valor estimado para 12 meses, mesmo quando o prazo do contrato for superior a este período (Acórdãos TCU nºs 1335/2010-P e 2268/2022-P).

Essa lógica tem a ver com o fato de que a vigência inicial superior a 12 meses não deve afetar, em tese, o requisito de qualficação econômico-financeira mínima.

Observemos, por exemplo, o Capital Circulante Líquido (CCL), ou Capital de Giro (Ativo Circulante – Passivo Circulante).

A origem desse requisito nas contratações federais envolvendo dedicação exclusiva de mão de obra remonta ao Acórdão nº 1214/2013-P, o qual trata o CCL mínimo como o suficiente para "honrar no mínimo 2 (dois) meses de contratação sem depender do pagamento por parte do contratante". Então, a base correta para esse requisito não é o valor estimado da contratação, quando o contrato prevê mais de 12 meses de vigência inicial. O correto, nesse caso, será exigir o CCL correspondente a 16,66% do valor estimado relativo a 12 meses de execução contratual. Assim foi realizado no Pregão nº 64/2015 do próprio TCU, que licitou serviço de limpeza por 30 meses. Tanto CCL quanto Patrimônio Líquido foram previstos em relação ao valor anual.

A NLL trouxe esse entendimento explícito para a garantia contratual (art. 98, parágrafo único) e para os limites de benefícios para micro e pequenas empresas (art. 4, §3º). Em ambos, a Nova Lei definiu que em contratações com prazo de vigência superior a 1 (um) ano, será considerado o valor anual do contrato.

É plausível argumentar que, se para garantia contratual e para os limites da LC nº 123 foi previsto o valor anual como parâmetro, a lógica parece apontar que os demais requisitos de habilitação acompanhem esse mesmo raciocínio.

Sintetizando, defendemos que objetos continuados com vigência inicial superior a 12 meses tenham requisitos de qualificação econômico-financeira baseados no valor anual estimado.

Aproveitando a menção ao **Capital Circulante Líquido (CCL),** vale comentar entendimento do TCU de que esse indicador contábil se aplica, preponderantemente, aos serviços continuados COM dedicação exclusiva de mão de obra, exigindo justificativa específica se for aplicado em serviços continuados **SEM dedicação exclusiva de mão de obra, ou de natureza não continuada ou por escopo**, considerando as peculiaridades do objeto e, principalmente, defendendo o percentual adotado (Acórdãos TCU nºs 8066/2020-1C, 8982/2020-1C, 790/2022-P e 1420/2022-P).

Mais um aspecto que merece destaque é a **qualificação econômica por itens ou grupos**. Sobre o tema, o Acórdão TCU nº 868/2007-P entendeu que somente devem ser adjudicados a uma mesma empresa os itens ou grupos para os quais apresente os requisitos necessários para garantir o cumprimento das obrigações contratuais assumidas, ou seja, deve-se **prever o somatório** das condições econômicas conforme os objetos da licitação disputados pelo mesmo licitante.

Essa questão foi analisada também no Acórdão TCU nº 174/2011-P. Na análise do caso, a área técnica do TCU citou como a situação hipotética poderia ser resolvida na prática:

> [se o sujeito] *ultrapassou os limites de sua qualificação econômico-financeira, caberá ao licitante optar por contratações cujo valor corresponda às suas condições. Neste caso, não se trataria de desistir da proposta... mas de identificar os limites da qualificação econômico-financeira da licitante* (Acórdão TCU nº 174/2011-P).

O espírito do entendimento do TCU já tinha sido emitido na longínqua Decisão nº 744/1999-Plenário: "[...] nas licitações cujo objeto seja divisível em itens, a exigência de comprovação de capital social ou patrimônio líquido mínimo [deve ser] proporcional à participação do licitante nessa divisibilidade".

Essa mesma lógica foi reforçada no Acórdão TCU nº 2895/2014-P, prevendo que a empresa licitante pode participar da disputa de todos os itens, devendo o edital estabelecer critérios objetivos, a fim de assegurar que somente sejam adjudicados a uma mesma empresa os itens para os quais apresente os requisitos necessários para garantir o cumprimento das obrigações contratuais assumidas.

Sintetizando, a jurisprudência do TCU vai na linha de que deve-se exigir indicadores contábeis mínimos em relação a cada item/grupo individualmente, mas também deve-se prever no edital critérios para que o licitante somente contrate aqueles itens/grupos para os quais apresente requisitos mínimos proporcionais, ou seja, levando em conta o conjunto de itens/grupos vencidos, a fim de garantir o cumprimento das obrigações contratuais assumidas. Os requisitos de habilitação econômica devem ser cumulativos, mas apenas exigíveis em relação aos itens que o licitante efetivamente venceu, e não apenas concorreu (Acórdão TCU nº 1.630/2009-P).

Para referenciar como pode ser previsto esse tipo de análise, encontramos modelo de edital de pregão para compras elaborado pela AGU, ainda sob o regime da legislação antiga, mas compatível com a NLL nesse aspecto particular. Nesse modelo de edital, está previsto que o licitante provisoriamente vencedor em um item, se estiver concorrendo em outro item, ficará obrigado a comprovar os requisitos de habilitação econômica cumulativamente, isto é, somando as exigências do item em que venceu às do item em que estiver concorrendo, e assim sucessivamente. Se não houver capacidade econômica suficiente para a comprovação cumulativa, a inabilitação recairá sobre o(s) item(ns) de menor(es) valor(es) cuja(s) retirada(s) seja(m) suficiente(s) para a habilitação do licitante nos remanescentes.

É importante reforçar o que acontece se o licitante não comprovar capacidade econômica para tudo o que venceu, quando os requisitos são avaliados de modo cumulativo. Nessa situação, o licitante deve ser inabilitado em algum ou alguns itens ou grupos, que representem o menor gravame para o licitante, ou seja, os de menor valor, recusando habilitar somente aqueles suficientes para que o licitante atinja as exigências cumulativas do item/grupo ou itens/grupos remanescente(s).

Veja-se que esse entendimento – avaliação acumulada da capacidade econômica – é o oposto do que se entende adequado no tratamento da capacidade técnica – avaliação individual, sem acumular os itens ou grupos disputados (falaremos mais sobre isso adiante).

Por fim, um último tópico a destacar é a jurisprudência no sentido de que o **microempreendedor individual (MEI)**, se participar de licitação, **deve apresentar**, quando exigido para fins de qualificação econômico-financeira, o **balanço patrimonial e as demonstrações contábeis** (Acórdãos TCU nº 133/2022-P, 466/2022-1C, 3114/2022-2C e 7846/2022-1C).

2.2.3 "Quitação" em vez de "regularidade" fiscal

No art. 68 da NLL está prevista a possibilidade de exigir requisitos de natureza fiscal, social e trabalhista, por meio, entre outros, da regularidade perante a Fazenda federal, estadual *e/ou* municipal do domicílio ou sede do licitante, ou outra equivalente, na forma da lei (inciso III) e da regularidade relativa à Seguridade Social e ao FGTS, que demonstre cumprimento dos encargos sociais instituídos por lei (inciso IV).

Embora a Lei deixe claro que será avaliada a "regularidade", há risco de editais restritivos exigirem "quitação" de obrigações fiscais ou previdenciárias.

E isso é errado, como o TCU consignou na Súmula nº 283. A mesma lógica continua absolutamente válida para a NLL.

Reforçando essa ideia, o Tribunal de Contas de Mato Grosso decidiu que a certidão a ser exigida é a de regularidade, não a de quitação ou inexistência de débitos fiscais (Acórdão TCE-MT nº 35/2015-2C).

> **Exemplo hipotético. Certidão de "quitação"**
> Prova de regularidade para com a Fazenda Federal, Estadual e Municipal do domicílio ou sede do licitante, mediante apresentação de CERTIDÃO DE QUITAÇÃO DE TRIBUTOS e Contribuições Federais e Certidões Negativas de Débito junto ao Estado e Município

Vale destacar que há polêmica sobre a **amplitude aplicável à regularidade fiscal** a ser exigida conforme o objeto pretendido e a natureza federativa da entidade contratante. O sistema tributário é dividido em diversas competências e há correntes que defendem exigir a regularidade de todas as esferas, sobre todos os tributos, enquanto outros militam na linha de restringir à fazenda interessada, relacionada com o objeto contratual.

Essa última interpretação tende a ganhar força, porque a NLL mudou sutilmente a redação em relação à legislacão antiga, prevendo exigir regularidade federal, estadual "E/OU" municipal, dando a entender claramente que não são condições cumulativas, mas alternativas, conforme o caso, a ser ponderado com o comando constitucional de exigir apenas o indispensável para cumprimento do contrato. Não faria sentido cobrar regularidade do IPTU num contrato de prestação de serviços, por exemplo, ou seja, as exigências teriam que se relacionar com o objeto contratual ou com o ente contratante, no sentido de riscos que possam prejudicar o adimplemento das obrigações futuras. (PINHEIRO, ALMEIDA e MANSUR, 2023).

Corroborando com essa linha de pensamento, encontramos o Acórdão nº 2185/2020-P, no qual o TCU reforçou entendimento de que a prova da regularidade fiscal não seria aplicável perante a fazenda municipal quando a licitação fosse realizada por órgão federal ou com recursos da União. Tratava-se, no caso concreto, de Pregão para contratar serviço de alimentação. Entre os argumentos, citou-se que o modelo de edital para serviços continuados sem dedicação exclusiva de mão de obra da Advocacia-Geral da União previa somente a exigência de regularidade com a Fazenda Nacional.

O Código Tributário Nacional (CTN) também trata do tema e fala em fazenda interessada (art. 193), o que indicaria a lógica de exigir a regularidade fiscal apenas da fazenda vinculada ao objeto da contratação. Quem pensa assim é Marçal Justen Filho (2014), para quem só faria sentido cobrar no edital a regularidade para com o Fisco pertinente ao exercício de atividade relacionada com o objeto do contrato a ser firmado. Não seria apropriado, então, exigir comprovante de todos os níveis ou a qualquer tributo, mas somente do ramo de atividade pertinente ao objeto licitado, comprovando que cumpre obrigações fiscais relacionadas com o âmbito da atividade a ser executada.

Os autores deste livro defendem essa mesma linha de entendimento, ou seja, que a regularidade fiscal deve ser aquela pertinente ao objeto licitado, em consonância com o art. 193 do CTN. A comprovação, portanto, seria limitada à Fazenda Pública interessada na contratação.

No Processo nº 2479/1997, o Tribunal de Contas do Distrito Federal chegou à mesma conclusão: "[...] só devem ser exigidas as provas de regularidade com os tributos que incidam sobre a atividade a ser contratada".

Observando o Acórdão nº 2876/2007-1C do TCU, vemos recomendação numa linha complementar a essa. Nesse caso, o TCU recomendou exigir, em licitações com recursos federais, apenas a regularidade com a Fazenda Federal.

O Tribunal de Contas adicionou detalhes a esse entendimento no ano seguinte, por meio do Acórdão nº 2616/2008-P. Ali, ficou entendido que, em função da **relação custo x benefício da contratação**, seria viável, a partir da gestão de riscos do caso concreto, deixar de exigir certos requisitos de habilitação, em face da razoável certeza da satisfação da futura contratação, privilegiando os princípios da proporcionalidade, da eficiência e da razoabilidade. Contratações de pequeno valor, por exemplo, envolvendo objetos de extrema simplicidade, não precisam de exigências rigorosas.

Esses princípios da proporcionalidade e da razoabilidade são fundamentais para interpretar casos concretos de licitações e contratos, sopesado o comando constitucional de exigir para a habilitação o mínimo possível.

Resumindo: em nossa opinião, somente se aplica a regularidade fiscal no âmbito do ente federativo licitante, se federal, assim como aquela pertinente ao ramo de atividade do objeto licitado e, nos casos em que a razoabilidade e a proporcionalidade justificarem, poderá ser dispensada.[13]

Por exemplo, para comprar material de consumo ou para contratar obras, a regularidade aplicável seria a do ICMS, mas não o ISSQN. Para contratar serviços, de modo geral, aplicar-se-ia o ISSQN.

A questão, entretanto, não está pacificada e muito provavelmente será objeto de novas rodadas de discussão da doutrina e da jurisprudência.

Outro aspecto que merece destaque é a **forma de comprovação** da regularidade fiscal, social e trabalhista. A NLL privilegia a simplificação e a digitalização dos atos, incluindo o uso de documentos constantes de base de dados de natureza pública, de modo a substituir ou

---

[13] Essa análise se baseou em parte no texto: RIBEIRO, Thaísa Juliana Sousa. *Licitação promovida pela União*: desnecessidade de comprovação da regularidade fiscal perante os estados e municípios. 2012. Disponível em: https://jus.com.br. Acesso em 10 mar. 2023.

suprimir exigências que possam ser solucionadas por meio eletrônico, por cruzamento de dados ou formas em que a própria Administração tiver condições de aferir diretamente a regularidade. (AMORIM, 2021).

Nesse sentido, a NLL não exige, necessariamente, **prova de autenticidade de documento** para lhe conferir validade. Vale a cautela da diligência em caso de fundada dúvida quanto à fidedignidade do que for apresentado. Salvo expressa imposição legal, somente será exigido o reconhecimento de firma "quando houver dúvida de autenticidade" (art. 12, V, da NLL). O TCU já vinha apontando irregularidade em exigir **documentos com reconhecimento de firma e autenticação, de maneira genérica**, sem a existência de dúvida quanto à autenticidade, em desacordo com o art. 9º do Decreto nº 9.094/2017 (Acórdão nº 223/2021-P).

Por fim, cabe comentar sobre o **momento de apresentar a documentação**, especialmente nas licitações conduzidas em plataforma eletrônica. Especificamente na regularidade fiscal, os documentos só podem ser exigidos do licitante mais bem classificado, em "momento posterior ao julgamento das propostas" (art. 63, III).

2.2.4 Certidões, certificações ou comprovantes indevidos

Quaisquer exigências de habilitação devem estar previstas na lei de licitações e justificadas no processo, sob pena de serem consideradas restritivas à competitividade do certame.

A NLL permite que, em relação à qualificação técnica, sejam exigidos requisitos que estejam "previstos em **lei especial**" (art. 67, IV). Como ensina Victor Amorim (2022), o conceito de "lei especial" está restrito a ato normativo primário, ou seja, **lei em sentido estrito**. Não vale exigir requisito previsto em atos normativos secundários (decretos, instruções normativas, resoluções, portarias etc.).

Também não se pode exigir qualquer elemento extra-NLL que se refira aos componentes de habilitação jurídica, fiscal, social, trabalhista ou econômico-financeira. A NLL é clara em permitir apenas requisitos extraordinários, previstos em lei especial, relativos ao componente técnico.

Sendo assim, colecionamos exemplos do passado que servem de **referência do que não pode** acontecer em editais regidos pela NLL. São casos que extrapolam o permitido, pela lógica da Nova Lei, com a respectiva jurisprudência do TCU referenciando o tema (número do Acórdão).

Exemplos de exigências de habilitação indevidas ou extravagantes:

- ✓ Certidão Negativa de Protesto (4345/2018-2C)
- ✓ Certidão Negativa de Proteção à Criança e ao Adolescente (4345/2018-2C)
- ✓ Certidão Negativa de Débitos Trabalhistas em nome do sócio (628/2019-P)
- ✓ Regularidade em Segurança e Medicina do Trabalho (753/2020-P)
- ✓ Certidão Negativa de Ações Cíveis (846/2019-P)
- ✓ Certificado de Boas Práticas de Fabricação (1580/2022-P, 769/2023-P)
- ✓ Idoneidade bancária (2056/2008-P e 2179/2011-P)
- ✓ Regularidade sindical (951/2007-P)
- ✓ Certidão negativa de débito salarial (2006-P e 3088/2010-P)

- ✓ Certidão negativa de infrações trabalhistas (2006-P e 3088/2010-P)
- ✓ Alvará do município da licitação (2.194/2007-P e 855/2009-P)
- ✓ Credenciamento do Corpo de Bombeiros (2238/2021-P)
- ✓ Certidão de regularidade profissional (313/2021-P)
- ✓ Licença de garageamento (sic) (2456/2022-P)
- ✓ Certidão (genérica) da ANVISA (2456/2022-P)
- ✓ Certificado de Regularidade de Obras (8019/2023-1C)
- ✓ Certidão de Distribuição de Ações Cíveis (796/2022-P)
- ✓ Certidão de cartórios de protestos (778/2022-P)
- ✓ Atestado de qualidade de combustíveis (1376/2021-1C)
- ✓ Certidão negativa de violação a direitos do consumidor (STF, ADI 3735)

2.2.5 Capacidade técnica irregular

A aptidão para o desempenho da atividade licitada pode ser exigida por meio da capacidade técnico-**operacional**, que consiste na comprovação de que a **pessoa jurídica**, como unidade econômica organizadora de recursos, materiais, métodos e pessoas, já executou, de modo satisfatório, atividade pertinente e compatível em características, quantidades e prazos com o objeto da licitação, o que envolve o exame de um conjunto de qualidades empresariais, tais como a estrutura administrativa da empresa, seus métodos organizacionais, seus processos internos de controle de qualidade e o entrosamento da equipe.

Existe, também, a possibilidade de exigir comprovação de aptidão por meio da capacidade técnico-**profissional**, a qual se refere à qualificação de **pessoas físicas**, profissionais que executarão o objeto licitado, por meio de avaliação da experiência do corpo técnico da licitante.

Essas exigências devem sopesar dois aspectos: garantir que a empresa contratada esteja apta a executar o objeto e evitar que se frustre a competitividade do certame licitatório em decorrência da constrição impertinente do universo de licitantes.

O desafio do comprador público está em definir os **requisitos proporcionais aos riscos** do caso concreto.

Por isso mesmo, deixar de exigir qualificação técnica também pode ser irregular, afinal, isso pode colocar em risco a unidade compradora, assim como pode ser um instrumento para facilitar a vitória de um fornecedor parceiro que não detém experiência no ramo. No Acórdão nº 828/2019-P, o TCU entendeu que é possível dispensar demonstração de capacidade técnico-operacional como requisito de habilitação de licitantes em certames cujos objetos sejam de menor complexidade, cabendo ao gestor público motivar de maneira explícita na fase interna do processo licitatório. Por outro lado, não se pode dispensar comprovação técnica quando parcela relevante do objeto se refere a atividade profissional prevista em lei, como Engenharia, Arquitetura e Medicina.

Em exemplo de situação inadequada, o TCU recomendou estabelecer, de forma clara e objetiva, os requisitos de qualificação técnica, baseados em estudos evidenciando que as exigências constituem o mínimo necessário à garantia da regular execução contratual, ponderados seus impactos em relação à competitividade do certame. O problema, no caso concreto, era a **redação vaga do edital**, permitindo decisão subjetiva e pouco transparente, porque o gestor poderia escolher critérios específicos que não foram mencionados no edital, criando espaço para manipulação, já que propostas poderiam ser eliminadas com base em requisitos definidos apenas no momento da avaliação dos licitantes (Acórdão nº 914/2019-P).

Corroborando esse entendimento, no Acórdão nº 2240/2020-P, o TCU encontrou falhas em licitação na qual faltou análise dos possíveis **impactos da falta de exigência de atestados** de capacidade técnica, impedindo a comprovação da capacidade produtiva e logística das licitantes.

Especialmente crítica é a exigência de experiência e registro profissional apropriado nas obras e serviços de engenharia. A ausência de previsão expressa desse tipo de cláusula em edital para esse tipo de objeto é considerada ilegal (Acórdão nº 195/2023-P).

Sobre capacidade técnica, destacamos a seguir as **principais situações potencialmente restritivas**.

2.2.5.1 Limitação de atestados

De modo geral, a qualificação técnica se refere à apresentação de atestados que comprovem experiência prévia no objeto licitado, considerando suas parcelas mais relevantes e quantitativos mínimos de até 50% dessas parcelas (art. 67, §§1º e 2º).

Determinar um número mínimo, máximo ou fixo de atestados é medida excepcional. A lógica é que uma única experiência prévia já é suficiente para mitigar riscos, na maioria dos casos. O TCU vem se manifestando nesse sentido em julgados que podem servir de referência para avaliação no contexto de aplicação da NLL (Acórdãos nºs 245/2021-P, 371/2021-P, 641/2021-P, 924/2022-P e 7289/2022-P).

Para ilustrar o problema, encontramos edital para manutenção de sistema telefônico que exigia atestado de prestação de serviços, para um único cliente, com dois tipos de equipamentos (Acórdão nº 2772/2021-P). Para o TCU, seria razoável exigir *know-how* em equipamentos com as tecnologias mínimas, sendo impertinente a experiência, com ambos, simultaneamente, no mesmo cliente.

> **Exemplo. Limitações de atestado: mínimo**
> Apresentação de NO MÍNIMO 03 (TRÊS) ATESTADOS que comprovem ter o licitante prestado ou estar prestando satisfatoriamente serviços [...]
>
> **Exemplo. Limitações de atestado: máximo**
> Apresentação de atestado(s) [...] para a execução dos serviços de características e quantidades semelhantes ao objeto deste Edital, EM NO MÁXIMO 02 (DOIS) ATESTADOS.

Um caso real que merece destaque aconteceu no Mato Grosso do Sul, em que o Tribunal de Justiça confirmou condenação por improbidade administrativa. Entre as irregularidades apontadas numa contratação de serviços de publicidade, estava a exigência de, no **mínimo, seis atestados** de capacidade técnica, comprovando que a agência licitante executou serviços pertinentes e compatíveis, em características e quantidade, com o objeto da licitação, **sendo dois de direito público e quatro de direito privado**. O edital também exigia a quantificação e a qualificação dos profissionais que seriam alocados aos serviços, especificando o tempo de profissão de cada um (Processo nº 0101152-86.2011.8.12.0005).

Há, ainda, o risco de limitação de **atestados emitidos apenas por órgãos públicos**, desconsiderando a eventual experiência de atuação no setor privado. No Acórdão nº 3123/2021-P, o TCU não encontrou justificativas para um edital que proibiu a aceitação de atestados expedidos por instituições privadas. Nesse caso, tratava-se de critério para pontuação técnica, mas, de forma análoga, serve como referência de que tal limitação, em regra, não encontra amparo legal.

2.2.5.2 Proibição de soma de atestados

É **irregular proibir o somatório de atestados** para comprovar a quantidade mínima de experiência proporcional ao objeto licitado (Acórdão TCU nº 665/2021-P). No Acórdão nº 1.019/2020-P, o TCU reforçou que, em regra, deve ser permitido somar atestados. A proibição sem justificativas afronta a jurisprudência.

Como exemplo, um edital exigiu indevidamente experiência por cinco anos com um único tomador no mesmo contrato, sem justificativa (Acórdão TCU nº 8.677/2019-2C).

Há situações excepcionais em que o somatório pode ser vedado se a complexidade do objeto não for compatível com essa possibilidade, especialmente para aferir capacidade em determinadas metodologias ou técnicas. A restrição ao somatório de atestados deve ser justificada técnica e detalhadamente (Acórdão TCU nº 409/2020-P).

Ilustrando a relevância de fundamentar as decisões, uma prefeitura foi capaz de explicar a vedação ao somatório de atestados quando se defendeu no Tribunal de Contas, mas o órgão de controle entendeu que a motivação deveria estar descrita nos autos da licitação (Acórdão TCE-PR nº 303/2021-P).

> **Exemplo. Vedação de somatório de atestados**
> Para a comprovação da capacidade técnico operacional da Empresa É VEDADO O SOMATÓRIO DE ATESTADO. Porém, poderão ser apresentados atestados distintos para cada item de serviço

No Processo nº 636296/2020, o TCE-PR mandou suspender licitação para coleta de entulho numa prefeitura. O edital vedava a soma de atestados, sem razões técnicas de suporte.

Sobre o tema, Marçal Justen Filho (2014) explica, didaticamente, que a solução depende da natureza do objeto pretendido. Uma ponte de mil metros de extensão pode não ser equivalente a dez pontes de cem metros. A complexidade pode ser inerente à dimensão quantitativa e, nesse caso, não caberia somar experiências anteriores.

Um caso específico é a **experiência em serviços de natureza continuada**. A NLL permite exigir atuação de **pelo menos 3 (três) anos** (art. 67, §5º), consolidando, nacionalmente, o que já era adotado no Executivo Federal na IN nº 05/2017, para serviços com dedicação exclusiva de mão de obra (DEMO).

Por sua vez, a IN nº 05/2017 se baseou no paradigmático Acórdão do TCU nº 1.214/2013-P. Portanto, é nessa origem que devemos buscar a lógica para interpretar o comando positivado na NLL.

No próprio Acórdão nº 1.214/2013-P, o TCU recomendou, para serviços DEMO, exigir **experiência mínima de 3 (três) anos** em serviços **compatíveis em quantidade com o objeto licitado**.

Depois, no Acórdão nº 3489/2014-P, o TCU avaliou edital que exigia experiência mínima de seis postos de trabalho por período não inferior a três anos. O Tribunal entendeu que isso estava em concordância com as recomendações do Acórdão nº 1.214/2013-P.

Mais tarde, no Acórdão nº 478/2015-P, o Tribunal julgou edital que não definiu o que seria considerado quantidade compatível com o objeto da licitação por período não inferior a três anos. Para o TCU, sem deixar claro o que seria considerado compatível, o edital permitiu contratar quem tinha executado serviços em volumes muito inferiores aos pretendidos. E isso não estava alinhado com a recomendação no Acórdão nº 1214/2013-P. Como foi realizado, o procedimento licitatório não serviu para demonstrar a real capacidade operacional de a contratada executar o objeto licitado.

Diante desse contexto histórico, defendemos que a melhor intepretação para o dispositivo da NLL que permite exigir **experiência similar ao objeto da licitação por pelo menos três anos** (art. 67, §5º) é que o edital deve **especificar claramente o que será considerado "similar"** com o objeto licitado, em termos de **característica E a quantidade mínima**.

Por essa lógica, para serviços continuados, pode-se exigir **duas condições simultâneas**: (1) tempo mínimo COM (2) quantidade mínima, geralmente até 50% da(s) parcela(s) mais relevante(s).

É importante atentar para a **forma de somar atestados nessas duas condições**, porque as regras são diferentes para comprovar o **tempo** de atuação e a **quantidade** de serviço. Pode-se somar períodos concomitantes para comprovar a quantidade de serviço naquele período. Mas não se pode somar o mesmo período para comprovar o tempo mínimo (Vide Acórdão TCU nº 463/2015-P).

Para tempo de experiência, os atestados devem ser de períodos diferentes. Para quantidade de serviço, devem ser do mesmo período, como exemplificado a seguir, num exemplo com 4 atestados apresentados por uma licitante (AT1 a AT4) e seus respectivos períodos de vigência e quantidade de postos gerenciados:

ANO	2021												2022												2023											
MÊS	1	2	3	4	5	6	7	8	9	10	11	12	1	2	3	4	5	6	7	8	9	10	11	12	1	2	3	4	5	6	7	8	9	10	11	12
AT1		10 Postos																																		
AT2																	20 Postos																			
AT3																			30 Postos																	
AT4																					10 Postos															
TEMPO	1	2	3	4	5	6							7	8	9	10	11	12	13	14	15	16	17	18	19	20	21	22	23	24	25	26	27	28	29	30	31	32	33
POSTOS		10												50						60						40						10					

Nesse exemplo, a contagem de tempo de experiência soma 33 meses, nos 4 atestados apresentados, de 2021 a 2023. Cada mês de atuação somente pode ser contado uma única vez, mesmo que haja vários contratos vigentes naquele mês.

Por outro lado, a experiência em quantidade de postos de trabalho pode ser somada, sempre que houver coincidência de mais de um contrato no mesmo período. Nesse exemplo, a empresa gerenciou, ao longo dos 33 meses atestados: 60 postos por 10 meses; 50 postos por 3 meses; 40 postos por 2 meses; 10 postos por 33 meses.

Se a experiência mínima exigida na qualificação técnica da licitação fosse de 36 meses, a empresa não seria habilitada. Se a experiência exigida fosse de pelo menos 24 meses, ela poderia ser habilitada.

Se além do tempo mínimo, também fosse exigida quantidade mínima, digamos, 20 postos, durante 24 meses, a empresa não conseguiria se habilitar, pois teria comprovado que gerenciou 20 ou mais postos apenas durante: (1) 40 postos por 2 meses + (2) 50 postos por 3 meses + (3) 60 postos por 10 meses = 15 meses.

Pode acontecer **exigência exagerada de tempo de experiência**. Um caso assim ocorreu em uma licitação para gerenciamento de manutenção de frota de veículos, que exigiu 10 (dez) anos de experiência. O TCU entendeu que só poderia exigir 3 (três) anos e desde que as circunstâncias específicas da prestação do serviço assim recomendem, o que deve ser objeto de adequada fundamentação, baseada em estudos prévios à licitação e na experiência pretérita do órgão contratante (Acórdão nº 5964/2022-1C).

Outro caso extravagante foi retratado no Acórdão nº 245/2021-P, sobre a exigência de dois atestados, cada um deles de serviço executado no mínimo por 12 meses, sem justificativa plausível.

Um **requisito acessório exorbitante** é que o **atestado seja acompanhado de contrato e/ou nota fiscal**. Isso apareceu em julgados recentes do TCU (Acórdãos nº 2447/2019-P, 12754/2019-1C e 2456/2022-P). Embora pareça medida saudável como mitigação do risco de fraude nos atestados, o entendimento predominante é que documentos eventualmente necessários à confirmação dos atestados só devem ser solicitados se houver necessidade de diligência, durante a análise da habilitação, a fim de comprovar a veracidade dos atestados apresentados, caso haja indícios de irregularidade ou complementar informações em caso de dúvida sobre compatibilidade dos comprovantes com os requisitos do Edital.

Nessa linha de exigência desarrazoada, houve editais que cobraram o atestado acompanhado de respectiva nota de empenho do contrato (Acórdãos TCU nºs 655/2021-P e 2435/2021-P) e até mesmo comprovante de imposto pago referente ao atestado (Acórdão TCU nº 15239/2021-2C).

2.2.5.3 Quantitativo exagerado de experiência mínima

A NLL aceita que seja exigida experiência em quantidade proporcional ao objeto licitado, desde que o montante se refira a parcelas mais relevantes e não seja excessivo a ponto de restringir indevidamente a competitividade. A regra geral limita a **50% dos quantitativos previstos na licitação** (art. 67, §2º).

Não há, na Nova Lei, distinção entre a capacidade técnica profissional e operacional para exigência do quantitativo mínimo. Os autores deste livro acreditam que esse tema ainda será objeto de muitas dúvidas e certamente será tratado pela jurisprudência.

Ainda no domínio da antiga Lei nº 8666/1993, o TCU já acenava com a possibilidade – em casos excepcionais – de exigir quantitativo mínimo em atestado de profissional, desde que os serviços ou obras envolvessem complexidade técnica que justificasse tal exigência. Essa decisão dependia da evidência de que a exigência era indispensável à garantia do cumprimento da obrigação a ser assumida pela vencedora do certame (Acórdãos nºs 3070/2013-P, 534/2016-P e 2032/2020-P).

Com a NLL, embora haja, aparentemente, maior liberdade decisória a esse respeito, por não constar vedação, continua válida a lógica de condicionar a uma robusta justificativa a exigência de quantitativo mínimo em capacidade técnico-profissional.

Na visão dos autores deste livro, esse tende a ser um dos aspectos mais polêmicos, nebulosos e controversos do planejamento das licitações, especialmente em termos de risco de fraudes. É fortemente relacionado ao conhecimento técnico especializado do objeto a ser contratado, com grande potencial para afastar concorrência.

Não está claro se será aplicável o mesmo quantitativo mínimo para a capacidade técnico-operacional e técnico-profissional, nem há definição sobre a possibilidade de somar atestados de profissionais diferentes.

A questão, portanto, ainda deve suscitar debates e pronunciamentos jurisprudenciais.

De qualquer forma, podemos elencar situações que servem de referência para a interpretação do contexto de aplicação da NLL.

Nesse sentido, vale citar jurisprudência recente do TCU tratando de exigências superiores a 50% do objeto pretendido (Acórdãos nºs 1221/2020-P, 2595/2021-P e 7289/2022-P) e problemas já ocorridos em editais que deixaram de indicar a base de cálculo do percentual de 50% (Acórdão nº 2229/2021-P).

> **Exemplo. Experiência exagerada**
> Atestados de capacidade técnica, tanto do profissional apresentado quando da empresa proponente, que comprovem ACIMA DE 90% DA ÁREA em metragem quadrada ou metragem linear do objeto do presente edital

Um caso que merece destaque se refere à construção de 255 casas, para a qual foi exigida experiência anterior de 250 unidades, a ser comprovada "em um só atestado". Nem a vencedora, única participante, comprovou o exigido, apresentando atestado de 200 casas. E mesmo assim foi habilitada. O TCU julgou a situação como absolutamente irregular (Acórdão nº 397/2013-P).

Essa cláusula do Edital, sozinha, pode ser capaz de afastar quaisquer eventuais empresas interessadas que não tenham em seu portfólio e/ou no de sua equipe, a execução, em uma única obra anterior, de **quantidades exageradas, iguais ou até superiores ao total que está sendo licitado**.

Na jurisprudência, a lógica a ser evitada é a exigência de quantitativos excessivos e/ou desarrazoados (Acórdão TCU nº 2228/2020-P).

Um caso digno de nota foi noticiado na imprensa de Mato Grosso. Um empresário, em delação premiada na Operação Rêmora, descreveu fraudes arquitetadas antes da investigação, confessando que ele mesmo elaborou os requisitos técnicos do edital e inseriu quantidade desproporcional de experiência em alvenaria, para restringir o número de concorrentes (www.jota.info, arquivo 'delacao.pdf').

Ainda em Mato Grosso, o Ministério Público denunciou direcionamento na compra de combustíveis. A restrição indevida teria sido orquestrada por meio da exigência de atestado comprovando o fornecimento mínimo de 50% do total de litros solicitado no Edital. Segundo depoimento, a cláusula foi inserida propositalmente, de forma a favorecer a empresa que já fornecia o combustível.

Dificilmente existiriam postos capazes de obter atestados relativos a fornecimentos tão expressivos. A exigência do atestado se tornou ainda mais incoerente pelo fato de que se estava licitando o gerenciamento do abastecimento, que seria realizado por uma rede de postos credenciados.

A coisa tomou contornos ainda mais graves porque a estimativa de consumo foi substancialmente inflada em mais de 40%. Ou seja, exigir experiência de 50% da quantidade licitada era, na prática, equivalente a comprovar quase toda a demanda (MP-MT. Denúncia. Inquérito Policial nº 129/2013).

Em outro exemplo de capacidade técnica exagerada, encontramos o Acórdão TCU nº 4061/2020-P, em que o edital exigia **equipe técnica mínima** composta de engenheiro civil, engenheiro de segurança e engenheiro eletricista, embora fosse obra de baixa complexidade e pequena materialidade. Para o TCU, a exigência era desproporcional.

Maracanã. Copa 2014. Experiência direcionada

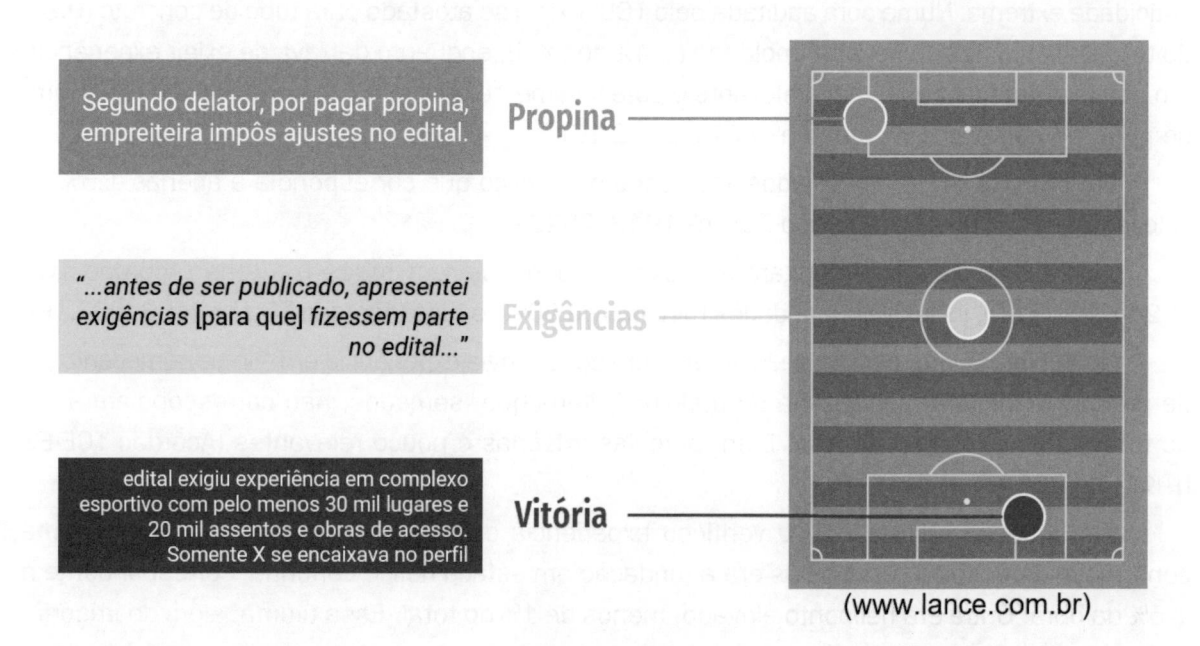

Segundo delator, por pagar propina, empreiteira impôs ajustes no edital. — **Propina**

"...antes de ser publicado, apresentei exigências [para que] fizessem parte no edital..." — **Exigências**

edital exigiu experiência em complexo esportivo com pelo menos 30 mil lugares e 20 mil assentos e obras de acesso. Somente X se encaixava no perfil — **Vitória**

(www.lance.com.br)

2.2.5.4 Experiência em parcela irrelevante

Na qualificação técnica, tanto profissional quanto operacional, as exigências devem se referir às parcelas do objeto que sejam de maior relevância **OU** valor significativo (art. 67, §1º).

É muito importante destacar a mudança entre a antiga Lei nº 8666/1993 e a NLL nesse ponto. Antes, a parcela requerida deveria ser, simultaneamente, relevante do ponto de vista técnico E ter valor expressivo. Eram condições cumulativas. Na NLL, as condições são independentes.

Ou seja, a Nova Lei permite requerer experiência em parcela tecnicamente mais importante, mesmo que não tenha valor econômico expressivo.

Não é difícil intuir que 'maior relevância' tem a ver com a complexidade técnica da execução. Está ligada a fatores de criticidade e risco, conhecimento, habilidade, precisão, proficiência, expertise, destreza, de forma a entregar a solução contratada conforme as necessidades do contratante. Do superlativo 'maior' podemos extrair que tal parcela representa a condição principal, a parte mais crítica, o risco mais elevado, a arte ou técnica mais importante para execução adequada do resultado pretendido.

Já o 'valor significativo' é estritamente monetário. Tanto que a NLL define um parâmetro percentual: para esse critério, a parcela deve representar 4% ou mais do valor total estimado da contratação.

Portanto, uma parte do objeto com valor inferior a 4% do total estimado somente pode figurar nas condições de habilitação se representar a MAIOR relevância técnica.

Porém, nem toda parcela que supera 4% do total estimado merece, necessariamente, constar das exigências de habilitação. Esse é apenas um piso geral que depende, obviamente, de cada caso concreto. A regra mais importante é a constitucional: exigir o mínimo para garantir o atendimento da necessidade, ampliando ao máximo a competição.

Assim, tal como outras decisões, a escolha de quais parcelas aplicar à habilitação deve ser devidamente fundamentada, de forma que fique demonstrada a pertinência e a razoabilidade.

Em exemplos do passado, editais restritivos escolheram parcelas de valor irrisório e sem criticidade extrema. Numa obra auditada pelo TCU, exigia-se atestado para tubo de concreto (0,8% do total) e bloco de concreto pré-moldado (1,4% do total), enquanto deixava de exigir experiência em parcela materialmente mais relevante e potencialmente crítica, como a execução de 2.150m^3 de muro de contenção (Acórdão nº 7740/2022-1C).

Em outro caso, foram exigidos atestados de serviço que correspondia a apenas 1,5% do valor total do orçamento (Acórdão TCU nº 1948/2022-P).

Houve licitações que chegaram a exigir experiência em todos os itens (Acórdão TCU nº 2443/2021-P), inclusive quantidades mínimas de 50% de tudo (Acórdão TCU nº 2456/2022-P).

No Espírito Santo, para limpeza urbana, um edital exigia experiência em "limpeza mecanizada de praias" e "pintura mecanizada de meio-fio", itens que, somados, não correspondiam a 1% do total de serviços pretendidos. Eram parcelas irrisórias e pouco relevantes (Acórdão TCE-ES nº 1.212/2014-P).

Em situação similar, o TCU verificou experiência exigida em parcelas irrisórias de uma construção de hospital. Uma delas era a fundação em estaca hélice contínua, correspondente a 1,5% da obra. Outra era heliponto elevado, menos de 1% do total. Essa última, além de irrisória, era parcela bem específica, o que, para o TCU, poderia trazer grandes riscos à competição, pois poucas empresas teriam feito helipontos elevados em hospitais (Acórdão nº 3.081/2011-P).

Há outro risco associado à capacidade técnica irrelevante. É a **exigência impertinente** ao objeto licitado.

Como exemplo, encontramos o Acórdão TCU nº 992/2023-P, tratando de pregão para manutenção de elevadores. O edital exigia qualificação relativa a serviços de climatização, bem diferentes do que se estava buscando contratar.

2.2.5.5 Experiência específica demais

Não é legítimo, em regra, exigir tipologia, método, destinação ou característica específica na experiência, salvo se imprescindível ao atendimento da necessidade e devidamente fundamentada no processo (Acórdão TCU nº 134/2017-P).

Isso pode acontecer, por exemplo, em licitação de obra para a qual se exija a execução prévia de um determinado tipo de casa, ou apenas edifício comercial, sem aceitar edifícios para outros usos, com complexidade construtiva até superior.

Numa licitação para construir hospital, só era aceita experiência naquele tipo de obra, sem levar em conta as parcelas componentes (Acórdão TCU nº 641/2021-P).

O TCU entende que *é irregular a delimitação de tipologia específica de obras para comprovação de capacidade técnica, bastando demonstrar a realização de empreendimentos de natureza similar ao objeto licitado* (Acórdãos nºs 1585/2015-P, 134/2017-P e 2575/2018-P).

Como exemplo de **exigência detalhada demais**, um edital exigia experiência em telha de aço zincada trapezoidal de 0,5mm, sem justificativa de que isso mitigaria riscos relevantes (Acórdão TCU nº 12893/2018-1C).

Outro exemplo absurdo foi tratado no Processo de Responsabilização nº 46012.000645/2017-61, no qual a CGU entendeu que foi exigida experiência em solução que não existia no mercado. Era um pacote de softwares vendido por uma *única* empresa e nem ela mesma tinha experiência efetiva em vender. Tanto que falsificou o atestado apresentado. Para direcionar o certame, o Edital exigiu fornecimento anterior de igual solução com pelo menos 20% do quantitativo licitado. Ou seja, era impossível uma empresa sagrar-se vencedora do certame sem ter prestado serviços que nem existiam. Aliás, nem a fabricante do software se dispôs a concorrer, posto não possuir aquela experiência tão específica. A ironia do caso é que a contratação envolvia um produto Antifraude.

De modo geral, o TCU recomenda que se admita experiência em **"características semelhantes, e não necessariamente idênticas"** *às* do objeto pretendido (Acórdão nº 2.914/2013-P).

O contrário dessa lógica aconteceu nos editais analisados pelo TCU nos Acórdãos nº 2506/2020-P, 245/2021-P, 347/2021-P e 2250/2021-P, nos quais se exigiu experiência em objeto exatamente idêntico ao licitado, sem a fundamentação de que tal exigência fosse imprescindível.

Um edital exigiu engenheiro civil com mínimo de cinco anos de experiência em *green building* (construção sustentável), coisa que o TCU entendeu inadequada, por se referir a metodologia construtiva que não envolve conhecimento e capacitação técnicos inusuais (Acórdão TCU nº 1.396/2019-1C).

Experiência exagerada também foi objeto dos Acórdãos TCU nºs 773/2021-P e 1440/2022-P, que analisaram editais exigindo, no mínimo, cinco anos de atuação prévia na *área* do objeto licitado.

Outros editais exigiram três anos de experiência, mas não se referiam a serviços continuados, o que estaria em desacordo com a regra da NLL (Acórdãos TCU nº 503/2021-P, 1922/2022-P e 2456/2022-P).

Na "Operação Sangue Frio", o TCU analisou contratação de serviços hospitalares. O edital exigia profissionais com títulos de especialista em circulação extracorpórea. Apenas três pessoas, em todo o estado, possuíam essa titulação, duas delas ligadas à empresa vencedora (Acórdão nº 1.275/2020-2C).

No Acórdão nº 1520/2022-1C, o TCU verificou edital para serviços que exigia responsáveis técnicos de diversas *áreas* da engenharia, sem relação com parcelas relevantes da contratação.

No Piauí, a Justiça Federal avaliou fraudes na construção de um porto municipal, licitado em duas etapas. Na segunda, foi exigida experiência em 1.000m de estacas, mas o projeto só previa 800m e esse serviço nem era necessário, porque já tinha sido executado na primeira etapa. O empreiteiro confessou que cravou mais estacas do que estava previsto na 1ª etapa, esperando receber o extra na 2ª etapa, o que ajudou a comprovar o direcionamento da licitação, de modo que a mesma empresa continuasse a empreitada. A Justiça entendeu que o certame serviu para manter a construtora e pagar-lhe por serviços já executados na etapa anterior (Processo nº 0002891-60.2014.4.01.4002).

Na terceirização com dedicação exclusiva de mão de obra (DEMO), para serviços básicos, como copeiragem, secretariado, recepção, nos quais o objeto, na essência, é a gestão de pessoas, a comprovação deve ser de serviços terceirizados, de modo geral, não da função específica licitada.

Em um caso concreto, para contratar serviços de secretariado, quem não tivesse experiência em terceirizar exatamente essa categoria profissional, estava fora, desconsiderando, assim, quaisquer atestados de objetos similares, como apoio administrativo e recepção (Acórdão TCU nº 553/2016-P).

Ainda sobre o tema da **experiência muito específica**, vale tratar da **subcontratação**.

Quando o edital permite expressamente **subcontratar parte relevante do objeto**, como, por exemplo, no regime de empreitada integral, não faz sentido exigir da licitante a capacidade técnica daquela parcela que será subcontratada. Essa comprovação deverá ser realizada pela executora do serviço.

Isso ficou claro no Acórdão TCU nº 2021/2020-P. Tratava-se de três bancos de capacitores e sistemas associados. O Edital vedava subcontratar o fornecimento dos bancos de capacitores, que equivalia a 78% do valor total do contrato.

A unidade contratante alegou que aquela era a parcela de maior complexidade e relevância técnica e não poderia permitir que fosse transferida pelo licitante para terceiro.

A relatora do caso no TCU observou que a vedação acabou restringindo o certame somente a fabricantes dos equipamentos. Ela admitiu a dificuldade na tomada de decisão em exigir, ou não, dos licitantes, atestado de capacidade técnica para aquela parcela de maior relevância e limitar a subcontratação às parcelas restantes e secundárias do objeto.

Entretanto, aquele mercado tinha elevada concentração em poucas empresas, o que acabou sendo prejudicial à ampla competitividade do certame. Assim, para o TCU, naquele caso, seria suficiente que o edital demandasse da licitante a capacidade técnica da eventual empresa a ser subcontratada na gestão e execução de obras ou serviços análogos.

Por outro lado, a permissão para **subcontratar não pode subverter a lógica de aferir capacidade técnica** do licitante, quando a **parcela a ser subcontratada não for a mais relevante** do objeto.

No Acórdão nº 371/2021-P, o TCU enfrentou edital que aceitava atestados das futuras subcontratadas, deixando de mensurar a capacidade de o próprio licitante executar o objeto dele desejado.

Já no Acórdão nº 3191/2020-P, o TCU decidiu que, quando há subcontratação, a subcontratada deve cumprir a qualificação técnica exigida do licitante vencedor, caso seja solicitada experiência específica para a parte subcontratada. Em outras palavras, se a licitação exigir experiência na área que será subcontratada, a subcontratada também precisa atender a esses requisitos de experiência.

2.2.5.6 Experiência genérica demais

Nem tanto ao céu, nem tanto ao mar. Assim como pode ser irregular a exigência de atestado muito específico, é inaceitável a **exigência subjetiva, obscura, genérica**.

De acordo com o Acórdão TCU nº 1214/2013-P, os critérios de qualificação técnica devem ser **objetivos, expressos, delimitados e proporcionais** ao objeto do certame.

Em um caso concreto, o Tribunal de Contas avaliou edital para serviço em hospital com 8.000 funcionários. Uma licitante foi inabilitada porque atuou em empresa com 800 funcionários. Para o TCU, a inabilitação foi ilegal. Não havia qualquer critério objetivo definido no edital para avaliar o grau de semelhança entre o objeto licitado e a comprovação de experiência do licitante.

Em outro caso, a licitação previa fornecimento de 105 reservatórios de combustível e a licitante comprovou ter fornecido apenas um reservatório. Foi inabilitada. Não havia definição objetiva da quantidade mínima a ser considerada na habilitação, por conseguinte, qualquer quantidade apresentada pela licitante atenderia ao critério. Além disso, a empresa foi inabilitada até mesmo num item em que a quantidade licitada era de apenas um reservatório (Acórdão TCU nº 1.353/2020-P).

Em cada caso, as exigências de experiência técnica devem ser estabelecidas de forma clara, explícita e objetiva, e devem ser proporcionais à dimensão e à complexidade do objeto a ser executado.

Sem definição objetiva do que será considerado "semelhante" ou "similar", conforme previsto nos incisos I e II do art. 67 da NLL, em termos de experiência técnica prévia, complexidade tecnológica e operacional, qualquer julgamento será subjetivo e, portanto, irregular.

No Acórdão nº 961/2020-P, o TCU reprovou a **ausência de parâmetros mínimos objetivos** para a comprovação de aptidão, gerando subjetividade, em afronta ao princípio do julgamento objetivo.

No Acórdão nº 1923/2020-P, o TCU reiterou que é irregular a **ausência**, no edital, do **percentual mínimo**, em relação aos quantitativos do objeto a ser contratado, que uma empresa deve ter executado para comprovação de sua qualificação técnica.

O caráter genérico em critério de experiência prévia prejudica irremediavelmente a objetividade e a transparência do julgamento. Pode levar a direcionamento e favorecimento, permitindo que propostas sejam eliminadas ou aceitas por interpretações oportunistas, definidas apenas no momento da avaliação da documentação apresentada pelo licitante.

A ausência de clareza na redação do edital, em relação à forma como será aferida a experiência, inviabiliza o julgamento objetivo e fere princípios como a transparência e a competitividade, fulminando a legalidade da licitação (Acórdãos TCU nºs 2237/2021-P, 2263/2021-P, 3123/2021-P e 5960/2021-2C).

É fundamental, portanto, descrever parâmetros objetivos no instrumento convocatório.

E não é demais reforçar que esses critérios, além de objetivos, devem ser **proporcionais ao risco**, justificáveis e aplicáveis ao caso concreto, respeitando a lógica da racionalidade administrativa do artigo 14 do Decreto-Lei nº 200/1967.

> [a obrigação de apresentar atestado] não é mera formalidade e está sempre subordinada a uma utilidade real, ou seja, deve ser a mínima exigência capaz de assegurar, com algum grau de confiança, que a empresa contratada será capaz de fornecer os bens ou serviços adquiridos. Em consequência, a documentação a ser fornecida deve guardar relação com o objeto pretendido: aquisições mais simples demandarão menos comprovações e, contrario sensu, as mais complexas exigirão mais salvaguardas
>
> (Voto do Acórdão TCU nº 891/2018-P)

2.2.5.7 Limitação de tempo e local nos atestados

Conforme disposto no §2º do art. 67 da NLL, são vedadas limitações de tempo e de locais específicos relativas aos atestados.

Entretanto, na visão do TCU, quando atuou em casos correlatos no passado, essa proibição pôde ser contemporizada nas situações em que a tecnologia envolvida só se tornou disponível a partir do período indicado.

Como exemplo, o Tribunal avaliou serviços que envolviam conhecimento em gestão portuária. O edital limitou a experiência exigida a estudos realizados nos últimos cinco anos antes da licitação. O TCU entendeu que mudanças tecnológicas recentes justificavam a restrição (Acórdão nº 2205/2014-2C).

Situações dessa natureza, pelo caráter excepcional, demandam estudos técnicos com fundamentação apropriada.

2.2.5.8 Atestado do mesmo grupo econômico

Embora os atestados apresentados por empresas que possuem sócios em comum, com grau de parentesco ou que pertençam ao mesmo grupo econômico, possam despertar dúvidas quanto à sua idoneidade, esse motivo, isolado, não invalida o documento (Acórdão TCU nº 451/2010-P).

O TCU já deliberou que empresas do mesmo grupo econômico podem emitir atestados de capacidade técnica, visto que não há vedação na legislação, nem na antiga, nem na NLL. Além disso, em regra, essas empresas possuem personalidade e patrimônio distintos, não misturando suas transações (Acórdãos nº 2.241/2012-P e 451/2020-P).

O caminho para a Administração certificar-se da veracidade da declaração prestada (atestado), quando houver dúvida, sem incorrer na ilegalidade pronunciada pelo Tribunal de Contas da União, é o de solicitar da entidade empresarial licitante as respectivas notas fiscais, contratos ou outros comprovantes idôneos associados ao atestado, por meio de diligência, com base no art. 64 da NLL.

2.2.5.9 Reorganização empresarial: fusão, cisão e incorporação

Na jurisprudência do TCU, é possível a transferência de acervo técnico de empresas que tenham passado por fusão, cisão ou incorporação, conforme Acórdãos nºs 1.517/2005-P e 634/2007-P. Corrobora esse entendimento a decisão no Processo 9023413-31.2017.8.21.001 do TJ-RS.

Entretanto, a transferência de acervo técnico não se aplica às reorganizações voluntárias e onerosas, a exemplo da subscrição de ações e criação de subsidiária integral. A título de exemplo, imagine que uma sociedade empresária de Linhas *Áreas* adquira o controle de uma rede de supermercados ou a torne uma subsidiária integral. As duas empresas continuam exatamente as mesmas, sob o ponto de vista jurídico, constituindo sociedades distintas entre si e com patrimônios próprios individualizados (Acórdão TCU nº 1528/2012-P).

Isso porque não há na legislação societária, nem constitui decorrência lógica e inevitável da operação de subscrição de ações, qualquer previsão de sucessão de direitos e obrigações entre a empresa que adquire e a que aliena suas ações, não ocorrendo, muito menos, a imediata e natural comunicação de *know-how*, experiência e acervo técnico entre elas, como ocorre nos casos de cisão, fusão e incorporação.

Dessa forma, existe a possibilidade de transferência de capacidade técnica nos casos de fusão, cisão e incorporação, não se aplicando nos casos de subscrição de ações e subsidiária integral.

Cuidado especial deve ser tomado em **reorganização abusiva**, cujo objetivo seja **fugir de punição impeditiva** de participar de licitações. No Acórdão nº 1246/2020-P, o TCU enfrentou caso de uma construtora que, apanhada em atos ilícitos na Operação Lava-Jato, transferiu seu acervo técnico para outra empresa do mesmo grupo econômico. Embora a transferência de acervo tenha se realizado antes de o TCU aplicar a declaração de inidoneidade, ficou evidente que os sócios/administradores, cientes dos ilícitos cometidos e das consequências potenciais, esvaziaram a empresa fraudadora e operacionalizaram outra com o nome limpo.

O Tribunal de Contas concluiu que ficou configurada a fraude sucessória, estendendo a declaração de inidoneidade da empresa sucedida para a empresa sucessora.

Fugir da punição é motivo para configurar, portanto, fraude.

2.2.5.10 Transferência de capacidade técnico-profissional para operacional

Embora a Nova Lei de Licitações não disponha sobre o tema, o TCU já decidiu que não é possível transferir acervo técnico de pessoa física para pessoa jurídica, para comprovação de qualificação técnica em licitações, pois a capacidade técnico-operacional não se confunde com a capacidade técnico-profissional, uma vez que a primeira considera aspectos típicos da pessoa jurídica, como instalações, equipamentos e equipe, enquanto a segunda relaciona-se ao profissional que atua na empresa (Acórdãos TCU nºs 2208/2016-P, 927/2021-P e 1951/2022-P).

2.2.5.11 Matriz e filial

A filial não tem uma personalidade jurídica própria. Todos os estabelecimentos da empresa constituem a mesma pessoa jurídica, o mesmo ente.

Assim, uma vez apresentada a documentação de habilitação jurídica, regularidade fiscal e qualificação econômico-financeira pela matriz, nada obsta que a licitante apresente atestado de capacidade técnica e demais documentos de qualificação técnica pelo CNPJ da filial, posto que, sendo a mesma empresa, está comprovada a capacidade técnica da licitante (Acórdãos TCU nºs 3.66/2008-P e 1277/2015-P).

O Manual de Licitações e Contratos do TCU explica que os atestados de capacidade técnica ou de responsabilidade técnica podem ser apresentados em nome e com o CNPJ da matriz ou da filial da empresa licitante.

MATRIZ LICITANTE. ATESTADO DA FILIAL. POSSIBILIDADE.

Licitante participou do certame por meio de filial, mas apresentou Atestado de Capacidade Técnica com CNPJ da matriz. Desclassificação indevida, haja vista que a matriz e a filial integram a mesma pessoa jurídica. (TJ-SC – REEX 20130457807. 2014)

Além da capacidade técnico-operacional que pode ser comum, existem outros documentos que podem ser apresentados tanto pela matriz quanto pela filial:

➢ Contrato social;
➢ Estatuto Social;
➢ Ata de eleição dos Administradores;
➢ Documentos dos dirigentes;
➢ Registro de Entidade de Classe, se aplicável;
➢ Balanço Patrimonial (CNPJ da Matriz);
➢ Certidão Negativa de Falência (CNPJ da Matriz).

Já em relação à regularidade fiscal é diferente. Nos casos apreciados, o TCU deixou claro que a legislação tributária exige que se a *matriz participar da licitação*, todos os documentos relativos à regularidade fiscal devem ser por ela apresentados, sempre com o *CNPJ da sede*. E se a filial for a licitante, os documentos de regularidade fiscal devem ser os de sua titularidade. Portanto, a REGULARIDADE FISCAL tem que ser da matriz OU da filial. Não pode misturar. (Acórdão TCU nº 3.056/2008-P).

Um caso peculiar foi apreciado pelo TCU no Acórdão nº 1678/2021-P, a respeito de pregão para compra de querosene de aviação, no qual estava prevista entrega em diversos pontos do país. O Tribunal de Contas entendeu que não era necessário exigir, na licitação, comprovação de regularidade fiscal das eventuais filiais ou futuras subcontratadas, sendo suficiente esse exame documental no momento da execução do contrato.

Exceção se aplica apenas nos casos de certos tributos, especialmente em relação ao INSS e ao FGTS, cuja arrecadação pode ser feita de forma centralizada, abrangendo, portanto, matriz e filiais. Essas certidões valem tanto para a matriz quanto para a filial. Essa extensão da matriz para filiais consta do próprio texto da certidão.

2.2.5.12 Visto do CREA local e quitação no conselho profissional

A NLL permite exigir registro ou inscrição em entidade profissional competente (art. 67, V). Isso se aplica a contratações em que o objeto principal contempla atividades privativas de profissões regulamentadas em lei, como medicina, contabilidade, arquitetura e engenharia.

A engenharia é uma das áreas do conhecimento que se envolve diretamente em grande parte das contratações, em função, principalmente, de obras para construção de infraestrutura e edifícios, assim como os serviços para manutenção e reforma. Por isso, o CREA é um dos conselhos de classe mais frequentemente citados em condições de habilitação de editais.

E um dos problemas mais recorrentes identificados nesses editais é a obrigação de comprovar visto do CREA do local da obra na certidão de registro da licitante.

O art. 58 da Lei nº 5.194/66, que regula o exercício das profissões do sistema CONFEA, estabelece que se o profissional, firma ou organização, registrado em qualquer Conselho Regional, exercer atividade em outra Região, ficará obrigado a visar, nela, o seu registro. Pelo texto legal, identifica-se que a obrigatoriedade do visto se dará para a contratação e assim aplicar-se-ia apenas ao vencedor e somente quando do início efetivo da atividade, após assinatura do contrato.

Se uma construtora tem sede no Tocantins, por exemplo, seu registro no CREA será daquele estado. Para executar uma obra no Acre, teria que obter o visto do conselho de classe acreano. Mas somente se for contratada. Não faz sentido exigir o visto antes de iniciar a obra. Isso só geraria custos para a empresa, na tentativa de participar do certame.

Os custos de participação no processo licitatório, isto é, os dispêndios financeiros, de recursos humanos e de tempo, os esforços para concorrer e disputar o contrato são variáveis consideradas pelo empresário antes de participar de uma licitação, motivo pelo qual podem ser considerados como restrição à competitividade.

A Administração Pública deve buscar reduzir esses custos de participação com o objetivo de aumentar a participação das empresas. É nesse sentido o entendimento do TCU, consubstanciado na Súmula 272, que veda a inclusão de exigências de habilitação e de quesitos de pontuação técnica para cujo atendimento os licitantes tenham de incorrer em custos que não sejam necessários anteriormente à celebração do contrato.

Entendemos que a lógica da Súmula 272 se aplica perfeitamente ao regime da NLL, com a diretriz, subjacente ao processo licitatório, de buscar a ampliação da competição.

Por isso, na habilitação, não se permitem condições que imponham custos prévios ao participante. Isso significa, por exemplo, que não se pode obrigar o licitante a possuir instalações físicas, estrutura, estoques, insumos, pessoal ou maquinário específicos para aquela contratação, afinal, isso implicaria em gastos financeiros só para viabilizar a chance de concorrer.

Nesse contexto é que se insere o visto – ou a inscrição, cadastro, registro – local do CREA.

O instante apropriado para atendimento de tal requisito é o início do exercício da atividade, que se dá com a contratação, e não na fase de habilitação (Acórdãos TCU nºs 2309/2020-P, 4029/2020-P e 7574/2020-1C).

Além disso, outra restrição indevida é exigir que o licitante e/ou o profissional apresentado comprovem a **quitação ou a adimplência de débitos junto ao conselho de classe**, o que é proibido pela jurisprudência.

Isso aconteceu, por exemplo, no edital tratado no Acórdão TCU nº 7289/2022-P, exigindo quitação da empresa e do responsável técnico junto ao CREA local. Ocorrências similares nos Acórdãos TCU nºs 14099/2019-1C, 7574/2020-1C, 8066/2020-1C, 211/2021-P, 313/2021-P e 7740/2022-1C.

No Processo nº 124110/2022, o TCE-PR mandou suspender licitação para projetos de engenharia, porque uma licitante fora inabilitada por causa de débito com o CREA.

Vale ainda ressaltar, correlacionado a essa temática, o risco de exigência indevida de registro em entidade de fiscalização profissional, por **impertinência com a atividade principal pretendida**.

Uma situação frequente é o edital que exige registro da empresa e apresentação de profissional registrado no Conselho Regional de Administração (CRA) para serviços terceirizados com disponibilidade de mão obra exclusiva. No Acórdão nº 180/2022-TP, o TCE-PR tratou de edital que exigia que as licitantes, assim como seus respectivos responsáveis técnicos, possuíssem registro junto ao CRA para a contratação de serviços de recepcionista. Foi considerado que há ampla jurisprudência no sentido de que é irregular a imposição de tal exigência a empresas especializadas em terceirização de mão de obra. Somente pode ser exigido registro em conselho responsável por fiscalizar a atividade básica ou serviço preponderante da licitação, ou seja, se a atividade profissional de administrador correspondesse ao serviço almejado pela licitação – o que não era o caso.

Em outro exemplo, decorrente da Operação Sangue Frio, o TCU avaliou edital que exigia regularidade nos Conselhos: (a) Engenharia (CREA), Enfermagem (COREN) e Fisioterapia (CREFITO), o que era incompatível com o objeto do certame. Para o TCU, a manutenção de aparelhos médicos hospitalares não tem qualquer relação com os referidos conselhos (Acórdão nº 597/2007-P). Na jurisprudência, a obrigatoriedade de inscrição de empresas em determinado conselho é definida segundo a atividade preponderante que exerce (Acórdão TCU nº 4.608/2015-1C).

Em mais um caso exemplificativo, foi exigido registro da licitante junto ao Conselho Regional de Administração, mas o objeto era fornecimento de combustíveis e manutenção em equipamentos, portanto, atividades que não são privativas dos profissionais de administração (Acórdão TCU nº 13864/2020-2C).

2.2.5.13 Certificação na habilitação

A NLL prevê a possibilidade de exigir certificação emitida por organização independente acreditada pelo Inmetro como condição para aceitação de material e corpo técnico apresentados por empresa para fins de habilitação (art. 17, §6º, III).

Esse dispositivo, muito provavelmente, será submetido a análises e interpretação jurisprudencial, para conciliar com outros componentes e princípios da norma.

Não está claro em que situação será possível ou viável exigir a apresentação de 'material' na habilitação e, eventualmente, se for o caso, certificação para aceitar tal material. Pode-se vislumbrar a hipótese de relacionar essa situação com a exigência de indicação do aparelhamento para a realização do objeto da licitação (art. 67, III), entretanto, acreditamos que a questão depende de debate aprofundado.

No regime da legislação antiga, o TCU vem considerando ilegal exigir certificado de qualidade para habilitação, a exemplo de certificação ISO 9000, ISSO 20000, selo ABIC ou outros (Acórdãos nºs 1107/2006-P, 1291/2007-P, 2656/2007-P, 608/2008-P, 2215/2008-P, 381/2009-P, 3.291/2014-P, 891/2018-P, 1284/2018-P, 2001/2019-P e 1978/2020-P).

O regramento novo, porém, tende a modificar, ao menos em parte, esse entendimento.

Sendo exigido certificado do corpo técnico de licitante na habilitação, essa condição somente será legítima nos casos em que ficar justificado, fundamentado e comprovado nos autos do processo a necessidade essencial dessa situação para atendimento da necessidade, em consonância com a mesma lógica aplicável à exigência de certificado de qualidade do produto apresentado na proposta.

É importante ainda ressaltar que a possibilidade prevista na NLL se refere exclusivamente às certificações emitidas por organização acreditada pelo Inmetro.

Para ilustrar casos de referência, ainda sob a regência da legislação antiga, mas com possível compatibilidade com o regimento da NLL, podemos citar o Acórdão nº 281/2021-P, no qual o TCU entendeu que não havia justificativa plausível para um edital de contratação de agência de viagens exigir certificação da Associação Brasileira de Agências de Viagens Corporativas (Abracorp), nem certificação da Associação Internacional de Transporte Aéreo.

2.2.5.14 Tipo de vínculo do corpo técnico com a licitante

A NLL trouxe uma redação sutilmente distinta da legislação antiga, com forte repercussão prática. Na regra antiga, o texto mencionava comprovação do licitante de possuir em seu 'quadro permanente' o corpo técnico com a experiência pretendida. Na NLL, basta 'apresentação de profissional'.

Parece pouco, mas isso resolve um problema que se tornou recorrente na aplicação da lei antiga.

Em licitações de obras e serviços tem sido comum a exigência de comprovação, pelas empresas licitantes, de ter em seu quadro permanente profissional habilitado e com experiência no objeto. É ilegal, entretanto, restringir a forma de comprovação de vínculo do profissional com a licitante.

Editais restritivos exigem vínculo empregatício comprovado por carteira assinada, ficha de registro de empregado, registro como Responsável Técnico no CREA e até mesmo comprovantes de recolhimento de FGTS, assim como tempo mínimo de vínculo antes da licitação.

Sobre o tema, há jurisprudência pacífica do TCU condenando tal prática. Para o TCU, além de comprovantes de registro empregatício formal, deve-se aceitar a comprovação do vínculo com um contrato de prestação de serviços regido pela legislação civil comum ou outro documento com o mesmo valor probatório (Acórdãos nºs 2.297/2005-P, 361/2006-P, 597/2007-P, 1.097/2007-P, 800/2008-P, 103/2009-P, 600/2011-P, 2.898/2012-P, 1.842/2013-P, 3.291/2014-P, 3.014/2015-P, 2.361/2018-P, 409/2020-P, 3233/2020-P, 168/2021-P, 641/2021-P, 2772/2021-P, 7740/2022-1C e 1336/2022-2C).

Como exemplo ilustrativo, o Acórdão nº 774/2022-1C encontrou exigência de que os engenheiros químicos e de segurança do trabalho a serem apresentados tivessem vínculo com a licitante comprovado mediante carteira de trabalho. Para o TCU, a relação poderia ser comprovada por outros meios, como declaração de contratação futura, acompanhada da respectiva anuência.

A NLL, portanto, positivou o entendimento do TCU. Editais não podem restringir a forma de vínculo do corpo técnico a ser apresentado pela licitante.

> **Exemplo. Exigência de vínculo empregatício do profissional**
> Comprovar que os profissionais apresentados pertencem ao quadro permanente de empregados da empresa HÁ PELO MENOS 90 DIAS ANTERIORMENTE À DATA DE ABERTURA da licitação, através da Carteira de Trabalho e Previdência Social, Ficha de Registro autenticada pelo Ministério do Trabalho e guias de recolhimento de FGTS onde conste o nome dos profissionais.

2.2.5.15 Certidão de Acervo Técnico Operacional

No mundo da Engenharia, o registro de experiência é feito em nome dos profissionais, ou seja, dos Engenheiros, pessoas físicas.

O documento que certifica, para efeitos legais, as atividades profissionais é a Certidão de Acervo Técnico (CAT). É o instrumento que comprova o portifólio técnico do profissional, conjunto das atividades desenvolvidas ao longo de sua vida, compatíveis com suas competências e registradas no CREA por meio de Anotações de Responsabilidade Técnica (ART).

Em licitações, uma CAT só tem valor se tiver registro da ART no CREA.

Isso é importante, porque existe CAT sem registro, para comprovar currículo, tempo de serviço e participar de concursos públicos. Não serve para licitações (portal.crea-sc.org.br).

Além desse aspecto, é relevante ressaltar que **não existe CAT em nome de empresa**. Por isso, editais que exigem esse documento para capacidade técnico-operacional estão equivocados. Um caso desses foi tratado no Acórdão nº 409/2020-P, em que foram exigidos atestados em nome do responsável técnico (pessoa física), para comprovar qualificação técnico-operacional. Outros casos similares recentes: Acórdãos TCU nºs 1728/2020-P e 3094/2020-P.

Com a NLL, esse cenário tende a se alterar, porque o sistema Confea modificou suas regras, por meio da Resolução Confea nº 1137/2023, com o objetivo justamente de se alinhar à Nova Lei de Licitações. Agora, as empresas poderão solicitar **Certidão de Acervo Operacional (CAO)** ao Crea, para apresentar em licitações. Esse documento consiste no conjunto das atividades desenvolvidas pela empresa, a partir do registro no Crea, por meio das anotações de responsabilidade técnica comprovadamente emitidas por profissional pertencente ao quadro técnico ou contratado para aquelas atividades (art. 46 da Resolução Confea nº 1137/2023).

Esse novo documento deve reduzir as dificuldades das unidades contratantes de verificar a autenticidade e a veracidade das informações constantes em atestados de qualificação operacional, oferecendo, presumivelmente, uma forma rápida e segura para conferir a fidedignidade da experiência apresentada pelas empresas (vide Acórdão nº 3094/2020-P).

Não está claro, porém, como poderá ser exigido o CAO nos editais de obras e serviços de engenharia, especialmente em relação a eventuais atestados de capacidade técnica que não estejam registrados em nome das empresas nos bancos de dados do sistema Confea. É provável que o tema ainda seja objeto de intenso debate e avanço jurisprudencial.

2.2.5.16 Capacidade técnica em licitação por itens ou grupos

Quando a licitação é disputada em itens ou grupos, o TCU entende que o edital deve estabelecer requisitos específicos de capacitação técnica para cada elemento disputado, sem acumular ou somar as exigências. Cada item ou grupo é uma licitação autônoma, processada no mesmo procedimento licitatório, com existência jurídica própria.

Um caso desse tipo foi tratado pelo TCU no Acórdão nº 4533/2020-P, numa concorrência para obras de saneamento em dez municípios, dividida em dez itens licitados individualmente. O edital exigia que a qualificação técnica solicitada por itens seria avaliada de forma cumulativa para a quantidade de itens que a mesma empresa licitante viesse a participar.

O órgão contratante tentou justificar que buscava proporcionalizar a exigência de capacidade técnica conforme a dimensão e a complexidade do objeto disputado por cada empresa, já que, se uma delas quisesse participar de dois itens, deveria ter mais condições operacionais do que uma concorrente que tivesse disputado apenas um item. Assim, cada licitante deveria comprovar capacidade operacional para realizar todos os serviços aos quais estivesse concorrendo.

A jurisprudência do TCU, entretanto, tem entendido que a habilitação de cada item ou grupo deve ser considerada como se fosse uma licitação independente e os atestados devem ser avaliados individualmente para cada item ou grupo, sem acumulação (Acórdãos nºs 484/2007, 1801/2008, 592/2012, 1516/2013-P e 2.895/2014-P).

2.2.5.17 Atividade compatível no Contrato Social

Licitante foi inabilitada porque não seria do ramo compatível com o objeto da licitação, tendo em conta o Código CNAE (Classificação Nacional de Atividades Econômicas) constante na Ficha Cadastral de Pessoa Jurídica junto à Receita Federal. Para o TCU, não há previsão legal de impedir uma empresa de participar em virtude de uma discrepância no CNAE (Acórdão nº 1203/2012-P). Em outro julgado, o Tribunal de Contas explicou que a compatibilidade de ramo de atividade do licitante deve ser avaliada pelo contrato social e não pelo CNAE (Acórdão nº 753/2020-P). O relevante, portanto, é a congruência entre o objeto licitado e as atividades previstas no Contrato Social, embora o CNAE, quando positivo, também possa servir de referência.

Por outro lado, se o Contrato Social não prevê a atividade licitada, mesmo que a empresa tenha realizado o objeto no passado, não se pode aceitar tal experiência, porque aconteceu de modo irregular. Reforça essa tese um caso julgado pelo TCU, em que um atestado comprovava serviço para o qual não havia previsão no contrato social da empresa à época. Para o Tribunal de Contas, se a experiência anterior ocorreu em desconformidade com a lei, não pode ser considerada válida para fins de comprovação perante a Administração (Acórdão nº 642/2014-P).

A situação é bem ilustrada pela criativa imagem gentilmente cedida pelo amigo Dawison Barcelos, criador do site *OLicitante:* não pode uma empresa de informática ser habilitada para fornecer frutas e verduras!

DD INFORMÁTICA S.A.

[OLICITANTE]

Para fins de habilitação jurídica, faz-se necessária a compatibilidade entre o *objeto do certame* e as *atividades previstas no contrato social* dos licitantes.

A lógica está amparada do Acórdão nº 503/2021-P, no qual o TCU avaliou pregão para fornecimento de refeições, lanches e hospedagens vencido por uma empresa do ramo de turismo. Ficou comprovado que o contrato social da vencedora não era compatível com os objetos licitados, tanto que, na execução, houve subcontratação integral.

2.2.6 Visita técnica restritiva

Tem sido comum, no regime da legislação antiga, exigir visita técnica aos locais das obras ou de execução dos serviços licitados. As variações ficam por conta do prazo-limite para a visita ou a vistoria, condições específicas de realização, limitação de quem pode realizar.

Esse cenário vinha sendo objeto constante de atuação dos órgãos de controle e figurou de forma recorrente nas edições anteriores deste livro.

Felizmente, a NLL incorporou a jurisprudência consolidada e disciplinou a coisa de forma bem clara, o que tende a reduzir os riscos de fraude com esse tipo de mecanismo irregular.

Na NLL, ficou absolutamente cristalino que a vistoria prévia é um **direito do licitante**, não uma obrigação a ser exigida pelo contratante. Quando a avaliação prévia do local de execução for imprescindível para o conhecimento pleno das condições e peculiaridades do objeto a ser contratado, o edital pode prever que o licitante ateste que conhece o local e as condições de realização do objeto (art. 63, §2º).

Assim, não existe fundamento legal para exigir que o licitante faça a visita técnica como condição de habilitação, muito menos condicionar a visita de modo que seja realizada por um engenheiro responsável técnico da licitante ou outra restrição.

Para o TCU, ainda que o objeto tenha complexidade suficiente para justificar a visita técnica, não pode a Administração determinar quem estaria capacitado a realizar tal visita. A escolha cabe unicamente à empresa licitante (Acórdão nº 3301/2015-P).

A decisão de exigir atesto de conhecimento do local e condições deve levar em conta a situação concreta. O objeto da licitação pode ser em local público ou um projeto-padrão, sem ineditismo ou complexidade tecnológica que justifique a vistoria prévia.

É importante destacar que o §3º do art. 63 da NLL define que a **visita sempre pode ser substituída** por declaração prestada pela empresa ao órgão contratante, informando que conhece as condições e peculiaridades da contratação.

Do histórico de situações irregulares colecionadas pelos autores deste livro, pode-se afirmar que a visita técnica oferece o risco de funcionar como um instrumento de controle dos interessados em participar do certame. A visita antes da abertura revela quem está efetivamente interessado na disputa.

A jurisprudência do TCU considera que a vistoria **possibilita o conhecimento prévio dos participantes, facilita o conluio, restringe a competitividade** e prejudica a satisfação dos princípios da moralidade e da isonomia (Acórdão nº 727/2009-P).

Em reforço a esse entendimento, o Tribunal de Contas já vinha reiteradamente decidindo contra editais que não apenas obrigavam a vistoria, mas também promoviam a **reunião de licitantes na mesma visita** técnica, **facilitando o conluio** (Acórdão nº 1246/2022-P).

Essa situação passou a afrontar mais do que a jurisprudência. Agora afronta a própria lei, porque a NLL prevê data e horário diferentes para os eventuais interessados em visitas (art. 63, §4º).

Saber exata e previamente quem serão os participantes da licitação contribui para possíveis fraudes. O fator surpresa é um importante aliado no caminho de garantir certames nos quais haja efetiva disputa e obtenção da proposta mais vantajosa.

Assim, vale reforçar que a **visita técnica** é **um direito da empresa licitante** e não uma obrigação a ser imposta pela Administração contratante (Acórdãos TCU nºs 890/2008-P, 1.174/2008-P, 2.150/2008-P, 727/2009-P, 1842/2013-P e 234/2015-P, 2361/2018-P, 7574/2020-1C, 7289/2022-P e 7740/2022-1C).

Um caso típico de **visita técnica injustificada** consta do Acórdão TCU nº 529/2013-P. Era compra de materiais de copa e cozinha. E exigia vistoria. Segundo o órgão contratante, o objetivo era prestar todas as informações sobre as condições locais, o que não fazia o menor sentido. Era uma exigência desnecessária e impertinente, afinal, bastava a descrição dos itens pretendidos.

No Rio Grande do Sul, um esquema na construção civil foi desarticulado pelo Ministério Público gaúcho. De acordo com o MPRS, depois da publicação do edital, representantes de empresas mapeavam os potenciais interessados por meio das visitas técnicas ou da relação de retirada do edital. Quem quisesse ganhar o certame pagava para afastar os demais, fosse pela ausência na disputa ou por cobertura. Algumas empresas iam à visita técnica apenas para solicitar dinheiro das demais para fraudar o certame (g1.globo.com).

Decorrente da Operação Et Pater Filium, a Justiça de Santa Catarina condenou diversas pessoas e entre os elementos de convencimento estava a exigência de vistoria prévia, mesmo em objetos sem qualquer lógica, como horas-máquina de escavadeira. Para a Justiça, não havia motivo que justificasse a exigência. Sequer havia local específico para prestação do serviço. O agente responsável por conduzir a licitação confessou o envolvimento, apelando para a delação premiada. Ele disse que entrou na prefeitura como estagiário e, pouco depois, foi chamado pelo Prefeito para assumir a área de compras. Reconheceu que "cometeu o maior erro da vida". O testemunho transcrito no processo revela que o filho do Prefeito, segundo o delator, escolhia datas para prejudicar a concorrência, marcando visita técnica, por exemplo, na sexta-feira logo após um feriado na quinta, para que empresas de fora desistissem de participar (Processo nº 5000070-09.2021.8.24.0015).

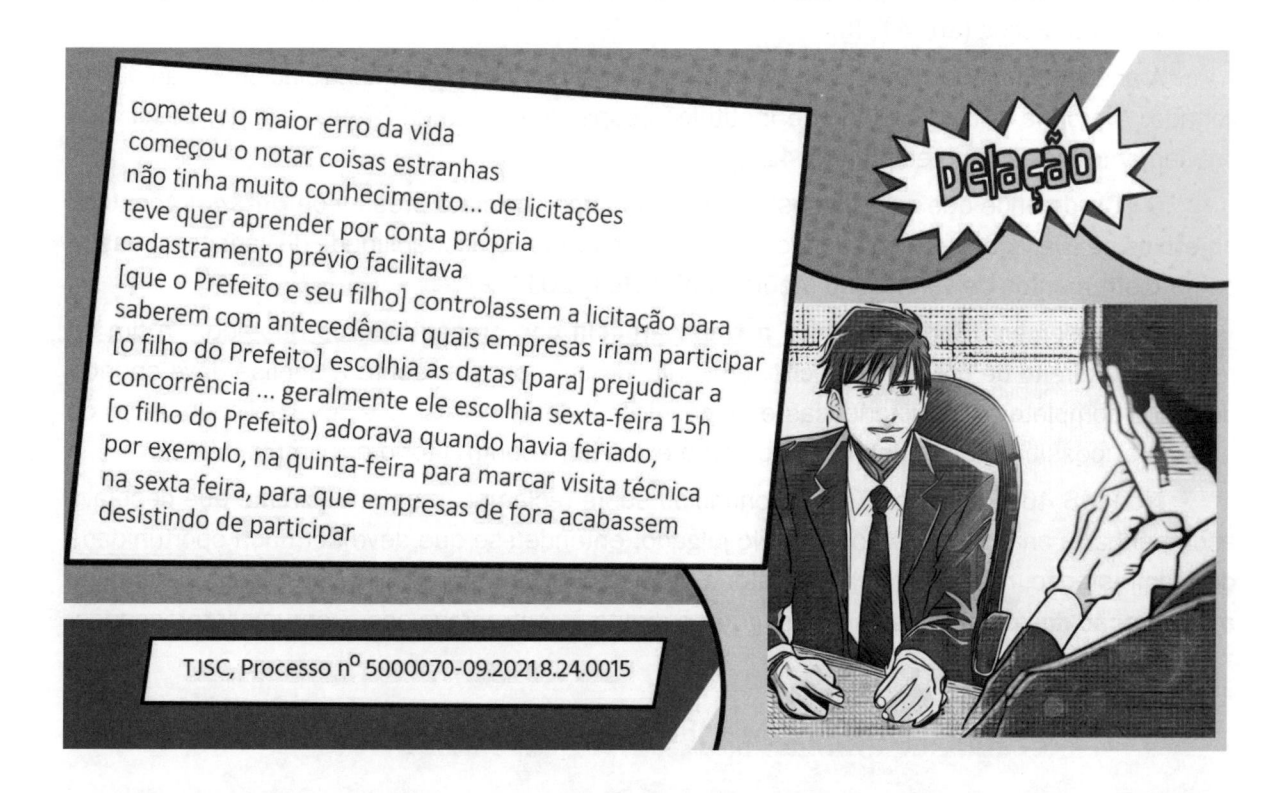

No Mato Grosso do Sul, um pregão para topografia obrigou visita cinco dias antes da disputa, reduzindo fortemente o prazo de publicidade efetiva do certame. O objeto seria executado no perímetro urbano do município, suscitando dúvidas sobre onde ou o que exatamente visitar. Para o TCEMS, a visita era desproporcional e irregular, sem justificativa ou motivação plausível, impedindo a competição. Apenas uma empresa participou do pregão (Acórdão TCEMS nº 614/2021-2C).

Dúvida e obscuridade também marcaram o edital avaliado pelo TCU no Acórdão nº 226/2021-P. Não estava claro que o licitante, se não fizesse a visita, deveria declarar conhecimento do local. Uma empresa foi inabilitada por não apresentar declaração. Para o TCU, a inabilitação foi indevida por causa da falha na redação do edital.

Caso semelhante foi tratado no Acórdão TCU nº 16637/2021-1C, em que o edital era contraditório quanto à visita técnica, promovendo dificuldades interpretativas entre os licitantes.

Essas situações ilustram um fato mais abrangente: a clareza do edital é um aspecto importante em qualquer cláusula.

2.2.7 Amostras subjetivas, indevidas, onerosas

Análise do produto ofertado pode ser importante para prevenir problemas de qualidade e atendimento às necessidades da Administração.

Por causa disso, **a lei permite** exigir amostra, exame de conformidade, prova de conceito ou outros testes **na fase de julgamento de proposta, somente do licitante primeiro colocado**, de forma previamente disciplinada e detalhada no instrumento convocatório (art. 17, §2º c/c art. 42, §2º da NLL). Especificamente para fornecimento de bens, há outros momentos possíveis de verificação de amostras: (1) pré-qualificação permanente ou (2) vigência do contrato ou da ata de registro de preços (art. 41, II).

A análise da amostra depende de conhecimento técnico específico, relacionado ao objeto licitado. A própria NLL disciplina que instituição especializada pode fazer o exame, desde que previamente indicada no edital (art. 42, §3º).

O TCU defende que exigir amostra ou mecanismo correlato pressupõe **critérios técnicos objetivos** de avaliação, estabelecendo parâmetros e níveis de aceitabilidade de variações, assim como instrumentos de verificação (Acórdão nº 1.291/2011–P).

Outro elemento fundamental é **a transparência dos procedimentos** adotados, a fim de respeitar o direito de defesa dos licitantes. O laudo ou o parecer sobre a análise deve apontar de modo completo as características e as condições identificadas no exame aplicado, a fim de assegurar possibilidade de interpor recurso e exercitar o contraditório e a ampla defesa.

No RMS 46222/PE, o STJ se pronunciou sobre reclamação de um licitante que desejava acompanhar a análise das amostras. No julgado, entendeu-se que deve ser dada oportunidade de manifestação, mas não seria obrigatória sessão pública para análise de amostras, cabendo a **divulgação dos resultados** para assegurar o direito à contraprova aos eventuais interessados.

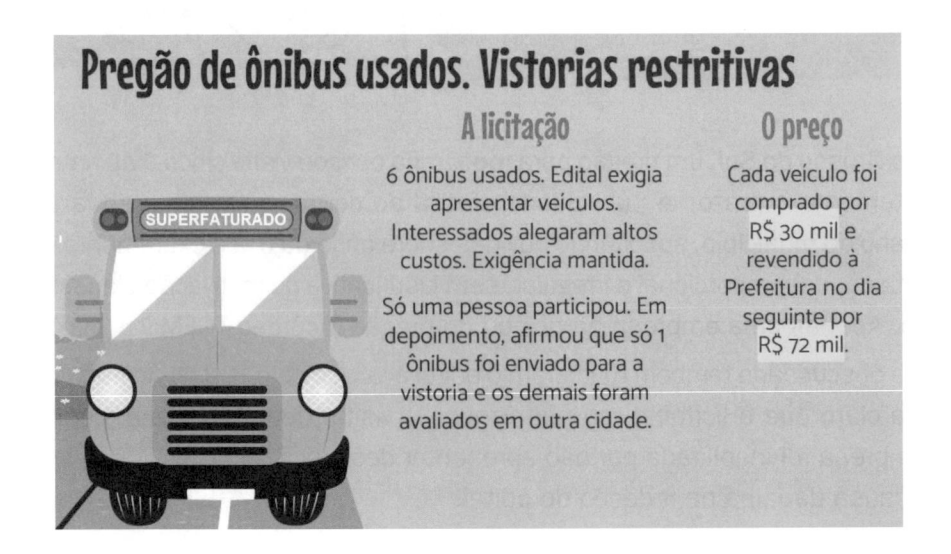

Pregão de ônibus usados. Vistorias restritivas

A licitação

6 ônibus usados. Edital exigia apresentar veículos. Interessados alegaram altos custos. Exigência mantida.

Só uma pessoa participou. Em depoimento, afirmou que só 1 ônibus foi enviado para a vistoria e os demais foram avaliados em outra cidade.

O preço

Cada veículo foi comprado por R$ 30 mil e revendido à Prefeitura no dia seguinte por R$ 72 mil.

Um caso peculiar foi julgado no Acórdão TCU nº 6.121/2020-1C. Para licitar transporte escolar, uma prefeitura na Bahia exigiu que os interessados apresentassem, para vistoria, os 71 veículos pretendidos e que percorressem o itinerário total de quase 8.000km em até 48 horas antes da abertura do certame. Como seria de se esperar, apenas uma empresa, que já prestava os serviços, se apresentou e ganhou.

No Acórdão nº 2.640/2019-P, o TCU viu exigência de prova de conceito de **todos os licitantes**. Esse procedimento é análogo ao teste de amostra, aplicado à área de software. O Tribunal reforçou que somente deve ser exigido do licitante provisoriamente classificado em primeiro lugar.

No Acórdão nº 4.776/2020-2C, o TCU julgou irregular a fixação de **prazo inexequível** para apresentação de amostras e certificações. O mesmo aconteceu no Acórdão nº 1328/2022-P, em que havia três dias para apresentar a solução de TI compatível com as exigências. Por não se tratar de produto de prateleira, o TCU avaliou que o prazo muito curto caracterizava direcionamento do certame e restrição indevida à competitividade.

No Acórdão nº 1037/2023-P, o **prazo inadequado** foi na disponibilização dos laudos de amostras à licitante recorrente apenas no último dia do prazo para apresentação das razões recursais, dificultando a apresentação de argumentos contrários ao resultado provisório declarado, violando, potencialmente, o princípio do contraditório.

O TCU também se deparou com prova de conceito que somente atribuía pontos por atestados emitidos por órgãos federais, excluindo documentos de outras esferas, prejudicando a isonomia no certame. Além disso, no mesmo caso, foi identificada redação do edital que possibilitava interpretar o termo "requisitos mínimos" como "requisitos obrigatórios" (e, consequentemente, eliminatórios), em afronta ao princípio da transparência (Acórdão nº 260/2020-P).

Também tratando de prova de conceito, o TCU encontrou situação em que, para contratar fábrica de software, foi exigida robotização na fase de testes. Para o Tribunal, a cláusula era excessiva, dispensável, impertinente e irrelevante ao objeto pretendido, além de constituir despesa à licitante desnecessária e anterior à celebração do contrato (Acórdão nº 339/2019-P).

No Acórdão nº 2647/2021-P, o TCU alertou para a ausência de definição dos procedimentos a serem adotados para **assegurar a integridade e a inviolabilidade das amostras** enviadas para ensaios laboratoriais, em ofensa ao princípio do julgamento objetivo. Editais que exigem amostras devem prever disposições claras e parâmetros objetivos para sua avaliação.

Em outro caso, o edital **não definiu como as amostras seriam apresentadas e avaliadas** (Acórdão TCU nº 7246/2022-1C).

Nos Acórdãos nº 2570/2020-P e 648/2021-P, o TCU ponderou que **amostras de todos os itens** licitados pode configurar restrição indevida à competitividade. Deve-se **avaliar a utilidade ou a viabilidade** de a amostra representar o produto que será entregue na execução contratual. Os dois casos envolviam a compra de produtos hortifrutigranjeiros. A análise das amostras não asseguraria a entrega de produto com as mesmas características, por apresentarem, naturalmente, variações, devendo a análise da conformidade com o exigido no edital ser verificada na entrega do produto. A avaliação de amostras seria útil e representativa apenas para produtos industrializados, com processo produtivo que garante uniformidade e homogeneidade.

No edital tratado no Acórdão nº 648/2021-P foi exigido também catálogo/ficha técnica para os produtos hortifrutigranjeiros, o que, na visão do TCU, configurou **formalismo exagerado**, uma vez que essa documentação não acrescentaria informações relevantes para a análise da aceitabilidade do produto ofertado, sendo suficiente a descrição detalhada cadastrada no sistema *Comprasnet* e enviada na proposta ajustada ao melhor lance.

Ainda tratando de amostras, o TCU avaliou edital que exigiu manuais em língua portuguesa, na fase de apresentação de amostras, como condição para aceitabilidade de propostas, limitando a competitividade da disputa. Para o Tribunal de Contas, seria suficiente que se exigisse a apresentação dessa documentação da empresa vencedora da disputa, em língua portuguesa, no momento da assinatura do contrato (Acórdão nº 811/2021-P).

Em São Paulo, a Justiça Estadual condenou agentes envolvidos em pregão para compra de kits de material escolar. A melhor proposta foi recusada por falta de **amostras personalizadas** com logomarca e slogan da campanha política do prefeito. Para a Justiça era uma **exigência exorbitante**, a personalização era elemento acessório e sua aposição no modelo traria prejuízo aos participantes que não se sagrassem vencedores da contenda. A inclusão de emblemas, logomarcas e brasões vai além do escopo da apresentação das amostras, que é avaliar se a qualidade do material oferecido pelas licitantes é compatível com o desejado pela Administração (Processo nº 0009208-29.2011.8.26.0032).

Por fim, vale tratar de situações em que **deveria existir amostra e o edital se omite**.

Ilustrando esse risco, um pregão para contratar 'solução de inteligência' não delimitou adequadamente os requisitos funcionais e técnicos do que se pretendia. Podia ser apresentado, na verdade, qualquer coisa, inclusive algo que não atendesse à necessidade. O licitante vencedor não apresentou especificações da proposta e mesmo assim o contratante permitiu que a empresa apresentasse apenas declarações de que o sistema atendia ao objeto da licitação, sem evidências. O contratante sugeriu utilizar o recebimento provisório do objeto como uma espécie de garantia de qualidade da entrega. O TCU considerou o procedimento inadequado e juridicamente imprestável a essa finalidade, além de colocar em risco o erário. Se era para garantir que o objeto atenderia à necessidade, isso deveria ter sido aferido, por exemplo, com prova de conceito pré-definida no edital, a ser aplicada no julgamento da proposta (Acórdão nº 1353/2022-P).

2.2.8 Outros métodos de restrição no edital

Em São Paulo, licitação foi suspensa depois de uma reportagem revelar que já sabia o vencedor, tendo registrado em cartório, 12 dias antes, quem ganharia. A ganhadora foi a sétima colocada no pregão. De acordo com o jornal, ela foi definida como a futura vencedora meses antes da elaboração do edital.

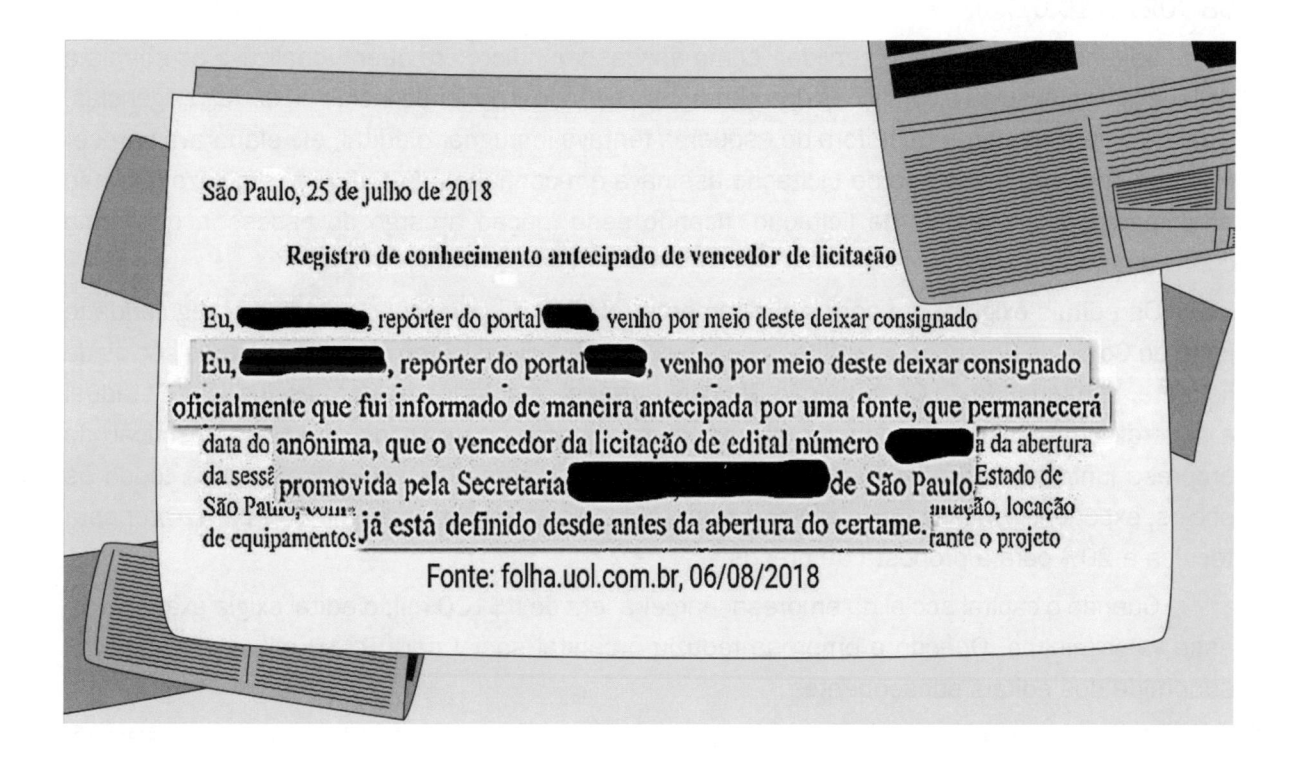

São Paulo, 25 de julho de 2018

Registro de conhecimento antecipado de vencedor de licitação

Eu, ███, repórter do portal ███, venho por meio deste deixar consignado oficialmente que fui informado de maneira antecipada por uma fonte, que permanecerá anônima, que o vencedor da licitação de edital número ███ promovida pela Secretaria ███ de São Paulo, já está definido desde antes da abertura do certame.

Fonte: folha.uol.com.br, 06/08/2018

Pelo edital, seria contratada uma única empresa para realizar 17 eventos, por preço global, incluindo a locação dos espaços, reservas em hotéis, transporte e alimentação. O edital obrigava o licitante a apresentar, já na proposta, declaração de que os hotéis estavam reservados, indicando quais seriam.

Esse, segundo o jornal, era o mecanismo de direcionamento. Só a empresa vencedora tinha condição de cumprir este item, pois já sabia das condições da licitação muito antes dos outros e reservou primeiro os hotéis que se enquadravam. Quem chegou depois, não conseguiu, porque os locais já estavam bloqueados (noticias.uol.com.br, notícia de 06.08.2018).

Ainda em São Paulo, o Tribunal de Justiça manteve condenação em que os empresários definiam detalhes do edital, de forma a garantir cláusulas e condições favoráveis para o grupo. Quando alguma concorrente não aceitava o acordo oferecido pela "dona da licitação", os agentes públicos adiavam ou cancelavam os processos, para deixar evidente a quem estava fora do esquema que realmente a licitação já tinha "dono" (Apelação nº 0002723-58.2011).

Mudando de região, no Rio Grande do Sul, a Justiça Federal condenou empresários e agentes públicos por fraude na terceirização em merenda escolar, a partir da Operação Solidária. Para o Juiz do caso, ficou provado o conluio. Segundo ele, o esquema se iniciou com a abordagem aos agentes públicos pelo representante de uma das empresas. Depois de acertados os movimentos, era enviado o material necessário para que somente a empresa escolhida atendesse aos requisitos do edital, vencendo, assim, o certame (www2.jfrs.jus.br, 08.07.2019).

No Paraná, a Justiça Estadual condenou um empresário e um servidor por fraudes em licitações relacionadas a concursos públicos. A denúncia teve origem na Operação Gabarito, que apontou editais restritivos, manipulados pelo servidor condenado (Processo nº 0000063-38.2021.8.16.0173).

Segundo a sentença, o servidor, como assessor jurídico, era quem idealizava os editais e delineava as cláusulas e condições dos certames, detendo o poder de incluir ou excluir exigências. Quando algum concorrente de fora do esquema tentava impugnar o edital, ele elaborava parecer e a Presidente da Comissão de Licitação assinava em confiança. Ela afirmou em juízo que não participava dos processos de licitação, ficando essa função a cargo do assessor, que tinha conhecimento na área.

Os editais exigiam um conjunto altamente robusto de condições restritivas: regularidade junto ao Corpo de Bombeiros, certidões negativas fiscais, cíveis e criminais de todos os sócios da licitante, regularidade da Contribuição Sindical Patronal, regularidade junto às Justiças Estadual e Federal, em primeiro e segundo grau, em nome da empresa e todos os sócios, inscrição da empresa junto ao Conselho Regional de Administração, curso de nível superior para todos os sócios, experiência mínima em cinco concursos públicos anteriores, peso de 80% para a proposta técnica e 20% para a proposta de preços.

Quando o capital social da empresa 'parceira' era de R$100 mil, o edital exigia exatamente esse valor mínimo. Quando a empresa reduziu o capital social para R$10 mil, a exigência foi suprimida dos editais subsequentes.

O mesmo ocorreu com a inscrição junto ao Conselho Regional de Administração do Paraná. Primeiro, era exigido somente do responsável técnico. Quando a empresa 'parceira' obteve o registro na entidade de classe, os editais passaram a exigir a inscrição da pessoa jurídica licitante. Para empresas com sede em outros Estados, exigiu-se a apresentação de Registro Secundário no CRA/PR da Empresa Proponente e do seu Responsável Técnico.

A relação entre o assessor jurídico e o empresário era tão próxima que eles dividiam o mesmo imóvel para suas atividades laborais. No notebook de uso pessoal do assessor jurídico havia documentos destinados ao e-mail do empresário. Havia diversas trocas de e-mails e telefonemas entre os réus, denotando estreita relação entre eles, inclusive, um se referindo ao outro como "amigo". Muitos dos atos constantes dos procedimentos licitatórios foram procedidos ou antecedidos de ligações entre ambos.

As datas de criação e modificação de arquivos de atas das licitações foram usadas para comprovar que os documentos já estavam preenchidos com os dados da vencedora antes mesmo da abertura dos certames.

Segundo as investigações, em contrapartida à fraude, a empresa beneficiada assegurava cargos públicos para pessoas indicadas. O próprio servidor condenado foi aprovado em primeiro lugar em um dos processos seletivos.

Outro caso parecido foi julgado pela Justiça do Rio Grande do Norte, que condenou por fraude o procurador-geral de uma prefeitura. O caso veio à tona por meio da Operação Sinal

Fechado. De acordo com a sentença, o assessor jurídico auxiliava na elaboração fraudulenta do edital, atuando como uma espécie de conselheiro técnico, promovendo consultoria jurídica a fim de direcionar o resultado e favorecer a organização criminosa (www.diariodaregiao.com.br, notícia de 04.02.2022).

Em Santa Catarina, a Justiça Estadual condenou agentes públicos e empresários por fraude em contratação para a gestão de um hospital municipal. Primeiro, houve licitação para conceder as instalações da unidade hospitalar mediante pagamento de aluguel. Venceria quem ofertasse o maior valor. Só apareceram duas empresas interessadas e não houve disputa efetiva de lances. Na verdade, as duas empresas eram do mesmo dono (Processo nº 0000378-79.2016.8.24.0218).

Pouco depois, firmou-se convênio com a empresa para a prestação de atendimentos de urgência e emergência no hospital. O convênio foi assinado sob o argumento de inviabilidade de competição, já que o hospital agora era administrado pela empresa concessionária.

Para o Juiz, a conduta dos envolvidos inviabilizou a seleção da proposta mais vantajosa, ao ocultar, na licitação, as reais condições em que o negócio se realizaria. Na licitação, nada foi informado sobre a possibilidade de contratação futura para prestar serviços médicos à prefeitura. Tratava-se apenas da concessão onerosa das instalações.

Mas os empresários que participaram da licitação já sabiam que firmariam o convênio após a licitação, por meio do qual perceberiam montante mensal que não constava do edital. Um dos sócios era médico contratado pelo Município. Tudo indica que a empresa foi criada poucos dias antes do certame, só para obter aquele contrato.

Para a Justiça, quebrou-se a isonomia, porque os empresários tinham informações privilegiadas. O edital omitiu condições críticas do negócio.

Se houvesse no edital a previsão da futura contratação para prestar serviços à prefeitura, poderiam existir outros interessados na concessão do hospital, pois haveria uma receita mensal garantida, e em quantia expressiva.

As vantagens do negócio, portanto, foram omitidas e expostas somente após a adjudicação do objeto licitado à empresa vencedora. A situação tornou-se muito mais atrativa depois da licitação. Num procedimento sem fraude, deveria haver previsão clara e completa de todas as vantagens que seriam percebidas por quem assumisse aquele serviço.

A omissão do repasse futuro fracionou as informações e impossibilitou o acesso igualitário de todos os interessados às vantagens do negócio, afastando possíveis proponentes e impedindo a efetivação do princípio da isonomia e, presumidamente, da seleção da proposta mais vantajosa. Isso acarretou ao contratado maiores vantagens, que não eram do conhecimento de seus possíveis concorrentes.

Assim como esses, muitos outros casos povoam o ecossistema das fraudes e irregularidades em editais de licitação. Na jurisprudência do TCU, encontramos diversos Acórdãos que remetem à restrição indevida em editais:

- ✓ Reconhecimento de firma nos documentos (1.086/2020-2C e 988/2022-P);
- ✓ Somente documento original ou cópia autenticada (2036/2022-P);
- ✓ Registro em cartório do contrato licitante x engenheiro (1.086/2020-2C);
- ✓ Contratos assinados há, no mínimo, 60 dias (1.086/2020-2C);
- ✓ Vedação indevida de consórcio (3.129/2019-P, 1328/2022-P);

- ✓ Inscrição de advogados em seccionais específicas da OAB (14099/2019-1C);
- ✓ Profissionais impertinentes (753/2020-P);
- ✓ Sede ou escritório local (2274/2020-P, 1176/2021-P, 3214/2021-P);
- ✓ Esclarecimentos vitais sem republicação (402/2019-P);
- ✓ Registro e posse de arma em vigilância desarmada (1473/2020-P);
- ✓ Critérios subjetivos em técnica e preço (1197/2020-P);
- ✓ Corpo técnico em fornecimento de bens (12755/2019-1C);
- ✓ Posse de software desnecessário (7083/2022-2C);
- ✓ Impedimento indevido de médias e grandes empresas (4870/2022-1C);
- ✓ Rede de assistência técnica impertinente (2311/2020-P);
- ✓ Habilitação antecipada (1144/2022-P);
- ✓ Filiação a entidade internacional (1236/2022-1C);
- ✓ Rede credenciada na habilitação (166/2021-P, 1376/2021-1C, 2771/2021-P);
- ✓ Software de gerenciamento (2771/2021-P);
- ✓ Tamanho máximo de consórcio (745/2017-P e 1.852/2019-P);
- ✓ PPRA e PCMSO (TCE-PR, 2652/2021-2C);
- ✓ Propriedade prévia de equipamentos (TCE-PR, 2652/2021-2C);
- ✓ Proposta assinada por responsável técnico (2143/2021-P);
- ✓ Ausência de equalização em licitação internacional (2319/2021-P);
- ✓ Termos vagos ou subjetivos (330/2021-P);
- ✓ Sanções contratuais desproporcionais (2169/2020-P, 2791/2020-P);
- ✓ Instalação futura de matriz ou filial (2217/2021-P).

Para fechar este tópico, encontramos o Acórdão nº 434/2016-P, no qual o TCU aplicou multa a gestores federais, em desdobramento da "Operação Sangue Frio". A investigação foi iniciada com base em notícia de que, dois meses antes do resultado de um pregão eletrônico, denúncia encaminhada ao Ministério Público Federal já antecipava o vencedor. O objeto era a manutenção de equipamentos médico-hospitalares.

O caso é um verdadeiro exemplo completo de restrições ilegítimas. Uma aula do que não fazer.

A começar pelo Termo de Referência (TR), quem era deficiente, sem detalhamento dos serviços a serem prestados, e a sua forma de medição, sem estimativa do que seria realizado. O TR não esclareceu qual seria a periodicidade da manutenção preventiva dos aparelhos, nem estabeleceu, para os casos de manutenção corretiva, as expectativas de conserto. Mesmo assim, apareceram três cotações para pesquisa de preços. Ficou comprovado que foram forjados pela empresa vencedora do certame.

Depois, um conjunto de cláusulas restritivas no edital, o que comprovava o direcionamento, ao exigir qualificações irrelevantes para os serviços, frise-se, de manutenção. Foi exigido Certificado de Boas Práticas de Fabricação.

O edital também exigia regularidade nos Conselhos: (a) Engenharia (CREA), Enfermagem (COREN) e Fisioterapia (CREFITO). Nada a ver com o objeto do certame. Para o TCU, a manutenção de aparelhos médicos hospitalares não tem qualquer relação com os referidos conselhos.

Lembrando que a obrigatoriedade de inscrição de empresas em determinado conselho é definida segundo a atividade preponderante que exerce (Acórdãos TCU nºs 597/2007-P e 4.608/2015-1C).

Não bastasse o registro nos três conselhos, era obrigatório ter o visto de todos eles na unidade regional do estado onde estava sendo realizada a licitação.

O edital obrigava também apresentar autorização de funcionamento expedida pela ANVISA. Pode-se exigir autorização de funcionamento, desde que a atividade assim o demande legalmente. Mas, no caso concreto, de manutenção de equipamentos médico-hospitalares, não havia essa demanda.

Era exigida, ainda, vistoria prévia e experiência "igual ou superior" ao objeto licitado. Apesar disso, a empresa vencedora apresentou um atestado de R$3,6 mil, de um único equipamento, enquanto a licitação era estimada em mais de R$1,8 milhão, em diversos aparelhos.

Reforçaram, ainda, as evidências de direcionamento, a falta de fundamentação adequada para o indeferimento liminar e arbitrário das impugnações apresentadas antes da abertura do certame.

Os agentes responsáveis pela licitação foram rigorosos ao indeferirem os pedidos de impugnação ao edital das demais licitantes e coniventes ao aceitarem atestado de capacidade técnica da vencedora, comprovando experiência flagrantemente insuficiente em relação ao objeto pretendido.

Em processo derivado, mais tarde, o TCU declarou a inidoneidade da empresa, por participação ativa na fraude (Acórdão nº 857/2017-P).

2.2.9 Elementos inovadores do edital na NLL

Merecem comentário alguns dispositivos da NLL que inovaram em relação à legislação antiga e que possuem potencial para impactar a competitividade, sendo, portanto, elementos que atraem estudos e análises apropriados para a tomada de decisão.

Um desses aspectos é a possibilidade de obrigar o **uso de insumos locais** na execução contratual. O art. 25, §2º permite, desde que não haja prejuízo à competitividade e à eficiência do contrato, prever a utilização de mão de obra, materiais, tecnologias e matérias-primas existentes no local da execução, conservação e operação do bem, serviço ou obra.

Entende-se essa diretriz como um estímulo à economia e ao desenvolvimento local. Imagine, por exemplo, a previsão de serviços que utilizam mão de obra não especializada da comunidade.

A validade desse tipo de exigência está condicionada ao adequado estudo técnico preliminar apontando que tal condição não tem potencial de prejudicar a competitividade da licitação e nem afetar a eficiência contratual.

Outro movimento inovador da NLL foi a previsão expressa, quando o objeto não for obra ou serviço de engenharia, de **meios alternativos para comprovar qualificação técnica** (art. 67, §3º). Os atestados de experiência podem ser substituídos por outra prova de que o profissional ou a empresa possui conhecimento técnico e experiência prática na execução de serviço de características semelhantes, hipótese em que as provas alternativas aceitáveis deverão ser previstas em regulamento.

Ainda sobre qualificação técnica, vale ressaltar que a NLL prevê a possibilidade de exigir **relação dos compromissos assumidos** pelo licitante que importem em diminuição da disponibilidade do pessoal técnico apresentado na habilitação. É uma forma de mitigar o risco de adjudicar o objeto à empresa sem fôlego efetivo para tocar o contrato, porém, acreditamos que o assunto ainda precisa ser mais bem amadurecido em discussões da doutrina e da jurisprudência.

Por fim, vale destacar a obrigatoriedade de **implantação de Programa de Integridade** nas empresas vencedoras de contratações de **Grande Vulto** (art. 25, §4º).

O edital deve especificar que esse tipo de contrato exigirá da empresa contratada, caso ainda não possua, implantação, no prazo máximo de 6 meses, de Programa de Integridade. O regulamento deve fixar condições a serem cumpridas e as sanções pelo descumprimento.

O Programa de Integridade é previsto na Lei Anticorrupção, sendo conhecido como um mecanismo para prevenir, detectar, remediar e punir fraudes e atos de corrupção. O conceito e sua implantação serão detalhados mais adiante neste livro, no capítulo sobre a prevenção de fraudes em licitação.

Antes da NLL, alguns estados, como Rio de Janeiro e Rio Grande do Sul, além do Distrito Federal, já vinham regulamentando a exigência desse mecanismo em suas contratações. Agora, temos uma regra nacional.

Além de prever o programa de integridade de forma compulsória nos contratos de grande vulto, a NLL também estimula a adoção dessa medida pelas empresas pela previsão de benefícios, como desempate em licitações (art. 60, IV), ponderação na aplicação de sanções (art. 156, §1º) e como condição de reabilitação de fornecedores declarados inidôneos (art. 163, § único).

É positivo esse movimento, no sentido de reforçar o engajamento do setor privado na essencial busca pela prevenção à corrupção nas contratações.

Entretanto, a regulamentação e aplicação efetiva desse mecanismo privado antifraude depende fortemente de um conjunto complexo de esforços. A própria CGU reconhece que a realidade ainda está longe do ideal, considerando a qualidade e a efetividade dos programas de integridade privada existentes no mercado. Não basta instituir formalmente a exigência de programas de integridade. É preciso que essa medida esteja inserida em um conjunto mais amplo de ações, voltadas à gestão de riscos nas contratações. (CGU, 2021c).

Corroborando essa perspectiva, encontramos estudo que investigou programas de integridade em fornecedores como instrumento de redução da corrupção. Os resultados apontam que essa exigência isolada não possui o protagonismo antes pensado, nem relevância para a robustez da gestão de riscos de corrupção para os órgãos compradores. (STOEVER e SARTURI, 2022).

Os autores deste livro, pela experiência profissional acumulada na área, defendem estudos profundos sobre a parametrização e a fiscalização das iniciativas antifraude no setor privado, levando em conta as diretrizes referenciais de gerenciamento de riscos, de modo a ponderar fatores críticos, como aqueles apontados por Marcus Braga (2020):

> ➢ **Custos processuais**: implantar programa de integridade tem custo para a empresa, que tende a embuti-lo no preço ofertado na licitação.
> ➢ **Custos de transação**: fiscalizar o programa implantado pela empresa exigirá esforço, capacidade e recursos, assim como implicará seus próprios riscos.
> ➢ **Estímulo à concorrência**: como qualquer exigência de habilitação, a previsão de programa de integridade tende a reduzir interesses na disputa, o que deve ser sopesado com outros fatores.
> ➢ **Relevância do risco**: os programas de integridade a serem exigidos devem guardar proporcionalidade aos riscos de fraude e corrupção de cada contratação.
> ➢ **Efetividade da Resposta**: que tipos de mecanismos serão previstos para que os programas fomentados sejam capazes de efetivamente mitigar os riscos.

Como alertam Pinheiro, Almeida e Mansur (2023), a construção dos regulamentos sobre o tema tende a gerar acalorados debates sobre os efeitos do descumprimento ou da irregularidade em programas antifraude de fornecedores. Alguns defenderão o fim dos contratos, das multas e dos impedimentos. Outros possivelmente se alinharão à ideia de oportunizar o saneamento da falha, no espírito de privilegiar o princípio da consensualidade e meios alternativos de solução, como a conciliação e a mediação.

Fato é que o movimento anticorrupção ganha novos contornos dentro das compras públicas, com o reforço da NLL no estímulo aos programas privados antifraude, porém, ainda temos um caminho longo a percorrer, de modo a incorporar essa peça ao intrincado quebra-cabeças da gestão de riscos das contratações.

Uma coisa muito clara é que **não se pode usar o programa de integridade como mecanismo de afastamento indevido de licitante**. Isso aconteceu num caso avaliado pelo TCU no Acórdão nº 1467/2022-P, um pregão eletrônico para contratar transporte aéreo. Foi exigido Programa de Integridade como critério de habilitação, inspirado na Lei Anticorrupção, mas sem respaldo expresso em lei, tornando o requisito irregular. Além disso, exigiu-se tal programa de todos os licitantes, já implantado na data de abertura do certame. E pior: a empresa que se classificou em primeiro lugar chegou a comprovar que tinha o programa de integridade requerido, mas foi inabilitada porque deixou de evidenciar a situação nos documentos de habilitação, fazendo isso em diligência.

Ou seja, o Pregoeiro reconheceu que a empresa possuía o Programa exigido, mas entendeu que a comprovação tinha sido intempestiva, porque deveria ter ocorrido no momento da apresentação dos documentos de habilitação.

Além disso, o mesmo Pregoeiro também descartou outras licitantes, classificadas em 2º e 3º lugar no certame, por motivos genéricos, pois teriam deixado de "atender na íntegra o edital", sem motivar o ato e sem dar oportunidade para as empresas se manifestarem.

Para o TCU, tudo se caracterizou como **excesso de formalismo**, no caso da primeira colocada, e **ato imotivado** nos demais, porque faltaram os fundamentos da decisão, violando, assim, o princípio da motivação e a jurisprudência do TCU, segundo a qual é inescapável motivar decisões com nível de detalhamento suficiente para a plena compreensão pelos interessados (Acórdão nº 1.188/2011-P).

O TCU determinou a anulação do pregão e do contrato decorrente, assim como a identificação dos responsáveis e ressarcimento dos eventuais prejuízos decorrentes das ilegalidades observadas.

Esse exemplo ilustra a ideia de que não adianta exigir integridade só da empresa contratada. Esse elemento precisa estar presente e consolidado no órgão contratante também.

2.3 Publicidade Precária

É uma premissa bastante comum da economia, especialmente da teoria dos leilões, a de que quanto mais fornecedores, ou seja, quanto maior a oferta, menores serão os preços. Isso também pode funcionar em compras públicas. Estudos apontam nessa direção de forma consistente. (MCAFEE e MCMILLAN, 1987; KAUFMAN e CARTER, 2004; SILVA, 2007; FARIA et al, 2010; REIS e CABRAL, 2018).

Para aumentar a quantidade de licitantes e incrementar a competição, duas condições gerais devem ser proporcionadas: (1) informação útil, adequada e oportuna; (2) acesso barato à disputa. O fornecedor precisa saber das intenções de compra do governo de forma simples, rápida, ampla, eficaz e acessível, a fim de aproveitar oportunidades a baixo custo de entrada nas licitações.

Estamos falando de publicidade e transparência efetiva das licitações, simplificação e redução do custo de participação.

Essa ideia já constava da exposição de motivos da Medida Provisória nº 2026/2000, que criou o Pregão como modalidade de licitação. Já naquela época o projeto facultava o uso das novas tecnologias eletrônicas para a realização do pregão, na intenção de reduzir custos e facilitar a participação de maior número de competidores, bem como possibilitar **maior transparência, controle social e oportunidades de acesso** às licitações públicas.

Desde então, o pregão eletrônico tem avançado fortemente como principal mecanismo de processamento das compras públicas, pelo menos em âmbito federal. Dados compilados pela CGU revelam a evolução da forma eletrônica do pregão em relação às demais modalidades no Comprasnet, de 2001 a 2022, demonstrando a preponderância de uso da plataforma digital.

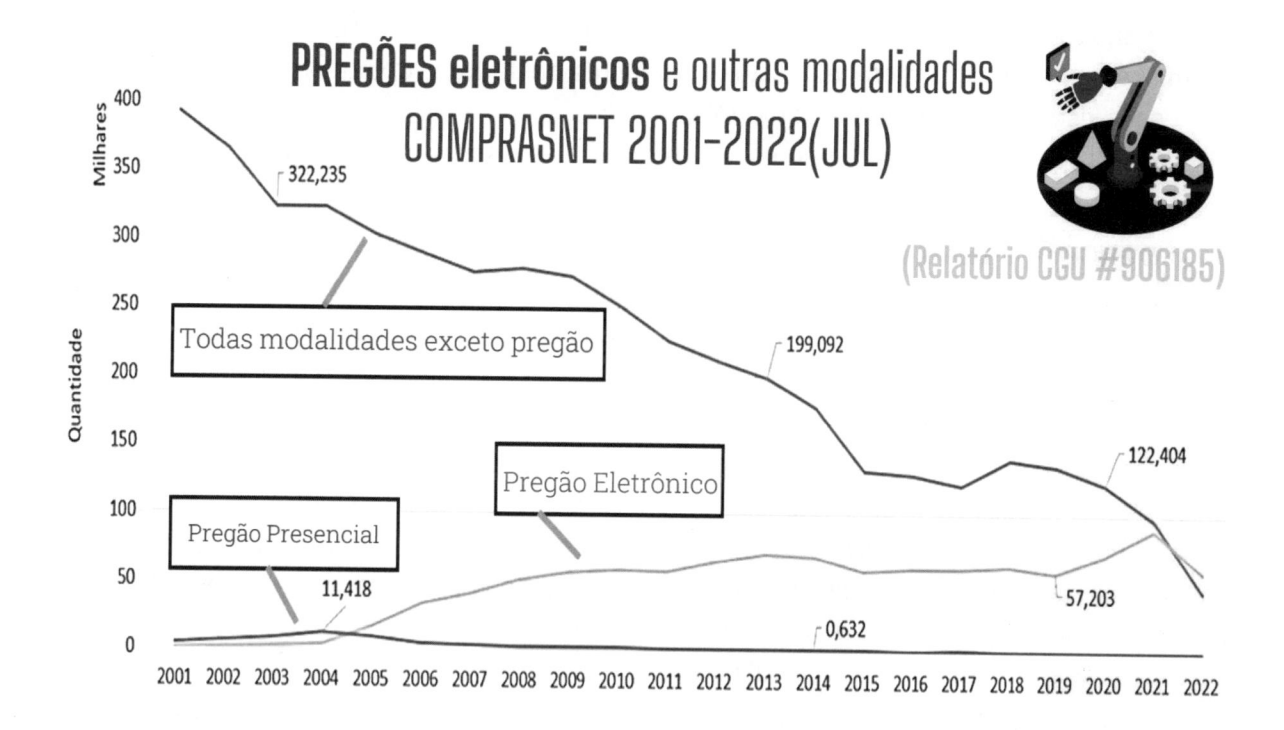

PREGÕES eletrônicos e outras modalidades COMPRASNET 2001-2022(JUL)
(Relatório CGU #906185)

- Todas modalidades exceto pregão: 322.235 → 199.092 → 122.404
- Pregão Presencial: 11.418 → 0,632
- Pregão Eletrônico: → 57.203

Esses números ajudam a ilustrar que a melhor forma de promover transparência, controle social e acesso às licitações é **digitalizar as compras** e, ao mesmo tempo, **simplificar a vida do fornecedor. Publicar todas as licitações num lugar só** e facilitar o acesso e preparo dos documentos, diminuindo deslocamentos, evitando ações presencias, automatizando procedimentos e reduzindo custos.

Felizmente, **essas diretrizes foram incorporadas na NLL**, positivando propostas que os autores deste livro vinham apresentando nas edições anteriores, como forma de aumentar a prevenção às fraudes.

A principal medida de fortalecimento da transparência foi a criação do **Portal Nacional das Contratações Públicas (PNCP)** para: (a) **divulgação centralizada obrigatória** e (b) processamento facultativo (art. 174).

O Portal Nacional passa a ser o centro único de informação e apoio ao processamento das compras públicas, contemplando ferramentas acessórias de cadastro, pesquisa de preços, catalogação, além da plataforma eletrônica de condução dos certames, de uso facultativo pelos entes federativos.

Esse é um mecanismo fundamental para o combate à corrupção e ao desperdício. É corolário intrínseco da transparência a disponibilidade efetiva e descomplicada da informação para os interessados. O padrão antigo estabeleceu cenário em que os dados sobre as licitações e contratos estavam pulverizados, desorganizados, desestruturados, tanto para o cidadão, quanto para os compradores e fornecedores. Conhecer o que, onde, e quando serão ou foram realizadas compras governamentais era tarefa das mais complexas e custosas, mesmo com a LAI e com o avanço das comunicações eletrônicas.

Esse cenário tende a se modificar fortemente com a NLL.

A publicidade limitada é um dos principais riscos da legislação antiga, tratada em diversos exemplos de casos concretos nas edições anteriores deste livro. Com a Nova Lei, esperamos que esses riscos sejam profundamente mitigados.

Em termos de combate a fraudes e desperdício, essa é uma das mudanças mais significativas da NLL.

O PNCP centraliza a publicidade das compras, por meio de um único repositório, em dados abertos, aumentando de forma exponencial o poder de controle automatizado, potencializando o controle social e fomentando sobremaneira a participação dos fornecedores nas aquisições do setor público.

No relatório legislativo que deu origem à NLL, podemos ler a intenção do legislador de inaugurar uma nova era de incentivo à adoção de recursos de tecnologia para facilitar o processamento das licitações e potencializar a transparência, materializando essa premissa por meio do Portal, de modo a divulgar os planos anuais de contratações, editais e outros documentos e disponibilizar diversas funcionalidades voltadas ao processamento das contratações, a exemplo do sistema de registro cadastral unificado, com o objetivo de reduzir os custos de transação e potencializar a competitividade. (ARRUDA, 2018).

Reconhecemos que a implantação efetiva, avançada e completa do Portal ainda está longe, como apontou o TCU nos Acórdãos nºs 2.154/2023-P e 2.209/2023-P, mas os primeiros passos foram iniciados e as perspectivas são alvissareiras. Os desafios, tanto tecnológicos quanto econômicos, além de culturais, não são pequenos, mas o espírito da NLL parece apontar para um futuro promissor.

Entre os desafios mais óbvios está o esforço dos pequenos municípios em se adaptar às mudanças da NLL, entre elas a publicação centralizada no Portal. A Nova Lei deu prazo maior para que as prefeituras de até 20.000 habitantes cumpram as regras de divulgação eletrônica (art. 176). Enquanto não adotarem o PNCP, esses municípios devem publicar, no mínimo, em diário oficial e disponibilizar a versão física dos documentos em suas repartições, vedada a cobrança, salvo referente ao fornecimento de edital ou de cópia de documento, que não será superior ao custo de sua reprodução gráfica.

Sabe-se que a digitalização das contratações pelas prefeituras tende a ser um complicador, por vários fatores, não apenas de estrutura ou capacidade, mas também de interesses e vontades, tomando por referência estudos que apontam, por exemplo, proporção de licitantes vencedores oriundos da própria unidade da federação de 70% nos pregões presenciais, caindo para 30% nos eletrônicos. (LACERDA, 2021). A adoção do formato eletrônico, nesse cenário, pode ser vista como prejudicial à economia local, afetando, possivelmente, os esforços dos gestores para implantarem as necessárias estruturas para virtualização das licitações. (MATOS, 2023).

Para os autores deste livro, embora compreensível a motivação, não parece razoável a mitigação, ainda que temporária, da transparência das compras nos municípios pequenos, considerando, em especial, os comandos da Lei de Acesso à Informação, que determinam, desde 2011, sem distinção, a publicidade eletrônica de licitações realizadas e em andamento, com editais, anexos e resultados.

Ao mesmo tempo em que a adequação ao Portal Nacional e a outros instrumentos de governança preconizados pela NLL são um desafio aos pequenos municípios, o momento também representa excelente oportunidade para aperfeiçoamento de suas capacidades, tanto tecnológicas quanto de pessoal. E o portal pode ser um grande aliado para apoiar esse avanço. (MARÇAL e BRAGA, 2021).

Centralizando as publicações e facilitando o acesso e preparação de documentos, as organizações estarão aplicando, da forma mais irrestrita e efetiva, a publicidade e a transparência.

Vale destacar que publicidade e transparência são conceitos complementares, mas não se confundem. Com a publicidade, divulga-se a coisa para conhecimento coletivo. Na transparência, além de disponível, a informação tem que ser compreensível. (MOTTA, 2018).

Em pesquisa realizada junto aos fornecedores, o Governo Federal identificou que a principal fonte de informação era o *Comprasnet*, que 80% utilizavam e metade considerava a mais importante. Quase ninguém lia avisos em jornais e apenas 1% considerava essa a forma mais importante de divulgação. (BRASIL, 2007). E esse cenário foi levantado há mais de uma década, o que remete à hipótese plausível de que a imensa maioria, senão a totalidade dos fornecedores, utiliza a publicação no site de compras para se informar sobre oportunidades de negócio com o governo.

Isso ilustra o enorme potencial que o PNCP tem e a verdadeira revolução que pode representar na gestão e controle das compras públicas.

Como fundamento legal para esse cenário, vale lembrar que a publicidade é expressamente consignada no *caput* do art. 37 da Constituição Federal como um princípio que exige da Administração Pública a ampla divulgação dos seus atos, como forma de efetivar o controle social e coibir a corrupção. A transparência estatal é uma condição primária para a garantia dos direitos do cidadão em face do Estado.

Por esse motivo, a NLL veda, de modo geral, o sigilo do procedimento licitatório (art. 13). Essa lógica comporta dois momentos em que os atos são temporariamente sigilosos: (a) conteúdo das propostas, até a respectiva abertura e (b) orçamento estimativo, que pode ter opção de sigilo até o fim da disputa (art. 13, I e II).

Detalhando operacionalmente a transparência dos atos no Portal Nacional, a NLL obriga a publicar o **inteiro teor do ato convocatório e seus anexos** (art. 54) assim como avisos de contratação direta (art. 174, §2º, III). Ou seja, não é apenas o aviso de licitação, mas o conjunto completo da documentação, incluindo os elementos de planejamento. É proibido exigir registro cadastral complementar para acesso ao Edital e anexos (art. 87, §2º).

Além disso, publica-se o extrato do edital em Diário Oficial, conforme o ente federativo contratante, bem como em jornal de grande circulação (art. 54, §1º). Adicionalmente, faculta-se a divulgação e a manutenção do edital e anexos em sítio eletrônico oficial do contratante (art. 54, §2º).

Todo esse contexto se insere no atendimento ao dever administrativo de plena transparência. O TCU explicou que, nas compras, isso significa que **qualquer interessado deve ter acesso a todas as fases da licitação** (Acórdão nº 204/2008-P).

Seguindo essa lógica, o regulamento federal da Lei de Acesso à Informação (Decreto nº 7.724/2012) destaca o dever de promover a transparência ativa das informações, pela divulgação, na Internet, das licitações realizadas e em andamento, com editais, anexos e resultados, além dos contratos firmados e notas de empenho emitidas (art. 7º, §1º, §3º, V).

Atendendo à LAI e à NLL, as organizações públicas, **em todas as esferas**, devem publicar, em **transparência ativa**, em **consulta livre, sem necessidade de registro ou de identificação para acesso, todos os documentos** que integram os processos de aquisição (solicitação de aquisição, estudos técnicos preliminares, termos de referência, edital, estimativas de preços, pareceres técnicos e jurídicos), bem como de execução contratual, em atenção ao fato de serem informações definidas pela legislação como de interesse público, coletivo e geral, exceto os considerados sigilosos nos termos da lei (Acórdãos TCU nºs 2.622/2015-P, 389/2020-P e 1.142/2020-P).

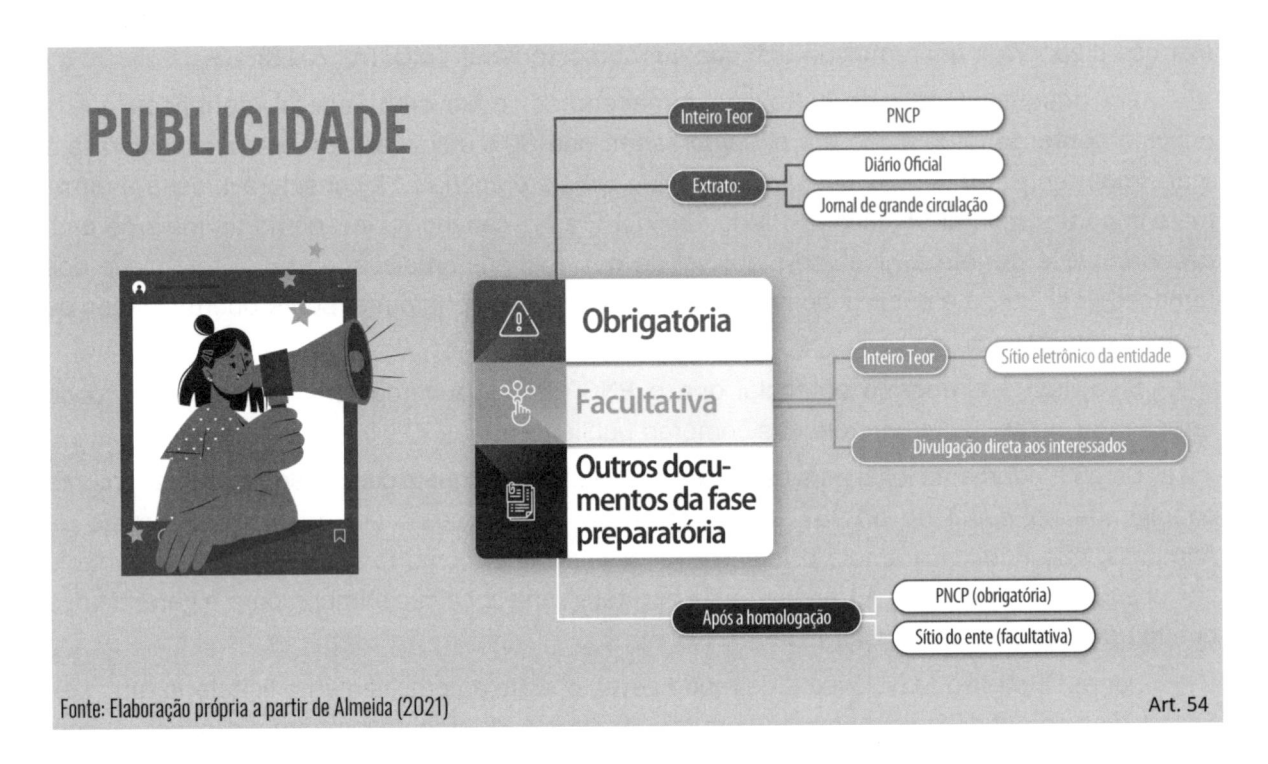

PUBLICIDADE

- Obrigatória
  - Inteiro Teor → PNCP
  - Extrato:
    - Diário Oficial
    - Jornal de grande circulação
- Facultativa
  - Inteiro Teor → Sítio eletrônico da entidade
  - Divulgação direta aos interessados
- Outros documentos da fase preparatória
  - Após a homologação
    - PNCP (obrigatória)
    - Sítio do ente (facultativa)

Fonte: Elaboração própria a partir de Almeida (2021) — Art. 54

Um exemplo de situação irregular foi tratado no Acórdão TCU nº 1414/2023-P, em que o órgão federal contratante deixou de inserir no *Comprasnet* alguns anexos do Edital, como o ETP e os requisitos técnicos paras as aeronaves que se pretendia alugar, desatendendo a legislação e prejudicando a competitividade. Uma empresa foi inabilitada por não atender a uma exigência que sequer foi publicada. E o pior é que houve pedido de impugnação por causa desse problema de publicidade e foi desconsiderado porque teria sido intempestivo. O TCU reforçou a noção de que o princípio de autotutela exige de quem conduz a licitação a revisão rigorosa de condições potencialmente restritivas à competitividade, ainda que a impugnação não seja conhecida por motivos formais.

Outro aspecto relevante diz respeito à divulgação de peças da fase interna que eventualmente sejam consideradas temporariamente sigilosas. O §3º do art. 54 da NLL define que **após a homologação** do processo licitatório deverão ser **disponibilizados no PNCP** os documentos elaborados na fase preparatória que porventura não tenham integrado o edital e seus anexos.

Isso se relaciona com o fato de **que pode ser temporariamente sigiloso o preço estimado** (art. 24), o que tem sido chamado de **transparência ou publicidade diferida**. É uma decisão a ser tomada na fase de planejamento, conforme as condições de mercado e outros fatores. Como alerta Ronny Charles (2022), esconder a estimativa pode, ou não, auxiliar na obtenção de um melhor resultado na licitação, a depender da modelagem do certame.

Não há disciplina específica na NLL sobre o momento de revelar o orçamento sigiloso, pois o dispositivo sobre isso foi vetado. No Regulamento Federal (IN Seges nº 73/2022, art. 12, §1º) há previsão de divulgar depois do resultado do julgamento das propostas, permitindo, por interpretação lógica, usar a informação no momento da negociação, já que esse procedimento ocorre após definido o resultado do julgamento de propostas (IN Seges nº 73/2022, art. 30).

Em qualquer caso, se houver algum regulamento diferente, a divulgação do orçamento, caso este seja sigiloso, deve ocorrer até o final do certame licitatório, considerando a previsão do artigo 18, §1º, VI da NLL, que define a possibilidade de optar por preservar o sigilo da estimativa até a conclusão da licitação.

Por razões óbvias, se a licitação for julgada pelo maior desconto, o preço de referência para aplicação do desconto tem que, obrigatoriamente, ser divulgado no edital.

Essa sistemática de sigilo no preço estimado foi adotada antes, na Lei nº 13.303/2016, permitindo que as empresas estatais licitem sem divulgar a informação, revelada depois da disputa. O regulamento federal do Pregão, de 2019, também já previa a possibilidade de ocultar a estimativa.

Não se pode deixar de notar que a **restrição de publicidade acarreta seus próprios riscos**.

Ilustrando essa situação, encontramos representação no Tribunal de Contas do Amazonas contra um pregão municipal para compra de mobília. Os primeiros colocados foram desclassificados por inexequibilidade, vencendo proposta 15% superior ao menor lance (Processo nº 10761/2023).

O representante alegou que o orçamento estimado era sigiloso, mas havia indícios de devassa indevida desse sigilo. Apesar de não constarem parâmetros de aceitação dos preços no edital, tudo levava a crer que foi utilizado o patamar matemático de 70% como configurador da inexequibilidade de proposta, levando em conta que as propostas aceitas perfaziam exatamente esse percentual, inclusive nos centavos.

Como argumento, foi usada uma **tabela de comparação** entre o preço máximo orçado e o preço ofertado pelo vencedor em cada item (portalmancheteam.com.br, 12.03.2023), demonstrando proximidade expressiva entre o limite de proposta aceitável e a oferta final dos licitantes X, Y e Z.

ITEM	VENCEDOR	PREÇO ORÇADO	LIMITE 70%	PREÇO VENCEDOR
14	X	30.916,24	21.641,37	21.641,36
13	Y	89.126,84	62.388,79	62.388,70
12	Y	3.624,30	2.537,01	2.535,00
11	Z	77.889,02	54.552,31	54.522,38
10	X	25.193,70	17.635,59	17.635,50
9	X	17.457,85	12.220,50	12.220,50

Outro aspecto relevante é a definição clara das **condições do sigilo no orçamento**, sua duração e o momento e forma de acessar as informações pertinentes (Acórdão TCU nº 7897/2022-1C).

Partindo desses exemplos, apresentamos as principais situações de risco que avaliamos serem aplicáveis ao cenário de transparência da NLL, com potencial para influenciar indevidamente a competição, com **foco nas interações em ambiente eletrônico**, que tendem a se tornar predominantes.

Optamos por manter alguns casos referenciais relacionados com publicidade precária que marcaram o contexto regido pela legislação anterior, porque acreditamos que a migração plena para o cenário digital ainda pode demorar, remanescendo risco residual de certas situações absurdas que os exemplos ilustram, servindo de alerta para os problemas que enfrentamos quando a fraude nas compras se apoia na obscuridade dos procedimentos.

2.3.1 Digitalização opaca

Com o avanço da tecnologia, a densificação da transparência e a busca por eficiência, a NLL incorporou a diretriz de priorização do processamento eletrônico das licitações, prevendo preferência para a digitalização dos atos do processo licitatório, de modo que os documentos sejam produzidos, comunicados, armazenados e validados por meio eletrônico (art. 12, VI).

Essa diretriz se alinha fortemente ao aumento da publicidade e da transparência das licitações, facilitando o conhecimento e o acesso às oportunidades de contratações disponíveis, assim como o controle potencial exercido pelos diferentes agentes envolvidos ou interessados nas compras públicas, com tudo, em tese, à distância de um clique. (MATOS, 2023).

Isso não significa que os riscos de fraude sejam eliminados com a digitalização das compras.

Esse movimento inegavelmente reduz, de modo contundente, as chances de corrupção e irregularidades em alguns aspectos das contratações, mas não ataca todos os problemas e também abre espaço para novas formas de esquemas, novos procedimentos indevidamente restritivos ou de direcionamento.

Um desses flancos que merece atenção e cuidado é a **digitalização opaca**, marcada por falhas de transparência, especialmente nos registros de processamento da licitação, durante as fases de divulgação, abertura e julgamento dos certames em plataformas eletrônicas.

Exemplo disso foi tratado no Acórdão nº 90/2020-P, no qual o TCU classificou como afronta ao princípio da transparência o fato de um órgão adotar **respostas genéricas a pedidos de esclarecimentos**, sem sanar, de forma objetiva, as dúvidas suscitadas pelos licitantes. Caso semelhante ocorreu no Acórdão TCU nº 328/2023-P, em pregão para contratar limpeza, em que houve resposta genérica, com mera indicação de que deveria "ser considerado o indicado no Termo de Referência e Apêndices", o que o TCU julgou insuficiente para responder a dúvida suscitada pelo requerente.

Outra forma de transgredir a publicidade é a **omissão de resposta** ou **rejeição imotivada** de impugnação, sem explicar as decisões, sem análise de todo o conteúdo impugnado ou sem razoável fundamentação nas respostas (Acórdãos TCU nº 1923/2020-P e 796/2022-P).

É obrigação de quem conduz a licitação averiguar alertas de restrição à competição apresentados antes da abertura da disputa, mesmo que tais alertas não preencham os requisitos formais de impugnação. O **princípio de autotela**, de a Administração corrigir seus próprios erros, exige revisão criteriosa de cláusulas de edital que sejam apontadas como potencialmente restritivas, como **revisão de ofício** (Acórdão TCU nº 1414/2023-P).

Além disso, não se pode **deixar de publicar**, nem se pode **divulgar de modo intempestivo** no sistema, em campo próprio, as impugnações apresentadas e suas respectivas análises (Acórdãos TCU nºs 2261/2021-P e 2279/2022-P).

E ainda mais absurdo é **recusar pedido de impugnação** simplesmente porque não foi endereçado ao prefeito municipal, afrontando o princípio do formalismo moderado (Acórdão nº 768/2021-P).

Havendo recursos administrativos, deve ocorrer análise específica, exaustiva e completa, transcrita integralmente nos registros eletrônicos (Acórdão TCU nº 2237/2021-P). É irregular a ausência de resposta diretamente relacionada ao questionamento apresentado em recurso administrativo (Acórdão TCU nº 2399/2022–2C).

Em pregão para limpeza, o TCU entendeu que era obrigação do **pregoeiro tratar todos os pontos constantes da peça recursal**, de modo a proporcionar efetivamente o contraditório e a ampla defesa. O caso mostra que, além de conhecer as normas pertinentes ao processo de licitação, é fundamental que o comprador público conheça, também, a Lei nº 9.784/1999, que regula o processo administrativo federal (Acórdão nº 2076/2021-P).

Se houver **adiamento, revogação ou republicação** substantiva de edital, a divulgação intempestiva de atos de andamento do certame é falha grave de transparência (Acórdão TCU nº 40/2022-P).

No Acórdão nº 2426/2020-P o TCU reforçou entendimento de que modificações editalícias que tendem a provocar o aumento do número de interessados a participar do certame, independentemente de afetação de propostas de licitantes que já detenham o conhecimento do instrumento convocatório, devem ser divulgadas pela mesma forma que se deu o texto original.

Não pode haver omissão sobre tratamento e divulgação efetiva de documentos que eventualmente **não possam ser incluídos diretamente na plataforma eletrônica** (Acórdão TCU nº 2237/2021-P).

Num pregão eletrônico avaliado pelo TCU, ocorreu envio de documentos da empresa licitante apenas por e-mail, prejudicando a transparência e **inviabilizando o controle** por parte de outros licitantes ou cidadãos interessados, ante a **ausência de divulgação do que foi enviado**. No mesmo certame, deixou-se de juntar, no *Comprasnet*, a documentação de qualificação técnica da vencedora, reforçando o prejuízo à publicidade (Acórdão nº 2213/2021-P).

A partir da sessão inicial de lances até o resultado final do certame, a pessoa responsável pela condução da licitação deve sempre **avisar previamente, via sistema (chat)**, a suspensão temporária dos trabalhos, em função de horário de almoço e/ou término do expediente, bem como a data e o horário previstos de reabertura da sessão ou retomada dos trabalhos para o seu prosseguimento (Acórdãos TCU nºs 3126/2020-P, 280/2021-P e 30/2022-P).

Para reforçar, o **aviso prévio tempestivo** de reabertura da disputa deve ser divulgado no ambiente eletrônico, por quem conduz o certame (Acórdão TCU nº 3440/2023-1C).

Outro caso que aponta riscos de opacidade indevida se refere à divulgação clara de informação sobre os diferentes **meios de obtenção do edital** e demais informações concernentes ao certame, divulgando números de telefone, endereços de e-mail, link em portal eletrônico (Acórdão TCU nº 9752/2020-1C).

Um fator adjacente à publicidade e, em geral, pouco debatido, ao menos na experiência dos autores deste livro, é a razoabilidade específica do **prazo para formulação das propostas**, ou seja, o prazo de intervalo entre a publicação do edital e a data marcada para a apresentação das propostas e lances, o qual deve variar de acordo com o objeto licitado, sua complexidade e o critério de julgamento. A norma prevê, de modo genérico, o prazo mínimo entre a publicação do certame e a abertura. Mas, cada objeto pode exigir tempo superior, até muito superior, ao mínimo.

Como leciona Carlos Ari Sundfeld (1994), o prazo entre a divulgação do edital e a entrega de propostas deve permitir que os licitantes formulem ofertas de acordo com o caso concreto, por isso não basta atender ao prazo mínimo se este for, no caso concreto e considerando as complexidades do certame, insuficiente para os licitantes se prepararem.

Reforçando essa ideia, o TCU apontou que os prazos devem viabilizar efetivamente a formulação das propostas e, ao mesmo tempo, não tornar o processo licitatório excessivamente moroso. Pode-se fixar prazo, na republicação, diferente da divulgação original, desde que respeitado o prazo mínimo da modalidade (Acórdão nº 1284/2007-P).

Há quem defenda que o prazo republicado seja o mesmo da divulgação original, para permitir tempo suficiente a quem tomou conhecimento somente depois de republicado. (BOSELLI, 2016). Defendemos que a situação merece análise do caso concreto, conforme a complexidade envolvida.

Além disso, é necessário republicar e reabrir prazo **quando excluída exigência**, mesmo que os licitantes tenham sido comunicados da modificação (art. 55, §1º da NLL e Acórdão TCU nº 1608/2015-P).

Outro elemento relacionado a prazos é a **data-limite para impugnação de edital**. Em formato eletrônico, não faz sentido restringir esse direito ao horário de expediente, pois a recepção da manifestação não exige prontidão de agente público e se mostra excessivamente formal. Pode-se aceitar registros até 23h59min da data limite (Acórdão TCU nº 969/2022-P).

Ainda no contexto da publicidade em compras digitais, encontramos o Acórdão nº 2215/2022-P, no qual o TCU tratou de um pregão eletrônico para aquisição de sistemas de circuito fechado de televisão. Eram 5 (cinco) itens e todos foram colocados em disputa ao mesmo tempo.

No sistema em que o pregão foi conduzido, fica a critério do pregoeiro a abertura simultânea dos itens, sem a necessidade de justificativa. Além disso, existe limitação de acesso. Para cada item a ser disputado em simultâneo, tem que haver um representante diferente da empresa licitante.

Questionada, a unidade contratante explicou que a disputa simultânea visa otimizar a condução das licitações.

Para o TCU, não obedece à razoabilidade e à transparência o ato de **omitir, no edital, se a disputa será simultânea ou sucessiva**, ficando ao livre arbítrio do pregoeiro tal definição, minutos antes da abertura do pregão, o que pode prejudicar o planejamento das licitantes e eventualmente limitar a competitividade.

O TCU também entendeu que não houve motivação adequada da escolha do pregoeiro em optar pela abertura e disputa simultânea dos itens, a qual poderia ter sido expressa no edital, em homenagem ao princípio da transparência.

Assim, foi recomendado, dali para frente, ajustar os modelos de editais, quando existir mais de um item ou grupo no mesmo certame, de modo a constar expressamente se a abertura dos itens/grupos será simultânea ou sucessiva. O TCU também recomendou orientar ao licitante que, caso queira disputar em mais de um item/grupo, quando a disputa for simultânea, solicite ao ente operador do sistema eletrônico a disponibilização de tantas chaves de acesso quantas forem de seu interesse, de modo a ampliar a competitividade do certame.

Por fim, cabe lembrar que a opção de usar a **forma presencial em vez da eletrônica** precisa ser justificada. Num caso de referência, o TCU julgou irregular a adoção de pregão presencial, em detrimento do eletrônico, sem justificativa plausível, acarretando em restrição indevida à competitividade do certame, além de restringir as impugnações ou solicitações de esclarecimentos por meio de protocolos presenciais no setor de licitações sem alternativa por via eletrônica (Acórdão nº 1.259/2020-P).

2.3.2 Aviso falso

Uma forma sofisticada de fraude é a **publicação fictícia**. Uma reportagem do "Fantástico", da Rede Globo, abordou um caso desses. Segundo as investigações, uma prefeitura do estado do Rio de Janeiro conseguia criar aparência de legalidade forjando avisos de licitação num jornal local. O pulo do gato: o jornal disponível para venda nas bancas não era o mesmo do processo.

A quadrilha criava um **jornal de mentirinha**, para fingir que dava publicidade à licitação. A página falsa funcionava como evidência de legalidade.

Numa conversa gravada na sede do Jornal envolvido, uma pessoa fingiu que representava o prefeito para dar o mesmo golpe. Funcionários do jornal afirmaram que faziam a edição com a data que o cliente quisesse, "ainda mais que é pro Tribunal de Contas". Um ex-funcionário da gestão do prefeito confirmou a denúncia, alegando que era gerada uma publicação com data anterior para constar na prefeitura, para apresentar ao Tribunal de Contas, promotoria, para quem solicitasse.

> Na prática, apenas os envolvidos no esquema sabiam dos editais do município, que não chegavam ao conhecimento dos leitores. As edições alteradas eram guardadas na sede do jornal e na prefeitura, numa tentativa de respaldar contratos irregulares
>
> (extra.globo.com, 17.04.2015)

Esse caso foi julgado nos autos do Processo nº 0018465-33.2015.8.19.0000, no qual o Tribunal de Justiça do Rio de Janeiro reconheceu fraude em 16 processos licitatórios, convencido de que o jornal fabricava duas versões: uma para circular, sem aviso de licitação, e outra somente para inserir nos autos das licitações, com aviso.

Por mais inusitada que pareça essa situação, não é um caso inédito. A CGU já tinha descoberto um esquema parecido numa prefeitura do Paraná. Lá, a Gazeta da Cidade trouxe aviso de edital apenas nos exemplares da Prefeitura. Os exemplares que circularam na região traziam outras matérias no lugar dos avisos da licitação (www.tribunapr.com.br, 17.04.2004).

A CGU identificou o mesmo tipo de fraude numa prefeitura da Bahia. Constava uma página do Diário Oficial dos Municípios, com aviso de licitação. Mas, consultando a mesma página na internet, o tal aviso não existia (RM nº 0261137-BA). Falsificação semelhante a CGU encontrou no Maranhão (RDE nº 00190.028234/2007-14).

Em Minas Gerais, a Justiça Federal apontou improbidade de agentes públicos e empresários. O aviso de licitação foi publicado depois do início das obras. Um jornal local, de um amigo do prefeito, inseriu o aviso em página com data falsa. Era um periódico quinzenal. Uma das páginas de março teve a data impressa como janeiro. A perícia afirmou, categoricamente, que o exemplar examinado "foi montado com o intuito de transparecer lisura ao processo licitatório" (Processo nº 2007.38.09.004353-4).

No Relatório CGU nº 201701772, encontramos hospital em Sergipe que, para tentar comprovar a publicação do aviso de licitação, **falsificou páginas** do Diário Oficial da União, Diário Oficial do Estado de Sergipe, Diário Oficial do Município de São Cristóvão e do Jornal do Dia de Aracaju. O objetivo era simular a ocorrência de dois pregões que nunca ocorreram, tendo havido contratação direta das empresas participantes da fraude.

Caso curioso aconteceu no interior de Mato Grosso. O edital teria sido publicado no site da Prefeitura. Os metadados, espécie de "impressão digital" de arquivos de computador, indicavam criação em 06.04.2010, mas a licitação foi aberta em 26.03.2010. O arquivo do edital só passou a existir depois que o certame havia acabado.

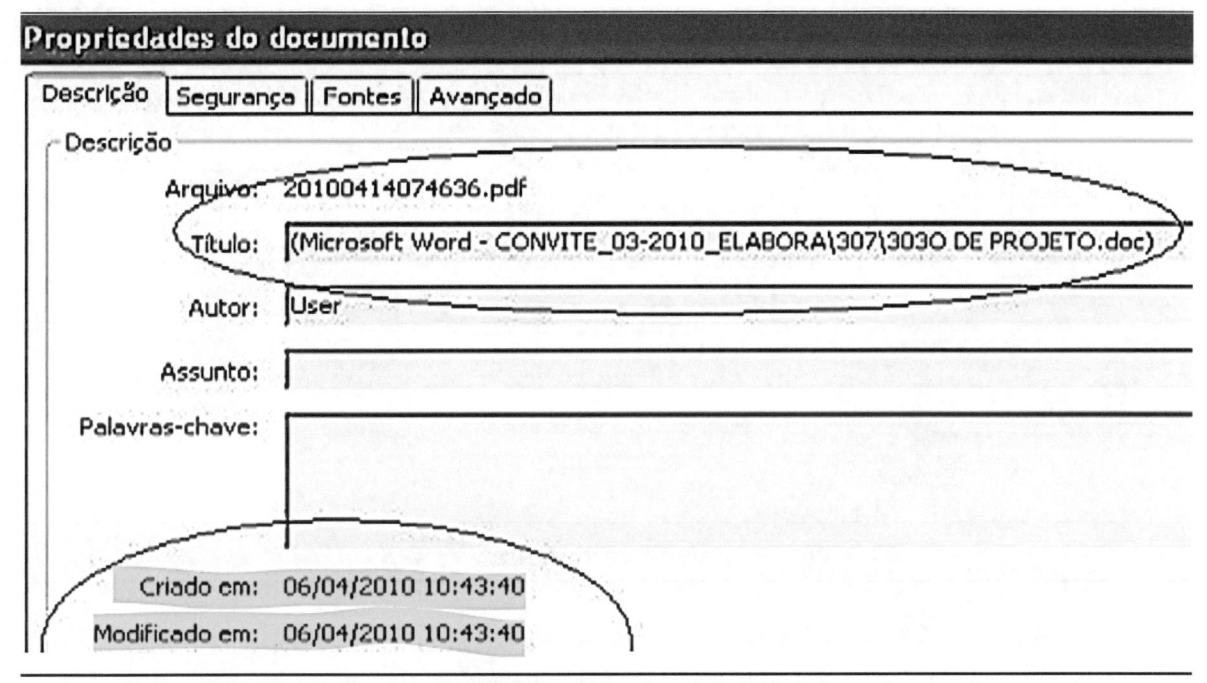

```
Propriedades do documento
Descrição | Segurança | Fontes | Avançado
  Descrição
        Arquivo:  20100414074636.pdf
         Título:  (Microsoft Word - CONVITE_03-2010_ELABORA\307\3030 DE PROJETO.doc)
          Autor:  User
        Assunto:
  Palavras-chave:

       Criado em:  06/04/2010 10:43:40
    Modificado em: 06/04/2010 10:43:40
```

Propriedades do arquivo de edital indicam data de criação posterior à abertura do certame.

Para ilustrar como a falsificação de publicidade pode ocorrer, citamos o caso descrito no Relatório de Demandas Especiais nº 00206.000526/2007-68, no qual a CGU identificou uma falsificação em aviso de licitação de uma prefeitura. A página do Diário Oficial da União foi adulterada.

Página **verdadeira**

Página **falsa**

2.3.3 Aviso intempestivo

A publicação do aviso de licitação deve respeitar o prazo mínimo de antecedência em relação à data prevista para abertura das propostas (tempestividade).

Nesse contexto, o art. 55 da NLL define prazos mínimos específicos, conforme o objeto, critério de julgamento e regime de execução, variando de 8 dias úteis até 60 dias úteis.

O risco de deficiência ou erro na publicidade é **deixar de observar o prazo mínimo**, reduzindo a capacidade efetiva de um potencial interessado em tomar conhecimento da licitação e providenciar proposta.

Para o TCU, a deficiência na publicidade só é falha formal quando não compromete o caráter competitivo do certame (Acórdão TCU nº 1778/2015-P).

Não basta publicar o aviso. É preciso respeitar o prazo mínimo – efetivo – para abertura das propostas.

Uma forma de restringir o prazo mínimo é publicar o **aviso na sexta-feira ou antes de feriado**, contando os dias corridos e **reduzindo os dias úteis** para conhecimento e participação no certame. Essa forma de restrição ao caráter competitivo frequentemente é **conjugada com garantia de proposta antecipada** e/ou com **visita técnica indevidamente obrigatória**.

Como exemplo, uma prefeitura no interior de São Paulo pretendia locar ambulâncias. O aviso foi publicado em 21 de dezembro, marcando abertura para o dia 28. A prefeitura esteve fechada entre 22 e 25, por conta do Natal. Como resultado, licitantes tiveram apenas **dois dias para obter o edital**, favorecendo a empresa previamente acertada para vencer o certame (https://conlicitacao.com.br)

Em caso similar, o TCU apontou irregularidade em sessão de pregão marcada em data sem expediente na maioria dos municípios, o que poderia reduzir a quantidade de empresas participantes (Acórdão nº 11456/2020-1C).

No Tocantins, a Justiça Federal suspendeu mais de dez licitações que seriam realizadas em quatro municípios, em 31 de dezembro. Para o Juiz, sessões na véspera do *réveillon* restringiam o caráter competitivo. Para participar, licitantes deveriam comparecer nas prefeituras, sendo que no último dia do ano, tradicionalmente, os municípios decretam ponto facultativo. Para o juiz federal, era "inusitado", que mesmo assim, as prefeituras agendassem licitações para a data (g1.globo.com, 28.12.2018).

Publica na Páscoa, ninguém presta atenção mesmo....

Em Santa Catarina, a Justiça estadual condenou fraudadores de pregões numa prefeitura, como resultado da "Operação Resposta Certa". Um dos agentes compradores teria comentado "que o edital poderia ser lançado na véspera de Páscoa, pois nessa data poucas pessoas estão atentas ao que é publicado na internet"

(TJSC, Processo nº 0700004-12.2015.8.24.0071)

Outros casos ocorrem de maneira similar. Escolhe-se uma **data propícia para divulgação** do certame, de maneira a **limitar o acesso** ao edital, em função de **finais de semana e feriados** e pela criação de obstáculos para cumprimento de requisitos anteriores à abertura do certame, como garantia de proposta antes da entrega de proposta, por exemplo.

Com essa tática, o **prazo útil** entre a divulgação e a abertura pode ser reduzido fortemente.

Para reforçar que essa situação não é rara, encontramos o Acórdão TCU nº 4974/2021-1C, tratando de editais cujas sessões de abertura foram marcadas para 24 e 31 de dezembro, datas em que não houve expediente na maioria dos municípios, o que contribui para a redução da quantidade de empresas participantes.

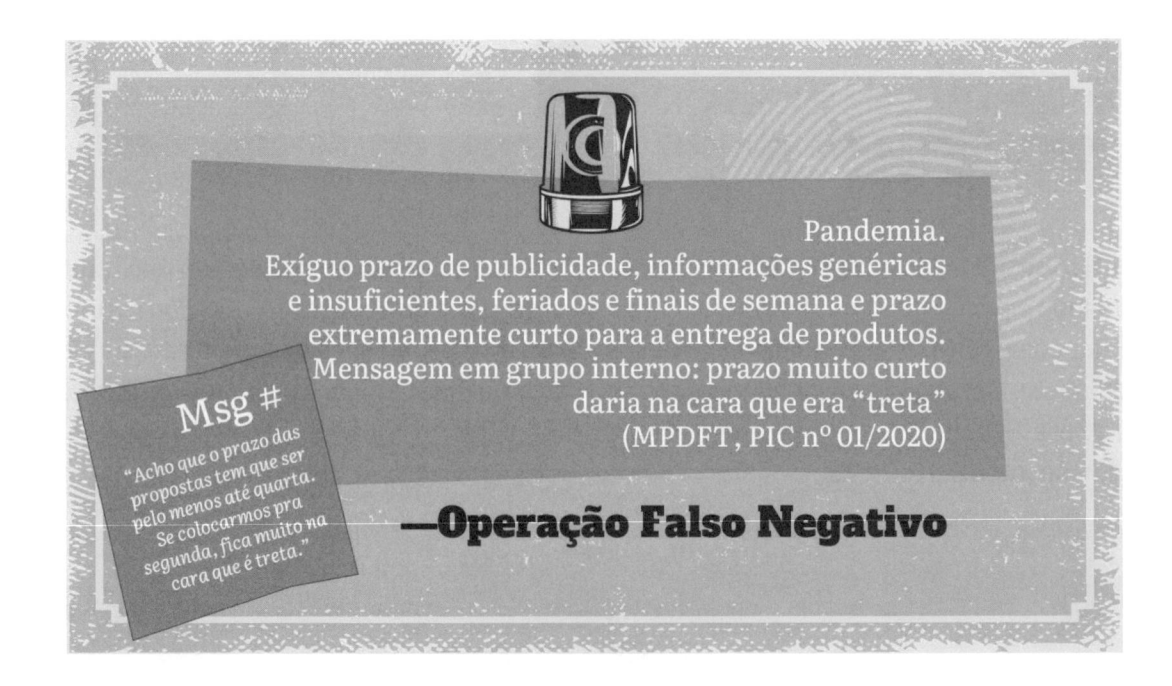

Pandemia.
Exíguo prazo de publicidade, informações genéricas e insuficientes, feriados e finais de semana e prazo extremamente curto para a entrega de produtos. Mensagem em grupo interno: prazo muito curto daria na cara que era "treta"
(MPDFT, PIC nº 01/2020)

Msg #
"Acho que o prazo das propostas tem que ser pelo menos até quarta. Se colocarmos pra segunda, fica muito na cara que é treta."

—Operação Falso Negativo

A Justiça Estadual do Maranhão condenou, por improbidade, envolvidos em fraude num pregão-relâmpago. A sessão de **abertura ocorreu durante recesso de ano novo da prefeitura**. O **aviso foi publicado com apenas dois dias de antecedência** e um dos interessados afirmou que sequer conseguiu ter acesso ao edital (Processo nº 0000165-39.2018.8.10.0074).

O prazo útil para propostas pode ser reduzido, também, por **alterações no edital, sem republicação**.

Um caso desse tipo foi julgado pelo TCU no Acórdão nº 1.564/2009-P. O aviso tinha sido publicado de forma correta, com antecedência adequada. No meio do caminho, porém, houve alteração nas condições para qualificação técnica, sem reabertura de prazo, dificultando a participação de interessados.

Foi para evitar esse risco que a NLL estabeleceu como regra a devolução do prazo mínimo de publicidade dos certames sempre que houver mudanças nas condições do edital já publicado, exceto se a mudança for incapaz de afetar os interessados (art. 55, §1º).

A jurisprudência do TCU em casos dessa natureza é farta, demonstrando que ocorre com frequência a falta de devolução adequada do prazo depois de alterações no edital (Acórdãos nºs 808/2003-P, 1.391/2009-P, 157/2012-P, 2.561/2013-P, 730/2017-P, 2.014/2017-P, 3.153/2019-P e 969/2020-P).

> Devem ser reabertos os prazos estabelecidos em edital sempre que modificadas as condições de formulação das propostas, quer por acréscimo, alteração ou supressão de cláusulas diretamente no edital, quer pela divulgação de retificação ou interpretação que possa alterar a percepção dos potenciais interessados acerca de comandos contidos no instrumento convocatório e seus anexos
>
> (Acórdão TCU nº 969/2020-P)

2.3.4 Edital "caça ao tesouro"

O ente contratante pode reduzir a competitividade da licitação ao **dificultar o acesso ao edital**, mesmo publicando o aviso em todos os meios previstos na lei. Para isso, criam-se **obstáculos e requisitos dispendiosos** para eventuais interessados tomarem conhecimento e preencherem condições para a efetiva participação na disputa. Como nesse caso real, uma verdadeira *via crucis* para participar de licitação.

PASSO	DESCRIÇÃO
1	**Aquisição presencial do edital. Obrigatório**: A empresa interessada em participar da licitação teria que se deslocar até a Prefeitura para a aquisição do Edital, mediante recolhimento da importância não reembolsável de R$100,00 (cem reais), ou isentar-se da taxa de reprodução das impressões mediante requerimento, onde seriam disponibilizados em CD.
2	**Recursos e impugnações do edital somente presencialmente**: Caso a empresa discordasse de algum termo no edital, deveria se deslocar novamente para apresentar as dúvidas, os recursos ou as impugnações.
3	**Vistoria obrigatória**: Quem se interessasse em participar, teria que fazer um 3º deslocamento para a realização, pelo responsável técnico da empresa, da vistoria prévia obrigatória do local da obra.
4	**Participação na licitação**: Novamente, o interessado faria um 4º deslocamento para participar da licitação, visto que o edital previa que os documentos de habilitação e a proposta de preços deveriam ser fechados e entregues ao Presidente da Comissão Permanente de Licitação.
5	**Recursos e impugnações do resultado somente presencialmente**: Por fim, se a empresa licitante estivesse em desacordo com o resultado do julgamento, para interpor recursos, teria que se deslocar pela 5ª vez ao município.
6	**Resultado**: Tendo como referência a capital Cuiabá, a empresa deveria percorrer no total cerca de 7.000km apenas para participar da licitação (licitação realizada em um município do Norte do Estado, distante 700km da capital).

Por conta dessas **armadilhas para licitantes**, uma técnica de detecção relevante é checar as datas de publicação dos avisos, para avaliar se podem restringir, na prática, o prazo mínimo de divulgação do certame. Verificar se há feriados próximos à divulgação, assim como checar a existência de requisitos de habilitação que exijam esforços injustificados do interessado e o cumprimento em prazo anterior à abertura do certame, como, por exemplo, garantia de proposta ou visita técnica.

Os custos de participação no processo licitatório, isto é, os dispêndios financeiros de recursos humanos e de tempo, são variáveis consideradas pelo empresário antes de participar de uma licitação, motivo pelo qual podem ser considerados como restrição à competitividade.

Nessa linha, a **cobrança excessiva pela reprodução do edital** é um exemplo de restrição competitiva. A lei até permite que a Administração exija pagamento para fornecer o edital, mas apenas para cobertura dos custos efetivos de reprodução. E apenas em relação aos pequenos municípios, enquanto não se conectam definitivamente ao Portal Nacional de Contratações.

Cobrar de modo abusivo pelo acesso ao edital acontece com incômoda frequência, problema que, esperamos sinceramente, seja bastante reduzido ou até eliminado com a aplicação efetiva da NLL.

Um aspecto subjacente é a **cobrança para participar de licitação eletrônica**. O TCU tratou disso no Acórdão nº 1121/2023-P, apontando o problema de usar, em pregões eletrônicos realizados com recursos federais, **plataforma que exige taxa dos licitantes**, sem a possibilidade de pagar apenas pela participação em um único certame. A plataforma, no caso, exigia pagamento por meio de planos de assinatura (trimestral, semestral e anual). Para o TCU, faltou comprovar que o valor cobrado dos licitantes se destinava ao ressarcimento dos custos incorridos com o uso e a disponibilização do sistema e/ou que estivesse de acordo com as condições de mercado. O TCU também determinou investigar se era mesmo viável contratar a plataforma de licitações por dispensa de pequeno valor, considerando o montante provável de receitas auferidas pela empresa com a cobrança de taxas pelo uso do sistema dos licitantes, o que poderia desconfigurar a hipótese de dispensa de licitação.

Sobre tema similar, o TCU avaliou o portal de compras e o serviço de cotações utilizado por uma grande empresa estatal. Segundo os autos, a estatal havia pesquisado o mercado de portais de compra, encontrando duas práticas: (1) Portal Privado, em que o fornecedor paga por transação, um percentual do valor transacionado até um limite de teto, ou uma taxa por mensalidade ou outro período; (2) Portal Governamental: geralmente gratuito, exceto um único modelo híbrido, que tem repasse de custos ao fornecedor, cobrando-se pelo cadastramento de cada representante das empresas fornecedoras, como forma de ressarcimento de parte dos custos gerados por eles. A cobrança é anual e ocorre no momento da geração de chave e senha de acesso ao portal ou de sua renovação (Acórdão nº 237/2023-P).

Vale citar o Acórdão nº 2043/2021-P do Tribunal de Contas do Paraná, respondendo consulta sobre a contratação direta de plataforma digital para a realização de pregão eletrônico, no qual o TCE-PR alertou que esse tipo de contratação exige estudo acerca das soluções tecnológicas existentes, incluindo avaliação que vai além do critério financeiro, exigindo sólida justificativa para deixar de usar a alternativa gratuita do *Comprasnet*. O Tribunal de Contas também alertou que é ilusória a noção de que as plataformas privadas são 'de graça' por não exigirem pagamento diretamente da Administração. Os custos pelo uso da plataforma são suportados pelos fornecedores participantes da licitação que, por sua vez, irão obter remuneração do eventual contrato com a Administração, sendo lógico que o custo de usar a plataforma acabará embutido nas propostas formuladas. A plataforma, no fim das contas, será financiada pela Administração Pública.

Mas não é apenas cobrando caro que se pode dificultar o acesso ao edital.

Há **casos criativos de restrição ao conhecimento** das condições para participar de certames.

Por exemplo, na Operação Fair Play, relativa a obras para a Copa do Mundo, o relatório da Polícia Federal apontou que o Projeto Básico foi anexado ao Edital apenas em **formato PDF**, não em DWG ou outro formato vetorizado. Planilhas de cálculo elaboradas em Excel foram disponibilizadas também apenas em PDF. Esse tipo de conduta **dificulta a análise** dos interessados para formular proposta. Tratava-se de Concorrência Internacional, de obras extremamente complexas, com apenas 46 dias entre a publicação e a abertura. Além da dificuldade no formato dos arquivos, o edital não detalhou as referências de preço estimado, trouxe apenas um quadro sintético somando R$528 milhões. Para a Polícia Federal, seria inviável participar da licitação **sem detalhamento necessário e sem formato editável** (blogs.ne10.uol.com.br, 26.04.2018).

Em outro exemplo, no Maranhão, a Justiça determinou afastamento liminar dos agentes compradores de uma prefeitura, depois que o representante de uma empresa pagou R$50 e **não conseguiu o edital**. No dia seguinte, ele retornou à Prefeitura para receber os documentos, quando o pregoeiro teria informado que os enviaria por e-mail, o que não fez, embora outro agente público tivesse entregado os editais em *pendrive* a outras empresas (https://imirante.com notícia de 03.05.2018).

Em Minas Gerais, o TCE (Processo nº 1.077.075) suspendeu pregão, depois que uma empresa denunciou a **falta de acesso à íntegra do edital**. A denunciante encaminhou ao Tribunal cópias das mensagens de solicitação e de boletim de ocorrência.

Esse é o tipo de restrição que fundamenta o entendimento firme do TCU de que é **irregular a obtenção do edital apenas de forma presencial**. Exigir a presença física do interessado para obter cópia do edital afeta o interesse e reduz a competitividade da licitação (Acórdão nº 3.192/2016-P).

Por isso mesmo, a LAI e agora a NLL exigem a **divulgação plena e irrestrita na internet**. Inclusive, e com ênfase, para permitir o efetivo controle social. Algo que aconteceu, por exemplo, no Paraná, quando um cidadão denunciou ao Tribunal de Contras que o edital de um Pregão Presencial não estava publicado no portal da transparência da prefeitura. O TCE-PR acionou o órgão comprador, para republicar o edital, disponibilizar na internet e reabrir os prazos, além de recomendar que evitasse a mesma falha no futuro.

E mesmo que o edital seja disponibilizado pela internet, **não é apropriado impor qualquer condição** para esse acesso, especialmente o **cadastro prévio**. Em Roraima, o Ministério Público acionou o governo estadual para acabar com a exigência de cadastro prévio de quem quisesse obter editais, bem como qualquer medida que criasse embaraço ao acesso aos documentos de processos licitatórios.

Essa iniciativa ocorreu depois que um empresário local informou que era obrigado a preencher uma ficha com todos os dados cadastrais de sua empresa sempre que tivesse interesse em algum edital. Num dos casos, depois de se cadastrar, recebeu ligação anônima indagando sobre sua participação no certame e oferecendo propina.

Para o Ministério Público, exigir cadastro prévio para retirada de editais de licitação é medida que atenta contra os princípios constitucionais da livre concorrência, publicidade, isonomia, constrangendo interessados e permitindo que sejam conhecidos todos aqueles que têm interesse em participar de um processo licitatório.

Veja-se que a LAI e a NLL exigem a transparência das licitações independentemente de requerimentos. Isso pode ser interpretado nos dois lados da transparência: não exigir requerimentos para o solicitante obter a informação, nem requerer identificação do solicitante como requisito para o acesso.

Exigir cadastro ou qualquer identificação prévia para obter editais, como argumentou o Ministério Público de Roraima, além de ferir a Lei de Acesso à Informação, favorece a fraude, porque permite o controle e o conhecimento prévio dos potenciais interessados e futuros licitantes, o que pode facilitar o conluio e a restrição à competição. Definitivamente, para os autores deste livro, o acesso a editais e documentos da licitação deve ser realizado sem qualquer identificação.

Mesmo sem cadastro, pode haver restrição pelo **momento em que se disponibiliza** o edital. No Acórdão nº 6.039/2014-1C, o TCU se deparou com aviso publicado na data correta, mas os interessados só conseguiram obter o edital oito dias depois, reduzindo o prazo efetivo de publicidade do certame. O responsável se defendeu alegando que enviara o edital por e-mail, mas o TCU não aceitou o argumento, pois não foi disponibilizado o projeto básico, parte integrante do edital. Esse só estava disponível para retirada pessoalmente, em pendrive ou CD.

Mas **nem só de restrição ao edital vive o fraudador**. Há situações que beiram a ficção.

Um caso pitoresco foi relatado no Portal Sollicita sobre "5 casos de fraudes verídicas e inacreditáveis". Ali foi citado pregão presencial que acabou esvaziado, com um único licitante. Mais tarde, começaram a chegar concorrentes indignados. Eles tinham sido **enganados por uma pessoa na recepção** do órgão, com uma placa oferecendo informações sobre o certame, direcionando os interessados para outro prédio, longe de onde realmente ocorreria a sessão de abertura. O esquema havia sido armado pelo único licitante que compareceu ao local correto no horário.

Pior ainda aconteceu em Santa Catarina, onde a Justiça julgou fraude em licitação municipal. Uma testemunha afirmou que **no dia da abertura a prefeitura estava fechada**. Servidores municipais confirmaram que a abertura, programada para **22 de dezembro**, não ocorreu, pois era ponto facultativo. No dia seguinte também era ponto facultativo. A prefeitura ficou fechada de 22 de dezembro a 2 de janeiro. A comissão de licitação teria se reunido, sozinha, no dia 23 e no dia 28, sem mais ninguém no prédio. Foi, literalmente, um certame "a portas fechadas".

Se você acha isso absurdo, imagine a cena descrita pela Justiça em Pernambuco, que proibiu os donos da uma empresa de participarem de licitações e utilizarem qualquer negócio em que fossem sócios, diretores ou representantes, sendo proibidos, ainda, de constituírem novas sociedades empresariais e de promoverem alterações nas que já integravam. O caso foi desdobramento da Operação Castelo de Farinha, que investigou fraudes em licitações para compra de merenda escolar para prefeituras pernambucanas. As medidas cautelares foram baseadas nos incisos II, III e VI, do art. 319 do CPP.

Segundo as investigações, no dia da abertura de um pregão, dois homens coagiram de forma violenta um representante de uma empresa concorrente para que não participasse de um pregão presencial estimado em R$22 milhões. Na ocasião, eles **colidiram, duas vezes, contra o carro do concorrente**, forçando a parada. Em seguida, **tomaram à força a documentação destinada à licitação, rasgaram e jogaram nas águas de um córrego próximo**.

De acordo com a polícia, em outro caso, uma funcionária do concorrente foi abordada em lanchonete, ocasião em que homens **tomaram os documentos que ela portava para participar da licitação e fugiram**. Num terceiro caso, homens tentaram subornar um representante de concorrente com dinheiro. Como ele não aceitou, fizeram ameaças, perguntando se o representante "não tinha medo de morrer". Chegaram a ligar para o superior do funcionário ameaçado, que em seguida recebeu mensagem do chefe cancelando a participação no certame (mppe.mp.br; jc.ne10.uol.com.br; TJPE, Processo nº 0000707-34.2018.8.17.0730).

Uma mulher ligada a esses casos absurdos foi impedida, pela Justiça, de participar de licitações, como medida cautelar. Mesmo assim, representou empresa vencedora em licitação do governo estadual de Pernambuco, para fornecimento de merenda escolar. O TCE-PE emitiu medida cautelar suspendendo os contratos decorrentes dessa licitação (Processo nº 20537127-8).

Em um caso de tecnologia mais avançada, de verdadeira **espionagem comercial**, no Espírito Santo, a empresa X foi à polícia porque sua conta de armazenamento em nuvem foi invadida pela concorrente Y. Com essa invasão, Y teve acesso a informações confidenciais de X e acabou ganhando vantagens. A empresa X começou a suspeitar que estava sendo espionada quando percebeu atividades estranhas em um dos e-mails corporativos. A partir de então, passou a perder licitações sistematicamente para Y. A polícia confirmou, na investigação, que o tablet, a rede Wi-Fi e um aparelho encontrado na sede da empresa Y foram usados para acesso indevido à conta da concorrente X (www.folhavitoria.com.br, notícia de 22.12.2020).

No Sudeste, um Engenheiro, representando uma firma de construção, aguardava início da sessão de pregão para locação de máquinas e veículos para uma Prefeitura. Para conseguir o edital, teve que ir quatro vezes ao órgão contratante, após longa espera e muita insistência. Na terceira viagem, quando conseguiu o arquivo em pendrive, a versão gravada estava incompleta, visando a desencorajá-lo e impedi-lo de concorrer. Incansável, só na quarta tentativa obteve cópia adequada (Denúncia relacionada com a medida cautelar nº 0012409-76.2018.8.19.000).

Em Santa Catarina, agentes de uma prefeitura chamaram a polícia porque durante a abertura das propostas, um dos participantes teria percebido que o concorrente, ao saber que não seria o único na disputa, substituiu a proposta por outra, com o procedimento em andamento (www.michelteixeira.com.br).

A Justiça de São Paulo condenou, por improbidade, agentes de uma prefeitura e empresários envolvidos em fraudes e serviços de publicidade. O **aviso foi publicado no jornal da cidade vizinha**, embora existissem jornais na cidade da licitação. Editais anteriores foram divulgados na própria cidade, mas naquela licitação, foi diferente. E depois dela, os editais voltaram a ser publicados na cidade (Processo nº 404.01.2003.000579-8/000000-000).

O contexto do caso ia além. A empresa vencedora não tinha experiência, foi aberta pouco antes da licitação e era de propriedade de funcionário comissionado da Prefeitura, dono de um jornal que exaltava o Prefeito. Exasperado, o Juiz comentou na Sentença: "É muita coincidência!". E complementou: "E não é só". A **coleção de estranhezas** era, realmente, impressionante. Para o magistrado, era "induvidosa a frustração à licitude do processo licitatório".

COLEÇÃO DE ESTRANHEZAS

- Empresa aberta dias antes da licitação. Só ela participou
- proprietário era o responsável pelas compras municipais
- Aviso não foi publicado nos jornais da cidade, fugindo ao costume
- edital ajustado perfeitamente à condição da empresa
- empresa só emitiu notas fiscais para a Prefeitura

(TJSP, Processo nº 404.01.2003.000579-8/000000-000)

CAPÍTULO 2 — TIPOLOGIA DE FRAUDES EM LICITAÇÃO

Diante desses exemplos de sérios riscos à efetiva publicidade e licitude das licitações, continuamos defendendo o **avanço incremental do Portal Nacional de Contratações Públicas**, com a implantação efetiva de seus mecanismos de transparência e apoio às licitações, como o Cadastro Unificado de Fornecedores e o Catálogo Nacional de Compras Públicas, para aumentar a padronização, a simplificação e a digitalização.

Propomos, ainda, **Protocolo Padrão de plataformas eletrônicas** de compras públicas, estabelecendo os requisitos e condições mínimas de funcionamento e obrigação de interoperabilidade com o Portal Nacional de Compras e outros sistemas da Administração Pública, assim como mecanismos de controle. Ainda mais porque a NLL permitiu expressamente o uso de plataformas privadas (art. 175, §1º).

Desconhecemos iniciativa que tenha se debruçado sobre os riscos – de fraude e outros – relacionados aos diversos sistemas eletrônicos de processamento das compras disponíveis, públicos e privados, uma área que merece preocupação e atuação específica dos órgãos de controle e, como defendemos, regulamentação própria.

Essas medidas estão relacionadas com nossa defesa de **ênfase em mecanismos automatizados de prevenção de riscos em compras**. É matéria bastante difundida a possibilidade e o potencial de uso de cruzamentos de dados, métodos econométricos e trilhas automatizadas de auditoria no âmbito de licitações.

Como exemplo, estudo com milhares de licitações na Hungria encontrou indicadores que servem como alertas para conluios e cartéis. Os indicadores incluem o preço relativo de bens e serviços, distorção na distribuição da oferta de propostas, repetição no padrão de empresas vencedoras (vencimento cíclico) e lances combinados, sugerindo o envio recorrente de lances perdedores, somente para cobertura. Os autores oferecem as descobertas como um "kit de ferramentas" para avaliação de risco de fraude, parâmetros de referência do comportamento "normal" do mercado e o comportamento "suspeito", o que pode ser usado em qualquer país. (TÓTH et al., 2015).

Outro estudo de dois pesquisadores da Universidade Federal do Paraná propõe uma metodologia para detecção de indícios de cartel em licitações na área de engenharia. A partir de dados públicos e de técnicas estatísticas e de aprendizagem de máquina, identificaram regras de associação mediante a atuação conjunta e frequente de empresas, gerando um indicador de risco de cartel.

> cabe salientar que o uso de métodos estatísticos e de *machine learning* se mostrou bastante promissor para a detecção de padrões de associação frequente entre empresas licitantes. A identificação de fornecedores cooperantes entre si, a partir de procedimentos criteriosos e científicos, respalda a possibilidade de uso do conhecimento adquirido no MPPR, principalmente no auxílio e assessoramento da atividade-fim ministerial, quando da tomada de decisão, propiciando uma atuação proativa e otimizada em relação à atuação colusiva de empresas.
>
> (ROSA e ZEVIANI, 2019)

Com o aumento do "Big Data", ou seja, a disponibilidade em tempo real de grandes volumes de dados eletrônicos, os caminhos para a análise quantitativa se expandiram bastante. Indicadores quantitativos podem ser usados em combinação com métodos tradicionais de investigação para melhorar a eficácia e aumentar as taxas de detecção. Por exemplo, indicadores quantitativos podem apontar para mercados específicos e empresas onde é mais provável a fraude. Esses indicadores, chamados de **red flags**, podem direcionar ações investigativas por métodos tradicionais, otimizando os recursos limitados de investigação.

Nessa linha, dois casos de sucesso no uso da computação em auditoria de compras públicas vêm da CGU. O primeiro é a ferramenta **Alice**, um programa para auditoria preventiva em licitações; e o segundo é o sistema **Macros**.

A Alice é uma ferramenta de análise autônoma de editais, que analisa diariamente centenas de documentos publicados no *Comprasnet*, avaliando trilhas pré-definidas de riscos mais frequentes em editais, alguns deles citados neste livro. A ideia é detectar o problema antes que ele cause estragos, avisando gestores e auditores para que tomem ou analisem providências, procurando evitar que os riscos se materializem. A ideia nasceu na CGU e hoje o TCU também ajuda a melhorar e a disseminar o seu uso.

Como amostra do potencial desse tipo de abordagem, só de dezembro/2018 a novembro/2019, após alertas da Alice, auditores da CGU analisaram 38 editais equivalentes a mais de R$4 bilhões. Num caso emblemático, licitação federal de mais de R$3 bilhões, para compra de equipamentos de informática, foi cancelada, depois que a CGU detectou sérias inconsistências nos quantitativos estimados dos itens, fragilidades na pesquisa de preços e no planejamento da licitação, podendo ocasionar restrição de competitividade.

Num caso extremo, uma escola municipal em Minas Gerais demandou mais de 30 mil *laptops* educacionais, embora só tivesse 255 alunos. A CGU constatou que 355 escolas demandaram mais *laptops* do que seu número real de alunos.

No Acórdão TCU nº 1.113/2020-Plenário pode-se ler que os resultados atuais das prospecções feitas pela Alice permitem disponibilizar publicamente "Painéis de Informação" sobre editais de licitações custeadas com recursos federais, abarcando quase R$2 trilhões. O TCU considera que "o Sistema Alice representa um notável avanço na eficiência do controle externo e do próprio controle social sobre a regularidade das licitações públicas federais".

Nesse mesmo julgado, existe informação de que está em andamento o Projeto Alice Nacional, com a colaboração de diversos Tribunais de Contas subnacionais, para que sejam analisados editais e atas de pregões de Estados e Municípios, incluindo a solução Aplicação para Geração de Análise Textual Acelerada (**Agata**) em testes, uma tecnologia baseada em algoritmos de aprendizado de máquina, uma forma de inteligência artificial para o refinamento e atualização dos alertas emitidos pela Alice.

Por outro lado, o Macros, iniciativa premiada pela Enap em 2015 no Concurso Inovação na Gestão Pública Federal, é um sistema que concentra, numa única ferramenta, dados das mais diversas fontes, tornando mais eficiente e abrangente a pesquisa, cruzando bases de dados distintas e permitindo, inclusive, a visualização e análise de redes de relacionamentos como, por exemplo, a base societária de empresas.

Iniciativas como a Alice e o Macros podem ser incorporadas nos sistemas eletrônicos de compras e especialmente no Portal Nacional de Contratações Públicas, com enormes potenciais de prevenir e combater fraudes e desperdícios.

Raio-X do Fornecedor

De modo animador, encontramos iniciativas em curso que apontam para essa linha de atuação. Em abril de 2021, foi anunciada a ferramenta Painel Raio-X do Fornecedor, de uso restrito para agentes de contratações e equipe de apoio, com dados de mais de 300 mil empresas, permitindo cruzamento com cadastros de punições e quadro societário para verificar relações indiretas de um fornecedor com outros CNPJ e CPF (www.gov.br/compras, notícia de 12/04/2021)

Como exemplo adicional, o órgão de controle interno da Presidência da República desenvolveu a solução **Angelica**, para monitorar licitações federais e avaliar a conformidade das operações (Portaria CISET/PR nº 16/2021). Notificações geradas pela Angelica visam apontar riscos ou oportunidades de melhoria, monitorando procedimentos licitatórios, inexigibilidades, dispensas e caronas, com base em critérios de relevância, criticidade e materialidade, avaliando preços e quantidades, cláusulas restritivas, atendimento a regras aplicáveis a cada caso (https://sollicita.com.br).

Outro exemplo vem da Universidade Tecnológica Federal do Paraná (UTFPR), onde um robô foi desenvolvido para ajudar prefeituras a monitorar preços das licitações em tempo real, alertando os compradores quando uma possível anomalia é detectada e comparando com preços disponíveis na Internet (www.utfpr.edu.br).

Mais um empreendimento para automação do controle de compras veio de Minas Gerais, onde o Tribunal de Contas criou robô para coletar dados durante a pandemia, varrendo publicações oficiais e estruturando informações para acompanhamento das contratações (www.tce.mg.gov.br, notícia de 22.05.2020).

Outra iniciativa que merece ser conhecida é o **Projeto Cérebro, do Cade**. Em outubro de 2018, foi deflagrada a operação Ponto de Encontro, que apurava cartel em licitações federais para contratação de serviços terceirizados. A origem da investigação foi um trabalho de inteligência do Cade, utilizando ferramentas de mineração de dados para identificar padrões de comportamento e potenciais alvos envolvidos no esquema.

O Cérebro é um projeto iniciado em 2013, que desenvolve técnicas e ferramentas para investigação de cartéis, com base em mineração e cruzamento de bases de dados de licitações para identificar situações suspeitas, por meio de análises estatísticas. Como, por exemplo, empresas que sempre ficam nas mesmas posições nos certames que disputam. Esse é um exemplo de trilha possível.

Que outros tipos de **cruzamentos ou trilhas podem detectar fraudes**?

Pesquisadores brasileiros avaliaram contratações de serviços disponíveis no *Comprasnet*, utilizando a Lei de Newcomb-Benford (Lei-NB). De acordo com o estudo, o comportamento do primeiro dígito nos valores dos pregões eletrônicos pode indicar interferência humana, o que sinalizaria a ocorrência de fraudes. Os resultados da pesquisa apontam que os pregões com valores 4, 8 e 9 no primeiro dígito apresentaram maior probabilidade de fraude. Esses resultados podem ser decorrentes de erros no uso pelos operadores do sistema, mas não deixam de representar conhecimento relevante que pode vir a ser incorporado em futuros mecanismos de prevenção de fraudes, por meio da detecção automatizada de situações incoerentes com o padrão de comportamento esperado. (SAMPAIO, FIGUEIREDO e LOIOLA, 2022).

A Rede Interamericana de Compras Governamentais (RICG) publicou um guia do uso da ciência de dados para identificação de riscos de corrupção em compras públicas que pode servir de roteiro para desenvolver mecanismos automatizados de análise de contratações públicas, na busca por ferramentas para detecção de corrupção. (RICG, 2021).

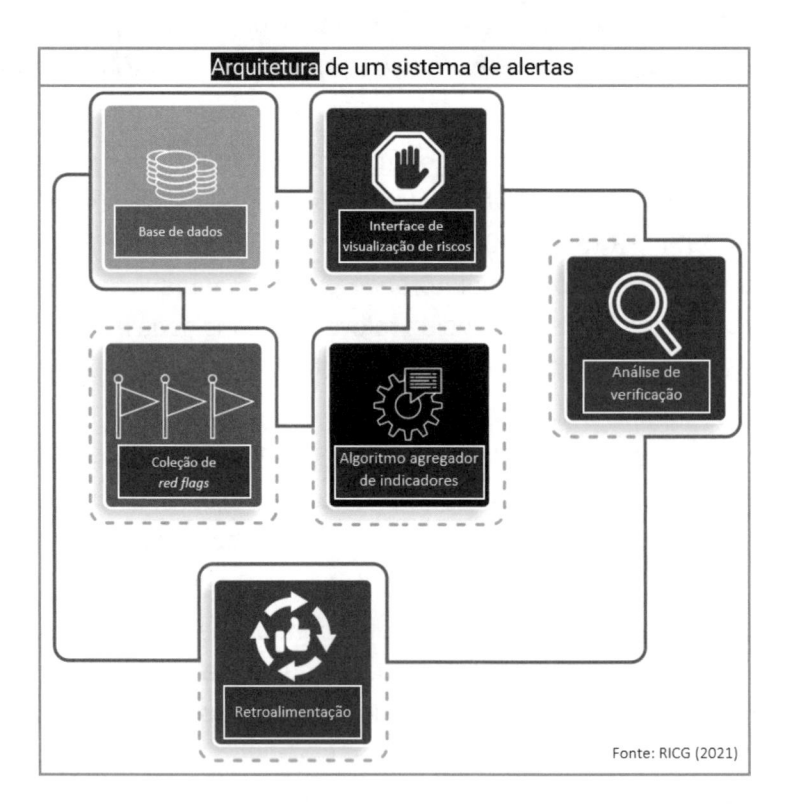

Arquitetura de um sistema de alertas

- Base de dados
- Interface de visualização de riscos
- Coleção de *red flags*
- Algoritmo agregador de indicadores
- Análise de verificação
- Retroalimentação

Fonte: RICG (2021)

O documento cita estudos na Hungria, Peru, Ucrânia e Europa, como iniciativas que analisam indicadores de risco em compras públicas. Esses elementos podem se somar às tipologias que apresentamos neste livro, como referências para robustecer os algoritmos existentes ou a criação de novos, para fortalecer a prevenção e a detecção automatizada de fraudes, com ferramentas de inteligência artificial para identificar padrões a partir da análise de dados históricos de irregularidades encontradas.

Aponta-se que os sistemas de compras incorporem, em suas regras de negócio, diretamente na plataforma, mecanismos que fechem a porta para os riscos mais óbvios, como, por exemplo, respeitar o prazo mínimo de publicidade, ou o carregamento correto de informações pelos licitantes, assim como proceder cruzamentos automatizados com outras bases de dados e análises mais complexas, como a faixa de preços aceitável, conforme históricos conhecidos.

Red flags, as bandeiras vermelhas, podem ser definidas como sinais de alarme, pistas ou indícios de possíveis irregularidades, sugerindo que determinado processo de contratação merece atenção especial para descartá-las ou confirmá-las.

Um sistema de prevenção de corrupção baseado em *red flags*, segundo a publicação da RICG (2021), deve ter as seguintes características:

➢ Informação oportuna, para detectar alertas de modo tempestivo
➢ Informação de qualidade, para registo fiel da realidade e tomada de decisões melhores
➢ Alinhamento com regulamentos de cada sistema
➢ Alinhamento com os processos internos da unidade compradora
➢ Oferecimento de alternativas de atuação para o comprador e o controle

Um dos maiores obstáculos apontados pela RICG (2021) é a quantidade de informação gerada. Pode acontecer excesso de alertas, o que exige metodologia de priorização, agrupamento, consolidação e simplificação. O documento aponta o cuidado necessário com métricas que podem variar ao longo do tempo devido a mudanças regulatórias ou desenho institucional das unidades compradoras.

Deve-se levar em consideração a sensibilidade dos alertas. Fraudadores podem se aproveitar para tentar burlar os algoritmos, merecendo ponderação sobre o que tornar público. (RICG, 2021).

Revisando literatura sobre tecnologias de detecção de fraudes, MODRUŠAN, RABUZIN e MRŠIC (2021) apontam que os métodos mais usados são regressão, redes neurais e algoritmos Naive Bayes. Os modelos são ajustados em dados históricos, para gerar alertas sobre riscos, incluindo potenciais cartéis ou conluio. Os autores resumem os **objetivos da detecção automatizada de fraudes**.

Objetivos da detecção automatizada de fraudes

Estimativa de probabilidade de corrupção
Previsão do número de licitantes
Previsão de risco de fraude em contratos
Avaliação de fracionamento de compras
Detecção de anomalias
Identificação de características sensíveis
Detecção de cartéis
Detecção de comportamento conivente
Detecção de conflitos de interesse
Detecção de processos suspeitos

Fonte: MODRUŠAN, RABUZIN e MRŠIC (2021)

De acordo com o levantamento, mais de 200 indicadores diferentes são conhecidos até agora e são usados como variáveis em algoritmos, modelos ou técnicas. Exemplos: Prazo excepcionalmente curto entre o aviso da licitação e a apresentação de propostas; Tempo exíguo entre o aviso de edital e a assinatura do contrato; Alta porcentagem de propostas rejeitadas administrativamente; Número excepcionalmente pequeno de lances; Proposta aceita antes do prazo para apresentação de lances; Proporção elevada de contratos em regime especial em relação ao valor total de contratos. (MODRUŠAN, RABUZIN e MRŠIC, 2021).

O estudo descreve os conjuntos de dados mais usados: *Dados do processo* (modalidade, estimativa de preço, atributos, número de licitantes, alterações no edital, duração do processo, documentação); *Dados do contratante* (membros da alta administração, endereço, pessoa de contato, plano anual de licitações); *Dados da empresa contratada* (proprietários, afiliadas, sócios, endereço, telefone); *Dados do contrato* (preço, duração, data); *Notas Fiscais Eletrônicas* com dados dos produtos (unidade de medida, especificação, quantidade, preço); Registros de penalidades administrativas e sentenças judiciais; Laços políticos; Registros bancários de cada transação. (MODRUŠAN, RABUZIN e MRŠIC, 2021).

Segundo os autores, os riscos devem ser avaliados em intervalos regulares e a tecnologia deve ser apoiada com governança, expertise e monitoramento. Uma única ferramenta não consegue lidar com todas as fraudes e a tecnologia sozinha não garante a integridade. (MODRUŠAN, RABUZIN e MRŠIC, 2021).

Como ressaltam os autores, um dos elementos mais importantes de uma política antifraude é ser capaz de reagir ao problema uma vez identificado, de forma a combinar rapidamente pessoas, processos e tecnologia, para limitar o dano potencial. (MODRUŠAN, RABUZIN e MRŠIC, 2021).

Dentro da ideia de uma política antifraude, diante desse cenário de potencial uso da ciência de dados, faz sentido a implantação de uma política de dados e guias do usuário, incluindo a política de dados abertos, que permita monitorar e avaliar o impacto dos dados para melhorar processos e uso externo com uma extensa comunidade de usuários.

Reforçando a ideia de dados abertos em compras, encontramos julgado do TCU apontando que a inserção de documentos no *Comprasnet* em **formato não editável**, que não permita a busca de conteúdo no arquivo, infringe a regra do art. 8º, §3º, inciso III, da Lei de Acesso à Informação (Acórdãos TCU nºs 934/2021-P e 328/2023-P). É um risco, portanto, a ser mitigado nos portais eletrônicos que processam compras públicas, não apenas no *Comprasnet*, mas em todos que vierem a se conectar ao Portal Nacional, assim como o próprio PNCP deve atender a essa lógica.

Entrevistado em 2018 pela Enap, Rafael Velasco, então pesquisador da Fundação Getúlio Vargas, descreveu técnicas de *Data Analitycs* em Compras Públicas e explicou como as coisas podem funcionar. Segundo o pesquisador, podem ser construídos indicadores de risco, por exemplo, de fornecedores que possuem alta probabilidade de ser empresa de fachada.

Entretanto, revelou o pesquisador que o cenário atual ainda é pobre na alimentação dos bancos de dados. Sistemas, quando existem, estão espalhados, sem padrão, sem organização adequada, sem canais diretos de acesso aos dados. Assim, existem grandes discrepâncias na qualidade dos dados encontrados em diferentes estados.

Rafael Velasco e outros colaboradores publicaram um artigo sobre um sistema de alertas desenvolvido a partir de mais de 2 milhões de contratações de vários estados brasileiros e do governo federal, combinado com um *data lake* com dados detalhados das empresas brasileiras, doações de campanha, servidores públicos e beneficiários de programas de transferência de renda. (VELASCO *et al*, 2021).

Utilizando algoritmos, o sistema tem potencial para identificar conflitos de interesse, como quando um político é proprietário de uma empresa contratada pelo mesmo órgão governamental onde foi eleito; empresas de fachada, cujos proprietários são beneficiários de programas de transferência de renda; licitantes com sócios em comum; propostas idênticas e coordenadas; custos excessivos injustificados; empresas com o mesmo endereço concorrendo juntas; empresas registradas pouco antes de seu primeiro contrato com o setor público; e empresas que participam de um grande número de licitações, mas raramente ou nunca vencem. (VELASCO *et al*, 2021).

De acordo com os autores, o sistema foi implantado em Ministérios Públicos estaduais e vem sendo utilizado como base para investigações, resultando, por exemplo, nas operações Xeque-Mate e Calvário. (VELASCO *et al*, 2021).

É muito interessante ler sobre o potencial de melhorias futuras apontado pelos autores, como o uso das notas fiscais eletrônicas para identificar inconsistências em quantidades de produtos (como gasolina ou remédios) vendidas para uma unidade compradora, em comparação com as tendências estimadas mais plausíveis, baseadas, por exemplo, na população a ser atendida. Aprimorar a identificação de sócios "laranjas" também é apontado como um caminho promissor, por meio da análise de dados de programas sociais, o Índice de Desenvolvimento Humano associado aos endereços de suas empresas e os valores doados e recebidos durante campanhas eleitorais. Também é possível encontrar padrões de conluio baseados em distribuições anormais de taxas de sucesso (disputas vencidas) de algum conjunto de empresas, conforme a região geográfica ou outra característica comum de unidades compradoras. (VELASCO *et al*, 2021).

Um estudo que corrobora essa visão procurou avaliar o impacto das compras eletrônicas na mitigação das fraudes, encontrando grande potencial para o uso de microdados objetivos, como número de licitantes, percentual de participação de mercado dos vencedores, modalidade de licitação, lapso de tempo para adjudicação de um contrato. Esses são alguns dos elementos que podem ser explorados para detecção de irregularidades, incluindo, ainda, ferramentas avançadas de análise textual. (LYRA *et al*, 2022).

Aproveitar esse cenário para melhorar e desenvolver efetivamente o Portal Nacional de Contratações Públicas pode representar um salto inestimável na prevenção das fraudes.

Ter um portal único representa avanço gigantesco nas ferramentas automatizadas de análise e também um ganho imensurável no controle social. Pode-se imaginar um cenário de convergência de esforços e investimentos dos diversos órgãos de controle, de diversas esferas e poderes, para desenvolver e evoluir ferramentas compartilhadas de investigação e, espera-se, de prevenção de ilícitos, seja de licitações, seja de contratos públicos.

Criar e manter portal único, com um catálogo unificado e linguagem padronizada, bem como o uso intenso da base nacional de Notas Fiscais Eletrônicas, possibilitará o desenvolvimento de ferramentas que gerem alertas em casos de indícios de corrupção, servindo de fonte de informações para os órgãos de controle interno e externo.

A análise de grande volume de dados abrirá espaço para uma mudança considerável no monitoramento do gasto público, facilitando de modo nunca visto antes a identificação de casos de potenciais irregularidades que poderão resultar em atuação dos próprios gestores ou investigações de órgãos de controle, permitindo, por exemplo, identificar, de forma automatizada, fornecedores com sócios laranjas, empresas de fachada, grupos atuando em conluio.

Usando como exemplo a iniciativa de *Data Analitycs* da FGV, pode-se ter uma ideia de como criar **indicadores automatizados de riscos de fraudes em licitações**.

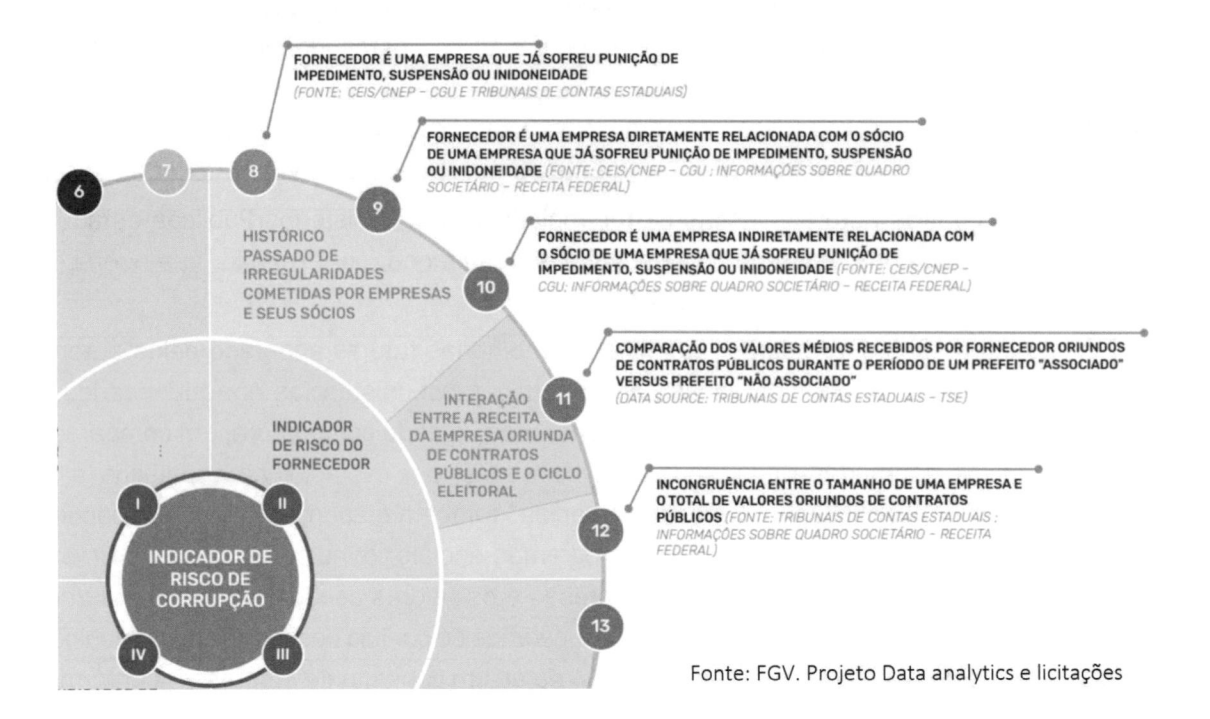

Fonte: FGV. Projeto Data analytics e licitações

É relevante pontuar que o ambiente atual, por mais animador que seja, ainda inspira atenção.

Um estudo da Transparência Brasil (2023) apontou que lacunas em dados de compras e licitações do governo federal impedem que a sociedade verifique a qualidade do gasto público. O estudo analisou quase 3 milhões de processos de compras feitas em 2020 sob regime emergencial para combate à pandemia de Covid-19. Ainda que os dados se encontrem em formato aberto, nem todas as compras estão disponíveis na plataforma, faltam descrições básicas e há erros no preenchimento. Sem os itens comprados e seus respectivos valores unitários corretamente especificados, não é possível realizar a leitura por máquina dos dados, nem identificar sobrepreços.

A Transparência Brasil alertou que esses problemas podem se estender ao novo PNCP, cuja estrutura de governança, financiamento e desenvolvimento ainda estão em debate e construção.

Avaliando esse cenário, o TCU emitiu o Acórdão nº 2.852/2021, cuja instrução apontou, quando o Portal ainda estava em sua fase mais embrionária, ausência de estratégia e cronograma detalhados para a implantação plena do PNCP. O TCU ainda sugeriu diversas oportunidades de melhorias na plataforma, reforçando o papel fundamental de padronização do catálogo de materiais e serviços, infraestrutura elementar de todo o sistema de compras, sobretudo para o aproveitamento satisfatório em pesquisas de preços. Outras funcionalidades do PNCP ainda dependiam, como apontou o TCU, de avanços estruturais e legislativos.

Sobre isso, o Projeto de Lei nº 249/2022, aprovado pela Câmara dos Deputados em 19 de outubro de 2022, traz importantes elementos para avanços do Portal Nacional, em relação à composição do Comitê Gestor e espaços de diálogo para a colaboração com entidades da sociedade civil, de forma a robustecer o papel da ferramenta como instrumento de controle social das compras públicas.

Adjacente a esse tema, em março de 2023, o Comitê Gestor da Rede Nacional de Contratações Públicas publicou comunicado avisando que o PNCP estava apto a viabilizar a divulgação centralizada e obrigatória dos atos essenciais relacionados no §2º do art. 174 da NLL. Sobre outras funcionalidades do PNCP previstas na NLL, o comunicado reafirmou compromisso e empenho na busca por viabilizar todas as ferramentas e funcionalidades necessárias para a potencialização do PNCP como indutor de boas práticas e de melhoria do ambiente de contratações públicas em todo o Brasil.

O Projeto de Lei nº 249/2022 institui uma série de mecanismos para assegurar a transparência dos dados de contratações, incluindo a competência do Poder Executivo federal para regulamentar o Sistema de Registro Cadastral Unificado e a previsão de que os sistemas referidos nos incisos III, IV e VI do §3º do art. 174 serão aqueles "instituídos no âmbito do Poder Executivo federal, sem prejuízo do uso facultativo de outros sistemas públicos de contratação e do disposto no §1º do art. 175".

Esperamos que haja disponibilidade efetiva de ambiente propício ao desenvolvimento pleno das capacidades e potenciais do Portal Nacional de Contratações Públicas.

Um tópico relacionado com o uso da tecnologia para auxiliar na prevenção da corrupção foi tratado pela pesquisadora Fernanda Odilla (2021), que escreveu sobre **inteligência artificial no combate à corrupção**, cujo desenvolvimento e o uso ainda são, segundo a autora, pouco explorados. Estudando softwares brasileiros, ela apontou indícios de falta de padrões, processos e regulamentações relativos à transparência de informação a respeito do tema. Em sua visão, a **falta de transparência em relação à arquitetura e algoritmos pode gerar dúvidas quanto à *accountability* das ferramentas**. A autora comentou, ainda, sobre os riscos de enviesamento dos algoritmos e falsos positivos, que poderiam levar a resultados tendenciosos ou investigações ineficientes. Para ela, temos desenvolvido auditores-robôs mais rápido do que os compreendemos criticamente e, mais importante, deixando de avaliar se eles são justos, significativos e tecnicamente viáveis. É um alerta importante.

Diante desse conjunto de considerações, reiteramos nossa defesa da efetiva implantação e desenvolvimento contínuo do Portal Nacional de Contratações Públicas, a melhor medida para tornar realmente efetiva a transparência das licitações e incrementar, de modo absolutamente sem precedentes, a capacidade de prevenção de fraudes, levando em conta, obviamente, os riscos inerentes a essa abordagem.

Pensamento convergente tem sido manifestado por órgãos de controle, especialmente durante o enfrentamento da pandemia de 2020. O uso de inteligência artificial e cruzamento de dados foi fortemente incrementado no período de calamidade pública e alto número de contratações emergenciais. Tanto a CGU quanto o TCU intensificaram seu trabalho com essas técnicas.

Uma empresa que ganha licitação de R$100 milhões com um único funcionário pode não ter irregularidade por si só, mas existe um potencial muito grande para que haja. Esse foi um exemplo citado por autoridade do TCU, que defendeu aumentar o compartilhamento de dados. (PIMENTA, 2020).

Na mesma linha preventiva, usando recursos computacionais, encontramos reportagem tratando de cobranças do Ministério Público Federal e do Ministério Público no TCU para que o *Comprasnet* passe a incluir alertas para os gestores de compras "caso seja identificado algum indício de irregularidade ou risco de ineficiência na aplicação do dinheiro público". (MILITÃO, 2020).

A ideia é evitar situações como as investigadas em inúmeras operações policiais ligadas a possíveis fraudes e desvios em despesas relacionadas com a pandemia. Casos foram registrados nos mais diversos locais do país, de variados matizes econômicos, mas com um jeitão bem parecido: direcionamento, superfaturamento, empresas de fachada, preços absurdos, produtos inadequados, pagamentos sem entrega.

Conhecemos os sintomas. Precisamos aprender a atacar as causas.

Em seus pedidos, os órgãos de controle recomendaram que todos os órgãos compradores sejam obrigados a usar o *Comprasnet*, que deve ser melhorado, para que gestores sejam alertados quando houver indícios de sobrepreço nas compras, usando dados das Receitas Federal e Estaduais, para comparar preços, inclusive os praticados no setor privado. (MILITÃO, 2020).

Esse é o melhor caminho. Embora, obviamente, não seja o único.

Ilustrando alternativas de atuação preventiva, o Papa Francisco, em junho de 2020, promulgou o Código de Licitações e Contratos do Vaticano. Ali foram adotadas medidas contra o conflito de interesse, acordos ilícitos e corrupção, para evitar "distorção da concorrência e garantir igualdade de tratamento entre todos os operadores econômicos" (www.olicitante.com.br).

O código do Vaticano prevê a exclusão de fornecedores que estejam sujeitos a investigações, medidas preventivas ou condenações em primeira instância por "organização criminosa, corrupção, fraude e crimes terroristas", "lavagem de dinheiro" e "exploração do trabalho infantil". Também são causas de exclusão a inadimplência tributária.

É digno de destaque o modelo de planejamento adotado pelo Vaticano, que instituiu lista de projetistas especialistas e de membros de comissão examinadora. Eles serão escolhidos por sorteio, com alternância de designação, com base em qualificações profissionais específicas, conforme a necessidade a ser atendida.

Existem restrições por "incompatibilidade" desses agentes planejadores e julgadores de licitação, entre as quais a relação de parentesco ou afinidade com licitante, assim como ser sócio ou ter sido sócio de licitante nos cinco anos precedentes.

São mecanismos de governança e de controles internos relevantes para o enfrentamento desse fenômeno universal conhecido como corrupção, que aflige até os Estados mais próximos da divindade. Evoluir em diretrizes, políticas e controles é um desafio de todos os países, seja qual for sua organização política ou burocrática.

Aqui no Brasil, a pandemia deixou ainda mais evidente que nossas ferramentas ainda não são as mais apropriadas para prevenir as fraudes. Como alerta Goldberg (2020), "a sistemática atual não impede que esquemas toscos de fraude à lei continuem a ser implementados".

Para evitar esses esquemas toscos e os mais sofisticados, defendemos a coordenação de esforços entre os diversos órgãos de controle, de todas as origens e vinculações, a fim de criar e melhorar os mecanismos preventivos e detectivos, sejam eles eletrônicos, humanos ou institucionais.

2.4 Julgamento negligente, conivente ou deficiente

Neste livro, por opção didática, usaremos a noção de 'julgamento' para designar qualquer ato decisório da fase externa de contratação, ou seja, qualquer ação ou omissão relacionada diretamente com a etapa de seleção do fornecedor. É importante esse alerta porque a lei define 'julgamento' como uma das fases da licitação, para avaliar as propostas, enquanto, em nossa abordagem, adotamos o termo de modo mais abrangente, para propostas, habilitação, recursos, adjudicação e homologação.

Com base nessa perspectiva, a fraude pode ocorrer no que chamamos de **julgamento conivente**, que consiste em conduta dolosa, na qual o processamento da fase externa da licitação ocorre com a participação direta dos responsáveis pela organização contratante, com o objetivo de simular atos e fatos, direcionar resultado, encobrir a verdade, montar uma farsa, frustrando deliberadamente o caráter competitivo do certame.

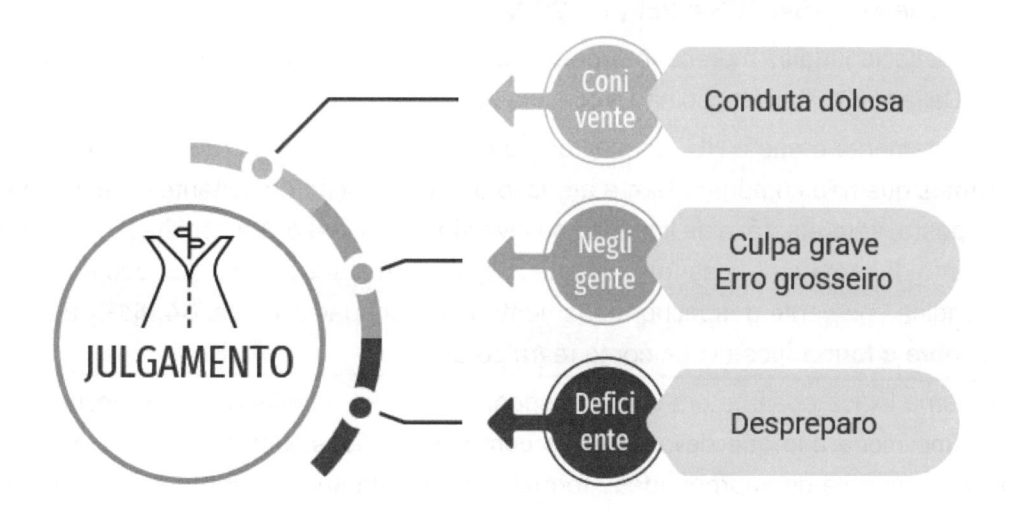

JULGAMENTO
- Conivente → Conduta dolosa
- Negligente → Culpa grave / Erro grosseiro
- Deficiente → Despreparo

Por outro lado, temos o **julgamento negligente**, que envolve culpa grave, erro grosseiro, quando não são detectados indícios óbvios, elementos toscos, falhas facilmente visíveis, como ausência de documentos, evidências explícitas de montagem, simulação, adulteração, conluio, combinação entre licitantes. É caracterizado pelo desleixo, descuido, displicência, omissão, desatenção, falta de zelo, falta de cuidado proporcional aos riscos da atividade de conduzir a seleção do fornecedor de modo minimamente diligente, deixando de exercer seu papel de primeira linha do controle interno dos atos administrativos do processo licitatório.

Em ambos, conivência ou negligência, entendemos que existe responsabilidade do agente contratante, pela omissão ou ação, e dolo, porque, nesses casos, a conduta do agente público constitui elemento determinante para o sucesso da empreitada ilícita.

Diferente disso é o **julgamento deficiente**. Aqui, a fraude tem origem exclusivamente na conduta de agentes externos à unidade contratante. E os elementos apresentados no processo são elaborados de maneira engenhosa, inusitada, com aparência de credibilidade e legitimidade, dificultando ou mesmo inviabilizando a detecção por meio do exame tradicional, com o conhecimento, a experiência e as ferramentas disponíveis aos responsáveis pelo processamento do certame.

Para compreender melhor esse tipo de fraude, vamos detalhar as fases que a NLL prevê para a etapa de seleção do fornecedor, a etapa externa da licitação: julgamento das propostas, habilitação, homologação e adjudicação.

Antes, porém, merece forte destaque o princípio do **formalismo moderado**, por seu papel balizador e seu impacto nas decisões de seleção do fornecedor, evitando o rigor processual exagerado. Pode-se entender como moderado o formalismo baseado em simplicidade e suficiência para propiciar a prevalência da essência e do conteúdo sobre a forma (Acórdão TCU nº 357/2015-P).

Pela lógica do formalismo moderado, em compra pública, o mais importante é o resultado pretendido, não o processo burocrático.

Essa diretriz está relacionada à compreensão de que licitação é mais que um instrumento jurídico, sendo, na essência, um negócio no qual se busca uma solução apropriada para uma demanda legítima, ofertada por um provedor idôneo, a um preço justo, atendendo a múltiplos princípios e objetivos. (SANTOS e PÉRCIO, 2022).

Esse negócio jurídico merece interpretação adequada à sua natureza. Na lúcida definição de Adilson Dallari (1997), licitação não é concurso de destreza para o melhor cumpridor de edital.

Foi exatamente o que a NLL consagrou no artigo 12, inciso III, prevendo **relevar e sanear falhas formais** que não comprometam a aferição da qualificação do licitante ou a compreensão de sua proposta, sem afastá-lo da licitação ou invalidar o processo. Na habilitação, a NLL reforça o saneamento de erros ou falhas formais que não alterem a substância dos documentos e sua validade jurídica, mediante despacho fundamentado e transparente (art. 64, §1º). É a lógica da **essência sobre a forma**, positivada como regra geral.

A mesma lógica aparece em outros dispositivos da lei, revelando a coerência do espírito de formalismo moderado que deve reger as compras públicas. Como exemplo, o artigo 169, §3º, I prevê o controle de impropriedade formal por meio de saneamento e mitigação de riscos de nova ocorrência. Já o art. 80, §4º determina correção ou reapresentação de documentos, quando for o caso, com vistas à ampliação da competição em procedimentos de pré-qualificação.

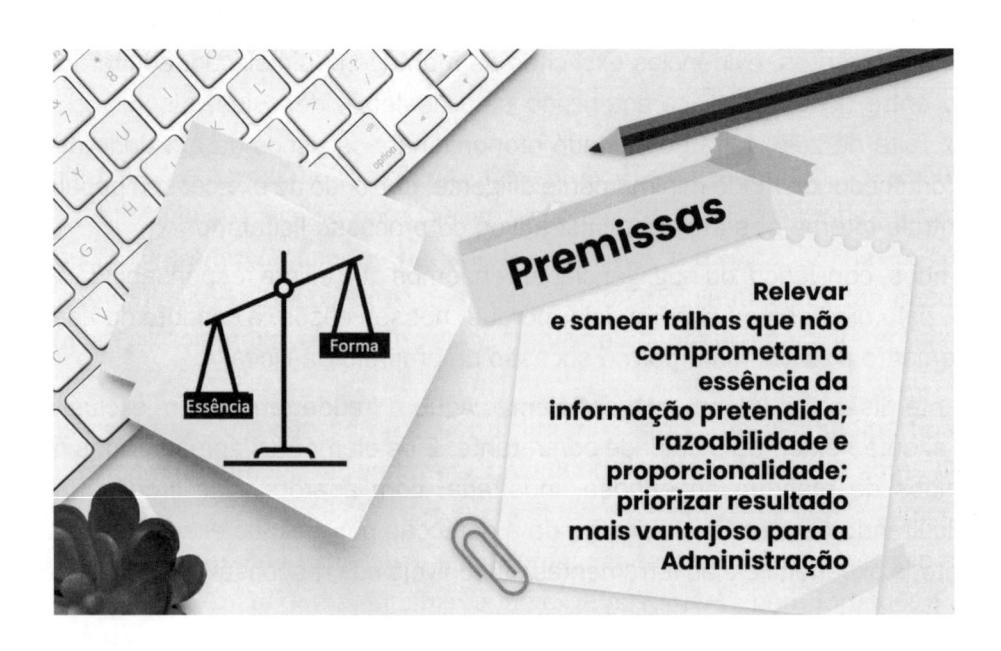

Esperamos que com isso sejam superadas as situações absurdas do passado, de apego excessivo à forma, quando licitantes foram afastados, por exemplo, por falta de assinatura ou reconhecimento de firma em documento, restringindo a competição por simples omissões ou defeitos irrelevantes, como citamos nas edições anteriores deste livro.

A superação desse cenário já era recorrentemente defendida pelo TCU. Entre 2018 e 2022, foram 744 acórdãos mencionando "formalismo moderado", média de 145 por ano, quase o triplo da média anual entre 2003 e 2005. A expressão "formalismo exagerado" foi usada pelo Tribunal de Contas em 83 acórdãos entre 2018 e 2022, média de 17/ano, 750% a mais do que entre 2003 e 2005.

Esses números representam a defesa crescente de que o **edital não é um fim em si mesmo** e a interpretação e aplicação das regras deve ter por norte o atingimento das finalidades da licitação, evitando apego a formalismo exagerado, irrelevante ou desarrazoado (Acórdão nº 1211/2021-P).

Sobre o tema, Odete Medauar (2005) ensina que o formalismo exagerado, exacerbado, desarrazoado, leva à desclassificação de proposta ou inabilitação de licitante que cumpre os requisitos, mas que deixa de comprovar a situação por mero lapso, passível de ser suprido ou esclarecido em diligência. Para a autora, com quem concordamos, falha sanável deve ser superada em nome da razoabilidade e da busca pela proposta mais vantajosa.

Obviamente, isso representa mais um dos fatores a justificar a busca pela **profissionalização** dos compradores públicos, de modo que disponham das competências necessárias para tomar decisões sólidas e racionais e, sobretudo, fundamentar as escolhas adotadas.

Para ajudar nas decisões, há farta jurisprudência no TCU privilegiando o formalismo moderado, seja na avaliação das propostas e/ou habilitação. Apresentaremos os principais julgados nas seções seguintes.

2.4.1 Julgamento das propostas

Essa etapa consiste no confronto das ofertas, na classificação dos licitantes e na determinação do vencedor, conforme o critério definido, ao qual poderá ser adjudicado o objeto da licitação. Verifica-se a conformidade com os requisitos exigidos e o parâmetro de preço aceitável.

A sequência de análise da licitação na NLL é uma das grandes alterações em relação à legislação antiga, consagrando, como **regra geral**, a ordem em que as **propostas são julgadas antes da habilitação**.

Essa nova orientação geral pode contribuir para **reduzir os prazos médios** de duração da concorrência na Nova Lei. Pesquisa de Souza (2022) com 122 prefeituras de Mato Grosso demonstrou que a fase externa do pregão **é** quase cinco vezes mais rápida que uma concorrência nos moldes antigos.

Prazos da fase externa da licitação em prefeituras de Mato Grosso

Modalidade	Quant.	Média (em dias)	Mediana (em dias)
Concorrência	62	130	107
Concurso	17	49	39
Convite	344	18	14
Tomada de preços	482	40	29
Pregão	5.604	28	22

Fonte: Souza (2022)

Esse resultado é influenciado pelas características do pregão, julgando primeiro a proposta e depois avaliando a habilitação, somente do licitante mais bem colocado, com fase recursal única, com menor prazo entre o aviso e a abertura das propostas. Pesquisa de Faria *et al*. (2010) chegou a resultados similares, concluindo que o pregão é até quatro meses mais célere que o procedimento de compra por concorrência.

Esses fatores pesaram na tramitação do projeto de lei que originou a NLL. Quando ainda no Senado Federal, em dezembro de 2013, a então Comissão especial temporária de modernização da lei de licitações emitiu relatório prevendo a '**inversão de fases**' por apresentar importantes vantagens, entre elas de tempo, por evitar o "costumeiro recurso sobre formalidades da habilitação, com clara motivação procrastinatória", além de dificultar a ação de cartéis, pelo obstáculo à ação conjunta de grupo de licitantes sobre concorrente de fora do esquema e pela abertura de propostas de todos como mecanismo de mitigação do risco de preço artificialmente produzido por conluio.

Assim, chegamos ao nosso atual ambiente de processamento das licitações, sobre o qual trataremos com enfoque nos comportamentos potencialmente irregulares durante a fase externa, começando pela análise das propostas.

E iniciamos apontando a importância da **verificação dos preços**, sabendo que evitar distorção nesse quesito é um dos objetivos da licitação (art. 11 da NLL) e que tal avaliação pode proporcionar direcionamento ou afastamento indevido de licitante.

Uma das hipóteses de desclassificação de proposta é a **inexequibilidade** dos preços ofertados. Significa que os valores não seriam suficientes para cobrir os custos mínimos do contrato, colocando em risco o atendimento da necessidade do contratante.

É importante entender que isso é um mecanismo de gestão de riscos da contratação. Um instrumento de controle para atuar sobre a probabilidade de que o contrato seja executado de modo inadequado, por insuficiência de remuneração ao contratado.

Veja-se que a unidade contratante está tentando atuar sobre um evento de risco que diz respeito aos interesses diretos do contratado, ou seja, tentando evitar que o fornecedor tenha prejuízo na execução contratual e isso possa prejudicar os objetivos do contrato.

Por isso mesmo é que esse controle é uma **presunção relativa de inexequibilidade** de proposta, mesmo quando existem parâmetros matemáticos pré-definidos para aferição, como os percentuais previstos no art. 59, §4º da NLL para obras e serviços de engenharia inferiores a 75% do preço estimado.

Vale para essa regra o mesmo entendimento que já estava consolidado na Súmula 262 do TCU, de que a Administração deve dar SEMPRE à licitante a oportunidade de demonstrar a exequibilidade da sua proposta.

Afinal, não conhecemos de antemão as condições concretas de cada fornecedor e suas respectivas estratégias de negócio, estoques, capacidades e acordos comerciais.

Portanto, antes de desclassificar proposta por suspeita de inexequibilidade, deve-se oportunizar que o licitante defenda o preço ofertado e demonstre sua capacidade de bem executar o objeto, nos termos e condições exigidos pelo instrumento convocatório (Acórdão TCU nº 1244/2018-P).

Nessa direção, a jurisprudência do TCU orienta que erro material ou omissão em proposta do licitante, como **falhas na planilha de custos e formação de preços** de serviços, não acarreta desclassificação automática, ensejando **diligência para correção**, sem alterar o valor global ofertado (Acórdãos nºs 1811/2014-P, 2546/2015-P, 2742/2017-P e 830/2018-P).

Reforçando esse entendimento, encontramos a instrução do Acórdão TCU nº 1517/2022-1C, descrevendo que **não há limite definido para alteração dos valores** de cada um dos componentes da planilha de custos vencedora, até porque o aumento de um componente deficitário provoca redução em outro componente, de modo a manter inalterado o valor total da proposta. As modificações, porém, precisam ser realistas, ou seja, ter fundamento plausível, de modo a garantir que a planilha de custos contemple valores adequados para mitigar riscos durante a execução do contrato. Assim, espera-se análise baseada na racionalidade e no conhecimento técnico especializado sobre o tema.

Exemplo foi analisado no Acórdão nº 249/2020-P, em que o TCU entendeu errada a desclassificação de proposta **sem oportunidade de correção** do erro ou vício sanável verificado, sem a majoração do preço global ofertado, e desde que fosse comprovado que este é o bastante para arcar com todos os custos da contratação, além de não assegurar que foi selecionada a proposta mais vantajosa para a administração. Contribuiu fortemente para a opinião do Tribunal o fato de que a proposta da próxima colocada foi aceita, embora estivesse apenas 0,1% acima da que foi rejeitada.

Em outro exemplo, as cinco melhores propostas foram descartadas, sem permitir que os licitantes esclarecessem suas planilhas (Acórdão TCU nº 2961/2019-P).

Em mais um caso, o TCU reiterou que, mesmo havendo critérios prévios de inexequibilidade, antes da desclassificação da proposta deve ser franqueada ao licitante a oportunidade de defender sua proposta e demonstrar sua capacidade de bem executar os serviços, nos termos e condições exigidos pelo instrumento convocatório (Acórdão nº 14195/2019-1C).

Em outra ocasião, o TCU determinou nova licitação porque licitantes foram desclassificados sem a oportunidade de demonstrarem a exequibilidade de suas propostas, bem como mediante a utilização de **argumentos vagos e genéricos**, os quais se ancoraram na alegação de que o valor proposto seria demasiadamente baixo e colocaria em risco o gerenciamento da contratação decorrente do certame, situação que configura violação do princípio da motivação dos atos administrativos (arts. 2º e 50 da Lei nº 9.784/1999) e inobservância do disposto no Enunciado da Súmula 262 (Acórdão nº 504/2021-P).

Entretanto, essas situações não se confundem com outro problema que merece tratamento diferente: a **proposta manifestamente inexequível que impacta a disputa competitiva**.

Por manifestamente inexequível, podemos adotar a lógica de situações extremas, preço simbólico, irrisório ou zero, gerando **presunção absoluta de inexequibilidade** (Acórdão TCU nº 674/2020-P).

Um exemplo foi tratado no Acórdão TCU nº 2773/2022-P, que avaliou um Pregão em que a configuração do sistema restringiu a competição, porque a disputa era pelo **modo aberto e fechado**.

Era contração de serviço por 40 meses, estimada em R$23 milhões. Uma proposta de R$1,8 milhão foi cadastrada, claramente desarrazoada, mas não foi descartada, porque o sistema estava configurado para abertura automática da sessão pública. Essa configuração não permitia a desclassificação de propostas antes do início da fase de lances.

Na fase de lances, a empresa que ofertou o valor inexequível não participou, mas sua proposta inicial continuou interferindo na disputa, porque o valor inicialmente cadastrado conta como um primeiro lance na sala de disputa.

No regulamento federal (IN 73/2022), no modo aberto e fechado, há dois critérios para convocar licitantes para a fase fechada, em que é ofertado um último lance. Pelo primeiro critério, são chamados todos os concorrentes com propostas finais até 10% superiores à menor. Se não houver pelo menos três participantes nessa condição, aciona-se o segundo critério, chamando, de forma residual, os ofertantes a partir do segundo colocado, até o máximo de três.

No caso avaliado pelo TCU, a proposta inexequível inviabilizou o primeiro critério, porque não havia ofertas na faixa de 10% superior àquele preço absurdamente baixo.

Entrou em operação o segundo critério e, assim, somente 3 (três) licitantes foram chamados para a fase fechada, além daquele com a proposta inexequível.

Para ficar mais claro, veja a tabela a seguir, com os valores das propostas ao final da fase aberta de lances. Havia uma diferença de 944% entre a proposta em primeiro lugar – manifestamente inexequível – e a segunda colocada. Ao mesmo tempo, havia 8 (oito) licitantes dentro da faixa de até 10% de diferença para a segunda colocada.

Licitante	Proposta R$ milhões (fase aberta)	Dif. 1º colocado	Dif. 2º colocado
Lic1	1,8		
Lic2	18,7	944%	
Lic3	19,0	959%	1,5%
Lic4	19,1	962%	1,8%
Lic5	19,1	965%	2,0%
Lic6	19,4	979%	3,4%
Lic7	19,7	998%	5,2%
Lic8	19,8	1004%	5,8%
Lic9	20,1	1020%	7,3%
Lic10	20,6	1048%	10,0%

Assim, foi **desvirtuada a seleção dos competidores** aptos a disputarem a fase fechada. Somente foram para a disputa os licitantes nas posições 2, 3 e 4. Se a oferta inexequível tivesse sido eliminada, a fase fechada de lances teria oito concorrentes, em vez de três, porque iriam para a disputa o licitante 2, que seria o primeiro colocado, mais os licitantes das posições 2 a 9, todos dentro da faixa de 10% de diferença.

Depois desse episódio, o *Comprasnet* foi aprimorado para mitigar riscos de eventos dessa natureza. Assim, o sistema passou a ter, por padrão, a configuração em 'modo manual' da sessão pública, com o tempo automático de 10 minutos para a análise de propostas pelo pregoeiro. Se houver preferência pelo 'modo automático', esse comando deve ser explicitamente acionado na configuração da sessão pública, emitindo-se alerta sobre a necessidade de análise, se aquela opção está compatível com os critérios de julgamento definidos no edital. A abertura automatizada permite que todas as propostas apresentadas prossigam para a fase de disputa do certame.

Além disso, quando o preço estimado não é sigiloso, o sistema avisa o fornecedor se ele cadastra proposta ou lance inferior a 50% da estimativa, alertando para o risco de erro na digitação, o que ajuda a evitar oferta equivocada.

Esse é um tipo de risco que surgiu com a evolução tecnológica das compras e a sofisticação dos modos de disputa. Na legislação antiga, o risco estava associado ao *bloqueio em pregão presencial*, porque as regras propiciavam combinações entre comparsas para dificultar ou impedir que outros concorrentes fossem para a fase de lances. Na NLL, pode acontecer o **bloqueio em pregão eletrônico** em função dos mecanismos de filtro de quem vai para a última fase de lances.

Tal situação exemplifica bem a necessidade de monitoramento e revisão permanente da gestão de riscos em função das alterações de cenário na área de contratações, em suas várias dimensões.

Outro caso relacionado a bloqueio em pregão eletrônico tratava de serviço de portaria. Houve proposta inicial manifestamente inexequível, que interferiu na competição da etapa fechada de lances. O preço estimado era R$3,8 milhões, mas duas propostas ofertaram R$320 mil, provavelmente confundindo o valor total para 12 meses com o preço unitário mensal. Isso fez com que somente três licitantes fossem para a etapa fechada de lances. Se as duas propostas absurdas tivessem sido excluídas, 20 empresas teriam sido convocadas a oferecer lance final na disputa. O TCU observou que ofertas manifestamente inexequíveis devem ser excluídas antes que possam impactar a competitividade do certame (Acórdão nº 651/2021-P).

Em mais um julgado, tratando do modo de disputa aberto e fechado, o TCU reforçou que se deve desclassificar lances manifestamente inexequíveis que possam servir de parâmetro à convocação de licitantes para a etapa de lances, sob risco de prejuízo à competitividade do certame (Acórdão TCU nº 2920/2020-P).

Por raciocínio lógico, essa jurisprudência é válida para o modo de disputa **aberto e fechado**, ao qual foi aplicada, e também para o modo **fechado e aberto**, se houver parâmetros que restrinjam quem vai para a etapa de lances, como ocorre no regulamento federal (IN 73/2022).

Ainda tratando do tema, o TCU apontou que a proposta manifestamente inexequível que interfere na disputa de lances pode configurar a prática de **"coelho"** (Acórdão nº 1129/2022-P).

O esquema de **coelho ou kamikaze** é uma atuação combinada, que envolve, geralmente, restrição de disputa e posterior supressão de proposta. Uma empresa mergulha nos preços, ofertando valor muito baixo, para desencorajar ou restringir a disputa, só para desistir da oferta depois e favorecer o comparsa que vem em seguida na classificação do certame.

Julgando situação dessa natureza, o Tribunal de Contas de Mato Grosso mandou suspender pregão municipal para serviços gráficos, identificando conluio, por causa de certidões emitidas em sequência e semelhança na diagramação das propostas. Além disso, propostas extremamente baixas induziam concorrentes a se afastarem ou desistirem da competição. A conduta simulava competição e facilitava a vitória de uma das empresas do esquema (Processo TCE-MT nº 285005/2018).

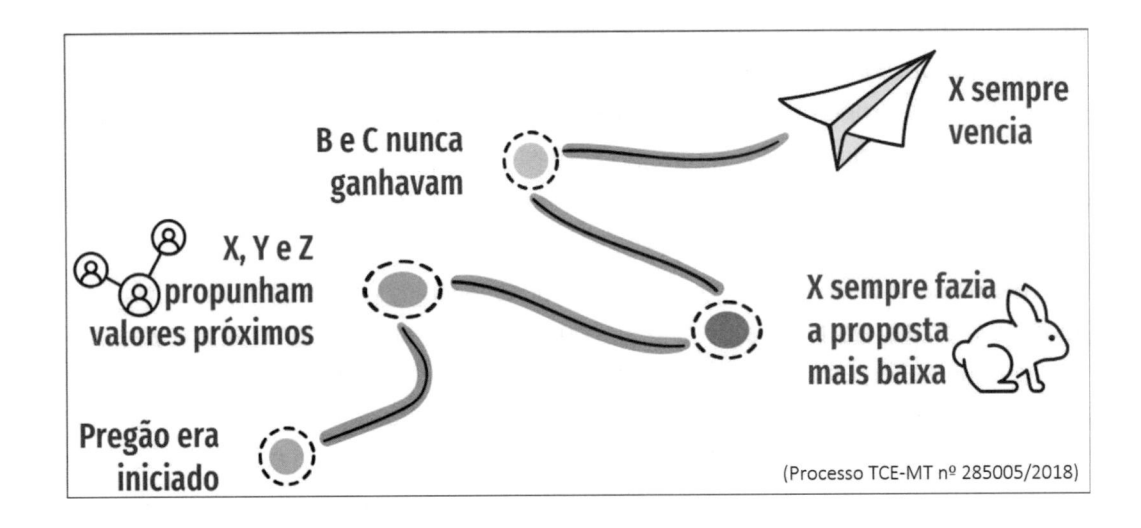

[Figura: Pregão era iniciado → X, Y e Z propunham valores próximos → B e C nunca ganhavam → X sempre fazia a proposta mais baixa → X sempre vencia. (Processo TCE-MT nº 285005/2018)]

Outro pregão em formato eletrônico, para compra de troféus, foi cancelado porque duas empresas, X e Y, da mesma família, lançaram proposta para os quatro itens. As duas funcionavam no mesmo prédio. Apesar de ambas terem feito a proposta inicial, só X deu lances. Segundo o pai de um dos proprietários, a empresa Y só participaria se X errasse algum lance ou cometesse algum equívoco, "aí eu pararia com a X, e a Y continuaria, podia entrar". Era, portanto, um caso de **licitante backup, reserva ou estepe**. Se a titular falhasse, a reserva entraria em campo (g1.globo.com, 03.06.2016).

No Rio de Janeiro, a CGU identificou pregão eletrônico para serviços administrativos em que duas licitantes apresentaram "Declaração de Elaboração Independente de Proposta" assinada pelo mesmo representante, evidenciando, ao contrário do que se declarava, o conhecimento prévio das propostas apresentadas, ou seja, nada da tal independência esperada. As duas declarações foram inseridas no sistema com diferença de quatro minutos, reforçando a atuação combinada. As empresas ainda atuaram no esquema coelho, com a primeira colocada inabilitada por questão formal, para dar lugar à comparsa, com proposta superior. O pregoeiro, atento, descobriu a fraude e recusou as propostas. Tempos depois, quando a equipe de auditoria da CGU consultou o *Comprasnet*, uma das Declarações teve o nome do representante substituído, na tentativa de disfarçar a tramoia. (Relatório nº 201204185).

Ainda sobre coelho, o TCU considerou indício de fraude a conduta reiterada **"ganha, mas não leva"**, com o licitante vencendo a disputa e, em seguida, perdendo a chance por falhas formais ou por não honrar a proposta, pedindo para sair ou simplesmente sumindo de vista. Para o Tribunal, agrava o cenário as desculpas esfarrapadas como 'preço errado', 'sem documento', 'falha de digitação', 'lapso do operador'. Por consequência, em vários casos, configura declaração falsa de cumprimento dos requisitos de habilitação. Por fim, empresas com vínculos participando do mesmo item, especialmente quando uma é vencedora, também podem indicar atuação combinada (Acórdão nº 754/2015-P).

Ilustrando a **atuação combinada**, a 7ª Vara Federal de Porto Alegre (RS) condenou 15 pessoas acusadas de fraudar licitações, com base na Operação Solidária. O MPF descreveu fortes indícios de combinação entre os participantes, de modo que cada empresa ganhasse uma licitação e as demais dessem cobertura. Assim, a empresa X ofertava preço baixo na licitação 1, a empresa Y na licitação 2, a empresa Z na licitação 3, e esse preço baixo nunca era repetido pela mesma empresa em outros certames, ou seja, só apresentava proposta competitiva uma única vez, aumentando os preços nos demais, em nítida atuação em conluio (www.trf4.jus.br).

Acórdãos TCU — formalismo moderado

- **478/2015-P**: Não pode presumir má-fé na futura execução
- **5883/2016-1C**: Desclassificar por falta de dados bancários é exagero
- **1278/2020-1C**: Atraso irrisório (4 min) não justifica desclassificar
- **2272/2020-P**: Exagero rejeitar por falta de um preço unitário
- **2570/2020-P**: Falta de catálogo ou ficha técnica pode ser saneada
- **4063/2020-P**: Um item acima do estimado pode ser negociado/saneado

Tratando de **formalismo exagerado**, o TCU avaliou pregão para serviços de pavimentação. Foram recusadas 18 propostas, adjudicando a empresa que se encontrava em 19º lugar. Licitantes foram rejeitados porque não responderam às mensagens da pregoeira via chat. Algumas das desclassificações ocorreram em prazos exíguos, de 30, 24, 22, 18 e até 16 minutos. O edital previa 4 horas para envio atualizado da proposta. Outras ofertas foram recusadas por falha em planilha. Para o relator do caso, a pregoeira agiu com erro grosseiro, priorizando contratar a proposta mais onerosa possível para a Administração, em vez de tentar sanar eventuais erros (Acórdão nº 3143/2020-P).

Em outro **julgamento exagerado e genérico**, empresa foi inabilitada por não apresentar "documentação necessária", mas o contratante não especificou que documentos faltaram, dificultando a ampla defesa e o contraditório (Acórdão nº 552/2021-P).

> Acórdão TCU nº 3.143/2020-P (Formalismo Moderado)
>
> *Não há motivação ou previsão legal para desclassificar licitante que deixa de responder mensagens do pregoeiro no Comprasnet. Aliás, a leitura de algumas mensagens trocadas no decorrer da sessão pública deixou uma impressão ainda mais desfavorável sobre o grau de reprovabilidade da conduta da agente*

Em mais um exemplo sem fundamento, o TCU entendeu que exigir planilha de composição de custos assinada por contador com CRC ativo restringe indevidamente a competitividade, uma vez que não se trata de documento contábil. No mesmo julgado, o TCU viu exagero em exigir assinatura digital com padrão ICP nos documentos apresentados, pois o acesso ao sistema eletrônico com login e senha é suficiente para conferir segurança quanto à autenticidade e à autoria das propostas (Acórdão TCU nº 648/2021-P).

Na mesma linha de entendimento, o TCU mandou cancelar licitação porque uma proposta foi desclassificada por não detalhar os custos, sem que o pregoeiro tenha solicitado à licitante o envio da proposta ajustada ao melhor lance ofertado e sem realizar diligências para complementar a documentação (Acórdão nº 369/2021-P). Houve quem perdesse a disputa por ausência de anotação de responsabilidade técnica pela planilha orçamentária, outra atitude de formalismo exagerado (Acórdão TCU nº 313/2021-P).

No Acórdão nº 401/2021-P, o TCU enfrentou questão semelhante, num Pregão em que foram desclassificadas 19 propostas por falta de detalhamento da composição dos preços. As irregularidades foram agravadas pela posterior aceitação de propostas mais onerosas, sem que fosse observado o mesmo critério alegado para a desclassificação das licitantes.

No Acórdão nº 3181/2021-P, o Tribunal encontrou desclassificação sumária sem oportunizar retificação ou saneamento de proposta, mediante diligência, sem que se alterasse o valor global proposto. Casos similares: acórdãos TCU nºs 2233/2022-P, 67/2023-P, 988/2023-P, 3569/2023-2C e 1278/2023-P.

Além desses temas, o **prazo para envio de proposta ajustada** é outro elemento relevante.

Embora a NLL só trate explicitamente do envio de proposta ajustada em obras e serviços de engenharia (art. 56, §5º), por lógica, o mesmo tratamento deverá ocorrer em qualquer disputa que preveja detalhamento de proposta, especialmente em planilha, como é o caso de serviços terceirizados. Esse ajuste é decorrente da alteração entre os preços incialmente ofertados e os valores aceitos como vencedores após a disputa de lances.

No regulamento federal (IN nº 73/2022, art. 29, §2º) está previsto, no mínimo, duas horas, prorrogável por igual período, para envio da proposta e, se necessário, dos documentos complementares, adequada ao último lance ofertado.

O prazo para esse ajuste na proposta deve ser **proporcional à complexidade** da tarefa requerida.

Uma situação que serve de referência é o Acórdão nº 122/2012-P, no qual o TCU avaliou Pregão Eletrônico que envolvia 168 planilhas e duas horas para enviar as propostas ajustadas. A unidade contratante alegou que as planilhas já estavam prontas no Excel e que os ajustes poderiam ser feitos em poucos minutos. Foi apresentado também um argumento curioso: um prazo muito prolongado conferiria à empresa vencedora tempo extra para repensar sua oferta e fazer alterações pontuais.

O TCU não concordou. Para o Tribunal, o prazo feria a razoabilidade e a proporcionalidade, porque a complexidade específica daquele certame era bem diferente do padrão de outras licitações. O prazo exíguo para envio da proposta ajustada restringiu a competitividade, levando em conta a dificuldade de atendimento pelo licitante.

Outros julgados que tratam de **prazo exíguo para envio de propostas ajustadas**: Acórdãos TCU nºs 1278/2020-1C, 2595/2021-P e 756/2022-P.

Existe, ainda, o risco de **desclassificação sem fundamento**. Houve situação em que um pregoeiro **desclassificou licitantes sem apontar as falhas** que teriam sido encontradas em planilhas de custos que detalhavam as respectivas propostas de preço. Na visão do ministro relator no TCU, esse foi um erro grosseiro, porque **não foi proporcionada a efetiva oportunidade para correção**. O caso ainda teria contado com a participação decisiva da autoridade superior, que apontou ao pregoeiro as falhas e, depois, negou recursos das licitantes desclassificadas no certame. Para o relator, foram colhidas evidências de favorecimento à empresa vencedora, primeiro, pela "estranha eliminação de licitantes" e, depois, por "robustos indícios de comunicação entre os responsáveis pelo certame e a empresa declarada vencedora, por fora do sistema *Comprasnet*, com o subjacente intuito de ajustar a sua proposta comercial às condições exigidas no edital" (Acórdão nº 1.487/2019-P).

Para o TCU, proposta não pode ser rejeitada com indicação de **falhas genéricas** nas planilhas de composição de custos. Não é suficiente informar os itens, submódulos ou módulos da planilha onde os erros se encontram, **sem especificar o que está errado**. Isso dificulta o contraditório e a ampla defesa e o aproveitamento de processos com erros sanáveis (Acórdão nº 4370/2023-1C).

Por fim, pode existir **desclassificação por fundamento indevido**. No Acórdão nº 3226/2020-2C, o TCU analisou licitação em que a proposta foi recusada porque o lucro estava muito alto, o que, na visão de quem conduziu o certame, indicava sobrepreço. Mas o valor ofertado estava abaixo do estimado pela administração, sem que se tenha apontado erro ou inexequibilidade nos demais itens da planilha. Assim, para o TCU, a decisão afrontou o princípio da seleção da proposta mais vantajosa.

2.4.2 Habilitação

Na habilitação verifica-se o cumprimento de requisitos pelo licitante conforme o edital, buscando garantir que, sendo vencedor, tenha condições de cumprir o contrato, em termos jurídicos, técnicos, econômicos e de idoneidade.

Entre os aspectos a se verificar estão os **cadastros impeditivos** em que constam restrições para licitar e contratar com a administração, como: Cadastro Nacional de Empresas Inidôneas e Suspensas (CEIS); Cadastro Nacional de Empresa Punidas pela Lei Anticorrupção (CNEP); Cadastro Nacional de Condenações Cíveis por Atos de Improbidade Administrativa e Inelegibilidade do Conselho Nacional de Justiça (CNJ).

Há uma ferramenta do TCU que consolida essas consultas: *https://certidoes-apf.apps.tcu.gov.br*.

O acesso ao CEIS e ao CNEP é funcionalidade prevista pela NLL para constar no Portal Nacional de Contratações Públicas. Espera-se que essa funcionalidade seja integrada ao futuro **Cadastro Unificado de Fornecedores** e as consultas sejam automatizadas por cruzamento de dados, assim como possam ser integradas para cruzamento com outras bases de dados, como o de condenações por improbidade.

Enquanto isso não acontece, recomendamos fazer a verificação antes de homologar o certame, considerando que é crime admitir à licitação empresa ou profissional declarado inidôneo (art. 337-M do Código Penal). Além disso, o art. 14, III, da NLL proíbe licitante que esteja impossibilitado de participar do certame em decorrência de sanção que lhe foi imposta.

Ilustrando o risco desse tipo de situação, o Acórdão TCU nº 4533/2020-P encontrou construtora que foi declarada inidônea por duas prefeituras e, mesmo assim, continuou participando e vencendo licitações, razão pela qual o TCU encaminhou o caso aos Ministérios Público Estadual e Federal, para apuração criminal.

Outro aspecto relevante dos cadastros impeditivos é a penalidade da improbidade administrativa, no sentido de proibir de contratar com o poder público, que pode ser aplicada à pessoa física ou jurídica direta ou indiretamente, ainda que por intermédio de pessoa jurídica da qual seja sócia majoritária.

Assim, ao consultar a base de dados de condenações por improbidade, a busca deve se referir ao CNPJ da empresa licitante e ao CNPJ ou CPF do sócio majoritário, caso exista alguma dessas figuras no quadro societário da licitante.

Julgando caso relacionado a isso, o TCU declarou inidônea empresa contratada cujo sócio majoritário estava proibido por improbidade. Os agentes contratantes não foram penalizados porque não tinham como ter conhecimento da proibição, uma vez que demorou demais a inserção do registro nos cadastros de penalidade. Mas a empresa, na visão do TCU, agiu de modo fraudulento, porque prestou **declaração falsa de que não estava impedida**. O sócio majoritário tentou se defender, alegando que não sabia que estava proibido, porque seu advogado não o tinha informado. O TCU não aceitou esse argumento, especialmente porque a alegação não foi comprovada (Acórdão nº 450/2020-P).

Esse é um bom ponto de partida para avançar em nossa discussão sobre a busca por prevenir e combater fraudes e corrupção nas licitações, especificamente na fase de habilitação.

Para essa tarefa, o TCU dá pistas de medidas de **controle interno para atacar os riscos mais comuns**, sugerindo adotar, na fase de habilitação, atividades específicas de análise, tais como verificação das alterações contratuais, semelhanças entre documentos, assinaturas, datas, erros ortográficos e gramaticais (Acórdão TCU nº 1.610/2013-P). Mais adiante, trataremos em detalhes sobre esses e outros pontos críticos.

Para garantir que a análise da habilitação seja adequada, recomenda-se que a Administração designe formalmente **equipe técnica para auxiliar** quem estiver conduzindo o certame, quando a contratação envolver **objetos complexos** e que requeiram **conhecimento especializado**, como obras, tecnologia da informação, medicamentos. Tal como o planejamento da contratação exige conhecimento especializado e equipe multidisciplinar, a verificação de requisito habilitatório também impõe esse tipo de abordagem.

Além dessa sugestão, reforçamos a diretriz do **formalismo moderado na habilitação**.

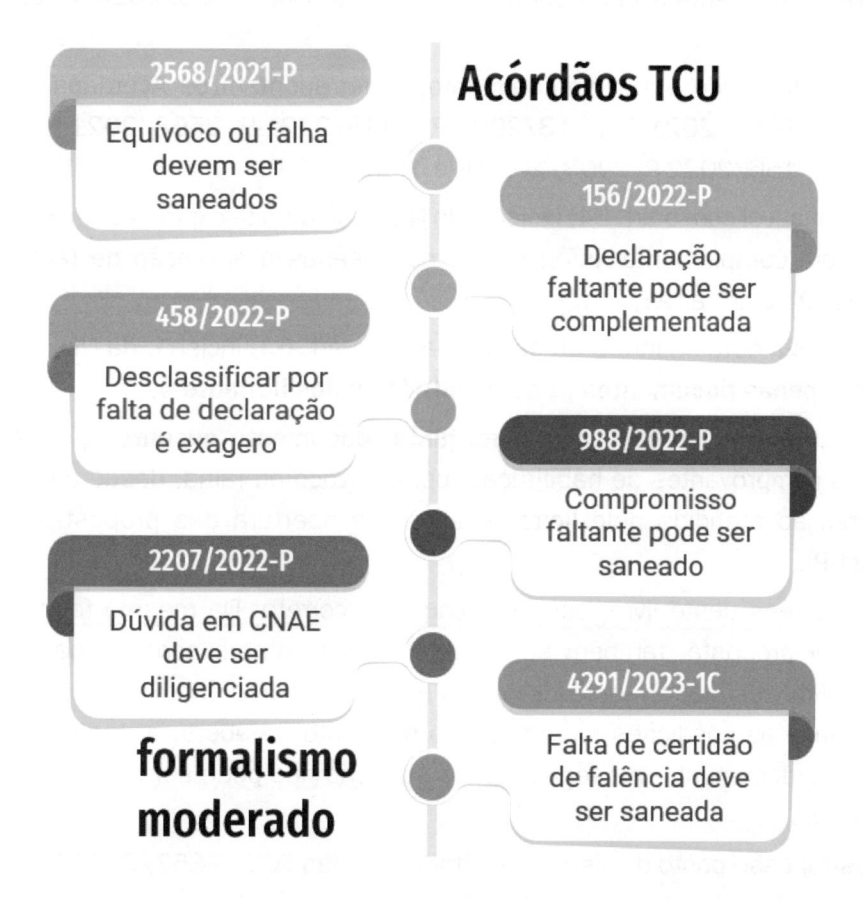

Acórdãos TCU — formalismo moderado

- **2568/2021-P**: Equívoco ou falha devem ser saneados
- **156/2022-P**: Declaração faltante pode ser complementada
- **458/2022-P**: Desclassificar por falta de declaração é exagero
- **988/2022-P**: Compromisso faltante pode ser saneado
- **2207/2022-P**: Dúvida em CNAE deve ser diligenciada
- **4291/2023-1C**: Falta de certidão de falência deve ser saneada

Já tratamos disso no julgamento da proposta. E aqui se aplica a mesma lógica. Privilegiar a essência sobre a forma e a busca da proposta que proporciona o melhor resultado.

O assunto gera muito interesse. Um indício é a comunidade de prática NELCA, um grupo de discussão na internet que congrega milhares de compradores públicos, desde 2009. O tópico mais visualizado, com quase 40 mil visualizações até dezembro de 2023, trata do saneamento de documento em licitação e da **prevalência do fim sobre os meios**.[14]

Esse tópico foi iniciado a partir do Acórdão nº 1211/2021-P, no qual o TCU admitiu expressamente a **juntada de documentos que atestam condição pré-existente** à abertura da sessão pública do certame.

---

[14] BRASIL, Franklin. *TCU*: sanear documento em licitação. A prevalência do fim sobre os meios. 01 mai. 2021. Disponível em: https://gestgov.discourse.group/t/tcu-sanear-documento-em-licitacao-a-prevalencia-do-fim-sobre-os-meios/13604. Acesso em: 04 jan. 2024.

Esse tipo de situação pode ser ilustrado pela atuação do Núcleo de Licitações e Contratos da AGU que avaliou pregão no qual a empresa vencedora apresentou certidão de registro do CREA vencida. A empresa tinha alterado dados cadastrais e não tinha averbado a alteração no CREA, fazendo com que a certidão perdesse os seus efeitos legais. O Pregoeiro deu 24h para emissão de uma nova certidão, juntada aos autos. A consultoria jurídica entendeu que a documentação posterior esclareceu ou complementou as informações fornecidas originariamente pelo licitante, privilegiando o princípio do formalismo moderado, conjugado com a busca da proposta mais vantajosa, levando em conta a jurisprudência do TCU (Parecer nº 869/2020/NLC/ETRLIC/PGF/AGU).

O TCU tem reiterado o seu entendimento, como apontam os Acórdãos nºs 193/2021-P, 1636/2021-P, 1819/2021-P, 2213/2021-P, 2443/2021-P, 2568/2021-P, 2673/2021-P, 15244/2021-2C, 156/2022-P, 2903/2022-P e 150/2023-P.

Isso é compatível com o art. 64, inciso I, da NLL, que admite expressamente a possibilidade de diligência para complementar informações necessárias à apuração de fatos existentes à época da abertura do certame.

A **controvérsia** está na interpretação da parte do art. 64, inciso I, da NLL, que se refere a **complementar apenas documentos já apresentados pelos licitantes**.

O **TCU tem entendido que pode, sim, juntar documento ausente**, que não foi juntado com os demais comprovantes de habilitação, por equívoco ou falha, desde que tal documento comprove condição atendida pelo licitante antes da abertura das propostas (Acórdão TCU nº 1211/2021-P).

Para os autores deste livro, essa posição está correta. Da mesma forma que deve ser permitido sanear proposta, também se permite corrigir comprovação de habilitação, com a prevalência do fim (resultado) sobre os meios (processo burocrático). O que importa é saber se o licitante tinha as condições requeridas no momento da abertura da disputa, a ausência ou a falha em um documento que registre essa situação não pode ser mais relevante do que a verdade dos fatos.

Para ilustrar esse ponto de vista, vale citar o Acórdão TCU nº 857/2015-P, como precursor da linha de jurisprudência mais recente do Tribunal de Contas. Ali, o órgão de controle foi instado a se manifestar sobre a habilitação de uma empresa que tinha se esquecido de apresentar inscrição no cadastro de contribuinte municipal ou estadual, exigência constante no Edital de um pregão eletrônico. O TCU entendeu que "a falta do documento em si" não era relevante, posto que havia outros elementos suficientes para comprovar o que se pretendia, que era o ramo de atividade, demonstrando que mais importante que o documento é a verdade dos fatos.

O TCU tem reforçado esse posicionamento em julgados mais recentes.

Outros julgados que merecem destaque, tratando do mesmo tema, podem ser organizados em forma de tabela, para visualização mais didática.

Acórdão	Resumo
1920/2020-P	Falhas de fácil correção, lacunas, incoerências ou imprecisão devem ser saneadas
2342/2020-P	Exigir memória de cálculo dos índices contábeis contraria o formalismo moderado
3094/2020-P	Licitante que cumpre exigência por meio de diligência deve ser habilitado
552/2021-P	Habilita-se quem comprova o requisito, mesmo que sem o documento exigido
1010/2021-P	Falha em cadastro do SICAF é irrelevante se puder ser saneada
8747/2022-2C	Licitante que já prestava o serviço pode comprovar por outro meio além do atestado

No Paraná, o Tribunal de Contas Estadual também vem aplicando o formalismo moderado em suas decisões. A exemplo do Acórdão nº 2614/2020-P, no qual o TCE-PR mandou uma prefeitura anular a inabilitação de licitante numa concorrência para obras de saneamento. A empresa havia sido excluída da disputa porque deixou de apresentar Certidão de Regularidade Operacional emitida pela Superintendência de Seguros Privados (Susep) juntamente com a garantia de proposta. O Tribunal de Contas entendeu que esse documento não é obrigatório e pode ser considerado complementar e acessório. A informação pretendida poderia ser obtida mediante consulta no site da Susep, onde existe ferramenta que possibilita consultar empresas autorizadas a prestar os serviços de seguros no mercado. O relator do processo julgou que a licitante foi eliminada em meio a circunstâncias precipitadas e desarrazoadas, sem que se tivesse buscado o esclarecimento de dúvidas e a obtenção de informações complementares de propostas.

Em outra ocasião, o TCE-PR multou agentes públicos porque inabilitaram uma licitante que apresentou declarações assinadas por quem não tinha poderes comprovados para tanto. Para o TCE-PR, os agentes deveriam ter promovido, junto à empresa, diligência destinada a esclarecer os fatos (Acórdão TCE-PR nº 717/2022-P).

No Amazonas, a Justiça Estadual mandou habilitar uma empresa que havia sido excluída do certame porque deixou de apresentar certidão referente a débito inscrito em dívida ativa. Para a Justiça, o edital não era claro sobre essa exigência, prevendo genericamente apenas a apresentação de prova de regularidade fiscal. Para o magistrado do caso, se o edital não era suficientemente claro, o erro da licitante era sanável por diligência. A empresa chegou a apresentar certidão de regularidade, em recurso administrativo, mas continuou inabilitada, situação revertida pela Justiça (Processo nº 0725509-03.2020.8.04.0001).

Em todos esses casos, entendeu-se que o saneamento deveria ter ocorrido mediante diligência.

Ou seja, conforme o caso concreto, quem conduz o certame deve diligenciar para buscar o saneamento de falha ou equívoco da documentação apresentada e, na visão do TCU, sanear o que faltou.

O saneamento pode ocorrer, inclusive, de ofício, por diligência realizada pelo próprio agente condutor do certame, por meio de consulta aos sítios eletrônicos e às bases de dados oficiais para verificação do atendimento de condições de habilitação do licitante, inclusive no tocante a documentos eventualmente não apresentados. Essa é posição defendida no Enunciado 9 do I Simpósio de Licitações e Contratos da Justiça Federal, com base no art. 12, VI; art. 67, §3º; art. 68, §1º e art. 87 da NLL.

Encontramos exemplo de atuação do Poder Judiciário na mesma linha. No Agravo de Instrumento nº 10000211417969001, o TJMG entendeu indevida a inabilitação de licitante porque tinha esquecido de apresentar certidão negativa de falência, documento que foi apresentado poucas horas após o término da sessão de disputa do certame.

Alinhado com isso, há o ensinamento do Ministro Sepúlveda Pertence do STF no RMS 23.714/DF, de que se deve interpretar o edital à luz do bom senso e da razoabilidade, a fim de que seja alcançado o seu objetivo, nunca se esgotando na literalidade de suas prescrições, repudiando-se que se sobreponham formalismos desarrazoados.

Encontramos também diversos casos de recursos administrativos relacionados com a aceitação de documento 'novo' que deixou de constar da habilitação. Como exemplo, um pregão da Justiça Eleitoral para serviços de limpeza e correlatos, em que a licitante em primeiro lugar esqueceu de apresentar atestados de capacidade técnica. Após diligência da pregoeira, foram apresentados cinco atestados, sendo que quatro deles atenderam às exigências do edital, todos emitidos antes da abertura do certame e comprobatórios de **situação preexistente**. Estes foram aceitos e a empresa foi habilitada. Houve recurso contra essa decisão e não foi provido (Pregão nº 1/2023 do TREDF).

Em outro exemplo, o TCU entendeu que se deve habilitar licitante que comprova, após diligência, **condição preexistente** à abertura da sessão pública (Acórdão nº 2443/2021-P).

A questão é controversa e tem entendimento diferente em outras instâncias.

Como exemplo, o I Simpósio de Licitações e Contratos da Justiça Federal, em 2022, emitiu o Enunciado 5, admitindo a **juntada posterior**, ainda que não apresentados na oportunidade prevista, apenas de **declarações emitidas unilateralmente pelo licitante**. Em complemento, o Enunciado 10 admite a **juntada posterior somente em relação a documentação efetivamente apresentada/enviada** pelo licitante provisoriamente vencedor, nos termos do art. 63, inciso II, da NLL, em conformidade com o marco temporal preclusivo previsto no regulamento e/ou no edital.

Entendimento similar foi emitido no Parecer nº 06/2021/CNMLC/CGU/AGU, no qual a Advocacia Geral da União **(AGU) confrontou a jurisprudência do TCU** e decidiu que só pode haver complementação de documentos já apresentados, impedindo corrigir falha de esquecimento ou equívoco de licitante que deixou de apresentar documentos.

Reforçando essa visão, os modelos de editais da AGU para a NLL trazem redação explícita de que, após a entrega dos documentos para habilitação, não será permitida a substituição ou a apresentação de novos documentos, salvo em sede de diligência, para complementar os documentos já apresentados e desde que se refiram a fatos existentes à época da abertura do certame.

Acreditamos, diante da polêmica, relevância e potencial de impacto, que o tema ainda será objeto de intensos debates. Mantemos nossa opinião de que licitação não é gincana, não faz sentido perder um bom negócio por falta de um documento.

Do ponto de vista do risco de fraude, tema central deste livro, nos parece importante atentar para o fato de que o 'esquecimento' de um documento pode ser usado para perpetrar o esquema do 'coelho', servindo de desculpa para o primeiro colocado se esquivar da contratação. Mas veja-se que nessa situação o licitante mal-intencionado está querendo FUGIR do certame, depois da fase de lances. E é totalmente diferente da empresa que tenta FICAR no certame e se habilitar, mesmo tendo cometido alguma falha no envio dos documentos na etapa anterior.

Por isso **defendemos tratamento distinto para as duas situações**: (1) se faltou documento, mas a licitante pode comprovar que atende aos requisitos, aplica-se o formalismo moderado e habilita-se, saneando a falha; (2) se faltou documento e a licitante não honra o compromisso com a licitação, seja deixando de comprovar o requisito, seja abandonando o certame, pode ser uma fraude do tipo "coelho" e, nesse caso, merece abertura de processo de responsabilização.

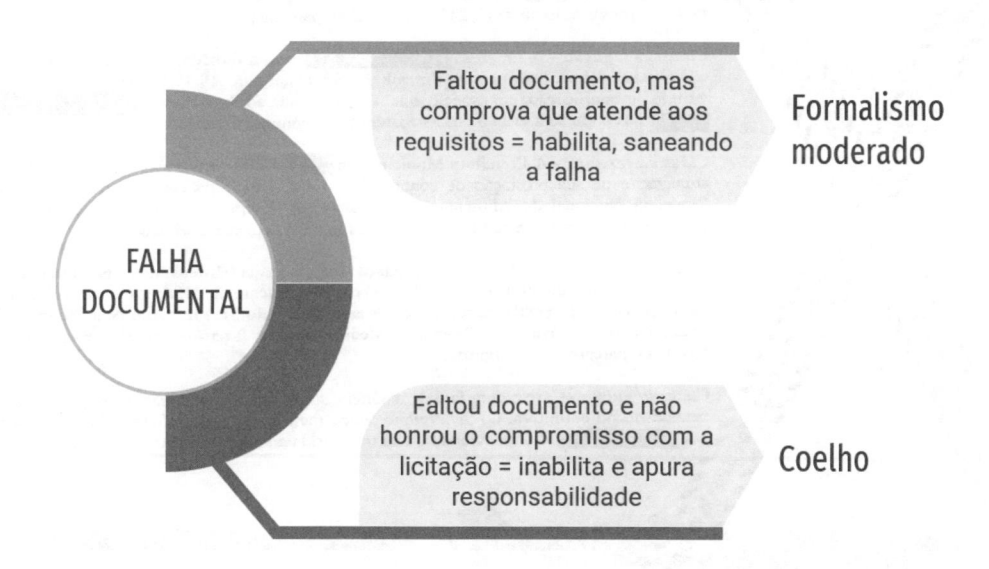

FALHA DOCUMENTAL
- Faltou documento, mas comprova que atende aos requisitos = habilita, saneando a falha → **Formalismo moderado**
- Faltou documento e não honrou o compromisso com a licitação = inabilita e apura responsabilidade → **Coelho**

Há uma terceira situação importante: quando os **documentos não comprovam as condições exigidas**, sejam eles apresentados inicialmente ou em caráter complementar. Exemplo foi tratado no Acórdão TCU nº 1628/2021-2C, em que o pregoeiro aceitou documentos posteriores, mas essa complementação não comprovava os três anos de experiência mínima exigida. Apenas dois anos – e ainda assim, sem muita clareza – foram evidenciados nos atestados. Não há formalismo moderado que possa ignorar as condições mínimas definidas em edital.

Caso relacionado foi tratado no Acórdão nº 7083/2022-2C, em que o TCU entendeu incorreta a conduta do pregoeiro que aceitou atestados imprecisos quanto ao número de máquinas atendidas, em desacordo com o edital, sem diligência para suprir a omissão.

Ainda sobre a habilitação, a jurisprudência do TCU vai na linha de que uma **exigência desarrazoada** do edital, que leva a inabilitar indevidamente um licitante que ofertou a melhor proposta, **enseja a anulação do ato de inabilitação** (Acórdão TCU nº 2.141/2007-P).

Há, ainda, o risco de **conluio entre licitante e quem conduz a licitação**, materializado em favorecimento, direcionamento, distorção dolosa das análises na habilitação, seja para manter indevidamente um parceiro, seja para afastar de forma irregular um concorrente. É o típico julgamento conivente.

Ilustrando esse tipo de cambalacho criminoso, a Polícia Federal, durante a Operação Orthoptera, no Maranhão, apreendeu 'contrato de parceria' prevendo 'bonificação' de R$100 mil ao prefeito por escolher firma para fornecer merenda escolar até o final do mandato, com garantias do corrupto e do corruptor, prevendo responsabilidade em caso de renúncia, cassação ou morte do prefeito. A garantia da empresa estaria em duas notas promissórias e 24 cheques em branco, assinados pelo Prefeito e pela Secretária de Educação (www.atosefatos.jor.br, notícia de 18.11.2009).

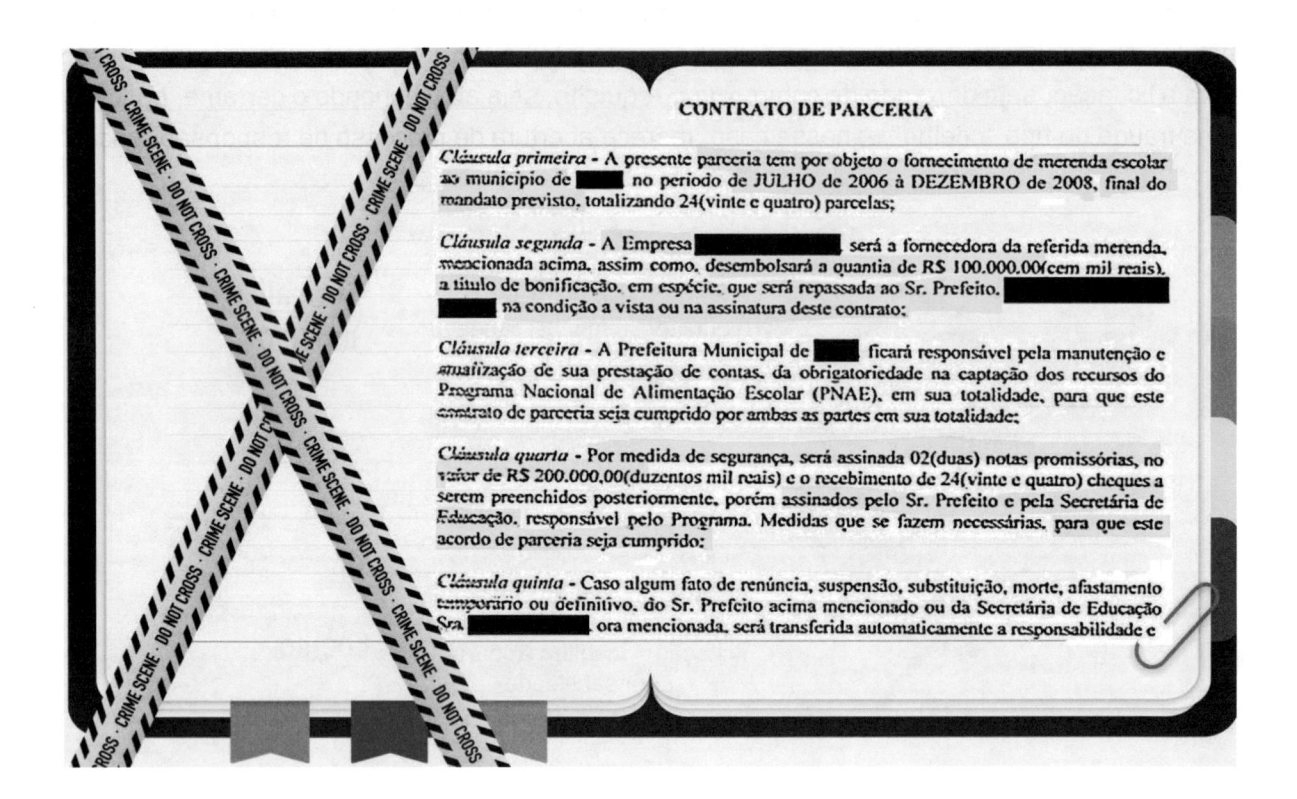

Outro esquema de conluio entre fornecedor e agentes públicos aconteceu em um órgão federal da área de infraestrutura. Ali, três servidores foram demitidos após a Operação Rota BR-090. O esquema funcionava em três etapas (g1.globo.com, notícia de 08.03.2023), quais sejam:

FASE INTERNA: empresários apontavam as obras "batizadas", prioritárias para o grupo e os servidores do órgão contratante viabilizavam o processo licitatório, montado para apoiar os empresários, fosse com orçamentos, informações privilegiadas ou cláusulas direcionadas.

FASE EXTERNA: pregoeiros forçavam para serem responsáveis pelos certames das obras "batizadas" e outras empresas eram aliciadas para combinarem preços.

Outra maneira de burlar o sistema era a contratação de empresas "espiãs", especializadas na utilização de programas para automatizar a emissão de lances em pregões eletrônicos e identificar os participantes, mesmo que o processo licitatório não tivesse sido finalizado. Além disso, os servidores foram acusados de intimidar empresas estranhas ao esquema, por meio de ameaça, tentando inabilitá-las se não desistissem do processo licitatório "batizado".

CAPÍTULO 2 — TIPOLOGIA DE FRAUDES EM LICITAÇÃO

ACERTO PRÉVIO: empresários e fiscais do órgão contratante combinavam para forjar a fiscalização, as medições e a autorização de pagamento de obras incompletas, não realizadas, superfaturadas, com subcontratação de serviços ou execução de obras em má qualidade, dentre outras irregularidades.

Operação Rota BR-090

- Você tá gostando dos atestados?
- Não tô achando um jeito de meter pau neles

Pregão eletrônico
Dois pregoeiros queriam encontrar vícios na documentação da primeira colocada

Esquema
Objetivo era beneficiar a segunda colocada

Intenção
Em conversa interceptada, pregoeiros falam em 'meter o pau' na primeira colocada

(CGU, Processo n. 00190.105763/2019-74)

Em Rondônia, a Justiça condenou, por improbidade, envolvidos em pregão eletrônico municipal. Primeiro, Fulana, Secretária do Município e Beltrano, fornecedor, agiram em conluio. Beltrano deu lances de dentro do Setor Jurídico da Prefeitura (comprovado pelo endereço IP utilizado), enquanto Fulana acompanhava, em outra sala, a sessão presidida pela Pregoeira. Beltrano inseriu lance errado, muito baixo, considerado inexequível, e foi desclassificado (Processo nº 7007595-77.2016.8.22.0002).

Fulana ameaçou a Pregoeira, caso a desclassificação não fosse revista, dizendo-lhe que iria "se ferrar". No fim, Fulana cancelou o pregão e abriu outro idêntico dias depois, no qual Beltrano venceu. A sessão desse segundo pregão aconteceu às 6h da manhã e foi conduzida pela própria Fulana, embora tenha constado o nome da Pregoeira, que não estava lá. A justificativa para a sessão iniciar-se às 6h da manhã foi "desatenção" sobre o início de vigência do horário de verão. O Juiz não aceitou esse argumento. O novo horário tinha começado 40 dias antes. O primeiro Pregão tinha sido realizado à 9h. Houve condenação criminal pelos mesmos fatos (Processo nº 0002523-34.2016.8.22.0002).

Ainda em Rondônia, a Polícia Civil apurou fraude na Polícia Militar para aquisição de Sistema Mobile. Segundo a "Operação Mobilis", havia vínculo entre servidores públicos e o proprietário da empresa ganhadora do certame (Inquérito Policial nº 021/2019-DRACO).

Antes e, principalmente, durante o processo licitatório, agentes públicos e o fornecedor mantiveram contato e trocas de documentos para impedir que algum 'aventureiro' – nas palavras dos investigados – ganhasse o certame.

Para direcionar, foi definido prazo exíguo para desenvolver o software e parâmetros que apenas o fornecedor comparsa poderia atender e se essas medidas não fossem suficientes, o grupo pretendia desclassificar concorrentes na prova de conceito.

Com as informações privilegiadas e a certeza de ganhar, o fornecedor começou o serviço antes da licitação, com dados estratégicos da unidade contratante.

Um agente contratante virou sócio oculto do fornecedor comparsa, fazendo propaganda e tentando replicar a fraude em outros estados (g1.globo.com/ro, notícia de 28.07.2020).

> Numa prefeitura do Sudeste, Fulano aguardava início de pregão. Concorrente se apresentou como 'dono do contrato'. Fulano se negou a desistir. Recebeu novas ameaças. O 'dono do contrato' fez uma ligação e, na sequência, a pregoeira retirou-se da sala e, ao retornar, de fato, suspendeu a sessão.
>
> Apareceu um policial à paisana, armado, exigindo que Fulano 'saísse do jogo' a fim de evitar ter que 'resolver lá embaixo', já que o policial 'não ficaria no prejuízo'. Nada disso foi registrado em Ata, mesmo com pedido de Fulano. A licitação foi adiada, sob a alegação de 'problemas técnicos'. Dias depois, retomada a licitação, Fulano foi inabilitado, por motivo banal, por falta de firma reconhecida nas declarações e o 'dono do contrato' venceu o certame (Denúncia nº 0012409-76.2018.8.19.000).

Licitante 1 — Esperava o início de um pregão na Prefeitura

Licitante 2 — Se apresentou como "dono do contrato"

Policial à paisana — Intimidou Licitante 1 para desistir do pregão

No Amapá, o Ministério Público Federal denunciou, com base nas Operações Miríade, Terras Caídas e Conluio, fraudes em licitações para contratação de empresas para serviços de georreferenciamento. Para vencer o certame, Fulano, líder da organização, cooptou Sicrano e Beltrano, servidores de um órgão federal, mediante suborno. Beltrano, pregoeiro, beneficiou Fulano no certame, com intermediação de Sicrano.

Durante a sessão do pregão eletrônico, o pregoeiro repassou por mensagem eletrônica a Fulano informações sobre propostas dos concorrentes, para que Fulano agisse para vencer a disputa. Com isso, Fulano, que, até então, estava em terceiro lugar, saiu vencedor. Duas outras "concorrentes" no certame pertenciam a integrantes da organização criminosa. Para o MPF, os denunciados se organizaram para que suas empresas atuassem como cartel, em nível nacional (www.mpf.mp.br/ap/ notícia de 18.09.2020).

Também no Amapá, a PF deflagrou a Operação Furgone, para apurar fraude em pregões de uma prefeitura. A investigação começou com diálogos interceptados entre um empresário e um pregoeiro, no dia da publicação de um edital. O Pregoeiro convidou o empresário para "fechar uma parceria", ajustou detalhes de licitação que ainda iria ocorrer, enviou foto do objeto do certame e fez a proposta direta ao empresário. O mesmo pregoeiro já havia sido indiciado pela PF por fraude em licitação, no auge da pandemia (www.gov.br/pf, notícia de 09.11.2022).

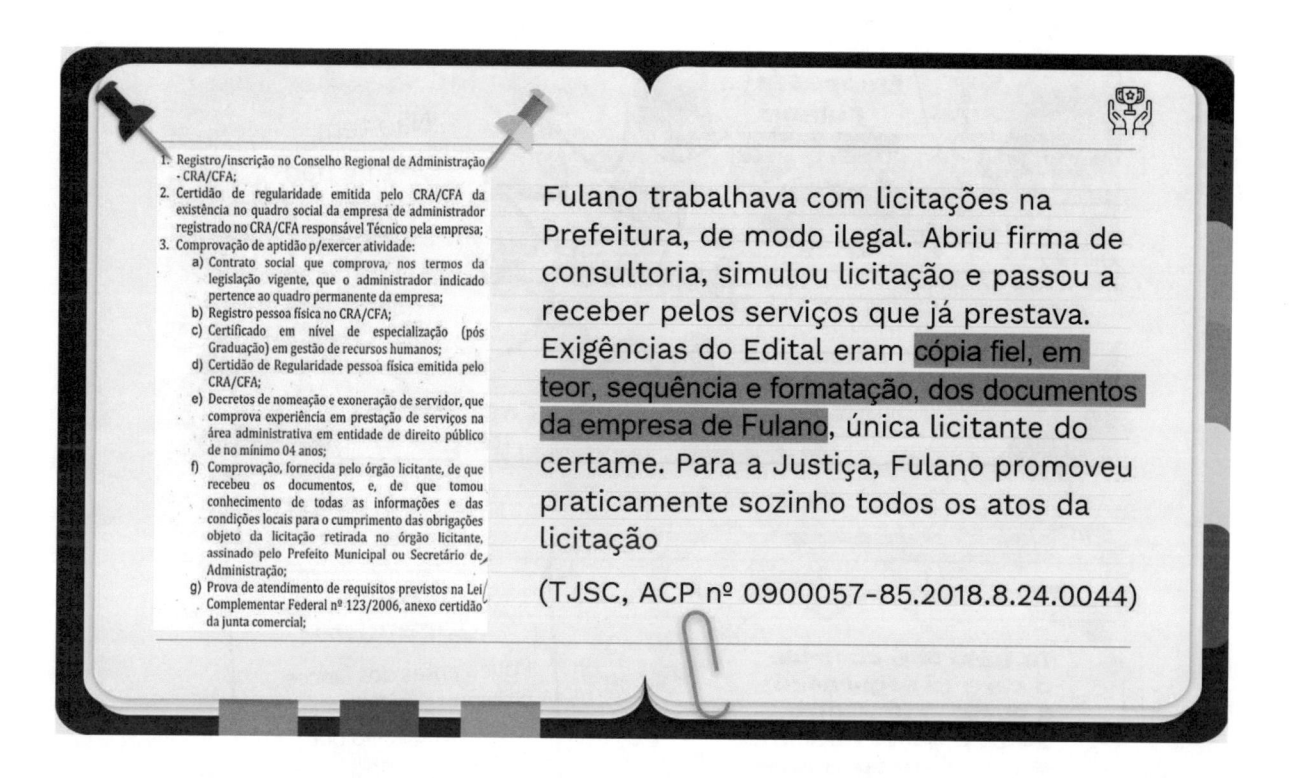

> 1. Registro/inscrição no Conselho Regional de Administração - CRA/CFA;
> 2. Certidão de regularidade emitida pelo CRA/CFA da existência no quadro social da empresa de administrador registrado no CRA/CFA responsável Técnico pela empresa;
> 3. Comprovação de aptidão p/exercer atividade:
>   a) Contrato social que comprova, nos termos da legislação vigente, que o administrador indicado pertence ao quadro permanente da empresa;
>   b) Registro pessoa física no CRA/CFA;
>   c) Certificado em nível de especialização (pós Graduação) em gestão de recursos humanos;
>   d) Certidão de Regularidade pessoa física emitida pelo CRA/CFA;
>   e) Decretos de nomeação e exoneração de servidor, que comprova experiência em prestação de serviços na área administrativa em entidade de direito público de no mínimo 04 anos;
>   f) Comprovação, fornecida pelo órgão licitante, de que recebeu os documentos, e, de que tomou conhecimento de todas as informações e das condições locais para o cumprimento das obrigações objeto da licitação retirada no órgão licitante, assinado pelo Prefeito Municipal ou Secretário de Administração;
>   g) Prova de atendimento de requisitos previstos na Lei Complementar Federal nº 123/2006, anexo certidão da junta comercial;
>
> Fulano trabalhava com licitações na Prefeitura, de modo ilegal. Abriu firma de consultoria, simulou licitação e passou a receber pelos serviços que já prestava. Exigências do Edital eram ==cópia fiel, em teor, sequência e formatação, dos documentos da empresa de Fulano==, única licitante do certame. Para a Justiça, Fulano promoveu praticamente sozinho todos os atos da licitação
>
> (TJSC, ACP nº 0900057-85.2018.8.24.0044)

No interior de São Paulo, a Justiça estadual condenou, por improbidade, ex-prefeito e empresas (Processo nº 0003916-19.2008.8.26.0404), por fraude em licitação para obras no Fórum municipal. A vencedora do certame, X, era de Fulano, motorista que montou a empresa por sugestão do tio de sua esposa, Sicrano, proprietário da "concorrente" Y. Sicrano era amigo de Beltrano, Secretário de obras do município, que indicou as empresas para participarem do procedimento licitatório.

Ficou comprovado que a **empresa foi constituída só para participar dos certames da prefeitura**. Foi aberta dias antes, não possuía instalações próprias, era sediada na residência de seu proprietário e fazia uso de máquinas e equipamentos cedidos pelo tio da esposa. Para o Juiz, ficou demonstrado o conluio, o que impossibilitou a escolha da proposta mais vantajosa.

Em Roraima, a Justiça Federal julgou fraudes em pregão eletrônico para transporte aéreo. Telefonemas entre licitantes registram como o conluio acontece (Processo Nº 0006087-94.2012.4.01.4200)

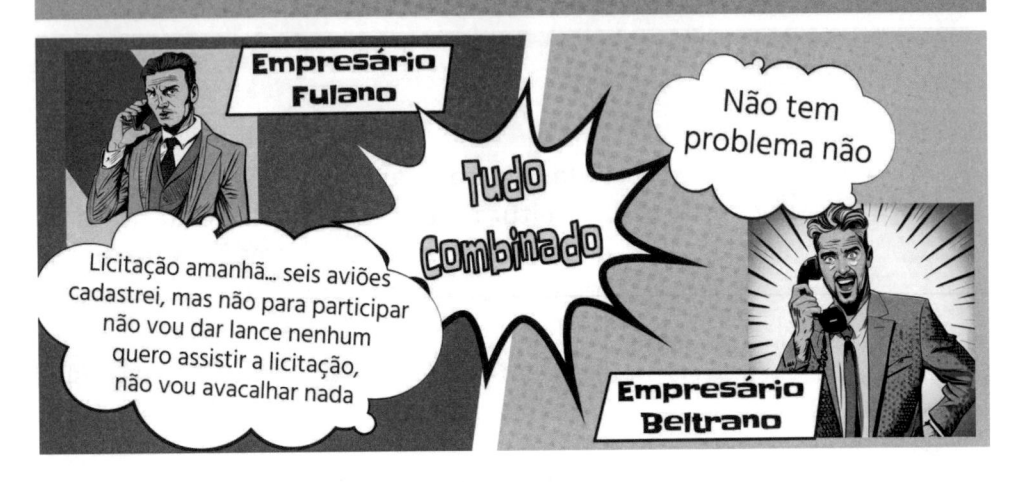

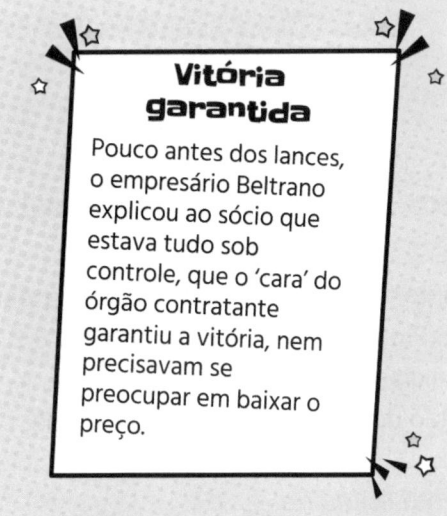

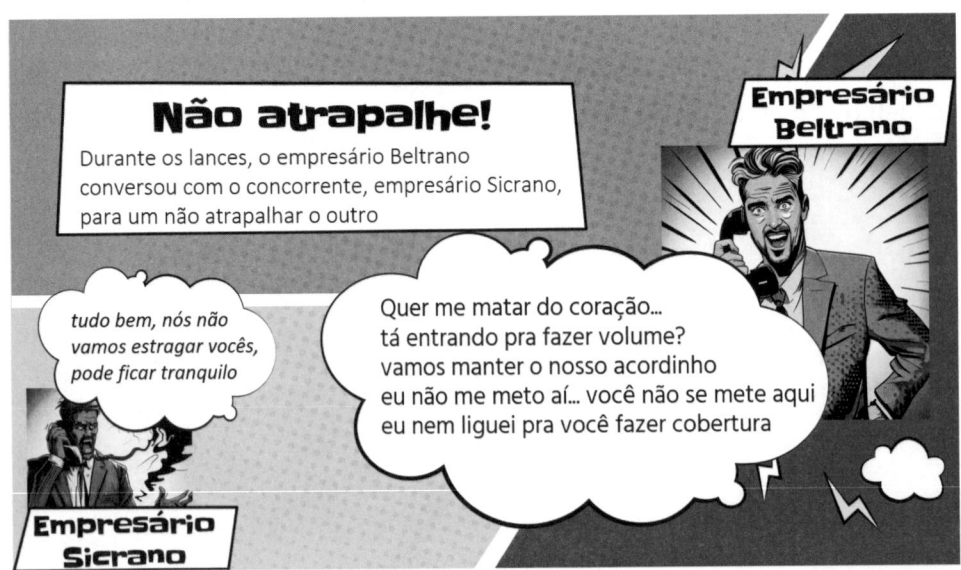

Empresário Fulano: Licitação amanhã... seis aviões cadastrei, mas não para participar não vou dar lance nenhum quero assistir a licitação, não vou avacalhar nada

Tudo Combinado

Empresário Beltrano: Não tem problema não

Empresário Beltrano: Tá tudo sob controle... o cara tá segurando! A gente já tá dentro... Só tá a gente habilitado! Mandou até sustentar o valor

Vitória garantida

Pouco antes dos lances, o empresário Beltrano explicou ao sócio que estava tudo sob controle, que o 'cara' do órgão contratante garantiu a vitória, nem precisavam se preocupar em baixar o preço.

Não atrapalhe!

Durante os lances, o empresário Beltrano conversou com o concorrente, empresário Sicrano, para um não atrapalhar o outro

Empresário Beltrano: Quer me matar do coração... tá entrando pra fazer volume? vamos manter o nosso acordinho eu não me meto aí... você não se mete aqui eu nem liguei pra você fazer cobertura

Empresário Sicrano: tudo bem, nós não vamos estragar vocês, pode ficar tranquilo

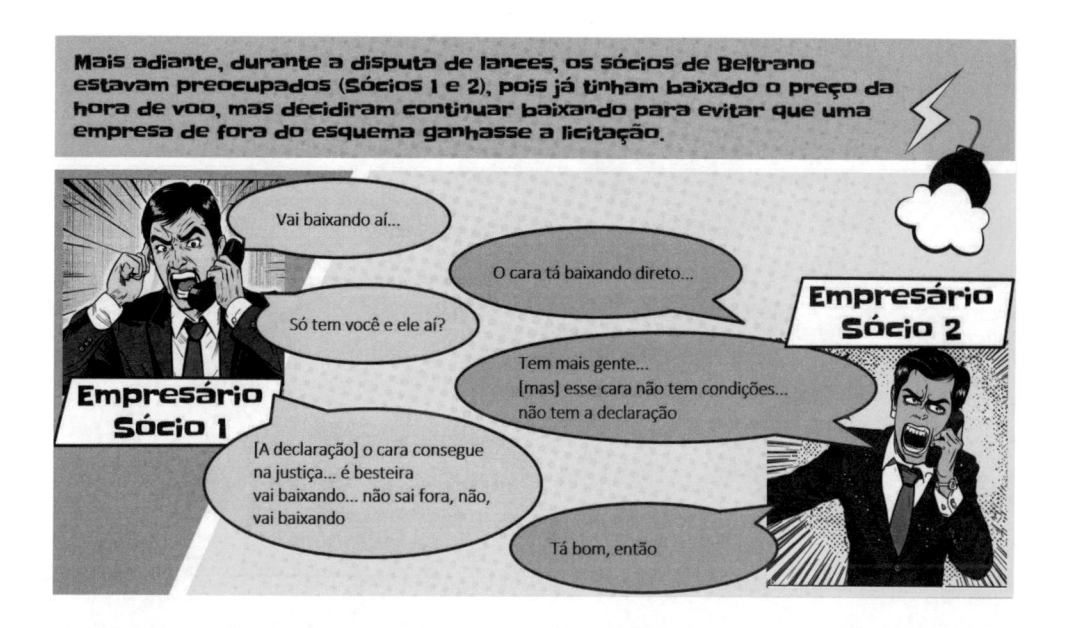

CAPÍTULO 2 — TIPOLOGIA DE FRAUDES EM LICITAÇÃO

Mais adiante, durante a disputa de lances, os sócios de Beltrano estavam preocupados (Sócios 1 e 2), pois já tinham baixado o preço da hora de voo, mas decidiram continuar baixando para evitar que uma empresa de fora do esquema ganhasse a licitação.

Empresário Sócio 1:
- Vai baixando aí...
- Só tem você e ele aí?
- [A declaração] o cara consegue na justiça... é besteira vai baixando... não sai fora, não, vai baixando

Empresário Sócio 2:
- O cara tá baixando direto...
- Tem mais gente... [mas] esse cara não tem condições... não tem a declaração
- Tá bom, então

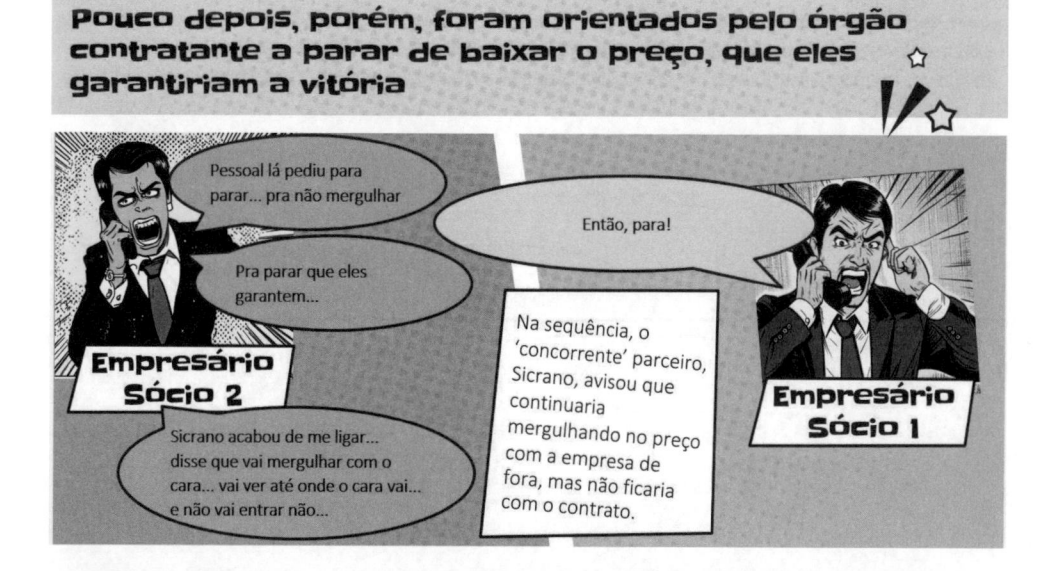

Pouco depois, porém, foram orientados pelo órgão contratante a parar de baixar o preço, que eles garantiriam a vitória

Empresário Sócio 2:
- Pessoal lá pediu para parar... pra não mergulhar
- Pra parar que eles garantem...
- Sicrano acabou de me ligar... disse que vai mergulhar com o cara... vai ver até onde o cara vai... e não vai entrar não...

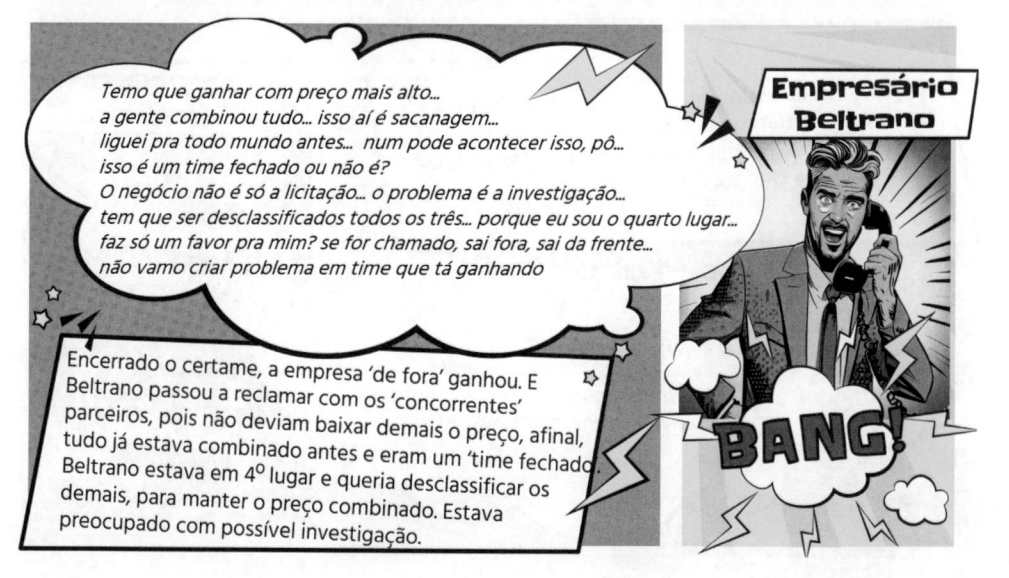

Empresário Sócio 1:
- Então, para!

Na sequência, o 'concorrente' parceiro, Sicrano, avisou que continuaria mergulhando no preço com a empresa de fora, mas não ficaria com o contrato.

Empresário Beltrano:
- Temo que ganhar com preço mais alto... a gente combinou tudo... isso aí é sacanagem... liguei pra todo mundo antes... num pode acontecer isso, pô... isso é um time fechado ou não é?
- O negócio não é só a licitação... o problema é a investigação... tem que ser desclassificados todos os três... porque eu sou o quarto lugar... faz só um favor pra mim? se for chamado, sai fora, sai da frente... não vamo criar problema em time que tá ganhando

Encerrado o certame, a empresa 'de fora' ganhou. E Beltrano passou a reclamar com os 'concorrentes' parceiros, pois não deviam baixar demais o preço, afinal, tudo já estava combinado antes e eram um 'time fechado'. Beltrano estava em 4º lugar e queria desclassificar os demais, para manter o preço combinado. Estava preocupado com possível investigação.

BANG!

Empresário Beltrano

Tensão

Pouco mais tarde, Beltrano conversou com sua namorada, explicando que o primeiro colocado já tinha sido inabilitado e estava tudo conforme o combinado.

Namorada de Beltrano

- Já foi desclassificado o que ganhou
- Tem dois ainda na frente
- E aí?
- Tô apreensiva
- Desde de manhã rezando

Ainda no mesmo dia, Beltrano afirmou ao sócio que estava eliminando os concorrentes à frente. Beltrano estava reunido com a equipe responsável pelo pregão (!)

Empresário Sócio
- E aí? Tá no jeito, já?
- Mas tão eliminando, né?

Empresário Beltrano
- Quase, quase, quase.
- Tô, tô eliminando.

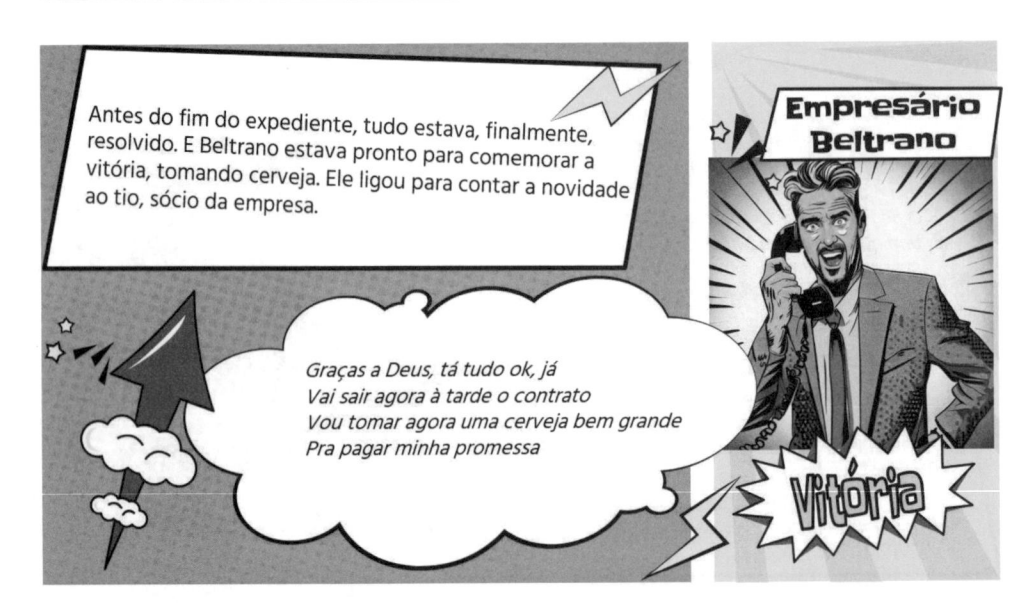

Antes do fim do expediente, tudo estava, finalmente, resolvido. E Beltrano estava pronto para comemorar a vitória, tomando cerveja. Ele ligou para contar a novidade ao tio, sócio da empresa.

Empresário Beltrano

Graças a Deus, tá tudo ok, já
Vai sair agora à tarde o contrato
Vou tomar agora uma cerveja bem grande
Pra pagar minha promessa

Vitória

Há **casos que desafiam a lógica** e refletem a criatividade para o cometimento de crimes. Um suplente de vereador foi preso em flagrante por cobrar propina para, supostamente, influenciar uma licitação municipal de serviço funerário. Ele alegava total acesso aos vereadores para facilitar a assinatura do contrato. Segundo a polícia, o crime, na verdade, era de estelionato, porque a tal influência era falsa. O sujeito estava vendendo uma fraude falsa (!) (ndonline.com.br, notícia de 25.07.2017).

Mais um caso que desafia a lógica aconteceu em prefeitura do interior paulista. A Polícia Civil apurou denúncia de fraude em licitação. Os autores da queixa eram dois munícipes, para quem o prefeito teria prometido a contratação de serviços em caso de conseguir a reeleição. Segundo a denúncia, o governo teria tentado contratá-los fraudando licitações (jornalbiz.com, notícia de 01.03.2021).

Há casos que impressionam pelos valores envolvidos. Alguns, pelo grande volume de dinheiro. Outros, pela quantia modesta que parece ser suficiente para mover interesses ilegítimos. Na Ação de Improbidade nº 1000130-09.2021.8.26.0140, a Justiça de São Paulo enfrentou situação que a Juíza reputou como grave, por ser em município pequeno com poucos recursos. O curioso foi o montante de indisponibilidade dos bens de 8 (oito) acusados, no valor do prejuízo, de R$3 mil (!).

Mais um tipo de **conluio** que merece destaque é a **análise direcionada de amostras**.

Por meio do Acórdão nº 570/2010-P, o TCU avaliou irregularidades em compras de um hospital, na área de órteses e próteses. A **licitação era fraudada depois que os materiais já tinham sido utilizados**. O processo servia apenas para esquentar os pagamentos. Para direcionar o certame era exigido parecer técnico do setor demandante, que emitia o documento rejeitando propostas fora do esquema ou simplesmente se omitindo de emitir opinião.

Um dos responsáveis alegou que as cirurgias eram realizadas em situações de urgência e emergência e não havia como adivinhar o nome e o tipo do material necessário, antecipando o pedido de compra para um acidente que ainda não tinha ocorrido.

Esse tipo de situação não é raro. Há muitas necessidades, especialmente na área médica, que exigem mecanismos contratuais específicos, desenhados para atender a pedidos de difícil ou até mesmo inviável previsibilidade individual.

Entretanto, essas situações não justificam fraudes e mentiras. Há formas de atender a necessidade e respeitar a legislação, sem o uso de simulacros e artifícios ilegais.

Exigir o parecer técnico não era necessariamente o problema. Há situações críticas em que a gestão de riscos precisa adotar controles mais rígidos para evitar falhas no fornecimento. Órteses e próteses médicas são bons exemplos. Pode ser justificável exigir análises prévias do material ofertado na licitação, como forma de reduzir as chances de contratar fornecedor inadequado. A particularidade dos produtos necessários, cuja inadequação pode trazer danos severos, é um elemento fundamental de decisão sobre os critérios de seleção a serem adotados.

Por isso mesmo são aceitos, sob justificativas apropriadas, os procedimentos de teste de amostras, de forma a proporcionar informação adicional sobre o objeto ofertado, em relação aos requisitos específicos da necessidade a ser satisfeita.

É muito importante deixar claro que não é o caso de sacrificar qualidade em detrimento do preço, ainda que este seja o fator determinante da disputa. O objetivo não é comprar o produto mais barato.

> Não se exige, de forma nenhuma, o descuido ou imprevidência com as características técnicas indispensáveis ao eficaz aproveitamento dos produtos, sobretudo ante o risco de graves consequências da utilização de materiais que não atendam a condições específicas, mas apenas a conciliação dos requisitos técnicos com preceitos inerentes à boa e regular utilização de recursos públicos.
>
> (TCU, Acórdão 1380/2011-P)

O que se espera é que a entidade contratante justifique suas opções e use critérios objetivos para a testagem de produtos, tomando decisões motivadas, de forma clara e transparente, permitindo a participação dos interessados e garantindo o direito ao contraditório.

2.4.3 Homologação e adjudicação

Homologação é ato que **ratifica todo o procedimento licitatório** e confere aos atos praticados aprovação para que produzam os efeitos jurídicos necessários. A homologação não é ato meramente formal, mas pressupõe a aprovação de tudo o que ocorreu até ali. (MARÇAL, 2021).

É um ato intransferível e indelegável, cabendo exclusivamente à autoridade competente, independentemente da modalidade. Ao homologar o certame, a autoridade competente ratifica todos os atos da equipe de planejamento e de quem conduziu a fase externa, tornando-se, assim, corresponsável.

A **adjudicação**, por sua vez, reconhece a validade e a conveniência da proposta do licitante e a ele atribui a expectativa de direito de ser contratado. (MARÇAL, 2021)

O art. 71, IV da NLL determina que após encerradas as fases de julgamento e habilitação, e exauridos os recursos administrativos, o processo licitatório será encaminhado à autoridade superior, que poderá adjudicar o objeto e homologar a licitação.

Adjudicação e homologação não conferem ao licitante vencedor direito à execução do objeto. Esses atos geram apenas **expectativa de direito**, confirmada com assinatura do contrato. Mesmo quem assina uma ata de registro de preços não tem garantido o futuro como executor do objeto, mas apenas a expectativa de fazê-lo, caso a unidade contratante venha a demandar efetivamente a execução.

Embora não exista um comando normativo expresso na NLL que obrigue a Administração a publicar os Termos de Adjudicação e de Homologação das licitações, pode-se interpretar que a publicação desses atos é necessária para atender ao princípio da publicidade previsto no art. 3º da mesma Lei. Como referência, vale citar o Acórdão TCE/MT nº 3.178/2015-TP, que trata de questão semelhante.

Uma boa prática administrativa na organização é fazer, ao final de cada processo ou por amostragem, uma pesquisa de satisfação com o requisitante para saber se o objeto contratado resolveu o problema ou a necessidade que deu origem à contratação. Isso serve de subsídio para novas contratações.

Por fim, cabe destacar que o TCU visualiza responsabilização solidária da autoridade que homologa a licitação pelos vícios ocorridos no procedimento licitatório, **exceto** se as irregularidades decorrerem de **vícios ocultos, dificilmente perceptíveis** pela autoridade, ou seja, somente nos casos de julgamento deficiente de quem homologa o certame, no conceito que adotamos neste livro (Acórdãos TCU nºs 1685/2007-2C, 690/2008-1C, 787/2009-P, 1457/2010-P, 3389/2010-P, 8744/2016-2C e 2318/2017-P).

> O TCU avaliou pregão para manutenção predial. Uma licitante recorreu contra a vencedora, apresentando dúvidas sobre a veracidade dos atestados e problemas na proposta. O recurso não foi acatado. Para o TCU, o pregoeiro cometeu erro grosseiro, porque não enfrentou as irregularidades especificadas no recurso administrativo, limitando-se a justificativas genéricas, afirmando que a licitação teria transcorrido dentro da legislação apropriada, princípios constitucionais, jurisprudência e acórdãos, sem contrapor, de modo plausível, nenhum dos elementos do recurso. Faltou com o bom desempenho da função, deixando de verificar ponto a ponto do recurso. Caso tivesse promovido a devida análise, o pregoeiro perceberia a procedência do recurso, segundo a avaliação do TCU. Também foi grosseiro, na visão do Tribunal, o erro da autoridade que homologou o certame, por ignorar a ausência de justificativa mínima no despacho do pregoeiro. Para o TCU, pregoeiro e gestor desrespeitaram o princípio da motivação.
> (Acórdão nº 4834/2022-1C)

Atuar com diligência, competência e eficiência é dever do pregoeiro e dos demais agentes que atuam nas compras, cabendo a responsabilização quando o agente contribui com a prática de atos omissivos e comissivos na condução de certame licitatório.

Assim, a análise de recurso administrativo exige contraposição das razões recursais e a homologação da licitação, bem como a adjudicação do objeto pela autoridade máxima exigem a devida análise sobre a regularidade dos atos pretéritos praticados por seus subordinados, por consistir em ato de fiscalização, e não meramente formal ou chancelatório (Acórdão nº 4834/2022-1C). Outros julgados do TCU na mesma linha: Acórdãos nºs 505/2021-P, 368/2022-P, 222/2023-P e 3972/2023-2C.

2.4.4 Revogação e anulação

Uma fraude pode levar à anulação da licitação, já que a autoridade competente pela aprovação tem o poder de:

> **revogar** a licitação, se inoportuna ou inconveniente ao interesse público, em razão de fato superveniente, devidamente comprovado
> **anular** a licitação, por ilegalidade, de ofício ou por provocação de terceiros, mediante parecer escrito e devidamente fundamentado.

Esses poderes-deveres estão consignados no art. 71 da NLL, que ainda prevê a possibilidade de mandar retornar os autos para saneamento de irregularidades, novamente reforçando a ideia de formalismo moderado. O que puder ser corrigido, merece saneamento.

Um aspecto relevante diz respeito à motivação para revogar. No Acórdão nº 3066/2020-P, o TCU reforçou que a revogação de certame licitatório só pode ocorrer diante de fatos supervenientes que demonstrem que a contratação pretendida tenha se tornado inconveniente e inoportuna ao interesse público.

No Acórdão nº 4066/2020-P, o Tribunal determinou anular a revogação da licitação e atos decorrentes, porque, na visão do TCU, não houve fato superveniente que constituísse óbice manifesto e incontornável à continuidade do certame. Também foi identificado que a revogação resultou de irregularidades no julgamento objetivo das propostas e de restrição indevida na qualificação técnica.

No caso de fraude, a anulação se impõe, quando o ato viciado impactar a competitividade do certame. Imagine um projeto, edital ou julgamento indevidamente direcionado. Levaria à anulação.

Mas uma fraude cometida exclusivamente por licitante e que não tenha causado embaraço aos demais concorrentes, possivelmente não seria motivo para anular o certame todo, apenas serviria de base para a responsabilização do licitante envolvido. Um atestado falso, descoberto durante a fase de habilitação, eliminando o fraudador da competição, não impediria necessariamente a continuidade do processo, com avaliação do próximo colocado.

Vale citar a Súmula nº 473 do Supremo Tribunal Federal, que define o poder da Administração em anular seus próprios atos, quando eivados de vícios que os tornam ilegais, respeitados os direitos adquiridos e ressalvada, em todos os casos, a apreciação judicial.

Importante destacar orientação presente no art. 147 da NLL, que determina o saneamento, caso seja constatada irregularidade corrigível e *declaração da nulidade do contrato* somente na hipótese em que se revelar medida de interesse público, com avaliação de diversos seguintes aspectos da realidade concreta, como custos e riscos envolvidos, sem prejuízo da apuração de responsabilidade e da aplicação de penalidades cabíveis.

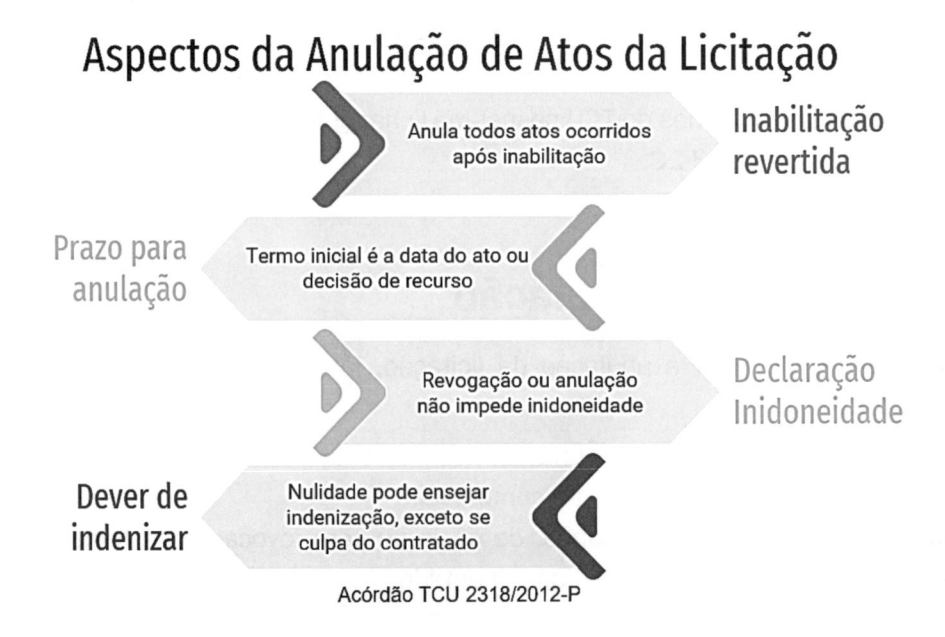

Aspectos da Anulação de Atos da Licitação

- **Inabilitação revertida**: Anula todos atos ocorridos após inabilitação
- **Prazo para anulação**: Termo inicial é a data do ato ou decisão de recurso
- **Declaração Inidoneidade**: Revogação ou anulação não impede inidoneidade
- **Dever de indenizar**: Nulidade pode ensejar indenização, exceto se culpa do contratado

Acórdão TCU 2318/2012-P

Em qualquer um dos casos (revogação ou anulação) deve constar no processo a devida motivação, com indicação dos fatos e fundamentos jurídicos da decisão. Além disso, deve ser assegurado ao licitante a prévia manifestação como interessado (§3º do art. 71 da NLL).

Esse direito tem fundamento na Constituição Federal (CF, art. 5º, LV), e consiste no direito dos licitantes de se oporem ao desfazimento da licitação antes que decisão da Administração nesse sentido seja efetivamente tomada.

Entretanto, **é possível suprimir o contraditório e a ampla defesa quando o desfazimento da contratação ocorrer antes da homologação** do certame e da adjudicação ao vencedor. É o entendimento do STJ no Recurso Ordinário – ROMS nº 200602710804, 2008.

A revogação da licitação pode ser praticada a qualquer momento, caracterizando como ato privativo da Administração. Por sua vez, a anulação pode ser realizada tanto pela Administração quanto determinada pela justiça, nas hipóteses em que o procedimento apresentar vícios insanáveis, como no caso de uma licitação completamente direcionada e sem competição efetiva.

Ao pronunciar a nulidade, a autoridade indicará expressamente os atos com vícios insanáveis, tornando sem efeito todos os subsequentes que deles dependam, e dará ensejo à apuração de responsabilidade de quem lhes tenha dado causa.

Reforçamos que é possível que a anulação de ato ou fase da licitação não afete a totalidade do certame. Nessa situação, o procedimento licitatório volta para refazimento dos atos anulados, aproveitando-se os atos regulares já praticados (§1º do art. 71 da NLL e Acórdão TCU nº 421/2018-P).

Exemplificando: empresa X oferece menor preço de R$100, mas é inabilitada. A segunda colocada, a empresa Y, em negociação, oferece R$95, abaixando a oferta de menor preço.

Contudo, X recorre ao judiciário e reverte sua inabilitação. Nesse caso, o pregão retorna ao momento que inabilitou X, revertendo a situação em atendimento à ordem judicial.

Com a habilitação de X, todos os atos praticados após sua inabilitação anterior são anulados, ou seja, a convocação de Y e o desconto por ela oferecido serão desconsiderados. Sendo nula a inabilitação da empresa X, todos os atos posteriores serão contaminados, operando efeitos retroativos.

O TCU já deixou claro que não lhe cabe habilitar ou inabilitar licitante. O Tribunal dá prazo para que a unidade contratante anule ou refaça os seus atos. O ato é atribuição do gestor público (Acórdão nº 584/2013-P).

Ainda relacionado à anulação de atos, merece destaque a figura do *disgorgement*, a restituição de lucros indevidos auferidos por empresa em virtude de contrato nulo, quando a nulidade foi provocada pela própria empresa. Exemplo emblemático é o contrato vencido mediante fraude, em virtude da apresentação de documento falso, conluio ou cartel.

No Acórdão 1.842/2022-P, o TCU entendeu que o *disgorgement* não tem natureza jurídica de sanção, mas de obrigação civil.

Desse modo, o TCU decidiu que, com fundamento no artigo 71, inciso IX, da Constituição Federal, é competente para "assinar prazo para que o órgão ou a entidade adote as providências necessárias ao exato cumprimento da lei, se verificada ilegalidade", a fim de que a administração pública, ao efetuar a indenização decorrente de contrato nulo para o qual concorreu a empresa contratada, o faça pelo custo do serviço prestado, excluída a parcela relativa ao lucro.

Mas, caso a administração pública já tenha efetuado o pagamento da indenização indevida, o TCU, com fundamento no citado artigo 71, inciso IX, da Constituição, tem competência para exigir da administração pública que busque a restituição dos lucros ilegítimos.

Portanto, em se tratando de nulidade contratual provocada pela empresa contratada, o retorno à situação jurídica anterior à declaração de nulidade (*status quo ante*) deve ser realizado sem o pagamento dos lucros, mas apenas dos custos incorridos no período.

Sobre o tema, recomendamos a leitura do artigo "TCU e os lucros ilegítimos: disgorgement, restitutionary damages e dano ao erário" de Sérgio de Castro Júnior, publicado em 14 de outubro de 2022 no Portal Conjur.

Ainda a respeito de **indenização e licitação revogada**, vale citar um caso pitoresco. Em Mato Grosso, uma empresa subornou concorrente para fraudar uma licitação. O pagamento do suborno foi em cheque. A licitação foi revogada e o cheque não tinha fundos. A empresa subornada cobrou na Justiça indenização por danos morais. O Juiz do caso negou a indenização e enviou os autos para a polícia apurar o crime de fraude à licitação (www.olhardireto.com.br, noticia de 22.07.2009).

1. X deu cheque a Y por "comissão" (fraude na licitação)
2. Y venceu o Pregão, mas X forneceria o produto
3. Licitação foi revogada, assim, não houve fornecimento
4. X cancelou o cheque, mas Y passou o cheque adiante
5. O cheque foi protestado e X pediu indenização por danos morais

Agora que apresentamos as fases da etapa externa do processo licitatório, vamos descrever situações que **ilustram os principais eventos de riscos de fraudes** durante essa etapa, aproveitando para comentar, quando couber, alterações nos níveis de risco que avaliamos relevantes em relação ao ambiente legal antigo.

2.4.5 Propostas fictícias ou de cobertura, competição simulada

Segundo a OCDE (2009), propostas fictícias, de cobertura ou proforma, complementares, de cortesia, figurativas ou simbólicas, são a **forma mais comum de fraudes à licitação**, principalmente pela ilusão de competitividade gerada, para afastar suspeitas. **É a proposta feita para perder e enganar.**

Em nossa visão, o risco desse tipo de fraude diminuiu na NLL em comparação com o cenário regulatório anterior, porque acabaram as modalidades Convite e Tomada de Preços, assim como há prioridade para o processamento eletrônico dos certames e, sobretudo, a inversão de fases, com variações nos modos de disputa, fortemente induzidos a contemplar oferta de lances, nos modos (1) aberto, (2) aberto e fechado e (3) fechado e aberto.

CAPÍTULO 2 — TIPOLOGIA DE FRAUDES EM LICITAÇÃO

PROPOSTA FICTÍCIA OU DE COBERTURA

- Consentimento de ao menos um dos concorrentes em apresentar uma **proposta de valor mais elevado** do que a proposta do licitante fraudador, então designado para vencer a licitação.
- Apresentação de uma **proposta que o concorrente sabe antecipadamente ser muito alta** para ser aceita pelo órgão promovente da licitação.
- Apresentação de uma proposta cujas **condições específicas de habilitação são inaceitáveis** pelo comprador.

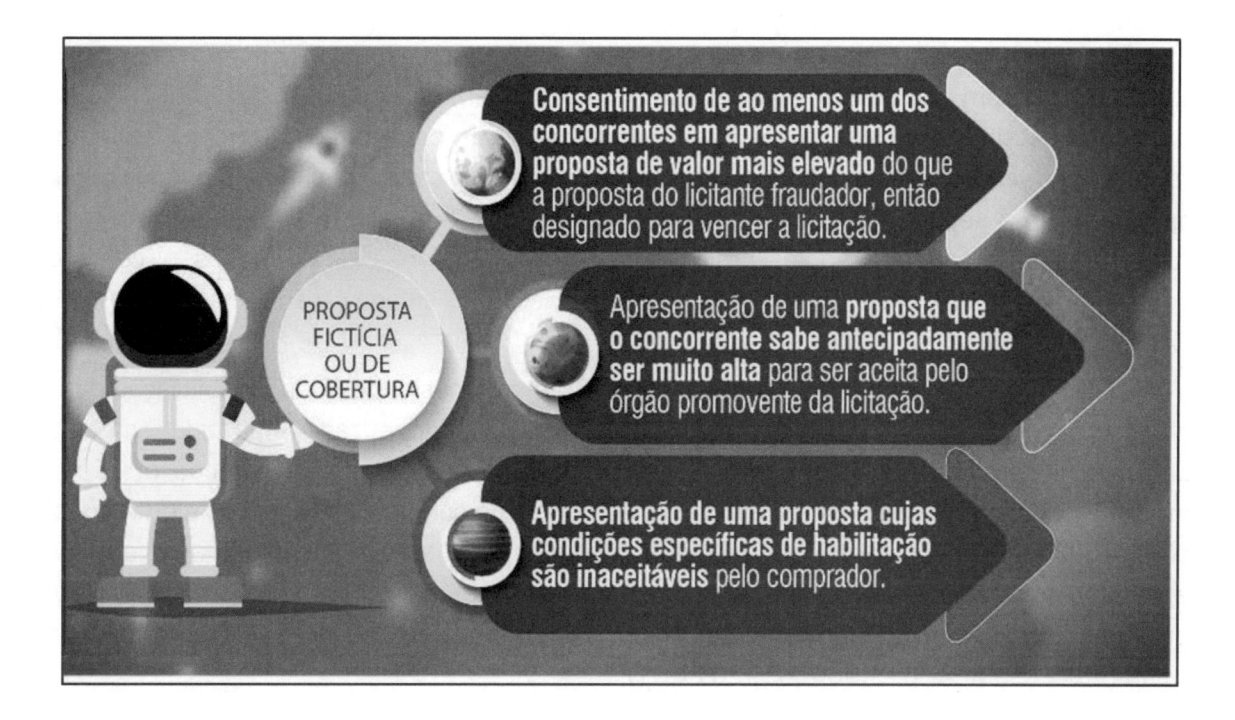

A redução dos riscos, entretanto, não significa sua eliminação, assim como podem se desenvolver novos mecanismos de fraude adaptados para o ambiente de sistemas eletrônicos.

As propostas mentirosas ocorrem pelo consentimento de pelo menos um concorrente em ofertar preços mais altos do que seu comparsa ou pela apresentação de preço elevado que sabidamente não será aceito pelo contratante. Pode ocorrer oferta cujas condições são incompatíveis com os requisitos. As condutas ocorrem de modo isolado ou em conjunto, por um dos concorrentes ou por vários (OCDE, 2009).

Em processos com disputa de lances, esse esquema geralmente envolve a figura do **coelho**, com a combinação entre comparsas para bloquear ou desestimular concorrentes, de forma que somente os licitantes em conluio passem para a fase final de lances.

Outra forma comum de trapaça é preparar dolosamente o esquema para a licitante de cobertura ser inabilitada, por falta ou incompatibilidade de algum requisito exigido no edital. A licitante está ali apenas para fazer volume, sabendo que será descartada.

Nesses casos, o objetivo da fraude é promover a ilusão de que o concorrente queria de fato disputar, que foi inabilitado contra sua vontade, quando, na verdade, era um conluio entre os participantes.

Propostas fictícias podem acontecer sem conhecimento do órgão contratante, em combinação apenas entre agentes privados, mas também há casos em que agentes públicos compactuam com a farsa. Isso se aplica especialmente à compra direta, em que há maior capacidade de definir quem participa.

A forma mais básica de evidenciar propostas fictícias, de cobertura ou simulação de competição é por meio de análise documental, tanto das propostas quanto da habilitação e, de modo mais abrangente, avaliando o **comportamento dos licitantes** nos certames em que atuaram, **padrões de atuação**, usando como referência os exemplos apresentados a seguir.

No Rio de Janeiro, a Justiça Estadual julgou fraude em pregões para compra de sacos de lixo. De acordo com a sentença, agentes públicos combinaram o resultado com dirigentes das empresas que simularam a disputa. **Duas empresas deram cobertura** e a terceira, conforme prévio acordo, venceu. Os empresários forneciam documentos, carimbos e propostas sem sequer comparecerem à sessão do Pregão. Ambos tinham ciência que seriam perdedores, conforme o teatro montado. Após a 'disputa', um exemplar de Jornal foi inserido no processo, contendo falso aviso da licitação, criando a ilusão de obediência à publicidade (Ação Penal nº 0018465-33.2015.8.19.0000).

Uma situação semelhante foi julgada pela CGU em Processo de Responsabilização da Lei Anticorrupção. Em pregão eletrônico para contratar solução informatizada Antifraude, empresas combinaram para oferecerem **orçamentos de cobertura** na pesquisa de preços e, depois, **lances de cobertura** durante a disputa, dando aparência de competição. Entre os elementos de convicção da fraude, constaram mensagens trocadas entre as empresas, combinando atuação, depoimentos e o fato de que tanto os orçamentos quanto os lances só poderiam ser forjados, porque as empresas não tinham o produto licitado. Era impossível precificar porque o objeto não existia (Processo nº 46012.000645/2017-61).

Em Santa Catarina, a Justiça Estadual condenou agentes públicos e empresários por fraude em contratação para gestão de hospital municipal. Compareceram ao certame duas empresas do mesmo dono, apenas simulando uma competição e quebrando o sigilo do conteúdo das propostas. Para o Juiz do caso, seria **impossível competir consigo mesmo**. A licitação, como qualquer competição, exige mais de um participante. Se a mesma pessoa natural está por trás de duas pessoas jurídicas, não há competição, mas mero simulacro de certame (Processo nº 0000378-79.2016.8.24.0218).

No Ceará, uma operação policial investigou fornecedores de ar-condicionado, suspeitos de integrarem um **mesmo grupo econômico** simulando concorrência. As empresas compartilhavam a mesma estrutura, funcionários, veículos, equipamentos, insumos, estoques, até os documentos ficavam no mesmo local. Era uma coisa só, um conglomerado gerido pelas mesmas pessoas, vinculados por parentesco e estreita amizade. Para os órgãos contratantes era difícil identificar a fraude apenas com a documentação de cada licitante, que aparentava distinção de sócios e patrimônios. O esquema foi descoberto a partir do trabalho da Polícia (g1.globo.com, notícia de 25.08.2021 e diariodonordeste.verdesmares.com.br).

Relacionado a esse tipo de risco, **a NLL proíbe que empresas controladoras, controladas ou coligadas concorram entre si** (art. 14, V). Na prática, controle e coligação são conceitos ligados a atitudes efetivas que caracterizem a influência de uma empresa sobre a outra, por força de relação contratual ou legal ou pelo compartilhamento, de fato, de estruturas e gerenciamento. Segundo o STJ, coligadas não são necessariamente empresas com participação societária na outra, basta a **relação efetiva de influência** no caso concreto (STJ, REsp nº 1.259.020-SP).

No Paraná, a Justiça Estadual viu fraude em serviços de calçamento numa prefeitura. Um dos crimes foi a **repartição do contrato**, de modo a evitar a efetiva concorrência. Antes da licitação, o prefeito reuniu empresários da cidade para combinar a divisão. A determinação "era para repartir, para trabalharem todos unidos e não ficar ninguém de fora, ganhasse quem ganhasse era para ajudar todo mundo trabalhar" (Processo nº 0000495-86.2020.8.16.0110).

Porém, no dia da disputa, uma única empresa ganhou todos os 52 itens.

Logo após assinar o contrato, o empresário foi obrigado a **subcontratar os empreiteiros perdedores**. O prefeito ameaçou tornar "difícil" a execução contratual e aplicar multa de 20%, caso não houvesse o repasse de subempreitadas aos parceiros.

Para a Juíza do caso, houve **conluio para dar aparência de competitividade**, quando, em verdade, todos estavam ajustados para executar um pedaço do objeto. Os acusados sabiam que **seriam beneficiados, mesmo que perdessem** a disputa, já que haveria a divisão das obras entre eles.

Em Pernambuco, esquema parecido resultou em condenação a empresários no âmbito da Operação Torrentes. Dois deles propuseram valor bem superior aos preços médios para alugar banheiros químicos, viabilizando a vitória do terceiro comparsa, com sobrepreço. Os preços médios foram calculados pelo histórico de Notas Fiscais das empresas. Para o juiz, os licitantes **perderam deliberadamente**, com proposta superfaturada, por terem a garantia de que teriam lucro na fase seguinte, mediante sublocação (JFPE. Processo nº 0806270-30.2018.4.05.8300).

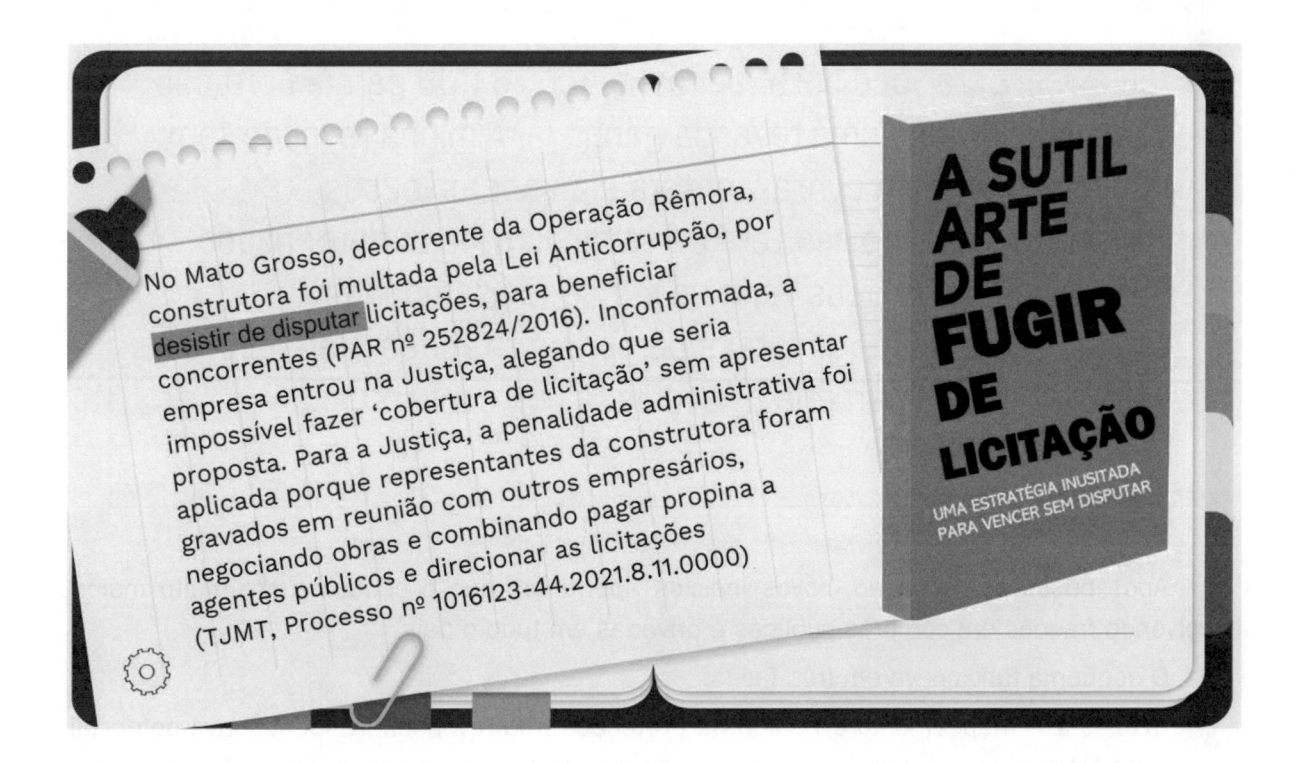

No Mato Grosso, decorrente da Operação Rêmora, construtora foi multada pela Lei Anticorrupção, por desistir de disputar licitações, para beneficiar concorrentes (PAR nº 252824/2016). Inconformada, a empresa entrou na Justiça, alegando que seria impossível fazer 'cobertura de licitação' sem apresentar proposta. Para a Justiça, a penalidade administrativa foi aplicada porque representantes da construtora foram gravados em reunião com outros empresários, negociando obras e combinando pagar propina a agentes públicos e direcionar as licitações (TJMT, Processo nº 1016123-44.2021.8.11.0000)

Para o TCU, cabe punição para empresa que deixa de participar, **se abstendo intencionalmente de apresentar proposta** para facilitar a colusão (Acórdão nº 1744/2018-P).

Também pode ocorrer – e o risco tende a crescer – a **simulação em licitação eletrônica**.

Ilustrando isso, encontramos, no Distrito Federal e em outras unidades da federação, a Operação Circuito Fechado, na qual a Polícia Federal investigou grupo que cooptava servidores públicos que, por sua vez, criavam uma **demanda falsa** por serviços de informática e indicavam produtos do fabricante comparsa, para garantir que somente membros do esquema participassem da licitação, criando várias cláusulas restritivas para a habilitação e estimando a contratação com sobrepreço, forjando a necessidade de aquisição de valores milionários em licenças, suporte técnico, consultoria e treinamento. Na fase final da licitação, ocorria uma **disputa artificial de**

lances entre comparsas, simulando competição que era vencida pela empresa previamente designada pelo desenvolvedor da ferramenta, dentro de um circuito fechado (g1.globo.com, notícia de 18.12.2020).

Em outro caso de formato eletrônico, o CADE condenou 18 empresas e 20 pessoas físicas por cartel que fraudou licitações para aquisição de lousas digitais. A investigação começou a partir de fortes **indícios de práticas anticoncorrenciais em pregão eletrônico** de uma unidade federal (Processo nº 08012.007043/2010-79).

A distribuidora tentou convencer o fornecedor X a oferecer proposta de cobertura para favorecer a revenda Y, que estava previamente designada para vencer o Pregão Eletrônico, mas X não aceitou e ofertou preço menor do que Y no pregão. Depois disso, a **distribuidora mandou e-mail para X, reclamando da conduta e ameaçando retaliar**.

> "eu avisei para você cotar acima de R$ 13.000 para a licitação da... onde já tinha uma revenda minha lá. A minha revenda tem relacionamento na conta. Tentará eliminar as lousas concorrentes. Você não terá carta de distribuidor autorizado. Caso os dois primeiros venham ser desclassificados tecnicamente, não validarei a compra para vocês. Não foi bom este começo de parceria não foi isso que conversamos."

Após busca e apreensão, novos indícios apontaram que o esquema era muito maior, envolvendo fraudes em compras públicas e privadas em todo o país.

O esquema funcionava em três fases:

a) **Fase 1** – Mapeamento e Pedido de Proteção: uma revendedora identificava potencial negócio, como processo preparatório de uma licitação em que se pretendia comprar o produto e pedia 'proteção' à distribuidora, informando o valor que as demais revendas deveriam cotar "acima" para "cobertura".

b) **Fase 2** – Compartilhamento de informações comerciais sensíveis entre revendedores concorrentes – Proteção: a distribuidora avisava seus revendedores de que aquela licitação já estava mapeada e solicitava que apresentassem cobertura para quem tinha mapeado.

c) **Fase 3** – Acordo colusivo: implementava-se o acordo entre as revendedoras para cobrir a dona do mapeamento do cliente, visando garantir a aparência de disputa efetiva entre as revendedoras e, assim, impedir a redução no preço de seus produtos, mantendo-os artificialmente elevados por intermédio da supressão da concorrência.

CAPÍTULO 2 — TIPOLOGIA DE FRAUDES EM LICITAÇÃO

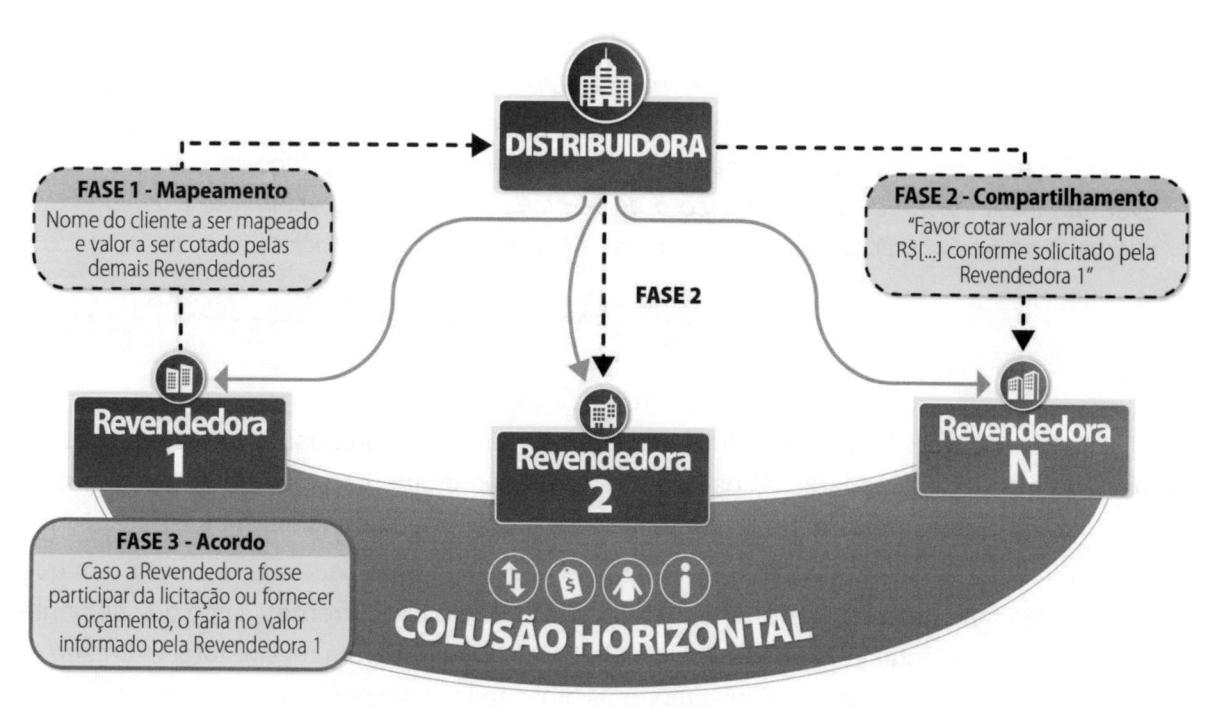

FASE 1 - Mapeamento
Nome do cliente a ser mapeado e valor a ser cotado pelas demais Revendedoras

FASE 2 - Compartilhamento
"Favor cotar valor maior que R$[...] conforme solicitado pela Revendedora 1"

FASE 3 - Acordo
Caso a Revendedora fosse participar da licitação ou fornecer orçamento, o faria no valor informado pela Revendedora 1

COLUSÃO HORIZONTAL

Fonte: CADE, Anexo - Nota Técnica nº 56/2020/CGAA8/SGA2/SG/CADE

No Espírito Santo, as licitantes X e Y participaram de vários pregões eletrônicos do governo estadual usando o **mesmo endereço IP**, um endereço exclusivo que identifica um dispositivo na Internet. Uma investigação apontou outros elementos que comprovaram a atuação combinada. O órgão de controle interno estadual entendeu que houve fraude e aplicou multas e impedimento de licitar e contratar (Processo nº 74470574).

Ficou evidenciado que X pertencia a pai, mãe e irmão da dona de Y. Ambas funcionavam na mesma rua, uma de frente para a outra. Uma prova importante foi uma declaração em nome de X numa licitação em que só Y participou. Ficou claro que ambas eram uma empresa só.

Além disso, foi identificado **padrão de lançamento de propostas** durante um dos certames investigados. Caracterizou-se esse padrão pela apresentação de **valores muito próximos, simétricos**, com diferenças ínfimas de R$0,01 ou de R$0,05. Na opinião do órgão processante, tal conduta exprimia "excepcional harmonia dos valores ofertados", evidenciando prévio ajuste entre as licitantes.

Analisados outros pregões em que ambas participaram, observou-se o mesmo padrão, sendo os lances praticamente idênticos e sempre em lapso de tempo muito próximo.

Somou-se a isso a constatação de que **Y buscava assegurar, persistentemente, não a primeira, mas a segunda colocação no certame**, oferecendo lances imediatamente subsequentes aos de X e sempre em valores ligeiramente superiores e não inferiores, visando cobrir as propostas, como regularmente se observa em competições efetivas.

Configurava-se, de fato, simulação de disputa, muito diferente de uma autêntica concorrência, ficando claro que Y tencionava garantir a vitória de X, em tese, sua antagonista.

O Procurador responsável pela análise do caso apontou que o principal objetivo desse tipo de conluio é **frustrar a vigilância pelos pares na disputa**:

> *[interesse do] segundo colocado em obter a adjudicação o faz ser um fiscal adicional da licitação em geral, e do licitante vencedor em particular. O terceiro colocado, em geral, tem menos incentivo a fiscalizar as etapas seguintes a sessão pública de lances, uma vez que eventual impugnação do vencedor não o beneficiaria diretamente. Assim, se o segundo colocado está em conluio com o primeiro, isso lhe dá proteção adicional*
>
> (SECONT-ES, Decisão Processo nº 74470574)

Veja-se que a ilicitude da conduta não está na oferta de propostas parelhas, mas na **devassa do sigilo das propostas**. O padrão de lances não é uma infração em si mesma, mas indício forte, reunido a vários outros, de atuação em cumplicidade nos certames.

Exemplo de cumplicidade ocorreu em pregão eletrônico para contratar software, em que foi evidenciada **falta de competitividade efetiva, apatia entre concorrentes**, visto que somente três empresas apresentaram propostas iniciais e todas ultrapassaram o valor total estimado e, depois, na fase de lances, apenas duas empresas prosseguiram disputando, sendo que somente uma delas ofertava preços competitivos e, no final, o valor total da vencedora ficou muito próximo do estimado (3,5% menor). Ficou provado que a pesquisa de preços foi fraudada, levando a sobrepreço, com ajuda das mesmas empresas que fingiram competir no pregão (Acórdão TCU nº 274/2020-P).

A Justiça Militar condenou oficiais do Exército e empresários no Amazonas, em desdobramento da Operação Saúva, que investigou fraudes em compras de gêneros alimentícios. Entre os elementos de prova, constaram vários **diálogos interceptados**. Numa das conversas, um empresário tenta comprar a desistência do concorrente em um pregão, afirmando que já estava tudo organizado para não ter competição, que ele mesmo tinha feito o edital e fechou tudinho (Processo nº 0000014-06.2010.7.11.0011).

> *eu confeccionei o EDITAL pronto! queria ouvir isso! foi eu que fiz! ... fechei tudinho lá! só pra gente!*

Além de redigir o edital, para facilitar a fraude, o empresário tentou convencer o concorrente a sair da disputa, não atrapalhar, afinal, estava tudo garantido, seria um negócio sadio entre os três licitantes já previamente combinados, com um preço bom para todo mundo. A depender da situação que seria ajustada com o agente público que conduziria o certame, se ele conseguisse falar com o pessoal para ajudar, o concorrente parceiro nem precisaria ir ao certame, mas, se precisasse, seria só para fazer presença, para ajudar na simulação, bastava levar o papel na mão, fazer o positivo e ir embora. E toda essa tramoia, claro, teria que render dinheiro, para ajeitar o lado do parceiro.

> A: *tu quer que eu saia? tudo bem eu saio*
> A: *eu não atrapalho vocês, eu ajudo*
> A: *mas aí tem que ver o meu lado*
> B: *ajeito teu lado...ajeito teu lado!*
>
> A: *então vou tá lá de manhã cedo*
> B: *... se ele conseguir falar com o pessoal pra ajudar...*
> B: *fica garantido não precisa nem tu Ir...*
> A: *eu nem vou!*
>
> B: *mas se ele ver que precisa tu ir pra ajudar*
> B: *aí tu vai lá só pra fazer presença...*
> B: *leva aquele papel na mão né aí na hora por ali ...*
> B: *aí faz o positivo com ele e vai embora...*
>
> B: *é garantido! ... se ficar só nós três*
> B: *fica um negócio sadio ...*
> B: *ficou um preço bom pra todo mundo*

Há casos em que a tecnologia tem contribuído para detectar e, sobretudo, evidenciar a fraude. Especialmente em **sessões públicas de disputa gravadas em áudio e vídeo**, uma prática que a NLL tornou obrigatória em disputas presenciais (art. 17, §2º).

Bilhete indiscreto

No Paraná, o pregoeiro de uma prefeitura detectou troca de bilhetes entre os licitantes no meio da disputa para compra de kit escolar, transmitida ao vivo pela Internet. No vídeo é possível ver representantes trocando papéis no fundo da sala. Segundo a reportagem, foram pelo menos quatro momentos dessa prática ao longo da disputa. Quando o pregoeiro identificou a situação, solicitou os papéis, os fotografou e acionou a assessoria jurídica, suspendeu o pregão e registrou boletim de ocorrência
(istoe.com.br, notícia de 09.12.2021)

No Mato Grosso, o Ministério Público (MPMT) abriu investigação para apurar fraude em Pregão para locação de máquinas e equipamentos em uma prefeitura. Um **vídeo da sessão pública** mostrou os licitantes combinando preços, na presença da pregoeira. Um dos licitantes sugeriu a outro dividir os itens: **"Você fica com quatro, eu fico com meia dúzia"**. Outro concorrente propôs: "Todo mundo reparte, cada um pega um aí", negociando abertamente o **rateio dos itens**. Ao instaurar a investigação, o MPMT ressaltou que a pregoeira permitiu a negociação irregular. Todas as propostas ofertadas estavam exatamente 10% distantes uma das outras, reforçando que buscaram o acordo prévio de preços. A prefeitura cancelou o certame e abriu novo Pregão. O MPMT pediu ao prefeito que **suspendesse** as empresas de **forma cautelar**. O Prefeito disse que uma comissão apurava a conduta das empresas e que elas não participariam do novo certame (www.rdnews.com.br, notícia de 06.05.2022).

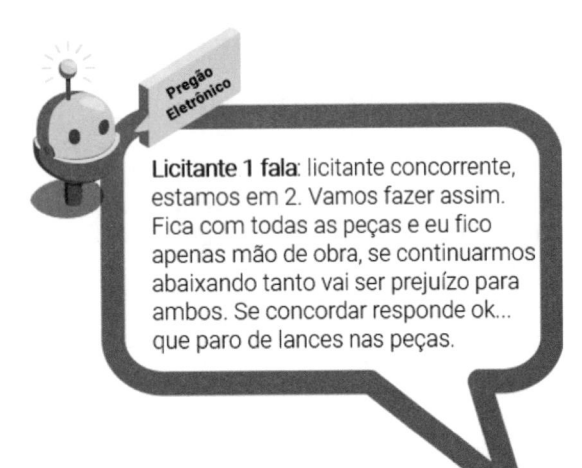

Licitante 1 fala: licitante concorrente, estamos em 2. Vamos fazer assim. Fica com todas as peças e eu fico apenas mão de obra, se continuarmos abaixando tanto vai ser prejuízo para ambos. Se concordar responde ok... que paro de lances nas peças.

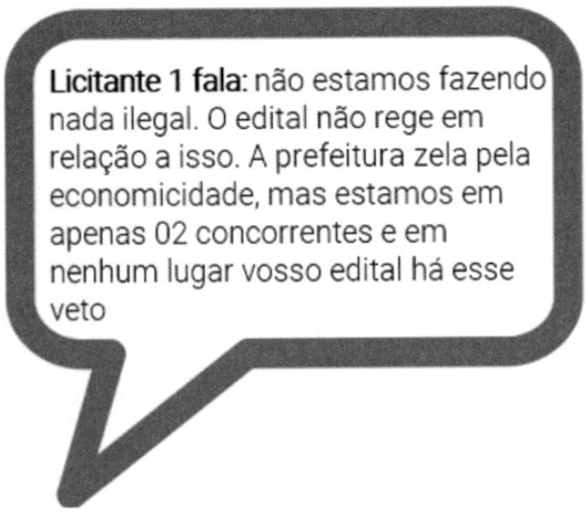

Em seguida a pregoeira alertou que a atitude era crime. A resposta da empresa também ficou registrada no sistema, afirmando que não estavam fazendo nada ilegal, que não havia proibição no edital de conversar com o concorrente.

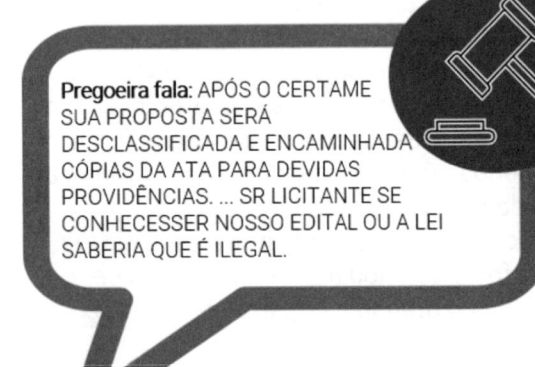

Outro fragrante de tentativa de fraude foi registrado em Rondônia, durante um Pregão Eletrônico em uma prefeitura, para contratar peças e serviços para veículos. Um empresário e sua representante tentaram **combinar com o concorrente**, usando o **chat** aberto da plataforma de compras, propondo a divisão dos itens.

Licitante 1 fala: não estamos fazendo nada ilegal. O edital não rege em relação a isso. A prefeitura zela pela economicidade, mas estamos em apenas 02 concorrentes e em nenhum lugar vosso edital há esse veto

Pregoeira fala: APÓS O CERTAME SUA PROPOSTA SERÁ DESCLASSIFICADA E ENCAMINHADA CÓPIAS DA ATA PARA DEVIDAS PROVIDÊNCIAS. ... SR LICITANTE SE CONHECESSER NOSSO EDITAL OU A LEI SABERIA QUE É ILEGAL.

Quando terminou a sessão de disputa, a pregoeira informou, no chat, em letras maiúsculas, que tomaria providências.

O caso foi denunciado à Justiça Estadual, que condenou o empresário e a representante. Ela tentou alegar ingenuidade e desconhecimento da lei, tanto que nem tentou praticar o ato de forma velada, publicando sua proposta no chat, o que afastaria o dolo.

Para a Justiça, porém, ficou provado que houve tentativa de afastar concorrente. O crime não exige que a vantagem seja aceita, basta a oferta. Ambos os acusados foram condenados (Processo n. 0000645-39.2019.8.22.0012).

2.4.6 Documentos emitidos em sequência

Uma das situações que evidenciam a simulação de competitividade é a sequência temporal de emissão de documentos de supostos concorrentes. Não é plausível que diversos licitantes, em condições efetivas de independência, sejam capazes de, apenas por coincidência, emitir, imprimir, extrair ou autenticar documentos em sequência numérica ou no mesmo intervalo de tempo.

Vamos a exemplos de casos reais:

Data: 27/06/2009 - 10:45:28 Data: 27/06/2009 - 10:47:41 Data: 27/06/2009 - 10:49:21	itido no dia 27/06/2009 às 10:02:46 (data e hc Emitido no dia 27/06/2009 às 10:03:52 (data e hora mitido no dia 27/06/2009 às 10:04:41 (data e hora
3 empresas. **4 minutos** de diferença	3 empresas. 2 minutos de diferença
APÓLICE Nº 745.17.2.174-1	APÓLICE Nº 745.17.2.175-0
Apólice de seguro da empresa A	Apólice de seguro da empresa B
AUTENTICAÇÃO 1069B383920	AUTENTICAÇÃO 1069B383922
Empresa A: 1069B383920	Empresa B: 1069B383922
AUTENTICAÇÃO 1069B383933	AUTENTICAÇÃO 1069B383934
Empresa A: 1069B383933	Empresa B: 1069B383934

Esse tipo de situação tende a ser fortemente mitigado em licitações eletrônicas e com inversão de fases, considerando a previsão de avaliar somente os documentos do primeiro colocado, reduzindo a chance de apresentação de documentos de vários concorrentes no mesmo certame. Entretanto, isso não elimina a possibilidade de ocorrência e verificação desse tipo de indício, tendo em conta, por exemplo, a hipótese de concorrentes em conluio vencendo diferentes itens na mesma licitação ou em licitações distintas por meio de condutas combinadas, assim como a possibilidade de verificação de documentos anexados no sistema de cadastro dos fornecedores.

2.4.7 Datas incoerentes

Uma licitação, como todo processo administrativo, exige a observação cronológica dos fatos. Há uma sequência de passos ao longo do processo: prazos, rotinas, formalização. Em casos de fraude, encontram-se elementos que evidenciam a distorção da cronologia dos fatos, com a identificação de datas incoerentes e incompatíveis com a situação esperada.

Exemplos incluem documentos criados, autenticados, emitidos em momentos posteriores ao que se esperaria encontrar pela sequência lógica. Assim, uma das técnicas de detecção de fraudes é observar as datas de documentos.

O caso ilustrado a seguir ocorreu em Mato Grosso. Documentos foram emitidos e outros autenticados no mesmo dia da abertura da licitação, mas em locais ou horários incompatíveis com a ata da sessão pública do certame.

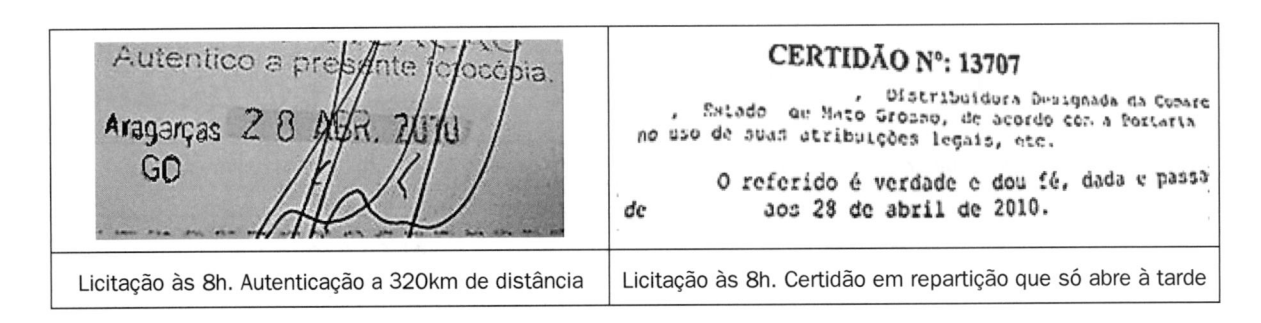

Licitação às 8h. Autenticação a 320km de distância	Licitação às 8h. Certidão em repartição que só abre à tarde

Na Bahia, denúncia do MPF apontou fraudes em licitações numa prefeitura, em decorrência da Operação Burla. Uma das provas: certidão emitida 7 (sete) dias depois da abertura do certame.

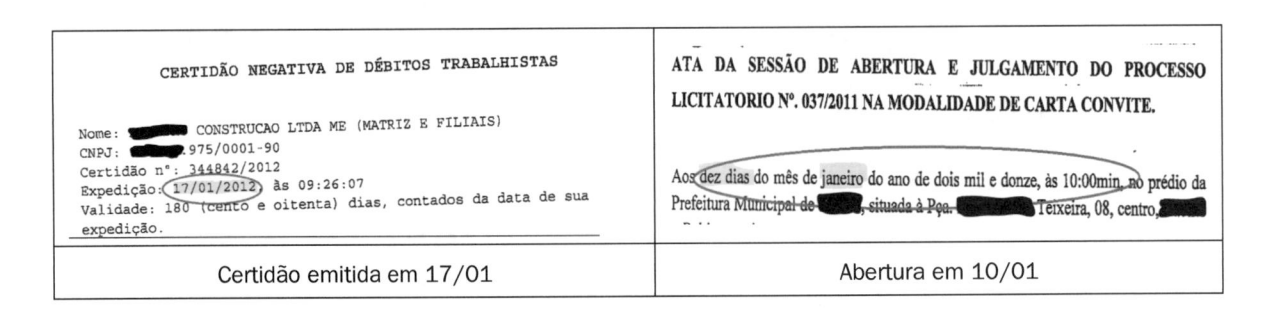

Certidão emitida em 17/01	Abertura em 10/01

Tal como a documentação em sequência, esse tipo de indício tende a aparecer com menos frequência em licitações eletrônicas e com inversão de fases, considerando a previsão de avaliar somente os documentos do primeiro colocado. Entretanto, algum nível de risco continua existindo, especialmente pela possibilidade de anexação de documentos diretamente pelo licitante, seja no sistema de cadastro dos fornecedores, seja nos registros de cada licitação, persistindo a possibilidade de anexar arquivos com datas incoerentes em relação aos fatos, como, por exemplo, atestado de capacidade técnica referente a fatos ocorridos depois da abertura do certame, o que seria inadmissível.

2.4.8 Arquivos incoerentes

Considerando a preferência da NLL pelas licitações eletrônicas, pode aumentar a chance de detecção de fraude por meio dos **arquivos digitais** enviados pelos licitantes no sistema.

Um caso desse tipo aconteceu em um pregão eletrônico para contratar motoristas para uma instituição federal de ensino. As empresas X e Y disputaram os mesmos itens. Quando X foi convocada a apresentar documentos de habilitação, anexou arquivos referentes à sua concorrente Y.

(UASG 158972, Processo n° 23747.019549.2017-04)

Achando aquilo muito estranho, o órgão contratante abriu investigação administrativa. Ficou comprovado que X detinha todos os documentos da outra licitante, forte indício de que ambas estariam atuando de modo combinado. Talvez até a mesma pessoa estivesse atuando pelas duas no sistema.

Com indícios complementares, o pregoeiro e a comissão de apoio descobriram que o endereço da empresa X, usado no cadastro Sicaf, era o mesmo do sócio-gerente da empresa Y. Nos contratos sociais das duas empresas havia o mesmo endereço comercial. Nos atestados de capacidade técnica, os endereços das duas também eram semelhantes. A representante de Y no pregão foi responsável pelo cadastro de X no Sicaf. Diversos documentos de ambas as firmas foram assinados pelas mesmas pessoas. O objeto social das duas era igual. Planilhas, documentos e e-mails tinham a mesma formatação em ambas.

A empresa X se defendeu, informando que tinha baixado os arquivos da concorrente Y para analisar e teria se confundido na hora de enviar seus documentos, anexando, por engano, os arquivos da outra.

Essa desculpa não era plausível, porque X anexou os arquivos com conteúdo da concorrente 15 minutos ANTES de Y carregar no sistema seus próprios arquivos.

A comissão de investigação decidiu excluir as duas licitantes do certame e encaminhar o caso à CGU e ao MPF. Ambas também foram impedidas de licitar e contratar, punidas pelo órgão contratante (UASG 158972, Processo nº 23747.019549.2017-04).

2.4.9 Proporção linear nos preços

Coincidência inexplicável pode acontecer na **razão matemática entre propostas**. Planilhas de preços unitários com a mesma proporção linear indicam ausência de competividade e quebra do sigilo das propostas. Para o TCU, não é plausível crer que a variação de preços nos mesmos percentuais em todos os itens cotados seja coincidência ou fruto de malabarismos numéricos (Acórdão nº 397/2011-P).

> Conluio para eliminar a competição caracterizado pela **proporcionalidade matemática entre os preços unitários** constantes das respectivas propostas, com afronta aos princípios que presidem o instituto da licitação.
>
> (TCU, Acórdão 424/2010-P)

O TCU encontrou proporção exatamente igual entre os preços de três licitantes, de modo que a primeira colocada ficou sempre com 0,39% abaixo da segunda, enquanto essa teve todos seus preços 0,6% abaixo da licitante em terceiro lugar. Para o Tribunal, não era coincidência, era fraude (Acórdão nº 204/2011-P).

Serviço	Valor da Proposta (R$)		
	Licitante 1	Licitante 2	Licitante 3
desmontagem de painel de bronze	258,00	259,00	259,60
revisão das instalações elétricas	451,50	453,25	454,30
balcão do american bar	3.870,00	3.885,00	3.894,00

Mesma proporção: Lic2 > Lic1 (0,39%) e Lic3 > Lic2 (0,62%) (Ac TCU n. 204/2011-P)

Na Bahia, denúncia do MPF, decorrente da Operação Burla, apontou três propostas com exata diferença de R$10,00 em todos os preços unitários.

(fl. 23):

;ão	Unidade	Quantidade	Preço Unitário
SICO	UNIDADE	02	R$: 400,00
OTAL	UNIDADE	01	R$: 1.740,00
TO	UNIDADE	02	R$: 400,00
	UNIDADE	02	R$: 330,00

Empresa A

(fl. 35):

Unidade	Quantidade	Preço Unitário
UNIDADE	02	410,00
UNIDADE	01	1.750,00
UNIDADE	02	410,00
UNIDADE	02	340,00

Empresa B

(fl. 57):

Unidade	Quantidade	Preço Unitário
UNIDADE	02	420,00
UNIDADE	01	1.760,00
UNIDADE	02	420,00
UNIDADE	02	350,00

Empresa C

Aqui há redução de riscos na NLL em relação à legislação antiga, especialmente pela inversão de fases e, sobretudo, pela disputa por lances. Porém, propostas iniciais ainda serão apresentadas em todos os certames e, em alguns modos de disputa, podem influenciar quem vai para a fase final de lances, abrindo espaço para potencial atuação combinada e mantendo a validade de análise de potencial semelhança proporcional entre as propostas iniciais cadastradas no sistema eletrônico.

2.4.10 Mesma diagramação, erros ortográficos e gramaticais

Um importante indicativo de fraude pode estar nos termos empregados e nos caracteres gráficos dos documentos de propostas e habilitação entregues pelas empresas licitantes. Por meio desses elementos é possível evidenciar o conluio, a simulação de competitividade e a atuação combinada.

Nesse sentido, documentos com o **mesmo padrão**, mesmas características de abreviação e pontuação, os mesmos erros ortográficos e gramaticais, podem indicar elaboração pela mesma pessoa, fato que compromete a isonomia do certame licitatório, em razão da **violação do sigilo das propostas**.

Para a literatura internacional, a semelhança na redação das propostas de concorrentes distintos é forte indício de conluio. Em suas diretrizes para combater a combinação em contratações públicas, a OCDE (2009) destaca a importância de comparar cuidadosamente os documentos dos diferentes licitantes, procurando indícios de preparação conjunta, como **erros e formatação semelhantes**.

Do mesmo modo, a autoridade europeia de defesa da concorrência entende que **textos semelhantes** podem indicar acordo prévio entre licitantes, constituindo prova indireta – quando analisados em conjunto com outros indícios – de atuação de cartel.

Como exemplo de coincidências relevantes, podem ser destacadas a identidade e a semelhança entre as propostas comerciais de licitantes, demonstrando existir conteúdo praticamente idêntico (diferenciado apenas o valor da proposta, o logotipo da empresa, o uso de itálico ou caixa alta ao longo do texto e pequenas inserções), evidenciando que foram elaboradas em conjunto.

Vejamos casos reais que representam essa situação.

Na Paraíba, em ação penal, a Justiça Federal se convenceu de que houve fraude, entre outros fatores, porque alguns nomes de alimentos apresentaram os mesmos erros de grafia nas propostas das três licitantes, demonstrando que foram elaboradas pela mesma pessoa: "amidio de milho"; "achocolatato"; "Leite em pó Clória", "Macarão Aliança", "Pãp p/ sanduíche" (JFPB, Processo nº 0000191-38.2013.4.05.8205).

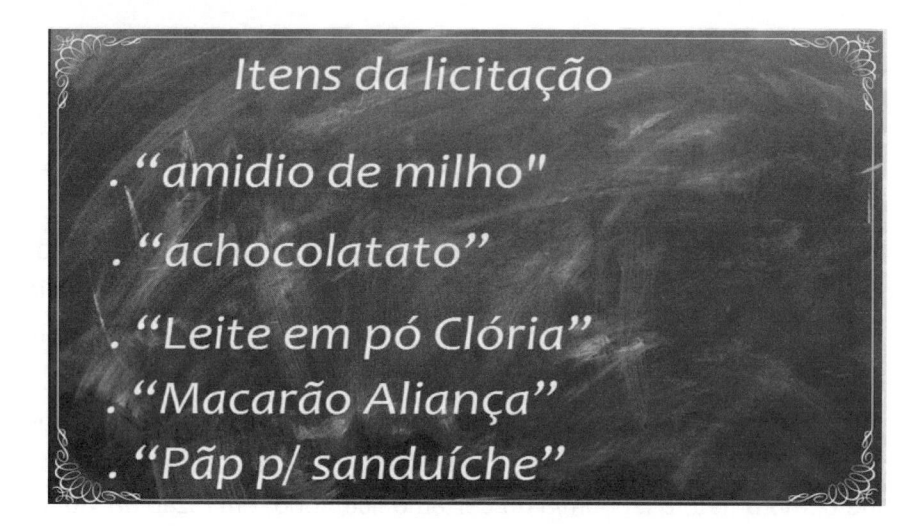

Itens da licitação
- "amidio de milho"
- "achocolatato"
- "Leite em pó Clória"
- "Macarão Aliança"
- "Pãp p/ sanduíche"

Nesse outro caso real, ocorrido em prefeitura do interior paulista, fica difícil imaginar que duas concorrentes tenham informado em suas propostas, ambas com formato muito semelhante, uma **data impossível**: 30 de fevereiro!

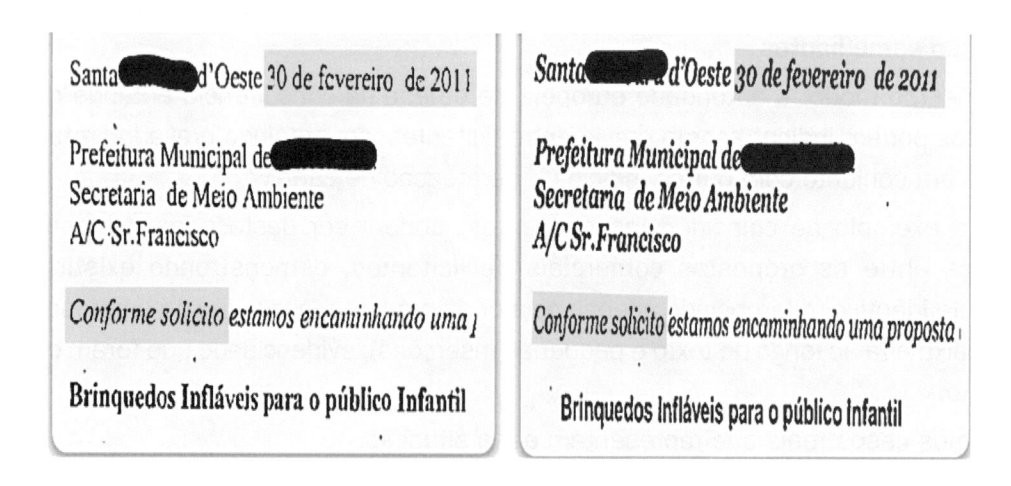

Um conjunto robusto de elementos, como vários e diversos indícios de semelhança improvável entre documentos de dois ou mais concorrentes, pode ser considerado como evidência suficiente de conluio. No Acórdão TCU nº 1.292/2011-P, a declaração de inidoneidade se baseou em **propostas de empresas diferentes com idêntica padronização gráfica ou visual**. Ali o Tribunal de Contas ponderou que a fraude pode se revelar por pequenos detalhes, peças que juntas apontam inequivocamente para a frustração do caráter competitivo do certame.

Em outra oportunidade, por meio do Acórdão nº 3.190/2014-P, o TCU entendeu que havia fraude em função de, entre outros elementos, as propostas das três empresas terem a mesma

CAPÍTULO 2 — TIPOLOGIA DE FRAUDES EM LICITAÇÃO

diagramação, o mesmo formato, o mesmo número de páginas, a mesma sequência de itens e a mesma redação das propostas, indicando que foram elaboradas por uma mesma pessoa ou com base em um mesmo modelo. O Tribunal, nesse caso, declarou a inidoneidade das empresas envolvidas.

Outros casos que podemos ilustrar as coincidências impossíveis:

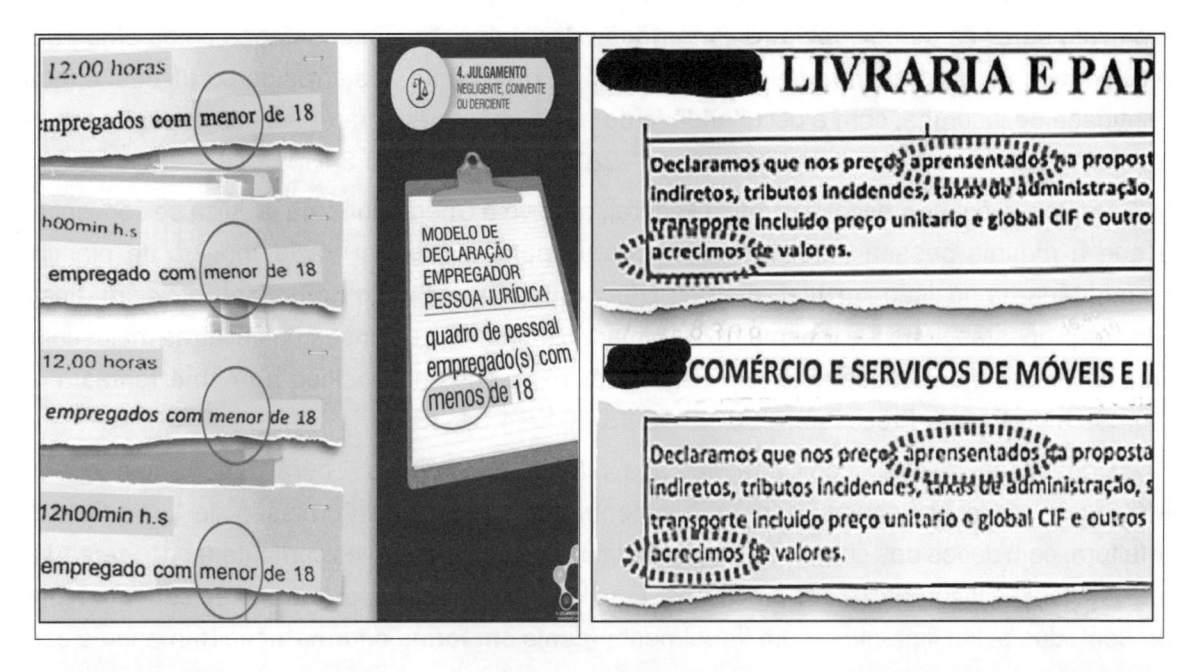

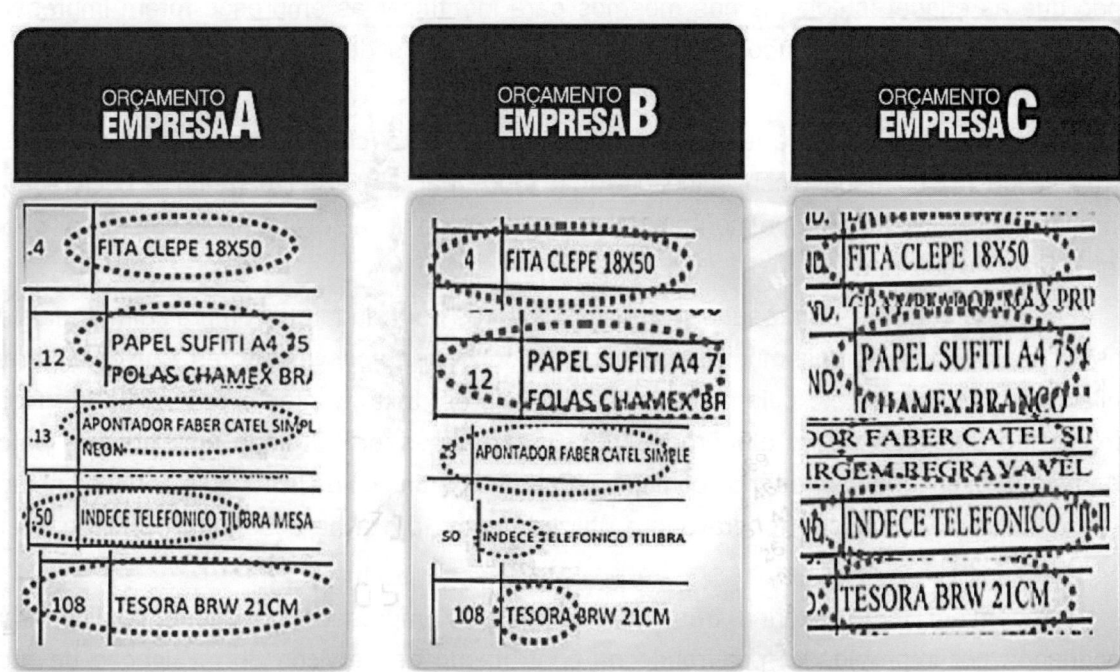

A Justiça Federal no Piauí condenou empresários pelo crime de fraude, por terem utilizado **certidões de regularidade fiscal falsas**. A falsificação foi constatada porque as vias foram emitidas no mesmo horário e possuíam o **mesmo código de controle** (www.viagora.com.br).

No Acórdão nº 2.528/2011-P, o TCU declarou inidoneidade de duas empresas, por conluio. Entre os elementos de convencimento, a **identidade de texto entre as propostas**, até mesmo quanto às incorreções de grafia e formatação. Combinado com a presença de sócio-gerente em comum, o fato, para o Tribunal, autorizava presumir que houve elaboração conjunta para simular competição.

No Rio Grande do Norte, a Justiça Federal condenou envolvidos em fraudes porque, entre as provas, estava a **coincidência na formatação das propostas** apresentadas pelas empresas participantes, itens com a mesma escrita, inclusive, no tocante aos erros de português, e igual quantidade de insumos, com a peculiaridade de nelas constarem materiais não encontrados no orçamento básico da obra (JFRN, Processo nº 2834-68.2010.4.05.8400).

Na Bahia, em sentença da Justiça Federal, relativa à Operação Burla, a Juíza se convenceu de que a mesma pessoa elaborou as propostas porque o edital trazia *modelo* de planilha orçamentária na posição **vertical**, mas as **três propostas estavam na horizontal**. Além disso, todas as propostas tinham o mesmo tipo e tamanho de fonte, igual inserção de letras maiúsculas e minúsculas e iguais destaques em negrito, além de mesma posição do nome fantasia da empresa e do timbre (Processo nº 0000198-43.2017.4.01.3309).

Com origem na Operação Carta Marcada, o Ministério Público Federal denunciou esquema de fraudes, tendo por provas: carimbos encontrados na Sala da Comissão de Licitações da Prefeitura, com dados das empresas que habitualmente concorriam; no computador da Prefeitura, arquivos com as logomarcas das empresas. Em algumas licitações, os envelopes supostamente apresentados pelas licitantes eram literalmente **iguais em forma e formatação** (tamanho e cor), sendo que as etiquetas coladas nos mesmos para identificar as empresas foram impressas com a mesma fonte e tamanho e não apresentavam sinais de que tivessem sido lacrados (IPL nº 0089/2011).

Diálogo interceptado entre fraudadores se encaixa perfeitamente nas situações exemplificadas: "É só mudar o cabeçalho, o texto tá tudo igual"... "Fazer igualzinho na declaração". Demonstra ação de agentes que montam documentos. Tudo deve ser "igual", só mudar o "cabeçalho", fazer "igualzinho".

Em Santa Catarina, empresários foram condenados por fraudarem compra de materiais de construção em uma autarquia municipal. O crime foi descoberto por vereadores, que observaram similaridade nas propostas, pela semelhança em valores, texto, fontes e espaçamento. Ficou comprovado que elas foram elaboradas pela mesma pessoa. Quando questionado pelos parlamentares, um dos empresários confessou que não participou da licitação e apenas assinou os documentos. A confissão foi gravada e utilizada como prova na ação judicial (Processo nº 0900002-26.2017.8.24.0059).

Também em Santa Catarina, três empresários, três empresas e um agente público foram condenados por improbidade, por fraude na contratação de serviços de divulgação de atos oficiais e assinatura de jornais. As propostas eram ideologicamente falsas, preenchidas com a **mesma máquina de datilografia**. Todos os documentos foram redigidos pela mesma máquina de escrever, embora as empresas fossem de municípios diferentes. O juiz entendeu que o dano é presumido, uma vez que a frustração ao caráter competitivo, com direcionamento de preços, ilustra a impossibilidade de busca, pelo Poder Público, de uma proposta mais vantajosa (TJSC,

Processo nº 0017832-95.2013.8.24.0018). Os mesmos fatos foram objeto de condenação criminal (Ação Penal nº 0018675-60.2013.8.24.0018).

Em Minas Gerais, uma Comissão Parlamentar de Inquérito (CPI) avaliou licitação para transporte coletivo em que uma **consultoria elaborou todas as propostas** das licitantes, inclusive as das perdedoras. A proposta não tinha um modelo, mesmo assim, todos os concorrentes contavam com texto semelhante, com os mesmos erros. Os arquivos de planilhas foram todos salvos por uma única pessoa, filha do consultor. Certidões foram emitidas em sequência e a autenticação de documentos no cartório também ocorreu de forma sequencial (https://g1.globo.com, noticia de 30.06.2021).

Em Mato Grosso do Sul, **repetidos erros de ortografia** em licitação para materiais de construção fizeram investigadores desconfiarem da idoneidade do certame, dando origem à Operação Tromper. Exemplos: 'Torneria' e 'Benheiro'. Havia indícios da empresa de fachada, sem estrutura física. Uma delas foi criada um mês antes do certame (www.topmidianews.com.br, notícia de 26.05.2023).

Em Minas Gerais, o MPF denunciou conluio. Entre os indícios, constava declaração de uma construtora usando **papel timbrado da concorrente** (www.mpf.mp.br/mg, notícia de 09.06.2017).

2.4.11 Mesmo endereço IP

Com o avanço do formato eletrônico para processar licitações, novos tipos de risco podem surgir, assim como novas fontes de indícios de atuação irregular e novos mecanismos de controle.

Em licitações eletrônicas, um elemento que passa a ter bastante relevância é o endereço de rede do computador de onde se origina a proposta, os lances, mensagens e arquivos enviados ao sistema. O IP (*Internet Protocol*) é um endereço exclusivo que identifica um dispositivo na Internet e pode ser usado como **indício de vínculo estreito entre licitantes**.

O TCU identificou caso em que as empresas usaram o mesmo endereço IP para acessar o *Comprasnet*, compartilhando salas contíguas e infraestrutura de rede, além de incluir proposta e enviar lances a partir das dependências de uma das concorrentes. Esse e outros elementos levaram o Tribunal a concluir pela fraude. Nas palavras do Relator,

> pelo exame do conjunto dos fatos, o julgador pode fazer juízo de valor sobre a ocorrência, ou não, de conluio... o somatório de indícios contidos nos autos evidencia o desígnio de vontades para restringir o caráter competitivo do procedimento licitatório e para promover o direcionamento do certame, ficando comprovada a ocorrência de fraude à licitação (Acórdão TCU nº 1.829/2016-P)

No Acórdão nº 1919/2022-P, o TCU recomendou implementar controles para impedir ingresso, no mesmo certame, de licitante que possua chave de acesso associado ao mesmo representante (pessoa física) para o qual outra licitante já registrou proposta. Além disso, recomendou implantar emissão de alerta ao pregoeiro, na abertura do certame, de modo que o condutor do certame esteja ciente da situação e possa avaliar **outros pontos que indiquem atuação conjunta** das empresas, quando do registro de proposta por duas ou mais licitantes:

(a) mesmo nome de contato; (b) mesmo número de telefone; (c) a partir do mesmo endereço de IP. Por fim, recomendou emissão de alerta ao pregoeiro, durante a fase de lances, sempre que duas ou mais licitantes registrassem lances a partir do mesmo endereço IP, de modo que o condutor do certame fique ciente da situação e possa avaliar outros pontos que indiquem atuação conjunta das empresas.

No Espírito Santo, as licitantes X e Y participaram de vários pregões eletrônicos do governo estadual usando o mesmo endereço IP. Isso chamou a atenção e uma investigação apontou outros elementos que comprovaram a atuação combinada (Processo nº 74470574).

Também no Espírito Santo, o órgão de controle interno aplicou multa e impedimento a duas empresas em função da Lei Anticorrupção, porque elas participaram de quatro pregões eletrônicos usando o mesmo endereço IP para ofertar lances, entendido como participação combinada (Processo nº 75871629).

As empresas tentaram se defender alegando que tinham o mesmo representante comercial, que atuava nos pregões, mas não sabiam que ele prestava serviço para ambas e que não teriam feito qualquer ajuste ou combinação entre elas.

A alegação não foi aceita, pois só o fato de a mesma pessoa atuar em nome das duas licitantes na mesma licitação já é irregular, pela **devassa do sigilo da proposta**. Pela lógica da Lei Anticorrupção, a empresa é responsável pelos atos de seus representantes. Era de inteira responsabilidade das empresas a cautela para prevenir os ilícitos.

Em Pernambuco, a Justiça Federal condenou envolvidos em fraude a uma licitação para transporte escolar em prefeitura (Processo nº 0802408-22.2016.4.05.8300). Entre os elementos de convicção, constavam **certidões de regularidade fiscal das duas concorrentes emitidas com quatro minutos de diferença, a partir do mesmo endereço IP**, informação obtida em circularização à Secretaria de Fazenda Estadual. A fraude foi enquadrada no art. 11, V, da Lei de Improbidade (frustrar o caráter concorrencial de procedimento licitatório).

No Acórdão nº 2847/2020-P, o TCU enfrentou caso em que houve cadastro de proposta minutos antes do prazo indicado no edital, por meio de manipulação de URL (endereço da página de internet do sistema) e uso de **um único IP para cadastro das propostas por um grupo de empresas** e indícios de adoção de robô para cadastro de propostas e envio de lances.

Para o relator no TCU, ferramentas automatizadas, os robôs, não são, por si só, irregularidade. O problema está nos **movimentos coordenados de inserção e posterior exclusão de propostas** no *Comprasnet*. Para o TCU, ficou clara a formação de grupo com vistas à obtenção, mediante fraude, de vantagens indevidas em pregões eletrônicos, com evidentes prejuízos à isonomia, ao sigilo das propostas e à ampla competitividade.

2.4.12 Empresas fantasmas, de fachada, fictícias

Há pessoas jurídicas que existem apenas 'no papel', ideia que talvez deva evoluir para a existência apenas 'nos bancos de dados de cadastros'. São empresas sem capacidade operacional efetiva, sem atividades comerciais independentes, e apenas um CNPJ para a prática de atividades ilícitas.

Existem definições mais específicas, especialmente no campo da investigação contra a lavagem de dinheiro (GAFI, 2018), mas, neste livro, a ideia de organização fantasma é equivalente à noção de entidade de fachada ou fictícia.

O uso de empresa, ONG ou Cooperativa fantasma consiste na criação, por meio de registro formal, de organização que não atua de fato no mercado, ou atua com a estrutura de outra e participa de licitações para criar ilusão de competitividade ou para aproveitar benefícios especiais.

As organizações fantasmas prejudicam concorrentes legítimos, com propostas desconectadas da realidade de custos de uma verdadeira atividade empresarial, assim como usurpam oportunidades de quem teria o verdadeiro direito a se beneficiar de condições legalmente mais favoráveis.

Na maior parte dos casos que já mapeamos, os fantasmas assumem a natureza de micro ou pequena empresa (ME ou EPP), gozando de prerrogativas de desempate e preferência nas licitações, conforme dispõe o art. 44, da Lei Complementar nº 123 (Estatuto da Micro e Pequena Empresa). Ou seja, não bastasse a competitividade de fachada e a possibilidade de exclusão de licitantes idôneos, a constituição de pequenas empresas fantasmas pode ainda levar à preferência de contratação destas em detrimento das demais.

Na prática, vencendo uma **ME ou EPP fantasma**, quem vai executar o contrato é uma "concorrente" derrotada no certame ou uma empresa que sequer participou, mas que detém a estrutura operacional necessária (empregados, maquinário, veículos etc.), muitas vezes, com o mesmo endereço e telefone e mesmo administrador da ME/EPP de fachada.

Por isso, havendo dúvidas sobre o enquadramento de licitante em condição que lhe proporciona benefícios na licitação, seja pelo pequeno porte, atuação em Cooperativa ou acesso a regime tributário especial, como o Simples Nacional, cabe pesquisar o histórico de receitas em portais de transparência da Administração Pública, no Portal Nacional de Contratações Públicas, a fim de solicitar documentos contábeis ou outros elementos aptos a demonstrarem a correção e **veracidade do enquadramento** para fins de usufruir dos benefícios.

Em função desse tipo de risco, o TCU recomendou a criação de robô no *Comprasnet* para identificar o eventual descumprimento do enquadramento como ME ou EPP e, assim, bloquear a participação indevida (Acórdão nº 1.387/2020-2C). Os autores deste livro concordam e defendem medidas dessa natureza, que privilegiem o uso de trilhas automatizadas de auditoria em compras públicas como mecanismo preventivo de fraudes.

Em determinado caso, o TCU apontou **omissão de quem conduziu a licitação**, por **não investigar suspeita de fraude** no uso indevido dos benefícios da LC nº 123. Mesmo depois de ter conhecimento de indícios informados nos recursos administrativos interpostos contra o resultado do certame, não houve avaliação efetiva do caso. A denúncia era de que a empresa vencedora havia ultrapassado o limite de receita bruta para se enquadrar em pequeno porte. Uma das providências possíveis era a **pesquisa nos portais de transparência** de entes governamentais, a fim de **verificar quanto a empresa auferiu** em contratos divulgados nesses portais, o que, caso superasse o limite, já seria um indício muito forte de fraude (Acórdão nº 250/2021-P).

Esse mesmo julgado estabeleceu que, para se enquadrar como Empresa de Pequeno Porte (EPP) na licitação, o período de apuração das receitas auferidas deve ser o ano-calendário anterior, de janeiro a dezembro, e não os doze meses anteriores ao certame. No caso específico analisado, o relator constatou que a empresa vencedora do pregão, que se declarou EPP, não se enquadrava mais nos critérios da LC nº 123, porque faturou mais que o limite permitido no ano-calendário anterior. Para o TCU, houve fraude à licitação, e embora a argumentação de que os doze meses anteriores ao pregão deveriam ser considerados para que a contabilização da receita bruta não fosse irracional, o TCU decidiu pela declaração de inidoneidade da empresa vencedora do certame.

Ainda sobre o cálculo de limite de faturamento para se enquadrar como EPP, uma empresa contabilizou, na Demonstração de Resultado do Exercício, **falsas devoluções de mercadorias**, com o objetivo de reduzir o montante de "receita bruta" a ser considerado para enquadramento como EPP. Uma grande venda para o Exército foi registrada, na contabilidade, como integralmente devolvida. Mas, quando questionado, o Exército informou que não houve qualquer devolução e tudo havia sido integralmente pago. Para o TCU, foi usado artifício ilegal para se manter como EPP e usufruir dessa condição. O Tribunal declarou a empresa inidônea (Acórdão nº 250/2021-P).

No Acórdão nº 1378/2019-P, o TCU declarou inidoneidade de uma empresa porque usou o benefício de EPP, mas sua receita bruta havia ultrapassado o limite. Uma das licitações em que ocorreu a fraude foi um pregão para serviços terceirizados de uma Agência Reguladora federal, que puniu a empresa com multa, com base na Lei Anticorrupção (Processo nº 50500.395670/2019-59).

O STJ julgou situação em que duas empresas teriam fraudado licitação restrita a ME/EPP, porque ultrapassavam os limites máximos de receita bruta anual então previstos na LC nº 123. Depois da fraude, novos limites de faturamento entraram em vigor e passou-se a se discutir se isso anularia o crime. O STJ entendeu que os valores de enquadramento não retroagem e não anulam o ato intencional de mentir na licitação. A **qualificação como EPP foi atestada falsamente** com base nos critérios vigentes na época e isso não se altera com a mudança posterior dos critérios. No entender do STJ, as alterações legais posteriores são incapazes de modificar a dinâmica fática já ocorrida, porque a conduta delitiva é a falsa declaração de uma situação fático-jurídica então inexistente (AREsp 1.526.095).

Assim, vários julgados do TCU apontam que **ME/EPP falsa é fraude** em licitação que preveja benefícios a esse porte empresarial, resultando em declaração de inidoneidade (Acórdãos nºs 1028/2010-P, 2846/2010-P, 2928/2010-P, 3217/2010-P, 3228/2010-P, 3381/2010-P, 588/2011-P, 744/2011-P, 1137/2011-P, 1439/2011-P, 2259/2011-P, 2606/2011-P, 1702/2017-P, 2599/2017-P, 61/2019-P, 866/2021-P, 2534/2021-P e 930/2022-P). Não importa se a fraude produz ou não a vantagem esperada (Acórdãos nºs 1552/2013-P, 824/2014-P, 922/2014-P, 1104/2014-P e 1797/2014-P).

Além disso, a participação simultânea de empresas coligadas é proibida pela NLL (art. 14, V), portanto, pelo regime da Nova Lei, seria fraude também uma **empresa de médio ou grande porte concorrer com micro ou pequena [empresa] com a qual seja coligada ou mantenha relação de influência e controle**. Esse tipo de situação já era irregular no regime antigo (Acórdão TCU nº 2.978/2013-P).

Continuando o tema de empresa fantasma, vale lembrar que pode servir para **burlar penalidades** de impedimento de licitar, permitindo que seus verdadeiros dirigentes continuem a lucrar com a máquina pública. Indício de **impedimento indireto de licitar**, ou seja, o uso de um CNPJ para evitar a punição aplicada a outro, merece investigação, dando oportunidade à interessada para manifestação prévia. Pode ser o caso de **desconsideração da personalidade jurídica**, sobre a qual detalharemos elementos mais à frente.

Um dos indícios de natureza fantasmagórica da empresa é o **objeto social guarda-chuva**, isto é, a suposta atuação nos mais variados ramos da economia. É certo que existem exceções, como grandes grupos que operam em diversas áreas comerciais. No entanto, na maior parte dos casos, a atividade empresária é setorizada, adstrita a um determinado segmento.

É comum empresas fantasmas que preveem atividades heterogêneas como fornecimento de alimentos, produção de mobiliário, prestação de serviços administrativos, engenharia e comércio de informática. É pouco razoável a atuação efetiva em todos esses ramos. Nesses casos, cabe às comissões de contratação redobrar a atenção e fiscalizar incisivamente o comportamento, a proposta e os documentos de habilitação de empresas que apresentem essas características.

Outro indicativo é o **sócio com renda incompatível**. Pode-se obter informação sobre isso em bases de dados como a Relação Anual de Informações Sociais (RAIS) ou os cadastros de benefícios sociais como o Bolsa Família, assim como informações a respeito da aparência da moradia, fotos e postagens no Facebook e estilo da assinatura. Ou uma procuração com plenos poderes para outros gerenciarem a empresa em nome do proprietário.

Esses elementos podem indicar a **condição de "laranja"** do sócio formal, que pode ter emprestado ou alugado o nome para servir ao esquema ou pode até nem saber da sociedade em que figura.

Mais indícios de empresas de fachada: ausência de empregados (registos da RAIS ou INSS), inexistência de estrutura operacional, mesmo endereço, e-mail ou telefone de outra(s) empresa(s).

Uma pesquisa na Internet pode revelar vários desses indícios. O Google Mapas é especialmente valioso como fonte de informação, por meio da ferramenta "*Street View*". Por meio dele é possível saber se a empresa tem fachada comercial ou não. A identificação da localização da empresa em terrenos baldios e casas residenciais é um indicativo de irregularidade. Esses dados podem ser combinados com a avaliação da capacidade operacional da empresa, se ela tem funcionários na RAIS, seu nível de consumo de energia para saber se se trata de uma empresa de fachada.

No Maranhão, na Operação Orthoptera, constou vídeo de uma entrevista com a empregada doméstica que aparecia como dona de uma das empresas que recebeu verba milionária de prefeitura. Segundo a investigação, a empresa pertencia, de fato, a um engenheiro e outro sócio. Os documentos da doméstica eram apenas para ocultar os verdadeiros donos. Em um dos trechos da conversa, a doméstica revela que foi usada (imirante.com/maranhao, noticia de 17.11.2009).

> **Agente:** Por que o seu patrão colocou a senhora como sócia?
> **Empregada:** nem eu sei te dizer... fui inocente mesmo, entendeu?
> **Agente:** ...tem ideia de quanto esta empresa 'tá' movimentando?
> **Empregada:** Meu irmão, eu acredito que muito
> **Agente:** A senhora é uma mulher rica, a senhora viu, 'né'?
> **Empregada:** Tô vendo. Mas já vi que vou logo é me ferrar

Na Bahia, em sentença originada da Operação Burla, a Justiça Federal levou em conta trechos de um interrogatório de um acusado, bastante didático para explicar **como atua um laranja**, que era empregado do verdadeiro dono, apenas assinando documentos, sem nada entender de licitações (Processo nº 0000198-43.2017.4.01.3309).

> Juíza: O que o senhor se lembra [da licitação]?
> **Acusado**: Eu não me lembro, pois não participava
> **Acusado**: Eu apenas assinava os documentos e nem lia
> Procurador: Essa assinatura... é do senhor?
> **Acusado**: Não.
> Procurador: Sabe como se dá a [licitação]?
> **Acusado**: Não. Não entendo nada disso.
> Procurador: ...tinha condições de manter... empresa?
> **Acusado**: Não. Eu trabalhava para ele só de encarregado

Usar funcionário como laranja parece ser uma prática comum. A julgar, por exemplo, pelo caso tratado no Acórdão TCU nº 387/2023-P, no qual o Tribunal de Contas aplicou inidoneidade em uma empresa do ramo de fabricação e manutenção de aeronaves. Segundo os autos, a sócia majoritária detinha 99% das cotas. Mas ela não tinha capacidade financeira compatível com essa participação acionária, porque sua trajetória profissional até ali era como auxiliar de contabilidade ganhando menos de três salários-mínimos. Não era verossímil que ela tivesse adquirido a empresa, que tinha mais de 800 mil reais em dívidas e forte prejuízo acumulado.

Em Goiás, um motorista de uma prefeitura e uma empresária foram condenados, ele porque era o real proprietário e administrador da empresa e ela por atuar como laranja. O objetivo da tramoia era burlar o impedimento legal e realizar contratações fraudulentas com a prefeitura (TJGO, Apelação Criminal nº 0140206-42.2019.8.09.0044).

O motorista, servidor municipal, movimentava dinheiro da empresa e transferia altas quantias para a sua conta pessoal. Além disso, era ele quem gerenciava os serviços prestados e fazia a interface com a prefeitura a respeito de questões de interesse da empresa.

Para a Justiça, a suposta empresária atuava como laranja de forma consciente e voluntária, participando ativamente das fraudes, ao realizar todas as anuências e atos necessários para que a empresa pudesse participar das licitações, plenamente ciente de que figurava como sócia sem efetivamente participar de qualquer atividade empresarial, ocultando o verdadeiro proprietário e gestor da empresa. As declarações extrajudiciais levavam a crer que era pessoa de pouco estudo e alheia aos acontecimentos da empresa.

Ela chegou a comparecer em uma das sessões de licitação, depois que os fraudadores descobriram que estavam sendo investigados. Assim, passaram a tomar atitudes típicas para sustentar uma futura defesa. Para a Justiça, tal comportamento apenas revelava a certeza de que a mulher não estava sendo induzida a erro.

O uso de **documentos ideologicamente falsos**, para ocultar o verdadeiro dono da empresa, foi considerado como **meio** (princípio da consunção) **para a finalidade de fraudar** o procedimento licitatório, burlando o impedimento do servidor público em contratar com a administração municipal.

No Piauí, na Operação Itaorna, o Ministério Público e o Tribunal de Contas estadual uniram forças para investigar uma construtora sem qualquer condição técnica de prestar os serviços para os quais era contratada, por milhões. Muitos elementos demonstraram que se tratava de empresa de fachada. **No endereço da suposta sede, um prédio abandonado** (Processo nº 0184992018).

Fachada da empresa   Interior da empresa (vazio)

Entre os aspectos curiosos da Operação Itaorna, vale menção à Demonstração de Resultado do Exercício, com **números incoerentes**. Em 2014, a empresa recebeu mais de R$4 milhões por obras diversas. Mas seu movimento contábil registrou apenas R$147 mil.

Receita Bruta de vendas e/ou servicos		
RECEITAS DE PRESTAÇÃO DE SERVIÇOS SERVIÇOS PRESTADOS	146.600,00	146.600,00
(=) Receita Líquida de Vendas e/ou Serviços		146.600,00

Chamou atenção do TCE-PI a **diversidade de ramos de atividade da empresa**. Embora não seja irregular, as atividades devem ser aferidas em face da capacidade operacional e dos diversos processos e órgãos de regulação. Os registros fotográficos retrataram, de 2012 (foto histórica do Google) a 2018 (foto da inspeção pelo TCE-PI) a mesma situação, sem evidência de investimento na sede da empresa, mesmo tendo faturado, no período, mais de R$12 milhões somente do poder público no Piauí.

Em diligências no local, trabalhadores e populares que frequentavam a região cotidianamente informaram nunca terem presenciado a empresa aberta ao público. Um dos vizinhos, morador antigo, declarou desconhecer qualquer movimentação no local. Pedidos de informação à prefeitura da sede da empresa confirmaram que não havia outro endereço de cadastro e que documentos recentes vinham sendo utilizados com aquele mesmo endereço. Pedido de informação para a companhia de energia elétrica revelou indício contundente, pois não havia registro de consumo.

Em bancos de dados, não foram identificados veículos, nem empregados em nome da empresa. Análise contábil demonstrou que ela tinha um valor irrisório em "Máquinas e Equipamentos". Pesquisas sobre o quadro societário indicaram sócio laranja.

Esse caso é bastante relevante não apenas pelos resultados, mas, sobretudo, pelos métodos de pesquisa adotados, especialmente o uso de fontes abertas em redes sociais e notícias na internet.

Na Paraíba, a Operação Recidiva investigou crimes de corrupção e fraude, de modo inusitado. Recidiva significa reincidência. A operação fez alusão à prática reiterada dos mesmos crimes, pois os **investigados já tinham sido alvo de ações semelhantes**.

A apuração envolveu empresas que venciam licitações, mas não existiam de verdade, só emprestavam 'a fachada' para outras pessoas executarem as obras. "Agentes criminosos já descobertos, processados e condenados em casos passados de combate à corrupção não se intimidaram com as ações do sistema de Justiça e se reinventaram em novos esquemas ilícitos", declarou procurador do MPF na Paraíba (http://www.mpf.mp.br/pb, notícia de 11.12.2019).

Uma das empresas do esquema foi criada em nome de uma jovem de 19 anos, detentora de 95% do capital, e de um motorista de uma prefeitura, com 5% das cotas. Mas quem administrava de fato era o pai da jovem sócia. Como **"dono oculto"** da empresa, ele usava procuração em que a filha lhe transferia todos os poderes societários. Para **ilustrar a condição de laranja da moça**, o MPF relatou que ela nunca tratou de obras, limitando-se a **colecionar e-mails de horóscopo e faturas de livros do Harry Potter** (http://www.mpf.mp.br/pb, notícia de 26.02.2019).

Ainda na mesma Operação Recidiva, denúncia do MPF apontou que em toda a sua existência, uma **construtora nunca teve mão de obra compatível** com sua suposta atividade empresarial e não possuía maquinário de qualquer natureza inserido na Declaração de Informações Socioeconômicas e Fiscais (DEFIS). Para o Ministério Público, surpreendia a completa ausência de ferramentas para a realização de obras, tais como betoneiras, caminhões, veículos (Inquérito Civil nº 1.24.003.000014/2019-24).

Na Bahia, denúncia do MPF na Operação Burla descreveu que nenhum dos sócios de uma empresa tinha condições reais de constituir ou integrar o empreendimento, pois suas **circunstâncias de vida eram incompatíveis** com os valores movimentados. Ambos auferiam renda próxima ao salário-mínimo, enquanto a firma assinou contratos que ultrapassavam R$22 milhões. Para o órgão acusador, tais **sócios emprestaram seus nomes para escamotear e dissimular o verdadeiro beneficiário** dos atos praticados. Comprovou-se que ambos nunca realizaram atos de gestão, que permaneciam sob a responsabilidade do **"sócio de fato"**. O MPF já havia ingressado com ação baseada na Lei Anticorrupção, na qual havia sentença para dissolução compulsória da empresa (ACP nº 5780-92.2015.4.01.3309).

Em Goiás, a Justiça condenou **servidor municipal e sua ex-esposa** por fraudes em prefeitura. A empresa era, de fato, administrada pelo servidor, que usava o nome da mulher como testa de ferro. Para o Juiz do caso, a situação foi tão absurda que o servidor agiu como fiscal dos contratos. Ou seja, o sujeito ao mesmo tempo executava e fiscalizava. O Magistrado entendeu que a mulher emprestou o nome de forma consciente e voluntária (Processo nº 0140206-42.2019.8.09.0044).

De volta à Paraíba, na Operação Famintos, que investigou desvio de merenda escolar, sentença judicial afirmou que o *modus operandi* da organização criminosa envolvia empresas de fachada e laranjas. Um caso emblemático foi o **uso de documento de uma pessoa fictícia, inventada**. Uma nova empresa de fachada era criada para suceder a outra quando esta, por alguma razão, ficava impedida de licitar ou contratar com a Administração Pública (JFPB, Processo nº 0802629-06.2019.4.05.8201).

Além disso, a organização criminosa impedia a participação de fornecedores estranhos ao esquema, por meio de conluio com os servidores do município ou por pagamento de valores para que os licitantes se retirassem do certame.

No topo da associação estavam os empresários ocultos. No nível intermediário estavam os operadores, que participavam das licitações e atuavam na **cooptação de novos laranjas**, que formavam a base da organização, geralmente com **baixa instrução e de baixa renda**, alugavam os nomes por dinheiro. Alguns tinham papel ativo, assinando documentos para dar aparência de legalidade às fraudes.

Em uma das empresas-fantasma, **imagens dos circuitos internos** evidenciaram que o **réu estava rotineiramente presente na sede**, respondendo por **atos ordinários de gestão e dando ordens** aos empregados, comprovando que ele **não havia rompido seu vínculo** com a empresa, mas apenas procurou acobertá-lo para evitar a sua associação direta com os ilícitos praticados.

Um dos réus chamou a prática de usar laranjas de "terceirização". Não colou.

Segundo a sentença, havia estreita ligação dentro do grupo criminoso, usando as mesmas empresas de fachada, os mesmos procuradores com plenos poderes, combinando preços e ajustando quem seria o vencedor em cada certame, compartilhando, inclusive, o conluio dos mesmos agentes públicos.

Nos processos licitatórios, chamou atenção a **numeração de folhas** em ordem decrescente ou mesmo a inexistência de numeração, facilitando a **inserção e a retirada de documentos livremente**.

Foi imputada também condenação por **lavagem de dinheiro** em relação aos valores creditados na conta da **pessoa jurídica de fachada e movimentada pelos verdadeiros donos**.

No Mato Grosso do Sul, a Justiça Estadual imputou improbidade por fraude na contratação para gestão do Terminal Rodoviário de uma prefeitura. A **empresa vencedora foi aberta depois do aviso** da licitação, sem nunca ter realizado serviço, sem estrutura ou pessoal (Processo nº 0800110-98.2012.8.12.0045).

Mudando o foco para São Paulo, apresentamos sentença da Justiça Federal, originada da Operação Águas Claras, que apurou fraudes em compras de uma entidade esportiva, pela **participação de empresas coligadas**. Uma delas, que **venceu 80% do total, era de fachada**. Não tinha empregados e no endereço em que deveria funcionar existiam estabelecimentos do ramo veterinário (Processo nº 00023506120164036181).

O esquema funcionou com a participação de três empresas do mesmo grupo e outras duas independentes. As duas primeiras colocadas, que eram do esquema, foram desclassificadas – o que já estava combinado – restando a terceira, com preços muito superiores. As duas empresas independentes cotaram uma parte ínfima dos equipamentos licitados, permitindo que a fornecedora favorecida levasse 92% do total em um dos certames.

O vínculo entre as empresas do esquema ficou comprovado pela **atuação, ingerência e controle de todas pela mesma pessoa**, enquanto os sócios formais eram, na verdade, empregados, vendedores que recebiam comissão. Eles se revezavam na participação societária das empresas do patrão.

Situação semelhante, também em São Paulo, rendeu confirmação de sentença criminal pela aquisição de materiais de escritório com participação de **três empresas da mesma família: pai e dois filhos**. Os três residiam na mesma casa e as empresas formavam um único título empresarial, agrupando-se em "filiais" com o **mesmo nome fantasia**. Para o desembargador do caso, seria ingenuidade acreditar que pai e filhos mantivessem competição efetiva e sigilo dos valores ofertados (TJSP, Apelação nº 0003069-76.2008.8.26.0352).

Na Operação "I-LICITAÇÃO" da Polícia Federal, uma empresa foi caracterizada como firma de fachada. Nela, um empresário oculto utilizava, em diversos municípios da Paraíba, firmas fantasmas para forjar a regularidade de convênios firmados entre a Funasa e os respectivos munícipes. Foi **desconsiderada a personalidade jurídica da empresa para alcançar esse empresário oculto,** como seu **administrador de fato**. A jurisprudência do Tribunal de Contas da União é uniforme em alcançar administradores ou sócios de entidades privadas, reais responsáveis por ilícitos geradores de prejuízo ao erário, quando tal atuação ilícita fica demonstrada, objetivando resguardar o interesse público com o ressarcimento ao erário (Acórdão TCU nº 5723/2013-1C).

Também na Paraíba, a Justiça Federal julgou ação da Lei Anticorrupção, com base na Operação Recidiva. O esquema criminoso havia se sofisticado com a agregação de novos agentes e o refino das práticas ilícitas, mas o jeitão da fraude era o mesmo: empresas de fachada emprestavam sua estrutura documental para que outros executassem as obras e delas auferissem lucros ilícitos (Processo nº 0800331-29.2019.4.05.8205).

Segundo o art. 5º da **Lei Anticorrupção**, entre os atos lesivos à administração pública está a fraude às licitações, passível de sanções de natureza civil, com destaque, nesse caso, para a **suspensão ou interdição parcial das atividades e a dissolução compulsória da pessoa jurídica**. Esta última medida será determinada quando comprovado ter sido a personalidade jurídica utilizada de forma habitual para facilitar ou promover a prática de atos ilícitos, ou ter sido constituída para ocultar ou dissimular interesses ilícitos ou a identidade dos beneficiários dos atos praticados.

O Juiz do caso entendeu que a livre iniciativa não autoriza comportamentos danosos à sociedade, conluios e crimes licitatórios (em reforço a esse argumento, confira-se Acórdão TCU nº 2851/2016-P). O magistrado reconheceu que as empresas eram de fachada, em nome de laranja, utilizadas em fraudes licitatórias. Em decisão liminar, as empresas ficaram impedidas de licitar.

Tratando de um tipo específico de 'fachada', podemos estudar **a declaração falsa** para conseguir **tratamento diferenciado e favorecido à ME/EPP**.

Caso real aconteceu em licitação para máquinas pesadas. A empresa X, vencedora, era fachada da companhia de grande porte Y, do mesmo grupo econômico. A empresa X teria se beneficiado indevidamente de duas maneiras: i) venceu item por ter preferência (empate ficto); e ii) participou sozinha e venceu dois itens exclusivos para ME/EPP (Acórdão TCU nº 1378/2022-P).

A empresa X (pequena) participava do capital da empresa Y (grande). A LC nº 123 veda tratamento diferenciado se a licitante participa do capital de outra pessoa jurídica (art. 3º, §4º, VII da LC nº 123). Além disso, os sócios de X, Fulano e Beltrano, eram sócios-administradores de mais três empresas, outra coisa que impede o tratamento diferenciado (art. 3º, §4º, V da LC nº 123). Outra infringência ao regime diferenciado: Fulano e Beltrano participavam com mais de 10% do capital de duas empresas de médio/grande porte (art. 3º, §4º, IV da LC nº 123).

Para o TCU, tudo indicava um **grupo econômico que criou artificialmente um CNPJ de ME/EPP** para se beneficiar do tratamento diferenciado. O TCU declarou inidoneidade da empresa X.

Em Goiás, uma conversa gravada indicava que uma empresa grande de Pneus criava pequenos negócios para participar de licitações em quase 150 cidades goianas. A conversa era entre um gerente de banco e o empresário que administrava de fato as empresas, e tratava sobre quais negócios do grupo eram "para licitação" ou "para colocar funcionários" e pagar menos impostos.

> *Gerente: A Pneus X?*
> *Empresário: Essa é que coloca os funcionários nela*
> *Empresário: para pagar menos impostos*
> *Gerente: A Pneus Y?*
> *Empresário: Essa é licitação*
> *Gerente: A licitação não é a Z?*
> *Empresário: Não, também. São as duas*
> *Empresário: A Pneus Y, aí ela encheu e abriu a Z.*

Segundo as investigações, o esquema manipulava benefícios em licitações. Um dos promotores explicou como isso era vantajoso para o grupo: "Ora como a grande empresa, ora competindo entre si, como uma simulação, ora só com a pequena empresa, que não é pequena" (g1.globo.com, notícia de 28.10.2021).

No Espírito Santo, a Justiça Federal condenou um servidor público, Fulano, por fraudes em compras que ele conduziu enquanto atuava como gerente de administração, ordenador de despesas, executor financeiro, pregoeiro e membro de comissão de licitação (Processo nº 0500148-26.2016.4.02.5003).

O esquema foi organizado por Fulano, com ajuda do sobrinho, na ocasião com 19 anos de idade, ajudante de pedreiro, que morava com ele e emprestou o nome para montar a empresa X, cujo único cliente foi o órgão federal onde Fulano atuava. No mesmo mês de abertura da firma, já foi contratada, sem ter funcionário, nem estoque, nem sede, nem sequer linha telefônica. Estava registrada no endereço da então noiva de Fulano. O empreendimento não passava de uma fantasia para as fraudes, qualificado nos autos como **"simulacro de estabelecimento comercial"**. Para o juiz, nem "de fachada" era, porque sequer havia a tal fachada no endereço.

Nas dispensas de licitação, Fulano recebia as propostas de outros fornecedores e, em seguida, formulava uma proposta da empresa em nome do sobrinho, com preço menor.

Em pregões, Fulano atuava como interessado nos certames em parceria com seu sobrinho ao mesmo tempo em que atuava nos bastidores dos procedimentos como administrador do órgão comprador.

Num dos casos, Fulano resolveu se valer de pregão presencial, em vez do eletrônico, simulando uma autorização para tanto. Usou a empresa do sobrinho para inflar as pesquisas de preço e apenas ela participou do pregão, levando todos os objetos.

Em outro caso, agora em pregão eletrônico, Fulano era o pregoeiro e, além de ter gerado sobrepreço nas pesquisas, com orçamento da empresa do sobrinho, para ela direcionou a vitória no certame, recusando propostas mais vantajosas por causa de falhas formais e rejeitando em seguida as manifestações de recursos.

Esse é um caso de **severas fragilidades na segregação de funções**. A mesma pessoa jogava em todas as posições. Batia falta, cabeceava, dominava o meio de campo, invadia a pequena área, fazia gol, tudo sozinho. E ainda apitava o jogo.

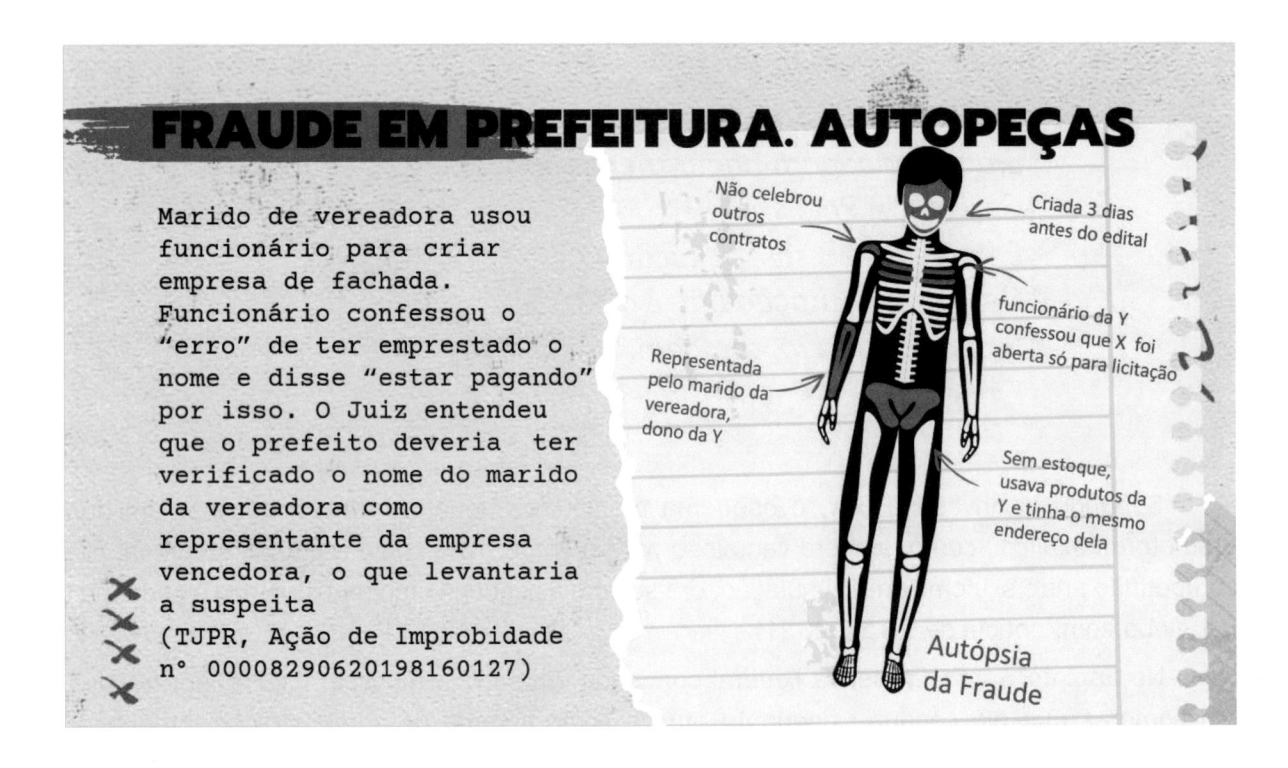

FRAUDE EM PREFEITURA. AUTOPEÇAS

Marido de vereadora usou funcionário para criar empresa de fachada. Funcionário confessou o "erro" de ter emprestado o nome e disse "estar pagando" por isso. O Juiz entendeu que o prefeito deveria ter verificado o nome do marido da vereadora como representante da empresa vencedora, o que levantaria a suspeita
(TJPR, Ação de Improbidade nº 00008290620198160127)

Autópsia da Fraude:
- Não celebrou outros contratos
- Criada 3 dias antes do edital
- Representada pelo marido da vereadora, dono da Y
- funcionário da Y confessou que X foi aberta só para licitação
- Sem estoque, usava produtos da Y e tinha o mesmo endereço dela

No Paraná, o Tribunal de Contas Estadual mandou anular licitação de uma prefeitura para aquisição de equipamentos de academias ao ar livre. A vencedora usou benefícios de ME/EPP, porém, formava **grupo econômico** com outras duas firmas que tinham endereços iguais ou próximos, mesmo sócio, compartilhavam documentos, funcionários e representantes comerciais. Além disso, a vencedora extrapolou o limite de renda para se enquadrar em pequeno porte (Acórdão TCE-PR nº 2595/2020).

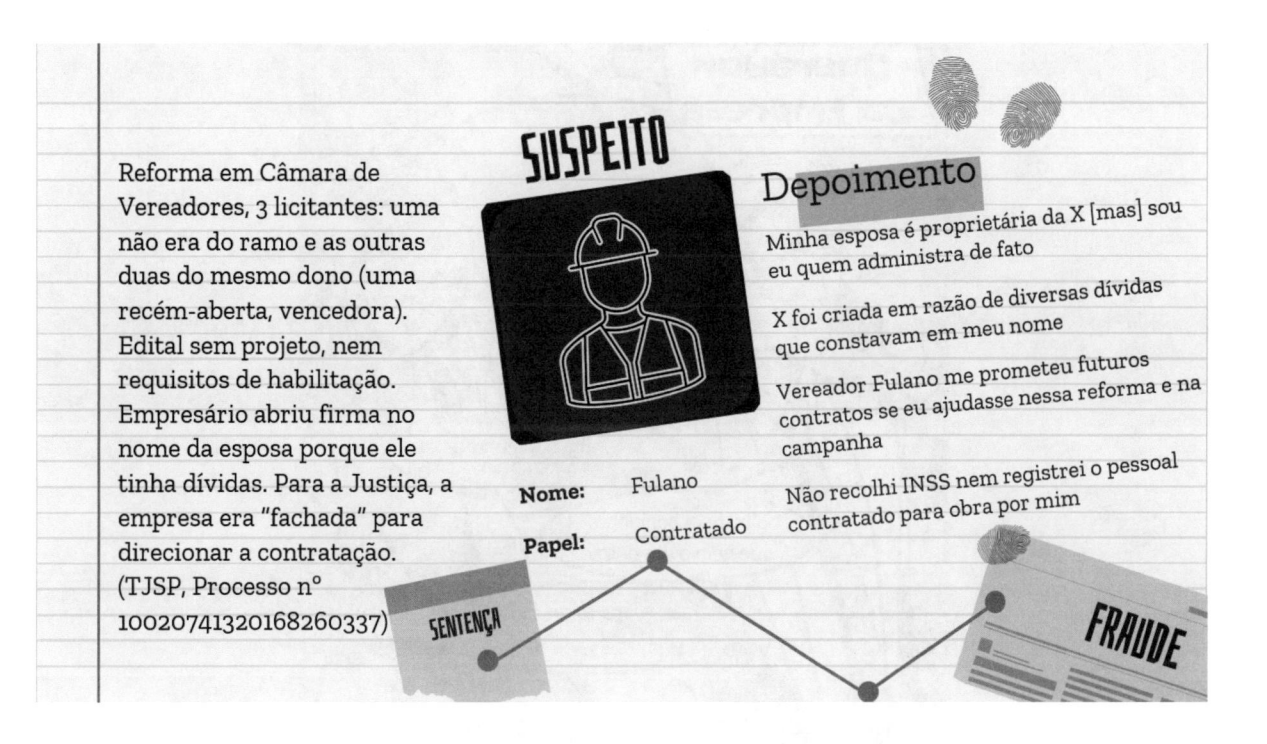

Reforma em Câmara de Vereadores, 3 licitantes: uma não era do ramo e as outras duas do mesmo dono (uma recém-aberta, vencedora). Edital sem projeto, nem requisitos de habilitação. Empresário abriu firma no nome da esposa porque ele tinha dívidas. Para a Justiça, a empresa era "fachada" para direcionar a contratação. (TJSP, Processo nº 1002074132016826 0337)	**SUSPEITO** / **Depoimento** Nome: Fulano Papel: Contratado Minha esposa é proprietária da X [mas] sou eu quem administra de fato X foi criada em razão de diversas dívidas que constavam em meu nome Vereador Fulano me prometeu futuros contratos se eu ajudasse nessa reforma e na campanha Não recolhi INSS nem registrei o pessoal contratado para obra por mim

Na Bahia, o Tribunal de Contas dos Municípios encontrou empresa fantasma, em cujo endereço só havia um **terreno baldio**. Em outro endereço, funcionavam duas outras empresas, com o mesmo nome fantasia da firma fantasmagórica. O caso envolvia **sócios parentes do mesmo grupo econômico, que atuaram em conluio** (www.tcm.ba.gov.br).

Em outro caso de empresas de mentira, o Tribunal Regional Federal da 4ª Região (TRF4) manteve condenação de empresários do ramo de medicamentos, apanhados pela Operação Saúde. Empresas "concorrentes" (X e Y) eram, na verdade, operadas pela mesma pessoa, sendo Y classificada como **"pessoa jurídica simulada"**. Ficou provado que as propostas eram feitas em conjunto (Apelação Criminal Nº 5001505-75.2018.4.04.7205).

O juiz do caso, na sentença de primeiro grau, anotou que o grupo era regido por um dos réus. X e Y eram, "ao fim e ao cabo, uma única empresa", segundo a Justiça Federal.

Os sócios de Y eram funcionários de X, funcionando como laranjas do verdadeiro dono, condenados por integrarem associação criminosa voltada a fraudar licitações de medicamentos. O esquema envolvia uma **"empresa-mãe"** (X) e duas **"empresas-filhas"** (Y e Z), com sócios laranjas. As três "distinguiam-se apenas na aparência, pois pertenciam à mesma pessoa. A atuação simultânea das empresas em processos licitatórios acabou por gerar um vasto registro de fraudes". É revelador o **diálogo interceptado entre uma servidora de prefeitura e o operador do esquema** (TRF4, Processo nº 5001235-92.2016.4.04.7117).

A Operação Saúde é um **exemplo emblemático de como se operam as fraudes**.

Na Ação Penal nº 5001235-92.2016.4.04.7117, a Justiça Federal no Rio Grande do Sul condenou diversas pessoas do ramo de medicamentos, que, segundo a sentença, manipulavam processos licitatórios e execução de contratos em pelo menos sete estados. A operação foi dividida em mais de trezentos inquéritos policiais, cada um deles correspondente a um município lesado.

Além de três empresas operadas pela mesma pessoa, diversas outras firmas participavam do esquema, promovendo negociações ilícitas com foco em pequenos municípios espalhados pelo país.

Conforme a Justiça, o grupo **dominava licitações de municípios pequenos**, para evitar concorrer com grandes empresas, facilitando o direcionamento. Isso se infere das conversas interceptadas entre o operador das empresas e seu funcionário.

As fraudes também envolviam servidores públicos que auxiliavam no direcionamento das licitações. Os diálogos interceptados serviram de evidência da negociação que ocorria para formular os editais de modo a favorecer o grupo, inserindo ou excluindo exigências para habilitar os parceiros e tirar os outros da jogada, a exemplo de documentação específica da vigilância sanitária (ANVISA) para transporte de medicamentos.

Há diálogos entre empresários e agentes públicos das prefeituras em que o assunto são alterações no edital para ficar do jeito que o empresário mandou. O empresário pergunta ao pregoeiro se ele fez aquelas alterações no edital. O pregoeiro responde que fez. O empresário, então, questiona se o edital ficou 'daquela forma que eu te mandei' e o pregoeiro confirma.

Em outra conversa, os empresários discutem como será a montagem dos grupos de itens na licitação, de modo a facilitar a divisão entre as empresas.

Empresário 1

Vai dividir os lotes pra ficar pra gente

Ah, tá, mas tipo assim, ela pode montar os lotes ou não?

Pode, pode montar já, deixar tudo certinho da maneira que é pra nós

... o edital que é parte nossa?

Aí o edital eu queria que você desse uma olhada...
...vê as documentações nossa que já está liberada, pra gente exigir todas elas no edital

Empresário 2

O agrupamento era uma das artimanhas do esquema, de modo a agrupar os medicamentos para dificultar a competição e ajustar da maneira que direcionaria para o grupo.

Outra forma de direcionar as licitações era exigindo um conjunto restritivo de documentos, de modo a compatibilizar com a documentação que as empresas do grupo já possuíam. Para isso, eram mantidas 'parcerias' com servidores públicos responsáveis por elaborar os editais de licitação nas prefeituras. Um dos diálogos, entre um dos operadores e um Secretário de Saúde, revela o tipo de 'parceria' que era cultivada. Pelo que se depreende, a prefeitura enviou o edital para 20 empresas, o que não estava no acordo prévio com os 'parceiros'.

A sentença registrou que esse cenário foi verificado em incontáveis diálogos, comprovando que os integrantes da quadrilha "se dedicavam a corromper funcionários públicos, a fim de que a concorrência nas licitações públicas fosse aniquilada". Os operadores escolhiam até mesmo as datas em que os certames deveriam ser abertos, para não lotar, não "encher de gente".

A quadrilha também negociaria, segundo as investigações, a desistência de concorrentes mediante 'bonificação' para ficar de fora.

Acordo sob ameaça

Noutro episódio, os representantes negociam pagamento durante a disputa, para os demais concorrentes desistirem, de modo a evitar novas rodadas de lances, com ameaças de que, se não aceitassem o acordo, o licitante que operava as fraudes ficaria com tudo, sugerindo que baixaria o preço até ganhar todos os itens..

Licitante 1: Tamo em 3 só, hómi. Eu, o teu piá e mais 2 ... Mas é aquele gordinho da X, gente boa também... De 10 itens ninguém deu lance, só você que tá levando

Licitante 2: Pega 500 cada um e vaza, que senão eu vou ganhar tudo... Entendeu?

Licitante 1: Não dá pra chegar num 1 mil pra cada um hoje?

Licitante 2: Não, não dá, porque ahn, já tá baixo de mais, né?

Licitante 1: Tá, eu vou passar pra eles.

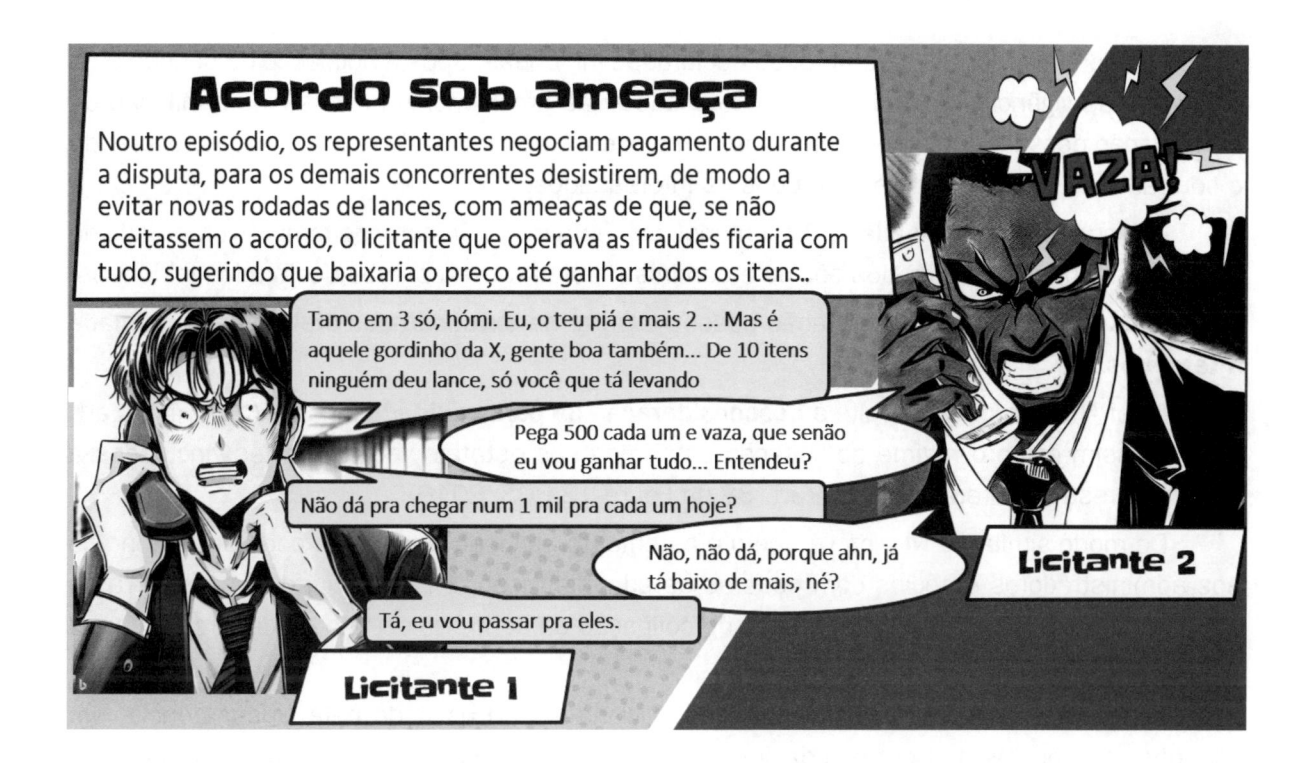

Voltando a **exemplos de pequena empresa de fachada**, encontramos o Acórdão nº 113/2013-P, recurso do 3465/2012-P, em que o TCU declarou duas empresas inidôneas, por prestarem falsa informação com intuito de obter os benefícios da LC nº 123/2006. Eram pequenas empresas de revenda que tinham como sócio o dono de uma grande fábrica de café, o que invalidava o seu enquadramento para receber benefícios. Em uma delas, a sócia era a filha dele, menor de idade. Na interpretação do TCU, quem, na prática, exercia as prerrogativas de sócio era o pai. Situação similar: Acórdão TCU nº 1692/2020-P.

Ainda sobre **ME/EPP de fachada**, no Acórdão nº 1761/2021-P, o TCU tratou de pregões em que uma empresa grande (X) utilizava empresa pequena, de fachada (Y) para vencer licitações de modo fraudulento.

Segundo o TCU, o grupo empresarial foi arquitetado para se beneficiar da LC nº 123 (por meio da Y), sem perder de vista os ganhos operacionais e administrativos de uma empresa de maior porte (caso da X).

Ambas as sociedades tinham o mesmo endereço e o mesmo administrador de fato. A empresa pequena nunca teve empregados, nem capacidade operacional própria. As negociações contratuais eram tratadas por representantes da firma grande. Em um contrato, a garantia da empresa pequena foi prestada com cheque de sócio da grande.

Considerando todas as evidências – e não apenas o fato de ocuparem o mesmo imóvel –, restou incontroversa a relação de dependência entre as sociedades. Assim, o TCU declarou ambas, X e Y, inidôneas por três anos.

Foi suscitado debate sobre a **extensão dos efeitos da declaração de inidoneidade aos sócios**.

O entendimento do Tribunal sobre os efeitos da sua declaração de inidoneidade é de que, caso nova sociedade empresária seja constituída, com o mesmo objeto, por qualquer um dos sócios ou administradores de empresas declaradas inidôneas, após a aplicação da sanção e no prazo de sua vigência, a administração deve adotar as providências necessárias à inibição de participação dessa empresa em licitações, em processo administrativo específico, assegurando o contraditório e a ampla defesa a todos os interessados.

Visando maior efetividade, o TCU entende que esta restrição abrange também empresas de parentes até o terceiro grau dos sócios e administradores das empresas declaradas inidôneas.

Mais recentemente, a legislação passou a tratar da **extensão dos efeitos de penalidade a terceiros**.

A Lei Anticorrupção permite a **desconsideração da personalidade jurídica** (art. 14 c/c art. 5º, IV), assim como o regime de licitação das empresas estatais veda licitantes vinculados a outra empresa declarada inidônea (art. 38 da Lei nº 13.303/2016).

De modo similar, a NLL prevê que o afastamento aplicado à empresa pode ser estendido aos administradores e sócios com poderes de administração, a pessoa jurídica sucessora ou a empresa do mesmo ramo com relação de coligação ou controle, de fato ou de direito, com o sancionado (art. 160).

A NLL, nesse sentido, positivou o que já vinha sendo aplicado pela jurisprudência, em julgados de Tribunais de Contas e da Justiça, num movimento crescente de busca de aumento da proteção da Administração Pública contra o abuso de empresas e pessoas fraudadoras.

Reforçando esse cenário, em 2022, o STF julgou o Mandado de Segurança nº 35506, no qual ficou entendido que o **TCU pode promover, cautelarmente, a desconsideração da personalidade jurídica**, de maneira a assegurar o resultado útil do processo.

Aliás, sobre o tema, existe o Projeto de Lei nº 680/2022, para alterar o Código Penal e aplicar sanção de impedimento diretamente a sócios de empresas condenadas por fraude em licitação. O texto tramita na Câmara dos Deputados. De acordo com a proposta, o envolvimento em fraude de licitação ou contrato levaria ao bloqueio do CNPJ da empresa e do CPF de todos os sócios por cinco anos. Para o autor da ideia, criminosos abrem novas empresas para continuarem concorrendo. Discutiremos mais à frente essa questão, apontando para um cenário de maior amplitude das capacidades punitivas atuais, com a NLL e o avanço jurisprudencial sobre a temática do abuso de personalidade jurídica.

No interior de São Paulo, uma lei similar já foi aprovada em uma prefeitura, proibindo entes municipais de contratar empresas que tenham em seus quadros societários pessoa física ou jurídica impedida de contratar com a administração pública. Segundo o vereador autor da proposta, a ideia é afastar o risco de empresas punidas que voltam a atuar com o "mesmo nome, o mesmo dono, a mesma sede, o mesmo acervo técnico, o mesmo pessoal, tudo" (www.acidadeon.com, notícia de 28.09.2021).

Ilustrando a situação de **abuso de personalidade jurídica**, encontramos caso no interior de Santa Catarina. Dois empresários, do ramo de saúde, foram proibidos de contratar com o poder público, por causa de uma condenação por Improbidade. Para continuar atuando, eles convenceram duas pessoas a assumirem a empresa, só no papel. O esquema rendeu uma condenação por fraude à licitação (Processo nº 5005829-49.2020.4.04.7202).

Para a Justiça, a empresa continuou sendo gerenciada pelo casal proibido. Os novos sócios eram apenas "laranjas" que emprestaram os nomes, sem exercer quaisquer atos de gestão na empresa, sem conhecimento do cotidiano da firma, sem explicações plausíveis para o envolvimento com o negócio.

> **Entre os elementos de comprovação dos fatos, constou uma gravação ambiental, de uma conversa entre o filho de um dos laranjas e o empresário oculto. É lícita a gravação ambiental feita por um dos interlocutores.**
>
> **Filho do Laranja:** Tu vai assumir na Justiça que meu pai é um laranja... que ele fez do boa-fé pra ti, que só quis te ajudar...
> 'Se eu tiver'? Tu vai assumir! Tu vai assumir tudo!
> Nos fez passar vergonha, uma vida trabalhando...
> ...pra nunca ter ganhado nada (...)
>
> **Empresário Oculto:** ...tenha calma, nós estamos resolvendo...
> ...se eu tiver que assumir...
> Eu vou
> eu sei, eu sei... isso eu não queria jamais, imagina...
> O que eu tiver eu vou assumir, você não se preocupe.
>
> TJSC, Processo n. 5005829-49.2020.4.04.7202

No Mato Grosso, o Tribunal de Contas Estadual avaliou, por meio do Acórdão nº 508/2018, pregão para locação de veículos, no qual o órgão de controle julgou ter ocorrido **abuso de personalidade jurídica** e fraude **para burlar sanção administrativa**. A empresa X estava impedida de contratar com a Administração Pública Estadual, então, concorreu e venceu a empresa Y, da qual X era sócia, ambas atuando no mesmo ramo e com o mesmo sócio-administrador.

O TCE-MT usou como fundamento precedentes do STJ, tendo em conta que "os efeitos da desconsideração da personalidade jurídica não se impõem apenas aos sócios de direito da empresa; alcançam, também, eventuais **sócios ocultos**" (AgRg no REsp 152.033/RS).

Houve recomendação para **melhorar os controles internos** dos órgãos compradores, de modo a alertar quando empresas licitantes tivessem indícios de **impedimento indireto**.

Uma das pessoas responsabilizadas pelo TCE-MT foi a pregoeira. Ela tentou se defender alegando que era nova na atividade e que um caso daquele tipo nunca tinha acontecido na repartição. O TCE-MT não aceitou os argumentos, considerando que a fraude era facilmente perceptível, que houve alerta da situação em recurso no certame e que a pregoeira tinha o poder-dever de agir para evitar a fraude. Ela ignorou o recurso, simplesmente porque era intempestivo e, assim, na visão do Tribunal de Contas, contribuiu para a irregularidade, ofendendo o princípio da moralidade administrativa. Segundo o TCE-MT, ela deveria ter levado a matéria ao conhecimento da autoridade competente para decidir sobre o tema, a fim de resguardar os interesses da Administração Pública.

O TCE-MT anotou que se espera de agente público a atuação com zelo e que, diante de uma denúncia que aponte irregularidades, dê conhecimento à autoridade competente para que adote as providências cabíveis.

Também no Mato Grosso, o Tribunal de Contas do Estado avaliou caso em que a empresa X venceu pregão, tendo em seu quadro societário a Empresa Y, que estava impedida de atuar. Para o TCE-MT, o proprietário exercia, efetiva e formalmente, o controle de diversas pessoas jurídicas e **manipulava o quadro societário** delas, de modo a fazer com que fossem ou deixassem de ser sócias umas das outras, a fim de atender finalidades de caráter no mínimo duvidosas. O Tribunal entendeu que o uso da empresa X consistiu em reprovável tentativa do proprietário de burlar o impedimento da empresa Y, de mesmo objeto social que daquela e da qual era também sócio-administrador. A empresa X foi declarada inidônea (Processo TCE-MT nº 26061-4/2015).

Numa Secretaria Estadual na Região Norte, ocorreu a Operação Busdoor, investigando serviço de publicidade durante a pandemia. O TCU entendeu que havia fortes indícios de fraude (Acórdão nº 1168/2022-P).

Um dos indícios foi a ausência de clareza na descrição dos itens licitados, que pode ter inviabilizado a participação de empresas no certame e reduzido a competitividade, facilitando a fraude. Havia previsão de trocas a cada 15, 30, 90 e 180 dias, sem definição efetiva dos períodos e quantidades. Mesmo após questionamentos, não houve correção, contrariando, inclusive, orientação da assessoria jurídica.

Apenas duas empresas participaram em cada item, praticamente sem disputa.

Além de restrição à competitividade, foram coletados elementos contundentes da **atuação em conluio** para burlar o certame.

A empresa X não funcionava no endereço informado e a proprietária tinha sido empregada terceirizada na secretaria de saúde, ganhando pouco mais que um salário-mínimo. A concorrente, empresa Y, foi criada poucos dias antes do pregão e no suposto endereço, nenhum indicativo de exercício de atividade empresarial.

A Polícia Federal identificou **mensagens trocadas entre as supostas proprietárias das duas empresas**, pelo celular, tratando, aparentemente, de licitações, alertando que 'faltou cotar o item 19'.

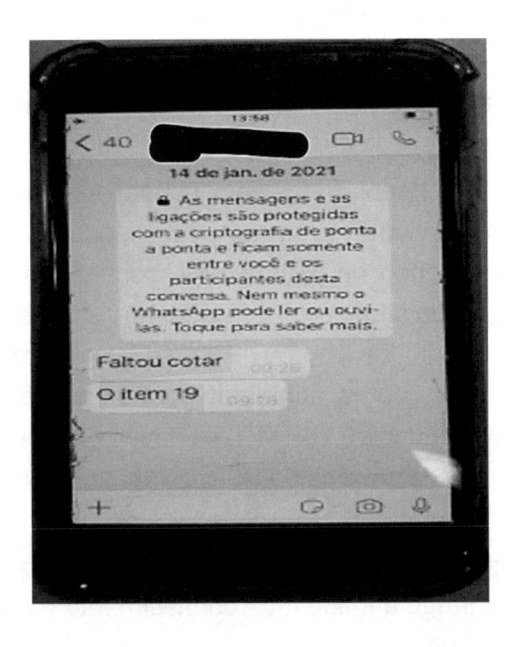

A mesma empresa X que ganhou um dos itens da licitação também emitiu orçamento durante a pesquisa de preços. Outras duas firmas forneceram orçamentos: Z e W. O dono da Z era marido da empresa Y, vencedora de um dos itens do pregão. A suspeita era de que Y fosse empresa de fachada, de forma que Z não aparecesse oficialmente no certame.

Outra situação esquisita: a empresa W emitiu orçamento, mesmo sem qualquer provocação ou pedido pela secretaria de saúde. Tratava-se de um quiosque de venda de sapatos localizada em um Shopping, mas que já tinha vencido licitações para serviços de publicidade.

O TCU destacou que os orçamentos foram preenchidos à mão, enquanto o arquivo modelo foi enviado eletronicamente no formato word, sendo assim, seria razoável esperar que as respostas fossem devolvidas eletronicamente.

A auditoria do Tribunal de Contas observou outra curiosidade: o orçamento da empresa W tinha formato diferente dos demais, com cabeçalho preenchido à mão e os campos referentes aos valores dos itens preenchidos eletronicamente, "sugerindo que, possivelmente, essa proposta pode ter sido 'montada', ou seja, outra pessoa elaborou a proposta e a responsável pela empresa apenas preencheu seus dados e assinou".

A proprietária da empresa Y havia sido condenada por estelionato e denunciada por associação criminosa, por integrar grupo de empresas do ramo da publicidade, atuando em processos licitatórios supostamente fraudados pelo grupo.

Diante desse contexto, o **TCU decidiu desconsiderar a personalidade jurídica das empresas** para também citar seus sócios, para continuidade das análises, gerando potencial de responsabilização solidária dos sócios e das empresas.

Contribuiu para a decisão o fato de que a secretaria de saúde optou por **não pegar carona** em uma Ata de Registro de Preços que foi utilizada na pesquisa de preços e que possuía itens semelhantes e alguns idênticos aos pretendidos, **a valores mais baixos**, um forte indicativo de que houve intenção deliberada de direcionar a contratação com sobrepreço.

Em linha com o entendimento sobre o abuso da personalidade jurídica, em outro caso, o TCU determinou a um jurisdicionado que abrisse processo administrativo de responsabilização para avaliar a aplicação da **teoria da desconsideração expansiva da personalidade jurídica**, tendo em vista a possível tentativa de **burlar a sanção** aplicada em desfavor da empresa, por meio da troca de sócios, dias após a aplicação da penalidade de suspensão e impedimento de licitar, bem como da procuração outorgada posteriormente ao sócio que havia se retirado (Acórdão nº 12120/2019-2C).

Como se vê, diante do abuso de personalidade jurídica, quem estiver conduzindo o certame deve agir prontamente para afastar aquele licitante suspeito e abrir processo de responsabilização para aplicação de penalidade cabível.

A **forma como avaliar e processar os casos de indícios de impedimento indireto** merece atenção.

Para falar disso, apresentamos, primeiro, um caso negativo. Ou seja, o que evitar.

No Acórdão nº 534/2020-1C, o TCU analisou um Pregão em que a primeira colocada foi inabilitada, por causa de impedimento indireto apontado pelo *Comprasnet*. A empresa X, licitante, estava associada à empresa Y, declarada inidônea pelo TCU.

O pregoeiro entendeu pelo abuso de PJ porque havia documento da X assinado pelo antigo sócio da Y e o único atestado de capacidade técnica apresentado por X fora emitido pela Y. Para o pregoeiro, a documentação era contraditória e de veracidade duvidosa. A aparência era de que X estava participando apenas para burlar o impedimento de Y.

Mas o TCU entendeu de forma diferente. Havia, sim, fortes elementos de vínculo entre X e Y, sendo os sócios de uma e outra irmãos e residentes no mesmo endereço. Mesmo assim, tais indícios não seriam suficientes para comprovar o abuso de personalidade jurídica, porque Fulano, que havia sido sócio comum de X e de Y, já não fazia parte de nenhuma das duas, tanto por ocasião do certame que X concorreu quanto na aplicação da sanção pelo TCU à Y.

Para o TCU, também faltavam indícios de transferência de acervo técnico entre as duas sociedades após Y ser impedida de participar de licitações públicas.

Em outros termos, ainda que houvesse fortes vínculos entre as duas empresas, não era possível afirmar, pelos elementos dos autos, que X atuou para fraudar a sanção aplicada à Y.

Além do mais, o pregoeiro não deu oportunidade para que X se manifestasse sobre a questão, o que é fundamental em casos como esse, respeitando a IN Seges nº 3/2018 (art. 29, §2º), que obriga o gestor a diligenciar para verificar se houve fraude, a partir do Relatório de Ocorrências Impeditivas Indiretas gerado pelo sistema, assim como determina que seja convocado o licitante para manifestação prévia à sua desclassificação no certame.

Esse caso demonstra a relevância de cautela redobrada em ocorrências de potencial impedimento indireto, com a oportunização adequada de contraditório e ampla defesa.

Como referência de **casos em que se entendeu pelo abuso de personalidade jurídica**, encontramos o Processo administrativo nº 000792992.2016.5.04.0000 do TRF4, que tratou de ocorrência impeditiva indireta em pregão eletrônico. A licitante X alegou que foi criada antes do impedimento aplicado à Y. A unidade contratante entendeu que a data de abertura de X não era relevante no caso, porque o único sócio e administrador de Y continuava participando de licitações, como sócio-administrador da X, em sociedade com a mãe, em evidente abuso da personalidade jurídica, usando X para burlar a sanção de impedimento de Y.

Em Rondônia, a Justiça Federal negou pedido de uma empresa que tentava se livrar de punição. Primeiro, X deixou de entregar materiais e a unidade aplicou impedimento. Aí, no pregão seguinte, apareceu Y, com o mesmo dirigente e representante de X. A unidade contratante aplicou impedimento em Y também. Ficou comprovado que ambas eram controladas pela mesma pessoa, tinham o mesmo endereço e atuavam no mesmo ramo, caracterizando abuso da personalidade jurídica pela confusão patrimonial. Para o Juiz do caso, afronta aos mais comezinhos princípios de direito administrativo a participação em licitação de empresa constituída com desvio de finalidade. Pesou na decisão também o fato de que a unidade contratante promoveu o devido processo administrativo e obedeceu aos princípios do contraditório e da ampla defesa antes de aplicar a desconsideração da personalidade jurídica (Processo JFRO nº 0005941-62.2012.4.01.4100).

Na ementa do Acórdão TCU nº 2.218/2011-1C, podemos ler que o Tribunal de Contas entende como **fraude presumida** quando a empresa licitante **possui objeto social similar e, cumulativamente, ao menos um controlador e/ou gerente em comum com a entidade impedida**.

Em complemento, no Acórdão TCU nº 1.831/2014-P, verificamos **outros elementos** que podem configurar abuso da personalidade jurídica: a) identidade dos sócios-proprietários; b) atuação no mesmo ramo de atividade; c) compartilhamento do acervo técnico e humano.

PISTAS ABUSO PJ

- **RAMO** — Objeto social similar, atividades comerciais iguais ou semelhantes
- **SÓCIOS** — Iguais, parentes, laranjas, alterações suspeitas
- **GRUPO** — Compartilhamento de endereço, telefone, email, administrador, procurador, funcionários
- **DATAS** — Criação ou alteração após punição ou durante processo de responsabilização

Victor Amorim (2019) adicionou **outros fatores** potencialmente relevados de abuso de PJ, como a abertura de nova empresa depois da primeira ser impedida, proximidade de endereço dos estabelecimentos, identidade de telefones e endereços eletrônicos de contato, procurador ou preposto idêntico.

Acrescentamos, ainda, mais análises e diligências que podem ajudar a esclarecer se há ou não abuso de uma empresa tentando burlar o impedimento de outra.

Pode-se analisar, por exemplo, os contratos sociais e quadro societário dos licitantes, especialmente para verificar eventuais movimentos de ocultação do real controle das empresas. Uma pessoa com amplos poderes em uma empresa impedida pode se retirar formalmente da sociedade em outra empresa, mas continuar atuando efetivamente em ambas. Pode ser que o novo quadro societário seja de fachada, composto por laranjas, como funcionários ou parentes do verdadeiro controlador.

A empresa licitante pode ter sido criada com a única finalidade de escapar da punição. Por isso a data de criação e o ramo de atividade são elementos importantes.

Entretanto, não é necessariamente a abertura de uma NOVA empresa que configura abuso de personalidade jurídica para fugir de penalidade. O abuso pode acontecer também com empresa já existente, que atue no mesmo ramo e esteja sob o mesmo controle (de fato, não necessariamente de direito). Reforça-se esse argumento com o caso em que o TCU entendeu que poderia ter ocorrido tentativa de burlar o impedimento por meio da troca de sócios dias após a aplicação da penalidade, combinada com procuração a essa mesma pessoa que havia se retirado (Acórdão nº 12120/2019-2C).

Mais importante do que a data de abertura da empresa é a possibilidade de confusão patrimonial. Afinal, as empresas X (impedida) e Y (licitante vinculada a X) são efetivamente distintas ou se confundem com uma só? Atuam com clientes diferentes? Ambas disputam licitações do mesmo objeto ou em ramos distintos? Y passou a atuar em licitações só depois que X foi impedida? As duas empresas possuem sedes, estrutura, pessoal, estoque, operações próprias? Ou tudo é uma coisa só, variando apenas o CNPJ, talvez nem o endereço?

Outra coisa muito importante é quem – de fato – opera, administra, comanda a empresa Y (licitante vinculada à impedida X). O sócio majoritário se retirou de verdade ou foi só uma manobra formal para tentar fugir da punição? O novo sócio majoritário realmente está comandando a empresa?

Nesse sentido, vale analisar, por exemplo, os registros de cadastro de X e Y nos sistemas eletrônicos de compras. Quem fez esses registros. E-mails, endereços e telefones informados. Datas de cadastro e atualização.

Vale observar o ramo de atuação, o possível compartilhamento de estrutura operacional, o funcionamento em comunhão de interesses e atividades. A ideia é buscar elementos de convicção sobre a hipótese de que a licitante é apenas uma cópia, um clone da que foi impedida. Ou, ao contrário, se ambas atuam de modo efetivamente independente.

Sugere-se analisar também os balanços contábeis, que podem contar a história de operações das empresas. Indicadores que merecem atenção são ativos operacionais como clientes, estoques, depreciação, veículos, maquinário, ferramentas, fornecedores, pessoal. Talvez a empresa Y (licitante) não tenha nada disso, seja apenas uma fachada contábil, sem nenhum ativo operacional, denotando que quem opera, de fato, é a X (impedida).

Aliás, se o Balanço Patrimonial revelar ausência de estrutura operacional, vale questionar a veracidade de eventual atestado de capacidade técnica apresentado pela empresa licitante. É um indício de que a experiência supostamente comprovada pode não ter sido executada efetivamente por aquela empresa, mas talvez por outra, do mesmo grupo.

Como exemplo desse contexto de análise sugerido, a Controladoria da Prefeitura de São Paulo abriu o Processo nº 201502417932 para apurar responsabilização administrativa da Lei Anticorrupção contra três empresas (X, Y e Z), por fraude em pregão para serviços gráficos. Somente X recebeu pedido formal para participar da pesquisa de preços, mas Y e Z também apresentaram orçamentos, todos os três idênticos. O grupo, portanto, influenciou completamente a estimativa de preços antes da licitação.

No pregão, participaram X e Y, usando documentos similares, diferentes do padrão do edital, com erros comuns e harmonia matemática nos valores unitários das propostas. Houve diligências por incongruências no balanço patrimonial de X. Sob o pretexto de erro de digitação, ela apresentou outro balanço patrimonial, com alteração radical das contas contábeis e supressão de informações, inclusive aquelas pertinentes a empresas do grupo (Y e Z) e a empréstimos contraídos por elas, que revelava confusão patrimonial.

O órgão processante verificou, em dados abertos de uma rede social, que os representantes das empresas tinham relações profissionais e pessoais entre si. O dono formal de Y, motorista do grupo econômico, atuaria como 'testa de ferro', ciente de que seu nome era usado para ocultar os donos verdadeiros.

Como resultado das apurações, foi desconsiderada a personalidade jurídica das empresas e foram aplicadas aos sócios, solidariamente, multas administrativas. Pelos mesmos fatos, em outro processo, o órgão contratante declarou inidoneidade da empresa X e dos sócios envolvidos no esquema, por cinco anos (Processo CGMSP nº 201700201669).

Como já abordamos em outros pontos do livro, esse é um tema que tende a ser crescentemente explorado, considerando a previsão expressa da NLL de admitir a extensão das penalidades aplicadas a uma empresa para atingir seus administradores e sócios com poderes de administração, bem como pessoa jurídica sucessora **ou empresa do mesmo ramo com relação de coligação ou controle, de fato ou de direito, com o sancionado**, observados, em todos os casos, o contraditório, a ampla defesa e a obrigatoriedade de análise jurídica prévia (art. 160).

Essa situação pode alcançar também os sócios minoritários quando ficar demonstrado que estes se valeram de forma abusiva da sociedade empresária para tomar parte nas práticas irregulares (Acórdão nº TCU nº 2252/2018-P).

E vale ressaltar que os eventuais efeitos da desconsideração da personalidade jurídica não alcançam apenas os sócios de direito, mas também os sócios ocultos porventura existentes, nos casos em que estes, embora exerçam de fato o comando da empresa, escondem-se por trás de terceiros laranjas instituídos apenas formalmente como sócios (Acórdãos TCU nºs 1891/2010-P, 2589/2010-P, 2696/2011-P, 2804/2011-P e 2226/2012-P).

Pode servir como referência normativa, para disciplinar como processar esse tipo de situação, o regulamento do Estado do Paraná (Decreto nº 10.086/2021), que prevê indícios de abuso de personalidade jurídica como atividade econômica; quadro societário, dirigentes/administradores; estrutura física ou de pessoal.

Esse regulamento do Paraná prevê um rito processual que suspende o processo licitatório para investigar o abuso de PJ, notifica a licitante para manifestação em 2 (dois) dias úteis e avalia eventuais argumentos de defesa, bem como elementos complementares que tenham sido obtidos em diligência. A autoridade máxima do órgão emite decisão, da qual cabe recurso, sem efeito suspensivo.

É bom reforçar que a NLL prevê obrigatoriamente a análise jurídica prévia à desconsideração da personalidade jurídica (art. 160).

Em casos excepcionais, pode haver motivação suficiente para adotar **medida administrativa cautelar**.

Sobre o tema, colecionamos as seguintes referências:

1. Procedimento adotado pela Controladoria-Geral do Estado do Paraná (CGE-PR), que criou método **cautelar de impedimento administrativo**. Essa medida, inclusive, foi premiada pela CGU como boa prática.[15] Basicamente, a CGEPR se baseou na prerrogativa de aplicar sanções das leis de contratação e no dispositivo do art. 45 da Lei Federal nº 9.784/99, que prevê, em caso de risco iminente, providências acauteladoras sem

---

[15] Cf.: *Medida cautelar administrativa de suspensão*. Curitiba, 2018. Disponível em: https://www.gov.br/corregedorias/pt-br/servicos/eventos/siscor-procor/concurso-de-boas-praticas/2021/Controladoriageraldoestadoentesprivados.pdf. Acesso em: 14 jun. 2023.

a prévia manifestação do interessado, além do Código de Processo Civil (art. 300) que consagra a medida cautelar quando houver fundado receio de perigo de dano ou risco ao resultado útil do processo (Anexo da Resolução CGE-PR nº 12/2021).
2. No artigo "Medidas cautelares no processo administrativo sancionador", de Luiz Henrique Pandolfi Miranda, publicado na Revista da CGU nº 8, de 2010, o autor defende que a Administração tem o direito de afastar cautelarmente de licitação pessoa contra a qual exista indícios robustos de conduta irregular, até o término do processo administrativo instaurado ou em vias de ser instaurado para aplicação das sanções cabíveis.
3. Nota Técnica nº 2838/2021/CGUNE/CRG, na qual a CGU entende que:
3.1 medida cautelar é ato preventivo;
3.2 art. 45 da Lei nº 9.784/99 expressa o poder-geral de cautela;
3.3 cautelar administrativa está amparada na Teoria dos Poderes Implícitos;
3.4 aguardar responsabilização pode impedir prevenção de risco;
3.5 deve existir risco iminente e plausibilidade da hipótese de penalização.
4. Blog Zênite. Artigo "Ocorrências impeditivas indiretas: o que é? O que fazer?",[16] no qual se verifica entendimento de que, havendo fortes indícios de fraude à sanção anteriormente aplicada, deve-se instaurar o processo administrativo tendente a apurar em detalhes a conduta, bem como viabilizar o contraditório e a ampla defesa prévios. Entretanto, **se houver risco de dano em aguardar** o trâmite pertinente do processo, demonstradas razões nesse sentido, à luz do princípio da indisponibilidade do interesse público, **pode-se afastar cautelarmente licitante** para apuração da conduta em processo administrativo, sem prejuízo à continuidade da licitação com os demais.

Nos filiamos a essa posição da Zênite. Embora seja imprescindível a abertura de processo específico para desconsiderar a personalidade jurídica de licitante, o caso concreto pode requerer decisão liminar, dentro dos autos – e registros eletrônicos – da licitação, a fim de resguardar a capacidade do processo licitatório de produzir seus efeitos de seleção da proposta mais vantajosa, enquanto tramita, no seu tempo, rimo e rito próprios, o Processo de Responsabilização Administrativa, desde que existam, como já ressaltado, os elementos mínimos de risco iminente e plausibilidade dos indícios de abuso da personalidade jurídica.

Esse mesmo entendimento defendemos para os demais indícios de fraude no decorrer do processo licitatório. Novamente, como referência, apontamos o Regulamento do Estado do Paraná (Decreto nº 10.086/2021), prevendo a intimação do acusado em caso de indícios de falsidade documental durante a licitação, com três dias úteis para manifestação, julgamento preliminar dos fatos durante a licitação e abertura posterior de processo sancionador apartado.

---

[16] Cf.: Ocorrências impeditivas indiretas: o que é? O que fazer? *Blog Zenite*, 28 ago. 2015. Disponível em: https://zenite.blog.br/ocorrencias-impeditivas-indiretas-o-que-e-o-que-fazer/. Acesso em: 14 jun. 2023.

2.4.13 Coincidência de pessoas e vínculos impeditivos

Merece atenção, na análise de risco de fraude em compras públicas, a possibilidade de coincidência ou vinculação indevida de pessoas físicas com empresas licitantes.

Isso abrange, por exemplo, pessoas que atuam por procuração, representantes, administradores, sócios e responsáveis técnicos.

Um dos riscos, nesse caso, se refere à atuação da **mesma pessoa em nome de mais de um concorrente** na mesma licitação, o que pode comprometer o sigilo das propostas e outros princípios.

Cabe destacar o Acórdão nº 1.400/2014-P, no qual o TCU verificou duas licitantes com o mesmo procurador e representante. Para o Tribunal de Contas, seria difícil imaginar como essa pessoa poderia defender os interesses das duas concorrentes ao mesmo tempo, numa disputa entre elas. A conclusão do órgão de controle foi no sentido de ser inviável tal situação, indicando atuação de má-fé por parte dos agentes e empresas envolvidos.

Nesse mesmo julgado, o TCU enfrentou o argumento de que não existia, na época, proibição de que empresas do mesmo grupo ou família concorressem entre si. Para o Tribunal de Contas, não há como existir competição entre firmas controladas pela mesma pessoa, com quadros societários integralmente formados por membros de uma mesma família. Seria um atentado contra os princípios da licitação.

Para o TCU, **licitantes sob controle comum**, ou seja, que não atuam de modo independente, cometem fraude ao participar de uma mesma licitação, violando o princípio da competitividade.

Uma situação assim pode ser ilustrada por esse exemplo real. Duas empresas, X e Y, eram controladas pela mesma pessoa e 'concorreram' na licitação. JOSÉ, dono da Y, atuou como procurador de X. Além do mesmo controle gerencial, as empresas compartilhavam o mesmo Responsável Técnico. Esse e outros indícios foram considerados prova de conluio, e as duas empresas foram declaradas inidôneas pela prefeitura que promoveu a licitação.

...representada pelo sr. **Fulano**... ...empresário, filho de **Beltrano**... ...constitui seu bastante procurador **Beltrano**... ...a quem confere os mais **amplos, gerais e ilimitados poderes**... gerir... empresa X	...outorgante empresa Y... ...representada pelo sócio **Beltrano**... ...constitui seu bastante procurador **Sicrano**... ...a quem confere poderes para representar a empresa... em processos licitatórios
Procuração do filho Fulano para o pai Beltrano (amplos poderes para gerir X)	Procuração de Beltrano para Sicrano para representar Y na licitação

No âmbito da Operação Cartas Marcadas, deflagrada no Paraná, para apurar fraudes em compras de uniformes escolares, de acordo com as investigações, as empresas, em sua maioria de fachada, pertenciam a pessoas ligadas entre si, por parentesco ou amizade, algumas, inclusive, com o mesmo representante, e violavam o sigilo, fraudando a concorrência. Na prática, as empresas não tinham sequer indústria ou maquinário (www.comunicacao.mppr.mp.br, notícia de 18.07.2019).

Em Rondônia, sentença da Justiça estadual, em ação de improbidade, apontou que na minuta do contrato já constava o nome do engenheiro da vencedora. Além disso, documentos foram redigidos pela mesma pessoa, a julgar pelas coincidências em sua composição. Ambas as empresas eram representadas pela mesma pessoa, que se tornou procurador logo em seguida à constituição das pessoas jurídicas. As duas empresas, como concorrentes na mesma licitação, apresentaram o mesmo engenheiro civil (Processo nº 0000541-35.2010.4.01.4101).

No Acórdão nº 754/2015-P, o TCU recomendou que fosse implantado mecanismo no *Comprasnet* para **alertar os compradores sobre sócios em comum** na mesma licitação.

Essa jurisprudência e a evolução da legislação correlata levou à **proibição expressa na NLL de que empresas coligadas ou controladas concorram entre si** (art. 14, V). Reforçamos que o STJ considera coligadas empresas com relação efetiva de influência, no caso concreto (RE nº 1.259.020-SP).

Além disso, **a NLL proíbe quem mantenha vínculo** de natureza técnica, comercial, econômica, trabalhista ou civil **com dirigente ou envolvido na licitação da unidade contratante**, ou que deles seja parente em linha reta, colateral ou por afinidade, até o terceiro grau (art. 14, IV).

Surgem, assim, risco de fraude pela **participação indevida de licitantes impedidos**, vinculados entre si ou vinculados com dirigente ou agente que atue na licitação pela unidade contratante.

O Tribunal de Justiça de São Paulo confirmou improbidade em contratação, por uma Prefeitura, de empresa dos **pais do presidente da Comissão de Licitação** para obras em Centro de Lazer do município. Para a Justiça, o filho tinha amplos poderes decisórios e conhecimento prévio para direcionar o certame aos pais (Apelação nº 0003246-38.2012.8.26.0372).

Em Mato Grosso do Sul, a Justiça Federal condenou ex-prefeito e empresários por fraudes na licitação para construir uma creche, em decorrência da Operação Teto de Vidro. Três empresas participaram: X, Y e Z, com a primeira vencendo e as outras duas sendo inabilitadas. A dona da X era funcionária da Secretaria à qual a obra estaria vinculada. Outro funcionário da Prefeitura também atuava na X, como responsável. O Prefeito, o dono da Y e o dono da X eram parentes (Processo nº 0008857-33.2015.4.03.6000).

Em um notebook apreendido na sede da construtora Y, havia minutas de documentos em nome da X, os mesmos documentos apresentados no procedimento licitatório: etiquetas, planilhas, propostas.

O então presidente da CPL declarou que o município era muito pequeno e tinha um histórico de atrasos nos pagamentos e por isso poucas empresas se interessavam em participar das licitações.

O dono da construtora X, Fulano, que venceu a licitação, alegou que ter parentesco na cidade era algo comum. Disse que não tinha experiência em licitações e, por isso, pagou o serviço de seu primo, dono da construtora Y, para que elaborasse a planilha de proposta. Não sabia que ele também tinha interesse no certame.

O engenheiro Beltrano, dono da empresa Y, confessou ter elaborado a planilha para o primo, para que ele pudesse alterar os valores, de acordo com suas possibilidades. Disse que decidiu concorrer também porque era uma obra grande, e como o primo Fulano era inexperiente, Beltrano achou que poderia ganhar, que o primo poderia esquecer um documento ou uma declaração.

Para o Juiz do caso, a versão da defesa não era aceitável. Não havia comprovante da contratação de Beltrano para elaborar a planilha de preços para Fulano.

Mesmo que houvesse essa comprovação, Beltrano participou da licitação, soando inverídico que se dispusesse a ajudar um concorrente, até porque, já sabendo dos valores que seriam praticados pelo primo, seria fácil adaptar os seus para ganhar o certame e manter a máxima margem de lucro possível. Sua alegação de que o primo poderia modificar a proposta soava "ainda mais incrível".

Primeiro, porque a planilha de preços apresentada por Fulano foi exatamente aquela encontrada no computador de Beltrano, sem qualquer alteração de valores.

Segundo, porque Fulano já prestava serviços há muito tempo para o município, ou seja, não havia evidência de que não fosse capaz de preencher uma planilha de preços. Ao contrário, tudo indica que isso era tarefa rotineira para ele.

E, terceiro, porque Fulano declarou em seu interrogatório que a planilha já vinha pré-preenchida pelo FNDE, ou pelo menos que os valores estimados com base na Tabela Sinapi, logo, os licitantes poderiam tanto alterar os valores dos insumos, quanto aumentar ou diminuir os valores que compõem o BDI.

Nessa ordem de ideias, qual a dificuldade de Fulano em preencher ou adaptar a planilha? E para que precisaria da ajuda de Beltrano para isso?

Assim, o Juiz concluiu que, na verdade, os primos, incluindo o prefeito, se conluiaram para fraudar o caráter competitivo da licitação. Essa conclusão foi reforçada porque a construtora de Fulano foi inabilitada por falha na documentação, fato bastante atípico, considerando que a empresa tinha longo histórico de participação em licitações, o que indicaria baixa probabilidade de incidir em um equívoco tão simplório como a falta de apresentação de balanço registrado.

Em outro caso de improbidade, o TRF5 julgou apelações em que os condenados alegaram ausência de dano e de dolo. O relator destacou que não ficou demonstrado dano, pois o objeto da licitação foi entregue, porém as empresas tinham sócios em comum, participando da disputa em nítido conluio. Para a Justiça Federal, foram violados os princípios da moralidade e da impessoalidade, configurando a improbidade (AC nº 0004418-59.2013.4.05.850).

Em Mato Grosso, a Polícia Federal deflagrou a Operação Padrino, contra fraudes numa prefeitura do interior. As investigações apontaram que a empresa de um servidor público foi subcontratada de forma ilegal pela vencedora de licitações no município. A ação evidenciou o direcionamento e o favorecimento pessoal dos envolvidos, além de demonstrar vínculos de intimidade entre os sócios das empresas vencedoras e os agentes públicos. A PF ainda apurou a emissão de notas frias pelas empresas sem que os serviços fossem executados (g1.globo.com/mt, notícia de 20.08.2020).

Em Santa Catarina, o MP estadual deflagrou a Operação *Et Pater Filium*, envolvendo o Prefeito e o seu filho. A Justiça estadual condenou ambos, além de dois empresários. A fraude aconteceu, segundo a denúncia, em licitação para fornecimento de lixeiras (Processo nº 5000066-69.2021.8.24.0015).

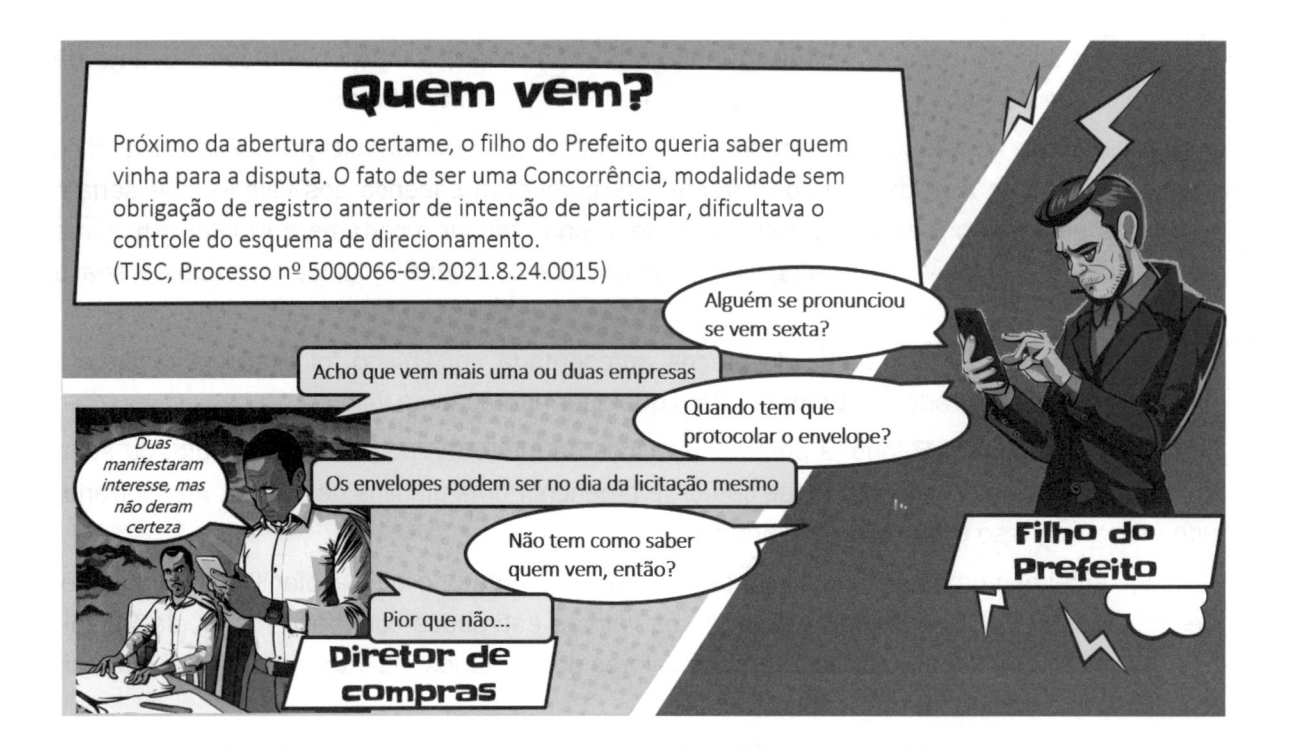

Na sequência, o diretor de compras travou diálogo com uma empresária, que estava predestinada a ganhar a licitação. Ela queria a ajuda do agente público que estava conduzindo o certame, porque o parceiro dela, outro empresário do suposto esquema, estava elaborando o atestado de capacidade técnica para que ela pudesse participar. Ela queria orientação, porque o modelo repassado era de iluminação pública, diferente do objeto cujo atestado ela precisava elaborar, que era de fornecimento de lixeiras.

Segundo a denúncia, foram preparados dois envelopes de proposta, sendo um sem marcação e com o maior preço, e outro marcado com sinal vermelho na parte superior, com o menor preço. No dia de abertura do certame, o envelope com o menor preço já estava com o Diretor de Compras. Ao constatar a ausência de concorrentes, a empresária, orientada pelo filho do Prefeito, trocou os envelopes. Ganhou a "disputa" e ainda pôde apresentar o preço que lhe era mais favorável.

Na casa da empresária, durante busca e apreensão, a polícia encontrou o envelope marcado com tinta vermelha no canto, o que tinha o preço mais baixo, para vencer a licitação, caso houvesse outros concorrentes. No envelope trocado, que acabou inserido no processo da Prefeitura, o valor ofertado era mais alto.

Ficou comprovado, conforme a sentença, que a empresa vencedora, que forneceria as lixeiras, era administrada, de fato, pelo filho do Prefeito, que atuava em dupla função, de fornecedor e de orientador da formulação do edital.

Em Santa Catarina, o Ministério Público denunciou representantes de duas empresas por fraude em licitação para instalação e operação de brinquedos mecânicos durante um evento municipal. De acordo com o Ministério Público, a mesma pessoa operava as duas empresas que "disputaram" a licitação. Serviram de prova: conversas por aplicativo, documentos e inspeção presencial no dia do evento. Um oficial do Ministério Público esteve nas instalações do parquinho mecânico e constatou que os equipamentos e veículos eram, na verdade, da empresa derrotada na licitação (radioalianca.com.br, notícia de 26.05.2023).

A Justiça da Paraíba condenou um agente público pelo crime de fraude em um pregão para locação de caminhões. Fulano, segundo a denúncia, era funcionário da empresa pública contratante e, ao mesmo tempo, sócio-administrador da construtora que ganhou a licitação. Ele assinou todos os documentos apresentados no certame, incluindo a declaração de que cumpria todos os requisitos. A defesa tentou argumentar que Fulano era "apenas prestador de serviços, não servidor". Para a Justiça, o artigo 327 do Código Penal considera "funcionário público, para os efeitos penais, quem, embora transitoriamente ou sem remuneração, exerce cargo, emprego ou função pública" (Processo nº 0031824-11.2011.8.15.2002).

Um contraponto interessante ao risco de vínculo entre licitante e agente da unidade contratante é o **grau de influência** – ou a falta – que tal agente tem, na empresa e/ou no órgão público. No Acórdão nº 2099/2022-P, o TCU enfrentou caso em que o servidor do órgão contratante era **sócio cotista** e não detinha **nenhuma atribuição ligada à contratação**, gestão ou à fiscalização do contrato. Para o TCU, essa situação não se enquadrava nas vedações legais.

Situação bem diferente ocorreu em Rondônia, onde houve condenação pelo uso fraudulento de uma microempresa em licitações de uma prefeitura. O pequeno estabelecimento venceu dois certames, mas, na entrega dos produtos, quem forneceu foi uma distribuidora, de propriedade do então Secretário de Fazenda da prefeitura. Ele estava impedido de concorrer, por atuar na gestão municipal, e usou a microempresa como fachada. Além disso, ele era o ordenador de despesas, autorizando os pagamentos, e nessa condição facilitava para que parte dos produtos fossem pagos sem sequer terem sido entregues ao município (www.tudorondonia.com, notícia de 04.03.2021).

No Paraná, a Justiça Estadual condenou envolvidos em fraudes na contratação de horas-máquina para uma prefeitura (Processo nº 0023974-89.2017.8.16.0021). De acordo com a sentença, uma das **conversas interceptadas** na investigação tratava do esquema como se fosse um **campeonato de futebol**, na tentativa de ocultar o verdadeiro tema.

Empresário 1

para nós sentar aquele negócio lá, senão vai participar 20 lá...
Naquele jogo daquele campeonato de futebol lá... sentar pra ver qual, qual que são os times que serão definidos... quando que você pode vir aqui? Tem que ser uns dois dias antes, né?

TJPR Processo n. 0023974-89.2017.8.16.0021

Empresário 2

No pregão, comparecem **três empresas, todas da mesma família, sem qualquer competição**. O edital exigia idade máxima das máquinas, sem justificativa.

A coisa foi denunciada na imprensa e, na sequência, um parecer jurídico sugeriu abortar o certame, o que acabou acontecendo.

Para a Justiça, porém, isso não eliminou o crime. Isolado, o fato de empresários da mesma família disputarem a licitação não seria suficiente como elemento de prova. Mas o caso envolvia diversos outros elementos de convencimento, incluindo as conversas interceptadas.

Aproveitando o clima futebolístico, a Juíza asseverou na sentença que a fraude não teria funcionado se o esquema não fosse combinado com os russos, ou, no caso, com o "alemão".

> FULANO: Não eu já conversei com os homens fica tranquilo
> BELTRANO: Conversou com quem?
> FULANO: Com o Alemão ontem

2.4.14 Documentos falsos: atestados, balanços, garantias, certidões

A exigência de qualificação de licitantes deve **sopesar dois grandes aspectos**: garantir que o contratado esteja apto a executar o objeto e evitar que se frustre a competitividade do certame licitatório em decorrência da constrição injustificada do universo de licitantes. É o jogo de equilíbrio de que tratam Heckert e Soares Netto (2017), restrição legítima que a lei permite como mecanismo de mitigação de riscos para o contratante.

A capacidade econômica é comprovada com documentos contábeis. A regularidade fiscal, com certidões. Aspectos jurídicos e legais, com registros específicos. A experiência técnica é comprovada por meio de atestados e, dependendo do objeto, registro no conselho profissional correspondente.

Jurisprudência consolidada do TCU vai na linha de que a mera **apresentação de documento com conteúdo falso caracteriza fraude** e leva à inidoneidade do licitante.

Em caso de dúvida quanto à idoneidade dos documentos, quem conduz o certame deve, em qualquer fase da licitação, promover diligência para esclarecer ou complementar a instrução do processo (art. 64 da NLL).

Exemplo de diligência relevante é a consulta à idoneidade **de garantias**. No Acórdão nº 498/2011-P, por exemplo, o TCU alertou sobre a necessidade de pesquisar na Superintendência de Seguros Privados-SUSEP, no caso de seguro-garantia e no Banco Central do Brasil, quando se tratar de fiança bancária, para verificar se a instituição prestadora da respectiva garantia está devidamente autorizada a fazê-lo.

Casos de **apólices falsas de seguro-garantia** podem ser lidos nos Acórdãos do TCU nºs 7473/2012-1C, 2741/2018-P e 2770/2019-P; na Apelação nº 0000134-11.2008.7.01.0201 do Superior Tribunal Militar; na Apelação cível nº 551520-AL (2006.80.00.007238-9) do TRF-5; e no Relatório de Auditoria da CGU (Processo nº 25180001698200987).

Durante a pandemia, a Comissão Parlamentar de Inquérito (CPI) da Covid-19 investigou uma compra de vacina e encontrou indícios de um **mercado paralelo de fianças para licitações**, de empresas com nomes sugestivos, usando o termo "bank", supostamente sem autorização legal para atuar. No caso da compra de vacina, os sócios, no papel, da empresa que forneceu a fiança, eram um representante comercial e um homem já morto. Reportagens na imprensa apontaram várias empresas que teriam negociado fianças para contratos do governo, mas não eram reconhecidas pelo Banco Central.

O ESTADO DE S. PAULO

Compras do governo ___ A7

Fiança para garantir licitações é vendida em mercado paralelo

Pelo menos oito empresas que oferecem garantias para contratos no setor público, com fianças de até R$ 10 milhões – e que não são reconhecidas pelo BC –, foram identificadas pelo **Estadão**, relatam ~~~~~~~~~~~~~~~~~~~~~~~. CPI da Covid expôs operação do ~~~~~~~ em tratativa para compra de vacina.

Fonte: Estadão, 01 nov.2021

Usar fiança irregular desvirtua a competitividade em licitação, pois o custo da garantia será menor, possibilitando ofertar preço desleal na disputa.

O governo federal emitiu orientação de forma que os editais e as análises de documentos de garantia somente aceitem carta-fiança nos termos da legislação vigente, evitando instituições não autorizadas (https://www.gov.br/compras).

O TCU abriu procedimento para colher oitivas das empresas que atuaram na emissão e no oferecimento potencialmente indevidos de "cartas de fiança fidejussória", de natureza não bancária, para a garantia de contratos públicos, sem validade para tanto (Acórdão nº 597/2023-P).

Na esteira de falsificação de documentos, veja-se **exemplo de atestado falso**, apresentado por prestadora de serviços que não tinha nenhum funcionário e nunca emitiu nota fiscal de serviço.

Atestamos para os devidos fins que a empresa   COMÉRCIO E SERVIÇOS
LTDA ME. Inscrita no CNPJ Sob n   estabelecida na Rua
Nicarágua.   RO. CEP 70.020.144. prestou
serviço para o CONDOMINIO AGUAS
inscrito no CNPJ sob n.   situado à Av. Rio
                                                                  RO os serviços abaixo especificados, no
período de (18/06/2012 a 17/06/2014):

SERVIÇOS EXECUTADOS:
- Prestação de serviços de Limpeza: 05 (cinco) Serventes;
- Prestação de serviços de Agente de Portaria: 04(quatro) Porteiros;
- Prestação de serviços de Manutenção Predial: 01 (um) Jardineiro;
- Prestação de serviços de Manutenção Predial: 01 (um) Piscineiro;
- Prestação de serviços do Copeiragem: 01 (um) Copeiro;

Há outro elemento fundamental neste caso. A falsidade do atestado foi reforçada porque os carimbos de reconhecimento de firma no documento eram falsos.

No endereço www.tjro.jus.br/consultaselo é possível conferir a autenticidade dos selos utilizados pelos cartórios de Rondônia. A suposta data de emissão do carimbo era **01.07.2014** e o selo digital de fiscalização é I7ACY21162-3A183, utilizado em *17.04.2015*. Portanto, **não corresponde ao reconhecimento de firma no atestado apresentado pela empresa**.

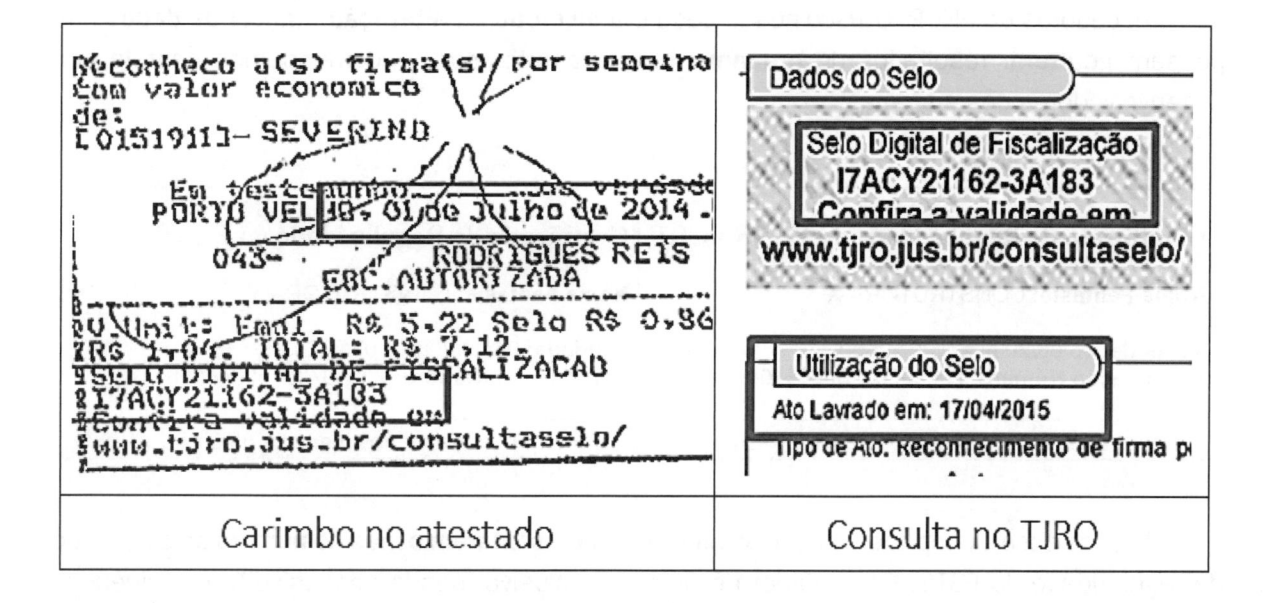

Carimbo no atestado	Consulta no TJRO

Além disso, constatado que a empresa não emitiu notas fiscais de serviços e não teve empregados registrados, pode-se questionar se as Demonstrações Contábeis são idôneas.

No que diz respeito à qualificação econômica, a demonstração da boa saúde financeira da licitante, o edital pode exigir o Balanço Patrimonial e Demonstrações Contábeis dos dois últimos exercícios sociais, como meio de comprovar parâmetros exigidos no certame.

No mesmo caso do atestado falso, a Demonstração de Resultado de Exercício (DRE) da licitante registrava R$284 mil de receitas de prestação de serviços em 2013.

DEMONSTRAÇÃO DO RESULTADO DO EXERCÍCIO EM 31/12/2013

Receita Bruta de vendas e/ou serviços

RECEITAS DE PRESTAÇÃO DE SERVIÇOS
 Receita de Serviços à vista   173.600,00
 Receita de Serviços à prazo   110.700,00   284.300,00

Entretanto, a prefeitura do município onde ficava a sede da empresa informou a inexistência de Notas Fiscais apresentadas ao Fisco Municipal. Além de nunca ter emitido Notas Fiscais, a empresa não registrou NENHUM EMPREGADO no INSS, conforme registros no CNIS e na RAIS.

Para o TCU, o uso de **demonstrações financeiras falsas** com a finalidade de demonstrar qualificação econômico-financeira justifica a declaração de inidoneidade (Acórdão TCU nº 59/2022-P).

Em outros casos, são **falsificadas certidões de regularidade fiscal**. Felizmente, a maior parte desses documentos pode ter sua autenticidade conferida na internet, na página do órgão emissor ou até mesmo por **cruzamento automático de dados**, método que defendemos e esperamos que possa ser desenvolvido de modo crescentemente avançado no Cadastro Unificado de Fornecedores do PNCP. O *risco* nesse caso é a **inserção ou alteração manual de dados** que possam **adulterar** resultados de **cruzamentos automatizados**. Recomendamos cautela aos desenvolvedores dos sistemas.

Certificado de Regularidade do FGTS - CRF	Certificado de Regularidade do FGTS - CRF
Nome Fantasia: CONSTRUTORA X	**Nome Fantasia:** CONSTRUTORA Y
Validade: 06/06/2009 a 05/07/2009	**Validade:** 04/06/2009 a 03/07/2009
Certificação Número: 2009070313094416654702	**Certificação Número:** 2009070313094416654702
Duas certidões do FGTS com a mesma numeração. Nenhuma existe nos registros da Caixa.	

Veja-se esse exemplo, em que **duas empresas apresentaram o mesmo número** de certificado de regularidade do FGTS. Esse número é único e exclusivo, sendo impossível a coincidência. Além disso, consultando o site da Caixa Econômica Federal, que emite o documento, pode-se confirmar que nenhuma das certidões é verdadeira.

Documento falso em licitação é um risco inerente grave, baseado na experiência profissional dos autores deste livro. Ilustraremos alguns casos, com **ênfase em atestados**, a **fraude mais recorrente** em nossas pesquisas, o que sugere a necessidade de cuidado especial com esses comprovantes.

A Justiça Federal no Paraná inabilitou licitante num pregão eletrônico para contratação de copeiragem. Na ata da licitação, disponível no *Comprasnet* (UASG90018, PE82012), consta **diligência da pregoeira** averiguando a autenticidade do Atestado. O emitente não reconheceu a assinatura no documento.

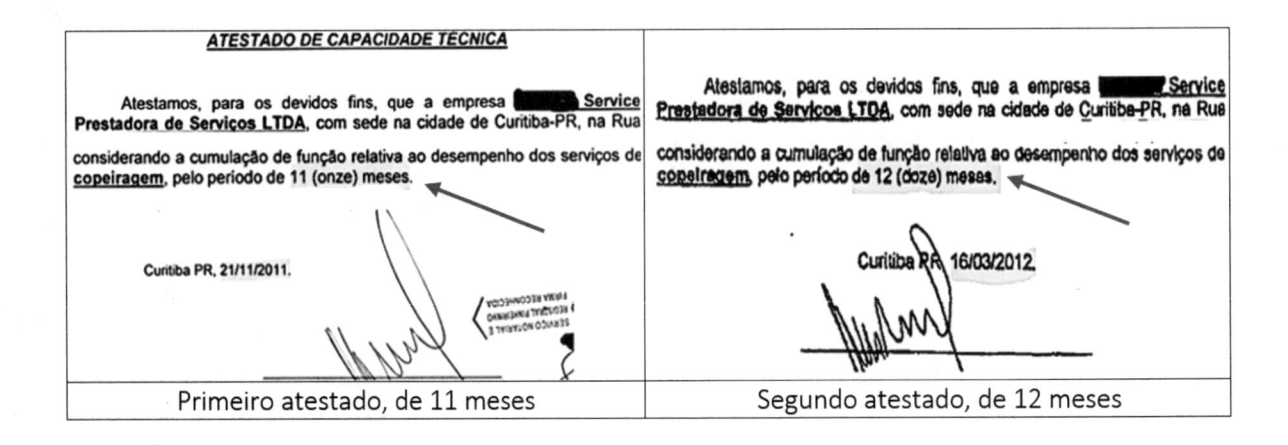

Primeiro atestado, de 11 meses	Segundo atestado, de 12 meses

CAPÍTULO 2 — TIPOLOGIA DE FRAUDES EM LICITAÇÃO

A empresa carregou no *Comprasnet*, no mesmo dia, **duas versões de atestado** para se habilitar na licitação. A versão de 11 meses de experiência foi reconhecida pelo emitente. A outra versão, que atestava 12 meses, era falsa. A versão verdadeira, de 11 meses, carregada primeiro, foi recusada pela pregoeira, porque não atendia ao período mínimo exigido no edital (12 meses de experiência era o requisito mínimo). Questionada pela pregoeira, a empresa logo em seguida **fabricou outro atestado**, para fingir que cumpria os requisitos. O órgão comprador impediu a licitante fraudadora por cinco anos. Ela recorreu à Justiça e perdeu (TRF-4, Apelação cível nº 5044753-37.2012.4.04.7000).

Em Mato Grosso, auditores do TCE flagraram atestado em nome de Prefeita, entretanto, com o carimbo do Secretário de Administração e um sinal "p/" na rubrica. A empresa licitante nasceu poucos dias antes da emissão do atestado. O Alvará de Funcionamento foi emitido quinze dias depois do atestado. A primeira Nota Fiscal, três meses depois, originada da própria licitação. Ou seja, não havia condições fáticas ou legais que justificassem a afirmação de que a empresa "sempre locou equipamentos para atender as necessidades" da prefeitura. Os sagazes auditores do TCE-MT notaram mais uma peculiaridade: o atestado foi assinado num domingo, supostamente por servidor municipal, dia em que não tem expediente na repartição pública (TCE-MT, Processo nº 284904/2018).

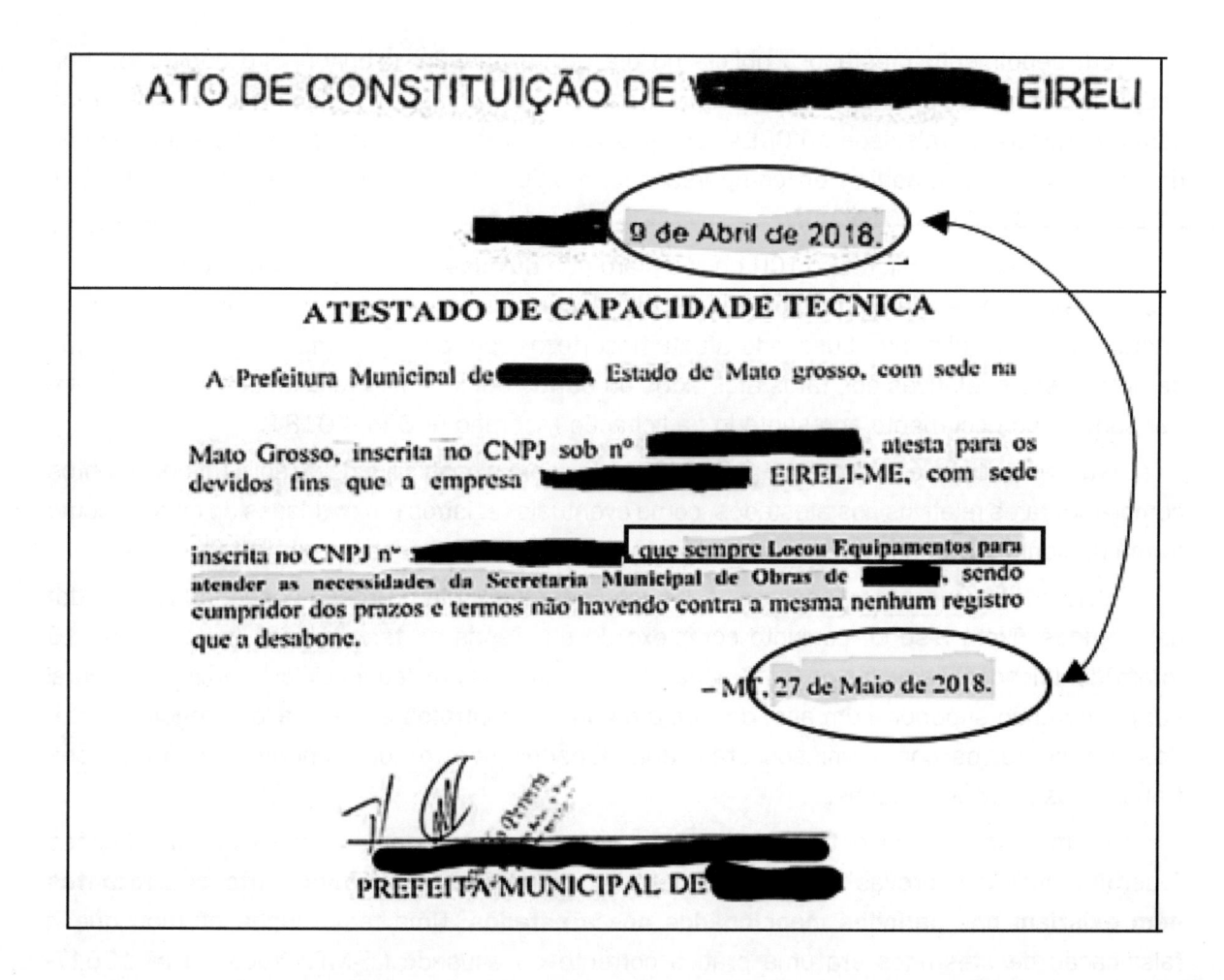

ATO DE CONSTITUIÇÃO DE ▬▬▬▬ EIRELI

9 de Abril de 2018.

ATESTADO DE CAPACIDADE TÉCNICA

A Prefeitura Municipal de ▬▬▬, Estado de Mato grosso, com sede na Mato Grosso, inscrita no CNPJ sob nº ▬▬▬, atesta para os devidos fins que a empresa ▬▬▬ EIRELI-ME, com sede inscrita no CNPJ nº ▬▬▬ que sempre Locou Equipamentos para atender as necessidades da Secretaria Municipal de Obras de ▬▬▬, sendo cumpridor dos prazos e termos não havendo contra a mesma nenhum registro que a desabone.

– M▬, 27 de Maio de 2018.

PREFEITA MUNICIPAL DE ▬▬▬

Na Paraíba, em denúncia da Operação Recidiva, o MPF narrou uma fraude curiosa. Para concorrer a uma licitação de construção de açude, uma empresa apresentou Certidão de Acervo Técnico de obra semelhante em uma fazenda, mas as especificações e a responsabilidade técnica eram inventadas. O Engenheiro que "emprestou o nome" para o esquema teve o registro profissional suspenso.

Segundo o MPF, o grupo estava buscando uma maneira de executar os serviços conforme tinham sido inventados, para maquiar a fraude. O Engenheiro resumiu a situação ao comparsa numa conversa interceptada, afirmando que "é falsidade ideológica". Ele tinha clareza do que estava fazendo.

> *Atestado de acervo é falsidade ideológica*
> *é uma coisa que você disse que fez, que você não fez...*
> *você atestou que tinha executado e não executou, bicho*
> *Isso é falsidade ideológica...*
> *se afaste dessa licitação urgente...*
> *e vamos trabalhar aqui no CREA para parar esse negócio*

Em depoimento prestado à polícia no dia de sua prisão, o engenheiro confessou que pediu ao comparsa para executar as obras falsamente registradas, após o caso vir à tona com a denúncia da falsidade no CREA. Chegou-se a iniciar a extração de rocha para execução do serviço, mas a máquina do comparsa quebrou, paralisando a atividade (Inquérito Civil nº 1.24.003.000014/2019-24).

Em situações similares, o TCU deixou claro que **dúvidas** sobre o Atestado de Capacidade Técnica **devem ser esclarecidas por meio de diligências**, sendo dever de quem conduz o certame adotar esse procedimento, buscando afastar incertezas, por exemplo, mediante a averiguação de notas fiscais relativas aos fatos atestados ou outros documentos relacionados que possam dar suporte ao documento apresentado na licitação (Acórdão nº 634/2018-P).

Na mesma linha é o Acórdão nº 2.326/2019-P, sobre a possibilidade de solicitar documentos complementares relativos aos atestados, como eventuais registros em entidades de classe, como forma de conferir autenticidade e veracidade à experiência apresentada por licitante.

Vale citar a Operação Kamikaze. A Justiça Federal em Mato Grosso condenou o operador das fraudes. Tratava-se de conjunto complexo de empresas de terceirização (pelo menos 16 foram identificadas) sediadas no Rio Grande do Sul, utilizadas em sequência cronológica, em geral por período não superior a um ano, de forma a garantir contratos e executá-los irregularmente. Posteriormente, os compromissos eram abandonados sem o cumprimento das obrigações trabalhistas e previdenciárias.

A empresa mais recente do esquema havia apresentado atestados falsos em pregões federais. Uma das provas mais contundentes: **as empresas supostamente contratantes nem existiam nos períodos mencionados nos atestados**. Uma testemunha afirmou que a falsificação de atestados era uma prática corrente do acusado (JF-MT. Processo nº 12517-48.2014.4.01.3600).

CAPÍTULO 2 — TIPOLOGIA DE FRAUDES EM LICITAÇÃO

Em outro extremo do país, no Acre, a Justiça Federal condenou empresário por usar atestado falso em licitação para serviços médico-hospitalares. O curioso é que a empresa X atestou serviços da empresa Y, só que **ambas eram do mesmo dono e ele mesmo assinou o documento pelos dois lados**, ou seja, **atestou um serviço de si para si**. O suposto serviço que foi atestado nunca aconteceu, pois a empresa que teria executado os serviços só começou a funcionar depois, conforme alvará, balancete contábil e testemunhos (JFAC, Processo nº 8838-94.2014.4.01.3000).

No Mato Grosso, a CGU encontrou licitação em que a licença sanitária de uma empresa era **cópia adulterada** da mesma licença apresentada pela 'concorrente'. **Nenhuma das licenças era verdadeira**. As "concorrentes" atuavam na área de Engenharia Civil, ramo totalmente distinto do fornecimento de alimentos de que tratavam as licenças falsas. Eram, na prática, uma empresa só, considerando que os proprietários moravam no mesmo endereço, assim como igual era o endereço de funcionamento, uma na sala 3 e outra na sala 5. Os contratos sociais de ambas tinham o mesmo e exato texto (Relatório nº 00212.000095/2011-37).

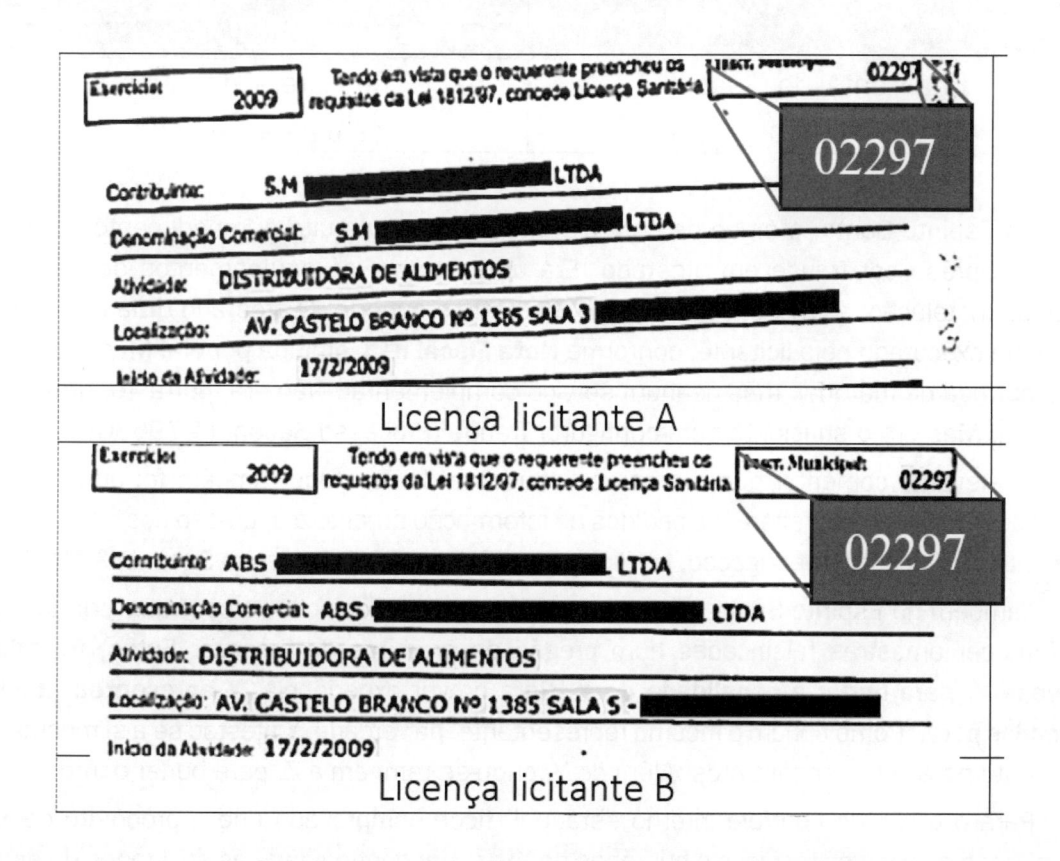

Licença licitante A

Licença licitante B

Situações como essa exigem atuação efetiva dos agentes que estão conduzindo a licitação. É o que reafirmou o TCU no Acórdão nº 2.771/2019-P, considerando **irregular a falta de diligências** necessárias para comprovar a veracidade do atestado de capacidade técnica apresentado por licitante, tendo em vista a generalidade de seus termos e os indícios de falsidade.

Na Bahia, a CGU fiscalizou licitação para pavimentação em paralelepípedos numa prefeitura e encontrou **atestado suspeito**, apontando pavimentação em torno do Clube X. O atestado informava que em apenas quatro dias teriam sido executados 1800m². Um feito impressionante, se fosse verdadeiro. A CGU inspecionou as ruas em volta do Clube X e não viu nada de pavimentação por lá. O dono do Clube X era servidor comissionado da Prefeitura e foi ele mesmo quem assinou o atestado fantasioso. Aliás, foi ele também quem, de fato, executou a obra que a prefeitura contratou a partir do atestado fraudulento (Relatório nº 00205.000005/2013-69).

Rua frontal do Clube X (sem paralelepípedos)	Rua lateral do Clube X (sem paralelepípedos)

No Espírito Santo, o órgão de controle interno aplicou multa e impedimento por um ano a uma empresa por fraude em atestado. Era uma compra de equipamentos de informática, incluindo instalação, ativação, configuração, garantia e suporte. O atestado dizia que tudo isso tinha sido executado pela licitante, conforme **Nota Fiscal nº 1** emitida por ela. Mas **era mentira**. Havia entrega de material, mas nenhum serviço complementar. Não era, portanto, uma mentira completa. Mas era o suficiente para configurar fraude (Processo Secont nº 79690432).

É relevante comentar que a empresa emissora do atestado também foi punida, porque deixou de responder aos reiterados pedidos de informação durante a apuração dos fatos. O enquadramento foi dificultar investigação, Lei Anticorrupção, art. 5, V (Processo Secont nº 79690289).

Também no Espírito Santo, a empresa X foi impedida de licitar e contratar por dois anos, por fornecer amostras falsificadas num pregão de produtos de limpeza. Então, foi **criada a empresa Y, para burlar a penalidade de X**. Para provar experiência, **Y apresentou atestados assinados por X**. Como tinham o mesmo representante, na verdade, Y atestou-se a si mesma como experiente para celebrar contratos. Além de Y, criou-se também a Z, para burlar o impedimento.

Para o órgão de controle interno estadual, ficou comprovado que o propósito de Y e Z, assimilando os acervos técnicos e humanos de X, era dar continuidade às atividades da empresa inidônea. Os elementos prova: (1) identidade ou parentesco dos sócios; (2) coincidência de objeto social; (3) compartilhamento de endereços comerciais; e (4) interações anômalas entre as empresas (Processo Secont nº 80981070).

O Tribunal de Contas do Amazonas (TCEAM) aceitou três denúncias envolvendo uma empresa de Manaus por suspeita de irregularidades em processos licitatórios no interior do estado. A firma **apresentou aptidão técnica sem autorização** do engenheiro e de sua esposa, engenheira eletricista. O profissional fez Boletim de Ocorrência, no qual declarou que nunca trabalhou para aquela empresa e nem teria autorizado a utilização de seus dados (TCEAM, Processo nº 16735/2021).

CAPÍTULO 2 — TIPOLOGIA DE FRAUDES EM LICITAÇÃO

Em mais um caso de atestado falso, o TCU declarou inidôneas as construtoras X e Y, a primeira por apresentar o documento na licitação e a segunda por emiti-lo. A construtora Y fez obras para um órgão público e depois declarou que o serviço tinha sido executado por X, só que isso não era verdade. Aliás, a X **nem existia na época das obras**. A auditoria do Tribunal anotou que uma empresa não pode emitir atestado de que outra firma teria executado o objeto, quando foi ela mesma que executou (Acórdão nº 3172/2021-P).

A CGU encontrou licitação em que foi apresentada Certidão do INSS incompatível com os registros disponíveis naquela autarquia. Comparando a data de emissão informada no documento da licitação, pode-se verificar que não existe CND correspondente (RDE nº 00206.000526/2007-68).

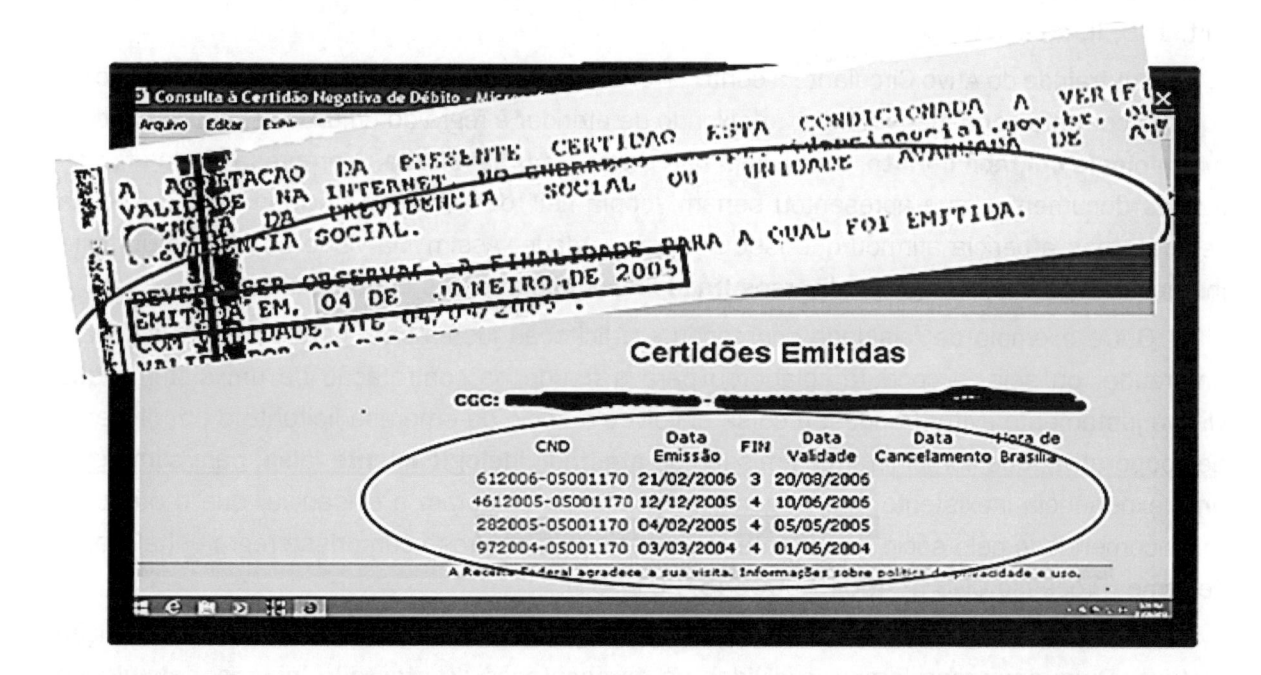

O TCU declarou inidônea uma empresa por **falsificar Autorização para Exercício da Atividade** em pregões para aquisição de combustíveis. A Agência Nacional de Petróleo (ANP), emissora daquele tipo de autorização, informou que a empresa nunca teve qualquer tipo de cadastro junto aos seus registros. O Tribunal de Contas ainda aplicou multa a dois pregoeiros por erro grosseiro, considerando que eles tomaram conhecimento de indícios de fraude e nada fizeram para apurar a responsabilidade da empresa fraudadora, pelo contrário, habilitaram a empresa. Pior ainda, em nova contratação, a exigência do documento foi relaxada, "abrindo as portas oficialmente para a empresa irregular". Para o TCU, argumentos relacionados à dificuldade de obter informações na página da ANP e percalços na pandemia não eram suficientes para justificar a negligência observada (Acórdão nº 136/2021-P).

O Tribunal de Contas da União também aplicou inidoneidade em uma empresa do ramo de fabricação e manutenção de aeronaves. Entre as irregularidades encontradas, constou omissão de um contrato de mútuo (empréstimo de outra empresa) no passivo do balanço patrimonial da empresa, bem como ausência de comprovação da origem de adiantamento milionário para futuro aumento de capital, ferindo normativos legais e contábeis, o que possibilitou que a licitante alcançasse de modo irregular os índices de liquidez geral e de solvência geral exigidos no edital, tornando o **balanço inidôneo** e caracterizando fraude à licitação (Acórdão nº 387/2023-P).

Também tratando de **contabilidade inidônea**, o Tribunal de Justiça da Bahia confirmou sentença que anulou contrato de concessão de transporte coletivo no interior baiano. Durante uma Concorrência, a primeira colocada havia falsificado o Atestado de Capacidade Técnica e a segunda colocada ganhou a disputa. Só que essa licitante também tinha sérios problemas em sua documentação (Processo nº 0501761-94.2013.8.05.0274).

O Balanço Patrimonial apresentava R$1 milhão em Ativo Circulante, na conta "Transações com Partes Relacionadas". Pela sua natureza, esse registro deveria ser classificado no Ativo Realizável a Longo Prazo, porque era um direito derivado de adiantamentos ou empréstimos a sociedades coligadas ou controladas, diretores, acionistas ou participantes no lucro da companhia (art. 179, II, da Lei nº 6.404/1976).

Subtraindo do Ativo Circulante a conta "Transações com Partes Relacionadas", o índice de liquidez corrente seria menor que '1', deixando de atender à regra do Edital. Assim, **utilizando a metodologia contábil correta, a empresa não poderia ser habilitada**. A empresa ainda afirmou que os documentos que apresentou seriam "cópia fiel" do que teria enviado para a Receita Federal, mas a perícia afirmou que isso não era verdade. Assim, na visão do Juiz de primeira instância, a **perícia configurou diversas fraudes nos documentos contábeis**.

Outro exemplo de falsidade aconteceu em licitação justamente para contratar software antifraude, ou seja, a conduta colaborou para a fraude na contratação de um sistema que visava justamente evitar fraudes. A coisa envolveu o sócio da empresa licitante e um dirigente de cooperativa, que combinaram a emissão de **atestado idelogicamente falso**, para comprovar uma experiência inexistente. Mensagens de WhatsApp ajudaram a evidenciar que o atestado foi encomendado pelo sócio da licitante, a fim de que a empresa cumprisse regra editalícia do certame (Processo CGU nº 46012.000645/2017-61).

Situação similar foi analisada pelo TCU em pregão para serviços em redes de distribuição elétrica. Duas empresas foram envolvidas na apresentação de **atestado inidôneo, simulando serviços em quantidades superiores à supostamente realizada**. Uma delas forneceu o atestado e a outra usou o atestado na licitação. Para o TCU, ambas fraudaram o pregão (Acórdão nº 1893/2020-P).

Em outro caso, o TCU declarou inidôneas duas empresas. X apresentou **atestado** emitido por Y, relativo à manutenção em sistema de energia elétrica, como se tivesse sido realizado numa única localidade, quando, de fato, ocorreu em diversos locais, e isso alterava profundamente a característica da experiência que se estava comprovando. Para o TCU, atestado falso é ilícito administrativo gravíssimo. O CREA anulou as Anotações de Responsabilidade Técnica vinculadas ao atestado, por entender que as **informações ali lançadas eram irreais** (Acórdão nº 2.677/2014-P).

Um órgão federal descobriu **atestados falsos** por causa de uma representação, apresentada por uma concorrente, com base em seu direito de petição. A princípio, um recurso dessa concorrente havia sido negado, porque ela foi inabilitada. Mas ela não se deu por vencida e invocou seu direito de petição, que não se confunde com o recurso da licitação. E assim o órgão contratante conheceu da petição, fez diligências e descobriu a fraude. Esse exemplo ilustra a ideia de que, mesmo que um recurso seja intempestivo, existe a possibilidade (e o dever) de reconhecer o direito de petição e tomar providências diante de indícios de irregularidades. Também ilustra a relevância do controle exercido pelos concorrentes (oglobo.globo.com/economia, notícia de 20.06.2017).

Em Goiás, um representante de empresa licitante foi preso em flagrante, depois que apresentou uma certidão negativa adulterada, com data modificada. A construtora tinha pendências na justiça e teria falsificado a certidão de 'nada consta' para participar da licitação. Os agentes públicos que conduziam o certame conferiram o documento na Internet e detectaram a maracutaia (g1.globo.com/go, 26.07.2022).

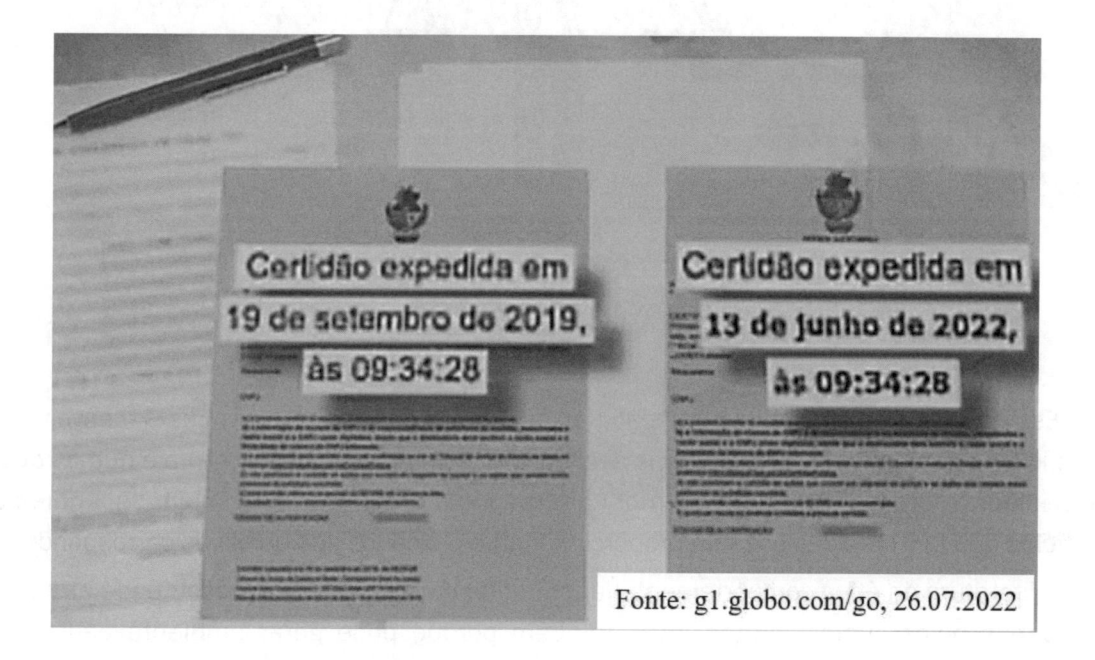

Fonte: g1.globo.com/go, 26.07.2022

O TCE-PR declarou inidônea empresa por fraudar pregão municipal para varrição de espaços públicos. O trambique envolveu o uso de um atestado para comprovar experiência mínima de 1.500km^2 de varrição. O documento apresentado dava a entender que, a cada mês, a empresa tinha varrido área de 1.300km^2. Só que, na verdade, essa dimensão toda só foi atingida pelo somatório ao longo de todo o período contratual. Para o TCE-PR, a empresa agiu de má-fé, fraudando, na prática, a disputa e burlando a comprovação de capacidade técnica. O Tribunal de Contas alertou, ainda, para a **negligência** dos agentes públicos que conduziram a licitação, por **não buscarem esclarecer** a ambiguidade presente nas informações do atestado apresentado no certame (Acórdão TCE-PR nº 2232/2020-P).

Não se descuida dos riscos de fraudes em declarações e atestados, como se vê pelos exemplos citados. Mas é preciso **cuidado com controles proporcionais ao risco**, como determina o artigo 14 do Decreto-Lei nº 200/67. Controle não pode custar mais que a coisa controlada.

Como nos alerta o filósofo do controle, Marcus Braga (2019), a prevenção e o combate à corrupção por ações que limitam os agentes, mas que geram também **custos de transação**, podem adotar uma visão ensimesmada e descolada dos objetivos da política pública. Qualquer controle, antes de ser implantado ou mantido, deve passar por análise de custo x benefício.

Qualquer opção de resposta a riscos definida pela organização gera custos (pessoas, processos, estrutura física ou organizacional, tecnologia, sistemas), sejam eles diretos ou indiretos, os quais devem ser comparados com os benefícios que serão gerados em decorrência de sua implementação.

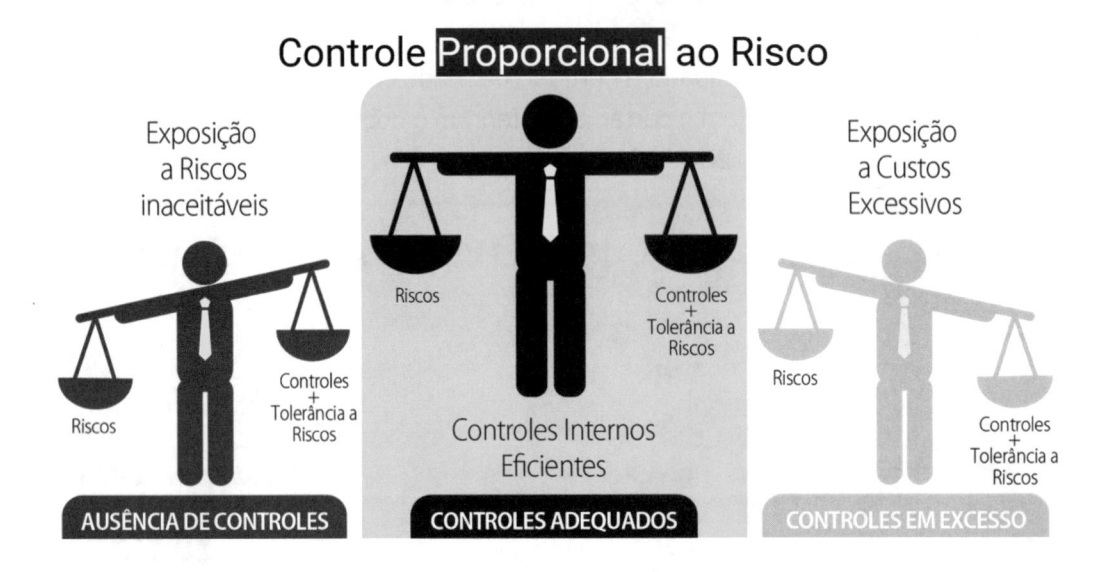

Controle Proporcional ao Risco

Exposição a Riscos inaceitáveis	Controles Internos Eficientes	Exposição a Custos Excessivos
AUSÊNCIA DE CONTROLES	CONTROLES ADEQUADOS	CONTROLES EM EXCESSO

Essa avaliação de custos em relação aos benefícios pode ser mais robusta e envolver sua quantificação estatística ou implicar uma avaliação mais simples. O importante é que **os custos das medidas** adotadas (controles internos) em resposta aos riscos **não sejam superiores aos benefícios** que tais medidas possam proporcionar para o alcance dos objetivos correspondentes.

A literatura da ética comportamental aponta que o **controle em excesso** pode atrapalhar, não apenas pelos custos diretos, mas também porque pode gerar ambiente pautado em desconfiança. A ênfase somente em controles e sanções pode reduzir o compromisso de lealdade dos funcionários para com suas instituições, podendo aumentar o número de violações éticas.

> Ao invés de mais controles e limitações, novos normativos, mais unidades e limitações, deveríamos permitir aos servidores públicos uma maior discricionariedade e responsabilização pelos seus atos para prevenir a corrupção.
>
> (ESPÍNOLA; CAMPOS FILHO, 2019)

Esse é um debate que merece destaque nas pesquisas e ações de combate às fraudes e à corrupção.

A busca de equilíbrio entre riscos, controles, custos e objetivos é um grande desafio da gestão, tanto pública quanto privada. O cuidado com a "hipervalorização de regras", o controle ensimesmado, perdendo o vínculo com as demandas por resultados (BRAGA, 2019b), remete à ponderação de Luís Roberto Barroso sobre a nossa antiga legislação de licitações:

> ... legislação sobre licitações e contratos cuja complexidade e formalismo impedem o administrador honesto de ser eficiente e não impede os ímprobos de fazerem espertezas ... a simplificação na fiscalização, evitando-se controles sobrepostos, sucessivos e formais, poderia dar agilidade e eficiência. (BARROSO, 2011)

Em linha com esse entendimento, encontramos autores defendendo que a gestão pública tem focado em demasia no risco de corrupção, como se essa fosse a nossa maior e mais grave barreira ao atingimento de resultados. Contudo, outros tipos de riscos podem afetar os objetivos de forma tão ou mais contundente. Para tais autores, com quem concordamos, "não há mais como continuar insistindo na cultura de aplicação de controles e mais controles, sem visão crítica com olhar no resultado pretendido" (NUNES, PERINI e PINTO, 2021).

Reforçamos a defesa, nesse cenário, das propostas de ênfase na simplificação, digitalização e automatização, por meio do Portal Nacional de Contratações Públicas e do investimento massivo em ferramentas de análise robotizada, reduzindo custos e ampliando o potencial de detecção e prevenção.

2.4.15 Assinaturas divergentes

Assinaturas divergentes em documentos apresentados pelas licitantes é um importante indicativo de fraudes, caracterizando a possível montagem de processos, simulação de propostas/competição e direcionamento das aquisições, conforme exemplos apresentados a seguir.

Caso emblemático foi constatado no interior do Amazonas, objeto do Processo n° 0002882-40.2018.4.01.3200 na Justiça Federal. Um acusado afirmou que participava de uma "linha de montagem" para fabricar licitações falsificadas, tendo que treinar as assinaturas de diversos empresários: "Ia passando, você ia assinando. Ficavam várias canetas na mesa, pra não ficar idêntico... Quando não tinha carimbo, a gente jogava no WordArt, fazia um carimbo". É curioso identificar as variações expressivas de formato de assinatura do mesmo empresário.

No Rio de Janeiro, médicos denunciaram que tiveram suas assinaturas falsificadas em concorrência para serviços de Atendimento Móvel de Urgência (Samu). Para se habilitar, a empresa teria apresentado profissionais que nunca ouviram falar da clínica. Segundo a denúncia, a diferença nas assinaturas era gritante em relação às verdadeiras.

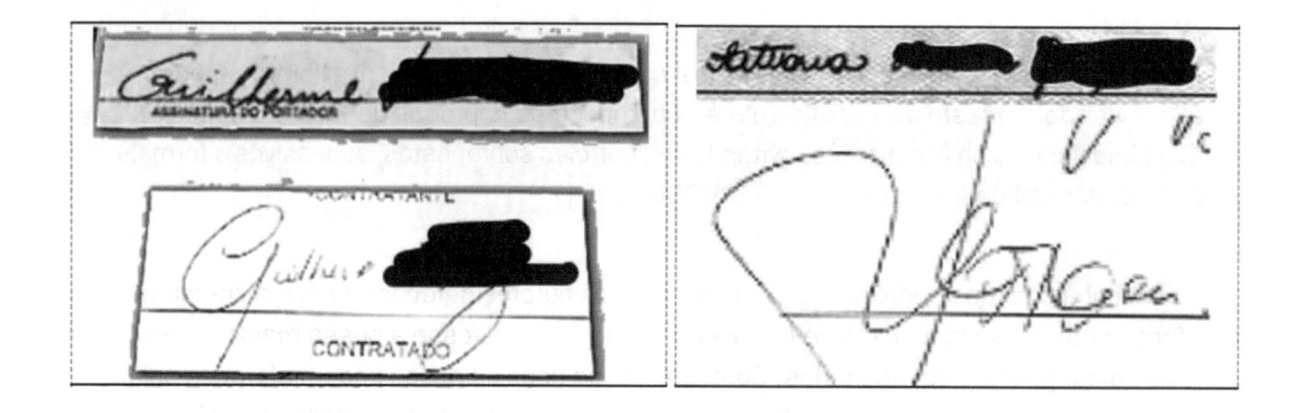

Além dessa suposta fraude, reportagem jornalística apontou o uso de atestado falso comprovando plantões médicos que jamais existiram (g1.globo.com/rj, notícia de 09.03.2021).

2.4.16 Fornecedores distantes e desconhecidos

A contratação de bens e, especialmente, de serviços de empresas situadas muito longe do município contratante pode ser uma indicação de irregularidade. Sem a devida publicidade, ou com restrições indevidas, esse tipo de indício pode ser relevante.

A "Operação Ilusionista" apurou irregularidades em obras emergenciais após as enchentes que afetaram a prefeitura do Paraná em 2010. Em 2020, foi condenado o ex-assessor jurídico do município, por improbidade administrativa. Já havia ocorrido condenação criminal pelos mesmos fatos. O ex-assessor avalizou, de forma ilícita, a contratação de três empresas. Foi ele mesmo quem indicou os fornecedores para a prefeitura. Ficaram evidenciados pagamentos de propina de cerca de R$230 mil dessas empresas para o ex-assessor jurídico. A ação de improbidade frisou que **as empresas estavam sediadas há mais de 300km do local das obras**, fato que reforçou a convicção de conluio, assim como os dados das quebras de sigilo telefônico (www.mpf.mp.br/pr, notícia de 24.04.2020).

Numa prefeitura do interior do Maranhão, a CGU identificou curiosa situação em que 12 certames foram vencidos por "minúsculas empresas, algumas criadas em datas próximas à publicação do Edital da licitação, localizadas fora da Região" (RDE nº 00209.001062/2011-63). A empresa mais próxima ficava a 235km. Uma delas tinha sido criada quatro dias antes do aviso de licitação.

Na Bahia, um órgão federal fez um pregão presencial para locação de veículos. A primeira coisa que chamou a atenção dos auditores da CGU foi a opção pelo modo presencial, em vez do eletrônico, que já tinha sido usado antes pelo órgão para o mesmo objeto. Isso, por si só, já poderia restringir a competição. Mas ocorreu algo ainda mais esquisito: na pesquisa de preços, das seis empresas consultadas, cinco eram de Brasília, há mais de 1.500km de distância! Todas situadas no mesmo prédio, sob um só comando, familiar. Depois, no pregão, participaram três empresas, sob domínio de um casal e seus dois filhos (RDE nº 00190.002501/2014-44).

2.4.17 Montagem pura e simples

Uma fraude em licitação pode ser caracterizada pela **simulação integral do processo**, a montagem de peças documentais do começo ao fim.

No Piauí, ex-prefeito de um município foi condenado, junto com empresários, por fabricarem uma licitação para construção de barragem. O ex-prefeito sacou, pessoalmente, toda a verba, sem aplicar nada na obra. A barragem não foi construída, mas a construtora emitiu as notas fiscais. Servidores públicos confirmaram que a **licitação só ocorreu no papel**, sem edital, nem recebimento e abertura de propostas, tendo sido os documentos assinados no escritório da construtora que "ganhou" o certame. A comissão de licitação só assinou os documentos pré-fabricados (www.prpi.mpf.mp.br).

No interior do Amazonas, a Justiça Federal condenou 20 envolvidos em esquema desarticulado pela Operação Vorax, a partir de auditoria da CGU. A sentença classificou o esquema como uma **"indústria de falsificações"**. Segundo a investigação, a organização criminosa, no começo, dividia lucros com empresários que participavam de processos direcionados, mas depois passou a utilizar empresas de fachada e em nome de laranjas, em **processos inteiramente fabricados**. Muitos carimbos de empresas foram apreendidos durante a operação, escondidos no forro de uma casa. A Secretaria de Obras do município funcionou como **"verdadeira linha de montagem"**, simulando integralmente as licitações, como se lê no **depoimento** de um digitador que atuava na Secretaria de Obras, afirmando que até as assinaturas de sócios das empresas eram forjadas (JFAM, Processo nº 13689-03.2010.4.01.3200).

> "Foi montada uma verdadeira 'linha de montagem' de licitações fraudulentas... organizavam os documentos em pastas, montavam planilhas no computador com as logomarcas das empresas de construção, até assinavam em alguns documentos pelos sócios dessas empresas..."
>
> JFAM, Processo n. 13689-03.2010.4.01.3200

Em sentença por improbidade, a Justiça do Paraná julgou um pregão para compra de retroescavadeira numa prefeitura. Foi comprovado, com fotos e testemunhos, que a **máquina já estava no município no mesmo dia em que a licitação foi realizada**. Foram colhidos indícios de que, dois dias antes, num evento da cidade, a Prefeita já teria anunciado a aquisição do equipamento, antes mesmo de ser realizado o pregão. Para a Justiça, ficou nítido o arranjo para propiciar o direcionamento por preço superfaturado (Processo nº 1409-82.2015.8.16.0017).

Em Santa Catarina, agentes foram condenados por fraudarem licitações para manutenção de ônibus escolares. A prefeitura contratava fiado. No final do ano, para dar aparência de legalidade, **licitações eram simuladas para viabilizar o pagamento**, contratando formalmente os fornecedores que já haviam prestado o serviço. Na sentença, o juiz concluiu que **entraves legais não justificam cometer crimes**. A fraude só foi descoberta porque os ônibus escolares, no início do ano, não tinham condições de uso, apesar de haver registro de que serviços de manutenção haviam sido licitados e contratados poucos meses antes (www.tjsc.jus.br, notícia de 05.12.2019).

> "entraves legais para realização dos pagamentos aos fornecedores não justifica que eles, em concurso com agentes públicos, simulem procedimentos licitatórios...
> A obrigação de pagamento de fornecedores que, de boa-fé, prestaram serviços emergenciais ao poder público, em si mesma uma finalidade nobre, não é justificativa para que agentes públicos e particulares se unam em torno de condutas criminosas"
>
> www.tjsc.jus.br, notícia de 05/12/2019

Outro tipo de fraude envolveu o **afastamento de concorrentes** com o pagamento de suborno, bonificação, banda, comissão. Em outras palavras, uma **taxa de desistência**.

Em Santa Catarina, o Ministério Público abriu ação baseada na Lei Anticorrupção. Um dia antes da abertura de um pregão para locação de minicarregadeiras para uma prefeitura, Fulano ofereceu dinheiro ao concorrente Beltrano desistir do certame ou lhe pagar a mesma quantia para que ele, Fulano, evitasse a disputa. A conversa foi gravada por Beltrano, que denunciou o caso (TJSC, Processo nº 0902849-32.2015.8.24.0039).

Na Paraíba, sentença por improbidade descreveu conversas telefônicas interceptadas, revelando que o vencedor gastou R$15 mil para **comprar a desistência dos concorrentes** (JFPB. Processo nº 0000739-03.2012.4.05.8204).

CAPÍTULO 2 — TIPOLOGIA DE FRAUDES EM LICITAÇÃO

> ... a gente não pegou, a gente comprou [a licitação], né? Deu trinta e poucas firmas, aí eu paguei 15 mil contos lá aos cabras [para] desistirem...
>
> **Empresário 1** / **Empresário 2**
>
> JFPB. Processo nº 0000739-03.2012.4.05.8204

Também na Paraíba, em denúncia da Operação Recidiva, o MPF-PB afirmou que a CGU, quando estava fiscalizando uma licitação, deparou-se com o **processo sem numeração**, mesmo já estando finalizado. Tal fato teria importância extrema, segundo os argumentos do Ministério Público, porque **potencializaria a possibilidade** de, sem numeração, **documentos serem facilmente produzidos e substituídos** para encobrir ilícitos.

Diversos documentos de habilitação da empresa vencedora, mesmo sendo obrigatórios pelo Edital, não constavam no processo. Entre esses documentos faltantes, estavam a certidão de regularidade com o INSS e uma apólice de seguro-garantia, sobre a qual existia um Recibo de Apólice, no qual o presidente da CPL declarava ter recebido uma Apólice de Seguro-Garantia. Para o MPF, um indício de que a garantia não foi de fato prestada, apenas simulada sua apresentação.

Constavam vários documentos autenticados em cartório no mesmo dia da abertura do certame. A abertura estava marcada para 09h30, enquanto as autenticações ocorreram em outra cidade, distante cerca de 100km.

Esses indícios de fraude foram observados no processo original, apresentado à CGU em julho de 2018, quando de sua fiscalização na prefeitura. A CGU digitalizou o processo na íntegra, na ocasião.

Quatro meses depois, ocorreu busca e apreensão dos processos originais, durante a deflagração da "Operação Recidiva". Foi então que a CGU, comparando a versão digitalizada de julho com a versão "original" de novembro, verificou **flagrante falsificação de documentos** para, na visão do MPF, "corrigir e maquiar a fraude". Lembrando que, na fiscalização, as folhas não estavam numeradas. Na versão apreendida, consta a numeração.

Quadro – Comparativo entre a documentação digitalizada pela CGU e a apreendida pela PF.

Documento	Folha(s) do Processo Apreendido	Achados (Diferenças identificadas entre o processo digitalizado pela equipe de fiscalização e o apreendido pela PF)
Aviso de Licitação	63	Há diferenças na posição dos carimbos da CPL, no tamanho da letra e na apresentação dos documentos
Parecer jurídico que apreciou a minuta do edital	220	Há diferenças na posição dos carimbos da CPL e na assinatura do Advogado da Prefeitura
Cópias das Publicações do Aviso de Licitação no DOU e no DOE	221 e 222	Há diferença de cor na caneta marca texto utilizada para grifar o aviso nas publicações
Ata da sessão de recebimento dos envelopes de habilitação e das propostas de preços	223	Consta a assinatura de ▮▮▮▮▮ (Membro da CPL) apenas na versão apreendida

Para o Ministério Público, com quem os autores deste livro concordam, essa situação, de processos com folhas soltas, sem numeração, reforçam a constatação de que os processos podem ser montados e alterados de acordo com a conveniência da entidade pública compradora.

Além de documentos sem numeração, importante verificar também processos organizados de maneira **desconexa, em sequência fora do usual**, como, por exemplo, atas e termo de homologação antes de propostas ou habilitação. A **ordenação bagunçada** do procedimento, confundindo papéis de fases e momentos diferentes, numerados, indica a possibilidade de que os autos foram simulados, não autuados verdadeiramente numa sequência lógica e ordinária do processo.

Ainda na Paraíba, a Justiça Federal julgou ação de improbidade na qual ficou comprovada simulação. Para o Juiz, o prefeito havia nomeado **Comissão de Licitação sem qualquer capacidade**, só para facilitar as fraudes. Um dos membros alegou que não tinha conhecimento necessário para exercer funções da CPL e mesmo assim sofreu coação do Prefeito para participar da Comissão, sob pena de transferência para sítio distante 27km do município. Alegou, ainda, que a **CPL era fictícia e que a documentação já vinha pronta pela assessoria jurídica**, de modo que os membros da CPL apenas assinavam os atos.

Outra componente da CPL também afirmou que **não entendia nada de licitação** e que era comum, naquele município, a comissão de licitação **assinar papéis sem ter participado** da licitação; ela nunca participou de reunião da comissão, não fazia o procedimento licitatório, **quem fazia era a assessoria** contratada pelo prefeito (JFPB. Processo nº 0001343-67.2012.4.05.8202).

Aliás, **composição fictícia de Comissão de Licitação** é um tipo de fraude recorrente no histórico que coletamos em nossa trajetória profissional. Com a NLL, o risco também pode envolver **agente de contratação ou pregoeiro de mentirinha**.

No Piauí, em sentença condenatória por fraude em duas licitações, **o juiz anotou que os membros da CPL se omitiram dos seus deveres**. Os documentos eram montados por um escritório de contabilidade (JF-PI. Processo nº 0013637-22.2016.4.01.4000).

> *se omitiram dos seus deveres*
> *assumindo que consciente e voluntariamente*
> *apenas assinavam os documentos das licitações fraudadas*
> *não se dando o trabalho de sequer ler o que assinavam*

Em outra prefeitura do Piauí, o Presidente da Comissão de Licitação "**era pessoa simples, ocupava cargo de vigia e possuía apenas o segundo grau incompleto... nomeado... com o intuito apenas de assinar os documentos fraudados** por parte do ex-Prefeito", descreveu a sentença (www.gp1.com.br, notícia de 16.10.2018).

Como se vê, um dos elementos mais frágeis das compras públicas pode ser **o comprador**.

Isso porque a atuação dos agentes que conduzem a compra é fundamental na lisura e qualidade do certame, desde o planejamento até a seleção do fornecedor e a fiscalização do contrato.

Veja-se que apurar condutas faltosas praticadas por licitantes não é uma opção do gestor público. É um dever legal, uma atribuição inerente à atividade. Tanto é assim que o TCU entende como obrigatória a aplicação de penalidades administrativas aos licitantes que cometem irregularidades (Acórdão nºs 2.077/2017-P e 1.999/2019-P).

Para exercer esse dever, conduzir a licitação de modo adequado e ter chances de comprar bem, sem fraudes, o melhor instrumento disponível é a **profissionalização, a gestão por competências, a certificação, qualificação** acompanhada da devida **valorização** profissional do comprador.

Não é rara a **responsabilização** de agentes públicos que conduzem licitações por falhas do dever de cautela na detecção de fraudes. Num caso, por exemplo, o TCU multou membros da Comissão de Licitação, entre outras coisas, por não terem atentado para os indícios de conluio dos dois únicos concorrentes, em função da mesma composição societária e de propostas com textos coincidentes, incluindo incorreções textuais e valores nelas grafados (Acórdão nº 3.270/2012-P).

Num outro caso, a Justiça Federal condenou, por improbidade administrativa, dois servidores do Ministério da Saúde, por não denunciarem fraudes gritantes em licitação da Operação Sanguessuga, para compra de ambulância numa prefeitura. Os agentes tinham a atribuição de fiscalizar o convênio e teriam omitido informações importantes que demonstravam o caráter fraudulento da licitação e o superfaturamento da proposta vencedora. Os servidores teriam permitido que o esquema se perpetuasse, ao agirem sem o mínimo de cuidado. Pela **negligência na análise dos documentos**, eles permitiram a lesão ao erário (agu.gov.br, notícia de 07.11.2019).

Ainda ilustrando a relevância da atuação dos compradores, numa prefeitura em Mato Grosso, foi realizado Pregão Eletrônico e uma empresa venceu três itens para locação de veículos pesados. Em Certidão da Secretaria de Estado de Fazenda constava o nome de pessoa física e não da licitante. A empresa alegou que se tratava do seu contador, sendo que o CNPJ no documento estava correto e que o erro foi resolvido por meio de simples diligência. Mesmo assim, seguiu inabilitada. A Justiça acolheu os argumentos e mandou corrigir o Pregão, apontando que o **pregoeiro "agiu de forma arbitrária e ilegal"** na inabilitação da empresa (www.vgnoticias.com.br, notícia de 27.06.2018).

Outro comportamento estranho chamou a atenção do TCU no Acórdão nº 3569/2023-2C, porque o **pregoeiro emprestou seu token** e deixou outra pessoa conduzir o pregão eletrônico em seu nome.

A justiça federal na Paraíba condenou, por crime de fraude à licitação, empresário e agentes públicos de uma prefeitura. O principal elemento de convicção foi o registro, pela Polícia Federal, em vigilância velada, do movimento na frente do prédio onde foi realizada a sessão pública do Pregão presencial. O empresário **licitante e a comissão de licitação ficaram no prédio por dez minutos**, tempo insuficiente para realizar um pregão para compra de merenda escolar para todo o ano letivo. Para a Justiça, a coisa não passou de um simulacro, para formalizar acordo prévio (Processo nº 0800082-50.2020.4.05.8203).

Também na Paraíba, a Justiça Federal condenou agentes públicos e empresários em decorrência da Operação Andaime. Envolvia, segundo o MPF, duas **empresas fictícias**, servindo apenas para fornecer notas fiscais "frias". De **fachada também era a Comissão de Licitação**. Seus membros, sem conhecimento técnico, **apenas assinavam documentos**, preparados pelo presidente. O próprio ex-prefeito afirmou que os membros da CPL apenas participavam formalmente dos certames, pois ele havia contratado empregados terceirizados que tinham conhecimento suficiente para realizarem as licitações. O assessor jurídico confirmou que os servidores eram nomeados para a CPL apenas para que fosse cumprida a obrigatoriedade da lei, de ser composta por pelo menos dois membros do quadro de servidores efetivos da contratante (Processo nº 0805741-14.2018.4.05.8202).

Também era fictícia a competição nos certames. O operador das fraudes, convertido em delator, explicou que as empresas iam para perder a disputa, sabendo que ganhariam rateio de 5% apenas para fazer figuração.

> as empresas já iam para a licitação sabendo [que] iriam ratear 5% para não entrarem com recursos administrativos
>
> **Delator**
>
> JFPB. Processo n. 0805741-14.2018.4.05.8202

Eram cerca de 40 empresas que se revezavam. Seu principal benefício era receber um percentual do valor da licitação, que era repartido entre as participantes, com o recebimento maior para as empresas habilitadas e menor para as não habilitadas, dando aparência de legalidade e simulando competição.

As licitantes eram inabilitadas "ao arrepio da legislação" e, mesmo assim, jamais entravam com recurso administrativo, porque existia um acordo para que todos os licitantes perdedores rateassem percentual do contrato licitado entre si. O acordo também envolvia fechar os olhos para a habilitação da vencedora, mesmo com flagrantes falhas documentais.

O **presidente da CPL escolhia a vencedora**, promovendo um "rodízio", para evitar que sempre a mesma empresa fosse contemplada, o que poderia chamar a atenção das autoridades fiscalizadoras. Esse agente tentou se defender argumentando que as obras foram concluídas, mas o crime, nesse caso, é de natureza formal, não exigindo, para sua configuração, prejuízo para a Administração ou obtenção efetiva de vantagem ao agente, mas apenas o conluio que obste a competitividade do certame.

A empresa vencedora ficava com **10% do valor do contrato, como comissão**. Em troca, figurava como executora da obra apenas "no papel", repassando o restante ao Prefeito para que este efetivamente cuidasse da execução da obra.

No interior de São Paulo, a Justiça condenou Prefeito que determinava quem deveria ganhar licitações. Membros da Comissão de Licitação confessaram que apenas assinavam documentos que o presidente da CPL lhes apresentava. O presidente da CPL afirmou que o Prefeito determinava o vencedor. **O Juiz do caso afirmou que tudo foi uma simulação de uma verdadeira contratação direta** (Processo 0003370-25.2015.8.26.0466).

> *todo o procedimento foi fraudado...*
> *na verdade, se tratou de uma contratação direta*
> *a referida ata foi produzida pelo [presidente da CPL]*
> *a mando do então prefeito, e levada para que os*
> *demais integrantes a assinassem, mesmo sem ter participado do ato*

Em São Paulo, o Tribunal de Justiça proferiu sentença em caso de fraude em prefeitura. Para o Juiz, o certame licitatório era **proforma**, sem qualquer concorrência real entre as licitantes. Três empresas ofereceram o mesmo equipamento para a locação e, por ser uma delas a própria fabricante, certamente ofereceria o melhor preço, como de fato o fez (Processo nº 0000356-59.2011.8.26.0438).

Os sócios das licitantes tinham íntima ligação, de ordem pessoal prévia e de representação comercial. Prova testemunhal apontou que **o equipamento já estava instalado há anos** e, somente quando a necessidade de licitação foi apontada pelo Tribunal de Contas, houve atuação administrativa municipal.

E, então, **para regularizar a situação**, que já era ilegal pela contratação sem licitação, o Departamento Municipal **abre procedimento licitatório com a própria fabricante do equipamento já instalado** e outras duas empresas que, por serem revendedoras da primeira, somente poderiam fornecer este mesmo equipamento por preço superior. Por serem revendedoras da primeira empresa, não haveria possibilidade de oferecer objeto diverso e, em sendo o mesmo objeto, que se oferecesse com preço inferior. Para a Justiça, tudo não passou de um **simulacro de licitação**.

Também em São Paulo, decorrente da Operação QI, o TJSP condenou diversos agentes públicos, empresários e empresas por fraudes em concurso público e processo seletivo de uma prefeitura, serviços contratados por licitações consideradas fraudulentas (Ação por Improbidade nº 1004671-23.2017.8.26.0400).

Constam dos autos ligações telefônicas em que a empresária Fulana arquitetava o esquema criminoso e combinava como seria fraudado o certame. Ela encaminhou e-mail à Prefeitura com os orçamentos de todas as empresas "concorrentes".

Em outra sentença da mesma Operação QI, podemos ler que os certames eram 'negociados' entre as empresas participantes e, a fim de não levantarem suspeitas, **havia um rodízio** para os vencedores dos procedimentos licitatórios. Fulana organizada e coordenava as atividades dos demais agentes, assim como a combinação dos preços e a ordem do rodízio de vencedoras (Processo nº 0015960-11.2015.8.26.0506).

O objetivo, segundo a sentença, era direcionar a licitação para, na sequência, superfaturar o contrato e vender vantagens para quem quisesse uma vaga nos concursos públicos. Assim, os ganhos ilegítimos eram maximizados.

A **cortina de fumaça** era produzida com empresas de fachada e comparsas que combinavam tudo antes da disputa, todos controlados e direcionados por Fulana, com apoio de **servidores**

públicos fazendo vistas grossas ou ajudando a maquiar os procedimentos. Entre as penalidades aplicadas, constou a extinção da personalidade jurídica das empresas (TJSP, Apelação 1006014-38.2017.8.26.0664).

Em Mato Grosso do Sul, a Justiça Estadual condenou agentes públicos e empresários por fraudes em licitação para assessoria contábil numa Câmara de Vereadores. Fulano, contador da Câmara, preparava os documentos da licitação, **"trazia tudo pronto"**, usando uma empresa de fachada em nome de sua filha. Os membros da Comissão de Licitação **apenas assinavam os papéis**. Fulano admitiu que havia um acordo entre empresas, no qual uma "emprestava o nome" e os documentos para outra, a fim de "concorrerem" à licitação e, posteriormente, a outra empresa fazia o mesmo. Para a Juíza do caso, ficou evidenciado que tudo não passou de montagem, ficção, mentira, para que Fulano ganhasse duas vezes pelo serviço que executava. Celebrado o contrato fraudulento, o dinheiro foi desviado. Os serviços não foram prestados, já que o trabalho já era realizado por Fulano, como servidor do órgão contratante. Ficou comprovado que Fulano transferia parte do dinheiro para os presidentes da Câmara de Vereadores (no plural mesmo, porque o esquema envolveu duas legislaturas sucessivas!), usando, inclusive, pessoas próximas a eles, como, filhos, nora, genro e cônjuge (Processo nº 0900008-28.2019.8.12.0049).

Em pregão do Exército para aquisição de gêneros alimentícios, a licitante X apresentou atestado emitido pela Y, cuja sócia era também dona da X. Um concorrente apontou que o **atestado tinha sido emitido apenas um dia depois da data de abertura da empresa**. O pregoeiro não tratou desse fato na análise do recurso, se limitando a aceitar os contra-argumentos de X de que estava tudo certo.

O TCU se convenceu de que era fraude, porque, além de o atestado ter sido emitido um dia depois da constituição de X, a nota fiscal dos serviços prestados se referia a período posterior ao atestado. O Ministro Relator do caso entendeu que só poderiam ser atestadas as parcelas que já tivessem sido efetivamente executadas até a emissão do documento. Para o Tribunal de Contas, ficou caracterizada fraude em todos os Pregões em que o atestado foi utilizado, resultando na declaração de inidoneidade de ambas as empresas, a emissora e a beneficiária do atestado (Acórdão TCU nº 917/2022-P).

Em prefeitura da Bahia, a CGU verificou fraudes e evidenciou que os agentes que assinavam os documentos das licitações não tinham conhecimento sobre compras governamentais. Outra pessoa realizava todo o processo (Relatório CGU nº 201604654).

Ainda na Bahia, o Ministério Público Federal denunciou fraudes investigadas na Operação Águia de Haia. Segundo a denúncia, um pregão para software foi forjado. As declarações do pregoeiro são bastante didáticas sobre a montagem, afirmando que 'não fazia nada' e nunca elaborou documento nenhum de licitação, que chegava tudo pronto para assinar, sendo que o nome do vencedor do Pregão já era conhecido desde o início do certame (JFBA, Processo nº 1479-28.2017.4.01.3311).

> "Eu não fazia nada, apenas assinava uns documentos que me davam... nunca elaborei nenhum documento de licitação, nem eu nem as outros duas colegas da CPL... recebemos os documentos da empresa que ganhou a licitação... recebemos tudo pronto... só assinávamos... esse Pregão surgiu já com o nome do vencedor sabido desde o início"
>
> JFBA. Processo n. 1479-28.2017.4.01.3311

No Acórdão nº 1719/2015-P, o TCU avaliou pregões de material médico-hospitalar em prefeitura do Maranhão. Entre os fatos mais graves, constou a montagem de quatro processos licitatórios, evidenciado porque as duas únicas vencedoras foram habilitadas em dois certames e inabilitadas nos outros dois, no mesmo dia, pelo mesmo pregoeiro, com os mesmos documentos. Para o TCU, a atitude foi intencional, evidenciando conluio entre empresas e agentes públicos, para distribuir os pregões conforme a conveniência e não concorrência.

Na mesma prefeitura, o TCU entendeu que foi comprovada outra montagem. Uma das licitantes que constava na ata de lances afirmou jamais ter participado, considerando que atuava no ramo de papelaria, sem qualquer relação com o fornecimento de carteiras escolares. Para o TCU, a licitação foi fabricada depois que os produtos foram comprados. O assessor que conduzia as licitações afirmou que era habitual o desprezo das normas pelos gestores municipais (Acórdão nº 1719/2015-P).

Consta nos autos que o **pregoeiro não tinha capacitação, apenas assinava documentos** que lhe eram entregues. Quem conduzia de fato os certames era um assessor contratado, responsável, segundo o TCU, pelas fraudes, atuando como agente público mesmo sem competência formal para os atos, mas com destreza e conhecimento para tanto. Ele foi penalizado. Também receberam penas dois auxiliares do pregoeiro. A jurisprudência do Tribunal impede a responsabilização de auxiliares por irregularidades cometidas no pregão, em razão da ausência de poder de decisão. No caso concreto, entretanto, a situação era diferente, uma vez que foram responsabilizados pela montagem dos procedimentos fraudulentos, cuja participação restou demonstrada.

| CAPÍTULO 2 | TIPOLOGIA DE FRAUDES EM LICITAÇÃO |

Na Paraíba, a Justiça condenou investigados na Operação Andaime. A Comissão de Licitação era de fachada, chamada apenas para assinar documentos (Processo nº 0000478-39.2015.4.05.8202).

> [membro CPL 1] *só ia assinar os documentos*
>
> [membro CPL 2] *só assinava os papéis e não lia nada*
>
> [membro CPL 3] *na hora que era pra assinar, ligavam pra ele*

Situação semelhante foi evidenciada pelo TCU no Acórdão nº 7197/2018-2C, tratando de obras investigadas na Operação Gárgula, no Ceará. Um escritório de assessoria montava as licitações e a Comissão de Licitação apenas assinava os documentos.

Caso semelhante foi tratado em ação de improbidade na Justiça Federal do Rio Grande do Norte, na qual uma servidora municipal afirmou que a comissão de licitação existia 'apenas para dizer que existia', que os membros só assinavam os documentos trazidos pelo escritório de contabilidade contratado para assessorar a prefeitura (Processo nº 0009620-65.2009.4.05.8400).

Em outra ação de improbidade, também na Justiça Federal do Rio Grande do Norte, ficou provado que o processo licitatório não foi conduzido pelos membros da comissão, que era chamada apenas para assinar, quando o processo já estava pronto (Processo nº 0000298-67.2013.4.05.8404).

Em outro caso digno de nota, da Justiça Federal em Sergipe, o interrogatório de uma pessoa que integrava a comissão de licitação é revelador sobre como funcionam as montagens (JFSE, Processo n. 0005200-03.2012.4.05.8500).

Integrante da CPL / **Juiz**

— integrou [CPL] para completar o número, digamos assim... [e receber gratificação...] Mas a senhora ia às sessões da comissão?

— Não, senhor.

— Só assinava a ata depois?

— E que era levada até mim...

— Então... não tinha um contato... com a comissão de licitação?

— Não e nunca tive um treinamento... não tinha um conhecimento técnico na área

Em São Paulo, o TJSP julgou apelação criminal em que o prefeito atribuiu **informalmente a gestão da prefeitura a seu ex-cunhado, vereador da cidade**. Esse vereador, em conluio com o chefe de licitações e empresários, fraudava licitações. Para dificultar o rastreio das licitações, realizaram **registro falso no banco de dados** da Administração Pública – um **pregão falso foi registrado com o intento de gerar registros de obrigatoriedade de pagamentos pela municipalidade**, sem prévios procedimentos legais que amparassem tais pagamentos. Procedimentos físicos que, em tese, justificariam os dados inseridos no sistema informatizado não foram localizados, levando a Justiça a concluir que sequer existiram (Processo nº 1000549-15.2019.8.26.0620).

Também no estado paulista, a Justiça manteve condenação de agentes públicos e uma empresa por improbidade em licitação para serviços publicitários. Na fase de avaliação técnica dos licitantes, a secretária pessoal do então prefeito, nomeada para compor a comissão técnica, foi **coagida a assinar documentos já preenchidos** com as notas atribuídas às empresas, sendo impedida de analisá-los. Ela nem sabia do que se tratava. Disse que tudo aconteceu muito rápido, e que somente algum tempo depois conseguiu extrair cópias da papelada, já assinada, e aí soube que se tratava de uma licitação. Concluindo que houve direcionamento, pediu demissão e denunciou a tramoia, confessando a prática de falsidade documental (TJSP, Processo nº 1014848-50.2018.8.26.0161).

No Mato Grosso, o Tribunal de Justiça confirmou condenação de um agente público por improbidade administrativa, decorrente de Auditoria de Controle Interno do Município, quando foram identificadas graves irregularidades na aquisição de um micro-ônibus (Processo nº 0020863-85.2011.8.11.0041).

A juíza que relatou o caso citou que a nova Lei de Improbidade Administrativa dispõe que o dolo precisa estar devidamente comprovado nos autos – hipótese, em sua visão, constatada no caso concreto. Ela afirmou que o dolo por parte do ex-secretário ficou demonstrado porque ele tentou encobrir a ilicitude do seu ato (compra sem licitação) forjando um "termo de doação", para fazer crer que não teria ocorrido ônus financeiro para o Município, como se o veículo tivesse sido transferido a título gratuito, o que não era verdade, pois houve transferência de dinheiro dos cofres públicos para a empresa 'doadora', em valor compatível com o preço do veículo. Para a Juíza, a simulação do "Termo de Doação" configurou o dolo específico, ou seja, a vontade inequívoca de praticar a conduta.

O agente público efetuou a compra, sem licitação, sem qualquer autorização para dispensa ou inexigibilidade, sem procedimentos de execução da despesa (sem empenho, sem liquidação, sem programação de desembolso; pagamento por ofício encaminhado ao banco, sem ordem bancária) e sem registro contábil e patrimonial da aquisição.

O Município ainda afirmou que o documento do automóvel estava no nome de uma terceira pessoa, sendo o veículo alvo de restrição judicial, o que impediu a transferência da propriedade em favor do Município. Desta forma, o prejuízo foi total.

Ao contrário desses casos, o que se espera do **comprador diligente** é que seja capacitado e esteja atento aos sinais de fraudes, especialmente os mais óbvios, tomando providências adequadas.

Foi o que aconteceu, por exemplo, numa prefeitura catarinense, quando a **Comissão de Licitações acionou a Polícia Militar** após constatar indícios de fraude, pois os interessados estavam combinando preços por meio de aplicativo de mensagens por celular. A polícia conduziu os representantes das empresas para a delegacia (www.joacaba.sc.gov.br, notícia de 18.04.2018).

Também em Santa Catarina, a Polícia Civil prendeu em flagrante dois empresários que tentavam fraudar licitação. A operação foi montada por causa de **denúncias da própria prefeitura**. No dia da abertura do certame, uma policial à paisana ficou em frente ao Departamento de Licitação, quando foi abordada por "concorrentes", que ofereceram R$1,5 mil para que desistisse de apresentar proposta (pagina3.com.br, notícia de 08.11.2011).

Noutra prefeitura, em Goiás, um empresário foi **preso em flagrante** numa licitação. Os agentes públicos perceberam que a certificação digital da documentação foi forjada. No documento apresentado pelo suspeito, o CNPJ da empresa não correspondia com dados do Sistema Público de Escrituração Contábil. Os dados no documento eram de outra empresa e se referiam a 2018, embora a autenticação eletrônica fosse de 2017 (g1.globo.com/go, 10.07.2019).

Ainda em solo goiano, a CPL identificou sinais de falsificação na certidão de falência da licitante em contratação para pavimentação asfáltica. Chamaram a Polícia, que confirmou a fraude e prendeu em flagrante o representante (g1.globo.com/go, 26.07.2022).

CONSTRUTORA E INCORPORAÇÃO EIRELI	DESABILITADA	A LICITANTE APRESENTOU A CERTIDÃO DE FALÊNCIAS E CONCORDATAS "FALSIFICADA". CABE SALIENTAR QUE FOI ACIONADA A POLÍCIA CIVIL DO ESTADO DE GOIÁS, ATRAVÉS DA DELEGACIA DE POLÍCIA CIVIL, ONDE O REPRESENTANTE DA LICITANTE FOI CONDUZIDO PARA DELEGACIA DE POLÍCIA.
Certidão expedida em 13 de junho de 2022, às 09:34:28 Tribunal de Justiça do Estado de Goiás - Corregedoria Geral da Justiça Avenida Assis Chateaubriand n. 195 Setor Oeste CEP 74130-012 Data da última atualização do banco de dados: 13 de junho de 2022		Certidão expedida em 19 de setembro de 2019, às 09:34:28 Tribunal de Justiça do Estado de Goiás - Corregedoria Geral da Justiça Avenida Assis Chateaubriand n. 195 Setor Oeste CEP 74130-012 Data da última atualização do banco de dados: 19 de setembro de 2019
Certidão adulterada		Certidão original

Situação similar aconteceu numa prefeitura do interior de São Paulo, em abril de 2023, quando um procurador de empresa foi preso em flagrante por ter apresentado certidão negativa de débitos falsificada em pregão presencial. O procurador foi autuado por tentativa de frustração ao procedimento licitatório e uso de documento público falso (g1.globo.com/sp, notícia de 11.04.2023).

Para que os compradores sejam capazes de atuar em situações como essas, vale reforçar, o melhor mecanismo de controle é a capacitação, com a profissionalização apropriada da área de compras.

Corroborando essa ideia, no Acórdão nº 730/2019-Plenário, o TCU entendeu que a capacitação insuficiente dos compradores foi uma das causas principais de editais com cláusulas restritivas.

O mesmo TCU, no Acórdão nº 667/2010-2C, determinou que uma universidade federal melhorasse os controles internos no setor de licitações, incluindo treinamento aos servidores para o exercício de suas atividades, em vista da quantidade de falhas detectadas.

Em linha com essa lógica, **o Ministério Público Federal**, em iniciativa de prevenção de fraudes em licitações em prefeituras, **baseada nas referências deste livro**, fez recomendação que merece destaque e citação direta por ser um dos pontos mais críticos de qualquer compra pública, não apenas como controle na mitigação de riscos de fraudes, mas, sobretudo, como indução de boas compras, redução do desperdício e dos prejuízos por aquisições inadequadas ou ineficientes:

> Indicar sempre servidores capacitados e devidamente aptos para conduzirem e integrarem as comissões permanentes de licitação, submetendo-os, anualmente, a treinamento e capacitação contínua. (MPF, 2019)

Reforçando essa ideia, encontramos a publicação da OCDE *Diretrizes para combater o conluio entre concorrentes em contratações públicas*, de 2009, na qual o organismo internacional defende a formação profissional dos compradores como importante elemento para reduzir os riscos de fraudes, sugerindo, entre as medidas de prevenção:

> Implementar programas de formação contínua dos funcionários das entidades adjudicantes sobre os temas de cartéis em contratações públicas e da detecção de cartéis, com a ajuda da autoridade da concorrência ou de consultores legais externos. (OCDE, 2009)

Mais recentemente, a OCDE (OCDE, 2021, p. 97) reforçou a recomendação ao Brasil, no sentido de que "desenvolva um **programa abrangente e de longo prazo de capacitação sobre o combate a cartéis em licitações** para servidores responsáveis pelas compras públicas e funcionários envolvidos no combate aos cartéis em licitações, como procuradores públicos".

Outra entidade internacional, a ACFE (2019), que orienta especialistas em detecção de fraudes, publicou um ***checklist*** **para avaliação de eficácia do plano de prevenção de fraudes** em vigor numa organização. Recomenda-se fortemente que um plano seja implantado, com envolvimento e engajamento das diversas partes interessadas, em especial os gestores relacionados com as compras governamentais. Os pontos verificados, como se vê, estão relacionados à capacitação apropriada:

1. São ofertados **treinamentos antifraude a todos os funcionários** da organização?
2. Existe um mecanismo eficaz de denúncia de fraudes?
3. Os líderes encorajam a honestidade e a integridade?
4. Os funcionários percebem que existe detecção de fraudes?

Em complemento, pesquisa da PWC (2014), uma das maiores companhias de auditoria do mundo, identificou que as fraudes na área de compras eram o segundo tipo de crime econômico mais frequente nas organizações privadas, recomendando que "a implantação de programas de treinamento seria de grande utilidade, pois eles de fato contribuem para que os profissionais detectem sinais de alerta de fraudes".

Sobre a capacitação e a profissionalização da área de compras, vale citar estudo da CGU muito relevante, que aponta para um grave problema e uma das possíveis causas relevantes de fragilidades nas compras públicas, incluindo as fraudes: a **rotatividade de pessoal nas compras**. Como se vê neste livro, é uma área espinhosa, complicada, cheia de riscos, e a capacitação dos agentes é fundamental. Mas como garantir pessoal qualificado e motivado, experiente o suficiente para enfrentar as agruras da missão, se esse pessoal não permanece na área?

Na pesquisa da CGU, realizada no Executivo federal, as áreas relacionadas à contratação apresentaram maior rotatividade de servidores do que as outras. Entre 2015 e 2018, a rotatividade de compradores foi de 74%, contra 53% das demais funções avaliadas (Relatório nº 201901001).

Essa altíssima rotatividade, quando 3 em cada 4 compradores saiu da área em apenas quatro anos, pode contribuir fortemente para falhas, desperdício, ineficiência e fraudes nas licitações, uma vez que aprender o ofício é demorado, complicado e custoso. Comprar bem exige uma longa curva de aprendizado e, para isso, os agentes compradores precisam ser valorizados, capacitados e reconhecidos, de modo que possam desenvolver e usar, de modo frequente, rotineiro e contínuo, sua especialização em compras públicas, algo mais que desejável nessa área tão delicada.

Não por acaso, portanto, vemos o TCU recomendando equipe adequada de servidores nas atividades relacionadas ao planejamento, execução e fiscalização de licitações e de contratos, com o devido treinamento para o desempenho dessas atividades (Acórdão nº 737/2020-P).

Esperamos, sinceramente, que esse tipo de situação possa mudar, tanto em termos de rotatividade quanto de qualidade da capacitação, com as **diretrizes de profissionalização dos compradores determinadas pela NLL**, incluindo a **gestão por competências** e a designação de pessoas com formação compatível ou **certificação profissional** (art. 7º). Sem bons agentes públicos e bons incentivos a eles, a Nova Lei pode ficar apenas nas boas intenções, sem efetividade prática. Defendemos, tal como Santos e Pércio (2022), que o caminho a ser trilhado merece coordenação de esforços, das várias esferas e poderes de governo, para implantação de planos de capacitação assertivos, abarcando níveis operacionais e estratégicos, potencializados pela centralização das compras como indutora e catalisadora de iniciativas efetivas no caminho da profissionalização.

O maior desafio nas compras públicas é equilibrar eficiência e controle. Licitação não é apenas um instrumento jurídico. É um negócio. Uma busca por uma boa solução, ofertada por um bom provedor, por um preço justo. Uma busca que precisa atender a múltiplos princípios e objetivos. Nesse cenário, há um movimento pendular histórico de aperto e relaxamento de controles, na tentativa de estabelecer o equilíbrio que atenda ao interesse público.

Na experiência dos autores deste livro, a questão primordial é a gestão das pessoas, os **compradores**.

Leis, regulamentos e sistemas definem os rumos e os procedimentos, as regras do jogo. Mas os compradores é que operam os sistemas e transformam as regras em realidade de fornecimento. Portanto, são as pessoas que definem, na prática, a qualidade dos resultados. Precisamos de gente suficiente, gente treinada, gente experiente e motivada.

E precisamos criar um ambiente seguro para que os compradores tomem boas decisões de negócios.

É fundamental entender e deixar claro que comprar bem – gerar valor para o contribuinte – é mais do que seguir regras, cumprir procedimentos e evitar erros ou – o que tem sido mais comum – evitar a responsabilização pessoal.

Quem vai assumir as compras que envolvem milhões se estiver com medo de ter que pagar com seu salário pelo erro cometido? Quem vai correr esse risco? Quem serão nossos compradores num cenário de foco na punição?

RECONHECIMENTO

"Precisamos reconhecer, aplaudir e apreciar quem faz um bom trabalho e não apenas punir quem faz besteira"

Steven Scooner (2020).
Tradução livre

2.5 Contratação Direta Indevida

Já sabemos que a regra geral no setor público é realizar licitação, promovendo disputa efetiva e transparente. No entanto, há hipóteses em que isso não acontece, por inviabilidade de competição ou porque a lei permite essa escolha.

Essas situações são definidas na NLL como **contratação direta**, quando a licitação é legalmente **dispensada**, **dispensável** ou **inexigível**. Continua existindo obrigação de formalizar o processo de modo organizado, lógico e plausível, com conjunto mínimo de elementos, de modo similar às licitações tradicionais, incluindo formalização da demanda e, conforme o caso, documentos de planejamento, estimativa da despesa, justificativa de preço, razão da escolha e qualificação do contratado, bem como autorização da autoridade competente (art. 72). A fase preparatória na contratação direta não é muito diferente do que se exige na licitação, portanto, muito do que apontamos sobre os riscos no planejamento da contratação é pertinente às dispensas e inexigibilidades.

Vale, inegavelmente, para contratação direta, o mesmo mantra da licitação: "o primeiro juízo a ser realizado pela Administração é um juízo de necessidade da contratação para o atendimento do fim a que se destina" (FERRAZ, 2021).

CAPÍTULO 2 — TIPOLOGIA DE FRAUDES EM LICITAÇÃO

Acreditamos, pelo histórico já conhecido, que **'preço' e 'escolha do contratado' representam maior risco** de fraudes e corrupção em dispensa ou inexigibilidade.

Essa opinião é reforçada pela análise que Kleberson Souza produziu sobre **40 Operações Especiais** realizadas pela CGU em 2020 em contratações diretas durante a **pandemia** de Covid-19,[17] listando diversas **irregularidades relacionadas com a estimativa de valores** contratuais. De longe, o principal problema detectado foi o sobrepreço, mas também foram identificadas fraudes na pesquisa de preços, cotação com empresas de fora do ramo e ausência completa de pesquisa para balizar a contratação.

Irregularidades em preço
Operações da CGU em Compras Diretas na Pandemia

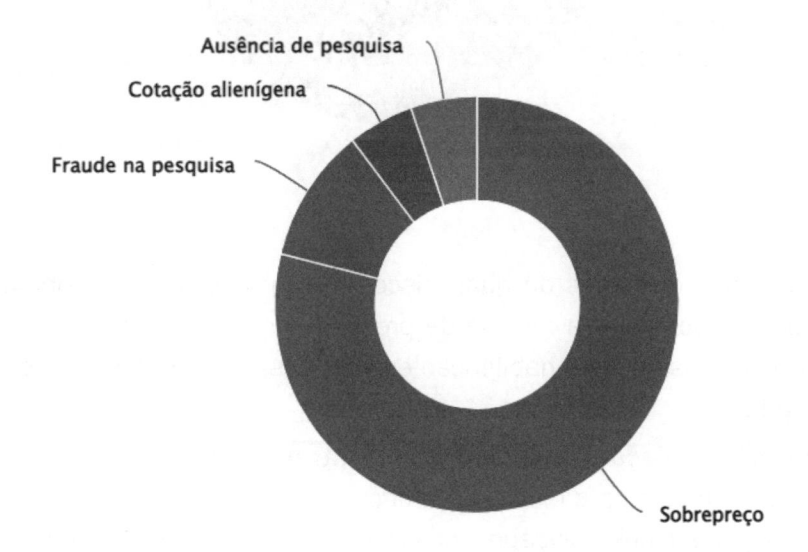

- Ausência de pesquisa
- Cotação alienígena
- Fraude na pesquisa
- Sobrepreço

Além do preço, as Operações Especiais durante a pandemia também investigaram a seleção e a qualificação de quem foi contratado, com destaque para **fornecedores sem capacidade técnica**, como, por exemplo, loja de vinhos, oficina mecânica, revendedor de limpeza, todos vendendo material e equipamento médico especializado. O **conluio** do contratante com o fornecedor foi a segunda maior incidência de problemas, empatada com **empresas fantasmas**, em nome de laranjas, sem operações comerciais. Outras irregularidades foram **documentos falsos**, como atestados, certidões, contrato social, assinaturas suspeitas, bem como **fornecedores sem estrutura de pessoal e sem recursos** financeiros compatíveis com o objeto contratual.

---

[17] SOUZA, Kleberson. Os 4 tipos de fraudes mais comuns nas licitações e contratos do Covid-19. *3Rcapacita*, 06 abr. 2021. Disponível em: 3rcapacita.com.br. Acesso em 14 set. 2023.

Irregularidades no fornecedor
Operações da CGU em Compras Diretas na Pandemia

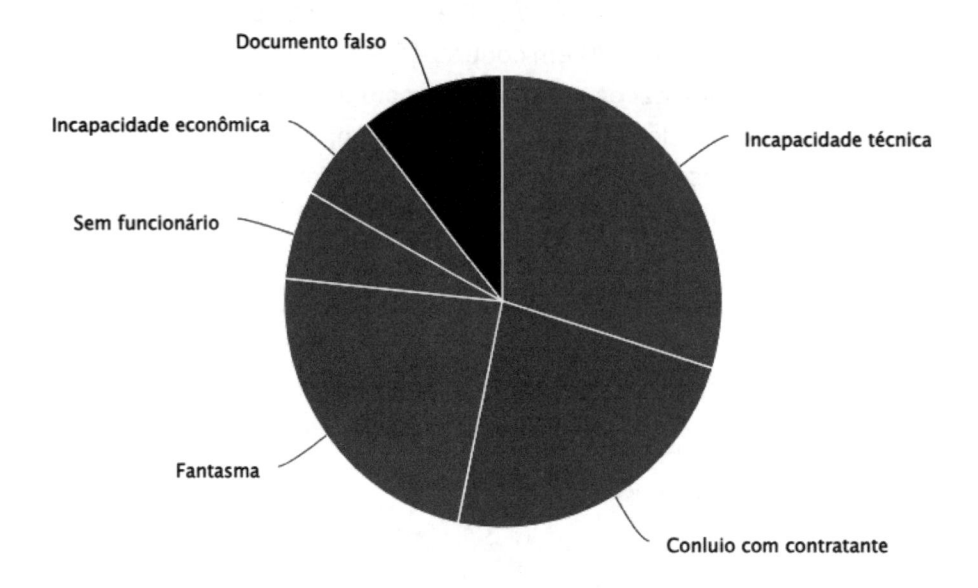

- Documento falso
- Incapacidade econômica
- Sem funcionário
- Fantasma
- Conluio com contratante
- Incapacidade técnica

Esses são bons indicadores de quais riscos merecem cuidado redobrado em compras diretas, no sentido de aprimorar avaliação de preços e justificativa da escolha do fornecedor, incluindo análise minuciosa de sua habilitação em dispensas e inexigibilidades, sobre as quais trataremos a seguir.

A respeito da avaliação de preço nas contratações diretas, especialmente em inexigibilidades, recomendamos a leitura do artigo "A nova lei de licitações e a justificativa de preços em contratação por inexigibilidade", de Gabriela Pércio e Ronny Charles, destacando que a escolha do executor, nesse caso, não é baseada no preço, mas isso não significa liberdade irrestrita para definição do valor contratual, uma vez que a retribuição pelo objeto deve guardar coerência com as condições de trabalho e a situação de singularidade que lhe são próprias.

> A justificativa de preços deverá guardar relação com a demonstração das razões da escolha da empresa ou profissional, a partir da correspondente hipótese legal, atentando-se, precipuamente, para a caracterização concreta da inviabilidade de competição.
>
> (PÉRCIO; TORRES, 2022)

Vale destacar também que a **NLL definiu expressamente** a responsabilidade solidária do agente público e do fornecedor pelo dano causado ao erário em **"contratação direta indevida"**, ou seja, aquela que ocorreu de modo irregular porque não se enquadrava nas hipóteses da lei ou porque continha vício insanável, que tenha ocorrido com dolo, fraude ou erro grosseiro (art. 73). Esse ressarcimento de prejuízo não afeta outras sanções legais cabíveis, como aquelas eventualmente relacionadas a conduta criminal, improbidade, ilícito da Lei Anticorrupção ou de natureza disciplinar. Recomendamos, sobre o tema, a leitura do artigo "Da contratação direta indevida prevista na Lei nº 14.133/2021", de Guilherme Carvalho.

Nós já usávamos a expressão 'contratação direta indevida' desde a primeira edição deste livro, com um sentido amplo que engloba a situação descrita na NLL, de prejuízo provocado por dolo, fraude ou erro grosseiro, assim como outras manifestações do problema, mesmo quando não há dano direto evidenciado, como, por exemplo, nos casos de tentativa frustrada de fraude.

É relevante apontar que o dano ao erário não se limita, necessariamente, ao dispêndio financeiro decorrente de pagamentos indevidos. O esforço administrativo que se mostra inútil para alcançar o interesse público, em nossa opinião, também representa prejuízo à sociedade, mesmo que não haja pagamento envolvido. A frustração de atendimento a uma necessidade legítima também é prejudicial e causa dano à população. Comprar mal é obviamente danoso, mas deixar de comprar o que é necessário também produz estragos ao bem comum perseguido pelo poder público.

Defendemos que os custos de transação e a frustração de objetivos legítimos devem ser computados no cálculo dos danos promovidos por ações ou omissões fraudulentas em compras públicas.

Questão adjacente a essa – e controversa – gira em torno do enquadramento da contratação direta indevida como ato de **improbidade**. Até 2021, antes das alterações na LIA, o STJ tinha entendimento firme de que a conduta gerava **dano presumido**, porque a Administração Pública perdeu a oportunidade de escolher proposta mais vantajosa.

Mas esse cenário mudou com a Lei nº 14.230/2021, que introduziu o prejuízo comprovado como elemento configurador da contratação direta indevida prevista no art. 10 da LIA, passando a exigir, portanto, comprovação e quantificação do dano (PINHEIRO; ALMEDIA; MANSUR, 2023).

Por causa da controvérsia gerada, o STJ destacou, em 2021, o Tema 1.096, sob o rito dos recursos repetitivos, para definir se a dispensa indevida de licitação configura ato de improbidade que causa dano presumido ao erário (*in re ipsa*). Quando escrevemos essa 4ª edição, ainda não havia julgamento.

No campo penal, a comprovação do dano é elemento exigido para configurar o crime de contratação direta indevida, conforme decidido pelo STJ em 2021 (AgRg no HC nº 669.347/SP).

Reforçando essa tese, encontramos caso em que o STJ trancou ação penal contra uma babá acusada de participar de fraude. Segundo o processo, ela trabalhava na empresa de seus patrões, os quais – aproveitando-se de sua ingenuidade – colocaram seu nome no quadro de sócios da firma e a induziram a assinar documentos cujo conteúdo desconhecia. Os documentos teriam sido usados para propiciar o crime de dispensa ilegal. A jurisprudência considera que esse crime exige, para sua caracterização, a intenção de causar lesão ao erário e a comprovação de que houve prejuízo ao ente público (STJ. Recurso em Habeas Corpus nº 124871).

Ainda no contexto de compras sem licitação, vale comentar a omissão da NLL quanto ao **responsável pelo processamento das contratações diretas**, deixando para a regulamentação definir quem exercerá a operacionalização, podendo ser atribuída, por exemplo, ao agente de contratações ou a outro agente público da estrutura administrativa.

2.5.1 Inexigibilidade

Quando é **inviável estabelecer competição**, a essência do processo licitatório fica prejudicada, tornando a contratação um procedimento diferente, baseado em justificar a escolha direta do único fornecedor capaz de atender à demanda.

A NLL relaciona exemplos dessa situação, de forma a balizar a decisão da unidade contratante (art. 74). São 'exemplos' porque **a lei não estabelece lista exaustiva** de objetos ou condições de mercado em que a licitação é inexigível. O que vale é o critério fundamental de que a **competição é inviável**, como a jurisprudência do TCU já vem reiteradamente decidindo (Acórdãos nºs 2418/2006-P, 3659/2007-1C, 568/2009-1C, 5504/2010-2C, 3567/2014-P, 4440/2014-1C, 3530/2016-1C, 2504/2017-1C, 2645/2017-P e 6875/2021-2C).

Aliás, a jurisprudência do TCU inspirou a NLL nos dispositivos da licitação inexigível, incluindo expressamente o mecanismo de **credenciamento como hipótese de inexigibilidade**, o que já vinha sendo objeto de decisões e usos esparsos. A **compra ou aluguel de imóvel** também passou a ser tratado nessa espécie de contratação direta, quando as características de instalações e de localização justificarem essa opção.

Seguindo os exemplos especiais descritos na NLL, a inexigibilidade se aplica a algumas contratações específicas, destacadas a seguir.

Fonte: Elaboração própria a partir de Almeida (2021)

2.5.1.1 Produtor, empresa ou representante comercial exclusivo

Nas contratações com fundamento neste inciso, a Administração deverá demonstrar a inviabilidade de competição mediante atestado de exclusividade, contrato de exclusividade, declaração do fabricante ou outro documento idôneo capaz de comprovar que o objeto é fornecido ou prestado por produtor, empresa ou representante comercial exclusivos, vedada a preferência por marca específica.

Cabe destacar que ser "único" não é a mesma coisa que ser "exclusivo". Quando o fornecedor é único, a inviabilidade de competição é absoluta, ou seja, não há outro disponível. Por sua vez, quando o fornecedor é "exclusivo", existem outros que podem ofertar o objeto, mas por uma razão específica e devidamente justificável, somente aquele fornecedor tem autorização para fornecê-lo.

Com base na legislação anterior, o TCU vinha determinando que a exclusividade deve ser comprovada mediante elemento idôneo, pertinente ao ramo de atividade, e emitido por órgão competente, com a cautela fortemente recomendável a quem conduz a contratação de tomar medidas para que seja assegurada a veracidade das informações apresentadas pelo fornecedor (Acórdão nº 2723/2011-1C).

> *o Tribunal lamentavelmente se deparou, em inúmeras oportunidades, com situações em que os atestados de exclusividade não condiziam com a realidade ou eram inverídicos, inclusive objeto de falsificação* (Ac TCU n. 633/2010-P)

A NLL, baseada no entendimento jurisprudencial do TCU, positivou que a exclusividade é comprovada por atestado, contrato, declaração do fabricante ou outro documento idôneo capaz de comprovar que o objeto é fornecido ou prestado de modo exclusivo.

Aplica-se, pela analogia contextual, o espírito da Orientação Normativa AGU nº 16/2009, que determinava, baseada na antiga Lei de Licitações, a obrigação de a unidade contratante averiguar a veracidade do comprovante de exclusividade apresentado. O **risco de fraude é a exclusividade forjada**.

Recomendamos, como procedimento de verificação de veracidade, avaliar o tipo de comprovante de exclusividade apresentado e diligenciar conforme a situação, por exemplo, buscando confirmação externa diretamente com o emissor do documento ou consultando na Internet a respeito do mercado e condições de revenda, distribuição ou representação.

No Paraná, o Tribunal de Contas multou ex-prefeito por ter realizado inexigibilidade fora das hipóteses legais. O gestor tentou se defender alegando que o software contratado havia sido desenvolvido pela empresa. Para o Tribunal, **qualquer empresa poderia operá-lo**, já que a suposta fabricante não teria direito de exclusividade, pois tinha cedido o sistema integralmente à prefeitura (www.tce.pr.gov.br, notícia de 06.02.2020).

Numa capital do Norte, a Secretaria de Educação comprou, por inexigibilidade, 365.000 unidades de um livro para o Ensino Médio. Para a Justiça Federal, baseada em relatório da CGU, houve **montagem e simulação**, evidenciando diversas falhas: a) direcionamento do objeto; b) exclusividade suspeita; c) prejuízo (JFPA, Processo nº 25571-83.2016.4.01.3900).

O Juiz Federal explicou que a Lei se propõe a democratizar certames licitatórios e, com a contratação direta indevida, esse propósito é distorcido, privilegiando um agente econômico em detrimento de outros potenciais.

A compra de livros didáticos, por sua natureza, exigiria seleção e justificativa a partir de parecer técnico de profissional ou comissão capacitada para esta atividade específica. A medida é fundamental para garantir que a aquisição se dê com base em parâmetros pedagógicos, devendo-se observar a escolha do bem a ser adquirido, pela lógica dos motivos determinantes do ato administrativo. A aquisição diretamente com o produtor – editora – ou representante comercial exclusivo, comprovado por atestado, bem como a justificativa dos preços praticados.

Assim, a compra tem que se basear em **decisões sólidas**, do ponto de vista pedagógico e comercial, ainda que para tal seja necessário comprar o produto de fornecedor específico.

No caso julgado, a CGU apontou que já na capa do processo constava "proposta de livros didáticos... conforme anexos", evidenciando que já havia proposta da empresa X, documento que foi retirado dos autos e não foi apresentado depois, mesmo após insistentes pedidos.

Não constavam os critérios para escolha do livro, o que o diferenciava de outros existentes no mercado ou justificativa que fosse, indiscutivelmente, o mais adequado à educação dos alunos do ensino médio.

Assim, o **direcionamento ocorreu pela escolha injustificada da obra**, vendida com exclusividade pela empresa X. Constatou-se que havia, no mínimo, 19 obras que atenderiam aos objetivos na data da aquisição denunciada.

Além disso, o **atestado de exclusividade** apresentado mencionava circunstâncias que tornavam o livro **inapropriado para o atendimento da finalidade** pretendida. A obra era destinada ao Ensino Fundamental, enquanto o objetivo da compra era atender ao Ensino Médio.

> *Nunca vi tantas irregularidades num só processo... flagrante inobservância do princípio ... da legalidade... burocracia serve para proteger a sociedade, não para acobertar ilícitos administrativos*

Por fim, a intenção de compra que originalmente abrangia dois temas, acabou por atender, sem justificativa, apenas um, contrariando o Termo de Referência e o Plano de Trabalho. Em decorrência dessa mudança de objeto, adquiriu-se uma obra pelo preço de duas. **O Juiz anotou seu assombro com a situação**, reconhecendo que nunca tinha visto tantas irregularidades numa inexigibilidade só. Também ficou comprovado que dos 365 mil livros pagos, menos de 100 mil foram entregues, causando prejuízo da ordem de R$10 milhões em valores da época.

CAPÍTULO 2 — TIPOLOGIA DE FRAUDES EM LICITAÇÃO

> Condenados envolvidos em **sucessivos contratos diretos** com a mesma empresa para transporte escolar, alegando que era a única capaz de atender a demanda. Havia diversas outras na região. Houve discriminação geográfica: só empresa com sede no município contratante
>
> (TJSC. Apelação Criminal nº 2013.049860-7)
>
> **Transporte em prefeitura: exclusividade fajuta**

2.5.1.2 Artista consagrado

A caracterização da hipótese de inexigibilidade de licitação para a contratação de artista consagrado por intermédio de empresário exclusivo (pessoa física ou jurídica) exige contrato, declaração, carta ou outro documento que comprove **exclusividade permanente e contínua** de representação no País ou em Estado específico.

Profissionais do Setor Artístico

Divulgação obrigatória no PNCP identificando os custos:

- Cachê do Artista
- Transporte
- Hospedagem
- Infraestrutura
- Logística do Evento
- Demais Despesas

Art. 94, § 2º e 3º

Com a preocupação de aumentar a transparência e melhorar o ambiente de enfrentamento de fraudes, há um conjunto próprio de informações que esse tipo de contratação deve divulgar no Portal Nacional, incluindo os custos do cachê do artista, dos músicos ou da banda – quando houver –, do transporte, da hospedagem, da infraestrutura, da logística do evento e das demais despesas específicas. Não é raro encontrar notícias sobre gastos aparentemente exorbitantes com apresentações musicais, como a Operação Pão e Circo na Paraíba, tratando de shows e festas que poderiam promover o turismo em prefeituras.

A Lei deixa claro que não se pode usar inexigibilidade se o empresário tem representação restrita a evento ou local específico (art. 74, §2º).

Sobre o tema, encontramos julgado do TCU apontando que autorização, atesto ou carta de **exclusividade restrita aos dias e à localidade do evento** não atende aos pressupostos da inexigibilidade. Para tanto, é necessária a apresentação do contrato de representação exclusiva do artista consagrado com o empresário contratado, registrado em cartório (Acórdão nº 3991/2023-2C).

No mesmo contexto, na Paraíba, o MPF fechou acordo de delação premiada com agentes públicos que confessaram a contratação fraudulenta de bandas para uma Festa Junina municipal. As atrações artísticas eram indicadas e contratadas por um acerto prévio entre o empresário e os agentes públicos representantes do município. O **empresário tinha exclusividade apenas para o dia do evento**, documento incabível para justificar a contratação direta por inexigibilidade. O incrível é que o mesmo empresário já havia sido processado por condutas similares (http://paraiba.com.br, notícia de 09.09.2019).

Obviamente, pode-se contratar o artista sem intermediário, ou seja, sem empresário. Não se pode perder de vista que o artista, contratado como pessoa física ou por meio de empresário, precisa ser um **artista profissional e consagrado**. A consagração é baseada na crítica especializada ou na opinião pública.

No Paraná, o Tribunal de Contas estadual destacou que a **crítica especializada** é composta por pessoas que estão presentes no meio cultural e artístico, exercendo influência na produção e divulgação de bens culturais com análises e opiniões. A consagração por esse nicho, exigida pela Nova Lei de Licitações para justificar a inexigibilidade, pode ser identificada por meio de publicações que aprovem o artista (TCE-PR, Acórdão nº 761/2020-TP).

Já a **opinião pública** a respeito do artista pode ser comprovada pelo número de vendas, *downloads* ou outra forma identificável de consumo de músicas, álbuns, peças e demais produtos de arte. Podem ser analisados o número e o valor de shows e ingressos vendidos, a quantidade de seguidores e fãs identificados nas redes sociais, mídias alternativas e convencionais, e a existência de fã-clubes, entre outras evidências de aprovação e sucesso do artista.

Um mecanismo de comprovação da consagração pela opinião pública poderia ser o número de execuções ou pedidos em rádios locais ou regionais ou uma pesquisa de opinião, por amostragem, entre os moradores da comunidade a ser beneficiada.

O relator do processo no TCE/PR ponderou que esse tipo de contratação depende das peculiaridades do interesse que se busca satisfazer. Festa popular de pequena comunidade, por exemplo, pode comportar bandas que tenham aceitação na região, mesmo sem renome nacional. O que a Lei busca evitar são as contratações arbitrárias, baseadas em preferências totalmente pessoais ou de artistas desconhecidos, em especial no meio em que se apresentarão.

Além disso, há outro aspecto relevante nessas contratações. Por não se relacionarem às áreas de atuação prioritária do poder público, como saúde, educação e assistência social, merecem redobrada análise quanto à viabilidade e pertinência das despesas.

A esse respeito, vale citar entendimentos jurisprudenciais na linha de gastos desproporcionais em relação à situação econômica e financeira de entes públicos quando contratam shows artísticos. Um exemplo é o Processo nº 0242095-38.2022.3.00.0000 no STJ, que impediu expressiva despesa com músicos nacionalmente famosos em prefeitura que vinha enfrentando grande precariedade nos serviços públicos mais básicos, de acordo com a ação movida pelo Ministério Público. O STJ entendeu que haveria lesão à ordem pública e à economia administrativa se os shows fossem realizados, destoando da proporcionalidade a situação do município, suas prioridades em termos de serviços públicos e o gasto que seria despendido com o evento, "ainda que se considere muito relevante a realização de eventos culturais pelo País".

2.5.1.3 Serviços intelectuais especializados

A NLL faz uma lista de **oito objetos com natureza de execução predominantemente intelectual** para os quais é permitida a inexigibilidade com profissionais ou empresas de notória especialização.

O conceito de notoriedade da especialização se relaciona com a possibilidade de inferir que o trabalho da pessoa ou da empresa é essencial e reconhecidamente adequado à plena satisfação do objeto do contrato, levando em conta a credibilidade desse fornecedor no campo de sua especialidade, decorrente de desempenho anterior, estudos, experiência, publicações, organização, aparelhamento, equipe técnica ou outros requisitos relacionados com suas atividades.

Serviços Intelectuais

- CONTROLE — qualidade, análise, teste, outros
- RESTAURAÇÃO — obra de arte, bem de valor histórico
- TREINAMENTO — aperfeiçoamento de pessoal
- ADVOCACIA — causa judicial ou administrativa
- FISCALIZAÇÃO — supervisão, gerência [obra/serviço]
- ASSESSORIA — consultoria, auditoria
- PARECER — perícia, avaliação
- ESTUDO — planejamento, projeto

Veja-se que a notória especialização é aquela detida por instituição ou pessoa reconhecida e consolidada no ramo da atividade que desenvolve. A especialização é notória quando é reconhecida, inclusive por aqueles que não são do ramo. Todo mundo conhece, sabe o que são e o que fazem, por exemplo, a Fundação Getúlio Vargas (FGV), a Fundação Instituto de Pesquisas Econômicas (FIPE) e a Universidade de São Paulo (USP).

Mas outros casos podem se tornar irregulares, como aconteceu com a contratação de uma empresa que desenvolveu estratégia de desvio de recursos públicos através de contratos sem licitação, envolvendo mais de 100 órgãos públicos. A notória especialização, nesse caso, não existia.

Segundo a Justiça, a **empresa era desconhecida**, com pouco mais de 10 anos de funcionamento, proveniente de outro estado da federação, dizia ter experiência por ter sido simplesmente contratada por outros municípios e órgãos públicos em situações que, de acordo com sentença, eram no mínimo duvidosas.

Chamou, também, a atenção da Justiça, o fato de que a empresa, ao longo de sua existência, mudou sua natureza jurídica societária, transformando-se em associação sem fins lucrativos. Mas as atividades desenvolvidas, como a consultoria jurídica, o treinamento de pessoal, a capacitação de servidores, a locação de softwares e a gestão financeira não estavam abrangidas por aquilo que habitualmente se faz sem fins lucrativos, de graça ou a preço de custo. Eram típicas atividades econômicas, exploradas a título lucrativo. Por fim, a empresa nem era proprietária dos programas de computador que alugava, mas mera intermediária, descaracterizando a notória especialização (TJRJ. Processo nº 0002064-84.2013.8.19.0078).

Dois tipos específicos de objeto contratual merecem destaque: serviços prestados pelos **advogados e profissionais de contabilidade**. Isso porque a Lei nº 14.039/2020 descreve esses serviços como técnicos e singulares, quando comprovada a notória especialização de quem vier a ser contratado.

Essa inovação legislativa, porém, não pode ser tomada como liberdade absoluta para contratar diretamente esses serviços. Não faria sentido, por exemplo, adotar inexigibilidade de licitação para atuação de advogado ou contador em causas ou análises triviais, comuns e corriqueiras, em que a competição é viável.

Há polêmica e provavelmente será objeto de debates e evolução jurisprudencial a questão de singularidade do objeto, da necessidade a ser atendida para contratar por inexigibilidade.

Ainda sob a regência antiga, encontramos o Acórdão nº 2393/2021-1C, no qual o TCU apontou falha em contratos de serviços advocatícios, por não comprovar requisitos da notória especialização do contratado, nem que os serviços eram efetivamente singulares.

Sobre o tema, vale citar jurisprudência do STJ, julgando recurso contra uma decisão da Justiça de Goiás. A defesa argumentou que a NLL teria alterado a inexigibilidade para serviços de natureza intelectual, incluindo expressamente os serviços jurídicos e deixando de prever o critério da singularidade (STJ, AResp 2.304.592, 2023, baseada no Processo TJGO nº 02294395020138090112).

Para o Tribunal de Justiça de Goiás, no caso concreto, os serviços prestados eram **simples assessoria ou consultoria jurídica e representação judicial, atividades genéricas** e burocráticas inerentes ao cotidiano do ente público, sem complexidade ou exigência de conhecimento especializado que justificasse contratar sem licitação. As alterações da NLL não teriam, nessa visão, modificado a compreensão de que somente está autorizada a inexigibilidade se houver inviabilidade de competição.

De fato, o inciso III do art. 74 da NLL não faz alusão à natureza singular do serviço, assim como o fazia o art. 25, II, da Lei nº 8.666/1993.

E por causa disso, a AGU emitiu o Parecer nº 00001/2023/CNLCA/CGU/AGU, entendendo desnecessário comprovar singularidade do serviço a ser prestado pelo profissional ou empresa de notória especialização no caso de contratação de serviços técnicos especializados por inexigibilidade de licitação, no âmbito da NLL.

Em sentido oposto, encontramos entendimento do TJGO, de que a **singularidade está embutida** na ideia geral da NLL, ao prever que o serviço não pode ser submetido à competição, por ausência de critérios objetivos viáveis para estabelecer a escolha. Nessa visão, só pode se tratar de serviço especial. Se o serviço for comum, trivial, ordinário, padrão, rotineiro, a competição é possível e, portanto, não se enquadra em inexigibilidade. Na mesma linha é o entendimento de Marçal Justen Filho (2021), para quem as circunstâncias específicas e diferenciadas que autorizam a inexigibilidade devem ser buscadas nas necessidades diferenciadas da unidade contratante.

Para indicar um dos possíveis caminhos que a jurisprudência administrativa pode adotar, citamos caso concreto avaliado pelo TCU no Acórdão nº 2761/2020-P, em que o Tribunal julgou contratação direta de escritório de advocacia criminalista em uma Estatal, submetida aos requisitos do inciso II do art. 30 da Lei nº 13.303/2016 (Lei das Estatais), cuja redação é praticamente a mesma da NLL. Naquele caso, o TCU considerou que a contratação atendia ao pressuposto da natureza singular do serviço, embora esse requisito não esteja expressamente previsto na Lei das Estatais. É possível, portanto, fazer um paralelo com uma possível interpretação que o TCU adotará para avaliar contratações baseadas na NLL. No caso concreto, a singularidade estava na complexidade de atuação em causas extensas, de ritos distintos e sob demandas de repercussão e relevâncias institucional e econômica.

Em resumo, a NLL não descreve textualmente a singularidade do objeto como requisito e isso tem promovido diferentes interpretações. Esperamos que a questão seja pacificada no futuro próximo.

Ilustrando os riscos de contratos indevidos, encontramos caso no interior de São Paulo em que a Justiça condenou ex-prefeito e um advogado pelo crime de inexigibilidade ilegal de licitação, praticado por cinco vezes. As contratações se fundamentavam na **suposta singularidade** do serviço advocatício ligado à área tributária. Para a Juíza, qualquer escritório especializado em direito tributário poderia exercer as funções. Não havia especialidade do serviço pretendido e nem notoriedade do contratado que justificasse a inexigibilidade (Processo nº 0002178-51.2017.8.26.0025).

Interessante ler, na sentença, depoimento de uma das componentes da Comissão de Licitação, afirmando que os procedimentos de inexigibilidade vinham do gabinete do Prefeito com parecer jurídico favorável e que confiavam muito no departamento jurídico.

A Juíza anotou que há profunda discussão se um parecer jurídico favorável é ou não suficiente para isentar o dolo do administrador público. No caso concreto, o Tribunal de Contas havia se pronunciado contra a contratação e, ainda assim, o contrato foi renovado, configurando, na visão da magistrada, **"cegueira deliberada e dolosa"**, inequívoca vontade de praticar o crime.

Houve, ainda, prejuízo na execução contratual, porque as **cláusulas de pagamento foram, nas palavras da sentença, "extremamente mal redigidas"**, deixando brechas para que houvesse adiantamento de honorários sobre compensações que ainda seriam analisadas pela Receita Federal, com chance de serem revertidas e ainda com incidência de multas tributárias. Foram pagos honorários "de êxito" sobre valores com alta probabilidade de reversão e consequente prejuízo ao erário. Os pagamentos se fundaram apenas em apurações unilaterais, noticiadas pelo Tribunal de Contas como irregulares.

Além disso, os pagamentos realizados sequer correspondiam ao percentual contratado, destoando mais de dez vezes da média de pagamentos realizados em anos anteriores. Para a Justiça, além de pagamentos embasados em contrato irregular, pagou-se sem qualquer lastro contratual.

Em outro exemplo de serviço intelectual contratado diretamente de forma irregular, o presidente de uma instituição pública teria contratado empresa da esposa e da sogra com menos de dois meses de existência, por inexigibilidade, para ministrar um curso. A defesa alegou mera "inabilidade" do gestor e arrependimento, porque o dinheiro foi devolvido (Acórdão TCU nº 1409/2020-P). O Ministro Revisor no TCU não aceitou o argumento. Para ele, houve atuação dolosa para propiciar a irregular contratação de instituto recém-aberto de parentes, propiciando a essas pessoas vantagens em detrimento das demais. O agente conhecia, ou deveria conhecer, na visão do Tribunal de Contas, os princípios administrativos que impedem a contratação de parentes próximos.

A empresa foi contratada e paga. A devolução dos valores, para o Revisor, não afastava a irregularidade já concretizada. Para ele, era uma tentativa de evitar a punição, depois da divulgação dos fatos.

> *administradores ímprobos e empresas contratadas teriam confiança de que, na eventualidade de seu ardil ser desvendado, bastaria restituir prontamente os valores recebidos, nos montantes originais, para lograr isenção de toda e qualquer punição*

A baixa materialidade das contratações não foi considerada argumento ou escusa em favor do responsável. O **Revisor ponderou** que absolver os envolvidos poderia induzir fraudes nas contratações públicas de baixa materialidade, na medida em que bastaria restituir montantes originais para se isentar de punição.

Sobre a Inexigibilidade para contratação de cursos, o Revisor argumentou que a Administração é obrigada a **evidenciar, no processo de contratação, as qualidades peculiares do fornecedor** escolhido.

A notória especialização dos professores não supre tal exigência, na medida em que deve ficar comprovado que não poderiam ser convocados por outras empresas interessadas ou diretamente pelo próprio órgão contratante.

Em outros termos, não foram explicitadas as peculiaridades da empresa, estabelecida 57 dias antes, para sua contratação, a ponto de inviabilizar a contratação de outras empresas de renome e mais experientes no ramo de treinamento institucional.

Foi aplicada multa ao gestor e declarada inidônea a empresa.

Na Bahia, a Justiça Estadual condenou envolvidos em fraudes em uma Câmara de Vereadores, a partir de investigações da "Operação Xavier/Chave-E" e "Operação Prelúdio". Duas empresas de **consultoria eram contratadas por sucessivas inexigibilidades viciadas**. De acordo com a denúncia, mantinha-se uma desorganização administrativa intencional, de modo que o **descontrole administrativo favorecia o controle do esquema** por parte da organização criminosa. Para a Justiça, desenvolveu-se o fenômeno de "captura do estado", distorção do interesse público em detrimento do interesse privado (Processos nº 0500678-61.2019.8.05.0103 e 0500687-23.2019.8.05.0103).

As duas empresas produziam todos os atos administrativos e apenas recolhiam as assinaturas dos diversos agentes públicos intervenientes dos processos, inexistindo, na prática, segregação de funções. A organização criminosa atuava em todas as fases da despesa.

O procurador do órgão afirmou que não analisava os documentos, que tudo vinha pronto. Seu papel era "assinar direitinho" um parecer jurídico pré-fabricado, preparado pela própria empresa que seria contratada, praticamente um **"autocontrato" feito por inexigibilidade**. A agilidade do processo era tamanha que todo o procedimento de contratação acontecia integralmente em um único dia.

O Presidente da Comissão Permanente de Licitação e Pregoeiro Oficial da Câmara também confessou que deixou de exercer suas atribuições, entregando todas as funções ao domínio da empresa de consultoria.

Para a Justiça, *"expertise* **não era a moeda para contratação. Era propina mesmo"**. Os réus foram condenados, entre outros crimes, por contratação direta indevida, considerando a vontade consciente de causar prejuízo, a possibilidade de competição no ramo de assessoria em contabilidade e licitações, a natureza comum das atividades, que deveriam ser realizadas por servidores públicos concursados, assim como a ausência de notória especialização pelas empresas contratadas.

2.5.1.4 Credenciamento

Quando o objetivo é ter a **maior rede possível** de **prestadores de serviço** ou **fornecedores de bens**, a competição é inviável, afinal, a unidade contratante não quer restringir o número de contratados. Por isso, esse é um tipo especial de inexigibilidade.

O credenciamento vinha sendo adotado mesmo sem previsão expressa na legislação anterior, amparado em entendimento jurisprudencial (Acórdãos TCU nºs 1150/2013-P, 3567/2014-P, 436/2020-P e 2977/2021-P). A Instrução Normativa Seges nº 05/2017 já trazia regramento sobre o tema.

A NLL, então, incorporou esse mecanismo, definindo que se caracteriza pelo chamamento público para convocar interessados para que, preenchidos os requisitos necessários, se credenciem para executar o objeto quando convocados (art. 6º, XLIII).

O credenciamento se aplica a três cenários: I) paralelo e não excludente (ex.: leiloeiros e tradutores juramentados); II) seleção a critério de terceiros (o beneficiário escolhe o fornecedor, como laboratórios para exames clínicos, prestadores de serviços médicos, serviços de vistoria de veículos para licenciamento do DETRAN, bancos para conta vinculada, credenciamento de empresas prestadoras de serviços de internet, no âmbito da política de assistência estudantil); e III) mercados fluidos (flutuação constante do preço, como passagem aérea). No credenciamento paralelo e não excludente, segundo o STJ, o edital não pode gerar competição entre os interessados (Recurso Especial nº 1.747.636 – PR).

Assim, o credenciamento pode ser utilizado para contratar profissionais de saúde, tanto para atuarem em instalações do governo quanto em seus próprios consultórios e clínicas, quando se verifica a inviabilidade de competição para preenchimento das vagas, bem como quando a demanda pelos serviços é superior à oferta e é possível a contratação de todos os interessados, devendo a distribuição dos serviços entre os interessados se dar de forma objetiva e impessoal.

Essa forma de seleção favorece o usuário, na medida em que aumenta suas opções para a realização de consultas, tratamentos, exames, ao mesmo tempo em que resguarda o princípio da impessoalidade.

Outro exemplo de possibilidade de uso do credenciamento é a aquisição de passagens aéreas em linhas regulares domésticas (mercados fluidos), sem a intermediação de agência de viagem, por ser inviável a competição entre as companhias aéreas e entre estas e as agências de viagens.

CAPÍTULO 2 — TIPOLOGIA DE FRAUDES EM LICITAÇÃO

Mesmo antes do conceito positivado de mercados fluidos, a compra de passagens aéreas já era permitida por credenciamento, considerando que a demanda envolve diversos itinerários, datas e horários que não podem ser atendidos por uma única empresa. Pela natureza do serviço, não existe relação de exclusão, isto é, o serviço a ser contratado não precisa ser prestado com exclusividade por um prestador, mas pode ser prestado por todos que satisfaçam os requisitos definidos pela Administração Pública (Acórdão TCU nº 1094/2021-P).

A peculiaridade da hipótese expressa de mercados fluidos é a possibilidade de aceitar "preços dinâmicos", ou seja, pagar conforme o preço disponível no momento da demanda. Isso é bem diferente do padrão de contratação do setor público, em que o preço é definido antes da execução.

Marcos Nóbrega e Ronny Charles (2020) defendem, de modo criativo e ousado, que essa forma diferente de tratar o preço pode abrir caminho para modelagens muito mais avançadas e eficientes do que o formato licitatório raiz que conhecemos. Podemos pensar, como os autores anunciam, na implantação do modelo de loja eletrônica, o *marketplace*, de forma similar às grandes plataformas de comércio eletrônico já disseminadas na vida do consumidor privado, como Amazon, Uber, iFood, AirBnB e Booking.

Torcemos para que essa ideia se torne realidade. Um modelo plausível de *marketplace* para as compras públicas brasileiras, baseado na legislação e sistemas que já temos, foi defendido por Eduardo Fiuza e outros colaboradores, entre eles um dos autores deste livro, no Texto para Discussão publicado em 2020 pelo IPEA "Compras públicas centralizadas em situações de emergência e calamidade pública". Os autores apresentam evidências de que o uso das plataformas eletrônicas pode agilizar as compras de pequenos órgãos públicos de todas as esferas e ainda ser estendido a entidades filantrópicas a serviço do Estado, agilizando também os pagamentos por meio eletrônico, como mecanismo de incentivo ao mercado fornecedor (FIUZA *et al.*, 2020).

2.5.1.5 Imóvel

Aqui a NLL fez uma transmutação, alterando a hipótese que antes era de Dispensa para Inexigibilidade. Houve, ainda, introdução de detalhamento de requisitos que já vinham sendo adotados e exigidos pela jurisprudência nos casos de compra e locação de imóveis.

Nas contratações com fundamento neste item, devem ser observados requisitos mínimos, como avaliação do imóvel, seu estado de conservação, custos de adaptações e prazo de amortização dos investimentos, bem como comprovação de que não há imóveis públicos vagos e disponíveis que atendam às necessidades, combinada com justificativas que demonstrem a singularidade do imóvel e que evidenciem vantagem do negócio pretendido.

Aqui se aplicam as mesmas premissas de outros objetos, especialmente o estudo da necessidade e avaliação das soluções disponíveis, levando em conta a comparação entre comprar, alugar ou mesmo ter acesso a um imóvel, considerando, entre outros fatores, o **custo de ciclo de vida** de cada opção, visando avaliar qual representa o **menor dispêndio**.

A respeito do tema, recomendamos a leitura do artigo de Franklin Brasil "Gestão da ocupação: em busca de eficiência no custeio administrativo do setor público" (SANTOS, 2022), que trata sobre as perspectivas do potencial de racionalização e o aumento de eficiência no custeio administrativo com a **gestão estratégica da ocupação**, por meio, por exemplo, de redução do espaço físico necessário, em função, especialmente, dos efeitos da digitalização do setor público e do trabalho remoto, assim como as diferentes formas de contratação de serviços terceirizados de suporte à operação e manutenção predial, utilizando as permissões inovadoras da Lei de Gestão da Ocupação, o art. 7º da Lei nº 14.011/2020, para pensar em estruturas mais eficientes para trabalhar com as modelagens contratuais.

Não basta escolher um imóvel e contratar por inexigibilidade. É preciso que haja estudo efetivo antecedente, fundamentando a escolha com base nas reais necessidades, atuais e futuras, levando em conta os inúmeros fatores que influenciam a ocupação de instalações pelos órgãos governamentais.

2.5.2 Dispensa

Há situações em que a competição é viável, mas a lei dá a opção de escolha ao comprador público, porque licitar, no caso concreto, pode ser inoportuno, dispendioso, inconveniente, de modo que a licitação pode ser afastada, a fim de promover a contratação direta do fornecedor. Como qualquer escolha no setor governamental, deve existir motivação e justificativa, nesse caso, pela demonstração de enquadramento nas **hipóteses taxativas** de dispensa.

É importante esse conceito de hipóteses taxativas, porque não é permitido justificar o afastamento da licitação usando argumentos de que a situação é 'parecida', 'similar', 'análoga' ou algo desse tipo para interpretar o caso concreto e tentar forçar um enquadramento irregular. Não se pode inventar fórmulas extraordinárias para dispensar o processo licitatório. Só vale o que já está na lei.

Obviamente, o **risco está em distorcer o enquadramento** para fazer o caso concreto se enquadrar indevidamente na relação legal de **29 hipóteses de licitação dispensável** (art. 75).

Vale anotar que existem **outras hipóteses de dispensa de licitação previstas em normais especiais**, fora da NLL. O Professor Ronaldo Correa publicou uma postagem no LinkedIn, listando algumas, e ampliou ainda mais a relação com os comentários dos leitores.[18] Aproveitamos para compilar esse conjunto, demonstrando que além da Lei Geral de Licitações, há outras leis que estabelecem casos específicos em que se enquadram contratações para os quais o governo decide afastar a competição, por entender que esse é o caminho que melhor atende ao interesse público.

---

[18] CORRÊA, Ronaldo. Hipóteses de dispensa de licitação que não estão na lei de licitações. *LinkedIn*, 29 out. 2019. Disponível em: www.linkedin.com/pulse/hipóteses-de-dispensa-licitação-que-não-estão-na-lei-ronaldo-corrêa. Acesso em 10 ago. 2023.

Dispensas de licitação em leis especiais

Até 1998
- Serpro (5615/70)
- Abast. aeronaves (7565/86)
- Bens contrato gestão (9637/98)

2008-2012
- Rede Comunic. Pública e EBC (11652/08)
- Merenda escolar agr. familiar (11947/09)
- Ebserh (12550/11)
- Gestão bolsas Prog. Mais Médicos (12871/12)

2013
- Investigação criminal (12.850/13)
- Gestão rede atendimento mulher (12865/13)
- Gestão de armazéns da CONAB (12873/13)
- Gestão do Prosus (12873/13)

2014-2017
- ONG (13019/14)
- Papel moeda (13.416/16)
- Gestão de precatórios (13463/17)

Há, ainda, o conjunto de dispensas previstas na Lei das Estatais (Lei nº 13.303/2016), relacionando 18 hipóteses que guardam similaridade com a NLL.

Como vemos, há um conjunto amplo de situações que podem caracterizar a opção pelo afastamento da licitação. Não é nosso objetivo tratar de todas elas. **Vamos concentrar esforços** nos elementos que, pela nossa experiência e coleção histórica de casos reais, apontam para **maiores riscos de fraude**.

Assim, apresentamos a seguir os **três riscos mais severos** de dispensas de licitação fraudulentas: fracionamento exagerado, emergência fabricada e direcionamento.

2.5.2.1 Fracionamento exagerado

Na legislação anterior, havia dois riscos de fracionamento. Um, para fugir de modalidades de licitação mais transparentes; e outro, para escapar de licitar, aproveitando a permissão de dispensar em função do valor da contratação.

Estamos muito entusiasmados que o primeiro risco, com a adoção da NLL, deixa de existir, pela extinção das modalidades Convite e Tomada de Preços. O segundo risco, entretanto, ainda permanece.

Para entender esse tipo de fraude, precisamos, primeiro, apresentar a lógica da Dispensa de Pequeno Valor, que preferimos chamar de **Microcompra**. E essa lógica tem relação com a racionalidade administrativa.

Vale relembrar, então, que o art. 14 do Decreto-Lei nº 200/1967 determina que os procedimentos administrativos sejam simplificados sempre que possível e que os **controles não podem ser mais caros que o risco** sobre o qual atuam.

É exatamente esse o espírito que anima as microcompras.

Estudo realizado em 2006, em órgãos federais, comparou os custos de cada modalidade de licitação na época, apontando que um Pregão Eletrônico custava 10 vezes mais do que uma Dispensa (FIA, 2007).

Esse foi um dos argumentos utilizados pela CGU na Nota Técnica nº 1081/2017, que sugeriu, à época, aumentar os limites para a Dispensa de Pequeno Valor. A CGU demonstrou que era muito caro fazer pregão para comprar ou contratar objetos abaixo de R$50 mil, além de ser muito mais demorado.

O que a Controladoria-Geral da União estava defendendo era justamente a essência da racionalidade administrativa: simplificar e eliminar controles mais caros que o risco. É a lógica do custo x benefício do procedimento de compra, da aplicação prática de **controles proporcionais ao risco**.

A CGU ainda recomendou introduzir dispositivo na Lei Geral de Licitações com a obrigatoriedade de processar as dispensas em meio eletrônico, de modo a proporcionar amplo acesso às informações, inclusive dos fornecedores consultados e dos preços apresentados, além da possibilidade de participação de outros interessados além dos pesquisados.

A NLL não trouxe essa obrigatoriedade. Por outro lado, determina diretriz de **preferência** para que as microcompras sejam divulgadas na Internet com antecedência mínima de 3 (três) dias úteis, de modo a obter propostas adicionais e selecionar a mais vantajosa. Para deixar de fazer isso, portanto, uma unidade compradora terá que justificar porque deixou de atender a esse comando preferencial.

O **regulamento federal** (IN Seges nº 67/2021), por sua vez, incorporou a recomendação da CGU e criou a **obrigação** de usar **Dispensa Eletrônica**, aplicável a todos os entes, quando executarem recursos da União decorrentes de transferências voluntárias.

A Dispensa Eletrônica tem processamento bem similar a um pregão, com etapa de disputa de lances, o que lhe rendeu o apelido de **"preguinho"**. O fornecedor interessado pode parametrizar e automatizar seus lances com um robô do próprio sistema. A disputa fica aberta por, pelo menos, seis horas. Após, seguem as etapas de julgamento e habilitação. Não há previsão de recurso administrativo, mas isso não impede o exercício do direito de petição, com a grande diferença de que a petição não tem efeito suspensivo.

O preguinho prevê possibilidade de sanções administrativas ao fornecedor. Isso está alinhado com a NLL, que equipara ao conceito de licitante o fornecedor que oferece proposta em atendimento à solicitação da Administração (art. 6º, IX).

Joel Niebuhr (2021) defende que a dispensa eletrônica é, em essência, licitação. Simplificada, mas é licitação. Concordamos com ele.

O mesmo autor ainda faz um alerta importante. Com o robô incorporado ao sistema do preguinho, um fornecedor pode acabar vencendo a disputa, em tese, com sobrepreço, se ele definir proposta inicial acima do preço de mercado e a sessão de lances tiver pouca ou nenhuma disputa. O preço de reserva, ou seja, o menor valor que o fornecedor estaria disposto a oferecer, fica sigiloso no robô do sistema, mas os órgãos de controle podem ter acesso a esses parâmetros. Joel Niebuhr (2021) acredita que isso pode gerar situações, no mínimo, estranhas. Acreditamos que, de fato, a situação inspira futuras análises pelos órgãos de controle, para avaliar a necessidade de eventuais ajustes.

Um último comentário sobre a Dispensa Eletrônica recai sobre a pesquisa de preços. Como o procedimento pressupõe transparência plena e disputa aberta ao mercado de possíveis interessados, o regulamento federal permite que se faça a verificação de adequação dos preços durante a própria análise das propostas dos fornecedores, substituindo a pesquisa nos moldes tradicionais. A medida faz sentido, afinal, se é viável fazer a estimativa com três ou mais orçamentos de fornecedores, pode-se obter esses orçamentos durante a disputa eletrônica. É uma simplificação compreensível, em linha com a racionalidade administrativa. Espera-se que exista, antes da sessão de disputa, algum parâmetro prévio de estimativa da contratação, definido de modo preliminar, possivelmente desde o Plano Anual de Contratações.

Pode ser necessário complementar a pesquisa, após a disputa, nos casos de valores mais significativos e, sobretudo, quando não houver ou for muito fraca a oferta de lances. Não se deve descartar o **risco de propostas de cobertura na Dispensa Eletrônica, para maquiar sobrepreço**.

Todo esse cenário serve de pano de fundo para explicar que a Dispensa de Pequeno Valor existe para simplificar e reduzir o custo administrativo de contratações de baixo risco, porque licitar é caro e não faz sentido gastar mais com o procedimento do que com a coisa comprada.

Mesmo, porém, dentro das microcompras, pode existir espaço para aperfeiçoar a racionalidade dos controles. Foi o que abordou o Relatório de Auditoria nº 201902510, publicado em 2020 pela CGU. Ali, a Controladoria identificou que 75% das Dispensas de Pequeno Valor no Executivo Federal em 2018 não chegavam a R$5 mil, totalizando 67.000 processos de compra, equivalentes a cerca de 0,3% do total homologado no ano. Esse é o perfil que chamamos de **'nanocrompras'**.

A CGU demonstrou que o governo federal gastava R$6 para cada R$4 nessas aquisições irrisórias. Ou seja, para cada 1 real comprado, foi gasto 1,5 real para processar a compra. Mesmo sem licitação, existe alto custo administrativo para conduzir o procedimento, o que torna a coisa um grande desperdício. A CGU propôs simplificar procedimentos. **O controle não pode ser mais caro que o risco.**

Entre as recomendações emitidas pela CGU, vale citar a Nota Técnica nº 1796/2020, que apresentou a ideia de simplificação das compras de pequeno vulto, mediante alteração legislativa para permitir o uso de suprimento de fundos, operacionalizado com cartão corporativo, para contratações inferiores ao custo operacional de uma dispensa de licitação.

Continuando a mesma jornada em busca de racionalidade administrativa, a CGU publicou, no final de 2022, o Relatório nº 906185, no qual foram avaliados **"pregões deficitários"** entre 2018 e 2022. A CGU chamou de deficitários os pregões realizados para comprar itens de baixíssimo valor, considerando que sai mais caro processar a licitação do que adquirir o objeto. A CGU, então, recomendou que a escolha do método de compra considere o menor custo administrativo, sugerindo que a Dispensa Eletrônica pode ser uma estratégia válida de abastecimento para a Administração Pública, especialmente pelo caráter similar ao pregão em termos de divulgação ampla e disputa aberta.

Outro estudo sobre Dispensas de Microcompras que merece atenção desenvolveu análise econométrica comparando 14 produtos comprados por pregão e por dispensa, revelando que o preço pago não era estatisticamente diferente, sendo mais baixo no pregão por causa do efeito escala, resultado que desafia a noção de vantagem presumida do pregão, de que traria preços melhores em função da competição. Para os autores, embora o pregão seja, em tese, favorecido por maiores volumes de compras, a dispensa, por ser mais rápida e envolver maior certeza de fornecimento imediato, pode também, em certos casos, resultar em preços menores (BASTOS; CAVALCANTE, 2021).

Mais uma análise econométrica, extremamente abrangente e com metodologia rigorosa, foi realizada por Dimas Fazio (2022), avaliando milhões de compras de 2013 a 2020 no *Comprasnet*, em que foram comparados preços de produtos comprados por Dispensa por Pequeno Valor e por Pregão. Foi identificada tendência de pagar mais caro na Dispensa (16%), mas também se identificou algo muito interessante: parte dessa diferença de preços poderia ser explicada pela qualidade do produto. Por Dispensa (que não era eletrônica ainda, em sua maioria) foram compradas marcas melhores, que saíam mais caro também quando apareciam em pregão.

Esses estudos apontam numa direção muito relevante. A falta de foco em custos de transação pode nos impedir de enxergar o desperdício por falta de estratégia de compras.

Nessa linha, chamamos a atenção para arranjos de compra alternativos, para além das Dispensas de Microcompras, que podem ajudar a reduzir gastos administrativos com licitações e contratos. É o caso, para material de escritório, do almoxarifado virtual, uma solução que transforma as tradicionais aquisições de papel, caneta e fita adesiva em serviço, com interface similar a um marketplace. O TaxiGov é outra solução que substitui diversas contratações associadas à operação e manutenção de veículos por um único contrato.

Descrito esse contexto, adentramos nos detalhes operacionais da Dispensa de Microcompra. Há dois limites de valor, um para obras, serviços de engenharia e de manutenção de veículos; e outro para serviços gerais e bens. Podemos sintetizar a coisa assim (em valores atualizados de 2024, arredondados):

CAPÍTULO 2 — TIPOLOGIA DE FRAUDES EM LICITAÇÃO

Dispensa por Microcompra

- Obras; serviços de engenharia; serviços de manutenção de veículos — (abaixo de) R$ 120 mil
- Outros serviços de compras — (abaixo de) R$ 60 mil
- Limite em dobro — Consórcios / Agências Executivas

Valores

Aferição do Limite
- Somatório — do Exercício Financeiro / por Natureza
- Exceto: Manutenção de Veículos até R$ 9,6 mil

Procedimento (Preferencial)
- Divulgação em Sítio Eletrônico Oficial
- Mínimo 3 dias
- Cartão de Pagamento

COMO COMBATER A CORRUPÇÃO EM LICITAÇÕES

Elaboração própria a partir de Almeida (2021)

Dois pontos merecem destaque. Para aferição de atendimento aos limites, observa-se o somatório do que for despendido no **exercício financeiro** pela respectiva **unidade gestora**. Esse somatório se refere a objetos de **mesma natureza**, relativos a contratações no **mesmo ramo de atividade**.

Desse modo, o referencial temporal passa a ser o gasto efetivo no período anual. Isso implica que, nas contratações de serviços e fornecimentos contínuos por dispensa de licitação em função do valor, o limite para fins de apuração do fracionamento de despesa deve ser considerado por exercício financeiro, de modo que uma contratação com prazo de vigência superior a 12 meses pode ter valor acima dos limites estabelecidos nos incisos I e II do art. 75 da Lei nº 14.133/2021, desde que respeitados os limites por exercício financeiro. Essa orientação consta no Enunciado 50 da Justiça Federal e na minuta de Termo de Referência de contratação direta da AGU.

Nos casos de consórcio público ou por autarquia ou fundação qualificadas como agências executivas na forma da lei, os valores definidos nos incisos I e II serão duplicados.

Além disso, essas contratações serão preferencialmente pagas por meio de cartão de pagamento, cujo extrato deverá ser divulgado no PNCP (art. 75, §3º).

Há fervoroso debate sobre como somar as despesas do mesmo ramo de atividade. O esforço, nesse caso, tem tudo a ver com a intenção de mitigar o risco de fracionamento indevido de despesas.

O governo federal já estabeleceu duas versões em seus regulamentos: primeiro, foi adotada a subclasse da Classificação Nacional de Atividades Econômicas (Cnae); depois, esse controle foi substituído pela vinculação ao Padrão Descritivo de Materiais (PDM) e à descrição de serviços ou de obras do governo federal, constantes dos catálogos do *Comprasnet*.

Para ilustrar como esse tema suscita dúvidas, os tópicos 'Dispensa pela Lei nº 14.133: limites' e 'Controle de limite de dispensa' no grupo Nelca estão entre os mais lidos, com mais de 8 mil visualizações em menos de dois anos[19]. As manifestações na comunidade de prática Nelca apontam para divergências de interpretação e de concordância com as alterações no regulamento federal e as formas de controle dos limites de Microcompras.

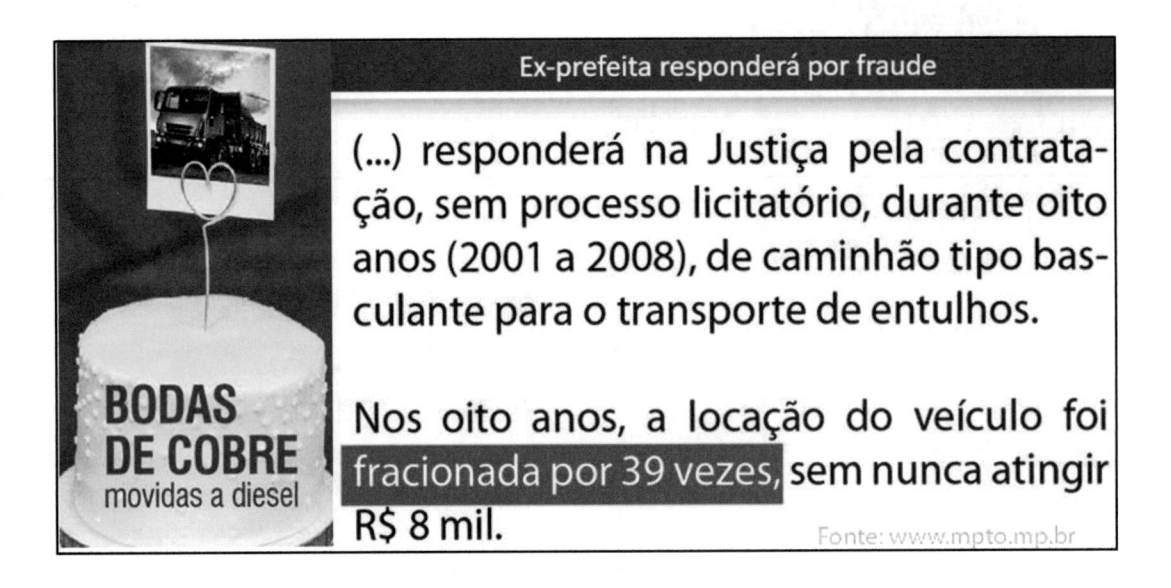

> **Ex-prefeita responderá por fraude**
>
> **BODAS DE COBRE** movidas a diesel
>
> (...) responderá na Justiça pela contratação, sem processo licitatório, durante oito anos (2001 a 2008), de caminhão tipo basculante para o transporte de entulhos.
>
> Nos oito anos, a locação do veículo foi fracionada por 39 vezes, sem nunca atingir R$ 8 mil.
>
> Fonte: www.mpto.mp.br

Todo esse conjunto de fatores se relaciona com o **risco de fracionamento exagerado**.

Pode ocorrer fraude se as microcompras por dispensa ultrapassarem os limites da lei e forem usadas para fugir deliberadamente do procedimento licitatório. Como caso que aconteceu em Prefeitura do Tocantins, em que um caminhão para o transporte de entulhos foi alugado durante oito anos ininterruptos, por 39 vezes, de forma direta, de modo que nunca atingisse R$8 mil, quando seria obrigatório licitar.

Outro exemplo pode ser lido na sentença que condenou um vereador em Mato Grosso. Quando era Presidente da Câmara, ele comprou, sem licitação, equipamentos de informática em dois fornecedores, fatiando as notas fiscais para nenhuma ultrapassar o limite da época. Os acusados alegaram ignorância. Disseram acreditar que os limites da dispensa eram por cada compra individual, não pela soma do ano. O Juiz não aceitou o alegado desconhecimento da lei como desculpa, especialmente porque foram emitidas várias notas fiscais no mesmo dia (TJMT, Apelação nº 38353/2013).

No Amazonas, a Justiça Federal condenou empresários e agentes públicos por improbidade. No mesmo ano, foram oito dispensas para transporte de pessoas, sempre com o mesmo fornecedor. Além do fracionamento, o sócio-administrador era irmão do chefe do setor financeiro, gerando conflito de interesses e violação dos princípios da moralidade e da impessoalidade. A Justiça concluiu que o agente público se valeu do cargo para favorecer a empresa (JFAM. Processo nº 0001250-81.2015.4.01.3200).

---

[19] Consulta em https://gestgov.discourse.group/c/nelca em 04.01.2024.

CAPÍTULO 2 — TIPOLOGIA DE FRAUDES EM LICITAÇÃO

No interior paulista, um prefeito tomou posse e, em seguida, mandou comprar "milho em saca", produto que não se comprava antes. Parentes e aliados ofereceram "proposta" como se fossem produtores, quando nunca foram. Um dos fornecedores foi a esposa do chefe do setor de compras. Era ele que assinava as consultas de preços. Para o Juiz, não era verossímil que, após um semestre todo sem necessidade de milho, logo em janeiro, início da nova gestão, surgisse a demanda e, além disso, que um dos fornecedores fosse logo o sogro do prefeito (TJSP. Processo nº 0001333-92.2015.8.26.0185).

Em Rondônia, a Justiça estadual condenou agentes públicos e empresários por fraude em serviços de assessoria em licitação, fracionando os valores individuais de cada contrato para não ultrapassar o limite de Dispensa. Laudo pericial comprovou que foi o próprio contratado quem assinou as cotações de preço dos "concorrentes", apenas para simular que houve tentativa de se apurar o preço de mercado da contratação (TJRO. Processo nº 0000821-82.2018.8.22.0002).

Em caso julgado no STJ, ficou comprovado que os gestores estavam fracionando a despesa para que produtos alimentícios e material escolar pudessem ser comprados por dispensa. Boa parte das aquisições ocorreu em estabelecimento de parentes de alguns dos réus (STJ. AREsp nº 1.376.990).

Em Alagoas, o Ministério Público Federal denunciou improbidade porque foram realizadas, **em menos de dois anos, 105 compras por dispensa de licitação com a mesma empresa** do ramo de refrigeração (Inquérito Civil nº 1.11.000.001017/2013-78).

A empresa foi contratada, inicialmente, para os serviços de sua especialidade, embora tivesse poucos meses de existência. Depois, foi procurada para oferecer outros serviços e produtos completamente estranhos à atividade de refrigeração.

Ao longo do período de "monopólio", ela forneceu serviços como pintura e solda de equipamentos hospitalares, conserto e substituição de trilho de portão e pintura, aquisição de portões de ferro, serviço de guincho para remanejamento de veículos, lanternagem e pintura em geral, e também instalação de gradeado.

Além de contratarem sempre a mesma empresa, os agentes municipais consultavam, invariavelmente, sempre os mesmos três fornecedores, obtendo toda vez o mesmo resultado: A em primeiro lugar, B em segundo e C em terceiro. **O Ministério Público ressaltou a resiliência dos dois perdedores contumazes**.

> *... pessoas com uma obstinação incomum...*
> *não foram contratadas em nenhuma das 105 oportunidades!*
> *...firmes em seu propósito de serem contratados...*
> *nem mesmo os 104 insucessos anteriores os fariam desistir*
>
> — MPF

A Justiça Estadual de São Paulo condenou por improbidade um prefeito por comprar enfeites natalinos de forma fracionada, em três vezes, para fugir da licitação. As compras aconteceram no mesmo dia e na mesma loja (TJSP. Processo nº 1001287-36.2021.8.26.0651).

Também em solo paulista, houve outra condenação por improbidade de prefeito e de dono de empresa de marketing contratada irregularmente. A prefeitura emitiu **179 empenhos** mediante dispensa de licitação, superando, no total, R$1 milhão. O relator da apelação entendeu que o fracionamento era intencional para fugir do processo licitatório. O publicitário condenado cuidava da campanha eleitoral do prefeito, circunstância que reforçava o conluio fraudulento, segundo o relator (TJSP, Apelação nº 0000977-23.2014.8.26.0318).

Em Belo Horizonte, a Prefeitura multou e declarou inidônea uma empresa por fracionamento de despesas, propostas fictícias, sobrepreço e outras fraudes, em conluio com um servidor do órgão comprador (Processo nº 01-168.980/18-37).

A partir de denúncia anônima, foram investigadas compras de um órgão estadual relacionadas com a mudança de prédio. O mesmo fornecedor, varejista de materiais de construção, vendeu diversos tipos de materiais, de utensílios de cozinha a livros, em 35 dispensas, em curto espaço de tempo, sempre com base no pequeno valor.

Dessa forma, houve divisão de compras de natureza similar para viabilizar a contínua e reiterada dispensa de licitação. Exemplo mais crítico foi a aquisição, no mesmo dia, de 162 luminárias fluorescentes, divididas em 12 processos distintos, totalizando quase dez vezes o limite de pequeno valor da época.

Em todos os casos, a escolha do mesmo fornecedor foi baseada em **propostas de outras cinco empresas, nunca assinadas, sem qualquer pedido de orçamento, todas com a mesma formatação** e até proposta com rodapé contendo dados da concorrente. Em todas, a mesma curiosa expressão "Antecipadamente agradecidos, subscrevemo-nos".

Os produtos vendidos por esses concorrentes não eram compatíveis com a mercadoria comprada pelo órgão público. Um comércio de ração animal teria oferecido proposta para vender parafuso, cabo de rede, pilhas, refrigeradores, jarras de água e até coador para café.

Além disso, os **preços contratados estavam superfaturados**, situação facilitada pelas montagens de propostas falsas.

Não bastasse isso, metade das compras não tinha atesto na nota fiscal, nem comprovação da entrega dos materiais ou prestação de serviços.

Tudo era feito pelo **Gerente Administrativo do órgão comprador, que, sozinho, detinha total o controle do ciclo da despesa**.

Durante o processo de responsabilização administrativa, foram oferecidas várias oportunidades de manifestação para a empresa, mas nenhuma defesa foi apresentada.

Esses casos reais servem para ilustrar os riscos de fracionamento exagerado, merecendo ponderação com o ambiente normativo e os avanços em transparência e uso de tecnologia que a NLL proporcionou.

Um contexto específico que merece destaque é o serviço de **manutenção de veículos**, que possui disciplina peculiar na NLL, com a permissão para firmar, por dispensa, **contratos individuais** de até **R$8 mil**, em regime apartado, que não conta para o limite anual desse tipo de serviço (art. 75, §7º).

Não ignoramos que esse tipo de demanda seja relevante e de difícil solução, especialmente em municípios pequenos, com pouca oferta de oficinas mecânicas regularizadas e dispostas a atuar em licitações. Entretanto, concordamos com Joel Niebuhr (2022), para quem esse dispositivo da NLL criou um **fracionamento incentivado**, carta branca para firmar diversos e sucessivos contratos, que podem chegar a valores milionários, sem limites, bastando fragmentar as contratações para não atingirem, cada uma delas, R$8 mil.

Isso pode gerar o **"fracionamento do fracionamento"**, mencionado por Alexandre Sarquis (2022). É o **risco de fatiar uma fatura** em duas, por exemplo, abusando da exceção prevista na NLL. Imagine que uma intervenção no motor de um carro, que custaria R$12 mil. Divide-se em duas faturas de R$6 mil cada e, em tese, ajusta-se ao limite individual previsto na Lei. O autor defende que seria razoável reunir os contratos do mesmo veículo, referentes a uma mesma intervenção.

Em Minas Gerais, o TCE-MG respondeu consulta de uma prefeitura, definindo entendimento de que o limite de R$8 mil deve ser considerado por contratação. Ou seja, independentemente de os serviços de manutenção serem para um ou mais veículos (Processo nº 1.121.074).

Há **outro risco** que nos parece relevante. O de **multiplicação de Unidade Gestora**.

O limite de Dispensa por Microcompra é contabilizado pelo dispêndio anual de cada Unidade Gestora (UG). A NLL não define esse conceito, o que pode gerar dúvidas sobre a sua operacionalização.

Na contabilidade pública, UG é a unidade que gerencia recursos orçamentários e financeiros, ou seja, empenha e paga despesas. No *Comprasnet*, existe outra figura, a Unidade de Administração de Serviços Gerais (UASG), para operacionalização das compras governamentais.[20] Uma UG pode ter mais de uma UASG.

Cada ente federativo define sua própria estrutura administrativa e, dentro de cada órgão da administração direta, autarquia, fundação ou fundo, pode existir uma ou mais UG.

O que vislumbramos como risco é a criação de UG com o objetivo de aumentar o espaço de manobra nas compras por Dispensa de Licitação. Sugerimos atenção para esse tipo de movimento.

Sobre o tema, encontramos o Acórdão TCE-PE nº 997/2020, tratando de consulta de uma prefeitura a respeito dos limites de dispensa. Para o Tribunal de Contas de Pernambuco, caso a execução orçamentária seja centralizada, os limites aplicam-se à prefeitura como um todo, incluindo órgãos e secretarias. Caso os créditos orçamentários sejam descentralizados, os tetos se aplicam para cada uma das unidades gestoras do Município.

O TCE-PE apontou justamente para o risco que estamos alertando aqui. A **descentralização administrativa injustificada**, que pode ser usada para fugir de licitação. O ato de criar UG tem que ser objeto de ato normativo específico, que indique a motivação de sua necessidade, observando os princípios constitucionais da legalidade, da razoabilidade, da eficiência e da economicidade. Deixar de atender esses requisitos pode configurar, na visão daquele Tribunal de Contas estadual, afronta à Lei de Licitações, levando à responsabilização de agentes públicos.

No mesmo sentido, encontramos manifestações de outros Tribunais de Contas: TCE-SC, Processo nº 00640942; TCE-MS, Processo nº 1545/2014; TCE-ES, Processo nº 7350/2014.

---

[20] Cf.: *Glossário*. Disponível em: http://www.comprasnet.gov.br/publicacoes/cartilha/glossario.asp. Acesso em 01 mar. 2023.

Ilustrando contexto similar, de excesso de fragmentação de unidades compradoras, encontramos o movimento inverso do governo federal, no sentido de enxugar e centralizar as suas UASG. Isso aconteceu por meio da Portaria Seges nº 13.623, de 10 de dezembro de 2019, que definiu diretrizes para o redimensionamento do quantitativo de UASG dentro do Sistema de Serviços Gerais (SISG) do Executivo Federal.

O objetivo da Seges foi reduzir a pulverização das contratações, de modo a promover maior ganho de escala, menores custos administrativos e melhoria do controle. Isso está em sintonia com a diretriz da NLL de priorizar a centralização.

De acordo com dados do Painel de Compras federal, em 2019 foram 2859 UASG com algum valor homologado. No primeiro semestre de 2023, a quantidade caiu para 2159 UASG, uma redução de 24%, demonstrando que o esforço da Seges proporcionou resultados, mesmo com o período conturbado da pandemia, o que obviamente pode ter dificultado a implantação dos planos de redução.

Outro aspecto interessante do Painel de Compras é o número de UASG municipais que usaram o *Comprasnet*. Em 2019, foram 39 unidades, totalizando R$570 milhões homologados. Em 2022, saltou para 81 unidades, somando quase R$2 bilhões, demonstrando avanço no uso do sistema pelas prefeituras, mas ainda parece um movimento tímido, diante do seu potencial.

Conforme dados do Painel de Municípios disponível no *Comprasnet*,[21] até o primeiro semestre de 2023, 3.582 municípios se cadastraram no sistema, representando 64% do total, com a Região Norte liderando o ranking de maiores taxas de adesão (85%). O aumento de cadastros foi fortemente influenciado pelo Decreto nº 10.024/2019, porque a norma passou a obrigar o uso do Pregão Eletrônico quando aplicados recursos de transferências voluntárias da União.

Esse aumento no número de cadastros não parece, porém, ter refletido na mesma intensidade de uso efetivo do *Comprasnet* pelas prefeituras, a julgar pelos números do Painel de Compras, com apenas 81 UASG da esfera municipal homologando compras no sistema em 2022.

O cenário foi avaliado pelo TCU no Acórdão nº 2.154/2023-P, identificando a surpreendente estatística de que "oito em cada dez contratações são realizadas por portais privados", com adoção apenas residual do *Comprasnet*, pois menos de 13% dos municípios fizeram alguma licitação na plataforma federal nos doze meses avaliados pelo TCU. Essa situação causou estranhamento e inquietação da Corte de Contas, que abriu processo apartado para avaliar o uso de plataformas privadas de licitação.

Há, portanto, um contexto de enorme espaço potencial para avanço de uso do *Comprasnet* pelos demais entes federativos. A NLL determina o **uso opcional do PNCP para processar as compras**. Defendemos que o *Comprasnet* seja a plataforma de processamento das contratações incorporada ao PNCP. Isso racionaliza os custos de desenvolvimento, manutenção e atualização da plataforma para atender regras gerais e simplifica a divulgação das licitações no PNCP, pela integração automática do *Comprasnet* com o Portal Nacional.

---

[21] BRASIL. Portal de Compras do Governo Federal. Painel de Municípios. *Gov.br*, 19 dez. 2023. Disponível em: https://www.gov.br/compras/pt-br/cidadao/painel-municipios. Acesso em 19 dez. 2023.

Não ignoramos que cada ente federativo e cada esfera de governo tem poder discricionário para estabelecer regulamentos próprios que podem divergir do regramento federal, tornando o uso do *Comprasnet* desafiador. Nesse sentido, o que defendemos é a gestão do *Comprasnet* pelo Comitê Gestor do PCNP, de modo que o sistema possa funcionar adequadamente para toda a Administração Pública, com adaptações que eventualmente se mostrem necessárias no caso concreto.

Reconhecemos que é um enorme e complexo empreendimento. Proporcional ao gigantismo das compras públicas brasileiras.

Um exemplo de integração de esforços e indício de que esse desafio é viável ocorreu em fevereiro de 2023, quando a Prefeitura de São Paulo, uma das maiores unidades compradoras do país, decidiu usar de modo integral a plataforma Compras.gov.br, prevendo o desenvolvimento colaborativo de módulos e/ou funcionalidades com o apoio de uma equipe multidisciplinar (www.prefeitura.sp.gov.br, notícia de 23.02.2023).

Vale citar o Acórdão nº 2043/2021-P do Tribunal de Contas do Paraná, respondendo consulta sobre a contratação direta de plataforma digital para a realização de pregão eletrônico, no qual o TCE-PR alertou que esse tipo de contratação exige estudo acerca das soluções tecnológicas existentes, incluindo avaliação que vai além do critério financeiro, exigindo sólida justificativa para deixar de usar a alternativa gratuita do *Comprasnet*. O Tribunal de Contas também alertou que é ilusória a noção de que as plataformas privadas são "de graça", por não exigirem pagamento diretamente da Administração. Os custos pelo uso da plataforma são suportados pelos fornecedores participantes da licitação que, por sua vez, irão obter remuneração do eventual contrato com a Administração, sendo lógico que o custo de usar a plataforma acabará embutido nas propostas formuladas. A plataforma, no fim das contas, será financiada pela Administração Pública.

Por fim, vale mencionar o **risco de abuso de Suprimento de Fundos (SF)**, regime ainda mais simplificado que a Dispensa de Microcompra. Segundo o TCU, é infração grave o uso do SF para contornar falhas de planejamento de contratações regulares precedidas de licitação ou dispensa. O suprimento de fundos para pagar despesas rotineiras e não eventuais é fracionamento indevido e desobedece à Lei de Licitações (TCU, Acórdão nº 7488/2013-2C).

2.5.2.2 Emergência fabricada

É emergencial a contratação para evitar prejuízo ou risco iminente ao serviço público ou à segurança de pessoas, obras, serviços, equipamentos e outros bens, públicos ou particulares. Há condições específicas para configurar e atender a emergência. O objeto da contratação está restrito a solucionar a situação emergencial ou calamitosa e as parcelas de obras e serviços que possam ser concluídas no prazo máximo de 1 (um) ano, contado da data de ocorrência da emergência ou da calamidade.

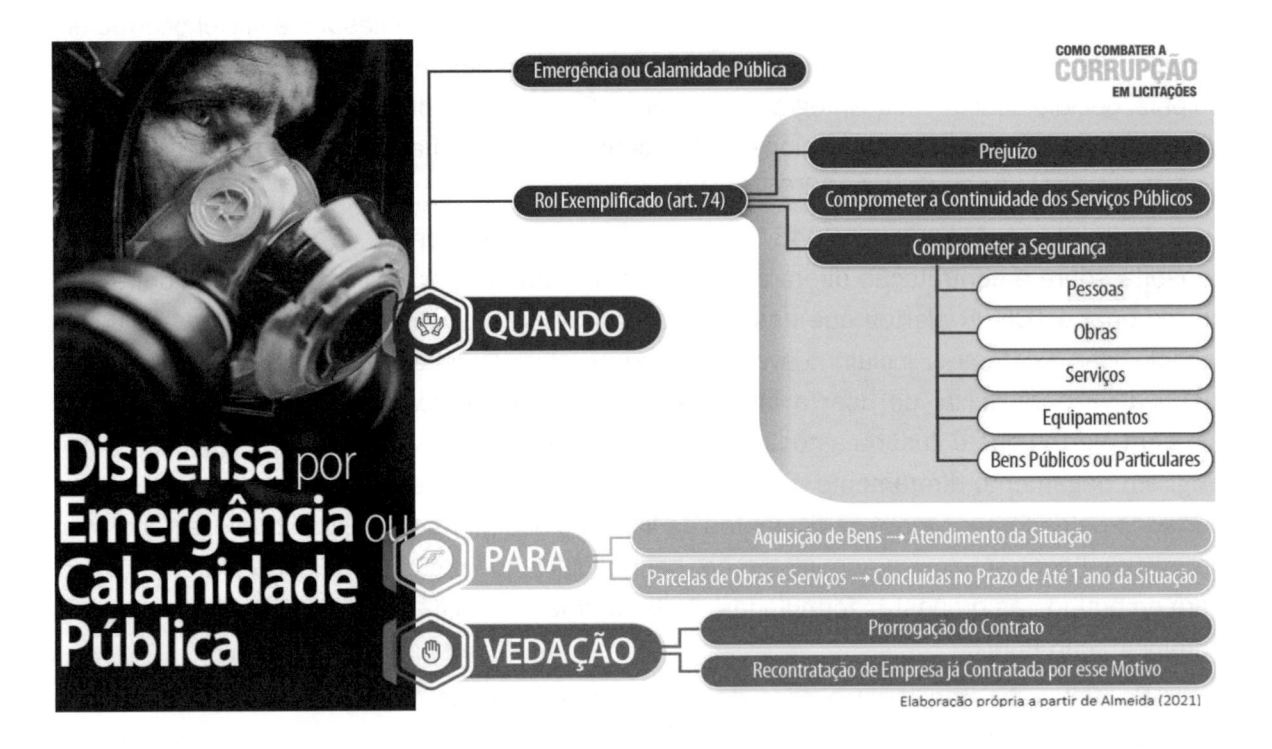

Dispensa por Emergência ou Calamidade Pública

- **QUANDO**
  - Emergência ou Calamidade Pública
  - Rol Exemplificado (art. 74)
    - Prejuízo
    - Comprometer a Continuidade dos Serviços Públicos
    - Comprometer a Segurança
      - Pessoas
      - Obras
      - Serviços
      - Equipamentos
      - Bens Públicos ou Particulares
- **PARA**
  - Aquisição de Bens → Atendimento da Situação
  - Parcelas de Obras e Serviços → Concluídas no Prazo de Até 1 ano da Situação
- **VEDAÇÃO**
  - Prorrogação do Contrato
  - Recontratação de Empresa já Contratada por esse Motivo

Elaboração própria a partir de Almeida (2021)

O *preço* da contratação deve respeitar o valor de mercado, o que é, provavelmente, o **fator mais crítico** e desafiador para a unidade contratante e, por extensão, para atividades de controle, dadas as circunstâncias peculiares que geralmente cercam o contexto da demanda emergencial.

Dispensa por emergência pressupõe, na sequência, providências para agilizar o devido processo licitatório, nos casos em que a demanda se prolonga no tempo, para além do horizonte daquele atendimento de urgência.

Há, ainda, possibilidade – e até mesmo o dever, conforme o caso – de **apuração de responsabilidade** de quem deu causa à situação emergencial.

O **risco é a fabricação da emergência**, por não existir de fato ou por ter acontecido em função da negligência administrativa intencional, com o objetivo de afastar licitação.

Um caso dessa natureza levou à condenação de envolvidos na compra de mesas num órgão judicial, após a criação de novas vagas para o quadro de julgadores. Alegaram que a necessidade era urgente, mas o Juiz do caso entendeu que já se conhecia a demanda pelo mobiliário muito antes, tornando injustificável afastar licitação sob a alegação de emergência (TJMA, Processo nº 37690-61.2010.8.10.0001).

CAPÍTULO 2 — TIPOLOGIA DE FRAUDES EM LICITAÇÃO

Em outro caso, o TRF5 manteve condenação por improbidade em dispensa emergencial envolvendo obras de melhorias sanitárias em prefeitura. O decreto de calamidade pública se deu em janeiro, mas as obras somente foram iniciadas em agosto, desconfigurando a urgência alegada. Havia, ainda, fortes indícios de conluio: similitude da fonte utilizada, acompanhada dos respectivos erros gráficos em todas as propostas, assim como declarações idênticas, meras cópias, apenas com alteração do nome da empresa, levando à conclusão de conluio na fabricação dos documentos. Além disso, não ficou comprovada a pertinência entre as instalações sanitárias e a solução da calamidade pública, já que as obras foram na área urbana e a calamidade era na zona rural (TRF5, Processo nº 2009.84.01.000953-4).

No Maranhão, uma prefeitura instaurou "análise da situação real do Município". Oito dias depois, sem qualquer conclusão, decretou-se **estado de emergência financeira e administrativa** e foram suspensos todos os contratos e pagamentos e, na sequência, dispensa "excepcional" de um contrato para limpeza pública. Para a Justiça Estadual, o objetivo era burlar procedimento licitatório (Processo nº 0000165-39.2018.8.10.0074).

No Rio de Janeiro, a Justiça estadual julgou reforma emergencial em hospital, onde a proposta de **cobertura foi assinada por sócio falecido**. No total, foram cinco dispensas emergenciais irregulares, com os mesmos agentes públicos e empresários. Na triste conclusão do juiz, tudo não passou de fraude grotesca (TJRJ. Processo nº 0008400-67.2012.8.19.0037).

> *tudo não passou de uma **fraude grotesca** açodadamente montada para a contratação direta da empresa X e, consequentemente, para o seu favorecimento com obras públicas*

Em Mato Grosso, decorrente da Operação Hygeia, a Justiça Federal condenou agentes públicos e um empresário. A situação envolvia dispensa emergencial para venda de passagens rodoviárias. Para o Juiz, agentes públicos **fabricaram a emergência**, negligenciando o processo licitatório em curso, para beneficiar a empresa contratada a preços superfaturados. Um dos gestores envolvidos agiu de modo contraditório, ao determinar a vigência da contratação emergencial por período estritamente necessário à conclusão de um pregão em curso e, ao mesmo tempo, mandando parar o processo licitatório porque havia outras prioridades (Processo nº 0015296-44.2012.4.01.3600).

Para a Justiça, a **emergência derivou diretamente da desídia**, com intenção de prejudicar a Administração, ao mandar sobrestar a licitação para contratar, por dispensa, empresa que superfaturou os preços das passagens. O **Juiz sintetizou a situação**.

> *urgência derivou diretamente da desídia da má gestão administrativa, da total falta de planejamento, pois a demanda por passagens era previsível, havia em curso um processo licitatório instaurado, mas negligenciado, para gerar a falsa necessidade de se instaurar um procedimento emergencial de dispensa*

Um caso emblemático rendeu condenação, por improbidade, a agentes públicos e empresários por emergência fabricada para fiscalização eletrônica de trânsito. Os réus, na visão do Ministério Público, não adotaram as medidas necessárias para licitar o serviço de modo regular (TJDFT, Processo nº 0036669-07.2015.8.07.0018).

Para o Relator, a **emergência foi provocada por desídia**, não por eventos inesperados, com sucessivas contratações ilícitas, com "gritante e grotesca" ausência de observância das regras. Para a Justiça, falharam os controles internos, especialmente a assessoria jurídica, que alegou "neutralidade" a despeito das sérias e graves ilicitudes.

O caso já havia sido julgado em Ação Popular na qual diversos contratos emergenciais foram declarados nulos. Para o juiz, a **emergência foi artificialmente gerada**, com o propósito de impedir que o contrato fosse submetido à competição (TJDFT, Processo nº 2014.01.1.019903-6).

O serviço vinha sendo prestado ininterruptamente há pelo menos oito anos, com sucessivas renovações. Assim, não poderia a Administração alegar atraso na licitação, pois a instalação de radares para controle de tráfego já era atividade regular e antiga.

As licitações sofreram diversos atrasos, alegando-se desinteresse do mercado, depois, alteração de projeto, depois, questionamento ao Tribunal de Contas a respeito da contratação. Para o magistrado, houve evidente falha administrativa na definição do objeto e na condução do processo, provocando ainda mais atraso no desfecho do certame.

Numa sindicância interna, verificou-se que agentes agiram deliberadamente para atrasar o processo licitatório.

Outro fator relevante é que não foi justificado o risco de danos caso os contratos fossem descontinuados. A simples continuidade de um serviço não caracteriza, necessariamente, emergência (TJDFT, Acórdão nº 773115/2014). Sendo falsa a emergência, anula-se o contrato (TJDFT, Acórdão nº 731835/2013).

Na Paraíba, em decorrência da Operação Papel Timbrado, houve condenação, em segunda instância, por fraudes em contratações de obras por Dispensa Emergencial em uma prefeitura. Primeiro, foi contratado abastecimento de água e, três anos depois, a construção de cisternas. Em ambos, alegou-se longa estiagem (TJPB, Processo nº 0805462-25.2018.4.05.8203).

Não havia vinculação entre o contrato e a emergência. As cisternas visavam captar água da chuva, portanto, só ajudariam na prevenção de estiagem futura. Para a Justiça Federal, os processos foram verdadeiros simulacros. Os documentos eram genéricos e sem fundamentação. O parecer jurídico foi igualmente lacônico, com apenas dois parágrafos, sem qualquer análise efetiva.

No Paraná, depois da intervenção de órgão de controle, uma prefeitura rescindiu contrato para compra sem licitação de 25 notebooks para serem usados em trabalho remoto durante a pandemia. A contratante não justificou a escolha do fornecedor e do preço, o dobro do mercado. Para o Tribunal de Contas, a compra não estava contemplada na situação emergencial, não haveria urgência tão grande na aquisição via contratação direta, posto que a falta dos notebooks, aparentemente, não seria capaz de resultar em prejuízo ou comprometimento da segurança dos habitantes locais (TCE-PR, Acórdão nº 2793/2020).

No Rio Janeiro, a compra de respiradores para combater a **pandemia de Covid-19** foi alvo da Operação Mercadores do Caos, que prendeu agentes públicos e empresários ligados à suposta fraude. Só havia **uma proposta de preço** e o **fornecedor não era do ramo** de material hospitalar, mas de informática. A **empresa respondeu em menos de uma hora** depois do pedido de cotação (g1.globo.com, 07.05.2020).

Importante esse caso para comentar sobre a **pandemia**, um gravíssimo cenário de urgência de saúde pública generalizada, e as compras públicas. Em tempos de crise, os compradores têm sua nobre missão sobremaneira dificultada, pela pressão para atender às necessidades e, ao mesmo tempo, sofrem com a escassez de ofertas no mercado. Num ambiente assim, as fraudes podem se tornar mais frequentes, exigindo mais atenção dos agentes governamentais.

Ademais, o cenário de incertezas promove dificuldades para quem compra e também pra quem vende. Os fornecedores podem estar tentando sobreviver em ramos diferentes do que estão acostumados, buscando novas oportunidades, refletindo preços de sua própria cadeia de suprimento. Assim, mudanças de ramo e preços maiores não significam, necessariamente, conduta ilegítima. Contudo, é preciso ficar atento e justificar, de forma ainda mais clara, as decisões tomadas.

Para evidenciar com números esse contexto desafiador, Franklin Brasil estudou as compras federais de álcool-gel antes e durante a pandemia. Em fevereiro de 2020 foi permitida dispensa de licitação, por meio da Lei nº 13.979, para enfrentamento da pandemia.

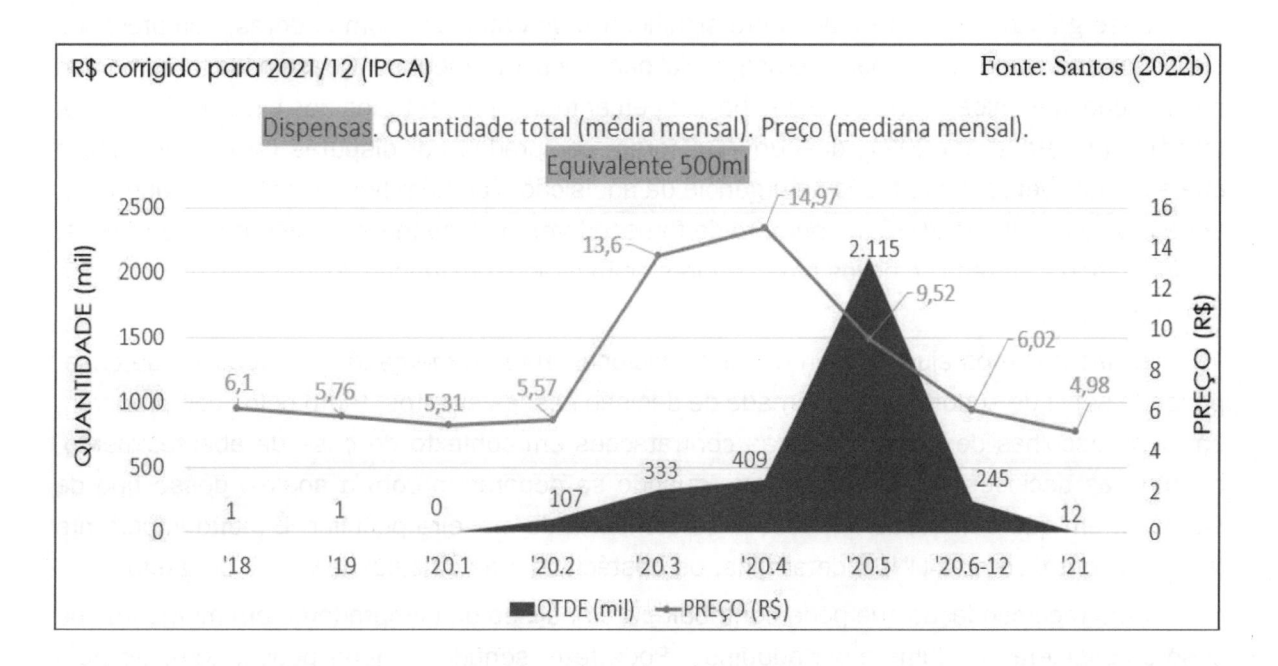

O gráfico mostra o que aconteceu depois da permissão. Não se comprava quase nada sem licitação antes da pandemia, mas em março/2020 já eram 166 mil litros, 144% mais caros do que em fevereiro (de R$5,57 para R$13,60 por cada 500ml). Em abril, a diferença chegou a 170%, atingindo pico de R$14,97/500ml (SANTOS, 2022b).

E logo em seguida, em maio, a quantidade literalmente explodiu, para mais de 1 milhão de litros, porém o preço já estava caindo, estabilizando no segundo semestre de 2020 e chegando a patamares menores, em 2021, do que na época pré-pandemia, com mediana de R$4,98/500ml (SANTOS, 2022b).

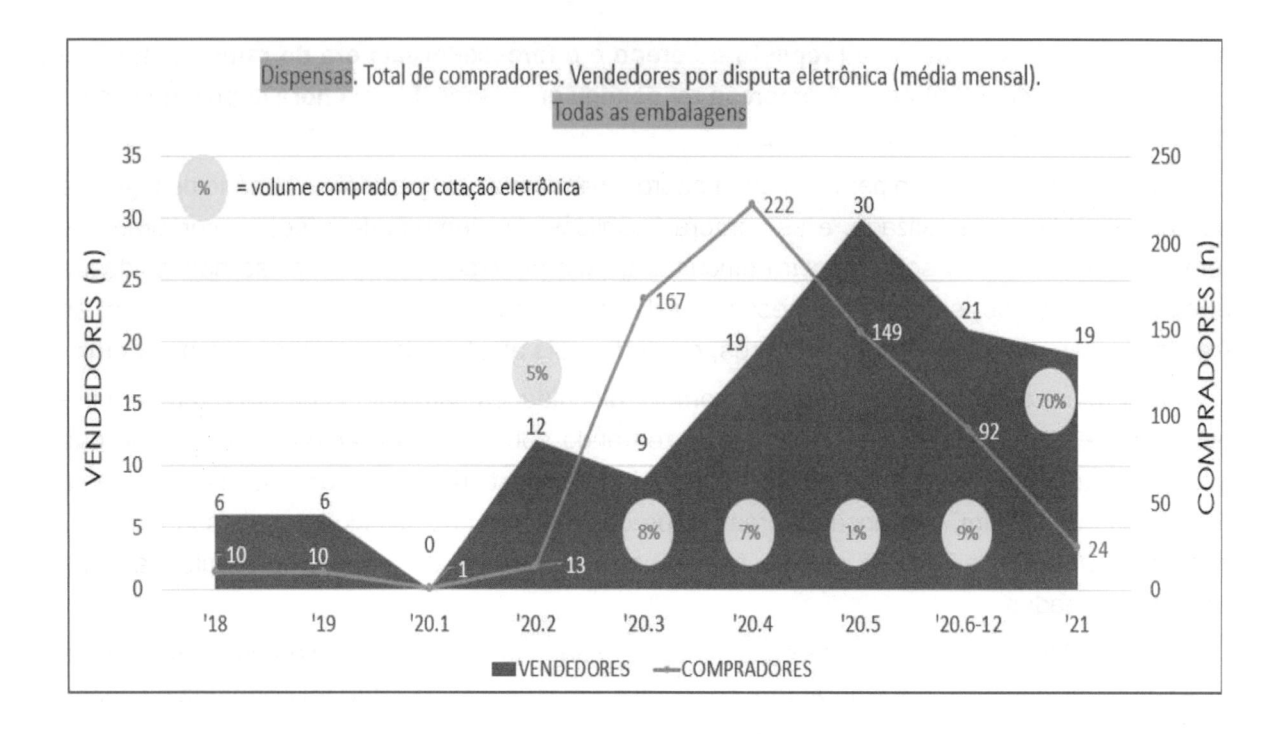

Dispensas. Total de compradores. Vendedores por disputa eletrônica (média mensal). Todas as embalagens

[Gráfico de área/linha mostrando VENDEDORES (n) e COMPRADORES (n) por período de '18 a '21, com percentuais de volume comprado por cotação eletrônica: '18: 6 vendedores, 10 compradores; '19: 6 vendedores, 10 compradores; '20.1: 0 vendedores, 1 comprador; '20.2: 12 vendedores, 13 compradores, 5%; '20.3: 9 vendedores, 167 compradores, 8%; '20.4: 19 vendedores, 222 compradores, 7%; '20.5: 30 vendedores, 149 compradores, 1%; '20.6-12: 21 vendedores, 92 compradores, 9%; '21: 19 vendedores, 24 compradores, 70%]

Esse gráfico apresenta o aumento significativo de entidades compradoras, comprovando elevação generalizada da demanda emergencial para consumo imediato. Quase nada foi comprado por cotação eletrônica em 2020, pelos baixos percentuais apresentados nos círculos do gráfico, tendência invertida em 2021, quando 70% foram comprados por disputas no *Comprasnet*, o que é compatível com a redução na urgência da aquisição. Também houve expressivo aumento, entre março e maio de 2020, no número de fornecedores participantes de disputas eletrônicas, comprovando a entrada de novos fornecedores no mercado, em função do aumento da demanda (SANTOS, 2022b).

Esses números ajudam a entender o funcionamento do mercado em situações de crise, podendo servir de suporte para a tomada de decisão nesses eventos, tanto pelos compradores, em suas escolhas de modelagem das contratações em contexto de crise de abastecimento, quanto nas decisões dos controladores, quando se depararem com a análise desse tipo de situação, em que o mercado fornecedor se comporta de maneira peculiar. É muito importante levar em conta, como a LINDB determina, os obstáculos e as dificuldades reais do gestor.

Uma recomendação que pode contribuir para análises de compradores em momentos de crise é considerar o volume a ser adquirido. Pode fazer sentido comprar pouco, somente para atender às necessidades mais imediatas, sabendo que a escassez e o aumento da demanda farão o preço subir de forma abrupta e temporária. Compras maiores podem ser postergadas para momentos de acomodação do mercado, quando a oferta do produto provocar a queda dos preços (SANTOS, 2022b).

Estudos como este são fundamentais para fornecer evidências empíricas para análises sobre os desafios de planejar compras em situações de emergência ou calamidade. Uma das principais e reais dificuldades nesses momentos é pesquisar preços de referência, por causa da especulação inerente aos movimentos bem conhecidos da economia de alteração da oferta e demanda. Crises de abastecimento são marcadas por obstáculos muito grandes na avaliação de preços de mercado em contratações de demandas urgentes (NÓBREGA; CAMELO; TORRES, 2020).

Nesse contexto, vale comentar a **supressão de exigência de capacidade**. Embora o objeto requerido seja urgente, não afasta a obrigação de contratar quem detenha efetivamente as condições para atender à necessidade, portanto, não se pode deixar de exigir comprovante adequado de capacidade para a execução do objeto (Acórdão TCU nº 4051/2020-P).

Obviamente, não se pode tolerar a conduta que extrapola o mero erro, configurando a fraude.

Refletindo essa lógica, encontramos diversos casos durante a pandemia que revelaram escolhas, no mínimo, imprudentes e desproporcionais ao risco. Fornecedores sem experiência, sem estrutura e sem indícios de condições efetivas de cumprir as obrigações, em contratações de grande vulto econômico e necessidades críticas a serem atendidas. O que reforça a validade da recomendação de cuidados redobrados em cenários de situações emergenciais.

Para ilustrar a falta de cuidado inaceitável, selecionamos uma contratação no Mato Grosso, para aquisição de ventiladores pulmonares, logo no início da pandemia. O Ministério Público ingressou com ação de improbidade contra agentes públicos e empresários envolvidos na tramoia. Em vez dos 22 ventiladores pulmonares efetivamente pagos, o município recebeu Monitores Cardíacos. Os produtos foram falsificados (www.mpmt.mp.br, notícia de 03.08.2020).

Justiça condena duas pessoas por venderem monitores cardíacos como se fossem respiradores para prefeitura em MT

Segundo a denúncia, o município não realizou pesquisa de preços, nem se preocupou em comprovar a idoneidade da contratada. Nos endereços da sede empresarial, foram encontrados salões e barracões vazios, indicando ser empresa de fachada. Para o Ministério Público, as especificações foram restritivas para inviabilizar a competição. Propostas tinham o mesmo padrão, a mesma diagramação, a exata descrição de produtos e similaridade na aposição de carimbos, indicando que foram realizadas por uma mesma pessoa, simulando a competitividade. **Nenhuma era do ramo médico-hospitalar.** A pesquisa teria levado a sobrepreço absurdo e abusivo, ocasionando o superfaturamento. Os gestores concordaram que os equipamentos fossem recebidos em cidade a 720km da prefeitura contratante, o que facilitou a fraude e inviabilizou a conferência dos produtos adquiridos.

O empresário, verdadeiro dono da empresa, foi condenado a 8 anos de prisão. O sócio-laranja recebeu pena de 2 anos e 11 meses (g1.globo.com, notícia de 25.01.2021).

Na Região Sul, o governo estadual levou apenas cinco horas para processar a compra de 200 respiradores, por Dispensa Emergencial, durante a pandemia. A pressa acabou resultando em prejuízo integral, pelo pagamento adiantado de produtos que nunca foram entregues (www.mpsc.mp.br, notícia de 25.08.2021).

Além do preço, causou estranheza a escolha do fornecedor, uma **empresa sem histórico** de vendas daquele tipo de aparelho, sediada em uma casa simples. Em seu **site havia apenas a foto de um prédio com indícios de montagem grosseira** sobre um prédio que seria, na verdade, um endereço residencial.

| Expectativa | Realidade |

O caso virou investigação, batizada de "Operação O2". De acordo com a ação penal, uma empresa "laranja" foi usada para oferecer proposta, não assinada, substituída, dois dias depois, por outra proposta, não assinada, cobrando o depósito dos valores adiantados para a entrega dos equipamentos.

A Assessoria Jurídica indicou a necessidade de juntar mais orçamentos de outros fornecedores, a fim de demonstrar a adequação do preço ao mercado. Orçamentos falsos, para justificar o preço, foram apresentados pelo próprio empresário contratado.

Por falar em Assessoria Jurídica, vale comentar que o STF emitiu o Habeas Corpus nº 171576, sob entendimento de que não compete ao assessor jurídico averiguar se está presente a causa de emergencialidade, mas apenas se há, nos autos, decreto ou instrumento equivalente que a reconheça. Sua função é zelar pela lisura sob o aspecto formal do processo, de maneira a atuar como verdadeiro **fiscal de formalidades**. Isso não afasta, necessariamente, a possibilidade de responsabilização do parecerista, mas sua conduta, para ser responsabilizado, deve comprovar participação ativa no esquema, de modo a, inclusive, dele se beneficiar.

2.5.2.3 Direcionamento

No interior paulista, duas estátuas de uma dupla sertaneja, encomendadas por uma prefeitura, foram apreendidas por suspeita de irregularidades na contratação, realizada por Dispensa, no valor exato do limite na época, R$8 mil. As obras seriam periciadas com o objetivo, segundo o Ministério Público, de esclarecer se as estátuas, feitas em cimento, já haviam começado a ser confeccionadas antes de a prefeitura realizar as cotações para a dispensa da licitação (g1.globo.com, notícia de 21.09.2018).

Na Operação Genebra, que apurou fraude na contratação de entidade internacional por Secretaria de Saúde de uma capital, a Justiça aplicou pena de prisão por dispensa ilegal, peculato e lavagem de dinheiro. Uma filial da entidade, de um município distante 1.300km, solicitou sua qualificação como Organização Social junto ao governo daquela capital. O pedido foi feito com vistas a burlar a Lei de Licitações, já que a entidade não possuía estrutura ou capacidade técnica para sequer se qualificar como OS, conforme exigido pela Lei nº 4.081/2008 (TJDFT, Processo nº 2017.01.1.058528-0).

Tal solicitação foi feita sem que houvesse procedimento concorrencial aberto ou a vinculação de tal entidade a algum serviço assistencial naquela capital. A filial da entidade naquela capital estava em pleno funcionamento, não se justificando, pois, qualquer atuação da filial distante.

Só foi possível entender o objetivo do antecipado pedido de qualificação quando restou deflagrado o Edital de Chamamento Público, publicado três meses após aquele pedido de qualificação. Com o objetivo de restringir ao máximo a divulgação do verdadeiro objeto do edital de chamamento público foram enviadas correspondências a várias entidades, convidando-as para se **cadastrarem** como Organizações Sociais e frisando, inclusive, que as propostas de cadastramento poderiam ser recebidas a qualquer tempo, mas sonegando a informação de que seria realizada imediata celebração de contrato de gestão milionário para a administração das UPAS. Mesmo diante da nítida ausência de comprovação de requisitos técnicos, houve atesto de capacidade técnica singular, ignorando alertas de falhas da assessoria jurídica.

Em São Paulo, denúncia do MPF detalhou dispensa para fornecimento de gêneros alimentícios da agricultura familiar para a alimentação escolar. Os extratos de Declaração de Aptidão ao Pronaf (DAP), documento que comprova a condição de agricultor familiar, foram fundamentais para a fraude (Inquérito Civil nº 1.34.035.000005/2014-13).

As normas do Fundo Nacional do Desenvolvimento da Educação (FNDE) permitem priorizar os produtores locais, desde que os preços sejam justos. O edital, nesse caso, exigia cópia das DAP. Foram juntados apenas extratos de DAP extraídos da internet por qualquer pessoa com acesso ao CPF do agricultor. Tais extratos contêm apenas um resumo de informações do titular, ao contrário da DAP original, que contém todas as informações necessárias do agricultor, tais como a qualificação, o tipo e as características da atividade, bem como a assinatura do beneficiário e do responsável pela emissão. Os extratos de DAP, por sua vez, contêm apenas um resumo superficial das informações do titular.

Para consumar a fraude, os responsáveis pela Associação utilizaram documentos ideologicamente falsos. Já sabendo que o primeiro critério para a seleção da entidade seria a existência de produtores locais entre os seus associados, apresentaram relação de agricultores familiares da cidade. Na prática, porém, tais produtores nem conheciam a entidade. Alguns sequer trabalhavam com os gêneros elencados, caso de pecuaristas e pescadores apresentados pela associação como fornecedores de frutas e verduras. Ao fim, muitos produtos foram vendidos ao município por terceiros que nem eram agricultores familiares.

No Rio Grande do Sul, a Justiça Federal condenou envolvidos em denúncia de fraudes originada da Operação Rodin. O esquema era **dispensar licitação para contratar fundações de apoio** vinculadas a uma Universidade Federal, com base no art. 24, inciso XIII, da Lei nº 8.666/93. Em seguida, a fundação de apoio **subcontratava** (mesmo sendo proibido no contrato) empresas chamadas de **"sistemistas"**, as quais, mesmo realizando pouco ou nenhum serviço, auferiam grandes quantias, em parte destinadas ao pagamento de propinas a servidores públicos (JFRS. Processo nº 5014407-60.2013.4.04.7100).

Nenhuma outra instituição foi consultada sobre o interesse em conveniar/colaborar com o Executivo municipal, mesmo existindo diversas outras universidades, públicas e privadas, no Rio Grande do Sul, sem contar em outros Estados. Para a Justiça, essa era forte evidência de direcionamento na contratação.

Não havia, no processo, razões que levaram à escolha da entidade em detrimento de outras.

A afirmada capacidade da fundação, que estaria plenamente equipada e disporia de recursos de tecnologia da informação, de acervo técnico e de equipe especializada, não condizia com a realidade. E também não foi justificado o preço.

Para o juiz, ficou evidenciada simulação da dispensa, de modo a direcionar para a fundação, que não fazia jus a ser contratada dessa forma. Foi confirmada a acusação de que a fundação de apoio funcionou como intermediária, tendo a contratação se dado, de fato, com empresas privadas ditas "sistemistas" ou "prestamistas".

Na Paraíba, o Ministério Público estadual denunciou fraude com base na Operação Calvário, relacionada com a contratação, por Dispensa, de uma organização social para gerir um hospital estadual. Para o MPPB, a coisa estava inserida em um modelo de governança regado por corrupção, implantado em diversos estados, como "modelo de negócio" para a captação de dinheiro fácil (PIC nº 05/2020).

O esquema teria começado com a mudança de tática de um empresário, cuja empresa, envolvida em escândalos de corrupção, teve a imagem deteriorada, o que o levou a **camuflar sua atividade empresarial sob a fachada de entidades não governamentais**. Uma delas, longínqua filial de uma instituição centenária e reconhecida, foi contratada na Paraíba.

De acordo com a denúncia, o processo de contratação foi muito rápido. Em apenas três dias, tudo estava pronto. Essa celeridade teria deixado vestígios de um "jogo de cartas marcadas", uma série de atos fabricados em poucas horas de um único dia, algo factualmente incrível de ocorrer.

Além disso, foram apontadas outras fragilidades na escolha da entidade social: falta de comprovação de capacidade técnica e de pessoal, carência de motivação e de fundamentação, ausência de justificativa da escolha e do preço, além da falta de qualificação como organização social naquele estado. Tudo teria sido, na verdade, um simulacro, só para cumprir o protocolo, porque tudo já estava combinado.

No Mato Grosso do Sul, a Justiça Federal condenou agentes públicos e empresário por montagem de um pregão para compra de medicamentos em uma prefeitura. Segundo o Juiz, só existia a capa do processo, não havia pesquisa de preços, edital, publicação, ata, documentação dos licitantes, termos de adjudicação e homologação, contrato... nada! A unidade de saúde simplesmente emitia ordens de fornecimento e recebia notas fiscais, sem licitação e sem formalização. O Juiz considerou que o crime se enquadrava em **contratação direta ilegal**, porque a **licitação sequer existiu**. Entre os condenados estava o então Pregoeiro municipal, que também era chefe de setor de licitações e assinou documentos fazendo referência a uma ata de registro de preços e a um procedimento licitatório que não existiram. (Ação penal nº 0011250-91.2016.4.03.6000).

No Pará, a Justiça Federal condenou agentes públicos e um empresário por fraudes em locação de veículos para uma prefeitura. Primeiro houve um Pregão Presencial fracassado, com um único licitante, cuja habilitação foi recusada. Aí fizeram uma Dispensa, consultando, supostamente, três outras empresas, X, Y e Z. Só que as **propostas de Y e Z eram falsas, completamente fabricadas**. As empresas negaram participação. Uma delas nem atuava naquela região. Ninguém reconheceu as assinaturas que estavam nos documentos. Ficou comprovado que o comprador da Prefeitura usou documentos falsos para justificar a escolha da empresa X, beneficiada indevidamente, aberta menos de quatro meses antes da contratação e sem condições de cumprir o objeto contratado. O acusado afirmou não saber como os documentos surgiram, dizendo apenas que a coisa "apareceu em suas mãos" e que o prefeito indicou a empresa que acabou contratada (Ação Penal nº 0002909-85.2017.4.01.3902).

No Mato Grosso, a Justiça Federal condenou, por improbidade, agentes públicos envolvidos em contratação emergencial de consultas médicas e acompanhamento psicológico aos profissionais de saúde durante a pandemia (JFMT, Processo nº 1010553-90.2020.4.01.3600).

Para o Juiz, ficou comprovado que houve direcionamento, com dolo específico de beneficiar indevidamente a empresa contratada, transgredindo a impessoalidade, pela condução e chancela de procedimento dotado de "vícios flagrantes" contra a legalidade.

A coisa toda começou e terminou num único dia, com uma única proposta, já acompanhada de documentos acessórios para assinatura contratual, o que não seria condizente com a mera cotação de preços, mas com o conhecimento prévio de que seria contratada. Seria de se esperar a busca por outras cotações minimamente legítimas, mas somente um contato aconteceu, por e-mail, para uma empresa estrangeira, com sede em Portugal, que sequer prestava serviços na área. O Termo de Referência, curiosamente, informou que a vencedora "ofereceu o menor preço", a despeito de nenhuma outra proposta ter sido efetivamente prospectada.

Para o Juiz, tudo não passou de teatro, porque o órgão contratante sequer esperava receber outras propostas, por isso assinou o contrato antes de receber resposta da outra empresa consultada.

Outro elemento de convicção foi a demanda no auge da pandemia, quando vigorava o "lockdown", o que exigiria a prestação do serviço por meio remoto, online. Isso abria oportunidade para qualquer empresa do país, e não apenas a um fornecedor local. Afinal, se foi consultada uma empresa estrangeira, qual a justificativa para não consultar outras em território nacional? Não havia motivação plausível para restringir a busca ao mercado local. Na prática, o serviço foi prestado remotamente.

O Juiz entendeu que era irrelevante a permissão explícita, da época, de contratar diretamente por emergência, porque tal contexto não afasta a lógica de justificar as decisões na contratação.

Sobre as novas diretrizes da Lei de Improbidade, em especial a ocorrência de dolo para fins de reconhecimento do ato ímprobo, a sentença descreve que o dolo não é somente vontade, mas a má-fé, delineada em atos nitidamente fraudulentos. Segundo o Juiz, para comprovar o dolo, não precisa existir um "ato específico que flagrantemente o demonstre, mas sim, [...] um conjunto de atos que evidenciem a prática".

> "...minuciosa especificação...em plena coincidência com os serviços dispostos pela empresa
> ..todos esses atos no mesmo dia indicam a prática de direcionamento
> Não se pode considerar de boa-fé proposta para essa única empresa que em exíguo período de tempo apresenta proposta complexa
> ...um convite fraudulento à empresa de outro ramo
> ...já havia uma conversa prévia, a oferta do serviço foi combinada antes e o resto foi apenas teatro para documentar"

JFMT, Processo n. 1010553-90.2020.4.01.3600

Interessante notar que o magistrado reforçou a noção que adotamos neste livro desde a primeira edição. Fraudes em compras públicas não deixam rastros explícitos da vontade dos agentes em agir com má-fé. Os atos, pelo contrário, são produzidos para aparentar licitude, na tentativa de iludir, escamotear, esconder a intenção real.

No caso concreto, um dos agentes condenados aprovou tudo sem questionar. Alegou confiança na equipe e dificuldade técnica de conferir a papelada. Para o Juiz, a falha nos atos não demandava conhecimentos jurídicos. Era óbvia, verificável com um simples passar de olhos, a natureza vazia e fantasiosa de convidar apenas uma empresa local e mandar mensagem para outra estrangeira, alheia ao ramo. **É pedagógica a citação de trechos da sentença**, apontando que já havia um acordo prévio e tudo foi apenas "teatro para documentar". O empresário contratado firmou acordo de não persecução penal.

No Centro-Oeste, a Operação Falso Negativo originou denúncia do Ministério Público na qual se relata direcionamento em contratações emergenciais de testes rápidos durante a pandemia de Covid-19. Um dos elementos de convencimento foi a **celeridade na análise de documentação**. Num determinado caso, 7 propostas foram avaliadas em menos de 1 hora; em outro, 5 propostas consumiram somente 15 minutos, o que indica mera formalidade, ausência ou grave fragilidade da checagem. Para o MP, havia sérios vícios e irregularidades grotescas nos documentos que foram ignoradas pela equipe de compradores. Teria se configurado um cenário de propostas de cobertura ou fictícias, concebidas para dar a aparência de um certame genuíno, para direcionamento e validação de sobrepreço. Numa das situações, apareceram 17 propostas consideradas fictícias, sem qualquer informação de como chegaram ao processo ou indicativo de origem. A hipótese de direcionamento foi reforçada porque as duas únicas empresas contratadas encaminharam suas propostas diretamente a um dos denunciados e não para a área de pesquisa de preços, como seria de se esperar (PIC nº 01/2020).

No Piauí, a Operação Topique investigou esquema em transporte escolar, gerando diversas denúncias do Ministério Público Federal. Numa delas, conta-se a história de uma locadora de veículos, X, que tinha aparência de negócio legítimo mas serviria, de fato, para disfarçar a verdadeira propriedade e a movimentação de recursos de crimes (Processo nº 1013786-59.2020.4.01.4000).

A empresa X começou o seu intenso relacionamento com o setor público em uma contratação direta **emergencial**, para atuar no transporte escolar em 18 rotas da zona rural piauiense. Argumentou-se, para invocar a emergência, o **legado de desordem administrativa** da gestão anterior e a ausência de contratos, com a iminência de início do ano letivo.

Para essa seleção emergencial, foram contactadas oito empresas, três delas controladas pela mesma pessoa. Uma dessas firmas, a empresa X, não atuava em transporte escolar até então e não tinha qualquer estrutura voltada para essa atividade. O histórico da empresa era de serviços de bufê. Na denúncia do MPF, constou a intenção fraudulenta de direcionar a contratação emergencial, porque **não havia elementos racionais para explicar como a unidade contratante identificou, consultou e contratou**, emergencialmente, justamente a empresa em tela para 3 das 18 rotas, **sem que a pessoa jurídica tivesse então experiência ou infraestrutura na área pretendida**.

No Rio Grande do Norte, o MPF denunciou ex-Secretário de Saúde e um empresário. As investigações ocorreram no bojo da Operação Rebotalho. Um dos supostos crimes denunciados foi fraude em Dispensa Emergencial (Processo nº 0807422-02.2021.4.05.8400).

Primeiro, apareceu na Secretaria de Saúde uma proposta da empresa X, para fornecer **respiradores usados ou seminovos**. Depois, montou-se um processo administrativo para formalizar a contratação. Juntou-se um **orçamento de equipamentos novos** e uma resposta de outra empresa informando que não tinha equipamentos usados para vender.

Veja-se que **não houve prévia especificação técnica do que se pretendia comprar, nem avaliação efetiva dos preços ofertados**. O projeto baseou-se exclusivamente nos produtos oferecidos pela empresa X.

A vantajosidade foi declarada comparando produtos usados com equipamentos novos, completamente incompatíveis na especificação e no estado de conservação.

O representante que forneceu o orçamento de respiradores novos afirmou em depoimento que tentou obter as especificações técnicas do que o ente público desejava comprar, porém recebeu resposta verbal de que deveria apresentar os modelos disponíveis para venda. Por não ter parâmetro, foram apresentados dois orçamentos via e-mail, um com produto de R$273 mil e outro de R$27 mil.

Foi juntada ao processo apenas a oferta do produto mais caro, sem qualquer explicação.

O representante afirmou que tentou, várias vezes, até pela Lei de Acesso à Informação, descobrir quais eram os critérios técnicos adotados na compra, mas nunca obteve resposta.

Para o MPF, tentou-se juntar aos autos um arremedo de pesquisa de preços, sem serventia para a tomada de decisão. Os elementos eram insuficientes para fornecer qualquer ideia ou parâmetro seguro sobre o real preço de mercado dos bens que se estava adquirindo.

Isso foi, inclusive, apontado duas vezes, primeiro pela análise do setor jurídico e depois por um parecer da Unidade Técnica de Controle Interno, a fim de que fosse complementada a pesquisa de preços, o que nunca ocorreu.

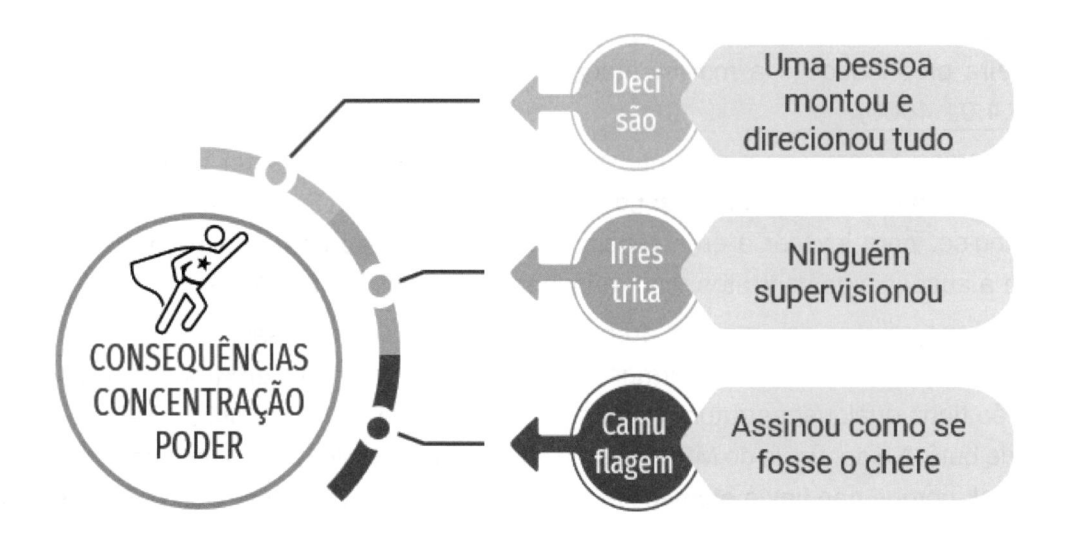

CONSEQUÊNCIAS CONCENTRAÇÃO PODER

- Decisão → Uma pessoa montou e direcionou tudo
- Irrestrita → Ninguém supervisionou
- Camuflagem → Assinou como se fosse o chefe

Tudo foi assinado pelo Secretário Adjunto de Saúde, FULANO, denunciado como suposto mentor da fraude. Para o MPF, essa **atuação concentrada teve três principais consequências**.

Em primeiro lugar, permitiu que FULANO tivesse total controle sobre os atos decisórios da dispensa de licitação, viabilizando sua montagem e seu direcionamento fraudulentos.

Em segundo lugar, impediu que os atos fossem controlados, revisados, anulados, revogados ou de alguma forma modificados por outro agente público, especialmente de hierarquia superior, garantindo assim o êxito da fraude.

Em terceiro lugar, ao assinar o seu próprio nome acima do nome do Secretário Titular, FULANO propiciou a publicação de atos com o nome do Secretário Titular, evitando atrair para si a atenção do público em relação a uma dispensa de licitação suspeita.

Esse caso revela a **importância da segregação de funções** como instrumento de controle dos riscos de fraude em contratações.

No Mato Grosso do Sul, a Controladoria-Geral do Estado manteve a multa à empresa X, alvo da Operação "Reagente", que investigou fraude para fornecimento de reagentes a um hospital. De acordo com a Comissão Processante, a empresa X agiu através do gerente de laboratório do hospital contratante. O prazo inicial do contrato, de 60 dias, passou para 180 dias, e somente X foi comunicada. O Termo de Referência era cópia fiel do catálogo do equipamento fornecido pela empresa X e foi exigida validade mínima de 18 meses para os reagentes, o que não fazia sentido, tendo em vista que a contratação era por apenas 6 meses. A empresa praticou margem de lucro de 80%, aplicando preços muito superiores a parâmetros de mercado. Ficou comprovado, ainda, segundo a CGEMS, que X usou atestados diferentes do objeto da contratação (CGEMS, Processo nº 53/000.047/2019).

CAPÍTULO 2 — TIPOLOGIA DE FRAUDES EM LICITAÇÃO

Na Região Sudeste, um ex-secretário estadual de Saúde teve os seus bens bloqueados pela Justiça estadual por suspeita de fraudar contratos emergenciais na pandemia de Covid-19. Na decisão, a juíza disse que as contratações foram concluídas em prazo muito curto e que **fornecedores encaminhavam propostas quase ao mesmo tempo**. As mesmas empresas ofereciam as cotações de preços e, em alguns casos, era utilizado **o esquema de "empresas fantoches"** para criar uma aparente concorrência nos processos licitatórios. O Ministério Público considerou que a rapidez em excesso não era eficiência, mas direcionamento. Os **mesmos fornecedores eram consultados sempre**, e havia um **revezamento entre elas para ganhar os contratos**. Além do direcionamento e do superfaturamento, o MP viu descontrole nas compras, pois não encontrou estudo ou justificativa para **a quantidade de remédios ou produtos adquiridos** (extra.globo.com, notícia de 21.10.2020).

Numa prefeitura do interior de São Paulo, foi realizada a Operação Protocletos, que apurou fraudes em compra emergencial de quase 700 mil fraldas descartáveis. De acordo com a PF, a contratada teria sócio-laranja, para ocultar o verdadeiro dono, que estava impedido por improbidade. Para dar aparência de legalidade, havia orçamento de outra empresa de fachada, cujo procurador era funcionário da empresa contratada. A Controladoria Geral da União apurou estimativa de sobrepreço de mais de 50% (www.gov.br/pf, notícia de 30.08.2020).

Em Goiás, ex-prefeita foi condenada por improbidade, pela contratação direta de um Engenheiro Civil. Primeiro, foi contratada uma empresa de engenharia. Depois, por tempo indeterminado, foi contratado o engenheiro sócio da empresa. O caso foi descoberto porque esse profissional havia ajuizado ação de execução contra o município. Na denúncia, o Ministério Público argumentou que o acordo celebrado com o engenheiro configurou uma **prorrogação do contrato** firmado anteriormente com a empresa, mas **sem qualquer procedimento administrativo que o justificasse**. Para o Juiz, restou evidente a ofensa à isonomia, ao interesse público, à moralidade, à legalidade, à publicidade, à ampliação da disputa, bem como o dolo genérico, suficiente para configurar o elemento subjetivo da Improbidade Administrativa. (www.mpgo.mp.br, notícia de 10.08.2020).

No interior do Piauí, uma prefeitura comprou, por dispensa, testes rápidos para enfrentar a Pandemia. Para o Tribunal de Contas, os orçamentos foram fraudados para direcionar a contratação. Estes foram fornecidos pelas empresas X = R$175; Y = R$195 e Z = R$190. A proposta de Y foi assinada por uma funcionária da X. Procurada, Y informou que não comercializava o produto e nunca forneceu proposta. O orçamento de Z também foi assinado por outra funcionária de X. Para o TCE-PI, o proprietário da X fabricou dois orçamentos de cobertura, com a conivência da Presidente da Comissão de Licitação, possibilitando direcionamento e sobrepreço (TCE-PI, Processo nº 005764/2020).

No Pará, a Justiça Federal condenou agentes públicos e um empresário por fraudes em locação de veículos para uma prefeitura. Primeiro houve um pregão fracassado, com um único licitante, cuja habilitação foi recusada. Aí fizeram uma Dispensa, consultando, supostamente, três outras empresas, X, Y e Z. Só que as propostas de Y e Z eram falsas, completamente fabricadas. As empresas negaram participação. Uma delas nem atuava naquela região. Ninguém reconheceu as assinaturas que estavam nos documentos. Ficou comprovado que o comprador da Prefeitura usou documentos falsos para justificar a escolha da empresa X, beneficiada indevidamente, aberta menos de quatro meses antes da contratação e sem condições de cumprir o objeto contratado. O acusado afirmou não saber como os documentos surgiram, dizendo apenas que a coisa "apareceu em suas mãos" e que o prefeito indicou a empresa que acabou contratada (Ação Penal nº 0002909-85.2017.4.01.3902).

2.6 Cartelização

Cartel pode ser entendido como um acordo expresso ou tácito entre concorrentes para, principalmente, fixar preços de venda ou quotas de produção, dividir carteira de clientes e mercados ou combinar preços e ajustar vantagens em concorrências públicas e privadas (SDE, 2009).

A Lei nº 12.529/2011 prevê expressamente, como exemplo de ilícito concorrencial, o **conluio entre licitantes** para restringir a disputa, por meio de acordo, combinação, manipulação ou ajuste de preços, condições, vantagens ou abstenção em licitação (art. 36, §3º, I, d).

Essa prática é conhecida como "conluio", "cartel", "concertação", "combinação" de licitantes. Tem por objetivo restringir ou eliminar a rivalidade entre participantes potenciais ou efetivos, a fim de aumentar o preço pelo qual a Administração contratará determinado bem ou serviço, e, assim, aumentar o lucro dos conspiradores.

> *cartel em licitação mina os esforços da Administração Pública em empregar de forma eficiente e eficaz seus recursos, com vistas a prover os bens e serviços necessários à população e promover o desenvolvimento do país* (CADE, 2019)

Segundo estimativas da Organização para a Cooperação e Desenvolvimento Econômico (OCDE, 2002), os cartéis geram sobrepreço de 10% a 20% em relação ao mercado competitivo, causando perdas anuais de centenas de bilhões aos consumidores.

> [Cartéis] *geram desperdício e ineficiência. Eles protegem seus membros da completa exposição às forças de mercado... o que acarreta a perda de competitividade de uma economia nacional* (OCDE, 2002)

Cartéis aparecem com frequência em licitações, a julgar pelas ações do CADE nessa área, prejudicando os esforços do Poder Público em benefício da sociedade, ao favorecer irregularmente empresas que, por meio de acordo entre si, fraudam o caráter competitivo dos certames.

CAPÍTULO 2 — TIPOLOGIA DE FRAUDES EM LICITAÇÃO

A dinâmica do cartel em licitações tem uma peculiaridade em relação ao cartel clássico, que é a impossibilidade de total controle dos lances ofertados por cada licitante no certame. Isso significa que a coordenação entre os agentes leva à prévia escolha do vencedor, mas não tem poder sobre a oferta dos lances que os participantes do cartel darão. Em virtude dessa possibilidade de burla do acordo previamente estabelecido, os mecanismos de alinhamento entre os participantes do cartel são fixados anteriormente ao certame e são aqueles que apontam incontestavelmente a existência do cartel. Por isso, o elemento mais importante de um cartel em licitações nem sempre é o controle dos preços, mas sim, evitar que outras empresas participem da licitação de forma competitiva e/ou não cartelizada, o que confere certa instabilidade a esse tipo de cartel (MARSHALL; MARX, 2007).

As experiências brasileira e internacional, consolidadas em diretrizes da OCDE e da Secretaria de Direito Econômico (Portaria SDE nº 51/2009) identificaram **cinco esquemas principais de cartéis em licitações**, guardando similaridade com a tipologia de que já tratamos aqui, especialmente na fase de julgamento.

Esquemas de Cartéis:
- **Divisão** de mercado
- **Proposta** fictícia ou cobertura
- **Supressão** de proposta
- **Rodízio** de vencedores
- **Subcontratação**

Propostas fictícias ou de cobertura são a forma mais frequente de combinação, de modo a dar aparência de competição. Em exemplo, o CADE apurou fraude na contratação de radares de trânsito. Empresas pré-definiam as vencedoras e as **demais cobriam** (Processo nº 08012.008184/2011-90).

Na **supressão de propostas**, em vez de fingir competição, simplesmente se eliminam concorrentes antes da licitação, por acordos para que licitante desista no meio do caminho ou nem participe.

Um caso dessa natureza foi julgado pelo TCU no Acórdão nº 2008/2005-P. Duas empreiteiras firmaram um "Termo Particular de Compromisso" para X pagar comissão de 5% a Y, por não participar da licitação. O ajuste se tornou conhecido porque Y abriu processo judicial contra X para cobrar o valor pactuado. Na mesma data em que foi firmado o compromisso, Y desistiu da licitação e X ficou sozinha no certame, obtendo o contrato. Para o TCU, ambas agiram em conluio e foram declaradas inidôneas.

Em outro exemplo, o CADE apurou cartel de três empresas para fraudar pregão para 200 ambulâncias. As empresas combinavam suprimir propostas para direcionar o objeto para uma delas (Processo nº 08012.003931/2005-55).

No **rodízio**, empresas alternam a vencedora entre os membros do grupo. Conspiradores podem decidir atribuir aproximadamente os mesmos valores monetários de um determinado grupo de contratos a cada empresa ou atribuir a cada uma valores que correspondam ao seu respectivo tamanho.

O CADE investigou caso assim em serviços de vigilância, depois que um dos membros do cartel denunciou o esquema. O grupo realizava reuniões semanais para organizar os resultados dos lances nos pregões (Processo nº 08012.001826/2003-10).

A **divisão do mercado** ocorre por determinados clientes ou áreas geográficas. As empresas combinadas podem, por exemplo, atribuir clientes específicos ou tipos de clientes a diferentes membros do esquema, para que os demais não apresentem propostas ou ofereçam propostas fictícias.

A Operação G-7 investigou empreiteiras do Acre que atuariam em conjunto. Segundo o MPF, as empresas simulavam concorrência, garantindo que uma delas sempre vencesse a licitação. Quem não integrasse a organização era eliminado na fase da habilitação técnica (www.dpf.gov.br).

Por meio da **subcontratação**, concorrentes combinam para que um ganhe a licitação sem disputa, com preço mais alto, para, depois, na execução, repassar parte do objeto à parceira, compartilhando os lucros excepcionalmente elevados, frutos da frustração de competitividade promovida pelo conluio.

Em São Paulo, uma estatal detectou indícios de cartel numa de suas licitações de obras. A melhor proposta foi desclassificada por falta de resposta a um pedido de esclarecimento. Depois, essa licitante desclassificada se juntou à empresa vencedora para executarem juntas as obras. O CADE julgou que houve conluio (Processo nº 08012.009885/2009-21).

Essas situações de cartelização costumam ser detectadas por meio de **análise de um conjunto de licitações para objetos similares**, verificando o **padrão de comportamento** das empresas nos diversos certames, a sequência de vencedores, a alternância entre eles, a apatia para concorrer e a apresentação de documentos ou propostas incoerentes pela mesma empresa em certames diferentes.

Na Região Metropolitana de São Paulo, foi investigado suposto cartel de pedra britada. As empresas **fixavam preços**, dividiam consumidores, restringiam a produção e fraudavam licitações (CADE, Processo nº 08012.002127/2002-14).

Em Santa Catarina, a Justiça estadual concluiu que houve fraude na compra de equipamentos de informática. O esquema era operado pela fabricante, que "mapeava" as oportunidades e determinava, entre seus revendedores, quem iria ganhar, inibindo ou mesmo proibindo os demais, sob pena de "descredenciamento" e "perda de *login*" (TJSC, Processo nº 0007315-31.2013.8.24.0018).

Transcrição de áudios interceptados na investigação revela o modo de operação do grupo.

Em determinado diálogo, um revendedor diz ao fabricante que a revenda concorrente **não pode entrar no edital da Prefeitura X, que lá já está "reservado"**, que **"não podem estragar o negócio, que foi um trabalho já feito"**. Em outro telefonema, o mesmo revendedor diz que o município **"já está mapeado"**, ao que o fabricante responde que **"política de revenda é isso, tem que mapear antes o negócio"**.

Em nova conversa, o revendedor que havia "mapeado" a licitação orienta como o fabricante deve agir com outros revendedores, de modo a ameaçar com descredenciamento e com bloqueio de mercadorias.

> *liga lá na [concorrente] amanhã*
> *e diz pra ele não entrar naquele edital,*
> *diz ó, não pode entrar, se entrar*
> *nós não vamos entregar pra vocês (mercadoria),*
> *e nós vamos descredenciar vocês*

O comportamento do fabricante gerou investigação no CADE, por indícios de que a política nacional de vendas poderia gerar efeitos anticompetitivos, especialmente em licitações. A ação incluiria uma divisão geográfica de mercado associada a um mapeamento e reserva de oportunidades, por meio da qual a fábrica concederia uma autorização para determinado revendedor participar de uma licitação e impediria que aqueles não autorizados estivessem em concorrências reservadas para outros revendedores.

Foi interceptado um e-mail do fabricante bastante didático sobre as técnicas de divisão de mercado, informando que o distribuidor havia sido retirado do programa de Revendas por ter participado de uma licitação sem autorização da fábrica: **"A pena para os revendedores que participarem sem autorização é a exclusão do Programa. Essa decisão é irrevogável"**.

Ainda na mesma investigação, foi evidenciado diálogo que ilustra como licitantes podem usar duas empresas de modo fraudulento, sendo uma delas ME/EPP. Os "cinco por cento", nesse caso, se referem ao patamar de empate ficto para micro e pequenas empresas, em que, estando a proposta dentro dessa margem em relação ao primeiro lugar, a ME/EPP pode cobrir a oferta e levar a disputa.

> *B: é cinco por cento né, se o cara ficar em segundo lugar...*
> *A: mas vai com a X, então!!*
> *B: não posso ir com a X, tenho que ganhar com a Y, por causa do imposto...*
> *A: que adianta ser o menor valor, o menor valor vai ter que ser pela Y*
> *B: se ficar cinco por cento, eu não dou lance, daí eu não baixo...*

O esquema, então, seria levar duas empresas para a mesma licitação, uma grande e outra pequena. Se não houvesse concorrentes, a empresa grande ganharia e a pequena não cobriria a oferta. O resultado ideal era exatamente esse. Mas, se houvesse concorrência, com proposta melhor que da empresa grande, a empresa pequena faria "um lance", uma proposta para levar a disputa, mesmo que não fosse o cenário ideal, pela questão tributária. O importante era garantir a vitória, de preferência com a grande empresa e, no pior caso, com a pequena.

Merece destaque que os réus também falsificavam documentos de empresas concorrentes, especialmente para inflar o preço estimado e justificar a compra superfaturada, fazendo orçamento "igual, mas diferente...".

> *A: tem que vê esse orçamento, tem que fazê mais dois igual...*
> *C: ...cuida pra não fazê, escreve diferente né, põe marca diferente*

No Rio de Janeiro, no âmbito da Operação Ressonância, denúncia do MPF-RJ apontou provas de propostas de cobertura para as licitações fraudadas. Em *pendrive* entregue por colaborador, **metadados de arquivos de propostas indicavam criação na empresa líder do esquema**. Um dos arquivos apresentava proposta da empresa X, mas as propriedades (metadados) do arquivo evidenciavam que a autoria era da empresa Y (www.mpf.mp.br/rj).

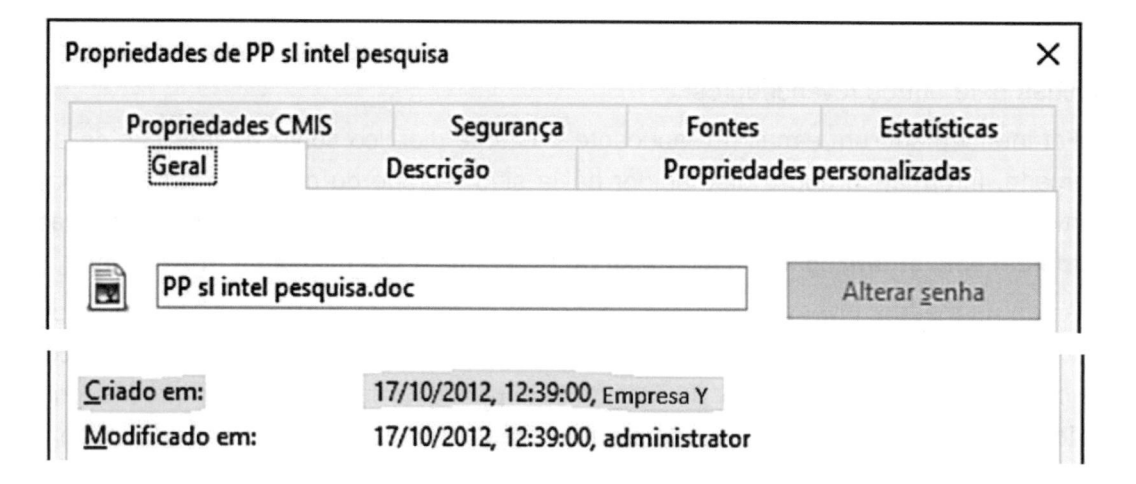

Na mesma Operação Ressonância, colaboração premiada chamou o esquema de "clube do pregão internacional", que controlava licitações de material hospitalar. Segundo o MPF, o direcionamento ocorria por especificação de insumos médicos e cotação de preços fraudada, bem como ilícita desclassificação de concorrentes que não faziam parte do cartel.

As empresas líderes enviavam para as outras integrantes do cartel, tanto por e-mail quanto por *pendrive* transportado por motoboys, arquivos com indicação dos preços que as empresas deveriam incluir em suas cotações para pesquisa de preços, bem como as propostas de cobertura que deveriam ser apresentadas, com o limite mínimo de lances que poderiam ser formulados para dar aparência lícita aos certames.

Inclusive, para dificultar o rastreamento das atividades ilícitas, foi criado endereço de e-mail do qual integrantes do esquema compartilhavam a senha e se comunicavam por meio da aba 'rascunhos', onde redigiam as mensagens em rascunhos, que eram apagados após certo tempo. Os funcionários da empresa A escreviam em letras maiúsculas e informavam aos funcionários da empresa B, por mensagem de celular, avisando que havia novos pedidos. Em seguida, o empregado da empresa B acessava o canal e respondia em letras minúsculas e, por fim, o funcionário da A deletava o rascunho.

Funcionários da empresa signatária do acordo de leniência apresentaram e-mail referente à assinatura de documentos para a proposta de cobertura num Hospital Naval. A mensagem também fazia referência ao **envio de *pendrive* com proposta de cobertura** para outro hospital.

> BOA TARDE,
>
> VC PODERIA COLOCAR ESSA PROPOSTA EM TIMBRADO, ASSINAR E CARIMBAR? QUANDO FICAR PRONTA É SÓ ME AVISAR QUE EU MANDO UM PORTADOR PEGAR CONTIGO.
>
> ...
>
> TE MANDEI UM PEN DRIVE COM UMA PROPOSTA PARA O .... VC CONSEGUIU FAZER? POSSO MANDAR PEGAR AMANHÃ JUNTO COM A DO ...

Na mensagem, a secretária da empresa supostamente líder do esquema indicava documentação faltante para habilitação de outra empresa do cartel. Pediu os documentos para elaborar a proposta de preços, bem como documentos necessários à habilitação no processo, informando, ainda, com relação ao capital social, que "uma empresa amiga nossa fez um questionamento".

> SEGUEM AS CÓPIAS AUTENTICADAS QUE PRECISO:
> - IDENTIDADE E CPF DOS SÓCIOS. TEM QUE SER DOS DOIS SÓCIOS
> - DOCUMENTAÇÃO QUE COMPROVE QUE A EMPRESA É EPP OU ME)
> - PAPEL TIMBRADO
>
> DOCUMENTAÇÃO DE HABILITAÇÃO:
>
> ITEM 11 DO EDITAL - PÁGINAS 11, 12 E 13
>
> ATENÇÃO: EM RELAÇÃO AO CAPITAL SOCIAL, UMA EMPRESA AMIGA NOSSA FEZ UM QUESTIONAMENTO. TUDO INDICA QUE ELES VÃO ACEITAR O CAPITAL SOCIAL DA SUA EMPRESA.
>
> Muito obrigada por tudo e pelo amor de Deus mande essa documentação toda até amanhã. Pra eu ter tempo de autenticar e analisar e ver se etá tudo correto.

O colaborador afirmou ao MPF que apresentava proposta de cobertura para produtos que a empresa não fornecia, apenas para "colaborar" com as empresas do cartel.

> *era chamada para participar apenas para fazer propostas e aparentar concorrência já participou de licitação para venda de ventiladores pulmonares, produto que nunca vendeu*

Corroborando essa lógica de atuação combinada, a Operação Ressonância demonstrou que já na fase de pesquisa de preços, cada empresa do esquema se encarregava de cotar o que iria vencer, incumbindo as outras de orçarem valores maiores, apenas para formar o preço desejado. Havia revezamento nas "coberturas", como contrapartida das ajudas anteriores.

No Paraná, ocorreu prisão em flagrante. No vídeo, divulgado pela Polícia Civil, um dos empresários preso diz que o outro suspeito ofereceu R$2 mil para que os interessados na licitação municipal desistissem do processo. O diálogo é revelador.
(tribunadovale.com.br e g1.globo.com/pr, notícia de 24/10/2019).

Empresário Suspeito: Vai para o preço então?... Aqui, geralmente a gente conversa para não baixar o valor. O preço não está aquelas coisas. Vai baixar mais ainda. Não adianta todo mundo ficar brigando, vai reduzir cinco centavos e ninguém ganha nada.

Empresário Denunciante: O que o senhor tem interesse?

O cara falou que nós estamos em três e falou que dá 2 mil pra gente repartir e deixar o serviço para ele....

Em licitação para concessão de um aeroporto, uma grande construtora pagou propina milionária para que os agentes públicos acrescentassem requisitos financeiros que desqualificaram seis das doze empresas interessadas. As licitantes que restaram eram membros de um cartel e o resultado já tinha sido combinado previamente entre elas (CAMPOS, 2021).

Na Paraíba, na Operação Famintos, um dos empresários relatou que o grupo chegou a realizar pagamentos para pessoas que tentavam dificultar as licitações, como uma espécie de 'propina'. Ao ser questionado pelo MPF sobre como ocorriam os acordos entre o grupo empresarial, o sujeito confirmou que o intuito era repartir a distribuição da merenda escolar entre as empresas. Digno de nota o **desabafo do empresário fraudador** (paraibaonline.com.br, 31.10.2019).

> *"Durante esses noventa dias de cárcere fiz uma profilaxia espiritual e mental. Encerrei as minhas atividades. Vou buscar qualquer outra atividade, menos vínculo com órgão público."*
>
> **Empresário fraudador**
>
> paraibaonline.com.br, 31/10/2019

Ainda sobre a atuação em cartel, vale citar a jurisprudência do TCU, para quem a revogação do certame não configura impedimento para aplicar declaração de inidoneidade, já que não é necessário que a licitante autora da fraude tenha obtido vantagem ou sido efetivamente contratada para que se configure o ilícito em condutas como conluio, combinação de preços, quebra de sigilo das propostas, divisão de mercado, propostas de cobertura, combinação prévia de resultados e direcionamento das licitações. Para o TCU, cabe punição até para a empresa que intencionalmente deixa de apresentar proposta com vistas a facilitar a colusão (Acórdão nº 1744/2018-P).

Julgando suposto esquema de empreiteiras, o TCU se deparou com o "Clube das 16", que combinavam condutas anticompetitivas em grandes obras. Um colaborador afirmou que a empresa que estava predestinada a vencer discutia com as demais quem faria a cobertura. Em reunião, o coordenador do clube elaborava lista e entregava à estatal contratante, definindo quais empresas deveriam ser convidadas para o certame específico.

Para o TCU, ficaram claros os elementos de formação do cartel, com provas indiretas, como convites restritos e preços próximos do estimado; provas diretas de documentos apreendidos e depoimentos; bem como provas documentais, com elementos indicativos dos resultados das licitações e da participação de cada empresa nos certames, os quais coincidiam com o efetivamente ocorrido (Acórdão nº 1.744/2018-P).

O TCU ainda analisou a existência de processo na CGU sobre os mesmos fatos. Para o Tribunal de Contas, a **inidoneidade aplicável pela CGU**, com base na Lei de Licitações, é poder de autotutela da Administração na fiscalização de seus atos. Já a **inidoneidade da Lei Orgânica do TCU** não se confunde com a atividade fiscalizatória realizada pelo próprio órgão administrativo. As instâncias são independentes (Acórdão nº 1.744/2018-P).

Nesse mesmo julgamento, o TCU ainda enfrentou alegação de que houve indicação genérica dos atos ilícitos, o que, em tese, invalidaria a sanção. O Tribunal, então, descreveu diversos julgados do STJ que rejeitam a alegação de inépcia de denúncia por falta de individualização das condutas em infrações de autoria coletiva, concluindo que é **idônea a denúncia que narra crime de autoria coletiva**, sem a particularização das condutas dos agentes, mas que permite o exercício da ampla defesa. Nos crimes de autoria coletiva, embora a denúncia não possa ser de todo genérica, é válida quando, apesar de não descrever minuciosamente as atuações individuais dos acusados, demonstrar liame entre o agir e a suposta prática delituosa, estabelecendo a plausibilidade da imputação e possibilitando o exercício da ampla defesa.

Quanto à alegação da empresa de que não constariam dos autos os editais, os contratos das licitações, nem os processos administrativos relacionados ao certame, o TCU entendeu que os elementos probatórios carreados formavam prova indiciária, com **vários indícios, fortes e convergentes**, suficientes para comprovar a ocorrência da fraude à licitação. Não era necessária a cópia integral dos documentos das licitações envolvidas no julgamento (Acórdão nº 1.744/2018-P).

O "Clube das 16" também foi tratado no Acórdão nº 2092/2021-P. Entre as evidências do "Clube", destacou-se a "Reunião do Bingo". No documento, segundo o TCU, seria possível identificar as siglas das construtoras e como cada uma atuaria nos diversos certames, formando consórcios com outras ou simplesmente deixando de participar. Era um **mapa de divisão** entres as construtoras do clube.

> *Quando do encontro das equipes para definição da tabela e da apuração do resultado das competições, a mesma deverá estar representada somente por **um LIDER**, que tenha representatividade e que tenha poderes de decidir e cumprir o acordado.*
>
> *As equipes participantes de uma determinada rodada deverão honrar as **regras do certame**, mesmo que não seja a vencedora.*

Outro documento apreendido era intitulado **"Proposta de Fechamento do Bingo"**, uma tabela com a divisão das obras entre os integrantes do cartel. As obras eram chamadas de "prêmio" e as empresas favorecidas com a divisão de licitações, denominadas de "Jogadores A". Além de "bingo", o esquema fraudulento foi denominado pelos integrantes como **"Campeonato Esportivo"**, com regras detalhadas de participação das "dezesseis equipes" (construtoras) nos "jogos" (licitações), de forma que sempre um Líder tivesse poderes para decidir e cumprir o acordo.

Para o TCU, ficou demonstrada, no mínimo, a "divisão de mercado", com indicação, inclusive, de obras preferenciais por meio de planilha, a "combinação prévia de resultados", com o consequente direcionamento das licitações, e para tanto, a "combinação preços" e a "quebra de sigilo das propostas", sem os quais não seria possível acordar previamente os resultados dos certames.

Em Santa Catarina, a Justiça Estadual condenou empresários por tentarem fraudar um pregão para serviços de dedetização. No dia da licitação, eles ofereceram dinheiro para que os concorrentes abandonassem ou simulassem disputa (Processo nº 0900525-98.2016.8.24.0018).

Só não funcionou porque não chegaram num acordo se a coisa devia ser paga como porcentagem ou valor fixo para cada participante do esquema. Tudo foi gravado por policiais, que se fizeram passar por licitantes, após um empresário ter alertado o Ministério Público, posto que o mesmo tipo de conluio já tinha sido proposto outras vezes. Alguns **licitantes foram gravados alertando, explicando e propondo como a coisa funcionaria**.

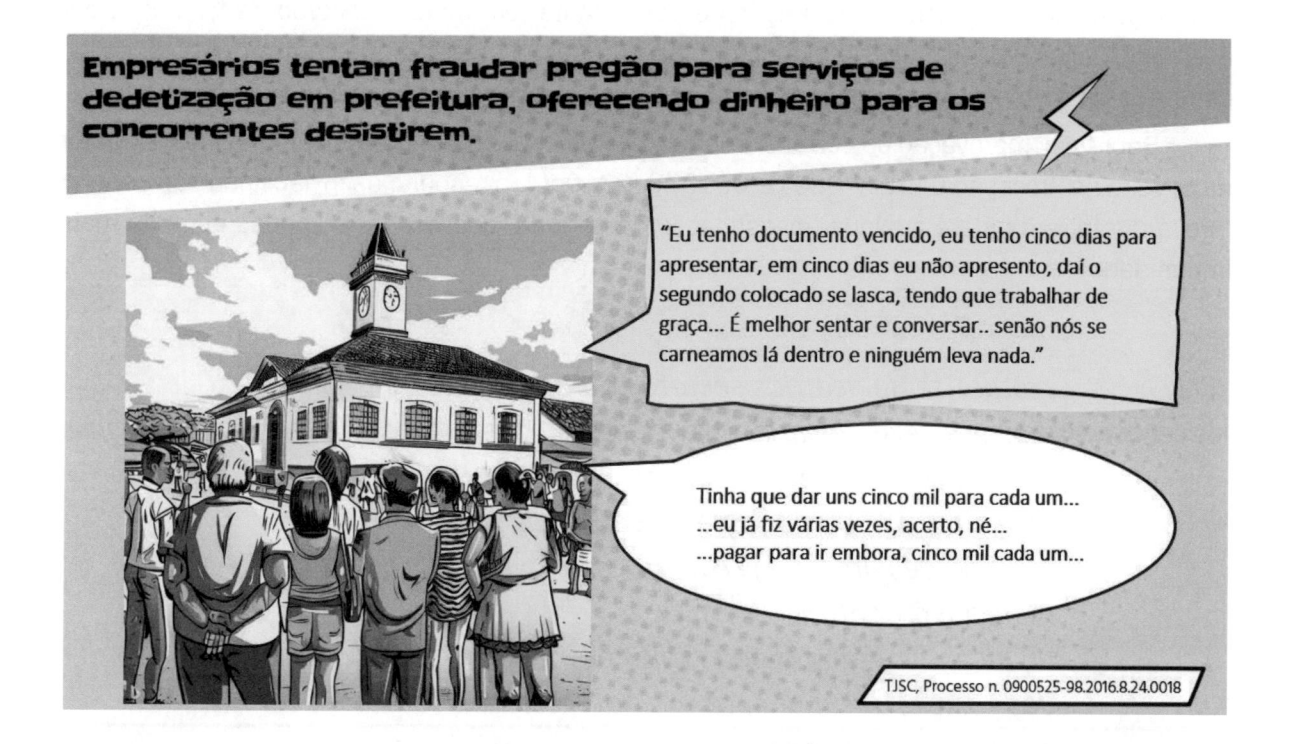

Empresários tentam fraudar pregão para serviços de dedetização em prefeitura, oferecendo dinheiro para os concorrentes desistirem.

"Eu tenho documento vencido, eu tenho cinco dias para apresentar, em cinco dias eu não apresento, daí o segundo colocado se lasca, tendo que trabalhar de graça... É melhor sentar e conversar.. senão nós se carneamos lá dentro e ninguém leva nada."

Tinha que dar uns cinco mil para cada um...
...eu já fiz várias vezes, acerto, né...
...pagar para ir embora, cinco mil cada um...

TJSC, Processo n. 0900525-98.2016.8.24.0018

A Justiça Paulista arquivou ação penal que apontava suposta fraude em pregão para aquisição de kits de aquecimento solar de água, organizada em seis itens, por região a ser atendida. A acusação era de conluio entre as licitantes, de modo a dividir os contratos, sem disputa de verdade, em atuação cartelizada. Cada empresa venceu apenas um item, um dos indícios apontados pelo Ministério Público. A sentença narrou fragilidade das provas, como coincidência de preços e desistências dos participantes, insuficientes para permitir a condenação. Para a Juíza do caso, era de se esperar evidência dos ajustes prévios à licitação, provas diretas, o que não ocorreu (TJSP, Processo nº 0057488-40.2012.8.26.0050).

Os mesmos fatos, combinados com outro pregão, foram suficientes para condenação administrativa, pelo CADE, que considerou haver provas indiretas robustas, como propostas idênticas, ausência de concorrência (apatia na disputa em lances), divisão dos itens, rodízio e subcontratação de uma participante por outra (CADE, Processo nº 08012.001273/2010-24).

Para o CADE, um dos elementos de convencimento da fraude foi a semelhança de propostas iniciais, que serviria de mecanismo de monitoramento e de troca de informações entre os participantes do cartel, garantindo que o acordo firmado antes da abertura da licitação seria mantido.

O CADE apontou que diversas empresas tinham condições para disputar mais de um item, tendo optado deliberadamente por apresentar acervo técnico inferior à capacidade que detinham. Ou seja, não havia racionalidade econômica na conduta.

Além disso, o edital exigia qualificação técnica restritiva, emitida por uma associação controlada pelas cartelistas, impedindo que empresas de fora do esquema participassem do pregão.

Sobre o tema, Correia (2016) esclarece a diferença entre provas 'diretas' e 'indiretas'. São diretas, em apurações de cartel, as evidências que demonstrem o acordo prévio, como escutas telefônicas, atas de reunião, declaração de participante (por meio de acordo de leniência, por exemplo). Já as provas indiretas ou circunstanciais são elementos que contrariam a dinâmica esperada do mercado, um comportamento que a lógica só explica pela atuação em cartel.

Sobre a comprovação de cartel em licitação, vale citar o Voto do Conselheiro Paulo Burnier da Silveira no Processo CADE nº 08012.001273/2010-24, a respeito da inviabilidade de esperar 'prova direta' em toda e qualquer investigação de cartel, o que acabaria apenas gerando mais impunidade.

> *Tratam-se de acordos secretos por natureza. [E]xigir a existência de prova direta para toda e qualquer condenação de cartel significa (i) aceitar a impunidade de diversos cartéis, que não deixam traços evidentes através de material probatório explícito; e (ii) incentivar uma ainda maior profissionalização dos cartéis, que, pela própria natureza de acordos secretos, evitam deixar rastros do acordo ilícito*

O CADE condenou duas empresas e empresários por formação de cartel em manutenção predial (**Processo Administrativo** nº 08012.005024/2011-99). Havia um grupo de empresas concorrentes cujos funcionários frequentemente mantinham contatos entre si para trocar informações comercialmente sensíveis sobre processos de contratação (públicos e privados) em curso ou iminentes. O cartel operava com as condutas clássicas em contratações privadas e licitações, por meio de **trocas de informações comercialmente sensíveis** referentes a contratações em andamento, em reuniões presenciais, telefonemas e e-mails; **divisão de mercado**, definindo os participantes e o ganhador antes mesmo das licitações; **código "C10" para designar o esquema**, operacionalizado por combinação ou supressão de propostas, coberturas e rodízio.

Quando uma empresa já prestava o serviço ou tivesse muito interesse em prestá-lo, ocorria a supressão de proposta ou a apresentação de uma oferta de cobertura pelos concorrentes combinados. Dessa forma, havia rotação de vencedores de licitações acordada previamente ou a sua manutenção nas mãos da empresa que já desempenhava o serviço. Para o CADE, foram comprovadas combinações em 21 licitações públicas.

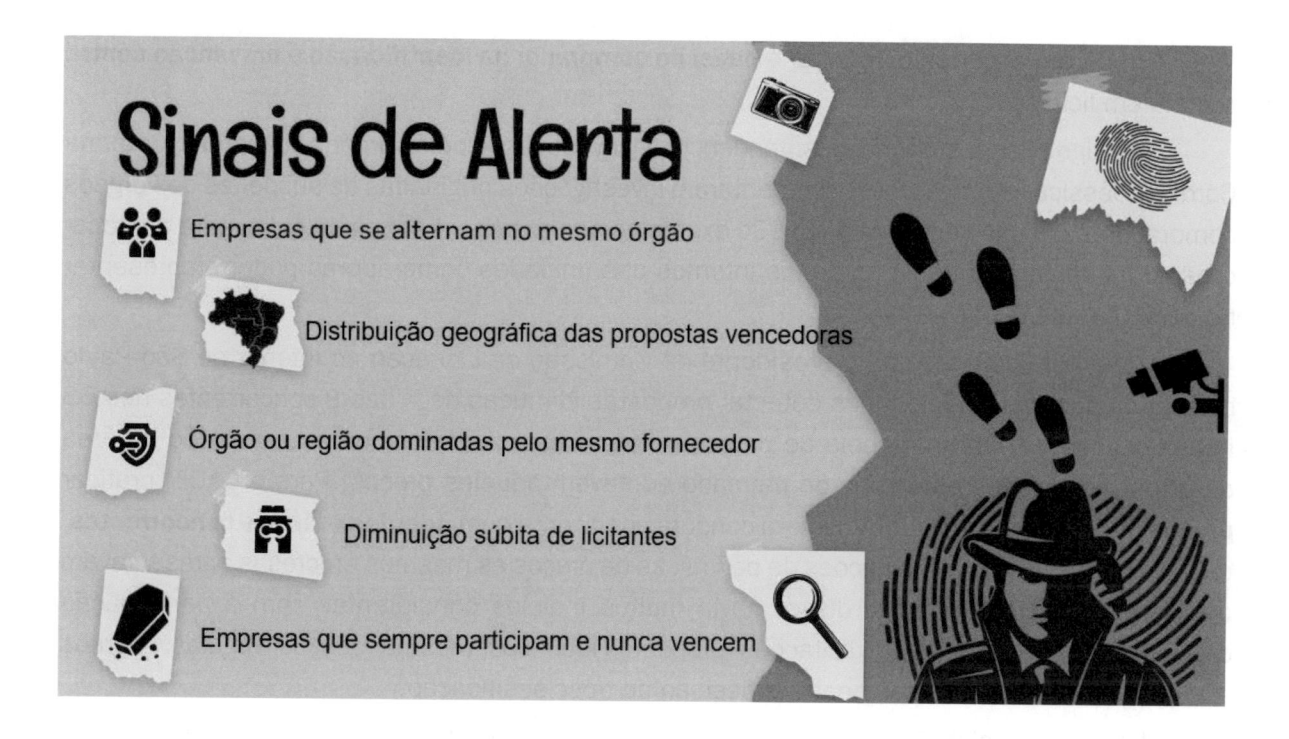

Sinais de Alerta

- Empresas que se alternam no mesmo órgão
- Distribuição geográfica das propostas vencedoras
- Órgão ou região dominadas pelo mesmo fornecedor
- Diminuição súbita de licitantes
- Empresas que sempre participam e nunca vencem

No Espírito Santo, uma prefeitura contratou serviços de contabilidade por meio de Tomada de Preços. Intercepção telefônica identificou conversa em que dois empresários ajustaram quem iria ganhar os procedimentos e como iriam acertar os preços das propostas. Para a Justiça, ficou claro que as empresas que apresentaram orçamentos formavam um cartel, que servia para controle do mercado de prestação de serviços contábeis naquele estado. A denúncia do Ministério Público citou que o esquema era composto por ex-servidores do Tribunal de Contas, funcionários públicos e municipais e empresários, com atuação em diversos municípios (TJES, Processo nº 0000935-28.2016.8.08.0019).

Como todos esses casos ilustram, há três grandes formatos de fraude em licitação: (1) esquema exclusivo de agentes públicos; (2) falcatrua exclusiva de licitantes; (3) conluio entre ambos. Na atuação de cartéis, pode acontecer os dois últimos cenários, afinal, fornecedores podem se organizar para frustrar a competição com ou sem ajuda de agentes compradores.

Há leis e estruturas punitivas para coibir todos esses tipos de condutas, em várias instâncias e sob variados aspectos, refletindo a ideia de reprovabilidade social da fraude em compras públicas. As instâncias são independentes e o mesmo fato pode resultar em mais de uma punição.

No caso de cartéis, a atuação pode render sanções no âmbito administrativo, pela Lei de Licitações, pela Lei Anticorrupção e pela Lei de Defesa da Concorrência. Há situações que poderão ser apuradas pela própria unidade contratante e/ou pelos respectivos órgãos de controle e/ou pelas autoridades que cuidam da concorrência. As apurações podem ocorrer em simultâneo.

Em todos os casos, defendemos que a melhor linha de defesa para detecção tempestiva de atuação ilícita é um **corpo técnico profissionalizado na área de compras** da unidade contratante, capaz de identificar os sinais de atos potencialmente irregulares, além de ter a autonomia e independência funcional adequada para denunciar a situação.

É importante, portanto, reforçar o **papel do comprador na identificação e prevenção contra cartéis** em licitação.

No artigo "Cartel em licitações: tendência de investigação pelos órgãos licitantes", Catarina Cordão e Jéssica Ferreira (2019) apresentaram investigações originadas de suspeitas dos órgãos compradores denunciados ao CADE. São exemplos que merecem ser conhecidos para destacar o papel fundamental que os controles internos das unidades compradoras podem representar no combate às fraudes.

Numa autarquia federal, o presidente da Comissão de Licitação no interior de São Paulo denunciou possível conluio, após detectar propostas idênticas de 7 das 8 concorrentes nos 33 itens licitados. Havia uma tabela de preços referenciais editada por uma associação da área de ortopedia e várias empresas do mercado adotavam aqueles preços. Para o CADE, praticar **preços iguais em quatro licitações** era conduta condizente com **acordos entre as concorrentes**, especialmente porque nas cotações de pesquisas de preços as mesmas empresas apresentavam preços bem diferentes. Além disso, havia muitos indícios consistentes com a participação orquestrada das empresas nas licitações: propostas idênticas, mesma redação, vírgulas, negritos e exclamações, nos recursos contra a decisão de desclassificação.

Um órgão ministerial, em licitação para serviços de informática, de valor expressivo, desconfiou da **falta de interesse** do mercado. Apenas duas empresas compareceram. O certame foi revogado e dois processos com objetos similares obtiveram participação muito maior. O CADE identificou fortes indícios de um suposto cartel, que teria fixado preços e combinado cobertura e abstenção de participação. Segundo o CADE, quem mapeava a licitação negociava "apoio" dos concorrentes. Foram identificadas frequentes comunicações por e-mail e reuniões para combinar os movimentos, a fim de dar aparência de competição, visando garantir que a "escolhida" do cartel não enfrentasse disputa no certame.

Esses casos merecem destaque pela **iniciativa dos órgãos contratantes** em **detectar, avaliar e denunciar** os indícios de fraude em suas licitações. Espera-se que os órgãos públicos estejam atentos aos comportamentos suspeitos, que podem resultar em processos internos de responsabilização e denúncias aos órgãos de controle, como o CADE, o CGU, o TCU e o MP.

É animador esse cenário de maior atenção dos compradores. E é exatamente para reforçar a atenção e a capacidade de detecção, assim como de prevenção, que este livro existe.

Há um nítido movimento de **fortalecimento das estruturas e capacidades de governança e gestão de riscos** na Administração Pública, com ênfase na implantação efetiva de programas de integridade, códigos de ética, canais de denúncia, corregedorias e unidades de controle interno.

Esse cenário, combinado com a profissionalização das compras, pode aumentar a credibilidade e a proteção do patrimônio público contra os interesses ilícitos de fornecedores mal-intencionados. Torcemos para que o conteúdo deste livro possa contribuir nesse sentido.

Por isso, apresentamos, a seguir, as principais técnicas para detecção de fraudes.

Capítulo 3
TÉCNICAS DE DETECÇÃO DE FRAUDES

Ao longo dos capítulos anteriores, reiteradamente, alertamos que detectar indícios de fraude em licitação é normalmente difícil, uma vez que costuma ser resultado de pactos informais e escusos, não deixando um "recibo" atestando que o agente público decidiu direcionar o certame ou que as licitantes combinaram preços ou lotearam o objeto da licitação entre si. Contudo, difícil é bem diferente de impossível.

O primeiro passo talvez seja admitir que o risco de fraude existe e merece ser gerenciado, como outros riscos dentro da organização e da área de contratações. É preciso reconhecer que nem todo processo licitatório é necessariamente legítimo, merecendo o olhar apropriado, conforme o contexto da gestão.

Como nos alerta nosso prefaciador Marcus Braga (2021), a **gestão de riscos de fraude** deve levar em conta o perfil da organização, suas compras, seu time de compradores, seu mercado fornecedor, seu ambiente de influência e pressão, além de um conjunto de fatores que podem impactar a magnitude dos riscos de corrupção e as respostas adequadas e suficientes àquele ambiente, de modo racional e prático.

E para isso é preciso que a organização esteja disposta a abrir os olhos para os detalhes que podem se tornar indícios numa licitação, assim como os instrumentos que podem contribuir nessa verificação.

Dennis Dycus (2012), renomado consultor em fraudes, sugere que para pegar um ladrão, deve-se pensar como um. Ele enfatiza a análise do comportamento de fraudadores. Esse é um dos caminhos possíveis para a detecção: tentar entender como as fraudes acontecem e como são encobertas, como pode agir um fraudador, a fim de entender que testes podem ou merecem ser realizados, bem como quais técnicas e procedimentos podem revelar a fraude. No caso de licitações, isso se aplica ao conhecimento de como são formalizados os processos e como se apresentam os sinais mais comuns de irregularidades.

De acordo com a Rede Internacional da Concorrência (IRC, 2010), em termos gerais, os **métodos de detecção** de cartéis e, por consequência, de detecção de alguns dos tipos mais frequentes de fraudes em licitações podem ser divididos em **reativos** e **proativos**.

MÉTODOS DE DETECÇÃO
- Evento externo (ex: denúncia) desencadeia a investigação — **Reativo**
- Própria unidade compradora identifica indícios — **Proativo**

Reativos são os métodos que se baseiam em evento externo, como denúncia ou acordo de leniência, ou delação premiada, ou interceptação telefônica em investigação de outros fatos. Isto é, a informação vem de fora, provocando atuação. Proativos são os métodos utilizados pelos próprios órgãos compradores ou suas estruturas de supervisão direta, em sua atribuição de monitorar as compras públicas, com uso de controles internos e técnicas de auditoria, cruzamento de dados, entre outros.

Ambos os métodos, reativos e proativos, podem ser combinados, para aumentar a probabilidade de detectar fraudes em licitação.

É especialmente valioso o estudo de padrões de comportamento de licitantes, padrões de preços, padrões de disputas em determinados mercados. Conhecer padrões é um dos principais métodos de detectar indícios de atuação suspeita. Por isso mesmo, automatizar trilhas de auditoria é um caminho profícuo, porque os robôs podem identificar facilmente padrões.

Não há um procedimento genérico único que leve à evidenciação da fraude. As técnicas para detecção decorrem da **procura de pistas e vestígios** no processo licitatório, tais como: análise das especificações do objeto; avaliação das cláusulas do edital; análise dos documentos de habilitação e proposta de preços, com o objetivo de identificar padrões incomuns, cláusulas indevidas, restrição na publicidade, julgamento negligente ou conivente e conluio entre as licitantes.

Para detectar fraudes em licitação, sugere-se adotar a seguinte **sequência de passos**.

- **Preço** — Sobrepreço, orçamento falso, estimativa fabricada
- **Projeto** — Especificação insuficiente ou restritiva, vínculos indevidos
- **Edital** — Cláusulas restritivas
- **Publicidade** — Acesso restrito, divulgação defeituosa
- **Julgamento** — Incoerência, afastamento indevido, formalismo exagerado, documento falso, conluio

Para executar cada uma dessas etapas, recomenda-se o uso de **técnicas de auditoria**. Essas técnicas constituem os meios ou os instrumentos de investigação à disposição de quem se dedica à detecção de fraudes em licitação, dando suporte probatório às suas conclusões.

A adoção das técnicas de auditoria de forma adequada e pertinente garante a análise sistematizada do processo e a potencial obtenção de conjunto probatório robusto, consistente e coerente, contribuindo para a sua utilidade como prova, seja em uma auditoria, em processos administrativos ou judiciais.

Na detecção de fraudes, recomenda-se conhecimento das técnicas e dos procedimentos, a fim de obter evidências suficientes, adequadas, relevantes e em bases razoáveis para comprovar a fraude e sustentar opiniões e conclusões.

Cada técnica tem uma finalidade específica, merecendo atenção às suas particularidades, de forma a evitar desperdício de esforços e insuficiência de fundamentação.

Com exceção dos procedimentos próprios de investigação utilizados pela Polícia e pelo Ministério Público, tais como interceptação telefônica, quebras de sigilo fiscal e bancário, todas as demais técnicas podem ser utilizadas por diversos interessados, especialmente com base em fontes abertas de informação, como forma de detectar fraudes.

TÉCNICAS DE DETECÇÃO

1 – Exame documental
2 – Inspeção Física
3 – Circularização
4 – Indagação oral ou escrita
5 – Cruzamento eletrônico de dados
6 – Listas de Verificação

3.1 Exame documental

Consiste na análise de processos, atos formalizados e documentos avulsos acerca do objeto auditado, em busca de dados ou informações que possam servir de evidências dos achados, especialmente decorrentes de fraudes em licitações. São exemplos de documentos que podem ser analisados: ETP, TR, pesquisa de preços, edital, ata, propostas, processos de pagamento, prestações de contas, notas fiscais e relatórios.

O exame documental é a **principal técnica** utilizada para a detecção de fraudes em licitação, considerando o caráter formal do procedimento. Exemplos de observações baseadas em exame documental:

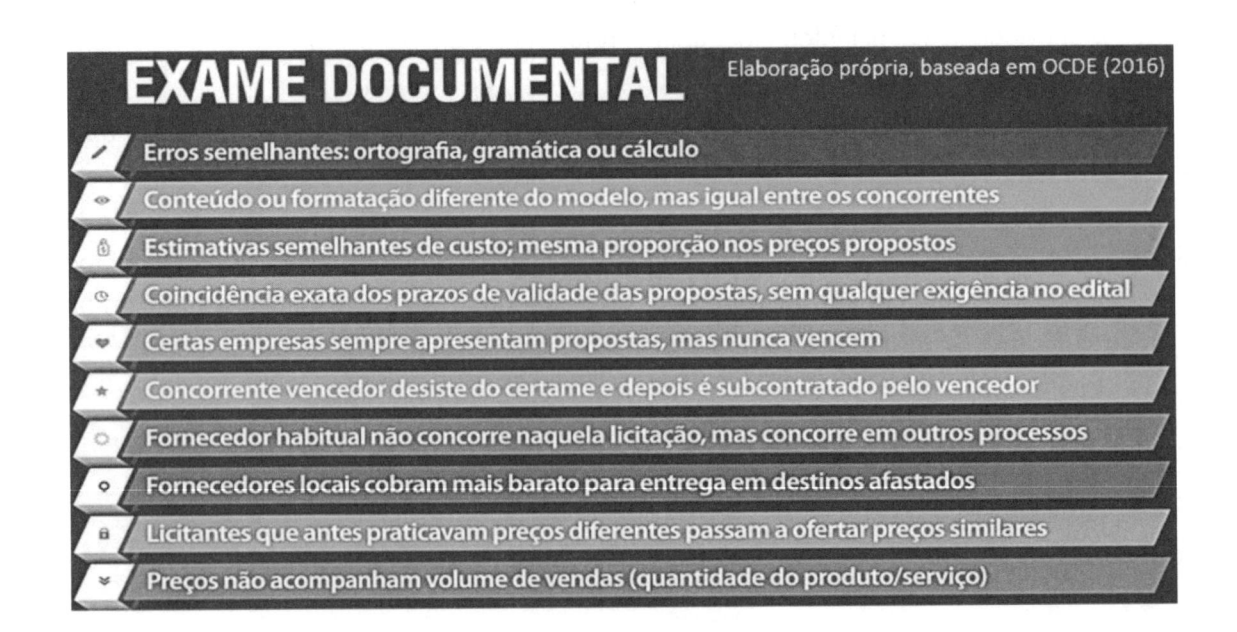

EXAME DOCUMENTAL — Elaboração própria, baseada em OCDE (2016)

- Erros semelhantes: ortografia, gramática ou cálculo
- Conteúdo ou formatação diferente do modelo, mas igual entre os concorrentes
- Estimativas semelhantes de custo; mesma proporção nos preços propostos
- Coincidência exata dos prazos de validade das propostas, sem qualquer exigência no edital
- Certas empresas sempre apresentam propostas, mas nunca vencem
- Concorrente vencedor desiste do certame e depois é subcontratado pelo vencedor
- Fornecedor habitual não concorre naquela licitação, mas concorre em outros processos
- Fornecedores locais cobram mais barato para entrega em destinos afastados
- Licitantes que antes praticavam preços diferentes passam a ofertar preços similares
- Preços não acompanham volume de vendas (quantidade do produto/serviço)

CAPÍTULO 3 — TÉCNICAS DE DETECÇÃO DE FRAUDES

> A validade do exame documental como prova em uma fraude em licitações será tanto maior quanto mais atender às normas técnicas pertinentes. A obtenção lícita dos documentos e a identificação de quem realizou a análise são de grande importância para a boa utilidade da prova.

Como os exemplos ilustram, os tipos de fraude que listamos neste livro são fortemente relacionados com indícios que podem ser obtidos a partir da análise de documentos, o que é corroborado pelas diretrizes para combater o conluio em contratações públicas publicadas pela OCDE (2009), incluindo a comparação cuidadosa de propostas, documentos de habilitação e manifestações das licitantes, procurando semelhanças, padrões, coincidências, sequências, documentos de um licitante apresentado por outro, bem como horários similares, indicando possível atuação combinada.

Padrões também são importantes na verificação de comportamento nas disputas. Não apenas na licitação de interesse, mas em outros certames onde as mesmas licitantes atuaram ou do mesmo ramo de atividade, visando identificar vencedores ou perdedores contumazes, divisão de mercado, agressividade ou apatia injustificada em diferentes certames, ausência de fornecedor habitual, alternância de vencedores e desistências injustificadas.

Outro fator relevante a considerar são os preços das propostas, como indicadores de padrões, combinação e coordenação entre licitantes. Aumentos abruptos descolados de movimentos econômicos, licitantes que sempre ofertam valores pouco ou nada competitivos, mudança abrupta de nível de competitividade dos preços de um determinado licitante, semelhança entre preços ofertados por diferentes competidores, oferta muito diferente dos demais na mesma licitação, oferta muito diferente do mesmo licitante em certames similares, mudança expressiva de preço com a entrada de novo(s) concorrente(s), fornecedores locais cobrando mais barato para destinos afastados, preços em praças distintas incoerentes com a lógica do mercado, especialmente em função de custos de frete, preços que não acompanham volume de vendas (sem efeito de escala).

Além desses procedimentos, destacamos o **exame documental combinado com outras análises**.

ITEM	PROCEDIMENTO
1	Avaliar coincidência de **erros, formatos, padrões, proporção, condições, apresentação, horários, IP** em propostas e documentos dos concorrentes, na mesma licitação ou em certames distintos
2	Conferir **CNPJ** no site da Receita Federal e cadastros estaduais (www.sintegra.gov.br)
3	Checar **registro de empregados** em consulta (acesso restrito) ou circularização: Relação Anual de Informações Sociais (RAIS), Cadastro Nacional de Informações Sociais (CNIS), e-Social. Consulta aberta à RAIS, pelo CPF (www.rais.gov.br > Declaração Já Entregue > Consultar Trabalhador)
4	Avaliar **relacionamentos de licitantes entre si e/ou com projetista e/ou com agentes compradores**, verificando: endereço, telefone, e-mail, quadro societário, responsável técnico, representante, procurador, contador; vínculos em **redes sociais/cadastros** de pessoa e parentes próximos
5	Em atividade que envolva profissão regulamentada, como Engenharia, Arquitetura, Medicina, Contabilidade, avaliar **registro no conselho profissional** (consulta pública ou circularização)
6	Conferir **autenticidade de documentos digitais** quando há indicação de endereço na internet para verificação, a exemplo de selos, carimbos, procurações, certidões, seguro
7	Analisar **ME ou EPP**, avaliando **faturamento superior ao limite** e **vínculo com outra(s) empresa(s)**. Consulta a Portais de Transparência, PNCP e Google para verificar indícios de faturamento, ex: <"nome ou CNPJ da empresa" "ano" site: gov.br>. Checagem de existência efetiva e autônoma da ME/EPP
8	Checar **idoneidade da licitante**, consultando cadastros impeditivos e registros no Google
9	Verificar **certidões de habilitação** de licitante, conferindo validade e autenticidade, coerência com o processamento do certame, sequência temporal entre concorrentes, semelhanças
10	Checar **idoneidade de garantia**. Seguro-garantia, autenticidade na Susep. Título da Dívida Pública, consulta STN. Depósito bancário, efetiva existência. Fiança, autenticidade e legitimidade do emissor
11	Avaliar **divergências entre assinaturas** da mesma pessoa, na licitação e/ou certames distintos
12	Verificar **capacidade econômica de sócio**, avaliando RAIS e/ou CNIS (acesso restrito), dados abertos, redes sociais, benefícios assistenciais como Bolsa Família, condições de moradia no Google Mapas
13	Avaliar **ramo de atividade compatível com o objeto**, verificando Contrato Social, CNPJ, Internet
14	Checar **descumprimento de edital, formalismo exagerado, afastamento indevido** no julgamento
15	Verificar **representante da licitante**, sobretudo procurador com plenos poderes, buscando coincidência com outros licitantes e/ou sócio-oculto e/ou sócio-laranja
16	Avaliar **alterações na licitante próximas ao certame**, como aumento abrupto de Capital Social, troca de quadro societário, mudança no ramo de atividade, procurando incoerências
17	Avaliar **demonstrações contábeis** para verificar coerência de um ano para o outro e compatibilidade com o porte da empresa, ramo de atividade, atestado, contratos anteriores
18	Pesquisar **outras licitações em que a empresa participou** e comparar atestados e propostas, para identificar indícios de incoerência e falsidade
19	**Consultar nomes da licitante, sócio, representante**, procurando envolvimento em operações policiais, penalidades, processos judiciais relacionados a irregularidades em licitações
20	Avaliar **coerência do atestado** com registros cadastrais, dados contábeis e informações disponíveis sobre a empresa na Internet, tanto emissora do atestado quanto a licitante que o apresenta

Vale citar uma ferramenta da Internet que pode ser útil para investigação: a *Wayback Machine*. Trata-se de um registro histórico das páginas da Web. Se uma página for alterada, a versão antiga dela pode ser recuperada com essa ferramenta, proporcionando acesso aberto e gratuito às versões arquivadas. Esse mecanismo foi utilizado pela Justiça Trabalhista para comprovar a existência de um grupo econômico. Segundo a magistrada do caso, a empresa tinha adulterado sua página na Internet, mas, acessando uma versão antiga do sítio eletrônico foi comprovado que ela e outra empresa, mesmo com sócios distintos, se apresentavam no mercado como se fossem uma só companhia (TRT2, Processo nº 1000223-30.2020.5.02.0332).

3.2 Inspeção Física

Inspeção física consiste na verificação de algo tangível, por exame visual, geralmente para comparar a situação esperada com a realidade da coisa inspecionada, de modo a formar opinião sobre existência, fidedignidade, quantidade, condição do objeto examinado. É aplicável a bens, estoques, obras, instalações, funcionários (TCU, 2011).

Trata-se de constatação "*in loco*" da existência de objeto e seus atributos. Em licitação, pode ser necessário **conferir a existência de licitante, emissor e/ou objeto de atestado**.

A comprovação é essencialmente visual, sendo recomendável sua **documentação por intermédio de fotografias e relatório descritivo**, informando detalhes do exame, quem executou, como foi realizado, resultados obtidos. Se a inspeção requerer análise especializada, pode ser necessário perícia ou exame laboratorial.

Evidências obtidas por meio de inspeção física costumam causar grande impacto. A fotografia de uma situação irregular pode ser mais convincente que uma longa descrição.

Como exemplo de uso da inspeção física em investigação de fraude em licitação, podemos citar a visita à sede de uma licitante para avaliar compatibilidade das instalações com os documentos apresentados, identificar efetiva existência, elementos indicadores de capacidade.

Dependendo do objeto a ser verificado, é importante também considerar o fator surpresa. Ao verificar estoques, condições de entrega, distribuição e armazenamento, por exemplo, é recomendado que seja feito de surpresa para evitar possíveis falseamentos que interfiram na aplicação da técnica.

Em certos casos, é importante que haja notificação de um representante da organização inspecionada para que possa acompanhar o exame, de forma a evitar futuras alegações de equívocos na avaliação.

Um aliado nesse tipo de técnica é a Internet. Ferramentas com fotografia de locais de interesse, como o Google Mapas, podem colaborar para obter uma primeira impressão visual de um endereço. É importante atentar para a data em que a fotografia foi tirada, assim como possível erro ou imprecisão no endereço, de modo a reduzir riscos de desatualização ou localização equivocada.

Como exemplo de uso dessa ferramenta, encontramos o Acórdão nº 39/2019 do TCE-MT, suspendendo duas licitações municipais por suspeitas de fraudes. Entre os indícios levantados, constou comprovação da coincidência de estrutura física das empresas, aferida via imagens de satélite (Street View – Google Maps).

Outro exemplo pode-se ler na ata do pregão nº 2692016 da UASG 925373 no *Comprasnet*. A vencedora apresentou atestado de centenas de equipamentos e serviços de rastreamento veicular para um pet shop. Um dos concorrentes entrou com recurso, alegando que seria de se esperar que o pet shop emissor do atestado fosse um grande transportador de cachorros, gatos, papagaios, para ter uma frota de veículos rastreados em quantidade tão grande. Só que a imagem de fachada da empresa no Google aparentava uma casa modesta, incompatível com os serviços atestados. O pregoeiro também usou o Google Maps e encontrou situação incompatível com a frota e escala de serviços que seria esperada. No site da empresa emissora do atestado constava outro endereço. Novamente, consultando o Google, o pregoeiro não localizou empresa, mas **apenas um terreno baldio**. A licitante vencedora, instada a se manifestar, não apresentou comprovantes de veracidade do atestado.

3.3 Confirmação externa ou circularização

A circularização busca obter declaração formal e independente de partes externas (pessoas, empresas, órgãos públicos) a respeito de fatos ligados à análise do caso de possível fraude em licitação. Serve para verificar a fidedignidade de informações em fonte diversa da origem dos dados.

É importante que as informações obtidas por circularização sejam adequadamente formalizadas e materializadas, por meio de registros que identifiquem claramente a origem e a fonte, a forma e a data de obtenção, produzindo, conforme o caso, provas materiais como imagens ou vídeos.

Para avaliar fraudes em licitação, há diversas fontes externas possíveis de serem consultadas, como órgãos fazendários, para colaboração na identificação de empresas fantasmas, notas fiscais frias e atestados falsos. Emissores de atestados podem ser consultados sobre a fidedignidade de comprovantes. Emissores de certidões ou outros documentos oficiais, quando não houver mecanismo de conferência online de autenticidade.

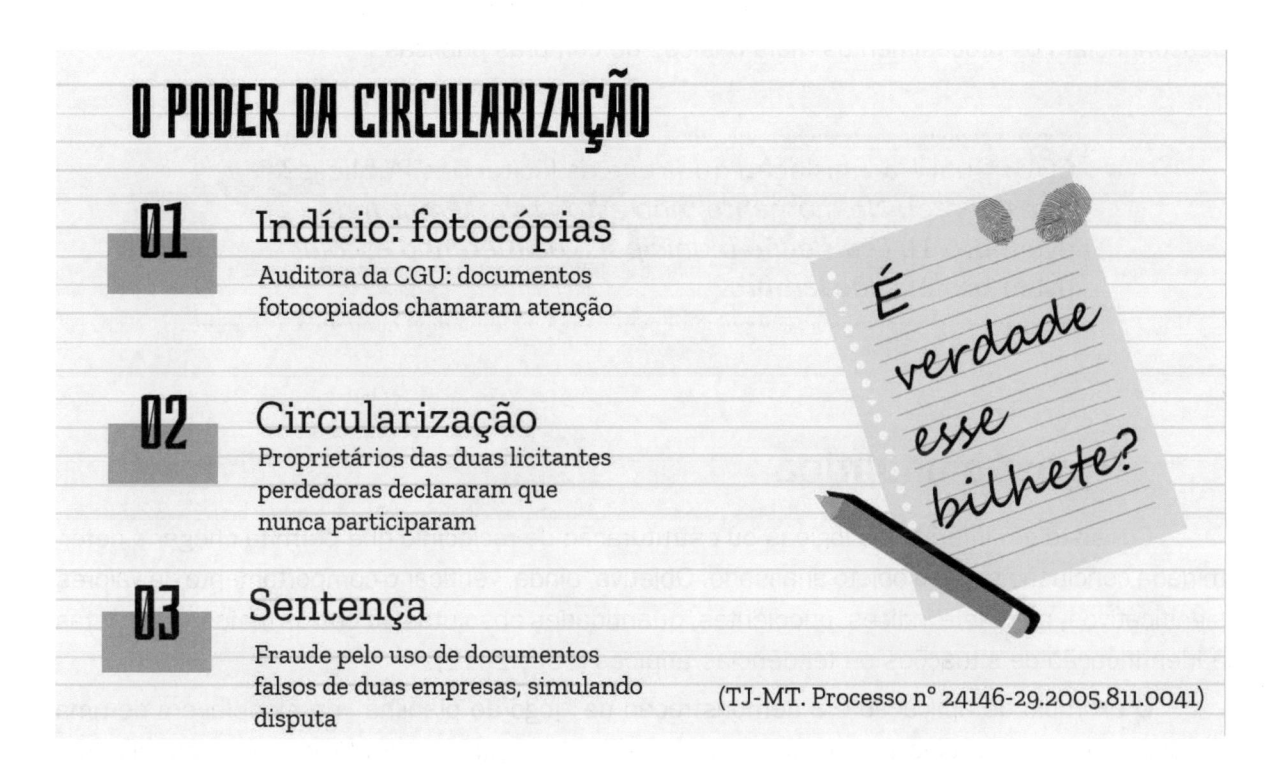

O PODER DA CIRCULARIZAÇÃO

01 Indício: fotocópias
Auditora da CGU: documentos fotocopiados chamaram atenção

02 Circularização
Proprietários das duas licitantes perdedoras declararam que nunca participaram

03 Sentença
Fraude pelo uso de documentos falsos de duas empresas, simulando disputa

(TJ-MT. Processo nº 24146-29.2005.811.0041)

3.4 Indagação oral (entrevista) ou escrita

Consiste na realização de entrevistas para obtenção de dados e informações. É um método de coleta de informações que consiste em conversa individual ou em grupo, com pessoas que possam contribuir para os objetivos da investigação. É importante que as indagações possuam, na medida do possível, a completa identificação de quem as responde, bem assim a sua assinatura ou outra forma de comprovação, como um vídeo, considerando-se os direitos de preservação de informação pessoal.

A entrevista deve ser utilizada como suporte ou em conjunto com outras técnicas, uma vez que as respostas obtidas podem não constituir evidências sólidas para, isoladamente, fundamentar os achados. Evidências testemunhais devem, sempre que possível, ser reduzidas a termo e corroboradas por outras evidências.

A indagação escrita, por sua vez, consiste na formulação e na apresentação de questões, geralmente por intermédio de um ofício, e-mail ou aplicativo de mensagem, desde que se possa comprovar a identidade do indagado, com o objetivo de obter a manifestação do respondente por escrito.

Como exemplo de entrevista em casos de fraude em licitação, encontramos o Relatório de Demandas Externas (RDE) da CGU nº 00213.000058/2010-38, que tratou de processos licitatórios para aquisição de material de construção. Foi entrevistado o suposto proprietário da empresa licitante, que afirmou desconhecer a sua participação na empresa.

Outro exemplo pode ser lido no Relatório da CGU referente ao 16º Sorteio em município do Rio Grande do Norte. A equipe de auditoria aplicou questionários aos membros da Comissão de Licitação, visando confirmar a capacidade técnica individual. Ficou evidenciado que eles desconheciam os procedimentos mais básicos de compras públicas.

> CGU: Qual é a legislação que rege as Licitações Públicas?
> [Presidente]: *No momento, não estou mim lembrando*
> [Membro 1]: *Legislação municipal... de merenda escolar*
> [Membro 2]: *Não lembro*

3.5 Revisão analítica

Consiste em inferências logicas ou estruturação de raciocínio que permita chegar a determinada conclusão sobre o objeto analisado. Objetiva, ainda, verificar o comportamento de valores significativos, mediante índices, quocientes, quantidades absolutas ou outros meios, com vistas à identificação de situações ou tendências atípicas (TCU, 2011).

O exemplo de aplicação é a demonstração de "jogo de planilha" na modelagem de uma licitação, geralmente pelo agrupamento artificial de itens que podem levar a ganhos injustos, pela cotação de altos preços, para itens que o licitante sabe que serão efetivamente adquiridos ou aditivados, e de baixos preços, para itens que não serão executados ou serão reduzidos.

Outra aplicação da técnica de revisão analítica consiste na avaliação de propostas de preços de empresas licitantes para verificar variação linear ou outro tipo de correlação suspeita.

A análise de comportamento dos licitantes numa ou em diversas licitações, buscando identificar padrões, pode ser outro exemplo de revisão analítica.

3.6 Cruzamento eletrônico de dados

Essa técnica envolve qualquer ferramenta automatizada de cruzamento de bases de dados, comparação automatizada de dados a partir de um campo comum parametrizado, com o uso de software específico ou planilha eletrônica, ou por meio de rotina ou sistema próprio. Pode-se utilizar diferentes cruzamentos, que constituem indicativos a serem confirmados com a utilização de outras técnicas. Os resultados dependem do nível de confiabilidade do(s) sistema(s) dos quais os dados foram extraídos.

As ferramentas geralmente são classificadas em generalistas e especializadas. Entre os recursos generalistas estão a simulação, a amostragem, a sumarização e a verificação de duplicidades. Já os aplicativos especializados executam tarefas bem definidas, desenvolvidas e parametrizadas para uma função delimitada, como trilhas de detecção de fraudes em editais de licitação. Existem, ainda, as ferramentas de uso geral, que servem de apoio, como os softwares de *Business Intelligence*.

Como exemplo real de uso do cruzamento de dados na detecção de fraudes, encontramos o Acórdão TCU nº 1793/2011-P, que descreveu procedimento de auditoria com o intuito de identificar se membros de comissões de licitação (pregoeiros, membros da equipe de apoio e homologadores, registrados no *Comprasnet*), estariam participando de forma indireta de licitações as quais fossem os próprios responsáveis, mantendo algum tipo de relação com as empresas licitantes. Para execução desse procedimento, utilizaram-se as informações constantes nas bases de dados do CNPJ e do *Comprasnet*, e buscou-se confirmar os indícios obtidos por meio de consultas ao CNE (www.cne.desenvolvimento.gov.br), ao Siape, ao D.O.U. e ao E-Consulta.

Como exemplo de iniciativa sistemática de uso intensivo de cruzamento de dados, citamos o Observatório para Enfrentamento da Corrupção, criado pelo Ministério Público Militar para identificação de vulnerabilidades. A ideia é focar no trabalho preventivo.

Tratamos desse tema com mais fôlego ao final da seção sobre a tipologia 'publicidade precária', razão pela qual não vamos duplicar a discussão por aqui.

3.7 Listas de Verificação

Disponibilizamos uma pasta de arquivos com listas de verificação para servir de apoio e sistematização na análise de processos licitatórios, com vistas a detectar fraudes. Nosso propósito é manter essas listas atualizadas, conforme alterações em legislação, jurisprudência ou nível de risco.

Cada procedimento sugerido está descrito em detalhes na seção de tipologia, com a sua respectiva fundamentação legal e jurisprudencial. As técnicas de detecção a serem aplicadas em cada procedimento estão descritas neste tópico.

É importante ressaltar que as listas de verificação não esgotam as possibilidades de fraudes. Elas apontam os casos mais comuns, com maior probabilidade de ocorrência, com o objetivo de orientar o exame dos documentos. Entretanto, outras situações irregulares podem ser identificadas adotando-se abordagem similar àquela tratada nos procedimentos do *checklist*.

Você pode acessar a pasta de arquivos em https://bit.ly/livrofraudeslicitacoesbonus.

Capítulo 4
ELABORAÇÃO DOS ACHADOS

Tão importante quanto identificar indícios e evidências de fraude é comunicar os fatos de modo claro, consistente, coerente e convincente. Essa comunicação pode ocorrer em diferentes contextos. Pode ser por meio de um relatório de auditoria, um parecer em comissão de responsabilização, uma resposta a um recurso administrativo, um relatório em inquérito policial, uma denúncia ou um julgamento. É a materialização de alguma análise sobre possível situação irregular relacionada à restrição indevida do caráter competitivo ou lisura da contratação.

Para simplificar, chamaremos de "relatório" o documento de comunicação de achados.

Por analogia, podemos observar a área de Auditoria e seus requisitos de qualidade na redação, entre eles a objetividade, a convicção, a clareza, a integridade, a oportunidade, a coerência, a apresentação e a conclusão.

Além desses requisitos, para que o relatório produza a máxima efetividade, outros elementos devem ser levados em conta, de forma a facilitar a compreensão da situação encontrada, possibilitando a atuação efetiva e a tomada de decisão de gestores, comissões processantes, órgãos de controle e investigação, de maneira que tenham conhecimento pleno, clareza e confiabilidade nas evidências e/ou indícios apresentados.

Assim, sugerimos que o relatório de fraude contemple:

a) **responsabilidade**, quem praticou ou contribuiu para o ato ou, sendo inviável, os agentes que praticaram alguma conduta na cadeia de formação do ato, de forma que se visualize o quadro a ser tratado. Pode haver dúvida ou dificuldade, especialmente na análise de elemento subjetivo (dolo ou culpa) de quem praticou o ato. Nesses casos é conveniente que apenas cite os nomes de quem atuou na cadeia de elaboração do ato suspeito.

b) **regulamento**, indicando regras que regem o ato, de modo a facilitar a ciência das normas aplicáveis ao caso, incluindo a jurisprudência pertinente.

c) **escopo**, descrevendo o que foi objeto de análise, especialmente em termos de qual certame licitatório, etapa, fase, documento ou licitante, assim como eventuais indícios de que os fatos podem ter relação com outras licitações, de modo a indicar, se for o caso, a necessidade de ampliação de escopo em futuros desdobramentos.

d) **imagens** (*fotos, recortes digitalizados de documentos, prints de tela, trechos de depoimentos*) de forma a tornar mais evidente os relatos descritos no corpo do relatório, contribuindo para a melhor compreensão do fenômeno. Sugere-se especial atenção para evitar imagens com baixa resolução, de difícil leitura ou cujo elemento relacionado à fraude não esteja facilmente identificado. Pode ser necessário tratamento para melhorar a qualidade de visualização para o leitor.

e) **quantificação**, sempre que possível, em termos de sobrepreço, prejuízo potencial ou efetivo, comparativo da quantidade de licitantes e lances com outras licitações, comparativo de valores e números com histórico do próprio órgão contratante ou unidades similares, comportamentos do(s) licitante(s) em outros certames. É igualmente importante documentar as evidências e as memórias de cálculo dessas constatações, de forma a robustecer a credibilidade e a rastreabilidade.

f) **contraditório**, sempre que possível, incluindo oportunidades oferecidas aos envolvidos para conhecimento dos fatos e manifestação da defesa, assim como a análise e conclusão sobre os pontos de vista apresentados. É fundamental que haja contraditório e ampla defesa para validação da análise e aproveitamento para ações pertinentes ao caso, como aplicação de sanção. Essa etapa não se aplica nos casos em que a gravidade dos fatos indicar a necessidade de manter em sigilo os achados, a fim de preservar a viabilidade de atuação posterior, como busca e apreensão de documentos.

Vale reforçar que é válida a "prova indiciária", nas esferas administrativa, civil e penal.

Nesse sentido, é importante **valorizar o conjunto robusto de indícios** (prova indireta), apreciando-o conjuntamente. Assim, a literatura internacional tem recomendado que a **melhor prática é utilizar as provas indiretas de forma aglutinada, pelo efeito cumulativo, em vez de tomá-las individualmente** (OCDE, 2006).

O fundamental é abordar os elementos de convicção de modo conjunto, de forma a permitir que as evidências e suas circunstâncias se esclareçam mutuamente e convençam o destinatário do documento a respeito dos fatos, agentes, condutas e conclusões decorrentes.

Ilustrando como isso é importante, encontramos processo por improbidade em Mato Grosso do Sul, no qual o Juiz apontou a **fragilidade da denúncia**. O Ministério Público alegou que a compra de reagentes por um hospital público teria sido superfaturada. Entre os argumentos, estava a opção por adquirir produtos da mesma marca do equipamento existente, um aparelho comprado 15 anos antes. Para o Ministério Público, poderia ter sido mais vantajoso licitar os reagentes de outras marcas, com a entrega em comodato da máquina de exames laboratoriais (Processo nº 914858-37.2019.8.12.0001).

O Juiz achou bom o argumento. Porém, **faltavam números, valores que comprovassem a suposta vantagem** que teria sido ignorada pelos compradores públicos denunciados. Além disso, já fazia 15 anos que era usada a mesma máquina, o que fazia supor que a compra de reagentes para ela sempre tivesse ocorrido daquela forma.

Faltava à denúncia, na visão do julgador, **substância fática e indicativos claros de dolo** dos agentes envolvidos. Caberia ao autor demonstrar, com segurança, que existiu a intenção deliberada de favorecer o interesse privado na contratação, em detrimento do interesse público.

Além disso, o Juiz apontou para outra fragilidade comum em processos dessa natureza: **a falta de indicação objetiva e precisa de quais elementos são relevantes** para comprovar a fraude apontada.

> O Juiz apontou para a falta de indicação objetiva e precisa de elementos relevantes para comprovar a fraude
>
> TJMS, Processo n. 914858-37.2019.8.12.0001

> "... as petições iniciais de ações de improbidade, não raro, trazem apenas uma cópia do inquérito civil com milhares de páginas, sem indicação objetiva e precisa de quais documentos ali existentes são relevantes para a tese defendida. Esta prática dificulta... a identificação das provas....o ônus de bem instruir o pedido é de quem pede.
> ... fazer o destaque... para demonstrar a tese defendida, seja com grifos, índices, ou outra forma... facilita a própria assimilação da tese que a parte defende"

A partir disso é possível afirmar que, no caso de fraudes em licitações, existem circunstâncias que, quando analisadas em conjunto, desde que apresentadas com clareza, coesão, coerência e encadeamento apropriado de ideias, com destaque objetivo e preciso para os elementos de convicção, levam ao convencimento de que não há outra explicação racional para justificar o comportamento dos agentes envolvidos, a não ser a existência de conduta fraudulenta.

Considere um **exemplo hipotético** de relatório sobre uma licitação em que foram evidenciados:

- ➢ objeto definido de forma imprecisa e insuficiente;
- ➢ cláusulas restritivas no edital;
- ➢ publicidade restrita do aviso;
- ➢ inabilitação indevida do licitante X;
- ➢ propostas idênticas dos licitantes Y e Z;
- ➢ habilitação indevida da vencedora Y;
- ➢ vencedora vinculada à agente contratante.

Para cada um desses achados, seria apropriado elaborar texto explicativo das circunstâncias identificadas, normas ofendidas, agentes envolvidos e sua respectiva atuação, bem como imagens que deem suporte às evidências, levando à conclusão inequívoca de que o conjunto robusto e consistente de indícios aponta inevitavelmente para a fraude ao caráter competitivo, assim como o direcionamento para a vencedora.

Disponibilizamos arquivo de EXEMPLO DE RELATÓRIO de um caso de fraude em licitação, para referência e apoio. Disponível em: https://bit.ly/livrofraudeslicitacoesbonus.

Capítulo 5
RESPONSABILIZAÇÃO

Condutas irregulares numa licitação podem ensejar punições aos agentes envolvidos, tanto públicos quanto privados, pessoas físicas e empresas. As penalidades previstas são de diversas naturezas, desde administrativas até criminais.

Essa possibilidade punitiva visa, em síntese: i) restaurar o equilíbrio no ordenamento jurídico; ii) desestimular atividades ilícitas; e iii) reforçar o cumprimento das disposições legais (CGU, 2017).

O Guia de Análise de Denúncias sobre Possíveis Infrações Concorrenciais em Licitações (SDE, 2009c) destaca **duas origens principais da fraude**: o contratante e o licitante. Entendemos que uma terceira origem também é fundamental: o conluio entre contratante e licitante.

Para melhor compreensão do cenário de ocorrência das fraudes e sua responsabilização, apresentamos uma figura que sintetiza o modelo conceitual que propomos.

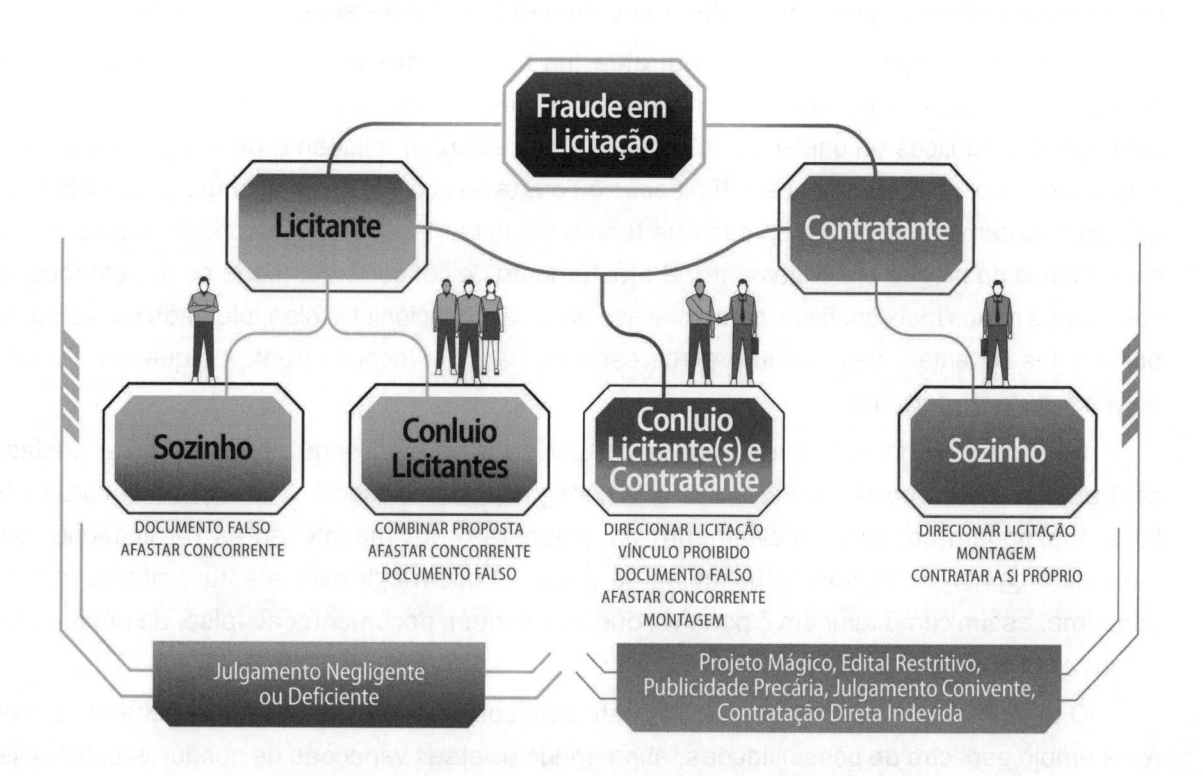

Como pode ser visualizado na imagem, uma fraude em licitação pode ser cometida em diferentes arranjos combinatórios de condutas, agentes e tipos de ação fraudulenta.

O contratante, sozinho, pode direcionar o certame, mesmo sem combinar antes com algum fornecedor. Por "contratante", estamos nos referindo a um ou mais agentes públicos responsáveis pela condução da contratação. Imaginemos que o contratante define um único modelo de veículo que restringe injustificadamente a competição, por iniciativa própria e exclusiva, sem influência de qualquer vendedor daquele modelo, apenas por atuação do agente público, talvez movido pela intenção de se beneficiar diretamente pelo uso do veículo de sua preferência ou por outro motivo que não se compatibiliza com os valores e princípios da gestão pública.

O contratante pode também montar, sozinho, um processo licitatório, inventando um conjunto de documentos falsos, mesmo sem participação de algum fornecedor. Casos como esse podem encobrir, por exemplo, desvios de recursos para outras finalidades, usando a licitação falsa como cobertura.

Por fim, há a hipótese de o agente público gerar uma contratação para beneficiar a si próprio como fornecedor, criando empresa em nome de laranja.

Veja-se que nessas situações, não seriam cabíveis os tipos de fraude "julgamento negligente ou deficiente", porque, necessariamente, a conduta exige a atuação direta e intencional do agente público, cabendo, portanto, somente o julgamento do tipo "conivente".

Por outro lado, há situações em que o julgamento do tipo "conivente" estará afastado, porque a atuação é exclusiva de um ou mais fornecedores, sem participação de agente público, o que afasta, também, os demais tipos de fraude, que somente acontecem por meio de algum envolvimento direto de pessoas de dentro da organização contratante.

Assim, um licitante pode, sozinho, atuar na fraude. Por exemplo, pela apresentação de atestado falso para se habilitar na licitação, sem interação prévia com outros fornecedores ou com agentes públicos da unidade contratante. Ainda sozinho, o licitante pode agir para afastar concorrente, por meio de ameaça, intimidação ou oferta de acordo, como aconteceu naquele caso que apresentamos, sobre a empresa que tentou combinar lances com o concorrente usando o chat público do pregão em andamento. O afastamento de concorrentes pode se dar até mesmo com outros meios mais criativos, como no caso em que recepcionista falsa, plantada na prefeitura por um dos licitantes, desviou outros interessados para um local diferente do que seria usado para abertura do certame.

Dois ou mais fornecedores podem se unir para fraudar, sem interagir com a unidade contratante. Esse tipo de conduta é o que configura, grosso modo, a atuação em cartel. Os licitantes podem combinar previamente as propostas, até mesmo antes da licitação, por meio de orçamentos fajutos na pesquisa de preços, podem agir para afastar licitante fora do esquema, assim como também é possível que apresentem documentação falsa, de um ou mais componentes do grupo.

O terceiro cenário de fraudes é composto pelo conluio entre contratante e licitante. É o de mais amplo espectro de possibilidades, abrangendo diversas variações de condutas potenciais, em qualquer fase da licitação ou suas combinações, envolvendo toda a tipologia, exceto o julgamento negligente e deficiente.

No conluio entre contratante e licitante pode ocorrer, por exemplo: direcionamento e/ou restrição de competição promovidos pelos responsáveis pela licitação, inclusive com apoio de fornecedor parceiro; vínculo proibido entre tais responsáveis e um ou mais licitantes; uso de documento falso, tanto pelo privado quanto por quem prepara ou conduz o certame; oferta, ameaça ou intimidação para afastar concorrente, com ou sem apoio direto de responsáveis pela licitação; montagem de um processo fictício, que se torna ainda mais fácil pela colaboração entre as partes. Um cartel também pode atuar por meio de combinação com agentes contratantes.

Desse conjunto de condutas e tipos de fraudes, surgem diversas possibilidades de responsabilização, tanto do ponto de vista administrativo quanto civil e criminal, para pessoas físicas e jurídicas. Não é apenas a Lei de Licitações e o Código Penal que se aplicam às infrações contra as compras públicas. A Lei Anticorrupção também pode ser aplicada, assim como a Lei da Improbidade e a Lei Antitruste (Lei nº 12.529/2011), que atua na defesa da ordem econômica.

Por isso, fraude em licitação pode resultar em apurações e aplicação de penalidades por variadas instâncias, desde o próprio órgão contratante, passando pelos órgãos de controle aos quais os recursos financeiros da licitação estejam jurisdicionados, até órgãos de tutela criminal e autoridade antitruste. As apurações e punições podem ocorrer de modo independente e autônomo, embora seja desejável a cooperação, a coordenação de esforços e o compartilhamento de provas entre os que atuam sobre os mesmos fatos.

Nesse contexto, a autoridade competente **não pode deixar de apurar** as infrações de que tomar conhecimento e, se confirmadas, aplicar a sanção pertinente. O gestor responsável por conduzir licitações deve autuar no processo administrativo, com vistas a responsabilizar empresas que praticarem ato ilegal tipificado no regulamento licitatório correspondente.

Segundo o TCU, os gestores das áreas responsáveis por conduzir licitações devem autuar no processo administrativo com vistas a responsabilizar empresas que praticarem ato ilegal no procedimento licitatório, estando tais gestores sujeitos, eles próprios, à responsabilização caso negligenciem essa atribuição (Acórdãos TCU nºs 1793/2011-P e 754/2015-P). Como exemplo de situação que exige apuração, nos Acórdãos nºs 797/2022-P e 2146/2022-P, o TCU apontou a conduta de empresa que não anexa documentação no sistema eletrônico.

O TCU também já deixou claro que o processo de responsabilização exige a indicação de **pessoal capacitado** para promover as investigações com o cuidado e detalhamento requeridos, de modo a assegurar julgamento conclusivo, especialmente nos casos de fraude potencial, que envolvem eventual declaração de inidoneidade de licitantes (Acórdão nº 3001/2011-P).

Assim, a apuração de potencial ilícito administrativo não é uma faculdade, uma opção do gestor, mas um poder-dever (Acórdão TCU nº 2077/2017-P). Ao tomar conhecimento de indícios de fraude, a Administração é obrigada a abrir processo de responsabilização e, conforme o caso, aplicar as penas cabíveis (TCU, 2020).

Há, ainda, a obrigação de comunicar indícios de fraude ao Ministério Público, conforme Decreto-Lei nº 3688/1941 (art. 66, I) e inciso II do §3 do art. 169 da Lei nº 14.133/2021.

A doutrina majoritária enfatiza esse poder-dever disciplinar, destacando a figura da **condescendência criminosa**, tipificada no art. 320 do Código Penal. Ou seja, não pode o gestor público "deixar pra lá" os indícios de ilícitos que eventualmente sejam identificados, sob risco de cometer, ele mesmo, crime e ser responsabilizado por omissão.

Para que a função disciplinar seja desempenhada de forma legítima e eficiente, é necessário, entre outros requisitos: **capacitação** adequada dos agentes, **formalização** apropriada, oportunidade de **contraditório** e a ampla defesa.

Como contribuição nesse cenário, apresentamos as principais **hipóteses de responsabilização** dos **agentes públicos** e das **pessoas jurídicas** em licitações.

5.1 Responsabilidade de agente público

Os agentes dos órgãos responsáveis pelas licitações estão submetidos, em geral, a três esferas de responsabilidade: civil, penal e administrativa, em princípio, autônomas e independentes, além do controle externo.

Sintetizando, agentes contratantes sujeitam-se a responsabilização:

a) administrativa (regime jurídico, ex.: Lei nº 8.112/90, na União);
b) civil (Código Civil, arts. 186 e 927 e art. 37, §5º, da CF);
c) penal (Código Penal, arts. 337-E a 337-P);
d) pelo Tribunal de Contas (Constituição Federal, arts. 70 e 71);
e) por improbidade (Lei nº 8.429/92).

Em regra, a possibilidade de punição decorre de um ato ilícito que é, em essência, um procedimento em desacordo com o ordenamento jurídico, ofensivo às leis e aos princípios jurídicos estabelecidos em uma sociedade, que existem justamente para permitir a boa ordem social.

O ato ilícito é, portanto, a **violação de um dever jurídico**. Se essa ofensa gera dano a alguém, surge um novo dever jurídico, que é o de reparar o prejuízo. Assim, a responsabilidade designa o dever de assumir consequências jurídicas pela violação de outro dever jurídico (TCU, 2013).

Questão interessante é a **tentativa de improbidade**, ou seja, se é viável condenar alguém por ato desonesto que não atinge os seus objetivos por motivos alheios à vontade do agente. Há quem defenda que havendo comprovação de que a fraude foi preparada, ainda que ela não produza seus efeitos, já se violou princípios da administração pública, autorizando a ação de improbidade pelo enquadramento no artigo 11 da LIA (PINHEIRO; PINHEIRO, 2019).

A responsabilidade dos administradores de recursos públicos é de natureza subjetiva, segundo o TCU (Acórdão nº 249/2010-P), escorada no parágrafo único do art. 70 da Constituição Federal, alinhada à regra geral da responsabilidade civil. Nesse mesmo sentido há vasta e consolidada jurisprudência do TCU, como, por exemplo, os Acórdãos nºs 46/2001-P, 1.795/2003-P, 33/2005-P, 46/2006-P, 975/2006-P, 487/2008-P, 937/2020-P, 995/2020-P, 1.003/2020-P, 1.061/2020-P e 1.117/2020-P.

Dessa forma, a responsabilidade nos processos dos Tribunais de Contas se origina de conduta comissiva ou omissiva do agente, dolosa ou culposa, cujo resultado seja a violação dos deveres impostos pelo regime de direito público aplicável àqueles que administram recursos do Estado ou ainda aos que, sem deter essa condição, causarem prejuízo aos cofres públicos (Acórdão TCU nº 6.479/2014-2C). A culpa advém da negligência, da imperícia ou da imprudência (Acórdão TCU nº 995/2020-P).

CAPÍTULO 5 — RESPONSABILIZAÇÃO

Além de subjetiva, a responsabilidade do agente público ou de terceiros não se presume, sendo imperativo comprovar o dolo ou a culpa na prática de ato ilícito (Acórdão TCU nº 67/2003-2C).

Considerando a natureza subjetiva e o caráter peculiar expostos, os **requisitos indispensáveis** para que um fato seja punível no âmbito dos Tribunais de Contas são (Acórdão TCU nº 1.061/2020-P):

a) ato ilícito e qualificação do agente;
b) resultado ilegítimo: dano ou infração legal;
c) nexo de causalidade entre a ação ou a omissão e o resultado;
d) dolo ou culpa como elemento subjetivo da conduta do agente.

Sobre o elemento subjetivo da conduta (item "d"), é importante destacar a nova legislação que dá suporte basilar às instâncias punitivas, em especial o art. 28 da Lei de Introdução às Normas de Direito Brasileiro (LINDB), com redação dada pela Lei nº 13.655/2018, que passou a exigir, em caso de culpa, um qualificativo crítico, o **erro grosseiro**, para responsabilização.

Embora a aplicação ainda seja relativamente recente e haja posições divergentes, a jurisprudência mais recente do TCU vem se inclinando no sentido de **equiparar o erro grosseiro à culpa grave**, aquela decorrente de severa inobservância de um dever de cuidado (Acórdãos nºs 2.391/2018-P, 2.872/2019-P, 4.771/2019-1C, 918/2020-P, 2.577/2020-2C e 4.074/2020-2C).

Esse entendimento foi adotado no regulamento da LINDB, Decreto nº 9.830/2019, ao considerar erro grosseiro aquele "manifesto, evidente e inescusável praticado com culpa grave... com elevado grau de negligência, imprudência ou imperícia".

Pelo que se tem observado, parece haver convergência entre norma, doutrina e aplicação prática, no sentido de que o parâmetro de responsabilização pela LINDB passou a ser a culpa grave, o erro que extrapola a mera conduta culposa que se poderia esperar do gestor médio, se aproximando da negligência extrema, imperícia ou imprudência extraordinárias, tomando por referência a pessoa descuidada, com nível de atenção aquém do ordinário, consideradas as características da situação.

Um julgado relevante do TCU, na busca pela conceituação do erro grosseiro, foi proferido no Acórdão nº 2.391/2018-P. Ali, o ministro relator propôs classificação de **três gradações de erro**: (i) leve, (ii) sem qualificação e (iii) grosseiro.

O "erro leve" exigiria, para ser evitado, atenção superior ao padrão esperado do gestor. O "erro sem qualificação" seria evitável pela conduta normal do administrador. O "erro grosseiro" poderia ser evitado por quem agisse de forma desatenta, abaixo do normal. Somente nesse caso, portanto, estariam os gestores sujeitos à responsabilização por terem agido com culpa grave.

Segundo Cristiano Farias e Nelson Rosenvald (2020, p. 169), "culpa grave é caracterizada por uma conduta em que há uma imprudência ou imperícia extraordinária e inescusável, que consiste na omissão de um grau mínimo e elementar de diligência que todos observam".

A doutrina de Pontes de Miranda (1971, p. 72) usa outros adjetivos, mas o sentido geral é o mesmo: "Culpa crassa, magna, nímia, que tanto pode haver no ato positivo como no negativo, a culpa que denuncia descaso, temeridade, falta de cuidados indispensáveis".

Como se pode perceber, a legislação buscou dar maior segurança jurídica ao tomador de decisão no setor público, o gestor de carne e osso, que enfrenta desafios de toda sorte na rotina administrativa. A LINDB e seu regulamento focaram a hipótese de responsabilidade nos casos efetivamente graves. Os efeitos práticos desse esforço normativo ainda estão em modulação, passando por ajustes de interpretação, como seria de se esperar na implementação concreta de um conceito indeterminado.

Outro conceito indeterminado, do "homem médio" ou "administrador médio", usado há mais tempo como parâmetro de julgamento pelo TCU, ainda carece de uniformidade e comporta diversas nuances (PALMA, 2018).

O **TCU vem enquadrando como erro grosseiro** (Acórdãos nºs 2391/2018-P, 2677/2018-P, 2.860/2018-P, 1.941/2019-P, 909/2022-2C, 3768/2022-2C, 3328/2023-2C, 3972/2023-2C e 3569/2023-2C):

- ➢ direcionar marca sem justificativa;
- ➢ desconsiderar, sem motivação, parecer jurídico;
- ➢ dispensar licitação sem projeto;
- ➢ descumprir normativo;
- ➢ descumprir determinação do TCU;
- ➢ atestar medição sem fiscalizar;
- ➢ estimar preços de forma precária;
- ➢ antecipar pagamentos sem previsão e garantia.

Diferentemente da punição por ato irregular, existe o dever de indenizar pelos prejuízos causados. Nessa hipótese, o TCU entende que é suficiente a **culpa simples**, desnecessária a conduta dolosa ou má-fé (Acórdãos nºs 2420/2015-P, 2781/2016-P, 635/2017-P, 2860/2018-P e 9004/2018-1C).

Para o Tribunal, as alterações promovidas na LINDB não provocaram modificação nos requisitos necessários para a responsabilidade financeira por débito (Acórdão nº 5547/2019-1C).

Sendo assim, o TCU segregou dois tipos de responsabilização. Uma, punitiva, de sanção administrativa, que exige dolo ou erro grosseiro (culpa grave); e outra, reparatória, financeira, para indenizar prejuízo, para a qual basta o dolo ou a culpa simples, sem gradação (Acórdãos nº 11762/2018-2C, 1958/2022-P).

Há quem defenda que essa interpretação do TCU parece desproporcional, por não tolerar o erro de agente público que age de forma semelhante ao esperado de seus colegas de trabalho. Mesmo que a culpa seja mínima, ele pode ser instado a devolver dinheiro (PEREIRA, 2023). Para outros, a tese do TCU acaba desidratando em muito a dimensão do artigo 28 da LINDB (NIEBUHR, 2021b). A questão é claramente controversa (FORTINI; CAVALCANTI, 2022).

Avaliando outros aspectos, em 2020, durante a pandemia, o STF julgou constitucionalidade de Medida Provisória que conceituava o erro grosseiro. Do julgamento, ficou claro que o agente público não pode agir por voluntarismo, baseado em achismo, palpite, improvisação e amadorismo, sem planejamento e estudos prévios adequados.

Os **obstáculos e dificuldades reais do gestor** devem ser considerados pelo julgador ao avaliar a conduta do agente público, desde que esse agente não tenha, ele próprio, causado os obstáculos e dificuldades; contribuído para o seu surgimento ou permanência ou não tenha procurado, dentro de suas possibilidades e circunstâncias, superá-los.

Espera-se que os gestores levem em conta as opiniões técnicas, jurídicas e científicas disponíveis, assim como se espera dos pareceristas a análise fundamentada dos casos concretos aos quais se dedicam. Não vale emitir **parecer genérico**, vacilante, frágil, que incentive a irregularidade ou desampare a atuação de boa-fé (OLIVEIRA, 2020). Exemplo disso, numa prefeitura do interior do Maranhão, a CGU encontrou pareceres jurídicos genéricos, idênticos. Peça sucinta, sem análise e permitindo cláusulas restritivas (RDE CGU nº 00209.001234/2014-41).

Para o TCU, se o parecer jurídico contribui com relevância causal para a prática da fraude, o autor do parecer pode ser alcançado pela jurisdição do Tribunal (Acórdão TCU nº 462/2003-P).

Por outro lado, não é adequado **ignorar parecer jurídico**, dando continuidade a um certame em que foram detectadas e apontadas irregularidades (Acórdão TCU nº 3569/2023-2C).

A NLL dispõe que o agente de contratação e o pregoeiro respondam sozinhos e a comissão de contratação responda solidariamente por atos praticados, ressalvada posição individual divergente e registrada (§2º do art. 8º). Já a equipe de apoio, em regra, não responde pelas decisões do pregoeiro, salvo quando o induzir a erro (§2º do art. 8º).

Sobre a responsabilidade da autoridade que homologa a licitação, o TCU entende que esse papel é exercido pela verificação do cumprimento de macro etapas, fatos isolados materialmente relevantes e de eventuais denúncias, não sendo exigível que a fiscalização abranja todos os dados contidos no procedimento licitatório (Acórdão nº TCU 3.178/2016-P).

A **inexperiência não exclui a culpabilidade**. Quem não tem experiência deve se negar a assinar algo sobre o que não detenha conhecimento suficiente. Se assinar, atrai responsabilidade para si (Acórdão TCU nº 1.844/2019-P).

Uma pesquisa apontou indícios de um fenômeno relevante na área de responsabilização: a **culpa genérica sobre o gestor máximo da entidade**. O estudo de Hemerson Pase e outros (2018) analisou relatórios de auditoria da área municipal elaborados por um tribunal de contas. Os autores também entrevistaram agentes desse órgão de controle externo. Entre os resultados, verificaram que em todas as auditorias, a responsabilização recaiu unicamente sobre o prefeito ou chefe maior da unidade auditada. As entrevistas realizadas com agentes corroboraram a situação.

Imputação de responsabilidade em Tribunal de Contas

Entrevistado	Excerto da fala
Juiz de contas	Nós temos tradição ... antiga, de concentrar responsabilidade no dirigente maior
Auditor 1	A responsabilidade é do gestor independente do que ocorra
Auditor 2	A responsabilidade é atribuída especificamente ao gestor

Fonte: PASE *et al* (2018), p. 123.

Outro ponto relevante diz respeito à responsabilização de agentes políticos. Para o TCU, ainda que não tenham praticado atos administrativos, quando ficar evidenciado que as irregularidades detectadas, por sua amplitude ou relevância, demonstram que houve omissão da autoridade no seu dever de supervisão hierárquico (Acórdão nº 3.576/2019-1C).

Feitas essas considerações, apresentamos algumas hipóteses de responsabilização por irregularidades em licitações, citando jurisprudência recente do TCU relacionada com o tipo de conduta.

Etapa	Ação potencialmente irregular	Jurisprudência
Projeto	Elaboração defeituosa, insuficiente ou direcionada	Ac TCU nº 274/2020-P
Projeto	Estimativa de preço insuficiente, simulada, direcionada	Ac TCU nº 1844/2019-P
Projeto	Contratar sem projeto	Ac TCU nº 2783/2022-2C
Edital	Inserir cláusula restritiva ilegítima	Ac TCU nº 3212/2019-1C
Parecer	Parecer absurdo, desarrazoado ou insuficiente	Ac TCU nº 7289/2022-1C
Julgamento	Atuação conivente ou negligente	Ac TCU nº 2968/2018-P
Homologação	Aprovar sem supervisão adequada	Ac TCU nº 3972/2023-2C

Sintetizando o quadro geral de responsabilidades em relação aos riscos mais comuns de fraudes:

Responsabilidades

QUEM ELABORA A DEMANDA (PB/TR)	QUEM FAZ O ORÇAMENTO	QUEM REDIGE O EDITAL	QUEM APROVA O EDITAL	QUEM JULGA O CERTAME
Evitar especificação direcionada ou restritiva	Evitar estimativa equivocada	Evitar exigências direcionadas ou restritivas	Evitar análise jurídica sem fundamento	Evitar julgamento negligente, deficiente ou conivente

Nesse contexto, uma ressalva interessante é a responsabilidade por cláusulas restritivas em Edital. O TCU já decidiu que as exigências para habilitação são inerentes à etapa de planejamento da contratação, razão pela qual irregularidades apuradas nessa fase não devem ser imputadas a pregoeiro ou a comissão de contratação, designados para a fase de condução do certame (Acórdão nº 3213/2019-1C).

Isso é compatível com a ideia de segregação de funções, princípio de controle interno que consiste na separação de atribuições ou responsabilidades de modo a possibilitar o controle das etapas da licitação por setores ou pessoas distintas e impedir atividades sensíveis dominadas pela mesma pessoa. Em regra, quem elabora o edital não deve conduzir o certame (Acórdão nº 2829/2015-P). Para o TCU, a segregação de funções exige que o Pregoeiro não participe do planejamento da contratação (Acórdãos TCU nºs 686/2011-P, 1094/2013-P, 1375/201-P e 1278/2020-1C).

Esse debate é complexo, especialmente em unidades compradoras pequenas, onde pode ser inviável separar todas as atividades, pelo quadro de pessoal reduzido (ALVES, 2021).

Nesse cenário se encaixa o Enunciado nº 8 do 1º Simpósio sobre Licitações e Contratos da Justiça Federal, de 2022, formulando entendimento de que o **agente de contratação** (NLL, art. 8º) somente pode ser **responsabilizado** nessa função, em decorrência dos atos decisórios praticados em razão da condução da fase externa de licitação. Em nosso entendimento, essa é uma visão controversa, porque o agente de contratação, pelas regras da NLL, pode atuar em outras fases, decidindo, acompanhando o trâmite e impulsando o procedimento licitatório.

Há quem defenda, inclusive, que o agente de contratação, nos moldes da NLL, se assemelha a um gerente de projeto, podendo ou até mesmo devendo atuar, desde a fase preparatória até a homologação do certame, prestando orientação técnica, sem se envolver nas decisões para não ferir a segregação de funções, mas atuando com uma espécie de mentoria dada por um líder-servidor, conselhos e acompanhamentos de um especialista em licitações. Como exemplo, o Ministério Público Federal tem um cargo comissionado de Supervisor de Licitações, que planeja, organiza, supervisiona e monitora todo o processo de licitação, cuidando para que os processos aconteçam de acordo com o planejamento anual, atuando, também, como Pregoeiro (ALVES, 2021).

Ainda sobre a atuação do **agente de contratação**, encontramos o Enunciado nº 15 do 1º Simpósio sobre Licitações e Contratos da Justiça Federal, defendendo que esse personagem, diante da ocorrência de **condutas infracionais** na licitação (art. 155 da NLL), tem **competência apenas para comunicar** o fato à autoridade superior, para avaliação quanto à pertinência de instauração do processo administrativo sancionatório. Nesse caso, o agente de contratação, que identificou o fato, não deve participar do processo de responsabilização, pela lógica da segregação de funções e da imparcialidade.

Um instrumento relevante para gerenciar e identificar o papel desempenhado por cada agente na cadeia decisória do processo licitatório é a **Matriz RACI**, também conhecida como **Matriz de Responsabilidades**. Esse instrumento serve para deixar claras as atribuições e as atividades ou artefatos a serem entregues por cada um. O acrônimo "RACI" descreve (em inglês) os papéis: responsável (R); autoridade (A); consultado (C); informado (I).

A Matriz RACI depende da estrutura da unidade que realiza a licitação, indicando, preferencialmente, o cargo dos envolvidos, de maneira a atribuir claramente as funções de cada um no processo. Apresentamos um **exemplo hipotético de Matriz RACI** aplicada às etapas de planejamento da contratação e seleção do fornecedor.

	ATIVIDADES	Demandante	Orçamentista	Especialista	Setor Aquisição	Assessoria Jurídica	CPL/ Pregoeiro	Autoridade Competente
Matriz RACI — Planejamento da Contratação	Elaboração TR/PB	R		C	C		I	A
	Estimativa de Preços	C	R		A		I	A
	Elaboração de Edital	I			R	A	I	A
	Emissão de Parecer	I				R	I	A
Seleção do Fornecedor	Habilitação	I		C			R	A
	Julgamento	I		C			R	A
	Homologação	I					C	R
	Adjudicação	I					C	R

5.2 Responsabilidade da Pessoa Jurídica

Entidade privada ou pessoa física de fora do governo pode ser responsabilizada por causar dano ou agir de modo fraudulento em licitação, com ou sem agente público envolvido.

> O agente particular que tenha dado causa a dano ao erário está sujeito à jurisdição desta Corte de Contas, independentemente de ter atuado em conjunto com agente da Administração Pública.
>
> (TCU, Acórdão nº 946/2013-P)

Lembrando que a fraude em licitação não exige resultado para se configurar como ilícito, ou seja, não depende do sucesso da ação pretendida, basta a conduta, sendo suficiente a atuação, combinada ou individual, visando restringir, simular, falsear competição (Acórdão TCU nº 48/2014-P).

Assim, por comportamento fraudulento, **independentemente de vencer licitação, ser contratada ou causar prejuízo quantificado**, a empresa ou entidade privada poderá ser responsabilizada em diferentes instâncias, como Tribunal de Contas, a própria unidade contratante, por força da lei de licitações ou da Lei Anticorrupção, ou pelo Poder Judiciário, na esfera civil e criminal, por improbidade, dano ou tipificação penal. Essa responsabilização pode se basear em **conjunto robusto de indícios**, como descrevemos em detalhes no primeiro capítulo.

Focando nas sanções administrativas da própria Lei de Licitações, conforme art. 156 da NLL, um ato fraudulento pode ser punido com **declaração de inidoneidade**, combinada com multa. Embora a penalidade de impedimento decorra de infrações graves, entendemos que elas não se confundem com a fraude, que possui enquadramento específico na NLL (art. 155, VIII a XII).

Dessa forma, a NLL prevê, para as infrações gravíssimas, punidas com a declaração de inidoneidade, o efeito de impedir que a pessoa jurídica inidônea participe de novas licitações ou contrate com o Poder Público por prazo mínimo de 3 e máximo de 6 anos.

Os **fatos que se enquadram** nessa punição, descritos no art. 155, são fortemente relacionados às **tipologias de fraude** que apresentamos neste livro: declaração ou documentação falsa (XIII); fraudar licitação (IX); comportar-se de modo inidôneo ou cometer fraude de qualquer natureza (X); praticar atos ilícitos com vistas a frustrar os objetivos da licitação (XI); praticar ato lesivo previsto no art. 5º da Lei Anticorrupção (XII).

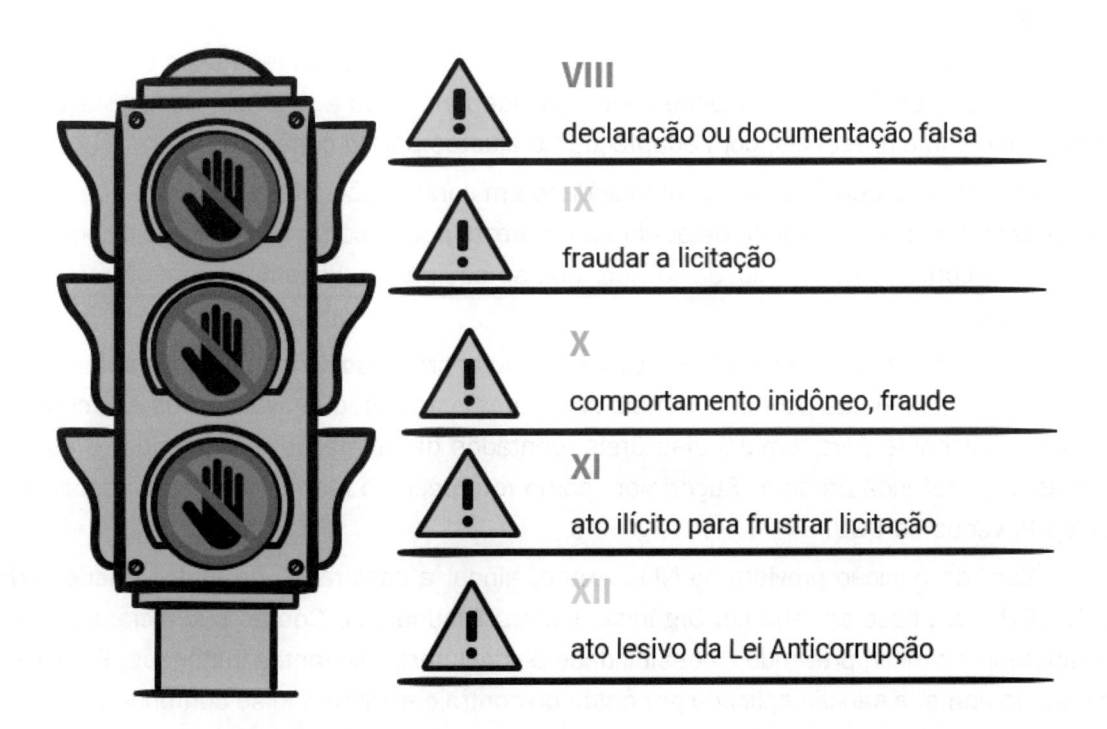

VIII declaração ou documentação falsa

IX fraudar a licitação

X comportamento inidôneo, fraude

XI ato ilícito para frustrar licitação

XII ato lesivo da Lei Anticorrupção

A NLL ainda prevê a possibilidade de declarar inidoneidade quando o particular comete infração punível com impedimento (incisos II a VII do artigo 155) quando o caso justifica a penalidade mais grave. São atos que não configuram, necessariamente, fraude, como deixar de entregar documento ou não manter a proposta, mas que podem se revestir de natureza fraudulenta, quando identificada a intenção de usar esses mecanismos para frustrar o caráter competitivo do certame.

Podemos cogitar, por exemplo, do comportamento negligente contumaz de licitante, como foi apontado no paradigmático Acórdão TCU nº 754/2015-P, ou seja, aquele licitante que participa, vence, mas não honra proposta ou sonega documento de habilitação reiteradas vezes, prejudicando recorrentemente as contratações. O TCU entendeu que essa conduta gera transtornos e atrasos à Administração Pública, causando prejuízo indireto ao contratante pelo desperdício de tempo e esforço para novas convocações de licitantes.

Essa conduta, mesmo sem comprovação de dolo ou má-fé, pode vir a justificar penalidade mais grave do que apenas o impedimento, ou seja, a declaração de inidoneidade.

De qualquer forma, seja a inidoneidade, sejam as demais penalidades, a NLL definiu diretrizes de proporcionalidade para a dosimetria da pena, levando em conta gravidade, peculiaridades, agravantes e atenuantes (art. 156, §1º). Há quem defenda que o TCU deveria se inspirar nessas diretrizes e elaborar seu próprio manual ou norma específica prevendo critérios de dosimetria para suas sanções, de modo a proporcionar clareza e objetividade de parâmetros, incrementando a segurança jurídica das penalidades aplicadas (FERNANDES, 2022).

Os efeitos da sanção persistirão enquanto durarem os motivos que determinaram a punição ou até a reabilitação perante a autoridade sancionadora, depois de decorridos, no mínimo, 3 anos e após ressarcimento dos prejuízos causados. Se a penalidade decorreu de declaração ou documentação falsa ou ato lesivo da Lei Anticorrupção, a reabilitação envolve também programa de integridade.

A CGU regulamentou, por meio da Portaria nº 1214/2020, os requisitos e o procedimento de reabilitação em relação à inidoneidade aplicada ainda sob a regência da legislação antiga. Pode servir como referência, com adaptações e ajustes para o cenário da NLL.

Entendemos que é cabível a inidoneidade em contratação direta, uma vez que o 'comportamento inidôneo' ou a 'fraude de qualquer natureza' pode ocorrer em qualquer modalidade ou formato de contratação e a NLL deixa claro que se equipara a 'licitante' quem oferece proposta (art. 6º, IX).

Para declarar inidoneidade é necessário instaurar **processo de responsabilização**, conduzido por comissão composta por dois ou mais servidores estáveis, que avalia fatos e circunstâncias e intima o licitante para, em 15 dias úteis, contados da intimação, se defender e especificar provas que pretenda produzir. Sugerimos, como referência, o Manual de Responsabilização de Entes Privados da CGU.

Além da punição prevista na NLL, existe, ainda, a declaração de **inidoneidade aplicável pelo TCU**, com base em sua Lei Orgânica. Outros Tribunais de Contas subnacionais possuem competência similar, prevendo a possibilidade de declararem licitantes inidôneos. Embora tenha o mesmo nome, a sanção aplicada por órgão de controle externo não se confunde com a aquela prevista na Lei de Licitações.

Há, ainda, a proibição de contratar com o Poder Público como punição aplicável pelo Poder Judiciário no âmbito da Lei da Improbidade, que pode ser aplicada à pessoa física ou jurídica direta ou indiretamente, ainda que por intermédio de pessoa jurídica da qual seja sócia majoritária.

As sanções podem ser resumidas no quadro a seguir:

	Fundamento	Alcance	Prazo	Competência
Impedimento	NLL, Art. 156, III	Ente federativo sancionador	1 a 3 anos	Unidade contratante
Inidoneidade NLL	NLL, Art. 156, IV	Poder Público	3 a 6 anos	Autoridade máxima conforme o caso
Inidoneidade Trib Contas	Lei Orgânica	Jurisdição do Tribunal Contas sancionador	Até 5 anos	Tribunal de Contas
Proibição de Contratar	LIA, Art. 12	Poder Público	Até 14 anos	Judiciário

Para esclarecer o alcance dos efeitos da declaração de inidoneidade aplicada por Tribunal de Contas, vae citar o exemplo do TCU, que tem a maior abrangência, por se aplicar, além das licitações na Administração Pública Federal, aos certames realizados por estados, Distrito Federal e municípios custeados com recursos federais e também se aplica às licitações promovidas por entidades do Sistema S em que haja a aplicação de recursos públicos de natureza parafiscal (Acórdão nº 918/2023-P).

Interessante comentar que a inidoneidade pode ser aplicada mesmo quando uma entidade privada se omite de participar da licitação. Em um caso concreto, o TCU declarou inidônea empresa que, em sua visão, deliberadamente, se absteve de participar, para beneficiar cartel, caracterizando conduta omissiva com o objetivo de interferir ilicitamente no certame licitatório (Acórdão nº 300/2018-P).

Um aspecto relevante, conexo a essa discussão, tem a ver com a **dosimetria de punição**. O TCU vem atribuindo prazos diferentes conforme o nível de envolvimento nas fraudes, sendo o menor prazo para supressão de proposta, prazo médio para proposta de cobertura e máximo para proposta vencedora em esquema fraudulento (Acórdão nº 2461/2022-P), considerando, assim, punição mais severa em razão da maior vantagem obtida com a irregularidade.

Ademais, é importante mencionar que o TCU não declara a inidoneidade dos sócios da empresa, pois sua legislação menciona apenas o licitante, pessoa jurídica, como destinatário da sanção (Acórdãos nºs 2.549/2008-P, 495/2013-P e 1.592/2019-P). Pode haver desconsideração da personalidade jurídica, de que trataremos adiante.

Vale destacar que a declaração de inidoneidade aplicada por Tribunal de Contas não interfere na competência da Administração contratante para aplicar essa mesma ou outras sanções decorrentes dos mesmos fatos, em especial a multa.

O que pode acontecer é a **detração**, um conceito do Direito Penal que simboliza o abatimento, desconto da pena, de tempo já cumprido. No Acórdão nº 977/2023-P, o TCU aplicou inidoneidade em decorrência dos mesmos fatos que ensejaram a aplicação de inidoneidade, à mesma empresa, pela CGU. Embora sejam instâncias independentes, o TCU decidiu que o tempo da penalidade aplicada pela CGU deveria ser descontado da sanção aplicada pelo Tribunal, com base no §3º do art. 22 da LINDB, tendo em vista que, no caso concreto, as sanções da CGU abarcavam os mesmos fatos apurados pelo TCU. Esse dispositivo determina que sanções aplicadas ao agente serão levadas em conta na dosimetria das demais sanções de mesma natureza e relativas ao mesmo fato.

Entre os efeitos da inidoneidade está a impossibilidade de prorrogar contrato em andamento. Caso a empresa punida faça parte de Ata de Registro de Preços vigente, o registro deverá ser cancelado, observado o alcance da penalidade aplicada (art. 91, §4º da NLL). Ilustrando essa situação, no Acórdão nº 2537/2020-P, o TCU determinou cancelar atas de registro de preços quando o fornecedor registrado for declarado inidôneo.

Cabe lembrar que uma empresa pode ter **vários estabelecimentos (matriz e filiais)**. Por ser pessoa jurídica única, a sanção a um estabelecimento se aplica à organização inteira, ou seja, todos os estabelecimentos do mesmo número raiz do CNPJ (Acórdão TCU nº 1.793/2011-P).

Sobre os **efeitos da inidoneidade em contratos já firmados**, o STJ entende que não implica em automática rescisão. Os efeitos são da declaração em diante, sem interferir nos contratos já existentes e em andamento. Porém, a entidade pública pode promover medidas para rescindir os contratos (MS nº 13.964/DF). A questão merece considerar, como prevê o art. 20 da LINDB, as consequências práticas da decisão em cada caso concreto. Rescindir todo e qualquer contrato celebrado com empresa declarada inidônea não é necessariamente a solução mais vantajosa para a administração pública.

Tratando de licitações em empresas estatais, o TCU entendeu que não há violação ao princípio do *non bis in idem* quando a **estatal aplica suspensão para licitar** (art. 83, inciso III, da Lei nº 13.303/2016) e o **Tribunal, em relação aos mesmos fatos, aplica sanção de inidoneidade** (art. 46 da Lei nº 8.443/1992), pois a inidoneidade contém em si própria os efeitos da suspensão, afastando, na prática, a cumulatividade (Acórdão nº 300/2020-P).

Também sobre fraudes em licitações de empresas estatais, a CGU entende que a inidoneidade pode ser aplicada subsidiariamente, mesmo não estando prevista na Lei das Estatais, como sanção administrativa derivada da Lei Geral de Licitações (NLL). A questão é controversa (VILLEFORT; PRADO, 2022).

Vale citar o Parecer nº 01/2023/CONSUNIÃO/CGU/AGU, de abril de 2023, trazendo diversas orientações sobre a declaração de inidoneidade. Para a AGU, aplica-se a esse tipo de processo o prazo prescricional quinquenal estabelecido no §4º, do art. 158, da NLL, ou seja, a Administração Pública tem 5 anos, contados da ciência do fato, para instaurar processo de responsabilização. Instaurado o processo, fica interrompido o prazo prescricional.

Entre as orientações da AGU, constou ainda o reforço de que a declaração de inidoneidade pressupõe o devido processo legal, com o direito ao contraditório e ampla defesa e, sobretudo, a efetiva comprovação da conduta ilícita, sob pena de desvio de finalidade.

Se alguém é declarado inidôneo, isso não exclui a obrigação de ressarcir a Administração Pública dos prejuízos provocados.

A AGU ainda deixou claro que é possível, em processo administrativo sancionatório, a utilização da **prova emprestada**, licitamente produzida, oriunda de processo judicial, desde que sejam resguardados os direitos ao contraditório e ampla defesa do interessado.

Sobre o uso da prova emprestada, encontramos estudo de Hemerson Pase e colaboradores (2018), apontando baixa adesão de Tribunais de Contas subnacionais em utilizar instrumentos de prova além de documentos dos próprios processos licitatórios, como interceptações telemáticas, quebras de sigilo bancário e fiscal e outras evidências eventualmente produzidas por órgãos externos. Para o autor, essa é uma visão estreita e que reduz o potencial de efetividade dos tribunais de contas no combate à corrupção.

A pesquisa evidenciou que o uso de outras provas (oitivas de testemunhas e de agentes públicos e privados, áudios, vídeos e cruzamento de informações, especialmente bancárias e fiscais), além de documentos, ainda não é uma cultura forte nos órgãos de controle administrativo, especialmente subnacionais. Foi encontrada, inclusive, certa resistência a novas técnicas.

Para os pesquisadores, deixar de aproveitar meios e técnicas legalmente viáveis para a ação fiscalizatória retira a efetividade dos trabalhos. Assim como é frágil, ao menos no órgão pesquisado, a interação dos auditores com outras organizações, o que, na visão daqueles pesquisadores, com a qual concordamos, é essencial para aumentar a efetividade do combate à corrupção.

A ilustrar a atuação mais ampla do controle externo no combate à corrupção, o Acórdão TCU nº 1.744/2018 Plenário, que aplicou inidoneidade a uma grande empreiteira por fraude em licitação da Petrobras, o Tribunal citou diversos elementos de convicção utilizados no processo:

> proposição de ação por ato de improbidade administrativa; ...sentenças condenatórias...; Relatório de apuração da Petrobras sobre licitações...; depoimento e termos de colaboração; ... Laudo de Perícia Criminal da Polícia Federal; ... Histórico de Conduta do CADE.

Nesse mesmo julgado o TCU enfrentou a questão do **compartilhamento de prova** e da **prova emprestada**, defendendo e fundamentando claramente a legalidade de *admissão da prova emprestada, o que* otimiza a prestação jurisdicional, incrementa a celeridade e economia processuais, sendo recomendável sua utilização quando possível a observância do necessário contraditório e ampla defesa aos responsáveis implicados. O **contraditório é o requisito primordial** para o aproveitamento da prova emprestada. Assegurado às partes o contraditório sobre a prova, isto é, o direito de se insurgir contra a prova e de refutá-la adequadamente, afigura-se válido o traslado da prova.

Ilustrando o compartilhamento de provas, encontramos caso no Mato Grosso em que a Controladoria e a Secretaria de Educação do Estado multaram e declararam inidôneas construtoras envolvidas em fraudes da Operação Rêmora. O processo administrativo comprovou que as empresas manipularam 28 licitações, combinando preços e pagando propinas a agentes públicos para obter vantagens. A CGE obteve as provas por meio do compartilhamento de denúncias e evidências fornecidas pelo Ministério Público e Justiça Criminal (olivre.com.br, notícia de 19.03.2021).

No Rio Grande do Sul, uma pesquisa acadêmica avaliou a cooperação de esforços entre o Tribunal de Contas e o Ministério Público para persecução de crimes em licitação. Foi evidenciada preocupante fragilidade na interação e interlocução entre os órgãos. Quase nada do que o controle externo apontou como fraude chegou ao judiciário.

A autora, com quem concordamos, destacou a importância do relacionamento e da cooperação entre os órgãos para efetivo combate à corrupção nas compras públicas. Ela sugere três medidas para fortalecer a cooperação institucional na luta contra as fraudes: *(1) estabelecer mecanismos institucionais que possibilitem a efetiva e correta interação entre os órgãos de controle; (2) fomentar e planificar a interlocução, como eventos conjuntos, fóruns de controle da administração pública e ações agregadoras, nesse sentido; e, por fim, 3) desenvolver esse "intercâmbio institucional" para modernizar até mesmo os métodos de atuação* (MOREIRA, 2020).

5.3 Desconsideração da Personalidade Jurídica

Fator relevante relacionado às penalidades restritivas de participação em licitações refere-se à extensão dos efeitos a outras pessoas, físicas ou jurídicas, para dar efetividade ao afastamento. Isso tem a ver com a hipótese de desconsideração da personalidade jurídica de uma entidade privada que seja impedida de licitar.

Falamos disso no segundo capítulo, especialmente no item 2.4, quando tratamos da **extensão dos efeitos de penalidade a terceiros**.

O movimento de estender a inidoneidade a terceiros vem ganhando força nos últimos anos, como descreveu o TCU no Acórdão TCU nº 1155/2021-P, considerando avanços do ordenamento jurídico no sentido de aplicar a teoria da desconsideração jurídica para responsabilização administrativa e aplicação de sanção aos sócios e administradores de empresas que cometem abusos.

Assim, a Lei Anticorrupção (art. 14 c/c art. 5º, IV) e o regime de licitação das empresas estatais (art. 38 da Lei nº 13.303/2016) aplicam essa teoria e, mais recentemente, a NLL, prevendo que o afastamento aplicado à empresa pode ser estendido aos administradores e sócios com poderes de administração, a pessoa jurídica sucessora ou a empresa do mesmo ramo com relação de coligação ou controle, de fato ou de direito, com o sancionado (art. 160).

A NLL, nesse sentido, positivou o que já vinha sendo aplicado pela jurisprudência, em julgados de Tribunais de Contas e da Justiça, num movimento crescente de busca de aumento da proteção da Administração Pública contra o abuso de empresas e pessoas fraudadoras.

Isso converge com jurisprudência do STJ, que vê **como fraude o uso abusivo de pessoa jurídica** para burlar a sanção administrativa, sendo possível, nesse caso, estender os efeitos da punição, em observância aos princípios da moralidade e da indisponibilidade dos interesses públicos tutelados, desde que facultado ao administrado o contraditório e a ampla defesa em processo administrativo regular (STJ. RMS nº 15.166/BA, DJ 8.9.2003).

Para o STJ, a desconsideração da personalidade jurídica, no caso concreto, dentro de seus limites, se aplica às pessoas ou bens que atrás dela se esconde, com a declaração de sua ineficácia para determinados efeitos (Resp. 1.729.554/SP, em 08.05.2018).

Na mesma direção é o entendimento do TCU, que admite a extensão da penalidade a empresas constituídas, em geral, posteriormente, com pelo menos um sócio em comum ou com parentesco entre eles, que induzam a dependência entre si – e com objeto social similar.

Assim, uma declaração de inidoneidade pode ter seus efeitos estendidos a outra empresa, assim como pessoas físicas com poderes de gestão, desde que fique evidente o interesse de burlar a penalidade aplicada. É muito importante ressalvar que essa é uma medida excepcional, carecendo, por enquanto, de jurisprudência razoavelmente sedimentada a respeito de sua aplicação (DANIEL; GUZZO, 2021).

O Comprasnet alerta casos de **suspeita de impedimento indireto**, quando o licitante tem ou já teve sócio em comum com empresa sancionada. Nessas situações, avalia-se o caso concreto, no sentido de eventualmente aplicar a desconsideração da personalidade jurídica. Lembrando que é fundamental permitir o contraditório e a ampla defesa (Acórdão TCU nº 534/2020-1C).

Para isso, é preciso avaliar se existe coincidência de gestão das duas (ou mais) envolvidas, em termos de sócios, endereço, telefone, recursos físicos, ramo de atuação, gerenciamento. Ou seja, se as empresas se confundem como uma só ou se são diferentes e independentes.

Assim, em qualquer caso, procuram-se elementos que evidenciem a identidade de interesses das entidades privadas (impedida e licitante), a atuação no mesmo ramo, o uso da licitante apenas para fugir da condenação da outra entidade-irmã afastada.

Além da possibilidade de estender a punição a uma licitante-irmã, o art. 160 da NLL passou a admitir responsabilidade solidária de administradores e sócios, formais ou ocultos, podendo alcançar até mesmo sócio minoritário se este **abusar da empresa para tomar parte nas práticas irregulares**, como fraude em licitações e desvio de recursos públicos (Acórdão nº 2252/2018-P).

Quando se tratar de firma individual ou de empresário individual, os bens particulares respondem integral e solidariamente por débito imputado pelo TCU, já que o empresário atua em nome próprio, não havendo distinção entre o patrimônio da empresa e o da pessoa física do sócio único (Acórdãos TCU nº 1563/2012-P, 3201/2018-2C, 4476/2019-2C).

Além disso, o TCU entende que não é necessário desconsiderar a personalidade jurídica para alcançar o empresário individual, uma vez que a empresa individual não tem personalidade diversa e separada do titular, constituindo-se como única pessoa, com patrimônio único (Acórdão TCU nº 6743/2022-2C).

Um caso real de desconsideração da personalidade jurídica ocorreu em Santa Catarina. A Justiça Estadual deferiu liminar proibindo o sócio e qualquer entidade por ele administrada ou representada de participar, por qualquer forma, de procedimentos licitatórios e celebrar novos contratos públicos, em razão de ação criminal por fraudes em licitação. Essa medida cautelar está prevista no art. 319, VI, do CPP, como alternativa à prisão, possibilitando suspender atividade econômica quando houver risco de uso para prática de infrações penais (Processo nº 0900100-58.2017.8.24.0011).

Nesse caso, o sujeito, para burlar a proibição judicial, introduziu um novo administrador na empresa, com 0,1% da sociedade. Mas, na prática, o impedido é que continuou mandando na firma. A Justiça, então, concedeu nova liminar, aplicando, também à empresa e a qualquer outra entidade que fosse administrada, de fato, pelo sujeito, a medida cautelar.

Na experiência dos autores deste livro, ainda é raro o Ministério Público se valer desse tipo de pedido, que parece bastante importante em muitos casos de fraude em licitação. É um mecanismo de freio rápido, ao menos em tese, ao cometimento de novos delitos ou à continuidade delitiva de fraudes em curso.

Ainda sobre o tema, o TCU já decidiu também que a desconsideração da personalidade jurídica não alcança os empregados da pessoa jurídica apenada (Acórdão nº 2.545/2020-P).

Vale citar entendimento paradigmático do TCU em que deixou de aplicar, excepcionalmente, a inidoneidade em empresa que fraudou licitação, porque houve troca do comando societário antes da instauração do processo sancionador. O Tribunal entendeu que, no caso concreto, a sanção repercutiria exclusivamente sobre o novo acionista, o qual não participou dos fatos ilícitos imputados à sociedade antes de sua aquisição (Acórdão nº 1257/2023-P).

5.4 Infrações à Lei Anticorrupção (LAC)

Na esfera federal, quando a infração à norma de licitações também for tipificada como ato lesivo na Lei Anticorrupção (LAC), as apurações e os julgamentos serão feitos em conjunto, nos mesmos autos do Processo Administrativo de Responsabilização (PAR), disciplinado pelo Decreto nº 11.129/2022.

Nessa linha, o art. 159 da NLL dispõe também que as infrações previstas na NLL ou em outras leis de licitações e contratos tipificadas como atos lesivos na Lei nº 12.846/2013 serão apurados e julgados **conjuntamente, nos mesmos autos**, observados o rito procedimental e a autoridade competente definidos na Lei Anticorrupção.

Nesses casos, a pessoa jurídica processada poderá celebrar acordo de leniência com a Administração Pública, a fim de isentar ou atenuar as sanções administrativas elencadas nos art. 156 da NLL, tendo em vista o disposto no art. 17 da Lei nº 12.846/2013.

No âmbito federal, compete à Controladoria-Geral da União celebrar acordos de leniência envolvendo o Poder Executivo, bem como atos lesivos à administração pública estrangeira, sendo possível, inclusive, a requisição dos autos de processos administrativos em curso em outros órgãos ou entidades da Administração federal, relacionados aos fatos objeto do acordo (art. 29 e 31, §3, do Decreto nº 6.420/2015).

O tema da responsabilização pela LAC é bastante amplo e complexo, razão pela qual indicamos a leitura de literatura especializada.

Estudo publicado na Revista da AGU (SANTOS; ZAGANELLI; COELHO JUNIOR, 2019) analisou 104 Processos Administrativos de Responsabilização instaurados pelo Poder Executivo entre 2014 e 2017.

Do total, 42% são federais, 54% estaduais e apenas 4% da esfera municipal. O prazo médio dos processos foi de 377 dias. O esperado, pelas regras, seriam 180. Considerando apenas os processos concluídos, o prazo médio de tramitação se elevou para 428 dias. Os autores constataram grau reduzido de utilização da Lei Anticorrupção e seus institutos, em particular o Processo Administrativo de Responsabilização, pelas três esferas de governo.

Mais crítica ainda é a situação no âmbito dos governos municipais, pois o uso de PAR previsto na LAC é praticamente nulo. Para os pesquisadores, há fraca adesão, ressalvadas raras exceções, à utilização da Lei Anticorrupção. É preocupante.

Parcela relativamente grande de informações não tem sido lançada no Cadastro Nacional de Empresas Públicas (CNEP), pois mais de metade (65%) das decisões sancionatórias não foram registradas ali. Isso prejudica a transparência e dificulta o controle social.

Destinado a atuar nesse contexto, o art. 161 da NLL estabelece prazo de 15 dias úteis, contado da aplicação da sanção, para todos os entes informarem no CNEP as sanções aplicadas por eles.

Sobre a **forma de conduzir** processos administrativos de responsabilização, recomendamos como **referências de boas práticas**:

- *Manual do processo administrativo de responsabilização* (TJMG, 2018)
- *Manual de responsabilização de entes privados* (CGU, 2020)
- *Manual de sanções administrativas* (TCU, 2020)
- *Manual prático de cálculo de multa* (CGU, 2020)
- *Manual prático de sanções administrativas* (PGE-AP, 2022)
- *Manual de sanções administrativas aplicadas a licitantes* (UFF, 2022)
- *Manual de apuração de ilícitos administrativos* 3ª ed. (CGE-MG, 2023)
- *Modelos de atos de apuração de ilícitos administrativos* (CGE-MG, 2023)

Capítulo 6
PREVENÇÃO DE FRAUDES EM LICITAÇÃO

COMO EVITAR FRAUDES

Desde que lançamos a primeira edição deste livro, em 2016, houve expressiva **evolução do debate e aplicação da Gestão de Riscos** no setor público. Acompanhando essa tendência, já escrevemos outros livros falando da Gestão de Riscos no combate ao desperdício e na atuação da Auditoria, além de outras publicações correlatas. Nessas e outras oportunidades, não cansamos de defender o princípio da racionalidade administrativa: *controle proporcional ao risco*. Mantendo a tradição e a coerência com nossa trajetória, pretendemos levantar essa bandeira, de novo, neste capítulo, como fizemos em outras partes do livro, em especial no tópico 2.4.

Controle Proporcional ao Risco

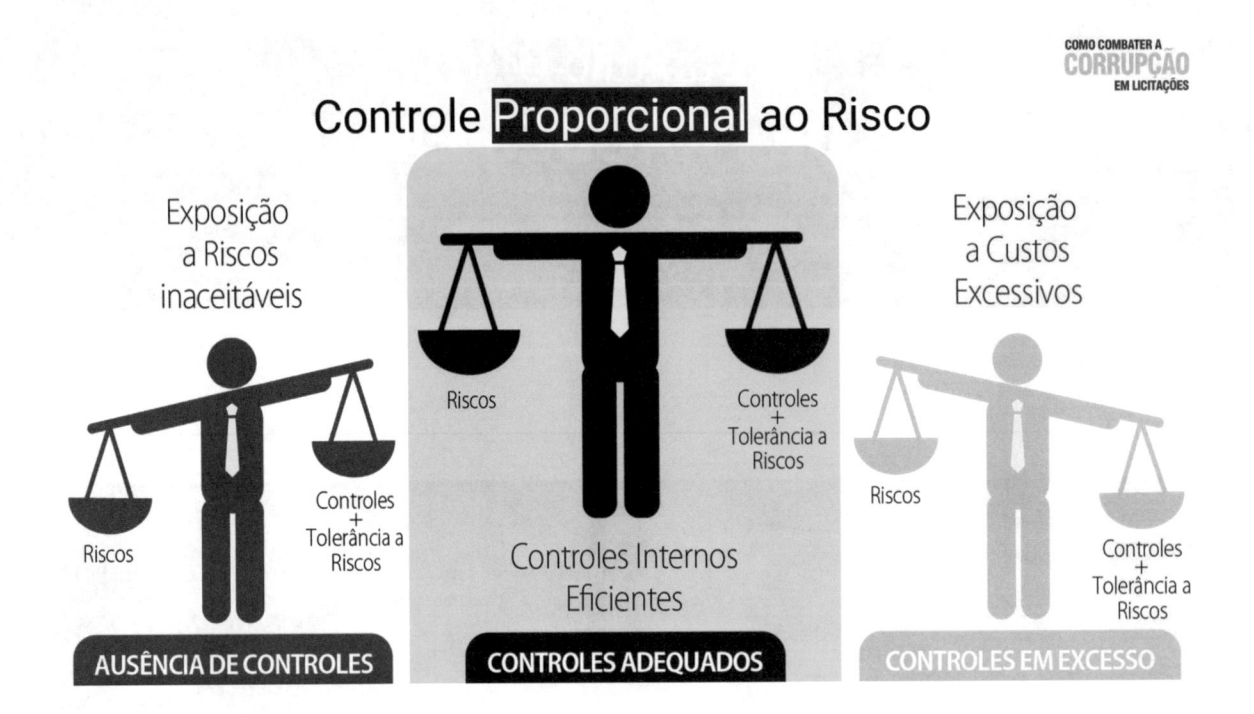

Exposição a Riscos inaceitáveis — Riscos / Controles + Tolerância a Riscos — **AUSÊNCIA DE CONTROLES**

Controles Internos Eficientes — Riscos / Controles + Tolerância a Riscos — **CONTROLES ADEQUADOS**

Exposição a Custos Excessivos — Riscos / Controles + Tolerância a Riscos — **CONTROLES EM EXCESSO**

Afinal, para prevenir as fraudes em licitação, os instrumentos disponíveis passam, necessariamente, pela Gestão de Riscos e sua interação com o Programa de Integridade em diversos níveis, exigindo, assim, cuidado com custos, benefícios e a busca dos óculos no lugar certo.

Imagine aquela piada de um alguém procurando os óculos no lugar errado, só porque ali era mais fácil de procurar. A pessoa estava, claramente, perdendo tempo à toa. De forma similar, se perdermos o foco dos mecanismos anticorrupção, deixando de observar seus custos, efetividade e interação com os resultados pretendidos pelas contratações, podemos acabar fortalecendo uma burocracia disfuncional, que mais atrapalha do que ajuda (BRAGA, 2020).

Esse cenário preocupante e desafiador vem sendo objeto de reflexão e estudos. Há quem defenda que a gestão pública atual está exagerando na dose dos controles anticorrupção, tratando o tema como nosso maior e mais relevante risco, merecendo mudança de rumos, para evitar a aplicação de controles e mais controles, sem visão crítica e sem prioridade para a eficiência (NUNES; PERINI; PINTO, 2021).

CAPÍTULO 6 — PREVENÇÃO DE FRAUDES EM LICITAÇÃO

Desperdício em compras públicas na Itália

ATIVO

DESPERDÍCIO

CORRUPÇÃO
18%

INEFICIÊNCIA
82%

PASSIVO

Fonte: Bandiera, Prat e Valletti (2009)

Se serve de consolo, esse dilema não é exclusividade brasileira. Um dos berços da civilização ocidental, com história burocrática bem mais antiga que a nossa, a Itália foi objeto de um estudo extremamente interessante, no qual os pesquisadores descobriram muito desperdício nas compras do governo federal italiano. Eles classificaram o problema em **desperdício passivo e ativo**, sendo o primeiro decorrente de ineficiência e o segundo, corrupção. E o mais impressionante é que 82% do problema na Itália não era corrupção, mas ineficiência, erros não propositais (BANDIERA; PRAT; VALLETI, 2009).

Há indícios de que esse perfil não seja muito diferente no Brasil (DIAS *et al.*, 2013; MARIN, GAMA; CAMPELO, 2014; LAURINHO; DIAS, 2016; RODRIGUES, SANTOS; FARONI, 2018; MARTINS *et al.*, 2019). Os estudos investigaram, em sua maioria, falhas e irregularidades constatadas pela CGU em prefeituras, apontando predominância de problemas classificados como desperdício passivo, ineficiência, má gestão, sendo essas ocorrências mais frequentes do que constatações relacionados à corrupção.

Não pretendemos induzir o leitor a pensar que corrupção é coisa desimportante. Afinal, escrevemos este livro e dedicamos muito esforço em suas várias edições! O que estamos apontando é a relevância de considerar outros fatores na delicada e complexa equação de objetivos, riscos e controles das contratações públicas, levando em conta, especialmente, a realidade concreta de cada órgão comprador, em suas peculiaridades e idiossincrasias.

Além disso, queremos enfatizar que as compras públicas no Brasil vêm atraindo, ao longo dos últimos anos, severas críticas a respeito da centralidade dos controles. Alexandre Motta (2010), comparando os modelos brasileiro e norte-americano, chamou o nosso sistema de **corruptocêntrico**, focado na fraude, em contraste com a ênfase dos Estados Unidos, voltada para o resultado da contratação.

Esse cenário é marcado ainda pelo domínio de uma visão legalista, em que predomina a abordagem jurídica sobre licitações, com pouca abordagem do ponto de vista econômico e de outros ramos do conhecimento (FIUZA, 2009).

Novamente, isso não parece um traço cultural tipicamente brasileiro. O dilema entre regra e espaço decisório tem marcado a pesquisa em compras públicas no mundo todo. Uma estrutura conceitual muito reconhecida internacionalmente aponta que o tema é complexo e frequentemente envolve objetivos e interesses conflitantes, em histórico movimento pendular de reformas administrativas, ora buscando melhor desempenho, ora buscando mais conformidade devido a problemas anteriores, caracterizada por tensão entre as expectativas, de um lado, por transparência e accountability e, de outro lado, por eficiência e efetividade, mediada por tensão política entre desempenho e conformidade (SCHAPPER; MALTA; GILBERT, 2006).

Esse dilema foi explorado em um estudo recente que avaliou compras públicas e seus resultados em 187 países, usando questionário preenchido por mais de 1.200 profissionais envolvidos na atividade de compras, procurando mensurar o impacto da regulação nos resultados, considerando que regras mais rígidas se voltam tipicamente para reduzir a corrupção (BOSIO *et al.*, 2020).

Segundo os resultados da pesquisa, as leis e as práticas estão fortemente relacionadas entre si em diferentes países, sendo que práticas melhores estão associadas a resultados melhores. No entanto, as leis em si não necessariamente levam a melhores resultados. Para explicar esse fenômeno, os autores defendem que tanto a regulação quanto a capacidade dos governos determinam a eficiência das compras (BOSIO *et al.*, 2020).

De acordo com o modelo proposto, a regulação é eficaz em países com baixa capacidade do setor público, mas prejudicial em países com alta capacidade, porque inibe o exercício socialmente ótimo de discricionariedade necessária às compras. Em resumo: compras públicas mais reguladas podem melhorar resultados, mas somente em países com baixa capacidade institucional. Países com burocracias fracas precisam de leis rígidas para regulá-las; países com burocracias fortes podem relaxar um pouco nas regras (BOSIO *et al.*, 2020).

Em qual lado dessa balança o Brasil quer estar: mais regras ou melhores compradores?

Já dissemos e não cansamos de repetir: nossa defesa é enfaticamente em favor dos compradores.

Isso não significa desprezo ou preconceito com as regras. Somos auditores, gostamos de controles. Mas na medida certa, desenhados, vocacionados, monitorados e aperfeiçoados para ajudar a produzir os resultados que promovam valor público, para atender aos anseios e necessidades da Dona Francisca e sua família, seus vizinhos, sua comunidade, retomando o alinhamento fundamental das compras com a nossa personagem-símbolo na apresentação do livro.

Os indícios de forte ocorrência de desperdício passivo em nossas compras governamentais combinam com um contexto marcado por precariedade nas capacidades gerenciais do Estado, com traços marcantes de amadorismo, pitadas ainda generosas de patrimonialismo, nepotismo e anacronismo, afetando a capacidade de as organizações públicas atingirem seus objetivos, produzindo consequências para toda a sociedade, especialmente para a parcela que mais depende dos serviços prestados pelo Estado, como a Dona Francisca em sua cidade fictícia, mas bem representativa da realidade interiorana do país.

No setor público, em vez de lucros e dividendos, os cidadãos, como a Dona Francisca e sua família na fictícia Pantanal do Norte, verdadeiros proprietários do empreendimento, querem resultados em termos de políticas públicas, esperando retorno efetivo dos tributos. Isso cria um típico conflito de agência, em que o cidadão não tem certeza de que o agente público está maximizando o resultado esperado em termos de bens e serviços para a sociedade, gerando, assim, assimetria informacional. O cidadão financia o Estado, o que lhe dá, tal como o sócio de uma empresa privada, direito à informação e a resultados adequados.

Resultados adequados é o que a Constituição Federal exige como fundamento da gestão pública: legalidade, impessoalidade, moralidade, publicidade e eficiência.

O GESTOR PÚBLICO GUIA-SE PELOS 4Es

NÃO BASTA FAZER. PRECISA SER ECONÔMICO, EFICIENTE, EFICAZ E EFETIVO.

COMO COMBATER A CORRUPÇÃO EM LICITAÇÕES

EFETIVIDADE

ECONOMICIDADE

COMPROMISSO	INSUMOS	AÇÃO/PRODUÇÃO	PRODUTO	RESULTADOS
Objetivos Definidos	Recursos Alocados	Ações Desenvolvidas	Bens e Serviços Providos	Objetivos Atingidos

EFICIÊNCIA

EFICÁCIA

Fonte: adaptado de ISSAI 3000/1.4, 2004 - Diagrama de insumo-produto

Assim, não é suficiente cumprir leis e regulamentos, agir em conformidade com as regras. É imperativo atingir os objetivos e fazê-lo buscando qualidade adequada dos bens e serviços ofertados, a partir dos recursos disponíveis, ao menor custo possível. O agente público persegue a lógica dos 4E: Economicidade, Efetividade, Eficácia e Eficiência. A Gestão de Riscos é uma das ferramentas para ajudar nessa missão, incluindo o gerenciamento dos riscos para a Integridade, como parte do processo.

A literatura especializada identifica clara correlação entre a abordagem sistematizada de ação sobre os riscos e a eficiência das organizações. Uma adequada gestão de riscos aumenta a possibilidade de atingir objetivos e melhora a eficácia e eficiência operacional. Assim, a eficiência proporcionada pela adoção da gestão de riscos e controles internos na entidade decorre da adequação entre riscos enfrentados e controles internos existentes para mitigá-los.

Organizações ao redor do mundo, inclusive do setor público em diversos países, vêm se adaptando ao ambiente de mudanças contínuas, vivenciado nos últimos anos, mediante a adoção de estruturas de governança e práticas administrativas fortemente voltadas para gerenciar riscos que possam impedir ou dificultar a realização de suas missões e o alcance de seus objetivos, estabelecendo estruturas de controle interno capazes de responder adequadamente aos riscos identificados e, assim, garantir razoável certeza quanto ao alcance de seus objetivos, à consecução de suas missões e, por conseguinte, à continuidade e sustentabilidade de seus negócios.

No Brasil, esse movimento pode ser acompanhado pela evolução da menção aos termos 'governança' e 'risco' nos acórdãos do TCU nos últimos anos. Na época de publicação da antiga Lei Geral de Licitações, a Lei nº 8666/1993, quase nada era mencionado. A palavra 'risco' começou a ganhar destaque no Tribunal de Contas da União a partir do início dos anos 2000, com forte crescimento em 2010, mantendo certa estabilidade, até novo salto em 2019. A palavra 'governança' teve aumento vertiginoso a partir de 2014.

O crescimento do destaque de governança e riscos no TCU é resultado de alinhamento daquele órgão de controle externo às normas internacionais de auditoria, inserido num movimento mais amplo, de esforços de melhoria da governança e implantação sistemática de gestão de riscos no setor público brasileiro, fomentados pelos órgãos de controle (Souza *et al.*, 2020).

A intensificação do movimento vem ocorrendo desde 2014, quando o TCU diagnosticou precariedade generalizada em 7.700 órgãos, o que catalisou ações de aperfeiçoamento, gerando a Instrução Normativa CGU/MP nº 1/2016, que definiu diretrizes para a governança e gestão de riscos no Executivo Federal (DINIZ, 2017). Seguindo o mesmo propósito, em seguida, saíram a IN CGU nº 03/2017, redefinido a auditoria interna e o Decreto nº 9203/2017, instituindo a política de governança federal e, mais recentemente, a Resolução CNJ nº 347/2020, que definiu diretrizes para todo o Judiciário.

Reforçando essa tendência, consultando os julgados do Tribunal de Contas da União (TCU) de 2001 a 2021, encontramos 1.217 acórdãos tratando do tema "gestão de riscos", sendo 632 só nos últimos 5 anos, representando 52% do total.

Na página de relatórios de auditoria da Controladoria-Geral da União (CGU) na Internet, a busca por "gestão de riscos" retorna 1.382 registros em fevereiro de 2022, sendo 884 (64%) publicados nos últimos 5 anos.

Isso mostra o quanto a gestão de riscos tem se tornado central nos principais órgãos de controle do país. De forma cada vez mais frequente, TCU e CGU têm estimulado entidades públicas a adotarem processo sistemático de gerenciamento de riscos.

Assim, visando aperfeiçoar a governança e institucionalizar a gestão de riscos sistemática, chegamos ao **novo regime geral de compras públicas**, com forte vinculação ao **paradigma da gestão de riscos**, representada pela diretriz adotada no parágrafo único do art. 11 da Lei 14.133/2021, ao determinar que a **alta administração** do órgão ou entidade é responsável pela **governança das contratações** e deve implementar processos e estruturas, inclusive de **gestão de riscos e controles internos**, para avaliar, direcionar e monitorar os processos licitatórios e os respectivos contratos, com o intuito de alcançar os objetivos e promover um ambiente íntegro e confiável.

A Lei nº 8666/1993 tem mais de 7 mil palavras e 'risco' só aparece três vezes. Na NLL, **'risco' se repete 48 vezes** em suas mais de 12 mil palavras. Um aumento absoluto de 1.500% e relativo de quase 1.000%. Um notável avanço dos 'riscos' sobre a regulação das compras.

Lei n. 8666/1993

Lei n. 14133/2021

Um dos dispositivos da NLL relacionado com gestão de riscos é o comando para engajamento e patrocínio do pela alta administração (art. 169, I), fomentando a cultura da gestão de riscos dentro do ambiente das contratações, o que remete ao ambiente interno da organização como um todo e a todas as etapas do metaprocesso de contratação, seja por licitação, seja por compra direta, privilegiando a **abordagem preventiva** e a **racionalidade administrativa**.

A abordagem preventiva busca se antecipar às principais tipologias de fraudes encontradas nos certames. Defendemos que somente com uma ação preventiva e integrada será possível reduzir as irregularidades tradicionalmente encontradas, sendo em sua grande maioria decorrentes da inexistência ou insuficiência de controles internos.

No relatório legislativo que deu origem à NLL, podemos ler a intenção do legislador em propor um ambiente de contratações íntegro e confiável, fortalecendo mecanismos preventivos para evitar problemas futuros, de modo que as autoridades e agentes públicos atuem como a primeira linha contra irregularidades, apoiados pelos órgãos de assessoramento jurídico e de controle interno como segunda linha, com avaliação independente pela terceira linha, com ênfase na preferência pela atuação de forma preventiva, com o objetivo de focar em evitar os problemas, em vez de reprimi-los (ARRUDA, 2018).

A prevenção sistemática pode ajudar a modificar a visão negativa coloquial de que os órgãos de controle "enxugam gelo", pela recorrência dos problemas que encontram, e "trancam porta arrombada", por identificarem problemas, com frequência, depois que se tornaram graves (OLIVIERI, 2016).

Complementando essa visão, encontramos a diretriz de racionalidade administrativa, que representa cenário extremamente positivo de dispositivos da NLL norteados por custo e benefício do controle, facultando o uso de mecanismos mais rigorosos quando a materialidade é baixa ou a forma de execução aponta baixa criticidade, como nos casos de entrega imediata, além de inserir comando explícito para considerar o **custo x benefício da implementação do controle** (Art. 169, §1º). Nunca é demais reforçar que controle interno não pode ser criado sem análise do custo-benefício (Ac. TCU nº 2743/2015-P).

Controle Proporcional ao Risco na NLL

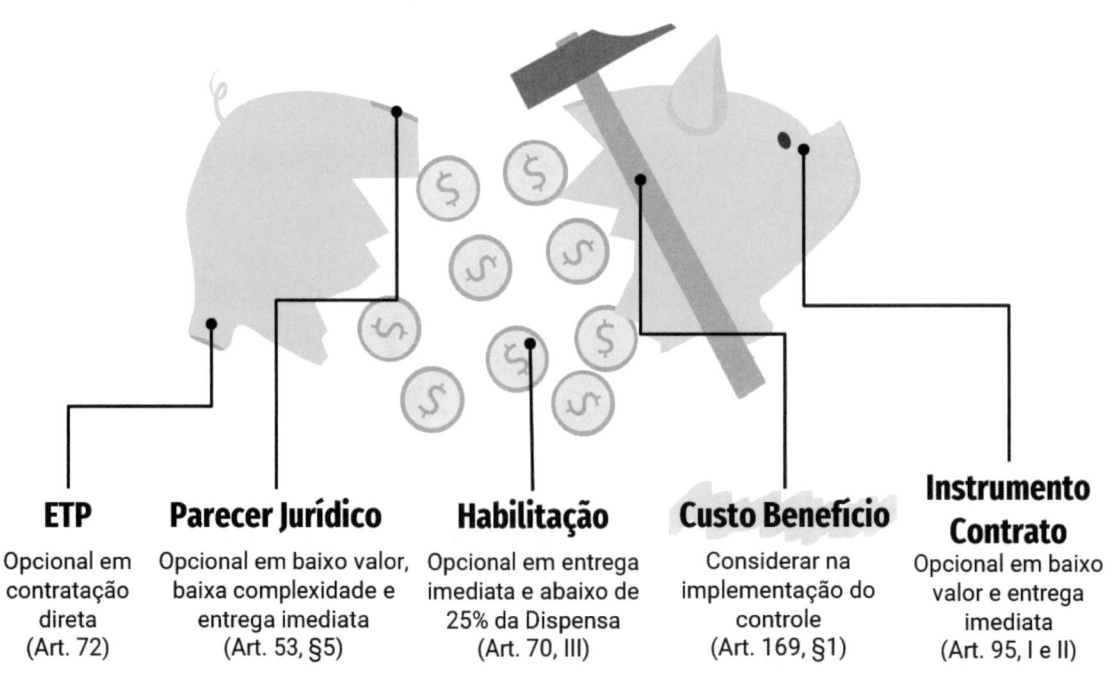

ETP
Opcional em contratação direta
(Art. 72)

Parecer Jurídico
Opcional em baixo valor, baixa complexidade e entrega imediata
(Art. 53, §5)

Habilitação
Opcional em entrega imediata e abaixo de 25% da Dispensa
(Art. 70, III)

Custo Benefício
Considerar na implementação do controle
(Art. 169, §1)

Instrumento Contrato
Opcional em baixo valor e entrega imediata
(Art. 95, I e II)

Podemos citar, ainda, outros dispositivos em regulamentos federais que privilegiam o custo/benefício do controle, como o uso opcional do ETP nas hipóteses dos incisos I, II, VII e VIII do art. 75 e do §7º do art. 90 da NLL (IN Seges nº 58/2022); a fiscalização contratual por amostragem (IN Seges 05/2017, Ac. TCU 1214/2013-P); a desnecessidade de pesquisa de preços em prorrogações de contratos de serviços continuados (IN Seges 05/2017, ON AGU 60/2020 e Ac. TCU 1214/2013-P); a possibilidade de agente de contratação elaborar edital quando a organização dispuser de linhas de defesa consolidadas, consideradas as características do caso concreto, como materialidade e complexidade (Art. 14, §3º c/c art. 12, parágrafo único do Decreto nº 11.246/2022).

Esse conjunto de diretrizes normativas que privilegiam a racionalidade administrativa na gestão de riscos, assim como o foco no controle preventivo das contratações públicas, sujeitas textualmente ao modelo de três linhas de defesa, se alinha com diretrizes que já existem há mais de 50 anos no Brasil, emitidas no Art. 13 do Decreto-Lei nº 200/1967, tratando das formas de controle da gestão pública federal.

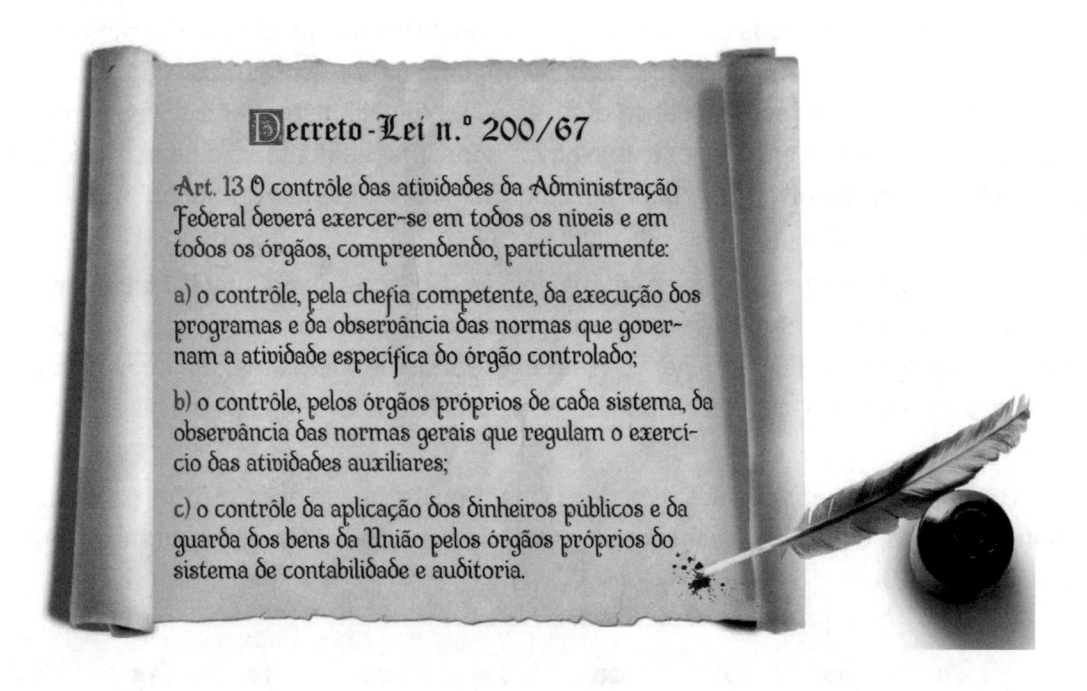

Decreto-Lei n.º 200/67

Art. 13 O contrôle das atividades da Administração Federal deverá exercer-se em todos os níveis e em todos os órgãos, compreendendo, particularmente:

a) o contrôle, pela chefia competente, da execução dos programas e da observância das normas que governam a atividade específica do órgão controlado;

b) o contrôle, pelos órgãos próprios de cada sistema, da observância das normas gerais que regulam o exercício das atividades auxiliares;

c) o contrôle da aplicação dos dinheiros públicos e da guarda dos bens da União pelos órgãos próprios do sistema de contabilidade e auditoria.

Embora tenhamos, então, um comando geral cinquentenário, entramos agora em uma era de maior protagonismo dos controles internos na área específica das compras governamentais, atuando não apenas sobre os riscos de fraude e corrupção, mas também – e, esperamos, de forma prioritária – sobre os demais tipos de riscos que marcam a atividade de licitação.

Nesse contexto, o maior **desafio** para a efetiva implantação do modelo de três linhas de defesa é a **institucionalização da cultura** de governança, gestão de riscos e controles internos na organização como um todo e na área de contratações, de forma específica.

Há vários anos a OCDE já vem recomendando ao Brasil o fomento a uma **cultura de gestão que promova a gestão de riscos** como ferramenta estratégica da governança. Essa diretriz foi defendida pela OCDE quando avaliou o Sistema de Integridade da Administração Pública Federal brasileira. O relatório recomendou integrar a gestão de riscos como elemento-chave da responsabilidade gerencial, abordar os controles internos com base no risco e incluir a gestão de riscos nas capacitações dos gestores públicos (OCDE, 2011).

A dificuldade de implantar essa cultura tem sido investigada pela academia. Oliveira (2021) avaliou o gerenciamento de riscos de Tribunais de Justiça estaduais, concluindo que há pouca maturidade institucional na área, predominando atividades pontuais, em vez de sistemáticas. O autor sugeriu disseminar a **cultura de risco**.

Conclusão semelhante obteve Klein Junior (2020), avaliando o gerenciamento de riscos num governo estadual. Ele encontrou evidências de que os gestores não atribuem relevância expressiva aos controles internos e estão engessados em controles financeiros e contábeis, sem conhecimento para identificar riscos estratégicos da instituição. O autor também sugeriu investir em **cultura de riscos** abrangente.

Outras pesquisas apontam preocupação com a implantação cerimonial da gestão de riscos no setor público, voltada mais para cumprir obrigação, atender a recomendações de modo formal, do que como processo sistemático efetivo (ESPÍNOLA, 2021; SOUZA et al., 2020).

Uma dessas pesquisas analisou a implantação de mecanismos de Governança e de Gestão de Riscos em um órgão federal com volumoso orçamento para obras, mostrando esforços para atender aos normativos, sem mudança efetiva na instituição. Instrumentos, apesar de existirem formalmente, não foram efetivamente implementados, praticamente sem disseminação no corpo funcional. O autor observou que publicar uma 'política de gestão de riscos' ou um 'plano de integridade' não resolve, por si, as dificuldades enfrentadas pelos servidores (ESPÍNOLA, 2021).

Esses diagnósticos evidenciam que a **gestão de riscos ainda é muito incipiente** na Administração Pública brasileira, havendo necessidade de aperfeiçoamento, fato que possibilitará benefícios para a sociedade em geral, tanto em termos de melhorias qualitativas nos serviços públicos prestados aos cidadãos quanto na garantia da boa e regular aplicação dos recursos públicos.

O setor privado enfrenta desafios parecidos. Uma pesquisa apontou que, para empresários, o principal desafio para o processo de gestão de riscos eficaz é a cultura da organização (DELLOITE, 2019).

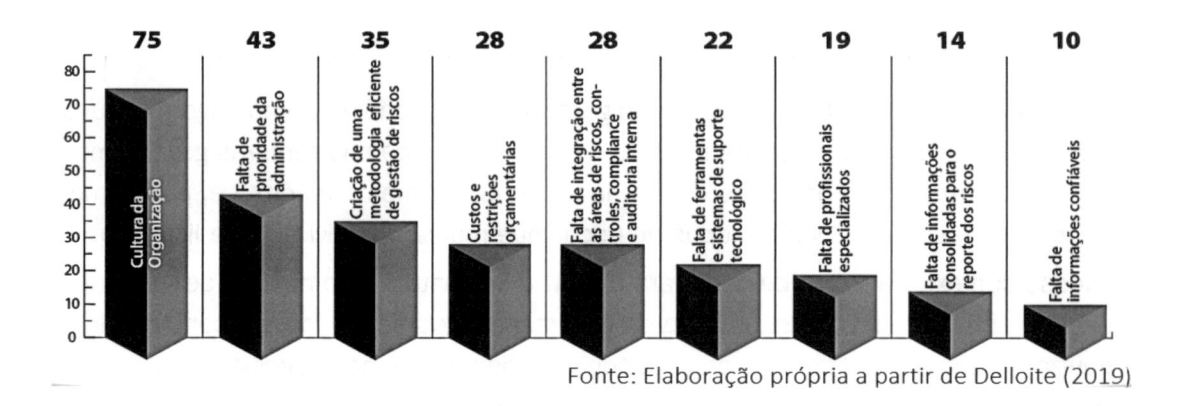

Item	Valor
Cultura da Organização	75
Falta de prioridade da administração	43
Criação de uma metodologia eficiente de gestão de riscos	35
Custos e restrições orçamentárias	28
Falta de integração entre as áreas de riscos, controles, compliance e auditoria interna	28
Falta de ferramentas e sistemas de suporte tecnológico	22
Falta de profissionais especializados	19
Falta de informações consolidadas para o reporte dos riscos	14
Falta de informações confiáveis	10

Fonte: Elaboração própria a partir de Delloite (2019)

Essa dificuldade com a cultura de riscos afeta diretamente a prevenção de fraudes e corrupção.

A **corrupção**, ou desperdício ativo, na concepção de Bandiera Prat e Valleti (2009), é um dos fatores que afeta a gestão de compras e **ocupa espaço no escopo mais amplo da gestão de riscos**. Como forma sistemática de lidar com o problema, de modo interrelacionado com um conjunto coerente de ações, existe a abordagem que tem sido chamada de **Programa de Integridade**.

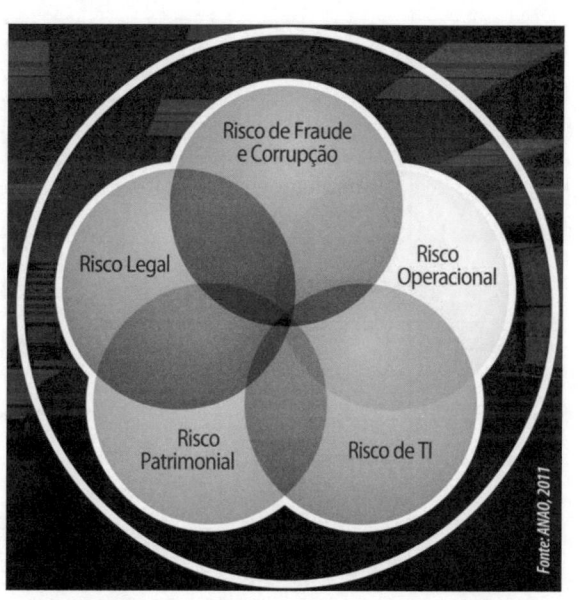

RISCO
Possibilidade de ocorrência de um evento que venha a ter impacto no cumprimento dos objetivos.

RISCO DE INTEGRIDADE
Vulnerabilidade institucional que pode favorecer ou facilitar práticas de corrupção, fraudes, conflitos de interesse etc.

Fonte: CGU (2017b)

Risco de Fraude e Corrupção
Risco Legal
Risco Operacional
Risco Patrimonial
Risco de TI

Fonte: ANAO, 2011

Assim se estrutura a ideia de **riscos para integridade**, ou riscos de integridade, ou riscos de fraude, ou riscos de corrupção, qualquer que seja o nome, como **espécie do gênero "risco"**, caracterizados por fragilidades que podem favorecer ou facilitar situações de quebra de integridade, como suborno, abuso de poder, direcionamento de licitação, favorecimento indevido a licitante, conflito de interesses, nepotismo, conluio (CGU, 2017b). Fraude é um tipo de risco, dentre vários (ANAO, 2011).

De forma mais específica, a definição de risco para integridade consta do inciso II, do art. 2º, da Portaria CGU nº 1.089/2018, como todo risco que configure ação ou omissão que possa favorecer a ocorrência de fraudes ou atos de corrupção.

Essa concepção considera que os eventos de risco de fraude não são um mundo desconectado do restante das situações, áreas e dimensões de gestão de riscos da organização. São apenas mais um tipo de risco para o qual se voltará a atenção, em conjunto e de modo coordenado com os demais tipos (CGU, 2018). E dentro do espectro geral das fraudes, estão aquelas que afetam as compras.

Como qualquer risco, os eventos relacionados a fraudes em licitações merecem estudo e tratamento apropriado, personalizado com base na realidade concreta de cada unidade compradora, de forma a identificar, analisar e gerenciar os fatores mais críticos, prezando pela avaliação do custo e benefício dos controles internos aplicáveis.

A CGU, em seu Manual para Implementação de Programas de Integridade (2017), dá exemplos de áreas e processos que podem originar riscos de integridade, figurando nesse exemplo, no risco mais geral de 'relacionamento com o setor privado', a área de contratações e, dentro dela, o processo de licitação.

Exemplo de áreas/processos de risco para integridade. Fonte: CGU (2017b)		
RISCOS	**ÁREAS E PROCESSOS MAIS VULNERÁVEIS**	
	Áreas	Processos
Relacionamento com o setor privado	Tributação	Cobrança de impostos e taxas, fiscalização
	Contratações	Compras, licitações
	Pagamentos	Subsídios, benefícios, patrocínios
	Autorizações	Licenças, passaportes, habilitações, documentos de identificação, autorizações, inspeções
	Poder de polícia	Supervisão, controle, regulação, fiscalização, auditoria, punição
Administração de patrimônio	Bancos de dados	Segurança nacional, informações sigilosas, documentos pessoais
	Fiscal	Transferências, isenções, indenizações, despesas, subsídios
	Bens	Compra, administração, consumo

Esse é excelente ponto de partida para a nossa discussão aqui.

Tomando por referência esse quadro hipotético da CGU (2017b), podemos observar que podem existir diversos elementos de riscos para integridade, que se apresentam em diferentes níveis dentro da organização, variando conforme o contexto e configuração em que a organização atua.

Isso requer a análise apropriada, embasada, consciente e sistemática do **perfil de riscos da organização**, suas atividades finalísticas, gerenciais e de suporte, suas relações com o setor privado e com a sociedade, as partes interessadas e o ambiente – de negócio, regulatório e transacional – em que atua.

É essa análise que permitirá identificar os fatores mais críticos que podem levar à corrupção dentro da realidade da unidade gerenciada e, baseado nisso, decidir o tipo de tratamento aos riscos, planejando, monitorando e aperfeiçoando respostas adequadas e eficazes para prevenir e combater a corrupção sob a batuta da racionalidade administrativa, de modo a proteger a integridade da organização com foco nos objetivos a serem alcançados para promover valor público.

É dentro dessa lógica que se insere a implantação compulsória de Programa de Integridade em toda a administração pública federal, a partir do Decreto nº 9.203/2017. Mais recentemente, houve complementação com o Decreto nº 11.529/2023, que consolidou o Sistema de Integridade, Transparência e Acesso à Informação da Administração Pública Federal. Nesse cenário, a CGU é o órgão central do Sistema, com competência de normatização, orientação, supervisão e monitoramento, servindo de referência para outras esferas e poderes do Estado.

Embora a CGU tenha elaborado diretrizes, manuais e guias, não há modelo único para colocar em prática um Programa de Integridade, assim como não há receita de bolo para aplicação da Gestão de Riscos no setor público.

Cada órgão ou entidade tem seu ambiente, contexto, características e desafios específicos. Os riscos de fraude em contratações podem variar amplamente entre diferentes instituições governamentais, conforme o volume de recursos envolvidos nas compras, a frequência, recorrência e grau de interação com o mercado fornecedor, o portfólio estratégico de compras, o nível de maturidade dos instrumentos, mecanismos e procedimentos de governança e gestão, o grau de profissionalização dos compradores, a evolução da cultura organizacional voltada para riscos.

Ilustrando essa diversidade contextual dos riscos de fraude em contratações, podemos citar dois estudos da Corregedoria-Geral da União (CRG). Um deles analisou penalidades administrativas relativas a atos de corrupção e fraude em Agências Reguladoras, avaliando processos que geraram demissões, destituições de cargo e cassações de aposentadoria, assim como processos que geraram punições a empresas por fraudes ou oferecimento de propinas. Foram identificados 10 eventos de risco, sendo os dois principais, ambos empatados com 19%, o favorecimento a regulados e as irregularidades em licitações e contratos.

Usando a metodologia de avaliação de riscos com base em probabilidade e impacto, o estudo da CRG classificou como mais críticos, nas Agências Reguladoras, os eventos de (1) favorecimento a regulados, em processos de concessão de alvarás, licenças, habilitações, registros, autorizações, certificações e concessões; (2) extorsão de regulados por meio de fiscalizações indevidas, excessivas ou desnecessárias (achaque); (3) venda de informações privilegiadas; (4) aprovação de normas e procedimentos gerais em benefício de regulados específicos. As fraudes em licitações e contratos foram classificadas com o nível de risco 'alto' (CGU, 2021a).

Como *modus operandi* das fraudes em contratações, a CRG identificou que, em geral, as fraudes são praticadas por servidores da área meio, com cargos de chefia; normalmente não fica evidenciado se há recebimento de vantagens indevidas, tão somente a ilegalidade (contratação sem licitação, aditivos sem avaliação prévia); é comum que as irregularidades sejam descobertas em auditorias (CGU, 2021a).

Como medidas de prevenção às fraudes em contratações, a CRG sugeriu verificações prévias à indicação de dirigentes, por meio de análise de atendimento às exigências de perfil profissional e reputação ilibada; treinamentos específicos para servidores e chefias das áreas meio, como a área de licitações e contratos; orientações claras dos departamentos jurídicos sobre o que pode ser feito; elaboração de notas orientativas e manuais de procedimentos (CGU, 2021a).

Vale destacar, a partir dos resultados desse estudo, que embora a área de contratações seja relevante em termos de riscos de fraudes, não é prioritária nas Agências Reguladoras. As atividades finalísticas, relacionadas diretamente à regulação, merecem precedência no Plano de Integridade das Agências Reguladoras.

Estudo similar foi realizado em órgãos federais da Administração Direta. Os autores usaram a mesma metodologia de análise de riscos de corrupção com base em punições aplicadas a agentes públicos e pessoas jurídicas, a partir de informações gerenciadas pela CGU. Levaram em conta as punições mais graves, de expulsão de agentes públicos e responsabilização de pessoas jurídicas por fraudes em licitações e contratos com base na Lei Anticorrupção, envolvendo 61 processos e 96 sanções. A metodologia é inovadora pelo uso intensivo de informações correcionais, de casos investigados, processados e punidos, diminuindo a subjetividade das avaliações de impacto e probabilidade em análises de riscos dessa natureza (BRITO; CAPANEMA, 2022).

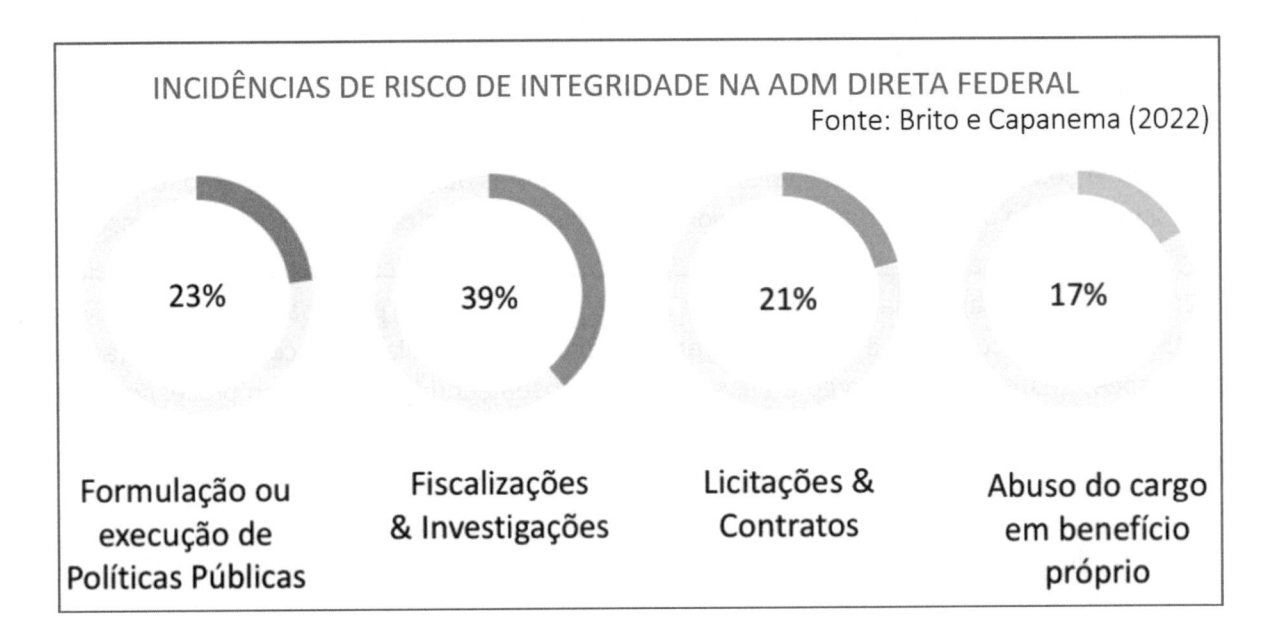

INCIDÊNCIAS DE RISCO DE INTEGRIDADE NA ADM DIRETA FEDERAL
Fonte: Brito e Capanema (2022)

- 23% — Formulação ou execução de Políticas Públicas
- 39% — Fiscalizações & Investigações
- 21% — Licitações & Contratos
- 17% — Abuso do cargo em benefício próprio

Foram identificados 20 eventos de risco. A **terceira maior incidência foram irregularidades em licitações** e contratos (21%), com 5 tipos de eventos: **1. Contratação direta indevida (11%)**; 2. Fraude em aditivo contratual (5%); 3. Fraude na execução contratual (2%); **4. Fraude em licitação (2%)**; 5. Nepotismo em terceirização (1%).

NÍVEL DE RISCO DE INTEGRIDADE • CATEGORIA LICITAÇÕES E CONTRATOS

RISCO	PROBABILIDADE	IMPACTO	NÍVEL DE RISCO
Fraude em aditivo contratual	Alta	Grande	CRÍTICO
Fraude na execução do contrato	Média	Grande	ALTO
Contratação direta indevida	Média	Moderado	ALTO
Fraude à licitação	Baixa	Moderado	MODERADO
Nepotismo em terceirização	Média	Baixo	MODERADO

Fonte: Adaptado de Brito e Capanema (2022)

Em 94% dos casos identificados em contratações, a fraude foi praticada por servidores com cargo de chefia, sugerindo a atuação potencializada pelo nível hierárquico do agente público e pelo seu poder decisório. A maioria dos casos (56%) foi descoberta por controles, sendo a única categoria em que isso aconteceu, revelando maior efetividade dos controles na área de Licitações e Contratos para detectar corrupção. Ainda assim, o estudo apontou que não deixa de ser muito relevante o papel das denúncias como mecanismo de descoberta de atos de corrupção. Essas informações podem auxiliar no tratamento de riscos de fraudes em contratações.

Uma contribuição extremamente importante desses estudos é a metodologia de gestão de riscos de corrupção com base em dados correcionais, permitindo evidenciar objetivamente as análises, apontando para a prioridade de foco em situações gravosas que causaram danos a cada tipo específico de organização governamental.

E baseados nessa metodologia robusta, talvez o achado mais relevante desses estudos seja a evidência de que licitações e contratos não são, necessariamente, o "calcanhar de Aquiles" da corrupção em todas as organizações públicas.

A área de contratações pode ser percebida de modo enviesado, em termos de risco de fraude, porque aparece com maior frequência no noticiário, ou porque é comum a todos os entes governamentais, mas esses levantamentos com base em números concretos de atos irregulares identificados e punidos, apontam para uma realidade em que há outros setores que podem representar riscos mais elevados, como, por exemplo, as fiscalizações e investigações e a formulação ou execução de políticas públicas. De modo geral, as áreas finalísticas parecem mais críticas do que as compras.

Diante desse quadro, o que precisa ficar absolutamente claro é a natureza ampla, sistemática e coordenada do conjunto de ações que deve compor um Programa de Integridade, sempre olhando para o foco dos resultados e para a realidade específica de cada entidade em que é aplicado.

Um Programa de Integridade não é uma cartilha, não é um cartaz na parede da repartição, não é um código de ética na prateleira. É um conjunto estruturado de princípios, normas, procedimentos e mecanismos de prevenção, detecção e remediação de práticas de corrupção e fraude, fortemente apoiado na gestão de riscos.

De acordo com a CGU (2015), a ideia de promover o Programa de Integridade de modo destacado dos demais riscos é elevar a prioridade estratégica atribuída à prevenção e ao combate à corrupção e fraudes, dando visibilidade ao conjunto de medidas propostas para promovê-lo, de modo que vários instrumentos de gestão e controle passem a ser vistos de forma coordenada, permitindo abordagem e utilização sistêmicas, otimizando ferramentas eventualmente já existentes, como a ouvidoria e a comissão de ética, por exemplo, bem como almejando, além da gestão de riscos, a construção de uma cultura ética que permeie todas as atividades da organização, monitorando e aperfeiçoando o programa gradativamente.

Entre os mecanismos relevantes de um Programa de Integridade, estão os **canais de denúncia**.

A Associação dos Investigadores de Fraude Certificados (ACFE, 2018) se apresenta como a maior organização antifraude do mundo. Em um relatório de 2018, descreveu resultados de pesquisa baseada em 364 casos de fraude ocupacional em organizações governamentais.

Especialmente importante para este livro foram os resultados sobre os **meios de detecção das fraudes**. É contundente a relevância das delações ou denúncias (*tips*, em inglês), já que 45% das fraudes no governo foram descobertas dessa maneira. Para ter ideia do quanto isso é impactante, o segundo método mais relevante é a auditoria interna, que detectou apenas 15% dos casos. Isso mostra que apostar forte em canais de ouvidoria para captação de denúncias é o melhor caminho para aumentar as chances de detecção das fraudes.

A figura a seguir ilustra que 66% dos órgãos públicos pesquisados possuíam "linha direta" ou *hotline*, em inglês, um canal de comunicação para receber denúncias, como uma página na intranet (rede interna) ou na internet, um e-mail ou telefone. Um exemplo é o site Fala.Br do Governo federal, uma plataforma integrada de ouvidoria e acesso à informação. Outro aspecto notável é que mais de metade das denúncias vem dos servidores, obviamente os agentes com maior capacidade de identificar irregularidades que ocorrem na sua própria organização. Nesse contexto, no Brasil, o Projeto de Lei nº 882/2019 propõe criar o "informante do bem", que teria direito a 5% do valor recuperado.

LINHA DIRETA (HOTLINE) & CANAIS DE DENÚNCIA

Quem está denunciando as fraudes, como o estão fazendo e a efetividade desses canais nos órgãos públicos.

66% dos órgãos públicos têm linha direta

Órgãos que não possuem linha direta acabam descobrindo fraudes por acidente (3x mais) ou por auditoria externa (4x mais).

DELAÇÕES são o método mais comum de detecção inicial.

Os servidores fazem mais da metade das denúncias, enquanto uma quantidade substancial é de fontes anônimas e do público atendido.

- 54% vêm de SERVIDORES
- 17% são ANÔNIMAS
- 15% vêm do PÚBLICO

Nos Estados Unidos existe a Lei Federal de Reivindicações Falsas (FCA), base do sistema de recompensa dos denunciantes, que podem apresentar queixas para reportar fraude e má conduta em contratos e programas do governo federal.

A FCA permite que pessoas físicas, conhecidas como relatoras ou denunciante, ajam no que é chamado de *qui tam*, ações judiciais em nome do governo, com a promessa de recompensa como uma parte da recuperação do governo (entre 15% e 30%).

O denunciante pode registrar um processo em tribunal federal de um distrito, alegando que um fornecedor ou agente agiu de modo fraudulento, se apropriando de fundos do governo. São ações chamadas de "reivindicações falsas".

Tais ações são conhecidas como "*qui tam*" porque o relator processa em benefício do governo e dele próprio. A frase completa em latim é "*qui tam pro domino rege quam pro se ipso in hac parte sequitur*", em essência, "aquele que processa pelo rei e por si mesmo".

Os registros de *qui tam* aumentaram quase 40% nos últimos dez anos. Em todo o país, foram abertos quase 6.500 novos casos de FCA no intervalo de 2005 a 2014, dos quais, 82% foram *qui tam* iniciadas por um relator. Entre 2004 e 2014, o Governo Federal dos Estados Unidos recuperou 22 bilhões de dólares e pagou 3,3 bilhões em recompensas.

Embora a quantidade de acordos e julgamentos individuais varie, o governo pagou média de 15% de recompensas (COWART; SCHULZE, 2019).

Qui tam não é um conceito recente. Sua origem pode ser rastreada desde o início do século XIV, durante o reinado de Edward III na Inglaterra. Nos Estados Unidos, a FCA foi aprovada pela primeira vez em 1863, a pedido do Presidente Abraham Lincoln, que procurou combater a fraude desenfreada de contratos de defesa contra o Exército da União durante a Guerra Civil. Desde então, a FCA é conhecida como "Lei de Lincoln".

O estudo de Cowart e Schulze (2019) apontou evidências de que as empresas, no longo prazo, ganhariam mais se promovessem a sustentabilidade ética e incentivassem potenciais denunciantes a apresentar suas preocupações antecipadamente e internamente à gerência.

No Brasil, há proposta de medidas legislativas semelhantes, como o Projeto de Lei nº 1.701/2011, que institui o "Programa Federal de Recompensa e Combate à Corrupção", por meio do qual o informante que contribuir para elucidar crime contra a Administração e Patrimônio públicos, bem como para a recuperação de valores e bens públicos desviados, recebe recompensa.

Em 2013, o então relator propôs substitutivo. Em sua análise, a perspectiva de recompensa poderia causar mais inconvenientes do que benefícios, em face da previsível avalanche de denúncias infundadas, motivadas pela expectativa de retribuição financeira. O relator alterou o projeto para obrigar o denunciante a apresentar informações claras, objetivas e determinantes para o desbaratamento de prática criminosa na administração pública. No substitutivo, o cidadão deve denunciar junto ao Ministério Público ou aos Tribunais de Contas e pode responder por perdas e danos caso a denúncia seja formulada com provas falsas ou adulteradas.

De maneira geral, a introdução dos *whistleblowers*, o "reportante do bem" no ordenamento jurídico brasileiro, em especial na área de licitações e contratos, pode ser uma ferramenta adicional no combate a fraudes.

Um mecanismo que guarda certa similaridade é a lógica subjacente ao **acordo de leniência**, que funciona na base de incentivos econômicos a entes privados para reportarem ou admitirem práticas ilícitas e se comprometerem a abandoná-las, colaborando com as autoridades dos órgãos de controle.

Entretanto, não é suficiente que exista uma lei prevendo os potenciais incentivos econômicos. Para ser efetivo, o mecanismo carece de segurança jurídica que assegure atratividade.

O cenário brasileiro ainda é incipiente e confuso nessa área. Há conflito de instâncias de controle e esferas de responsabilização por atos de corrupção. Há até mesmo certa concorrência entre balcões de negociação de leniência (CASER, 2020).

O sucesso do programa depende, em grande medida, senão completamente, da coordenação de esforços das autoridades. Um dos entraves principais dos acordos de leniência é a dificuldade de articulação dos órgãos públicos envolvidos (SIMÃO; VIANNA, 2017, p. 230). Ainda há muita insegurança jurídica (MEDEIROS, 2019).

Voltando ao relatório da ACFE (2018), corroborando outras pesquisas, apontou que **a falta de controles internos é a causa mais comum** (30%) nos fatores que contribuem **para a ocorrência de fraudes** ocupacionais no setor público.

RECUPERAÇÃO DE PERDAS

Após a detecção de uma fraude, pode-se tentar recuperar as perdas do fraudador ou de outras fontes.

59% NÃO RECUPERARAM NADA

19% RECUPERARAM TODAS AS PERDAS

23% TIVERAM UMA RECUPERAÇÃO PARCIAL

⚠ RARAMENTE HÁ UMA RECUPERAÇÃO COMPLETA.

Traduzido e adaptado do "Relatório 2018 para as Nações", ACFE Edição Governamental, página 47.

Outro resultado muito relevante é a dificuldade de recuperação de prejuízos. Depois que uma fraude é detectada, mais de metade das organizações não conseguiu recuperar nada e apenas 19% obtiveram reparação total dos danos. Os dados, portanto, reforçam a lógica de que prevenir é melhor que remediar.

O estudo da ACFE também comparou o prejuízo e a duração média das fraudes em relação aos controles em vigor em cada organização. A presença de vários controles foi associada a reduções notáveis nas perdas e na duração das fraudes.

OS CONTROLES REDUZEM AS MÉDIAS DE PERDA E DURAÇÃO DAS FRAUDES EM ÓRGÃOS PÚBLICOS

Controle	Menos Perdas	Agilidade na Detecção
Política Anti-Fraude	51%	50%
Auditoria Surpresa	44%	50%
Rotatividade	28%	50%
Código de Conduta	47%	25%

Traduzido e adaptado do "Relatório 2018 para as Nações", ACFE Edição Governamental, página 12.

Para que esse cenário de controles internos seja efetivo mitigação das fraudes, o Programa de Integridade precisa estar maduro dentro da organização.

Entretanto, tal como a gestão de riscos de modo geral, a implantação dos Programas de Integridade também enfrenta dificuldades, especialmente na incorporação efetiva de seus instrumentos na cultura organizacional.

Rodrigo Paiva (2022) avaliou os Programas de Integridade de 184 entidades federais e evidenciou que a gestão de riscos para a integridade na área de licitações ainda está em **estágio inicial** de maturidade, com 42% das entidades nesse nível e apenas 15% no grau mais elevado, que o autor chamou de 'otimizado'.

A pesquisa de Mestrado do mesmo autor descreveu o modelo de avaliação de maturidade da gestão de riscos para integridade em contratações, com 27 itens (Modelo MGIC), uma ferramenta que pode ser útil para supervisão e autoavaliação da área (PAIVA, 2023).

O autor sugeriu que as entidades passem a adotar o enfoque em riscos de fraude nas contratações, especialmente as unidades contratantes que gerenciam grande vulto financeiro em compras. Ele também recomendou a criação de modelos e regulamento sobre práticas contínuas e permanentes de fomento à gestão dos riscos para a integridade nas contratações públicas (PAIVA, 2022).

Na intenção de contribuir para esse esforço, remodelamos esse capítulo de prevenção às fraudes em nosso livro, indicando, como materiais de referência para implantação prática de um Programa de Integridade abrangente:

1. Guia de Implantação de Programa de Integridade em Empresas Estatais (CGU, 2015)
2. Manual para Implementação de Programas de Integridade (CGU, 2017)
3. Recomendação do Conselho da OCDE sobre Integridade Pública (OCDE, 2017)
4. Guia Prático de Implementação de Programa de Integridade (CGU, 2018)

5. Guia Prático de Gestão de Riscos para a Integridade (CGU, 2018)
6. Referencial de Combate à Fraude e Corrupção (TCU, 2018)
7. Guia Prático das Unidades de Gestão de Integridade (CGU, 2019)

Na sequência, apresentamos os principais elementos que julgamos relevantes para complementar esses materiais, do ponto de vista prático da **Gestão de Riscos Antifraude em Licitações**, inserida no contexto do Programa de Integridade da organização como um todo.

6.1 Ambiente Interno

Toda gestão de riscos opera sobre uma base institucional que depende essencialmente do comprometimento da alta direção. Isso está previsto no modelo COSO e também nas diretrizes e manuais de Programas de Integridade, assim como também aparece de modo explícito na NLL, prevendo a responsabilidade dos dirigentes pela adequada governança das contratações, assim como pela definição de políticas e diretrizes, processos e estruturas, inclusive de gestão de riscos e controles internos, incentivando e zelando pela adoção de padrões apropriados de integridade e, obviamente, pelo atingimento dos objetivos e entrega de valor público por meio das compras.

De acordo com o Acórdão TCU nº 2622/2015-P, exemplos de alta direção são, nos ministérios, o ministro de estado e os secretários a ele diretamente subordinados; nas autarquias e agências, os diretores-presidentes e os diretores (ou equivalentes); nas universidades, o reitor e pró-reitores; nas empresas públicas e sociedades de economia mista, o presidente e diretores. Pode-se aplicar a mesma lógica a outras entidades, esferas e poderes, entendendo a alta direção como o conjunto de autoridades decisórias que atuam em nível estratégico na organização.

São essas autoridades que devem promover, manter e monitorar o sistema de governança e seus instrumentos. Embora não haja modelo único amplamente aplicável a todos os tipos e formatos de organizações públicas, há um conjunto razoavelmente reconhecido de dimensões implicadas, envolvendo pessoas, processos, estruturas e controles, algumas delas específicas da área de contratações e outras de amplo espectro. Exemplos de como essas dimensões se materializam: código de ética; capacitação; ouvidoria; corregedoria; transparência na interação com mercado; definição de funções-chave; indicadores e metas alinhados aos objetivos estratégicos.

Entre os instrumentos que materializam a governança das contratações e compõe o contexto de ambiente interno, podemos citar o Plano Estratégico de Compras; Políticas de compras, de centralização, de compartilhamento, de sustentabilidade, de estoques, de terceirização; Plano Anual de Contratação; Plano de Logística Sustentável (SOUZA, 2022). São diretrizes estratégicas que orientam as decisões na execução das compras, mitigando riscos de escolhas que desrespeitem princípios administrativos, resultem em irregularidade ou desperdício. Há quem junte tudo numa única "Política de Governança de Aquisições" (SOUZA, 2022). A forma é menos importante que a essência.

Exemplificando como é fundamental a atuação da alta direção e os riscos de sua ineficácia, no Acórdão 1270/2023-P, o TCU identificou grave problema de governança das contratações em um Ministério, apontando fragilidades estruturais que estavam, na visão do Tribunal, aumentando de forma perigosa os riscos de ineficiência, desperdício e desvio de recursos públicos.

O TCU alertou que a falta de resolução das fragilidades identificadas ao longo dos anos na governança das contratações daquela pasta ministerial estava ligada às atribuições da alta administração, que poderia vir a ser diretamente responsabilizada por irregularidades e danos.

Nesse julgado, o TCU apontou para um problema grave que pode se repetir em outros ambientes governamentais, na forma insuficiente como as autoridades conduzem as estruturas encarregadas das contratações, indicando o papel inafastável da alta administração para corrigir as falhas estruturais e garantir o uso adequado dos recursos públicos.

Por outro lado, há indícios dos resultados positivos alcançados quando os mecanismos de governança das contratações funcionam bem. Pesquisa de mestrado de Kleberson Souza (2022) investigou a relação entre estruturas e processos de governança e gestão e o desempenho das compras em 122 prefeituras de Mato Grosso. Amparado em modelos econométricos robustos, o estudo evidenciou que prefeituras mais maduras em governança e gestão das contratações apresentam melhor desempenho em competitividade, eficiência e êxito das licitações.

Em termos de prevenção de fraude em licitação, considerando nosso foco aqui, uma das ações que a alta direção deve realizar e que consideramos prioritária é promover o desenvolvimento adequado da **área de gestão de contratações** na estrutura administrativa da entidade, que coordena e/ou executa e controla as etapas do macroprocesso de contratação, com definição clara de atribuições e **gestão por competências das funções-chave**, com **capacidades proporcionais** às compras desenvolvidas, bem como **segregação de funções** proporcional ao riscos.

A segregação de funções, essencial para efetividade dos controles internos, consiste em evitar que a mesma pessoa ou setor domine a totalidade das decisões críticas de um processo. A alta administração deve prezar pela manutenção dessa lógica nas licitações, atendendo ao comando expresso do art. 5º da NLL. A ideia básica é impedir que uma fraude seja cometida e escondida pela ausência de supervisão. A segregação de funções é um controle preventivo que diminui a probabilidade de que erros, impropriedades ou irregularidades ocorram e não sejam detectados (Acórdão TCU nº 1610/2013-P).

É premissa inafastável, assim, para que seja possível segregar funções, a definição clara de responsabilidades de cada agente envolvido no processo (PARECER CONJUR-MD/CGU/AGU nº 860/2021), o que pode ser realizado com apoio da Matriz RACI, que discutimos no capítulo sobre responsabilização.

A deficiência na segregação de funções desproporcional aos riscos expõe a organização à ocorrência de atos antiéticos, ilegais e/ou antieconômicos, com prejuízo à imagem da organização e desvio de recursos, podendo ocasionar sobreposição de responsabilidades pela mesma atribuição a mais de um responsável.

Os principais entendimentos jurisprudenciais sobre o assunto estão dispostos a seguir:

Segregação de função em licitação

FUNÇÃO EXERCIDA	IMPEDIMENTO	FUNDAMENTO
Demandante, projetista, orçamentista, equipe de planejamento	Não julga licitação	Ac TCU 686/11-P; 747/13-P; 693/15-1C
Elaborador do Edital	Não julga licitação	Ac TCU 686/11-P; 3381/13-P; 2829/15-P
Parecerista técnico ou jurídico	Não julga licitação	Ac TCU 686/11-P
Pregoeiro ou Comissão de Contratação	Não atua em fase preparatória / Não homologa o certame	Ac TCU 1647/10-P; 686/11-P; 3366/13-P; 1094/13-P; 1375/15-P
Homologador	Não julga a licitação	Ac TCU 1647/10-P; 3366/13-P

Essas são diretrizes. Não se aplicam a todas as situações, sobretudo em organizações com reduzida estrutura de pessoal e/ou contratações de baixa materialidade e/ou complexidade. Uma referência normativa que leva isso em conta é o capítulo sobre atuação do agente de contratação no Decreto nº 11246/2022.

O mais relevante é identificar funções incompatíveis e separar seus responsáveis, levando em conta o custo-benefício do controle. Uma boa ferramenta para visualizar papéis e segregar funções num processo é a Matriz RACI, já mencionada neste livro.

Além disso, é importante que exista na organização identificação das decisões críticas que demandam segregação de função. Como exemplo, podemos destacar um caso que aconteceu em um processo disciplinar, em que se descobriu que um único servidor era responsável na unidade pela elaboração de pareceres técnicos com poder de excluir empresas dos certames licitatórios, sem qualquer supervisão.

A alta direção pode estabelecer, ainda, comitê consultivo para auxiliar em **decisões estratégicas** relacionadas a contratações, para facilitar o alinhamento dos gestores das diversas áreas quanto a assuntos complexos, com vistas a evitar conflitos e obter decisões que maximizem os resultados de toda a organização. É nesse sentido a orientação presente no inciso III do art. 18 da Portaria Seges/ME nº 8678/2021. Um colegiado multidisciplinar para assessorar as decisões estruturais em compras pode mitigar riscos e falhas históricas no ambiente de contratações, embora, obviamente, mereça, como qualquer controle, avaliação do custo-benefício e das especificidades do órgão (BRITO, 2020).

Para garantir que a estrutura organizacional de licitação tenha condições necessárias para praticar suas atividades com eficiência, é preciso que a alta direção viabilize a alocação de recursos financeiros, materiais e tecnológicos necessários e suficientes ao desempenho das atividades.

A ideia geral da prevenção de fraudes em compras públicas é proporcionar ambiente institucional capaz de resistir aos riscos mais críticos. E pra isso, o mais importante, em nossa visão, é investir em pessoas, na **profissionalização dos compradores públicos. É fundamental profissionalizar a atividade** para aprimorar os resultados e a integridade, de forma que os compradores possam evitar conflitos de interesse entre seus objetivos pessoais e responsabilidades do trabalho, buscando assegurar que os tomadores de decisão sejam treinados para identificar indícios de fraudes. (RUSTIARINI; NURKHOLIS; ANDAYANI, 2019).

Ainda estamos longe desse ideal, a julgar pelos estudos de Presser, Araujo e Gomes (2020), apontando que os servidores enfrentam ambiente caracterizado pela obrigação quase forçada de desempenhar suas funções. A complexidade da tarefa, que envolve delicados processos de aquisição, é frequentemente ignorada ou mal compreendida. A área, laboriosa por natureza, se revela vulnerável às críticas provenientes tanto daqueles que não têm suas preferências atendidas quanto dos órgãos de supervisão e auditoria. Com pressão constante de um lado e falta de reconhecimento do outro, poucos estão dispostos a assumir o encargo de conduzir licitações. A intricada rede de dispositivos legais aumenta o desafio, especialmente pela escassez de treinamento adequado e desmotivação. Profissionais responsáveis por transações bilionárias são invisíveis na engrenagem burocrática.

Diante desse cenário, defendemos que a profissionalização da área de compras é elemento prioritário e fundamental para estabelecer ambiente capaz de resistir ao tipo de problema que parece ter assolado recorrentemente uma prefeitura no interior do Maranhão.

Nessa pequena prefeitura, o Prefeito que atuou de 2005 a 2011 foi condenado por improbidade administrativa, incluindo aquisições sem licitação (TJMA, Processo nº 0001276-92.2017.8.10.0074).

A sucessora dela, conhecida como "prefeita ostentação", foi afastada por fraudes em licitações e, em seu lugar, assumiu a vice-prefeita, que suspendeu os contratos antigos e concedeu a si mesma poderes para fazer novos contratos sem licitação, contratando, sem pesquisa de preços, uma empresa para o fornecimento de autopeças. A empresa era do marido da chefe de gabinete da prefeitura. Em 45 dias, mais de R$60 mil foram gastos em autopeças, para supostamente atender a frota municipal, composta por um único veículo. Foi comprovado que as duas notas fiscais emitidas declararam fornecimento inexistente, configurando falsidade ideológica. O dono da empresa confessou que forneceu peças à prefeitura sem assinatura de contrato. Segundo ele, o acordo foi firmado em conversa com um funcionário municipal.

Alguns anos mais tarde, decisão liminar afastou o novo prefeito da cidade, por suposta improbidade, incluindo fraude em locação de veículos, com cláusulas abusivas no edital, empresas sem documentação, contratação de empresa impedida e direcionamento a amigos (www.mpma.mp.br, 23.09.2020).

Para evitar ambientes tão vulneráveis como esse, o Ministério Público Federal (MPF) emitiu recomendação aos municípios, em uma campanha de mobilização nacional, para adoção de medidas preventivas que busquem evitar fraudes em licitações. A medida foi adotada a partir de modelos elaborados em novembro de 2018 pelo Grupo de Trabalho Licitações, da 5ª Câmara de Coordenação e Revisão do MPF, criado com objetivo de elaborar roteiro de atuação acerca das irregularidades cometidas no âmbito das licitações.

A recomendação aos prefeitos, na visão do MPF, tem dois grandes focos positivos: reduzir as fraudes, caso as medidas preventivas sejam implantadas e, caso sejam ignoradas, impedir o gestor de alegar desconhecimento, criando um "banco de dolo", de prefeitos que foram alertados sobre os principais riscos e tipologias de fraudes em compras públicas. Os procuradores federais querem dar "plena, total e inequívoca ciência" aos prefeitos e outros gestores sobre as práticas que contribuem para fraudes em licitações e prejuízos ao erário, para as quais devem ser criados e mantidos controles internos adequados, visando os riscos, ações que estão ao alcance das decisões e atitudes dos gestores públicos.

O MPF, entre as motivações da medida, cita que é primordial se concentrar em medidas preventivas, para evitar que as fraudes aconteçam e que prejuízos se materializem. Para o MPF, com quem concordamos, as medidas preventivas começam no controle interno do ente público comprador.

Para os autores deste livro é motivo de grande satisfação verificar que o material do MPF tomou por base toda a tipologia aqui apresentada, usando esta obra como referência doutrinária no campo das fraudes em licitação, se apoiando no conteúdo que você está lendo agora, caro leitor, para recomendar atitudes preventivas aos gestores municipais do país todo.

Entre as recomendações feitas pelo MPF aos prefeitos, vale citar, de forma sintética e adaptada:

- descrever claramente o objeto
- adotar pesquisa de preços adequada
- identificar responsável por projeto e orçamento (ART se aplicável)
- justificar qualquer condição que restrinja os possíveis interessados
- evitar as cláusulas restritivas citadas neste livro
- publicar na internet toda a documentação, com acesso livre
- atentar a erros grosseiros, sinais de conluio, montagem ou simulação
- observar documentos que possam indicar combinação
- verificar cadastro de sócios em programas sociais (laranja)
- checar imagens na internet da sede da empresa
- observar sinais de parentesco
- punir empresa fraudadora

A recomendação mais relevante, em nossa visão, é dotar a estrutura de compras de servidores competentes para conduzir as licitações, investindo em capacitação contínua. Esse é o ponto mais crítico de qualquer compra pública, não apenas como controle na mitigação de riscos de fraudes, mas, sobretudo, como indução de boas compras, redução do desperdício e dos prejuízos por aquisições inadequadas ou ineficientes.

Reforçando essa noção, o Cade, em parceria com a OCDE (2021), lançou relatório com recomendações para aprimorar a prevenção e detecção de cartéis em compras públicas, reconhecendo o papel fundamental dos compradores públicos nessa área, que atuam de forma central na prevenção de má gestão, desperdício e corrupção. O organismo internacional defende condições adequadas para que os compradores exerçam sua função com qualidade e incentivo – em termos de remuneração e perspectivas de carreira, de modo a atrair e reter profissionais altamente qualificados.

Concordamos com essas diretrizes. O melhor mecanismo para prevenir fraude e desperdício nas contratações é a profissionalização dos compradores.

Reforçando a evidência de que nosso cenário atual ainda precisa avançar muito nesse aspecto, encontramos, entre as pesquisas sobre as compras feitas pelos estados e municípios, um estudo importante de Teixeira, Silva e Salomão (2014), chamando atenção para a falta de pessoal especializado como problema generalizado e crítico, sem carreira própria ou outro formato de gestão que garanta identidade profissional, qualificação técnica e expertise decisória. Não há tradição de selecionar compradores com conhecimento técnico sólido, nem uma estrutura organizada que ajude esses funcionários a se identificarem melhor com o trabalho que fazem.

Complementando evidências dos problemas que precisamos enfrentar, encontramos estudo de Bruno Viana (2023) sobre a intervenção federal no Rio de Janeiro, identificando um contexto precário de capacidades institucionais para conduzir compras públicas no segundo maior estado brasileiro. As licitações costumavam ser feitas de forma repetitiva e desnecessária, duplicação e desperdício de esforços, com grave comprometimento da imagem do estado perante o mercado fornecedor. Entre os problemas mais recorrentes estavam as pesquisas de preços ruins, especificações defeituosas, estimativas de quantidades deficientes, descoordenação sistemática de demandas, provocando várias licitações para comprar coisas parecidas, que poderiam ter sido agrupadas.

São extremamente preocupantes algumas das entrevistas que esse estudo colecionou, com opiniões de pessoas ligadas às compras das forças de segurança do estado fluminense. São falas sobre a completa falta de habilidade em pesquisar o mercado, em decidir entre essencial e pura extravagância, em especificar equipamentos de maior complexidade. Em um exemplo, foi citada uma espingarda super sofisticada da Itália, imaginando que seria usada em operações ultra precisas, que não se enquadrava no tipo de operação policial pretendida. Em outro caso, buscava-se uma câmera para ser instalada em aeronaves, mas, do jeito que foi especificada, em itens comprados isoladamente, o sistema seria completamente inútil (VIANA, 2023).

A situação não era problemática apenas no aspecto material, mas também no administrativo. Como exemplo, a tentativa inicial de adquirir veículos fracassou, sem participantes interessados. Os responsáveis pela especificação, sem conhecimento adequado, apenas experiência prática, desenharam um veículo tecnicamente impressionante, porém inexistente no mercado. O torque se alinhava com uma marca, a potência com outra, o entre eixos com uma terceira – era basicamente um carro fictício. Um dos entrevistados apontou que a situação era insustentável, os compradores fluminenses estavam perdidos, tanto no aspecto formal quanto técnico, não sabiam como conduzir uma pesquisa de mercado, nem seguir as orientações normativas. E não era apenas falta de interesse, mas desconhecimento, completa desorganização (VIANA, 2023).

Segundo a pesquisa de Bruno Viana (2023), para atuar nesse cenário, o Exército brasileiro, ao realizar a intervenção, buscou seus melhores militares compradores para formar uma Força-Tarefa. Mas havia um entrave significativo: as unidades demandantes do Rio de Janeiro não sabiam o que comprar, não dispunham de habilidades técnicas para definir as necessidades. Foi criada uma Coordenadoria de Apoio à Fase Interna (CAFI), com a função crucial de prestar suporte aos órgãos demandantes que estavam sob intervenção, auxiliando-os na tradução das reais necessidades em elementos compreensíveis para o mercado e em conformidade com os protocolos da Administração Federal.

De acordo com o estudo, entre as atividades cruciais da missão interventora esteve o resgate da confiança dos fornecedores, pois o estado do Rio de Janeiro estava atrasando pagamentos sistematicamente, o que dificultava estimar preços, pela inviabilidade de obter orçamentos, assim como dificultava obter participação e disputas efetivas nas licitações, embutindo nas propostas o custo de uma desconfiança generalizada. Para mitigar esse risco, foram realizadas ações de divulgação massiva da capacidade financeira imediata proporcionada pelos recursos federais, bem como busca ativa pela participação do mercado em audiências e consultas públicas para definição de especificações das soluções a serem contratadas, contribuindo para aprimorar os detalhes técnicos dos objetos que seriam adquiridos (VIANA, 2023).

Esse estudo serve de grande referência para a necessidade premente e abrangente de melhorar a profissionalização dos compradores públicos no Brasil.

E quem são esses 'compradores'? Isabella Brito (2020) sugere um conjunto coerente e abrangente de funções-chave da área, que serve de referência, incluindo funções de direção que atuam na Governança de Contratações, cuidando das políticas, normativos, regulamentos e diretrizes, assim com funções que gerenciam e executam as principais atividades na Gestão de Contratações, variando conforme a estrutura interna de cada unidade contratante, podendo incluir gestores que atuam no setor de licitações e contratos, consultores e assessores jurídicos, agentes de contratação, pregoeiros, membros de comissão de contratação, agentes que atuam no planejamento das contratações, na pesquisa de preços, na elaboração de minutas, além de gestores e fiscais de contratos.

A autora ressalta que o modelo tradicional de gestão de pessoas já não funciona para o desafio e complexidade da área de compras (BRITO, 2020). Essa visão é complementada por Santos e Pércio (2022), apontando que as boas intenções da Nova Lei de Licitações podem se limitar ao campo abstrato do propósito formal, sem efetividade prática, se não forem acompanhadas de bons agentes públicos e bons incentivos a esses profissionais das compras.

Como já foi repisado nesta obra, a questão é de gente. É tudo sobre pessoas. Os compradores e sua profissionalização são a chave de um processo licitatório aderente aos objetivos que a sociedade quer ver cumpridos nas contratações governamentais.

Em linha com esse entendimento, o objetivo do legislador na NLL foi promover uma mudança na cultura administrativa no ambiente das contratações públicas, especialmente em municípios menores, considerando, inclusive, um tempo maior para adaptação deles. Entre os aspectos mais relevantes dessa mudança cultural estão as medidas necessárias para profissionalizar as licitações, de modo a garantir que a condução dos certames, desde a fase preparatória até a seleção do fornecedor seja realizada por quem reúne condições efetivas de competência para atuar na área. Essa mudança cultural é fundamental para garantir licitações mais eficientes, beneficiando, no fim das contas, a população (MATOS, 2023).

Como exemplo de **atuação preventiva que se espera dos compradores**, encontramos caso na Região Sul, em que uma Secretaria Estadual identificou indícios de conluio entre licitantes numa contratação de curso online de desenvolvimento de jogos eletrônicos. Uma associação e duas empresas teriam combinado preços. As suspeitas levaram ao cancelamento da licitação e o caso, levado ao conhecimento da Controladoria Estadual e da Polícia Civil, deu origem à 'Operação Bluff' para investigar os fatos (www.correiodopovo.com.br, notícia de 07.12.2022).

No Paraná, o pregoeiro detectou troca de bilhetes entre os licitantes no meio da disputa para compra de kit escolar, transmitida ao vivo pela Internet. Ele acionou a assessoria jurídica, suspendeu o pregão e registrou boletim de ocorrência (istoe.com.br, notícia de 09.12.2021).

Em Santa Catarina, a Comissão de Licitações acionou a Polícia Militar após constatar indícios de fraude, pois os interessados estavam combinando preços por meio de aplicativo de mensagens por celular (www.joacaba.sc.gov.br, notícia de 18.04.2018).

Também em Santa Catarina, a Polícia Civil prendeu em flagrante dois empresários que tentavam fraudar licitação, a partir de denúncias da prefeitura (pagina3.com.br, notícia de 08.11.2011).

Em Goiás, um empresário foi preso em flagrante na licitação, depois que os agentes públicos perceberam documentação falsificada (g1.globo.com/go, 10.07.2019).

Para que os compradores sejam capazes de atuar em situações como essas, vale reforçar, o melhor mecanismo de controle é a capacitação, com a profissionalização apropriada da área de compras.

Ainda sobre o ambiente interno, vale citar o trabalho da ACFE (2019) sugerindo que as organizações não tenham medo de falar sobre fraude. Para a ACFE, falar abertamente sobre o problema é uma maneira comprovada de ajudar a preveni-la. A ACFE sugere também conferir se a organização oferece treinamento antifraude contínuo, se existe mecanismo eficaz de denúncias, se a cultura da integridade é evidente no topo da organização e se existe uma percepção de detecção das fraudes, ou seja, discutir e manter a transparência sobre os controles antifraude da organização é uma ótima maneira de prevenir fraudes, mostrando aos servidores que a organização busca ativamente detectar e punir comportamentos fraudulentos, o que envia a mensagem de que a fraude pode ser descoberta, atuando sobre o vértice da "oportunidade" no Triângulo da Fraude.

Ainda estamos longe do ideal em termos de ambientes institucionais bem-preparados para prevenir e combater fraudes, a julgar pelos resultados de uma pesquisa nacional conduzida pelo Banco Mundial e o Conaci, que avaliou Unidades Centrais de Controle Interno do Poder Executivo dos municípios brasileiros. Entre os resultados, chama atenção que o Ambiente de Controle é a dimensão menos estruturada nas prefeituras, com tímida presença de Programas de Integridade e sem práticas de monitoramento e avaliação das políticas públicas. Mais de 90% dos municípios não possuem Programas de Integridade próprios. A segunda dimensão menos estruturada é o monitoramento de controles internos estabelecidos, sem avaliação ou supervisão sistemática da gestão de riscos implantada (AMARAL; MATHEUS, 2022).

Mesmo no setor privado, também temos um longo caminho a percorrer, levando em conta os números de uma pesquisa conduzida pela Transparência Internacional (2023) junto a 100 executivos de *compliance* das maiores empresas do Brasil. Entre os resultados, salta aos olhos que, 10 anos depois de a Lei Anticorrupção ser promulgada, a imensa maioria das empresas (86%) possuem sistemas de integridade imaturos, que só por vezes balizam comportamentos, na opinião do profissionais entrevistados.

Os sistemas de integridade nas empresas brasileiras hoje são:

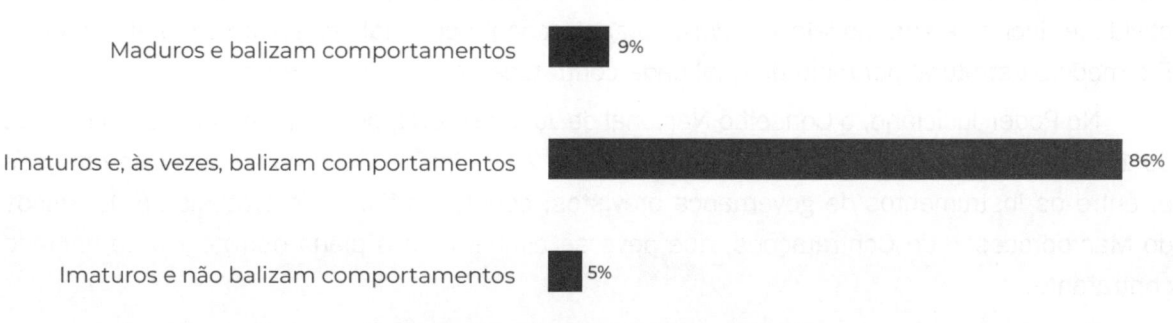

Maduros e balizam comportamentos	9%
Imaturos e, às vezes, balizam comportamentos	86%
Imaturos e não balizam comportamentos	5%

Fonte: Transparência Internacional (2023)

6.2 Gestão de Riscos Antifraude

Já repisamos isso ao longo do livro todo e aqui vamos continuar reforçando a ideia: a Gestão de Riscos é o alicerce fundamental da estrutura de prevenção e combate às fraudes em licitação. Não é nosso objetivo descrever como funciona o processo de gerenciamento de riscos, para isso indicamos nosso outro livro, "Como combater o desperdício no setor público: Gestão de riscos na prática", assim como indicamos nosso livro "Auditoria Baseada em Riscos", para uma abordagem do ponto de vista da avaliação sistemática sobre a gestão de riscos adotada em uma organização, processo ou atividade.

O que pretendemos aqui é ressaltar como os riscos de fraude em licitação podem ser incorporados ao gerenciamento geral dentro da organização, usando, como referência, a tipologia de fraude que apresentamos nas seções anteriores e buscando alinhar esse conhecimento com as diretrizes da NLL.

Não custa relembrar que a OCDE (2011) já vem recomendando essa abordagem para todos os órgãos públicos brasileiros, não apenas para os riscos de fraude, mas todos os riscos relevantes da área de contratações, com prioridade de atenção e maiores esforços nas entidades governamentais que movimentam os maiores volumes de compras. A materialidade das contratações é um dos fatores preponderantes na avaliação dos riscos a que a organização está exposta.

Alinhados com essa perspectiva, encontramos enunciados do "I Simpósio de Licitações e Contratos da Justiça Federal", realizado em 2022, servindo de referência doutrinária de caráter técnico-jurídico, tratando de alguns aspectos conexos com a discussão que travamos aqui.

No Enunciado 18, podemos ler o entendimento de que a análise de riscos que instrui o processo administrativo da contratação, conforme determina a NLL (art. 18, X) deve lidar com os **riscos específicos da solução** pretendida, de forma complementar aos **riscos gerais e abstratos** já enfrentados no Plano de **Tratamento de Riscos do Macroprocesso de Contratação.**

De modo simples e didático, Santos (2014) afirma que processo é o que acontece por meio de uma sequência de atividades pré-definidas para a realização de alguma tarefa, com insumos de entrada, que geram resultado após o processamento. E macroprocesso é um grande conjunto de processos pelos quais uma organização cumpre a sua missão.

Em contratações, o macroprocesso é o agrupamento dos processos de planejamento, seleção de fornecedor e gestão contratual (Acórdãos TCU nº 588/2018-P e 2699/2018-P, Anexo da Resolução CNJ nº 347/2020). Dito de outra forma, o macroprocesso é o conjunto de todas as ações que promovem o fluxo de todas as contratações, englobando as diversas fases da atividade, inclusive sua modelagem geral, organização processual, avaliação e monitoramento. É o modelo estrutural por meio do qual cada contratação específica é realizada.

No Poder Judiciário, o Conselho Nacional de Justiça – CNJ, por meio da Resolução nº 347, de 13 de outubro de 2020, trouxe diretrizes sobre a Política de Governança das Contratações e, entre os instrumentos de governança previstos, constou o Plano de Tratamento de Riscos do Macroprocesso de Contratações, que deve se alinhar com o plano estratégico da unidade contratante.

Essa formulação é coerente com o modelo conceitual que defendemos neste livro.

CAPÍTULO 6 — PREVENÇÃO DE FRAUDES EM LICITAÇÃO

Nossa visão é que a **Gestão de Riscos Antifraude se organiza em diferentes níveis** dentro da organização e, até mesmo em camadas externas à organização, em arranjos hierárquicos superiores, considerando múltiplas estruturas de formatação institucional.

Para construir essa visão, nos inspiramos na proposta conceitual de Rendon e Rendon (2015), que estudaram compras do Departamento de Defesa dos Estados Unidos e apontaram diversas deficiências e "alto risco", refletindo os desafios em alcançar resultados desejados em termos de custo, prazo e objetivos de desempenho. Para os autores, muitas das deficiências resultavam de fragilidades nos controles internos da área de contratações. E isso no órgão que processa o maior volume de compras do país mais rico do mundo.

Nesse estudo, Rendon e Rendon (2015) alertaram que a força de trabalho envolvida nas contratações deve compreender a relação entre os componentes de controle interno ineficazes e as vulnerabilidades de fraude resultantes em cada área do processo de contratações. Eles propõem um modelo conceitual que incorpora aspectos de governança enfatizando controles internos eficazes, processos efetivos e pessoal competente.

Os resultados da pesquisa de Rendon e Rendon (2015) sugeriam que as unidades compradoras nos Estados Unidos não estavam enfatizando, entre as competências dos compradores, a importância dos controles internos nas contratações, o que poderia contribuir para maior vulnerabilidade à fraude. Os autores sugeriram incorporar treinamento em controles internos e conscientização sobre fraude em suas competências da área de contratações, incluindo compreensão dos componentes de controle interno e como eles devem ser implementados em cada fase do macroprocesso. E para ajudar no treinamento, os autores propuseram uma estrutura conceitual de "matriz de fraude em contratações", combinando os tipos mais comuns de fraude, os componentes do macroprocesso da contratação e os componentes de controle interno do modelo COSO de Gestão de Riscos.

Inspirados nessa ideia, formulamos nosso **Modelo Conceitual de Gestão de Riscos Antifraude**, que chamados de **Cubo 2S**, combinando **três dimensões**: tipologia de fraude; fase da contratação; nível de atuação.

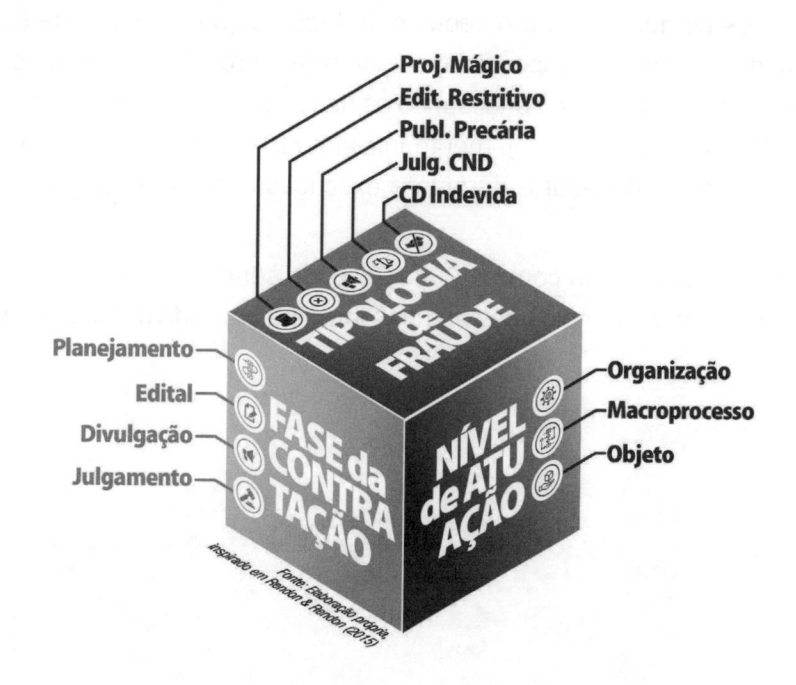

Nosso objetivo com esse modelo conceitual é facilitar a compreensão de que a Gestão de Riscos Antifraude atua em variados níveis, sobre uma, várias ou todas as fases da contratação, buscando mitigar uma, várias ou todas as tipologias de fraude.

Com isso, esperamos simplificar, sistematizar e racionalizar a adoção de controles internos voltados para a prevenção e combate às fraudes nas licitações. Obviamente, o mesmo raciocínio pode ser aplicado a outros tipos de riscos, assim como à etapa de execução contratual e outras áreas e atividades de uma organização. A ideia aqui é demonstrar que existem variadas dimensões interrelacionadas na Gestão de Riscos.

Sintetizando a ideia, existem controles internos que atuam sobre toda a organização e podem ser específicos para as fraudes em licitação, mas, na maioria dos casos, serão aplicados sobre um conjunto amplo de riscos para integridade. Existem os controles internos que atuam sobre o macroprocesso de contratações e funcionam para todos ou para um grande conjunto de objetos contratados, como, por exemplo, controles para obras e serviços de engenharia ou para serviços com dedicação exclusiva de mão de obra ou para compras de medicamentos e insumos hospitalares. E existem os controles internos mais operacionais, aplicáveis ao objeto específico de cada contratação.

Para cada nível de atuação, espera-se que exista gerenciamento próprio, como o Plano de Tratamento dos Riscos do Macroprocesso de Contratação e um Mapa de Riscos específico em cada contratação.

Isso é coerente com o Enunciado 20 do "I Simpósio de Licitações e Contratos da Justiça Federal", que defende práticas contínuas e permanentes de gestão de riscos e de controles internos em todo o macroprocesso de contratação, assim como se compatibiliza a exigência da NLL de que cada processo licitatório contemple a análise dos riscos que possam comprometer o sucesso da licitação e a boa execução contratual (art. 18, X).

Esse modelo conceitual também é compatível com a orientação do "Instrumento de padronização dos procedimentos de contratação" elaborado em 2023 pela Advocacia-Geral da União junto ao Ministério da Gestão e Inovação em Serviços Públicos. Nesse documento, a AGU sugere que a gestão dos riscos em cada contratação seja materializada em um Mapa de Riscos, que seja pertinente com as especificidades do objeto pretendido, evitando-se "indicações genéricas e meramente protocolares", analisando os riscos à medida que o procedimento avança em suas diversas fases, desde o planejamento inicial no ETP, passando por revisão ao final do TR, depois da seleção do fornecedor e durante a execução contratual, quando houver eventos relevantes.

Assim, para detalhar a forma como o Cubo 2S pode ser empregado em uma organização, apresentamos comentários e exemplos de controles internos em cada um dos níveis de aplicação.

6.2.1 Gestão de Riscos Antifraude em Nível de Organização

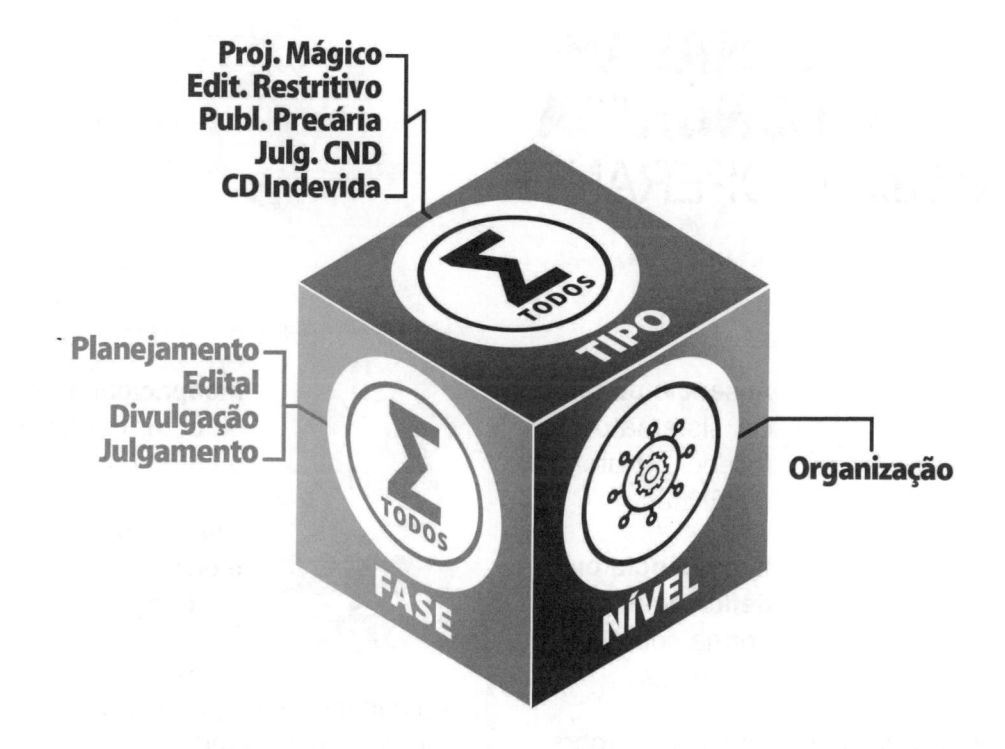

Inseridos no Programa de Integridade, estão mecanismos de controles internos que atuam sobre toda **a organização** e buscam mitigar os riscos de fraude do conjunto de atividades desempenhadas pela instituição, incluindo a área de contratações, podendo existir controles específicos para essa área, a depender do grau de risco que ela representa no contexto da organização.

Aqui se situam as estruturas e instrumentos adotados pela organização para salvaguardar a integridade institucional, tais como Auditoria Interna, Ouvidoria, Comissão de Ética, Corregedoria Interna, Unidade de Gestão de Integridade, Comissões Temáticas, Código de Ética e de Conduta, Canais de Denúncia.

Essas estruturas e instrumentos tornam possível o desempenho de funções fundamentais à manutenção da integridade da instituição, tais como: promoção da ética e das regras de conduta que permeiam o comportamento esperado de cada servidor, tratamento de conflitos de interesses e nepotismo, transparência ativa, acesso à informação, funcionamento de canais de denúncias, procedimentos de responsabilização, entre outros.

Como **exemplos** de gestão de riscos de fraude em licitação aplicada ao nível da organização, podemos destacar os seguintes:

RISCO DE INTEGRIDADE EM CONTRATAÇÕES

R#01 CANAL DE DENÚNCIA INOPERANTE

- Proj. Mágico
- Edit. Restritivo
- Publ. Precária
- Julg. CND
- CD Indevida

Organização
- Planejamento
- Edital
- Divulgação
- Julgamento

CAUSA

Ausência ou falha em sistema para receber e tratar denúncias

Inexistência ou deficiência em norma sobre denúncias

Falta ou falha em capacitação sobre ouvidoria

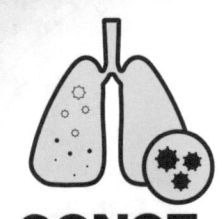

CONSEQUÊNCIA

Incapacidade de detectar fraude e corrupção

Comprometimento de imagem

Descrédito na cultura de integridade no alcance de resultados e no atendimento do interesse público

PREVENÇÃO

Estabelecer canais efetivos de denúncias, com transparência de ações e resultados

Normatizar e manualizar procedimentos de ouvidoria

Implementar treinamentos sobre ouvidoria

CORREÇÃO

Revisar ações de ouvidoria periodicamente

Responsabilizar negligência ou conivência na condução de denúncias

Buscar reparação de danos pela via administrativa, civil e judical

| CAPÍTULO 6 | PREVENÇÃO DE FRAUDES EM LICITAÇÃO |

R#02 — DESVIO ÉTICO EM CONTRATAÇÕES

RISCO DE INTEGRIDADE EM CONTRATAÇÕES

- Proj. Mágico
- Edit. Restritivo
- Publ. Precária
- Julg. CND
- CD Indevida

Organização
- Planejamento
- Edital
- Divulgação
- Julgamento

CAUSA

Ausência ou falha em código de ética e conduta sobre atividades críticas de contratações

Inexistência ou deficiência de norma sobre conflito de interesses aplicável às contratações

Falta ou falha em capacitação sobre ética e conflito de interesses na área de contratações

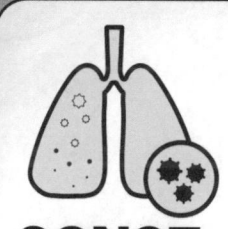

CONSEQUÊNCIA

Corrupção, desvio de conduta, prejuízo ao desenvolvimento social e econômico

Falta de comprometimento com valores éticos, enfraquecimento da imagem da organização

Prejuízos no alcance de resultados e no atendimento do interesse público

PREVENÇÃO

Adotar código de ética e norma sobre conflito de interesses com aplicação específica sobre os pontos críticos das contratações da organização

Implementar rotinas e trilhas de verificação automatizada de indicadores de fraude e corrupção (red flags) em contratações, a exemplo de potencial vínculo entre agentes públicos e fornecedores

Promover gestão por competência e capacitação sobre integridade, valores éticos e fraude em licitações

CORREÇÃO

Responsabilizar ação ilícita ou desvio ético

6.2.2 Gestão de Riscos Antifraude no Macroprocesso da Contratação

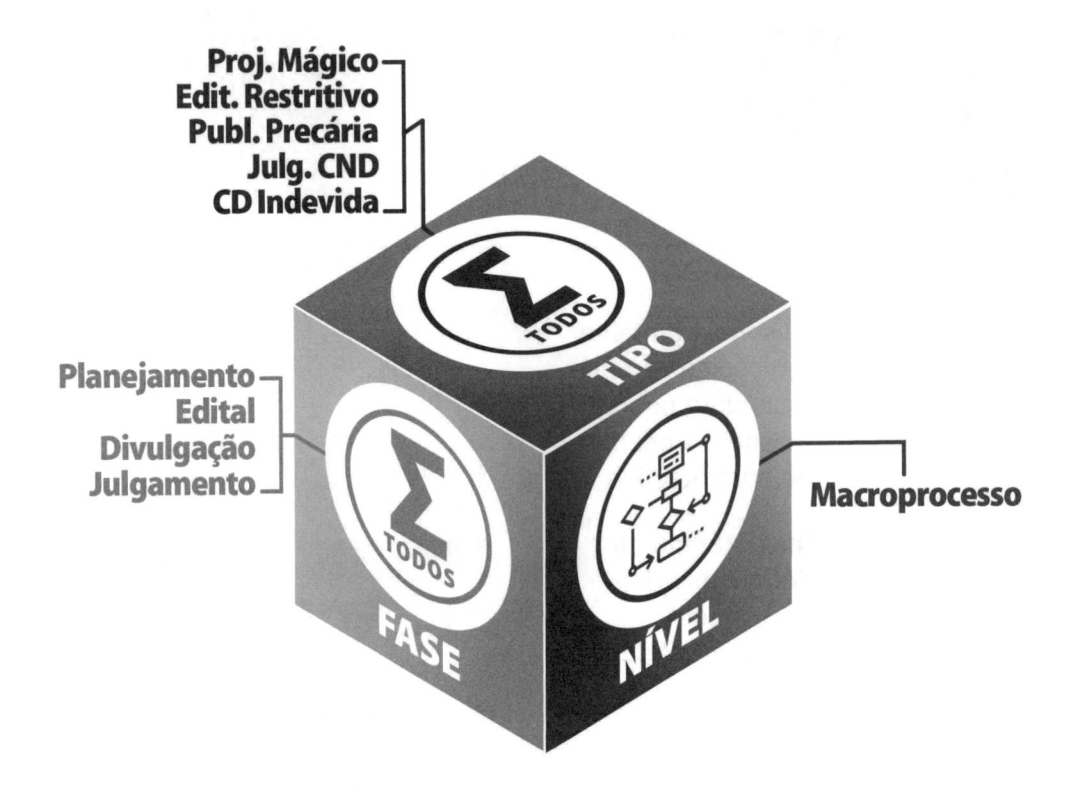

Nesse nível estão os principais controles internos voltados especificamente para mitigar a fraude e a corrupção nas compras públicas, atuando sobre todas ou grande parte das contratações, pelo seu caráter estrutural, que abrange as funções e atividades desempenhadas na área de compras.

Embora já houvesse movimento jurisprudencial, normativo e dos órgãos de controle fomentando a gestão de riscos abrangente no setor público, assim como sua aplicação em licitações e contratos, como já descrevemos, a NLL inovou a exigir explicitamente o gerenciamento de riscos como processo inerente ao ambiente, ao contexto, ao conjunto e a todas as contratações de modo obrigatório para toda a Administração Pública (art. 11, parágrafo único). A NLL determina o gerenciamento de riscos no macroprocesso (art. 169) e a cada contratação específica (art. 18, X).

Reforçando esse comando, encontramos regulamentos da NLL, como a Portaria Seges nº 8.678/2021, que definiu a gestão de riscos e o controle preventivo como instrumentos de governança das contratações no Poder Executivo Federal.

O inciso II da Portaria Seges nº 8.678/2021 dispõe que compete ao órgão ou entidade gerenciar riscos **do metaprocesso de contratações** e dos processos específicos em cada licitação e contrato. O conceito de metaprocesso é o mesmo de macroprocesso.

A mesma lógica se aplica ao Poder Judiciário, pelo comando da Resolução CNJ nº 347/2020, assim como outras unidades contratantes espalhadas pelo país, a exemplo da Prefeitura de São Paulo (IN nº 04/SEGES/2023, art. 13); Câmara Municipal de Estância Turística de Joanópolis/SP (Resolução nº 221/2023, art. 13); Estado de Pernambuco (Portaria SCGE nº 08/2023, art. 6º e 7º); Estado do Tocantins (Decreto nº 6.606/2023, art. 14); Prefeitura de Santa Quitéria/CE (Decreto nº 006/2023, art. 16); Prefeitura de Guaxupé/MG (Decreto nº 2673/2023, art. 9º).

Assim, cabe aos dirigentes da unidade contratante e aos responsáveis pela área de contratações fomentar, coordenar, supervisionar ações que levem à identificação, avaliação e tratamento dos riscos de fraudes relacionados com o macroprocesso das contratações. Recomendamos fortemente que esse trabalho seja conduzido por uma equipe multidisciplinar, composta por pessoas que atuam diretamente nos procedimentos de licitações, assim como outras pessoas da organização, especialmente os principais setores demandantes, unidade encarregada da segunda linha, assim como especialistas em gestão de riscos e/ou da área de licitações. A auditoria interna pode atuar sob a forma de consultoria, com assessoramento, aconselhamento, treinamento e facilitação (SOUZA; SANTOS, 2022b).

Como exemplo desse tipo de atividade, encontramos diversos Planos de Tratamento de Riscos do Macroprocesso de Contratação, disponíveis nas páginas de entidades do Poder Judiciário, como Tribunais de Justiça Federais, Tribunais Eleitorais, Tribunais do Trabalho. Recomendamos, como referência, os materiais do Tribunal de Justiça do Distrito Federal e Territórios (TJDFT), órgão que alcançou índice de maturidade aprimorado em Governança e Gestão de Contratações, segundo levantamento do TCU em 2021. No site do TJDFT é possível obter diversos manuais, cartilhas, banco de riscos, plano de tratamento e até mesmo um painel estatístico que monitora o nível de cada um dos 63 eventos de risco mapeados no macroprocesso de contratações do TJDFT.

Um desses eventos de risco do TJDFT é "elaboração de ETP e do PB com especificações incompletas ou com requisitos insuficientes ou restritivos", tendo como causas possíveis as fragilidades em competências da equipe de planejamento ou falhas nos modelos ou manuais de procedimentos. Mas, como vimos na tipologia deste livro, esse tipo de evento também seria potencialmente causado por conluio entre agentes públicos e fornecedores, no sentido de promover o direcionamento da licitação ou restrição intencional à competitividade.

Assim, nesse exemplo, além de origem em causas que provocam erros, o projeto incompleto, insuficiente ou restritivo também poderia ser abordado sob o enfoque da gestão de riscos de fraude, com controles internos preventivos e corretivos que buscassem atuar sobre os vértices do Triângulo da Fraude, especialmente a Oportunidade e a Racionalização.

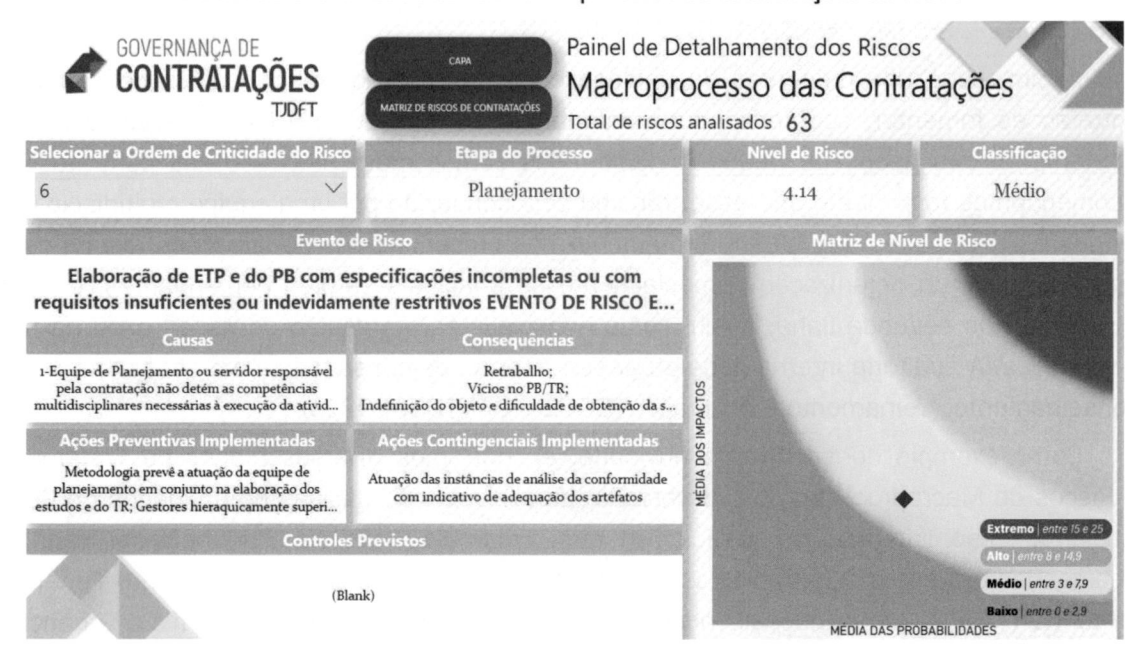

Painel de Gestão de Riscos do Macroprocesso de Contratações do TJDFT

Painel de Detalhamento dos Riscos — Macroprocesso das Contratações
Total de riscos analisados 63

Selecionar a Ordem de Criticidade do Risco	Etapa do Processo	Nível de Risco	Classificação
6	Planejamento	4.14	Médio

Evento de Risco: Elaboração de ETP e do PB com especificações incompletas ou com requisitos insuficientes ou indevidamente restritivos EVENTO DE RISCO E...

Causas	Consequências
1-Equipe de Planejamento ou servidor responsável pela contratação não detém as competências multidisciplinares necessárias à execução da ativid...	Retrabalho; Vícios no PB/TR; Indefinição do objeto e dificuldade de obtenção da s...

Ações Preventivas Implementadas	Ações Contingenciais Implementadas
Metodologia prevê a atuação da equipe de planejamento em conjunto na elaboração dos estudos e do TR; Gestores hierarquicamente superi...	Atuação das instâncias de análise da conformidade com indicativo de adequação dos artefatos

Controles Previstos: (Blank)

Matriz de Nível de Risco:
- Extremo | entre 15 e 25
- Alto | entre 8 e 14,9
- Médio | entre 3 e 7,9
- Baixo | entre 0 e 2,9

Fonte: www.tjdft.jus.br/transparencia/governanca-institucional/governanca-de-aquisicoes

Veja-se que esse evento de risco é comum a qualquer contratação. Seja obra, serviço ou material, o projeto pode ser direcionado, por meio de especificações insuficientes ou injustificadas. E por ter esse caráter comum, o gerenciamento dos riscos pode ocorrer de modo abrangente, por meio de mecanismos de controle que atuam sobre todas as contratações.

E não se deve esquecer que esse cenário merece ser revisitado com frequência, pois o contexto dessa etapa do planejamento da contratação pode se alterar, seja em função de mudanças na legislação, na jurisprudência, no mercado ou no ambiente interno da unidade contratante, portanto, pode e deve ser atualizado.

Para ajudar na elaboração da gestão de riscos do macroprocesso de contratações, existem listas referenciais e exemplificativas, como o 'banco de riscos' disponibilizado pelo TJDFT ou o 'inventário de riscos e controles' publicado pelo Governo de Pernambuco em 2022, com diversos exemplos de eventos de riscos, causas e consequências, bem como medidas preventivas e corretivas sugeridas.

Não é o caso, obviamente, de sair copiando e colando essas listas de modo genérico, afinal, cada unidade contratante tem sua própria realidade de riscos, especialmente em termos de probabilidade e impacto, mas os exemplos servem de apoio para conhecimento básico, ponto de partida, suporte para adaptações e ajustes, por meio do trabalho coletivo da equipe multidisciplinar para construção e monitoramento do processo de gerenciamento de riscos das contratações.

CAPÍTULO 6 — PREVENÇÃO DE FRAUDES EM LICITAÇÃO

Na intenção de contribuir com as referências gerais existentes, **apresentamos alguns exemplos** de eventos, causas, consequências e controles internos sugeridos, voltados para os riscos de fraudes no macroprocesso de contratações, levando em conta nosso modelo conceitual do Cubo 2S, contextualizando o risco com a respectiva fase da licitação e tipologia de fraude potencial.

• • RISCO DE INTEGRIDADE EM CONTRATAÇÕES

R#03 — SUPERESTIMATIVA DE QUANTIDADES

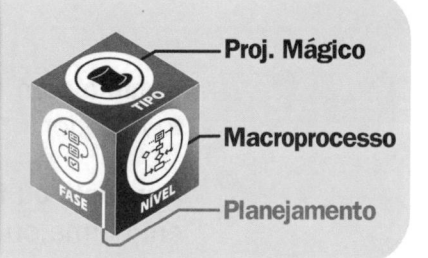

- Proj. Mágico
- Macroprocesso
- Planejamento

CAUSA

- **Conluio** com fornecedor
- **Ausência ou falha** em norma ou manual de quantificação
- **Ausência ou falha** em controle de estoques
- **Comunicação deficiente** demandante x comprador
- **Falta ou falha** em Plano de Contratações Anual

CONSEQUÊNCIA

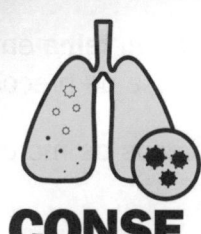

- **Restrição** à competição ou direcionamento
- **Venda de Atas** de Registro de Preços (barriga de aluguel)
- **Aditivos contratuais desnecessários**
- **Desperdício e prejuízo**
- **Sobra de objeto**, sem necessidade

PREVENÇÃO

- **Normatizar** e manualizar metodologia de quantificação de necessidades
- **Implantar** efetivo controle de estoques e padrões médios de consumo
- **Promover** gestão por competências e equipe multidisciplinar de planejamento
- **Revisar** estimativas de quantidade em contratações de maior vulto (área/pessoa especializada)
- **Implementar** efetivo Plano de Contratações Anual

CORREÇÃO

- **Devolver** ETP/TR/PB com estimativas sem fundamento
- **Apurar** responsabilidade em caso de irregularidade
- **Revogar/anular** contratação irregular

R#04 SOBREPREÇO

RISCO DE INTEGRIDADE EM CONTRATAÇÕES

- Proj. Mágico
- Macroprocesso
- Planejamento

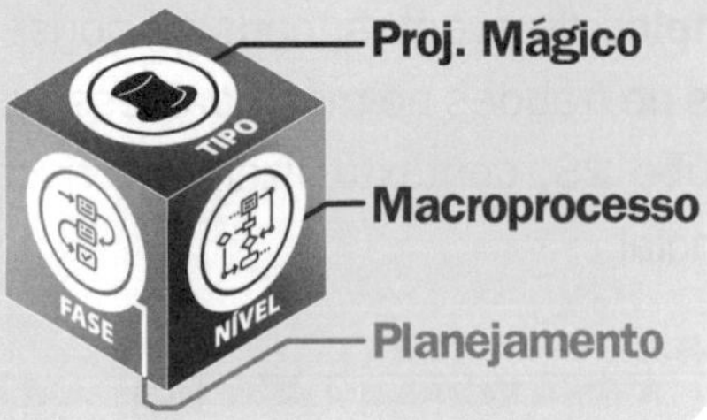

CAUSA

Conluio com fornecedor

Ausência ou falha em norma ou manual de precificação

Falta ou falha em capacitação sobre pesquisa de preços

Dificuldade de obter preços de mercado

Falha na avaliação da necessidade e/ou especificação do objeto

CONSEQUÊNCIA

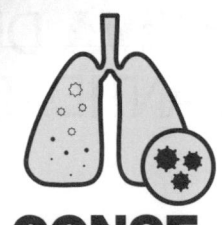

Restrição à competição ou direcionamento/fraude

Venda de Atas de Registro de Preços (barriga de aluguel)

Prejuízo

PREVENÇÃO

Normatizar/manualizar pesquisa de preços

Implantar setor especializado em orçamento

Revisar metodologia de pesquisa em contratações de maior vulto

Promover gestão por competência e capacitação sobre pesquisa de preços

CORREÇÃO

Devolver/sanear processo com pesquisa irregular

Apurar responsabilidade em caso de irregularidade

Revogar/anular contratação irregular

Encaminhar caso irregular a órgãos de controle

Renegociar preços em contrato em andamento

CAPÍTULO 6 — PREVENÇÃO DE FRAUDES EM LICITAÇÃO

• • RISCO DE INTEGRIDADE EM CONTRATAÇÕES

R#05 — ESPECIFICAÇÃO INSUFICIENTE, RESTRITIVA E/OU DIRECIONADA

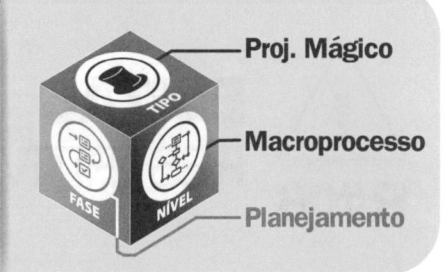

- Proj. Mágico
- Macroprocesso
- Planejamento

CAUSA

- **Conluio** com fornecedor
- **Ausência ou falha** em catálogo de padronização
- **Comunicação deficiente** demandante x comprador
- **Falta ou falha** na definição de atribuições e designação de equipe de planejamento
- **Falta ou falha** em supervisão proporcional ao risco
- **Falta ou falha** em conhecimento técnico da necessidade/solução

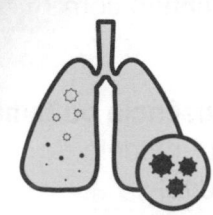

CONSEQUÊNCIA

- **Restrição** à competição ou direcionamento/fraude
- **Atraso/inviabilidade** de licitar por impugnação/recurso/representação
- **Desperdício ou prejuízo** por solução inadequada à necessidade

PREVENÇÃO

- **Promover** gestão por competência e capacitação sobre planejamento
- **Definir** atribuições e designação de equipes multidisciplinares de planejamento
- **Promover** interação transparente com mercado em contratações mais críticas
- **Providenciar** apoio especializado para planejamento de objetos complexos
- **Centralizar** contratações mais críticas e/ou recorrentes
- **Desenvolver** catálogo padronizado de contratações recorrentes

CORREÇÃO

- **Devolver/sanear** processo com especificação irregular
- **Apurar** responsabilidade em caso de irregularidade
- **Revogar/anular** contratação irregular
- **Encaminhar** caso irregular a órgãos de controle

• • RISCO DE INTEGRIDADE EM CONTRATAÇÕES

R#06 EDITAL RESTRITIVO

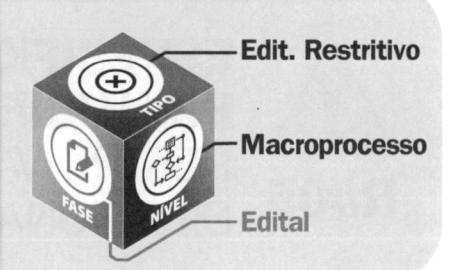

- Edit. Restritivo
- Macroprocesso
- Edital

CAUSA

Conluio com fornecedor

Ausência ou falha em modelo de Edital

Falta ou falha em supervisão proporcional ao risco

Falta ou falha em conhecimento técnico sobre Edital

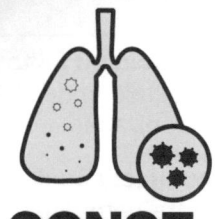

CONSEQUÊNCIA

Restrição à competição ou direcionamento/fraude

Desperdício ou prejuízo por falta de competição e/ou fornecedor inadequado

Atraso/inviabilidade de licitar por impugnação/recurso/representação

Comprometimento de imagem

PREVENÇÃO

Promover gestão por competência e capacitação sobre Edital

Definir atribuições e designação de equipes multidisciplinares de planejamento

Formular modelos de Editais para os principais tipos de solução

Promover interação transparente com mercado em contratações mais críticas

Centralizar contratações mais críticas e/ou recorrentes

CORREÇÃO

Devolver/sanear processo com Edital irregular

Apurar responsabilidade em caso de irregularidade

Revogar/anular contratação irregular

Encaminhar caso irregular a órgãos de controle

CAPÍTULO 6 — PREVENÇÃO DE FRAUDES EM LICITAÇÃO

• • RISCO DE INTEGRIDADE EM CONTRATAÇÕES

⚠ HABILITAÇÃO IRREGULAR DE LICITANTE
R#07

- Julg. CND
- Macroprocesso
- Julgamento

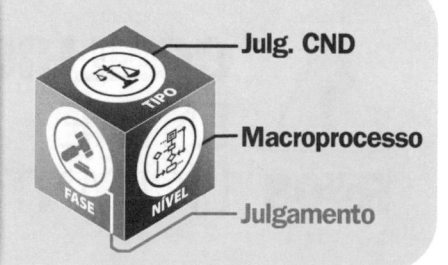

CAUSA

- **Conluio** com fornecedor
- **Mesma pessoa elabora Edital** e conduz a licitação
- **Falta ou falha** em conhecimento sobre fraudes
- **Ausência ou deficiência** de checklist de habilitação
- **Inexistência ou falha** em consulta a cadastros impeditivos
- **Falta ou falha** em supervisão proporcional ao risco

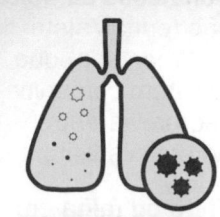

CONSEQUÊNCIA

- **Direcionamento/fraude**
- **Contratação** de fornecedor impedido
- **Desperdício ou prejuízo** por falta de competição e/ou fornecedor inadequado e/ou nulidade do contrato
- **Aceitação de documento falso** (ex: atestado, certidão)
- **Atraso/inviabilidade** de contratar por recurso/representação
- **Comprometimento de imagem**

PREVENÇÃO

- **Adotar** *checklist* para análise padronizada de condições de habilitação
- **Implantar** rotina e supervisão de consulta a cadastros impeditivos
- **Segregar** função entre quem elabora o Edital e quem conduz o certame
- **Prover apoio técnico especializado** ao agente de contratação/pregoeiro em licitações complexas
- **Promover** gestão por competência e capacitação sobre fraudes em licitações
- **Centralizar** contratações mais críticas e/ou recorrentes

CORREÇÃO

- **Anular** licitação irregular
- **Apurar** responsabilidade em caso de irregularidade
- **Encaminhar** caso irregular a órgãos de controle

R#08 CONLUIO ENTRE LICITANTES

RISCO DE INTEGRIDADE EM CONTRATAÇÕES

- Julg. CND
- Macroprocesso
- Julgamento

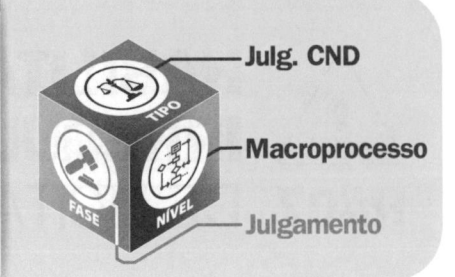

CAUSA

Condições de licitação (edital/sistema/mercado) que facilitem comunicação prévia entre potenciais licitantes

Falta ou falha em conhecimento sobre fraudes

Ausência ou falha em procedimentos e métodos de cruzamento de dados e emissão automatizada de alertas (*red flags*)

Ausência ou falha em responsabilização efetiva por fraudes

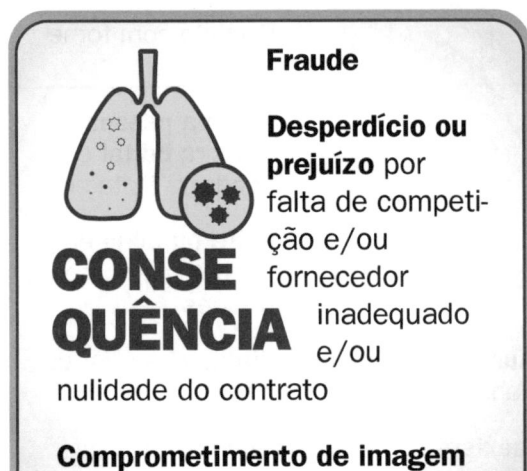

CONSEQUÊNCIA

Fraude

Desperdício ou prejuízo por falta de competição e/ou fornecedor inadequado e/ou nulidade do contrato

Comprometimento de imagem

PREVENÇÃO

Evitar oportunidades de conhecimento/comunicação prévia de potenciais licitantes

Promover gestão por competência e capacitação sobre fraudes em licitações

Exigir dos licitantes declaração de independência de proposta

Implementar rotinas e trilhas de verificação automatizada de indicadores de conluio entre licitantes (*red flags*), a exemplo de vínculos societários, parentesco, atuação colusiva

CORREÇÃO

Anular licitação irregular

Apurar responsabilidade em caso de irregularidade

Encaminhar caso irregular a órgãos de controle

6.2.3 Gestão de Riscos Antifraude no Objeto da Contratação

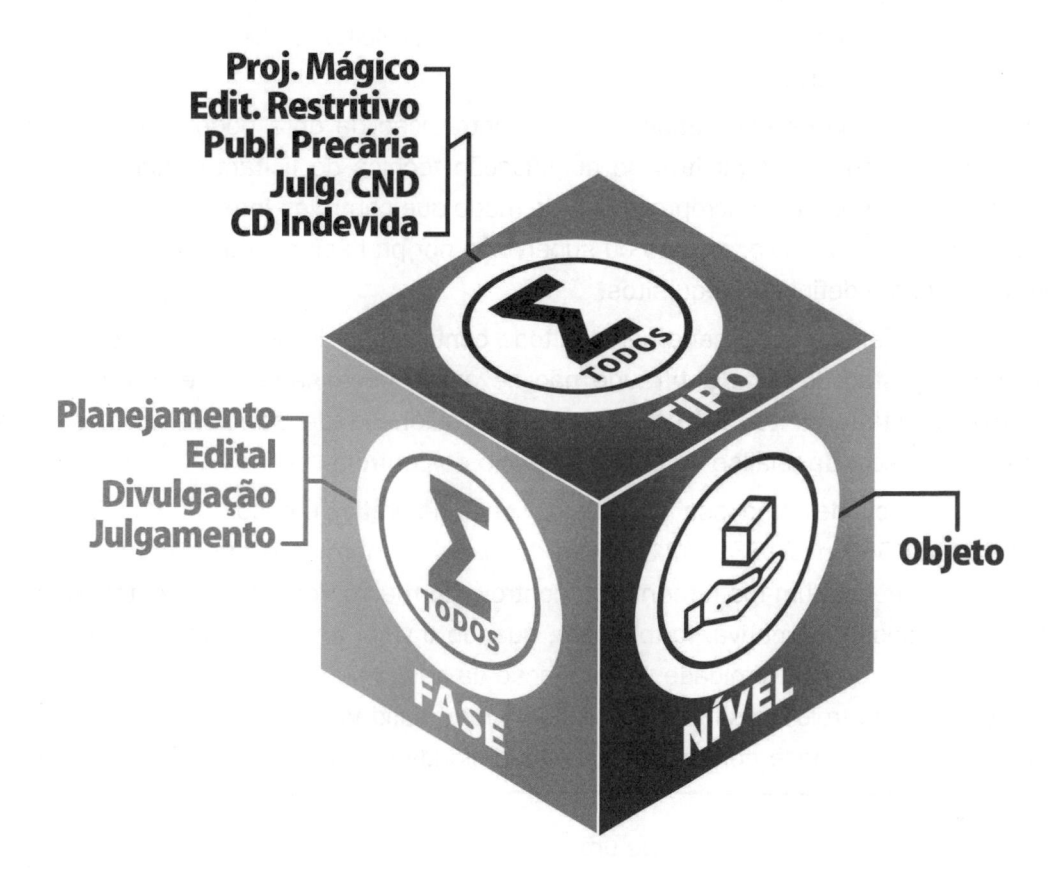

Aqui temos o nível mais operacional da gestão de riscos antifraude nas licitações. Os riscos tratados não são mais de um processo genérico, como abordado no macroprocesso de contratação, mas sim riscos de objetos específicos, como obra, limpeza, vigilância, manutenção, medicamentos, alimentação escolar, frotas.

É um esforço **complementar aos níveis anteriores**, portanto, não se buscará, por exemplo, resolver a falta ou falha em modelo de edital para aquele tipo de objeto, mas se poderá atuar para reforçar a revisão e supervisão de alguma cláusula de habilitação restritiva, se for o caso, levando em conta o custo-benefício e a criticidade do risco naquela contratação específica.

Seguindo esse exemplo, um 'modelo de edital' não tem como prever todas as hipóteses de restrição potencial da competição, geralmente atuando por meio de recomendações mais gerais, que precisam ser adaptadas ao caso concreto.

Imagine a contratação de uma obra. O modelo de edital trará, muito provavelmente, recomendações para que sejam adotados critérios adequados de habilitação técnica, de forma a atender à legislação e à jurisprudência. Vejamos, por exemplo, o modelo de edital da AGU para Concorrência pela NLL, no qual está descrito que os documentos previstos no Projeto Básico/ Termo de Referência, necessários e suficientes para demonstrar a capacidade do licitante de realizar o objeto da licitação, serão exigidos para fins de habilitação, nos termos dos arts. 62 a 70 da Lei nº 14.133, de 2021.

Isso não afasta necessariamente o risco de uso indevido dos requisitos de capacidade técnica, pois para cada objeto contratual terá que ser definido o conjunto de elementos 'necessários e suficientes para demonstrar a capacidade do licitante'. Daí floresce a oportunidade de fraude, no caso concreto.

Assim, um mapa de risco específico da contratação da obra poderia incluir o risco de fraude na elaboração dos requisitos de qualificação técnica do licitante, complementando o modelo geral que atende ao macroprocesso, de modo que controles internos adicionais fossem adotados, como, por exemplo, revisão ou supervisão por profissional ou equipe distinta da que elaborou o projeto e definiu os requisitos.

Isso não se aplica necessariamente a toda contratação de obra, assim como, de modo abrangente, a gestão de risco antifraude não se aplica necessariamente a toda e qualquer contratação indistintamente. Vale o princípio da racionalidade administrativa, do controle proporcional ao risco, da análise do custo-benefício do controle.

Uma referência de como isso pode ser aplicado na prática é encontrada no TJDFT. Ali, por meio da Portaria GPR nº 2153/2021, foram definidas as normas e diretrizes para realização de pesquisa de preços, um instrumento de controle do macroprocesso de contratações. Entre os dispositivos dessa normativa, foi prevista, quando o valor estimado ultrapassa R$300 mil, além da verificação de conformidade, a ampliação da pesquisa por uma área especializada. Ou seja, exige-se um controle mais rigoroso quando a materialidade da contratação é elevada, para o contexto daquela unidade contratante. A materialidade é um principais fatores a ser levado em conta na avaliação do risco.

Nesse caso, no mapa de risco de uma contratação superior ao limite máximo definido na regra geral, poderia constar a ampliação da pesquisa de preços por uma área especializada ou algum outro procedimento de checagem adicional.

A responsabilidade por elaborar o mapa de risco em cada contratação geralmente recai sobre a equipe de planejamento. Sugere-se que sejam criadas rotinas de treinamento, monitoramento e supervisão desse procedimento, tanto pela direção da área de contratação quanto pela segunda e terceira linha de defesa.

No estudo de Rodrigo Paiva (2023), avaliando maturidade de gestão de riscos de integridade em contratações em quatro órgãos públicos, sendo dois federais, um estadual e um municipal, a gestão de riscos no nível mais operacional, com incidência em contratações especificas, ou seja, aplicada ao objeto pretendido, teve o menor nível de maturidade no grupo de órgãos avaliados, o que aponta para a necessidade de incremento expressivo de aperfeiçoamento nesse nível de atuação.

Na intenção de contribuir para esse avanço, apresentamos **exemplos** de riscos relacionados com o nível de objeto e medidas de controle que podem ser adotadas para mitigá-los.

CAPÍTULO 6 — PREVENÇÃO DE FRAUDES EM LICITAÇÃO

RISCO DE INTEGRIDADE EM CONTRATAÇÕES

⚠ R#09 — PRODUTIVIDADE SUBESTIMADA EM SERVIÇOS DE LIMPEZA

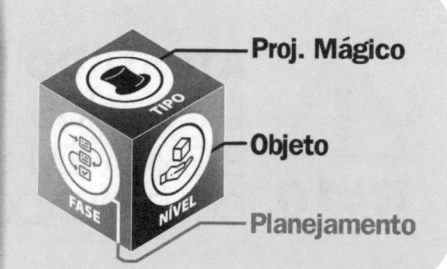

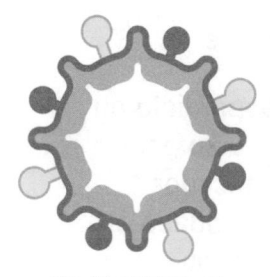

- Proj. Mágico
- Objeto
- Planejamento

CAUSA

- **Ausência ou falha** em estudo de necessidades e/ou padrões de produtividade de referência
- **Conluio com fornecedor** (facilitar desvio na execução contratual)

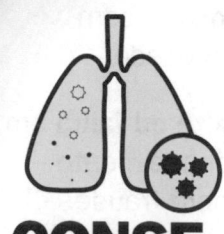

CONSEQUÊNCIA

- **Desperdício** por contratação ineficiente
- **Prejuízo** por desvio na execução contratual (pagar mais do que a quantidade de pessoal disponibilizado)

PREVENÇÃO

- **Elaborar** estudo efetivo das necessidades, alternativas de solução e adequação às melhores práticas e padrões de referência de produtividade
- **Providenciar** apoio especializado para planejamento da contratação

CORREÇÃO

- **Sanear/Anular** licitação
- **Apurar responsabilidade** em caso de irregularidade
- **Encaminhar** caso irregular a órgãos de controlet

R#10 — ATESTADO FALSO DE 3 ANOS DE EXPERIÊNCIA EM SERVIÇO CONTINUADO

RISCO DE INTEGRIDADE EM CONTRATAÇÕES

- Julg. CND
- Objeto
- Julgamento

CAUSA
- **Conluio** com fornecedor
- **Falta ou falha** em conhecimento sobre fraudes
- **Falta ou falha** em supervisão proporcional ao risco

CONSEQUÊNCIA
- Fraude
- Desperdício ou prejuízo por fornecedor inadequado e/ou nulidade do contrato

PREVENÇÃO
- **Adotar** sistemática rigorosa de análise de atestado, avaliando indícios de falsificação e promovendo diligências em caso de dúvidas
- **Prover** apoio técnico especializado ao pregoeiro para análise de atestado

CORREÇÃO
- **Sanear/Anular** licitação
- **Apurar** responsabilidade em caso de irregularidade
- **Encaminhar** caso irregular a órgãos de controle

ACFE. Association of Certified Fraud Examiners. Report to the nations. *Global study on occupational fraud and abuse*. Government edition. 2018.

ACFE. Association of Certified Fraud Examiners. *Beyond Checking the Boxes*: Establishing a Fraud Prevention Plan. Anti-fraud global edition. Resource Guide. Fourth quarter, 2019.

ALBRECHT, W. Steve; HOWE, Keith R.; ROMNEY, Marshall B. Deterring fraud: the internal auditors perspective. *The Institute of Internal Auditors Research Foundation*, Altamonte Springs, FL, 1984.

ALEXANDRINO, Paulo; PAULO, Vicente. *Direito Administrativo Descomplicado*. 22. ed. São Paulo: Método, 2014.

ALMEIDA, Hebert. Nova Lei de Licitações e Contratos Esquematizada. *Estratégia Concursos*, 2021.

ALVES, Jackson. Um novo personagem na contratação pública: o agente de contratação como gerente de projeto. *Portal Jus*, 2021.

AMARAL, Susana; MATHEUS, Wesley. Diagnóstico nacional de controle interno. *Conselho Nacional de Controle Interno (Conaci) e World Bank Group*, 2022.

AMORIM, Victor Aguiar J. Princípio da juridicidade x princípio da legalidade estrita nas licitações públicas. Análise prática da admissibilidade de juntada posterior de documento no procedimento licitatório. *Revista Jus Navigandi*, Teresina, a. 14, n. 2366, 23 dez. 2009.

AMORIM, Victor Aguiar J. *Licitações e contratos administrativos*: teoria e jurisprudência. Brasília: Senado Federal, Coordenação de Edições Técnicas, 2017.

AMORIM, Victor Aguiar J. Desconsideração da personalidade jurídica pelo Pregoeiro. *Jus*, fev. 2019.

AMORIM, Victor Aguiar J. *Licitações e contratos administrativos*: teoria e jurisprudência. 4. ed. atualizada de acordo com a Lei nº 14.133/2021. Brasília: Senado Federal, Coordenação de Edições Técnicas, 2021.

AMORIM, Victor Aguiar J.; OLIVEIRA, Rafael Sérgio L. de. *O novo pregão eletrônico*: comentários ao Decreto 10.024, de 20 de setembro de 2019. Recife: Portal L&C, 2019.

ANAND, V.; ASHFORTH, B. E.; JOSHI, M. Business as usual: the acceptance and perpetuation of corruption in organizations. *Academy of Management Executive*, v. 18, n. 2, 2004.

ANAO. AUSTRALIAN NATIONAL AUDIT OFFICE. *Fraud control in Australian government entities*. Camberra, 2011.

ANDERSON, Douglas J.; EUBANKS, Gina. Alavancar o Coso nas três linhas de defesa. *Comitê das Organizações Patrocinadoras da Comissão Treadway (COSO)*, 2015.

ARRUDA, João. Parecer do Relator pela aprovação do PL 1292/1995. *Câmara dos Deputados*, Brasília, 03 dez. 2018.

BANCO MUNDIAL. *Um ajuste justo, análise da eficiência e equidade do gasto público no Brasil*. 21 nov. 2017.

BANCO MUNDIAL. *Econometric Analysis of Framework Agreements in Brazil and Colombia*. 01 jun. 2021.

BANDIERA, O.; PRAT, A.; VALLETTI, T. Active and passive waste in government spending: evidence from a policy experiment. *American Economic Review*, 2009.

BARROSO, Luís Roberto. Democracia, desenvolvimento e dignidade humana: uma agenda para os próximos dez anos. In: *XXI Conferência Nacional da Ordem dos Advogados do Brasil*, 2011.

BASTOS, Ernane F.; CAVALCANTE, Luiz R. Pregão eletrônico e dispensa de licitação: uma análise dos valores contratados pela administração pública federal. *Revista do Serviço Público*, 2021.

BEASLEY, M. S.; CARCELLO, J. V.; HERMANSON, D. R. Top 10 audit deficiencies. *Journal of Accountancy*, v. 19, p. 63-63, 2001.

BORGES, Daian; BRAGA, Marcus Vinicius de Azevedo. A lei como instrumento de controle, lacunas em licitações e contratos e suas consequências. *Revista Consultor Jurídico*, 7 out. 2019.

BOSELLI, Felipe. *O valor estimado do contrato para fins de habilitação na modalidade pregão*. 2010a. Disponível em: <https://boselli.com.br/o-valor-estimado-do-contrato-para-fins-de-habilitacao-na-modalidade-pregao-2/>. Acesso em: 04 jan.2024

BOSELLI, Felipe. *A utilização indiscriminada dos índices contábeis*. 2010b. Disponível em: <https://boselli.com.br/a-utilizacao-indiscriminada-dos-indices-contabeis-2/>. Acesso em: 04 jan.2024

BOSELLI, Felipe. *Procedimentos para alteração do edital*. 2016. Disponível em: < https://boselli.com.br/procedimentos-para-alteracao-do-edital/>. Acesso em: 04 jan.2024

BOSIO, Erica *et al*. Public Procurement in Law and Practice. *NBER Working Paper*, n. 27188, 2020.

BRAGA, Marcus Vinicius de Azevedo. A importância de se considerar os impactos do controle governamental. Blog Gestão, Política e Sociedade. *Estadão*, 2019.

BRAGA, Marcus Vinicius de Azevedo. *Controle, educação e custos de transação*: análise da atuação da Controladoria-Geral da União (CGU) na política educacional descentralizada para os municípios, de 2005 a 2014. Tese (Doutorado em Políticas Públicas, Estratégias e Desenvolvimento). Universidade Federal do Rio de Janeiro, 2019b.

BRAGA, Marcus Vinicius de Azevedo. O *ébrio*, os *óculos* e as salvaguardas anticorrupção. *Portal Sollicita*, 2020.

BRAGA, Marcus Vinicius de Azevedo. Gestão de riscos: o coração de um programa de integridade. *Portal Migalhas*, 2021.

BRAGA, Estevão Leoncio. *As principais dificuldades no uso do sistema de registro de preço na compra de medicamentos e insumos para saúde no âmbito do Exército Brasileiro*. TCC (Especialização em Ciências Militares). Escola de Aperfeiçoamento de Oficiais, 2020b.

REFERÊNCIAS

BRASIL. Ministério do Planejamento. *Mapeamento e Análise dos Custos Operacionais dos Processos de Contratação do Governo Federal.* Relatório Técnico 12. Consolidação do levantamento de custos. 2007.

BRASIL. Portal de Compras do Governo Federal. Painel de Municípios. *Gov.br*, 19 dez. 2023. Disponível em: https://www.gov.br/compras/pt-br/cidadao/painel-municipios. Acesso em 19 dez. 2023.

BRITO, Eveline Martins; CAPANEMA, Renato. Gestão de riscos de corrupção com base em dados correcionais: uma proposta de metodologia. *Cadernos Técnicos da CGU*: coletânea de Artigos Correcionais, 2022. v. 3.

BRITO, Isabella. Governança em contratações públicas: a transformação passa pelos meios. *Portal Licitação e Contrato*, 2020.

CFC. Conselho Federal de Contabilidade. *Resolução do Conselho Federal de Contabilidade nº 1.207/2009.* Responsabilidade do Auditor em Relação a Fraude, no Contexto da Auditoria de Demonstrações Contábeis.

CADE. Conselho Administrativo de Defesa Econômica. *Guia de combate a cartéis em licitação*, 2019.

CAMPOS, Nicolás *et al.* The Ways of Corruption in Infrastructure: Lessons from the Odebrecht Case. *Journal of Economic Perspectives*, v. 35, n. 2, p. 171-190, 2021.

CASER, Gabriel. Dos acordos de leniência do CADE e da CGU: Qual balcão é o mais atrativo? *Revista de Defesa da Concorrência*, Cade, v. 8, n. 1, 2020.

CIPFA. Chartered Institute of Public Finance and Accountancy. Fraud and corruption tracker. *National Report.* 2020.

CGU. Controladoria Geral da União. *Guia de Implantação de Programas de Integridade nas Empresas Estatais.* 2015.

CGU. Controladoria Geral da União. *Manual de Responsabilização Administrativa de Pessoa Jurídica.* 2017.

CGU. Controladoria Geral da União. *Manual para Implementação de Programas de Integridade.* 2017b.

CGU. Controladoria Geral da União. *Guia Prático de Gestão de Riscos para a Integridade.* 2018.

CGU. Controladoria Geral da União. *Apresentação "Modelo de Gestão de Riscos de Corrupção*: agências reguladoras". 2021a. Disponível em: <https://portal-br.tcerj.tc.br/documents/454798/102862528/ Modelo de Gestão de Riscos de Corrupção: agências reguladoras_Waller.pdf>. Acesso em 14 mai. 2023.

CGU. Controladoria Geral da União. *Relatório de Avaliação nº 852325.* 2021b.

CGU. Controladoria Geral da União. *Integridade em contratações públicas.* v. 1. 2021c.

CHAPELA, J. G.; LABEAGA, J. M.; MEDRANO, L. A. Further econometric evidence on the extent and sources of cost savings in competitively tendered contracts. *Empirical Economics*, n. 56, v. 2, 2019.

CHARLES, Ronny. Orçamento sigiloso e a potencial vantagem econômica na Contratação Pública. *Portal Ronny Charles*, 2022.

CORDÃO, Catarina; FERREIRA, Jessica. Cartel em licitações: tendência de investigação pelos órgãos licitantes. *Conjur*, 2019.

CORREIA, Robson Luís. Reflexões sobre a nova lei de licitações. *In*: Estudo técnico preliminar e plano de contratações anual: elementos primordiais ao planejamento. *Portal TCE-SP*, 2022.

CORREIA, Gabriela de Azevedo. A utilização de provas indiretas no combate a cartéis em licitação: uma análise da jurisprudência do CADE. Trabalho de Conclusão de Curso (Graduação em Direito), *FGV*, 2016.

CORRÊA, Ronaldo. Hipóteses de dispensa de licitação que não estão na lei de licitações. *Linkedin*, 29 out. 2019. Disponível em: www.linkedin.com/pulse/hipóteses-de-dispensa-licitação-que-não-estão-na-lei-ronaldo-corrêa. Acesso em 10 ago. 2023.

COSO. Committe Of Sponsoring Organizations of the Treadway Commission (Org.). *Internal Control*: integrated framework (Executive Summary). United States of America: COSO, 1992.

COSTA, A. F.; ANDRIOLI, L.G.G.; BRAGA, C.R.A. Estudos técnicos preliminares: o calcanhar de Aquiles das aquisições públicas. *Revista do TCU*, p. 38-51, 2017.

COSTA, Cecilia de Almeida; SANTOS, Franklin Brasil. Estudo Técnico Preliminar: o dilema entre necessidade e solução. *In*: LIMA, F. F. A. A.; CORREA, R. Licitações e Contratos Administrativos na Lei nº 14.133/21: aspectos gerais. Curitiba: Editora Negócios Públicos, 2022.

COWART, Tammy; SCHULZKE, Kurt S.; Jackson, Sherry. *Carrots and Sticks of Whistleblowing*: what classification trees say about false claims act lawsuits. Fevereiro, 2019.

CRESSEY, Donald R. *Other people's money*: a study in the social psychology of embezzlement. Glencoe, Illinois: The Free Press, 1953.

DALLARI, Adilson Abreu. *Aspectos jurídicos da licitação*. 4. ed. São Paulo: Saraiva, 1997.

DANIEL, Juliana; GUZZO, Juliana. A nova Lei de Licitações e a desconsideração da personalidade jurídica. *Portal Conjur*, 2021.

DIAS, L. N. S. *et al*. Fatores associados ao desperdício de recursos da saúde repassados pela União aos Municípios auditados pela Controladoria Geral da União. *Revista Contabilidade e Finanças-USP*, v. 24, n. 63, p. 206-218, 2013.

DOURADO, Rodolfo. *Manual de pequenas fraudes*: a dimensão política dos processos licitatórios. Dissertação (Mestrado em Ciências Sociais), Universidade Federal da Bahia, Bahia, 2015.

DYCUS, Dennis F. *Auditing for fraud*. Presentation. AGA – Baltimore Chapter, 2012.

ESPÍNOLA, D. A. *Para que (m) serve a governança pública? Uma análise a partir da implementação da política de governança na Funasa*. Dissertação (Mestrado em Governança e Desenvolvimento). Enap, 2021.

ESPÍNOLA, Daniel Aguiar; CAMPOS FILHO, Antonio Claret. Ética comportamental, organizações e corrupção: propostas para o aprimoramento dos programas de integridade do Poder Executivo federal. *In*: *III ENEPCP – Encontro Nacional de Ensino e Pesquisa do Campo de Públicas*. Natal/RN, 2019.

FARIA, E. R. de *et al*. Fatores determinantes na variação dos preços dos produtos contratados por pregão eletrônico. *Revista de Administração Pública – RAP*, n. 44, v. 6, p. 1405-1428, 2010.

FARIAS, Cristiano C. de; ROSENVALD, Nelson. *Curso de Direito Civil. v. 1*: parte geral e Lindb. 18. ed. São Paulo: Atlas, 2020.

FAZIO, Dimas. Rethinking Discretion in Public Procurement: Evidence from Brazil. *SSRN*, 2022.

FERNANDES, A. L. Q. M. J. *O controle exercido pelo Tribunal de Contas da União em matéria de contratações públicas e a Lei nº 14.133/2021*. Dissertação (Mestrado em Direito Administrativo). PUC-SP, 2022.

FERNANDEZ, Rodrigo Nobre; MEDEIROS, Natália Xavier de; SHIKIDA, Claudio. Licitações e eficiências em compras públicas: um estudo de caso para a Universidade Federal de Pelotas. *Economic Analysis of Law Review*, n. 9, v. 3, p. 208-228, 2018.

FERRAZ, Luciano. *Por que a singularidade é o Wolverine da nova Lei de Licitações?* 5 jun.2021. Disponível em: <https://ronnycharles.com.br/por-que-a-singularidade-e-o-wolverine-da-nova-lei-de-licitacoes/>. Acesso em 5 jun. 2021.

FIA – FUNDAÇÃO INSTITUTO DE ADMINISTRAÇÃO. Contrato de Prestação de Serviços nº 06/47-2825. Levantamento dos custos operacionais dos processos de contratação da APF. *Relatório Técnico 12 – Consolidação do Levantamento de Custos*, 2007.

FIUZA, Eduardo PS. Licitações e governança de contratos: a visão dos economistas. *In*: SALGADO, L. H.; FIUZA, E. P. S. (Ed.). Marcos regulatórios no Brasil: é tempo de rever regras? *IPEA*, 2009.

FIUZA, Eduardo PS *et al*. Compras públicas centralizadas em situações de emergência e calamidade pública. Texto para Discussão, *IPEA*, 2020.

FORGIONI, Paula A. *Os fundamentos do antitruste*. 5. ed. São Paulo: Revista dos Tribunais, 2012.

FORMA, Marcelo. Canal de denúncias, uma ferramenta fundamental para a ética nos negócios. *1º Congresso Brasileiro de Ética nos Negócios*, São Paulo, 25 mar. 2010.

FORTINI, Cristiana; CAVALCANTI, Caio Mário. O TCU e a ratificação do seu controverso entendimento acerca do ressarcimento ao erário. *Portal Sollicita*, 2022.

FORTUNATO, J. A.; SANTOS, N.; FARONI, W. Diamante del fraude: un estudio descriptivo en los informes de demandas externas del Ministerio de Transparencia, fiscalización Contraloría General de la Unión (CGU). *In: Congresso GIGAPP*, Madrid, Espanha. 2017.

FREITAS JUNIOR, Luiz Romeu de; MEDEIROS, Cintia Rodrigues de Oliveira. Estratégias de racionalização da corrupção nas organizações: uma análise das declarações de acusados em casos de corrupção no Brasil. *Revista de Ciências da Administração*, v. 20, n. 50, p. 8-23, abr. 2018.

FUJIMOTO, Mônica Tiemy; SILVA, Renata Souza da. Repressão a Cartéis. Curso Prevenção e detecção de Cartéis em Licitações. *Enap*, 2019.

FULWIDER, Donaldo. Recognizing Fraud Indicators. *International Journal of Government Auditing*, v. 26, n. 2, p. 13-14, April 1999.

GAFI – GRUPO DE AÇÃO FINANCEIRA. *Grupo Egmont, Dissimulação do benefício efetivo*. França, 2018.

GAO. United States Government Accountability Office. *Framework for Assessing the Acquisition Function at Federal Agencies*. 2005.

GAO. *Standards for Internal Control in the Federal Government*. 2014.

GAROFANO, Rafael. Empresas de engenharia agora podem elaborar projeto em PMI e participar da execução das obras e serviços? *Portal Migalhas*, 17 mai. 2023.

GIRIŪNAS, L.; MACKEVIČIUS, J. Evaluation of frauds in public sector. *Entrepreneurship and Sustainability Issues*, v. 1, n. 3, p. 143-150, 2014.

GOLDBERG, Daniel. Apagão da caneta faz vítimas todos os dias no Brasil. *Exame.com*, 19 jun. 2020.

GORDON, D. I. "Myth-Busting": addressing misconceptions to improve communication with industry during the acquisition process. Memorandum. *Office of Federal Procurement Policy*, 2011.

GUEDES, Francisco Augusto Zardo. *Infrações e sanções em licitações e contratos administrativos*. Dissertação (Mestrado em Direito). Universidade Federal do Paraná. Curitiba, 2013.

HECKERT, Cristiano Rocha; SOARES NETTO, Antonio Fernandes. *Contratações de TI*: o jogo. Curitiba: Editora Negócios Públicos do Brasil. 2017.

HURTT, R. K.; EINING, Martha; PLUMLEE, D. Linking professional skepticism to auditors' behaviors. *Unpublished Working Paper*, 2012.

IIA – INSTITUTE OF INTERNAL AUDITORS. *Normas internacionais para a prática profissional da auditoria interna*. Tradução IIA Brasil. Rev. out. 2010.

IIA – INSTITUTE OF INTERNAL AUDITORS. *Orientação Suplementar*: planejamento do trabalho: avaliando risco de fraude. 2017.

IFAC. The International Federation of Accountants. Governance in the public sector: a governing body perspective. *International public sector study*, n. 13, 2001.

IFAC. The International Federation of Accountants. *Towards competent professional accountants*. 2001.

IFAC. The International Federation of Accountants. *Comparison of Principles*. 2013.

IRC, International Competition NetWork. *Anti-Cartel Enforcement Manual*: Cartel Working Group – Subgroup 2: Enforcement Techniques, Istanbul. 2010.

JUSTEN FILHO, Marçal. *Comentários à lei de licitações e contratos administrativos*. 16. ed. São Paulo: Revista dos Tribunais, 2014.

JUSTEN FILHO, Marçal. *Comentários à Lei de Licitações e Contratações Administrativas*. São Paulo: Thomson Reuters, 2021.

KAUFMAN L.; CARTER, C. R. Deciding on the mode of negotiation: to auction or not to auction electronically. *J Supply Chain Management*, n. 40, v. 2, p. 15-27, 2004.

KAYE, Bruce. Compliance and corporate culture: making the most out of codes of ethics. *Australian Journal of Management*, v. 21, n. 1, jun. 1996.

KLEIN JUNIOR, V. H. Gestão de riscos no Setor Público brasileiro: uma nova lógica de accountability? *Revista de Contabilidade e Organizações*, v. 14, 2020.

KPMG. *A Fraude no Brasil*: relatório da pesquisa 2009. Setembro, 2009.

LACERDA, Julvan. Impactos da nova lei de licitações nos municípios. *In*: *Associação Mineira de Municípios (AMM)*, canal do Youtube, 2021.

LAMBSDORFF, Johann Graf. *The institutional economics of corruption and reform*: theory, evidence and policy. Cambridge: Cambridge University Press, 2007.

LAURINHO, Ícaro Saraiva; DIAS, Lidiane Nazaré da Silva. Corrupção e ineficiência nos processos licitatórios na área da saúde no brasil: um enfoque nos dados da CGU. *In*: *X Congresso ANPCONT*, 2016.

LAURINHO, Í.S.; DIAS, L.; MATTOS, C. Corrupção e ineficiência em licitações de governos locais e desenvolvimento humano: novas reflexões. *Revista de Contabilidade e Organizações*, 2017.

LYRA, M. S. *et al*. Fraud, corruption, and collusion in public procurement activities, a systematic literature review on data-driven methods. *Applied Network Science*, n. 7, v. 1, p. 83, 2022.

MAIA, António João. Controlar a fraude e a corrupção – a importância do conhecimento. *Jornal I*, Portugal. Disponível em: <https://ionline.sapo.pt/artigo/742382/controlar-a-fraude-e-a-corrupcao-a-import-ncia-do-conhecimento?seccao=Opiniao_i>. Acesso em 02 ago. 2021.

MARÇAL, M, F. C. *Implementação da política de planejamento das contratações de serviços na Fiocruz Pernambuco*. Dissertação (Mestrado em Administração) – Universidade Federal da Bahia, Escola de Administração, Salvador, 2018.

MARÇAL, Thais; BRAGA, Marcus Vinicius de Azevedo. Portal Nacional de Contratações Públicas (PNCP) – Uma janela de oportunidade. *Portal Migalhas*, 2021.

MARIN, T. I. S.; GAMA, D. S. S.; CAMPELO, S. Corrupção e Ineficiência nos Repasses Federais: uma análise dos gastos do Ministério das Cidades nos Municípios Paraenses (2003-2013). *In*: *Congresso USP de Iniciação Científica em Contabilidade*, 2014.

MARSHALL, Robert C.; MARX, Leslie M. Bidder collusion. *Journal of Economic Theory*, v. 133, 2007.

MARTINS, Carlos Alexandre Moreira *et al*. Programa de fiscalização de Entes Federativos: uma comparação dos resultados entre os municípios fiscalizados por mais de uma vez. *In*: *Congresso USP de Iniciação Científica em Contabilidade*, 2019.

MATOS, Marilene Carneiro. Impactos da Nova Lei de Licitações e Contratos nos municípios brasileiros. *In*: MATOS, Marilene Carneiro; ALVES, Felipe Dalenogare; AMORIM, Rafael Amorim de (Org.). Nova Lei de Licitações e Contratos: Lei nº 14.133/2021 Debates, perspectivas e desafios. *Câmara dos Deputados*, 2023.

MCAFEE, R. Preston; MCMILLAN, John. Auctions and Bidding. *Journal of Economic Literature*, v. XXV, p. 699-738, jun. 1987.

MEDAUAR, Odete. *Direito Administrativo Moderno*. 9. ed. São Paulo: Revista dos Tribunais, 2005.

MEDEIROS, Eduardo Alecsander Xavier de. *O acordo de leniência da Lei nº 12.846, de 1º de agosto de 2013, e o papel do Tribunal de Contas da União*. Dissertação (Mestrado em Administração Pública). Instituto Brasiliense de Direito Público, 2019.

MILITÃO, Eduardo. MP e TCU querem alerta a gestores diante de suspeita em compra contra Covid. *UOL*, 28 jun. 2020.

MODRUŠAN, Nikola; RABUZIN, Kornelije; MRŠIC, Leo. Review of Public Procurement Fraud Detection Techniques Powered by Emerging Technologies. *International Journal of Advanced Computer Science and Applications*, n. 12.2, 2021.

MOON, Jae M. The evolution of e-government among municipalities: rhetoric or reality? *Public Administration Review*, v. 62, n. 4, p. 424-433, 2002.

MOOD, A.M.; GRAYBILL, A.F. Introduction to the Theory of Statistics. *Library of Congress Cataloging in Publication Data*. New York, 1963.

MOREIRA, Bianca Medran. *Crimes de licitação como fenômenos corruptivos e seu enfrentamento a partir do controle externo*: uma análise da experiência do Rio Grande do Sul – novas perspectivas. Dissertação (Mestrado em Direito). Fundação Escola Superior do Ministério Público, Porto Alegre, 2020.

MOTTA, Alexandre R. *O combate ao desperdício no gasto público*: uma reflexão baseada na comparação entre os sistemas de compra privado, público federal norte-americano e brasileiro. Dissertação (Mestrado em Economia). Universidade de Campinas, 2010.

MOTTA, Fabrício. Publicidade e transparência são conceitos complementares. *Portal Conjur*, 2018.

MPF – MINISTÉRIO PÚBLICO FEDERAL. Grupo de trabalho licitações, da 5ª Câmara de Coordenação e Revisão do MPF. *Campanha de mobilização nacional para adoção de medidas preventivas que busquem evitar fraudes em licitações*. 2019.

NEIBUHR, Joel de Menezes. *Pregão Presencial e Eletrônico*. Belo Horizonte: Fórum, 2015.

NEIBUHR, Joel de Menezes. A dispensa de licitação eletrônica é modalidade de licitação disfarçada. *Portal Zênite*, 29 jul. 2021.

NEIBUHR, Joel de Menezes. A Lindb esvaziada. *Portal mnadvocacia*, 2021b.

NIEBUHR, Joel de Menezes. *Licitação Pública e Contrato Administrativo*. 5. ed. Belo Horizonte: Fórum, 2022.

NOBREGA, Marcos; TORRES, Ronny Charles Lopes. A nova lei de licitações, credenciamento e e-marketplace: o turning point da inovação nas compras públicas. *Portal OLicitante*, 2020.

NÓBREGA, Marcos; CAMELO, Bradson; TORRES, Ronny Charles L. Pesquisa de preços nas contratações públicas, em tempos de pandemia. *Portal Ronny Charles*, 2020.

NUNES, R. R.; PERINI, M. T. B. S.; PINTO, I. E. M. M. A gestão de riscos como instrumento para a aplicação efetiva do Princípio Constitucional da Eficiência. *Revista Brasileira de Políticas Públicas*, v. 11, n. 3, 2021.

OCDE. *Síntese*: Cartéis – Seus danos e punições efetivas. 2002.

OCDE. *Prosecuting cartels without direct evidence*. 2006.

OCDE. *Diretrizes para combater o conluio entre concorrentes em contratações públicas*. 2009.

OCDE. *Collusion and Corruption in Public Procurement*. 2010.

OCDE. *Avaliação sobre o Sistema de Integridade da Administração Pública Federal Brasileira*. 2011.

OCDE. Discussion Paper on Public Performance Measures. *In*: *OECD Meeting of Leading Practitioners on Public Procurement*. 2012.

OCDE. *Foreign Bribery Report*: an Analysis of the Crime of Bribery of Foreign Public Officials. 2014.

OCDE. *Preventing Corruption in Public Procurement*. 2016.

OCDE. *Recomendação do Conselho da OCDE sobre Integridade Pública*. 2017.

OCDE. *Government at a Glance*. 2019.

OCDE. *Peer Reviews of Competition Law and Policy*: Brazil. 2019.

OCDE. *Public Procurement in Germany*: Strategic Dimensions for Well-being and Growth. 2019.

OCDE. *Report on the Implementation of the Recommendation of the Council on Public Procurement*. 2019.

REFERÊNCIAS

OCDE. *Combate a cartéis em licitações no Brasil*: uma revisão das compras públicas Federais. 2021.

ODILLA, Fernanda. Bots against corruption: Exploring benefits and limitations of AI-based anti-corruption technology. Working Paper. *In*: Proc. *International Seminar Artificial Intelligence*: Democracy and Social Impacts. 2021.

OLIVEIRA, Rafael Carvalho R. *Curso de Direito Administrativo*. 5. ed. São Paulo: Método, 2017.

OLIVEIRA, Odilon Cavallari de. MP 966: o que se extrai da decisão cautelar do STF? *Jota*, 02 jun. 2020.

OLIVEIRA, Túlio Felix Silva. *Avaliação das práticas de gerenciamento de riscos corporativos nos tribunais de justiça estaduais do Brasil sob a ótica do modelo COSO-ERM*. Dissertação (Mestrado em Ciências Contábeis). UFPE, 2021.

OLIVIERI, Cecília. A atuação dos controles interno e externo ao executivo como condicionante da execução de investimento em infraestrutura no Brasil. Textos para Discussão. *IPEA*, 2016.

PAIM TERRA, Antonio Carlos. Compras públicas inteligentes: uma proposta para a melhoria da gestão das compras governamentais. *Enap*, 2018.

PAIVA, Rodrigo Marcio Medeiros. Integridade nas contratações públicas: uma avaliação dos programas de integridade no Poder Executivo federal. *In*: IX Encontro Brasileiro de Administração Pública. *SBAP*, 2022.

PAIVA, Rodrigo Marcio Medeiros. *Modelo de maturidade para avaliar a gestão da integridade nas contratações públicas – MGIC*. Dissertação (Mestrado em Gestão Pública e Cooperação Internacional). UFPB, 2023.

PALMA, Juliana Bonacorsi de. Quem é o 'administrador médio' do TCU? *Jota*, 22 ago. 2018.

PASCHOAL, Ana Luiza Pedrosa; SANTOS, Nálbia de Araújo; FARONI, Walmer. Diamante da fraude: evidências empíricas nos relatórios de demandas externas do Ministério da Transparência e Controladoria Geral da União (CGU) dos municípios brasileiros. *Revista Ambiente Contábil*, Universidade Federal do Rio Grande do Norte, v. 12, n. 2, jul./dez. 2020.

PASE, Hemerson Luiz e outros. Controle externo, auditoria e combate à corrupção no tribunal de contas do estado do Rio Grande do Sul: uma análise de âmbito municipal. *Revista JURIS*, Rio Grande, v. 28, n. 1, p. 111-136, 2018.

PERCIO, Gabriela; TORRES, Ronny Charles Lopes. *A nova lei de licitações e a justificativa de preços em contratação por inexigibilidade*. Belo Horizonte: Editora Fórum, e-book, 2022.

PEREIRA, Gustavo Pimentel da Costa. *O mercado da construção civil para obras públicas como instrumento de auditoria uma abordagem probabilística*. Dissertação (Mestrado em Engenharia de Produção). UFPE, 2002.

PEREIRA, Sandro Rafael Matheus. O erro grosseiro e a responsabilização administrativa do agente público. *Portal Conjur*, 2023.

PIMENTA, Guilherme. TCU aposta em uso intensivo de IA para controlar compras da Covid-19. *Jota.info*, 26 jun. 2020.

PINHEIRO, Igor Pereira; ALMEIDA, Bruno Verzani L. de; MANSUR, Jamylle Hanna. *Nova lei de licitações*: (anotada e comparada). 2. ed. São Paulo: Mizuno, 2023.

PINHEIRO, Igor Pereira; PINHEIRO, Tânia Mara Moreira Sales. *Vade Mecum de Direito Anticorrupção comentado*. São Paulo: Mizuno, 2019.

PONTES DE MIRANDA. *Tratado de direito privado*. Rio de Janeiro: Borsoi, 1971. t. XXIII.

PRESSER, Nadi Helena; ARAUJO, Nadja Macêdo de; GOMES, Juliene da Silva Barros. As relações de poder que se configuram nas compras em universidades públicas: contribuição para os estudos dos documentos e da materialidade da informação. *Em Questão*, Porto Alegre, v. 26, n. 3, p. 463-489, set./dez. 2020.

PWC. Pricewaterhousecoopers. *Pesquisa global sobre crimes econômicos*. Brasil, 2014.

PWC. Pricewaterhousecoopers. *Pesquisa global sobre crimes econômicos*. Brasil, 2018.

PWC. Pricewaterhousecoopers. *Pesquisa global sobre crimes econômicos*. Brasil, 2022.

QUEIROZ, J. C. G. *Auditoria de fraudes*: detecção e apuração de fraudes nos convênios federais. TCC (Pós-graduação em Controle Externo). Instituto Serzedello Côrrea, TCU, 2004.

RICG. Rede Interamericana de Compras Governamentais. *Guía para la identificación de riesgos de corrupción en contratación pública, utilizando la ciencia de datos*. 2021.

RIBEIRO, C.; INÁCIO, E.; TORTATO, A.; LI, Y. Unveiling the public procurement market in Brazil: A methodological tool to measure its size and potential. *Wiley Online Library*, 2018.

RIBEIRO, Cássio Garcia; INÁCIO JUNIOR, Edmundo. O mercado de compras governamentais brasileiro (2006-2017): mensuração e análise. Texto para Discussão, *IPEA*, 2019.

REIS, Paulo R. C.; CABRAL, Sandro. Public procurement strategy: the impacts of a preference programme for small and micro businesses. *Public Money & Management*, v. 35, n. 2, p. 103-110, 2015.

REIS, Paulo R. C.; CABRAL, Sandro. Para além dos preços contratados: fatores determinantes da celeridade nas entregas de compras públicas eletrônicas. *Rev. Adm. Pública*, Rio de Janeiro, v. 52, n. 1, p. 107-125, jan. 2018.

RENDON, R. G.; RENDON, J. M. Auditability in public procurement: An analysis of internal controls and fraud vulnerability. *International Journal of Procurement Management*, v. 8, n. 6, p. 710-730, 2015.

RIBEIRO, Thaísa Juliana Sousa. *Licitação promovida pela União*: desnecessidade de comprovação da regularidade fiscal perante os estados e municípios. 2012. Disponível em: <https://jus.com.br/artigos/22286/licitacao-promovida-pela-uniao-desnecessidade-de-comprovacao-da-regularidade-fiscal-perante-os-estados-e-municipios>. Acesso em: 10 mar. 2023.

RODRIGUES, Daniele da Silva; SANTOS, Nálbia Araújo Santos; FARONI, Walmer. Programa de Aceleração do Crescimento (PAC): um estudo descritivo sobre os desperdícios ativos e passivos. *Revista Catarinense da Ciência Contábil*, 2018.

ROSA, Paulo Jhonny S. da C.; ZEVIANI, Walmes M. *Descartelizando*: uso de *machine learning* e estatística para detecção de indícios de cartel em processos licitatórios. Trabalho de Conclusão de Curso (Especialização em Data Science & Big Data). Universidade Federal do Paraná, 2019.

ROSE-ACKERMAN, Susan. *Corruption*: a study in political economy. New York: Academic Press, 1978.

RUSTIARINI, Ni Wayan; NURKHOLIS, Nurkholis; ANDAYANI, Wuryan. Why people commit public procurement fraud? The fraud diamond view. *Journal of public procurement*, v. 19, n. 4, p. 345-362, 2019.

SAMPAIO, Adilson; FIGUEIREDO, Paulo; LOIOLA, Elisabeth. Compras públicas no Brasil: indícios de fraudes usando a lei de Newcomb-Benford. *Cadernos Gestão Pública e Cidadania*, n. 27, v. 86, 2022.

REFERÊNCIAS

SANTANA, Jair E. *Pregão presencial e eletrônico*. Belo Horizonte: Fórum, 2006.

SANTOS, F. G. dos. Gestão de processos. Rio de Janeiro: SESES, 2014.

SANTOS, Franklin Brasil. *Preço de referência em compras públicas*: ênfase em medicamentos. Cuiabá: Tribunal de Contas do Estado de Mato Grosso, Escola de Contas, 2016.

SANTOS, Franklin Brasil. Gestão da ocupação: em busca de eficiência no custeio administrativo do setor público. *In*: LOPES, Virgínia Bracarense; SANTOS, Felippe Vilaça Loureiro. *Compras públicas centralizadas no Brasil*. Belo Horizonte: Editora Fórum, 2022a.

SANTOS, Franklin Brasil. Preços e quantidades de *álcool* gel em compras públicas na pandemia. *Blog Zênite*, 2022b.

SANTOS, Franklin Brasil. Certificação profissional: uma nova esperança? *In*: Os desafios e oportunidades na capacitação e certificação de compradores públicos segundo a NLLC. *Evento da Rede Capacita Compras*, 14.02.2023. Canal Seplag-MG no Youtube, 2023.

SANTOS, Franklin Brasil; BRAGA, Marcus Vinicius de Azevedo. A racionalização do jogo antiético. *Congresso em Foco*, 30 jan. 2022.

SANTOS, Franklin Brasil; CHIOATO, Tânia Lopes Pimenta. Rescisões contratuais antes e depois do Acórdão TCU 1214/13: possíveis efeitos da trajetória de controles na terceirização. *Revista do TCU*, n. 148, 2021.

SANTOS, Franklin Brasil; PERCIO, Gabriela. Profissionalização das compras públicas: um caminho inescapável. *In*: LOPES, Virgínia Bracarense; SANTOS, Felippe Vilaça Loureiro. *Compras públicas centralizadas no Brasil*. Belo Horizonte: Editora Fórum, 2022.

SANTOS, José Anacleto Abduch. As decisões administrativas na fase interna do processo licitatório. *Revista JML de licitações e contratos*, v. 2, n. 6, p. 23-36, mar. 2008.

SANTOS, Dielson Claudio dos; ZAGANELLI, Margareth Vetis; COELHO JUNIOR, Thalmo de Paiva. Responsabilização de pessoas jurídicas por corrupção: aplicação da Lei nº 12.846/2013 e seus primeiros resultados. *Revista da AGU*, Brasília-DF, v. 18, n. 02, p. 71-106, abr./jun. 2019.

SANTOS, R. R. dos; ROVER, S. Influência da governança pública na eficiência da alocação dos recursos públicos. *Revista de Administração Pública*, Rio de Janeiro, RJ, v. 53, n. 4, p. 732-752, 2019.

SARAI, Leandro (Org.). *Tratado da Nova Lei de Licitações e Contratos*: Lei nº 141333/2021, comentada por Advogados Públicos. São Paulo: Editora JusPodivm, 2021.

SARQUIS, Alexandre Manir Figueiredo. Evolução das contratações de manutenção de veículos automotores. *TCE-SP*, 2022.

SCHAPPER, P. R.; MALTA, J. N. V.; GILBERT, D. L. An analytical framework for the management and reform of public procurement. *Journal of Public Procurement*, v. 6, 2006.

SCOONER, Steven. Public Procurement: challenges in the management of public procurement during the COVID-19 Emergency. Regional policy dialogue and fiscal management. *Third virtual dialogue*: public procurement and digital solutions. BID. Mai. 2020.

SDE. Secretaria de Direito Econômico, Ministério da Justiça. *Combate a Cartéis em licitações*. 2008.

SDE. Secretaria de Direito Econômico, Ministério da Justiça. *Combate a Cartéis e Programa de Leniência*. 3. ed. 2009.

SDE. Secretaria de Direito Econômico, Ministério da Justiça. *Combate a Cartéis em Sindicatos e Associações*. 2009b.

SDE. Secretaria de Direito Econômico, Ministério da Justiça. *Guia de Análise de Denúncias sobre Possíveis Infrações Concorrenciais em Licitações*. 2009c.

SILVA, A. A. *A economia das compras governamentais em decorrência do pregão eletrônico*: uma abordagem econométrica. Universidade Federal do Ceará Dissertação (Mestrado Profissional em Economia de Empresas), 2007.

SILVA, Lidiane Aparecida da. *Inovação em compras governamentais*: o estudo técnico preliminar no planejamento de compras do IFRN. Dissertação (Mestrado em Gestão Pública). Universidade Federal do Rio Grande do Norte, 2022a.

SILVA, Djalma Jose. *A regressão quantílica e a economia nos pregões eletrônicos*. Dissertação (Mestrado em Gestão Econômica de Finanças Públicas). UnB, 2022b.

SILVA, Rafael Garcia Dias da. *Gestão estratégica da aquisição de suprimentos da Diretoria de Administração do campus da Fundação Oswaldo Cruz como diferencial competitivo*. Dissertação (Mestrado em Saúde Pública), Fiocruz, 2013.

SIMÃO, Valdir Moyses; VIANNA, Marcelo Pontes. *O acordo de leniência na lei anticorrupção*: histórico, desafios e perspectivas. São Paulo: Trevisan Editora, 2017.

SOUZA, Kleberson Roberto de. *Influência das estruturas e dos processos de governança e gestão de aquisições no desempenho das compras públicas*. Dissertação (Mestrado em Administração Pública) – Fundação Getúlio Vargas. Rio de Janeiro, 2022.

SOUZA, Kleberson Roberto de; SANTOS, Franklin Brasil. *Como combater o desperdício no setor público*: gestão de riscos na prática. 2. ed. Belo Horizonte: Editora Fórum, 2022a.

SOUZA, Kleberson Roberto de; SANTOS, Franklin Brasil. *Auditoria Baseada em Riscos*. Belo Horizonte: Editora Fórum, 2022b.

SOUZA, Flávio S. R. Nunes de et al. Incorporation of international risk management standards into federal regulations. *Revista de Administração Pública* [online]. v. 54, n. 1, 2020.

SOARES, Inaldo V. *Fraude nas gestões públicas e privadas*. Brasília: Brasília Jurídica, 2005.

SOUZA, Kleberson. Os 4 tipos de fraudes mais comuns nas licitações e contratos do covid-19. *3Rcapacita*, 06 abr. 2021. Disponível em: 3rcapacita.com.br. Acesso em 14 set. 2023.

STOEVER, Carlos Alberto Day; SARTURI, Greici. Compliance e corrupção: uma análise da integração de Stakeholders Fornecedores nos Programas de Compliance das Organizações Públicas Federais. *In: XLVI Encontro da ANPAD – EnANPAD*, 2022.

SUNDFELD, Carlos Ari. *Licitação e contrato administrativo*. São Paulo: Malheiros, 1994.

SUNDFELD, Carlos Ari. Contratações Públicas e o Princípio da Concorrência. *In*: SUNDFELD, Carlos Ari (Coord.). *Contratações públicas e seu controle*. São Paulo: Malheiros, 2013.

TANZI, Vito; DAVOODI, Hamid. Corruption, Public Investment, and Growth. *IMF Working Paper*. Washington: International Monetary Fund, 1997.

TCU. *Curso auditoria governamental*: modulo 3: execução da auditoria. Brasília, 2011.

REFERÊNCIAS

TCU. *Glossário de Termos do Controle Externo*. Brasília-DF, 2012.

TCU. *Responsabilização de Agentes Segundo a Jurisprudência do TCU*: uma abordagem a partir de Licitações e Contratos. Brasília, 2013.

TCU. *Referencial de Combate à Fraude e à Corrupção*. Brasília, 2016.

TCU. *Manual de Sanções Administrativas*. Brasília, 2020.

TEIXEIRA, H. J.; SILVA, F. N.; SALOMÃO, S. M. A prática das compras públicas nos estados brasileiros: a inovação possível. *Congresso CONSAD de Gestão Pública*, Brasília, DF, mar. 2014.

THORSTENSEN, Vera; GIESTEIRA, Luís Felipe (Coord.). Cadernos Brasil na OCDE: compras públicas. *IPEA e CEPAL*, 2021.

TÓTH, Bence et al. Toolkit for detecting collusive bidding in public procurement. With examples from Hungary. *Working Paper*, Budapeste, Hungria, 2015.

TRANSPARÊNCIA BRASIL. *Métodos de detecção de fraude e corrupção em contratações públicas*. 2019.

TRANSPARÊNCIA BRASIL. *Dados de contratações públicas do governo federal*: um quebra-cabeças incompleto. 2023.

TRANSPARÊNCIA INTERNACIONAL. Brasil. 10 anos de Lei Anticorrupção: percepção dos profissionais. 2023.

VELASCO, Rafael B. et al. A decision support system for fraud detection in public procurement. *International Transactions in Operational Research*, n. 28, v. 1, p. 27-47, 2021.

VIANA, Bruno Campos. *Governança na segurança pública*: um estudo de caso das compras públicas na intervenção federal no estado do Rio de Janeiro. Dissertação (Mestrado em governança e desenvolvimento). Enap, 2023.

VILLEFORT, Lucio Furbino; PRADO, Rafael Oliveira. As competências da CGU e a sanção de declaração de inidoneidade à luz da lei anticorrupção, da lei das estatais e da nova lei de licitações. *Cadernos Técnicos da CGU*, v. 3, 2022.

UNODC. Escritório das Nações Unidas sobre Drogas e Crime. *Estado de integridade*: um guia para a realização de avaliação de risco de corrupção em organizações públicas. Viena: Nações Unidas, 2020.

ZYMLER, Benjamin; ALVES, Francisco Sérgio Maia. A nova Lei de Licitações como sedimentação da jurisprudência do TCU. *Conjur*, 2021. Disponível em: https://www.conjur.com.br. Acesso em 5 abr. 2021.

WELLS, Joseph T. *Encyclopedia of fraud*. Salem: Obsidian, 2002.

WOLFE, David T.; HERMANSON, Dana R. *The fraud diamond*: considering the four elements of fraud. 2004.

Esta obra foi composta em fonte Palatino Linotype, corpo 10
e impressa em papel Offset 75g (miolo) e Supremo 250g (capa)
pela Gráfica Formato, em Belo Horizonte/MG.